ŒUVRES

COMPLÈTES

DE BOSSUET

PUBLIÉES

D'APRÈS LES IMPRIMÉS ET LES MANUSCRITS ORIGINAUX

PURGÉES DES INTERPOLATIONS ET RENDUES A LEUR INTÉGRITÉ

PAR F. LACHAT

ÉDITION

RENFERMANT TOUS LES OUVRAGES ÉDITÉS ET PLUSIEURS INÉDITS

VOLUME XXVIII

PARIS

LOUIS VIVÈS, LIBRAIRE-ÉDITEUR

13, RUE DELAMBRE, 13

1879

# ŒUVRES

COMPLÈTES

DE BOSSUET

PARIS. — IMPRIMERIE Vᵛᵉ P. LAROUSSE ET Cⁱᵉ
19, RUE MONTPARNASSE, 19

ŒUVRES

COMPLÈTES

DE BOSSUET

PUBLIÉES

D'APRÈS LES IMPRIMÉS ET LES MANUSCRITS ORIGINAUX

PURGÉES DES INTERPOLATIONS ET RENDUES A LEUR INTÉGRITÉ

PAR F. LACHAT

ÉDITION

RENFERMANT TOUS LES OUVRAGES ÉDITÉS ET PLUSIEURS INÉDITS

VOLUME XXVIII

PARIS

LOUIS VIVÈS, LIBRAIRE-ÉDITEUR

13, RUE DELAMBRE, 13

1879

LETTRES

A MADAME D'ALBERT DE LUYNES,

RELIGIEUSE DE L'ABBAYE DE JOUARRE.

REMARQUES HISTORIQUES.

Quand le nom de Bossuet n'assureroit pas l'immortalité à ses lettres de piété et de direction, les qualités des personnes qu'elles conduisirent dans les voies de la perfection chrétienne suffiroient seules pour es recommander à l'attention des siècles.

Mesdames de Luynes, Marie-Louise et Henriette-Thérèse d'Albert, eurent une naissance plus illustre que celle de Madame Cornuau; elles étoient filles de Charles duc de Luynes, pair et grand fauconnier de France, marquis d'Albert, et de Louise Séguier, marquise d'O.

La marquise d'O se hâta de vivre pour le bien; mourant à l'âge de vingt-cinq ans, elle avoit rempli la carrière d'une longue vie[1]. La simplicité de son ame n'eut d'égal que la sublimité de ses vertus. Elevée dans la grandeur et vivant au milieu de l'opulence, elle fut humble de cœur[2] et pauvre d'esprit[3]; ennemie de la parure et du faste, elle retranchoit le superflu pour répandre de plus grandes aumônes dans le sein de l'indigence. Les exemples qu'elle donnoit aux siens par sa douceur et ses aimables vertus, les graces qu'elle obtint du Ciel par ses prières et ses mérites, lui attachèrent son époux plus étroitement encore, en l'attachant à la piété chrétienne; ils se retirèrent loin du tumulte dans une maison qu'ils avoient fait bâtir près de Port-Royal, où la jeune dame avoit choisi dans la fleur de l'âge sa sépulture.

C'est à Port-Royal que furent élevées ses deux filles, qui se nommèrent dans le monde, l'aînée Madame de Luynes et la cadette Madame d'Albert. Rappelons en passant que leur frère, le duc de Chevreuse, reçut pareillement son éducation dans l'austère solitude : c'est pour lui que Arnauld composa sa *Géométrie*, et Lancelot sa *Grammaire générale;* c'est pour son instruction, si l'on s'en rapporte à plu-

---

[1] *Sap.*, IV, 13. — [2] *Matth.*, XI, 29. — [3] *Ibid.*, V, 3; *Luc.*, VI, 20.

sieurs indications de l'ouvrage, que fut écrite la *Logique de Port-Royal*; et Racine lui avoit dédié sa tragédie de *Britannicus*. Le jeune élève ouvroit largement les trésors de son cœur pour payer la sollicitude et je dois dire la munificence de ses maîtres; un dévouement réciproque les unit d'une amitié durable, qui brava les plus rudes épreuves; et si l'aimable gentilhomme abandonna jamais les principes religieux des durs docteurs, il ne les abandonna que pour tomber dans les erreurs du quiétisme : il devint l'ami le plus intime et le plus zélé défenseur de Fénelon.

Lorsque des erreurs grossières vinrent séduire de grands esprits; quand un arrêt fatal, juste châtiment d'une opiniâtreté non moins rebelle qu'inconcevable, vint détruire Port-Royal, Mesdames de Luynes allèrent chercher un asile à Jouarre, dans le diocèse de Meaux. Avides de renoncement et de sacrifices, les deux sœurs s'y consacrèrent à la vie religieuse le 7 et le 8 mai 1664; l'évêque de Périgueux prêcha la profession de Marie-Louise, et Bossuet celle de Henriette-Thérèse; le duc de Luynes les avoit conduits lui-même à Jouarre.

Bossuet monta sur le siége épiscopal de Meaux. Madame d'Albert avoit conçu la plus grande confiance dans ses lumières et dans sa charité. Lorsqu'il visita l'abbaye de Jouarre, elle lui manifesta le désir d'aller à Dieu par les voies spirituelles, et le conjura de la recevoir sous sa direction pour la conduire au céleste Epoux. Bossuet se l'étoit unie, dans sa profession religieuse, par les liens de la parole divine : il voulut continuer cette alliance jusqu'au tombeau; il la reçut sous sa conduite, et ne cessa de la traiter comme sa première fille en Jésus-Christ. Madame de Luynes, d'un jugement droit et d'un esprit élevé, mais ayant moins d'attrait pour la vie intérieure et peut-être plus d'appas pour le monde, n'eut pas avec Bossuet des rapports aussi fréquens; elle se contenta de le consulter dans les circonstances extraordinaires.

Il ne sera pas inutile, pour mieux comprendre cette double correspondance, de connoître un peu l'état de Jouarre. Le célèbre monastère étoit gouverné par Henriette de Lorraine, tante de Mesdames de Luynes. Cette abbesse avoit réuni, dans sa main de femme, le pouvoir épiscopal et le pouvoir civil; non contente de nommer les curés de Jouarre et de donner des mandemens, elle avoit des tribunaux pour porter des sentences, et des prisons pour détenir les condamnés. Le relâchement et la licence avoient banni, sous cette haute administration, la discipline et la sévérité monastique, et le retentissement des désordres qui éclatoient dans le cloître portoit jusque dans le monde le scandale et la consternation. Quand Bossuet voulut réprimer de si graves excès, proscrire de si déplorables déréglemens, l'abbesse lui opposa l'exemption ecclésiastique, prétendant que son monastère étoit depuis six siècles soustrait à la juridiction de l'évêque. Cependant le pouvoir épiscopal pouvoit seul ramener à Jouarre, avec l'ordre et la discipline, la piété chrétienne et les vertus cénobitiques : sans se laisser arrêter par la puissance de Madame de Lorraine, princesse d'une maison souveraine, tout en prévoyant les nombreux obstacles qui alloient se dresser devant lui, Bossuet porta la réclamation de ses droits devant les tribunaux ; et grace à sa modération non moins qu'à sa fermeté, il obtint du parlement, le 26 janvier 1690, un arrêt qui « maintenoit les évêques de Meaux au droit de gouverner le monastère de Jouarre, et d'y exercer leur juridiction épiscopale tant sur l'abbesse et les religieuses que sur le clergé, chapitre, curé, peuple et paroisse du lieu[1]. » Le monastère fournissoit à l'évêché comme gage de son affranchissement, disoit la supérieure, une rente annuelle de dix-huit muids de blé ; Bossuet perdit cette redevance sans regret, heureux d'obtenir un gain spirituel au prix d'une perte temporelle. L'abbesse, au contraire, pleura longtemps son pouvoir arbitraire et despotique ; la grande dame refusa de reconnoître l'autorité d'un évêque sorti des rangs du peuple ; elle abdiqua, contre une pension de huit mille livres, sa double souveraineté.

Le roi choisit, pour lui succéder, Thérèse de Rohan Soubise, religieuse de Cherche-Midi à Paris. Cette nouvelle abbesse vit, elle aussi, s'accomplir sous son règne une réforme qui n'avoit pas obtenu d'abord son plein assentiment. A Jouarre, suivant une ancienne coutume, les religieuses exprimoient publiquement, dans les élections, leur jugement sur la postulante ; et la supérieure recueilloit les avis pour en former les voix. On comprend, pour nous borner à cette considération, combien la publicité devoit nuire à la liberté, et par cela même à l'intégrité des suffrages. Le sage évêque établit, non sans peine, après de longs froissemens, un autre mode d'élection ; suivant les canons de l'Eglise, les décrets des papes, les règlemens des évêques, principalement de saint Charles Borromée, il prescrivit le scrutin secret.

On trouvera dans les Lettres des allusions fréquentes à ces faits, et voilà pourquoi nous les avons rapportés ; mais, on l'a compris déjà, combien de causes d'éloignement, quel mur de séparation pour ainsi dire entre Bossuet et Mesdames de Luynes. Cependant la charité ni l'union n'en souffrit aucune atteinte. Les saintes religieuses méprisèrent les prétentions de leur communauté pour demeurer fidèles et dociles, l'une à son directeur, toutes deux à leur évêque. De l'autre côté, le bon pasteur n'eut jamais d'aigreur dans son ame. En même temps qu'il montre à tous l'affection la plus sincère, et qu'il s'efforce

---

[1] Nous avons fait connoître les circonstances et publié les pièces de ce procès dans le volume V, p. VIII et p. 495.

de rendre à ses adversaires les bienfaits de l'ordre et de la discipline, et de la vérité, il prodigue à sa fille spirituelle les soins de sa sollicitude et les secours de ses grandes lumières ; il se ménage partout le temps de lui écrire, en voyage, dans les visites pastorales, à la Cour, au milieu des plus graves occupations : et quand les attaques contre l'Eglise le tiennent constamment sur la brèche et réclament sans relâche l'appui de sa plume, elle trouve dans ses lettres précédentes les règles et les principes qui doivent éclaircir ses doutes, dissiper ses peines, et lui rendre le calme et le repos. Si les grands ouvrages de Bossuet nous le montrent comme un de ces rares génies que les siècles ont peine à produire, ses lettres nous font admirer en lui des qualités peut-être moins brillantes devant le monde, mais plus solides aux yeux de la foi. L'esprit s'éteint, l'éloquence passe et la science humaine s'évanouit comme une ombre légère : mais le dévouement chrétien, la bienfaisance apostolique porte des fruits toujours excellens, dont rien ne peut altérer la douceur ni la beauté ; mais la charité, fille du ciel, est éternelle comme Dieu même.

Tout recommandoit Mesdames de Luynes à l'estime de tous. Elles savoient le latin comme ne le savent plus guère les savans de nos jours et la langue de Platon ne leur étoit pas étrangère [1] ; il y a plus encore, elles avoient fait dans les sciences et dans les arts des progrès marqués. A ces avantages, elles joignoient ceux d'une haute naissance et d'une grande considération. Cependant elles n'obtinrent point, dans le cloître, les places et les honneurs qui leur sembloient destinés. C'est que leur première éducation ternissoit, aux yeux d'un grand nombre, leur mérite comme d'une tache originelle ; et Louis XIV craignoit que le jansénisme n'eût porté dans leur ame des racines profondes, toujours prêtes à produire leurs fruits empoisonnés [2]. Après la démission de Madame de Lorraine, Bossuet et ses amis demandèrent vainement pour l'aînée, Madame de Luynes, l'abbaye de Jouarre. Enfin on lui donna le prieuré de Torci, bénéfice qui n'étoit pas à la nomination du roi, et dont le temporel se trouvoit en mauvais état.

---

[1] Bossuet écrit à Madame d'Albert, *Lettre* CCIII : « Loin d'être persuadé que vous devez cesser votre traduction, je vous exhorte d'y joindre celle du *Benedictus* et du *Nunc dimittis*. » Bossuet loue, dans une autre *Lettre*, l'élégance et la simplicité de ces traductions. Il ajoute ici : « Je n'improuve pas que vous composiez en latin ; mais pour le grec, je crois cette étude peu nécessaire pour vous. » Et dans la *Lettre* CCLVII : « Les vers latins sont très-beaux ; vous pourriez les avoir faits comme les françois, dont vous m'avez enveloppé l'auteur : je soupçonnois que c'étoit vous. Il n'y auroit point de mal d'apprendre un peu les règles de la poésie françoise à Madame de Sainte-Gertrude, » etc. — [2] Bossuet écrit à Madame d'Albert, *Lettre* CC : « J'ai toujours ouï-dire que votre éducation de toutes deux à Port-Royal avoit fait une mauvaise impression, que Monsieur votre frère même avoit eu bien de la peine à lever par rapport à sa personne : j'ai dit ce que je devois là-dessus au P. de la Chaise et au Roi même : » *Lettre* CCXLV : Il est vrai qu'on a dit au Roi ce que vous avez su ;... ce sont de vieilles impressions de Port-Royal, dont on a peine à revenir ; mais qui, Dieu merci, ne font aucun mal, si ce n'est de retarder le cours des graces de la Cour; ce qui est souvent un avancement de celles de Dieu.

La cadette, Madame d'Albert, suivit sa sœur dans ce monastère ; et Madame Cornuau put y célébrer, à l'ombre des autels, le divin mariage que la médiocrité de sa naissance ne lui avoit pas permis de contracter à Jouarre.

Madame d'Albert vint à Torci en 1696. Trois ans plus tard, la mort l'enleva, dit Bossuet, « subitement en apparence, en effet avec les mêmes préparations que si elle avoit été avertie de sa fin [1]. » Sa fidèle compagne, madame Cornuau, nous a laissé le récit de ses derniers momens. « Pour disposer, dit-elle, cette sainte religieuse à son décès, Dieu lui mit au cœur la veille même de faire une revue exacte de sa vie à son confesseur. Elle se préparoit à solenniser la fête de la Purification, que l'on célébroit le lendemain, lorsqu'elle conçut ce dessein, qu'elle exécuta sur-le-champ. Etonnée de sa résolution, elle dit à son amie qu'elle ne savoit pas dans quelle vue elle s'étoit déterminée à cette revue, dont la pensée ne lui étoit venue qu'au moment même où elle se confessoit; qu'elle s'y étoit sentie fortement portée, et qu'elle admiroit comment elle avoit pu se résoudre à l'entreprendre avec un autre que le saint prélat. Du reste, elle disoit que Dieu lui avoit accordé la grace de la faire comme si elle étoit sur le point d'aller au-devant du saint Epoux. Et quoiqu'elle eût naturellement de grandes frayeurs de la mort et des jugemens de Dieu, elle se trouvoit depuis cette action dans une paix et un repos de conscience qui étoit inexplicable. Le lendemain, jour de la Chandeleur elle voulut par dévotion communier en viatique, et assista à tout l'office de la solennité. Pénétrée des plus vifs sentimens de foi, elle eut pendant cette journée, avec la personne qui lui étoit intimement unie, des entretiens admirables sur le mystère de cette fête, et se fit faire des lectures analogues, qu'elle choisit elle-même. Son cœur sembloit s'embraser de plus en plus, à mesure que l'heure approchoit de l'arrivée du divin Epoux.

« Dans la soirée, Madame d'Albert apprit qu'un de ses amis étoit mort subitement, cette nouvelle la frappa vivement; et après souper elle se retira dans sa chambre avec la Sœur Cornuau, sa fidèle compagne, pour s'occuper de cette mort. Sensiblement touchée d'un pareil accident, elle se mit au pied de son crucifix, afin d'offrir son sacrifice à Jésus-Christ, et de puiser dans ses plaies les consolations dont elle avoit besoin. Mais bientôt fortifiée par sa soumission, elle passa de la douleur la plus amère aux sentimens de l'amour le plus tendre ; et dans les saints transports de son admiration, elle dit pendant une heure des choses ravissantes sur le désir de voir Dieu et le bonheur de le posséder. De temps en temps elle s'arrêtoit, considérant l'incertitude de la vie ; et disoit à sa confidente avec un profond étonnement : « Ma

---

[1] Dans son épitaphe tracée par Bossuet, plus loin, à la dernière lettre.

chère, pensez vous bien qu'on meurt en soupant? C'étoit ainsi qu'étoit morte la personne dont elle pleuroit la perte.

« Après Complies, la Sœur Cornuau, qui ne la quittoit que pour les exercices réguliers, vint la trouver, et elles employèrent quelque temps à des pratiques de dévotion. Enfin Madame d'Albert, avant de se retirer, voulut aller souhaiter la bonne nuit à sa sœur : les deux sœurs s'embrassèrent pour la dernière fois sans le savoir. Madame d'Albert proposa ensuite à son amie de dire Matines. Mais sur la réponse que cette Sœur lui fit, qu'elle pensoit qu'il étoit trop tard, elles sortirent ensemble pour voir à l'horloge l'heure précise qu'il pouvoit être. Il falloit, pour y arriver, traverser le chœur et l'avant-chœur; et en y passant, Madame d'Albert fit une longue prière devant le saint Sacrement : elle s'arrêta de même assez longtemps devant l'image de la sainte Vierge, qui étoit dans l'avant-chœur. Après ces différentes stations, elle envoya la Sœur Cornuau s'assurer de l'heure qu'il étoit, et l'attendit au lieu qu'elle lui marqua. Cette Sœur ne fut pas l'espace d'un *Miserere* à remplir sa commission, et revint sur-le-champ joindre Madame d'Albert, qu'elle trouva sans paroles, avec tous les simptômes de la mort peints sur le visage. Sa surprise et son saisissement répondirent à sa douleur ; et pénétrée d'effroi, elle jeta un grand cri, auquel la moribonde témoigna par quelques signes être fort sensible. Mais à l'instant elle perdit toute connoissance, et demeura dans cet état jusqu'au lendemain matin 4 février 1609, que sa belle ame quitta la terre pour s'unir éternellement à son divin Epoux, dont elle avoit désiré avec tant d'ardeur la possession pendant sa vie. » Que votre bonté paternelle soit bénie dans tous les siècles, ô mon Dieu, qui avez préparé votre servante à la mort tout en la préservant de ses terreurs!

Bossuet burina lui-même comme sur le marbre, en l'empreignant d'une douce et religieuse tristesse, l'épitaphe de la sainte religieuse [1]. Rappelons enfin qu'il écrivit pour sa sœur un admirable opuscule, qui fait pénétrer bien avant dans l'union de l'ame avec Dieu. Madame de Luynes l'avoit prié de lui écrire, pour son édification, ce que Dieu lui inspireroit sur ces paroles de saint Paul : « Vous êtes morts, et votre vie est cachée en Dieu avec Jésus-Christ [2]. » Bossuet répondit à sa prière, en lui envoyant le *Discours sur la vie cachée en Dieu* [3].

Nous avons reproduit les *Lettres à Madame d'Albert*, partie d'après les éditions, partie d'après les originaux, qui se trouvent à la bibliothèque du séminaire de Meaux et à la bibliothèque de la rue Richelieu. Les lettres revues sur les originaux, sont distinguées par une indication mise au bas de la page.

Les éditeurs ont supprimé, dans les *Lettres à Madame d'Albert*

---

[1] Dans ce volume, à la dernière des *Lettres à Madame d'Albert.* — [2] *Coloss.*, III, 3. — [3] Se trouve précédemment, vol. VII, p. 394.

comme dans les *Lettres à Madame Cornuau*, les faits particuliers qui révèlent la sollicitude paternelle, le caractère propre, la vie intime de l'auteur. Voici quelques-uns des passages qu'ils ont retranchés.

..... Pour mon frère, il n'a point encore tant été ici qu'à cette fois; et nous n'avons pu trouver le temps d'aller à Jouarre, quoique comme moi il vous honore et vous estime très-particulièrement, Madame de Luynes et vous. Il sait combien nous sommes amis. Il sera bien aise aussi de rendre ses respects à Madame de Jouarre. Pour moi, j'espère toujours [1]...

Le P. Moret ne voit guère clair, s'il croit que ces arrêts doivent m'arrêter. Son expédient a cheminé par divers endroits, et je crois jusqu'ici que ce n'est qu'un amusement. J'ai toujours beaucoup d'estime pour lui. J'ai reçu les extraits de mes lettres. — Plus loin : Je salue Madame de Luynes. Il me semble que les affaires de M. le comte N*** étoient en bon train, et que M. de Chevreuse en avoit bonne opinion [2].

Quand vous m'enverrez la traduction des notes, je vous enverrai mes remarques. Vous verrez par ma réponse d'hier que je ne suis pas pour le grec [3].

Développez-moi un petit mystère. Que veut dire le voyage de Mademoiselle de S.? Madame de Jouarre mande que Madame sa mère la mande pour lui faire prendre la mesure pour un corps de jupe : je le croirai si l'on veut. Mais c'est beaucoup plaindre la peine d'un tailleur : car le tailleur est trop précieux et trop important. Venons à des choses plus importantes [4].

Nous ne pousserons pas plus loin cette confrontation. Toutes les lettres que nous avons pu collationner présentent des lacunes semblables.

---

[1] Edit. de Vers., vol. XXXIX, *Lettre* CXCVII, avant le 1er alinéa. Le nombre des lettres est le même dans notre édition. — [2] *Ibid.*, *Lettre* CCII, après l'alinéa 6 et le dernier. — [3] *Ibid.*, *Lettre* CCIV, après l'alinéa 6. — [4] *Ibid.*, *Lettre* CCV, après le 1er alinéa.

LETTRES
DE PIÉTÉ ET DE DIRECTION

LETTRES
A MADAME D'ALBERT DE LUYNES
RELIGIEUSE DE L'ABBAYE DE JOUARRE.

LETTRE PREMIÈRE.

A Meaux, ce 10 mars 1690.

Je me souviendrai toujours, ma Fille, que vous êtes la première qui avez reçu de moi la parole de vie, qui est le germe immortel de la renaissance des chrétiens. Cette liaison ne finit jamais, et ce caractère paternel ne s'efface point. Dieu prévoyoit ce qui devoit arriver, quand je vous consacrai (a) par ma parole qui étoit la sienne, et il en jetoit dès lors les fondemens.

Pour le bref, loin qu'il doive venir à Pâque (b), on m'a averti de bonne part qu'on n'avoit même encore osé le demander, ni envoyer la supplique. Ceux qui mandent qu'il viendra si tôt savent bien que non ; et mon plus grand déplaisir, c'est que Dieu soit offensé par tant de mensonges. Celles qui appelleront à M. de Paris feront par là un acte authentique pour me reconnoître, puisque s'il est le métropolitain, je suis l'évêque, et le premier pas qu'il faut faire pour pouvoir être secouru par mon supérieur, c'est de me rendre obéissance. Au surplus M. de Paris est trop entendu pour outre-passer son pouvoir, et il sait que j'en sais les

---
(a) Le jour de sa profession religieuse. — (b) L'abbesse de Jouarre prétendoit à l'exemption épiscopale, et l'on annonçoit un bref apostolique qui devoit lui confirmer cette prérogative.

bornes qui en cette occasion sont bien resserrées ; car il ne peut exempter personne de me rendre une entière et perpétuelle obéissance. Pour ce qui regarde Madame votre abbesse, je ferai tout pas à pas et avec circonspection, mais s'il plaît à Dieu avec efficace. J'ai peine à croire qu'elle se détermine à me désobéir, ni aussi qu'elle se résolve si tard à m'obéir franchement. Quoi qu'il en soit, assurez-vous que je penserai à tout s'il plaît à Dieu, et que Dieu sera avec moi.

Je vous prie de dire à toutes les Sœurs que vous me nommez, que je reçois avec joie les témoignages de leurs bons sentimens par votre entremise, et en particulier à Madame de Saint-Michel ; que si elle m'a été une fidèle et courageuse conductrice, j'espère la guider à mon tour où je sais qu'elle veut aller de tout son cœur. Pour Madame de Saint-Placide, je ne la veux pas délivrer de la crainte où elle est entrée pour moi, parce qu'elle m'attirera ses prières. J'ai toutes mes Filles présentes, et je les salue nommément.

LETTRE II.

A Versailles, ce 15 mars 1690.

J'ai reçu, ma Fille, votre lettre du 11 mars, qui m'instruit de beaucoup de choses. Il n'y a qu'à avoir la foi, et l'œuvre de Dieu s'accomplira. Songez bien, et faites songer toutes nos chères Sœurs à cette parole de saint Jean : *Ipse enim sciebat quid esset facturus* [1] : « Pour lui, il savoit ce qu'il devoit faire. »

Tout se fera ; je n'omettrai rien, s'il plaît à Dieu ; et je suivrai encore, s'il le faut, le procès du conseil, qui n'ira pas moins vite que celui du parlement, et où j'aurai l'avantage qu'il faudra. En attendant, m'obéir. J'ai trouvé nécessaire de rappeler Madame votre abbesse, à moins qu'elle ne se mît en devoir d'obtenir un congé de moi, selon le concile de Trente. Vous pouvez assurer ces Dames qu'elles ne seront jamais commises ni nommées. Pour vous, ne craignez pas, je vous prie, ce qu'on peut me dire de cette part-là : outre que je n'y ai nulle foi et que je

[1] *Joan.*, VI, 6.

crois plutôt tout le contraire, je suis d'ailleurs si prévenu en votre faveur, que vous pouvez sans hésiter marcher avec moi avec une pleine confiance.

Je salue de tout mon cœur Madame votre sœur et toute la troupe élue, dont les noms et les vertus me sont très-présens. Laissez discourir les autres : leur temps viendra ; et pourvu qu'on ne manque pas de foi à la Providence, on verra la gloire de Dieu.

LETTRE III.

A Paris, ce 2 mai 1690.

Je vois par une apostille de Madame votre sœur à votre lettre du 28, que vous n'avez pu la fermer à cause d'un mal à la main. J'en suis en peine, et je vous prie de me mander ce que c'est.

Je vous dirai, ma Fille, en attendant, que vous faites bien de m'avertir de tout, jusqu'aux moindres choses qui peuvent me faire connoître l'état de la maison. Au surplus pour ne point perdre le temps de mon côté dans des redites, tenez pour bien assuré que tout ce qu'on dit de moi est faux et sans fondement, sans qu'il soit nécessaire que je vous en écrive rien en particulier. Ce qui sera véritable je vous le dirai, afin que vous en instruisiez celles que vous trouverez à propos. J'ai fait tirer Henriette du lieu où elle étoit.

Les mouvemens que se donne Madame de Jouarre sont inouïs. Je pousserai cette affaire jusqu'où elle doit aller, et n'oublierai rien pour défaire la maison d'un prêtre infâme, qui en a causé tout le malheur. Si le P. André a vu Madame l'abbesse, il doit dire de bonne foi que je n'ai point fait dépendre de là sa mission : mais j'ai consenti seulement que pour le bien de la paix, il s'assurât, s'il pouvoit et s'il le jugeoit à propos, d'un consentement de ce côté-là. Quoique ce Père m'ait invité à voir Madame de Jouarre comme de la part de cette abbesse, je n'ai rien voulu répondre, et suis très-résolu de ne la pas voir jusqu'à ce qu'elle ait éloigné son mauvais conseil. J'ai quelque soupçon qu'on verra bientôt sa requête en cassation : j'en suis bien aise ; car plus tôt elle paroîtra, plus tôt je mettrai fin à cette requête.

J'approuve fort les raisons que vous avez eues d'écrire en divers endroits, et je vois bien qu'il ne vous restoit aucun moyen de le faire que par M. Phelipeaux. Vous ne devez point douter que je n'autorise hautement ce qui aura été fait par cette voie. Au reste la paix est un bien que Dieu veut qu'on désire. Il y a celle du dedans que lui seul peut donner, et que nulle créature ne nous peut ravir : celle du dehors est un moyen pour conserver celle-là, mais Dieu ne la donne pas toujours. Il a sa méthode pour guérir les plaies de notre ame : il ne se sert pas toujours des remèdes qu'il a en main ; il veut exercer la foi, et éprouver notre confiance. Il faut attendre ses momens, et se souvenir de ce mot de saint Paul : « Ayant la paix avec tous, autant qu'il est en vous [1] ; » et de celui de David : « J'étois en paix avec ceux qui haïssoient la paix : » *Cum his qui oderunt pacem eram pacificus* [2]. Voilà, ma Fille, votre pratique et celle de nos chères Sœurs : le reste se dira en présence et avant la Pentecôte, s'il plait à Dieu.

LETTRE IV.

A Paris, ce 8 juin 1690.

J'ai reçu votre lettre du 6 ; je n'ai pas encore bien résolu ce qu'on pourra faire signer, et en quelle forme ; je voudrois bien pouvoir y être moi-même. Rien ne presse pour cela, et tout se fera dans le temps. Le procès-verbal est bien : ce qui est bon pour un reni, n'est pas toujours bon dans un acte juridique ; la fin nous justifiera envers les plus opposés.

Je vous relève, ma Fille, de toutes les défenses de Madame de Jouarre qui vont à vous empêcher de parler des sujets que vous me marquez, puisque dans l'état où sont les choses il n'est pas possible de s'en taire.

Il faut garder inviolablement le secret où la personne qui le confie est intéressée en sa personne, si ce n'est qu'un bien sans comparaison plus grand oblige à le révéler aux supérieurs, en prenant les précautions nécessaires pour la personne qui y a

---

[1] *Rom.*, XII, 18. — [2] *Psal.*, CXIX, 7.

intérêt ; à plus forte raison peut-on découvrir les autres secrets.

J'ai vu en passant à Chelles, Madame de Richelieu : elle a de l'esprit ; mais j'ai peine à croire que l'on confie l'abbaye de Jouarre à une si jeune religieuse.

Il est certain que Madame de Jouarre a fait proposer à Madame de Chelles une permutation. Je veillerai à tout autant qu'il sera possible, et n'oublierai rien, s'il plaît à Dieu.

Je suis fâché de votre mal aux yeux. Vivez en paix avec Dieu et, autant que vous le pourrez, avec les hommes. A vous, ma Fille, comme vous savez.

LETTRE V.

A Germigny, ce 5 octobre 1690.

J'ai reçu, ma Fille, votre lettre du 3. Je ne m'étonne ni ne me fâche de ce qu'on fait de malhonnête à mon égard, et toute ma peine vient de celle qui en retombe sur vous et mes fidèles Filles. Je serai demain, s'il plaît à Dieu, à la Ferté-sous-Jouarre pour y recevoir Monseigneur (a) samedi, et dimanche aller coucher à Jouarre où je commencerai par demander Madame votre sœur et et vous. Je verrai après Madame la prieure, et je donnerai le lendemain tout entier à nos autres chères Filles. Là nous parlerons de tout plus amplement. J'enverrai dire à Madame la prieure de la Ferté-sous-Jouarre le jour et l'heure que j'arriverai, et mes gens iront préparer mon logement, que je prendrai dans l'abbaye.

Je prends une part extrême à vos déplaisirs sur le sujet de M. le duc de Luynes, et je vous prie de témoigner à Madame votre sœur combien je suis sensible à votre commune douleur.

Je vous entretiendrai en particulier avec tout le loisir que vous souhaiterez, et je n'oublierai rien pour vous marquer mon estime et ma confiance.

(a) Le Dauphin son élève.

LETTRE VI.

A Germigny, ce 13 octobre 1690

Je prie Notre-Seigneur qu'il soit votre consolation. Il y a longtemps qu'il vous prépare au malheur qui vient de vous arriver. On ne laisse pas d'être sensible au coup, et il le faut être ; car si Jésus-Christ notre modèle n'avoit senti celui qu'il alloit recevoir, il n'auroit pas été l'homme de douleurs ; il n'auroit pas dit : « Mon Père, s'il se peut, détournez de moi ce calice[1]. » Il faut donc sentir avec lui ; mais en même temps il faut emprunter pour ainsi parler sa volonté sainte, afin de dire à Dieu que la sienne soit accomplie. Je prie Notre-Seigneur qu'il soit avec vous.

LETTRE VII.

A Meaux, ce 2 novembre 1690.

Il n'y a rien de changé dans ma marche, et c'est toujours samedi au soir que je serai à Jouarre sans y manquer, s'il plaît à Dieu. J'envoie cet exprès pour en avertir Madame la prieure, et pour vous le confirmer. Je vous entretiendrai à loisir, et toutes celles qui voudront me parler ou des affaires de la maison, ou même de leurs peines particulières : c'est ce que je vous prie de dire à Madame Gobelin.

J'ai reçu les quatre sentences, qui sont toutes placées en bon lieu, aussi bien que celles qui les ont écrites. Vous me ferez grand plaisir de le leur dire, et en particulier à Madame votre sœur. Samedi vous saurez des choses nouvelles ; en attendant, je vous dirai seulement que tout ce qui vient de Paris, ce ne sont que des réponses ambiguës et des moyens d'éluder. Je prie Notre-Seigneur qu'il soit avec vous.

[1] *Matth.*, XXVI, 39.

LETTRE VIII.

A Meaux, ce 9 novembre 1690.

J'ai reçu votre lettre et votre billet qui y étoit joint, avec les deux lettres pour M. de Chevreuse et pour le P. Moret, que j'aurai soin de rendre en main propre, du moins la première, et l'autre si je puis.

Mon *Ordonnance*, de la manière dont elle est motivée et prononcée, est hors d'atteinte ; mais il faudra voir ce que dira le parti quand les nouvelles de Paris seront venues : on y aura fait de grands cris. Je m'en vais pour les entendre de près, et procéder à la vive et réelle exécution. Il n'y a qu'à ne se pas étonner du bruit, et attendre l'événement de cette affaire, qui sera, s'il plaît à Dieu, comme celui de toutes les autres.

Plus on a de raison et plus on avance, plus il faut être douce et modeste, et moins il faut prendre d'avantage : c'est ce que je vous prie de dire et d'inspirer à toutes nos chères Filles. Il faut, s'il se peut, fermer la bouche aux contredisantes, et en tout cas ne leur donner aucun prétexte. Il faut aussi rendre de grands respects à Madame la prieure, qui assurément les mérite par ses bonnes intentions et par la manière dont elle a agi dans cette dernière visite ; et on ne doit rien oublier pour profiter de ses bonnes dispositions, qui seront très-utiles au bien de la maison.

M. le grand-vicaire aura soin 'd'envoyer souvent à Jouarre, pour en recevoir et y porter les nouvelles.

Celles de ma santé sont fort bonnes. Je garde pourtant la chambre pour empêcher le progrès d'un petit mal de gorge, qui est venu de beaucoup parler et d'un peu de rhume.

Je salue toutes nos chères Sœurs, et plus que toutes les autres Madame votre sœur, dont l'amitié et les saintes dispositions me sont très-connues. Ainsi je n'ai pas besoin qu'on me dise rien de sa part : elle m'a tout dit, et j'y crois.

Voilà les deux livres que vous souhaitez : recevez-les comme une preuve de mon estime, assurée que je ne souhaite rien tant que de pouvoir vous en donner de plus grandes. Je vous garderai fidèlement le secret. Faites s'il vous plaît mes amitiés à Madame de Sainte-Anne; n'oubliez pas nos autres chères Sœurs. C'est avec regret que je vous quittai sans vous avoir pu tenir ma parole. Je suis à vous de tout mon cœur.

LETTRE IX.

A Paris, ce 24 novembre 1690.

J'ai rendu votre lettre en main propre à M. de Chevreuse, qui fera entendre à Madame la duchesse de Luynes vos raisons dont il est fort persuadé. Pour le surplus vous verrez bientôt l'exécution entière de mes *Ordonnances*, et Madame de Lusanci va être riche. Je lui écris le détail des affaires encore assez en gros ; mais cela se va débrouiller, et vous saurez d'elle, ma Fille, ce que j'en puis dire.

Vous ne devez pas être en scrupule pour avoir touché les reliques : c'est une nécessité pour les religieuses ; et les Epouses de Jésus-Christ ont des priviléges sur cela au-dessus du commun des fidèles.

Madame de Jouarre m'a fait donner parole par le P. Gaillard, d'exécuter mes *Ordonnances*. Il le faudra bien : mais dispensez-moi de la peine de vous faire sur cela une grande lettre ; dans peu tout s'éclaircira. Madame de Rodon ne feroit pas mal de m'écrire un peu de verbiage ; et je lui promets que je le lirai, parce que je suis assuré qu'elle ne me donnera jamais un verbiage tout pur. J'espère vous revoir bientôt, et avec assez de loisir pour vous écouter en particulier et toutes celles qui désireront communiquer avec moi. Je prie Notre-Seigneur qu'il soit avec vous.

LETTRE X [a].

A Paris, ce 30 novembre 1690.

J'ai reçu votre lettre, et vous ne devez pas en être en peine. Madame de Jouarre me rendit hier une visite : elle me demande congé. J'ai promis de l'accorder, à condition de satisfaire à tous

[a] Revue sur l'original.

les articles de mon *Ordonnance* dans les termes y portés. Elle s'y est soumise ; il y aura cependant un arrêt du parlement pour la confirmer : ainsi le gouvernement de la maison et mon autorité seront établis. Madame de Jouarre m'a dit que le boucher étoit content, et qu'elle me feroit voir son compte arrêté et sa quittance. Voilà, ma Fille, toutes les nouvelles de deçà.

Dans peu M. de la Vallée sera justifié, et l'ira dire à Limoges. Pour moi je retournerai, s'il plaît à Dieu, à Meaux, d'où je ferai savoir de mes nouvelles à Jouarre ; et je ne tarderai pas d'y aller faire un tour. Je vous prie de faire part de ceci à nos chères Filles que vous jugerez à propos, et en particulier à Madame de Lusanci. Madame de Jouarre ne m'a rien dit du tout sur son sujet : mais pour vous et Madame votre sœur, il ne faut pas que vous songiez à l'apaiser ; et quoi que je lui aie pu dire, elle veut vous attribuer tout ce que j'ai fait. La vérité et la patience sont votre refuge, avec l'assurance infaillible de mes consolations, de mes conseils et de mon autorité. Je ne vois pas, Dieu merci, que vous ayez beaucoup à craindre, et en tout cas je partagerai vos peines avec vous. Je n'écris pas à nos chères Filles qui m'ont écrit, à cause de l'empressement où je suis. Je dis un mot à Madame de Rodon, pour lui donner occasion de fortifier son noviciat dont elle me parle.

Je prie Notre-Seigneur qu'il soit avec vous.

J'ai vu le P. Moret, qui apparemment vous fera réponse (*a*).

J'ai parlé à Madame de M. Gérard ; mais je n'ai pas cru le devoir recommander pour la prébende vacante, ne croyant pas mon crédit assez affermi pour cela, quoique notre conversation ait été remplie d'honnêtetés réciproques et qu'on ait paru content de moi. On n'a pas même voulu faire semblant de savoir la mort du pauvre M. Galot. M. Gérard doit s'assurer que je ne lui manquerai pas, en continuant à bien faire.

(*a*) La première de ces phrases est transposée, et la seconde omise dans les éditions.

LETTRE XI.

A Meaux, ce 18 décembre 1690.

Je viens d'arriver en bonne santé, Dieu merci, ma Fille. Un rhume m'a arrêté à Paris trois jours plus que je ne voulois. Durant ce temps, il est arrivé de terribles incidens. Nous étions d'accord de tout pour l'affaire de la Vallée, et on avoit signé tout ce que Madame de Jouarre avoit voulu. Mais M. Talon a voulu avant toutes choses savoir mes sentimens par mon procureur. On a dit que je ne prenois plus de part à cette affaire, et que je souhaitois que Madame de Jouarre fût contente. M. Talon a consenti à passer outre, si M. le président Pelletier, qui tient la Tournelle, le vouloit bien. Je lui ai écrit la même chose qu'on avoit dite de ma part à M. Talon; et comme il a voulu me parler, et que je gardois la chambre, j'ai envoyé un homme de créance pour lui confirmer mon sentiment. Il a dit que ce n'étoit pas là sa difficulté; mais qu'il ne pouvoit consentir à absoudre un homme de cette sorte que dans les formes requises, et que M. Talon étoit demeuré d'accord avec lui que ce qu'on demandoit étoit contre les règles. Il m'a fait là-dessus toutes les honnêtetés possibles; mais il est demeuré ferme, et je n'ai rien pu gagner sur lui ni par écrit ni en présence : ainsi l'affaire est manquée de ce côté-là. Il n'en faut rien dire qu'aux bonnes amies. J'ai fait ce que j'ai pu, et j'ai proposé les vrais expédiens; mais je ne sais ce qu'on voudra faire. On est consterné, on est malade, et je n'ai pu parler d'aucune affaire que de celle-là.

Il est vrai que Madame de Jouarre a fait quelque démonstration de vouloir aller à Jouarre ; mais elle n'en a point eu d'envie, et il est vrai que sa santé la met hors d'état de le faire. Elle parle d'y envoyer Madame de Baradat, qui n'y ira non plus. Si elle y va, je la suivrai de près ; mais je n'en serai pas dans la peine. J'ai cette semaine l'ordination ; la fête approche ; ainsi vous voyez bien que ce ne sera qu'après que je pourrai vous aller voir. Je salue Madame votre sœur et toutes nos chères amies. Je prie, ma Fille, Notre-Seigneur qu'il soit avec vous.

LETTRE XII.

A Meaux, ce 21 décembre 1690.

Je ne répéterai point ce que j'écris à ma Sœur de Lusanci. Je reçus hier, ma Fille, la lettre que vous m'écriviez à Paris, où vous me parlez de ma réponse à Madame de Harlay. Il ne faut être en aucune peine de ma santé, Dieu merci. Je ne crois point le voyage de Madame de Jouarre, et je doute beaucoup de celui de Madame de Baradat. Le dessein de permuter sera difficile. Si la Vallée peut venir à bout de se faire justifier, j'en serai bien aise, afin qu'il chemine plus tôt où il doit aller. Il semble en effet que Dieu veuille lui faire sentir sa justice : si c'est pour le convertir, sa bonté en soit louée.

M. Gérard ne doit point se rebuter des difficultés : c'est là qu'est l'épreuve, et dans l'épreuve la grace et le fondement de l'espérance. Il n'est presque pas possible qu'il ne se trouve des ulcères cachés : mais vous avez eu raison de lui dire qu'il ne faut pas inquiéter un pénitent sur le passé sans un fondement certain, du moins d'abord : il faut avoir le loisir d'approfondir, et cependant laisser les gens dans la bonne foi. Pour les désordres de l'extérieur, le temps y apportera le remède ; et ce temps, quoique trop long pour ceux qui souffrent, ne l'est pas par rapport aux difficultés. Je ne sais que le seul dessein de la visite de M. votre frère.

Je salue de tout mon cœur mes Sœurs Gobelin et Fourré. Tout est à craindre de ce côté-là, encore qu'on y soit en apparence fort humble ; car on est en effet fort consterné. De savoir où l'on tournera ;..... l'on devinera aussitôt de quel côté soufflera le vent. Vous devez avoir reçu la lettre où je vous mandois que votre paquet étoit allé à la Trappe : je n'en ai encore nulle réponse. A vous de tout mon cœur, ma chère Fille.

LETTRE XIII.

Samedi soir, à la fin de 1690.

Une Epouse de Jésus-Christ ne lui apporte pour dot que son néant. Elle n'a ni corps, ni ame, ni volonté, ni pensée Jésus-Christ lui est tout, sanctification, rédemption, justice, sagesse. Elle n'est plus sage à ses yeux, et n'a de gloire qu'en son Epoux. Pour s'humilier jusqu'à l'infini, elle n'a qu'à lire où son Epoux l'a prise, son infidélité si elle le quitte, et la bonté de son Epoux qui la reprendra encore si elle revient [1]. Quelle pauvreté! quelle nudité! quel abandon!

Toute ame chrétienne et juste est Epouse : mais on est encore Epouse par un titre particulier, quand on renonce à tout pour le posséder. Entendez ce que c'est que vous dépouiller de tout, et ne vous laisser rien à vous-même que le fond où Jésus-Christ agit, qui encore vous vient de lui par la création, et que la rédemption lui a de nouveau approprié.

Si toute ame juste est Epouse, et que toutes les ames justes soient ensemble une seule Epouse, soyons tous un en Jésus-Christ, pauvres et riches, sains et malades, hommes et femmes, jeunes et vieux. Car il n'y a nulle distinction en Jésus-Christ [2], et Dieu doit être tout en tous [3]. Voilà, ma Fille, ce que c'est qu'être Epouse.

LETTRE XIV.

A Versailles, ce 8 janvier 1691.

Si l'on avoit eu à Jouarre une pratique uniforme et constante touchant l'abstinence des samedis d'entre Noël et la Chandeleur, je croirois que cette pratique devroit servir de règle : mais comme la pratique a varié, on peut s'en tenir, ma Fille, à la coutume du diocèse, et regarder l'abstinence de ces samedis comme étant seulement de règle, et non pas de commandement ecclésiastique, surtout si le peuple de Jouarre et de ses écarts jouit de la liberté qu'on a dans le reste du diocèse : car je ne sache point qu'il y ait

---

[1] *Jerem.*, III ; *Ezech.*, XVI. — [2] *Rom.*, X, 12. — [3] 1 *Cor.*, XV, 28.

de bulles particulières pour cela, et c'est l'usage qui sert de règle. Je prie Notre-Seigneur qu'il soit avec vous.

LETTRE XV.
A Meaux, ce 22 janvier 1691.

Je ne sais pas distinguer, ma chère Fille, entre les effets de la tentation et ceux de la maladie; mais ce que je sais très-certainement, c'est que l'une et l'autre font partie du contre-poison et du remède que le Médecin des ames tire de nos maux et de nos foiblesses. Ainsi abandonnez-vous à sa conduite, et dites souvent: *Sana me, Domine, et sanabor*[1]: « Guérissez-moi, Seigneur, et je serai guérie; » car c'est ainsi que s'achève la cure des ames.

Au surplus je ne puis vous taire que j'ai dérobé Jouarre en le quittant. Devinez ce que j'en ai dérobé: c'est un écran, que j'ai trouvé si riche en belles et fines sentences, que j'ai voulu les avoir à Meaux devant les yeux: je dis fines, de cette bonne finesse que l'Evangile recommande. J'avois négligé cet écran, et il faut vous avouer que ç'a été ma Sœur de Rodon qui m'a encore ici servi de conductrice: je ne puis m'empêcher de vous prier de lui en marquer ma reconnoissance; sans elle j'aurois perdu ce trésor. J'aurai dorénavant les yeux plus ouverts à tous les objets qui se présenteront à Jouarre, et je croirai que tout y parle.

Je prie Notre-Seigneur qu'il soit avec vous, ma chère et première Fille.

LETTRE XVI.
A Meaux, ce 24 janvier 1691.

Le repos que je me suis donné m'a mis en état, ma chère Fille, de ne craindre, s'il plaît à Dieu, aucune suite du rhume qui commençoit à m'incommoder. Je voudrois que vos maux fussent aussitôt guéris.

Il ne faut nullement douter que la tentation ne se mêle aux maux du corps, et surtout à ceux de cette nature qui portent au relâchement et au découragement. Gardez-vous bien de céder à

---
[1] *Jerem.*, XVII, 14.

la peine que vous me marquez: au contraire ces répugnances à lire, à prier, à communier, vous doivent servir de raison à le faire plus promptement, persuadée que le sacrifice qu'il vous faudra faire en cela rendra ces actions plus agréables à Dieu et plus fructueuses pour vous. Votre soutien doit être dans ces paroles de saint Paul : *En espérance contre l'espérance*[1], et je vous les donne comme une espèce de devise dans le combat que vous avez à soutenir devant Dieu et devant ses anges.

Les paroles de l'Ecriture, et surtout celles de l'Evangile où Jésus-Christ parle par lui-même, sont le vrai remède de l'ame ; et une partie de la cure des ames consiste à les savoir appliquer à chaque mal et à chaque état. C'est là du moins tout ce que je sais en matière de direction, et il me semble qu'on s'en trouve bien. Vous pouvez reprendre de temps en temps le chapitre xii de saint Jean. En attendant que vous y reveniez, lisez le xie de saint Matthieu, que vous pouvez conférer avec le xe de saint Luc, depuis le verset 17 jusqu'au 25 : vous y verrez la présomption et la hauteur d'esprit bien traitée.

Vous avez bien fait de vous dispenser de la lecture que je vous avois ordonnée, puisque vous aviez la fièvre ; et en semblable occasion, il en faut toujours user de même. Il suffit dans ces états de rappeler doucement quelque parole de consolation, qui reviendra dans l'esprit sans lui faire de violence. J'espère que Dieu vous tirera de cet état. Ramez en attendant, comme nous disions ; mais ramez en disant toujours: *Non est volentis neque currentis, sed Dei miserentis*[2]. « Cela ne dépend ni de celui qui veut ni de celui qui court, mais de Dieu qui fait miséricorde. » Et encore : « Opérez votre salut avec crainte et tremblement ; car c'est Dieu qui opère en vous le vouloir et le faire[3]. » Je désespérerois si je n'avois point un tel secours.

Je réponds par ordre à votre lettre, afin de ne rien oublier. La principale utilité que j'espère de la justification du malheureux la Vallée, c'est qu'il faudra qu'il s'en aille: au lieu qu'étant obligé de laisser aller les choses pour sa justification, le retardement de cette affaire, à laquelle je suis comme engagé,

[1] *Rom.*, iv, 18. — [2] *Ibid.*, ix, 16. — [3] *Philip.*, ii, 12, 13.

est un prétexte pour le retenir. Je ne vous en dirai pas davantage sur les affaires : vous savez que j'y fais et que j'y ferai toujours, s'il plaît à Dieu, ce qu'il faut, avec toutes les réflexions utiles sur ce qu'on me dit : ainsi il faut continuer à me dire tout. Les sentences de l'écran m'ont beaucoup plu : elles ne me sont que plus agréables pour être des fleurs cueillies dans Jouarre même : mais si les vers françois y sont nés aussi, c'est un talent que je n'y connoissois pas encore. Je crois avoir répondu à tout. J'ai honte d'avoir commencé par l'endroit qui devoit avoir la dernière place; mais votre lettre, que j'ai trop suivie en cela, en est cause.

In spem contra spem, c'est la devise des enfans de la promesse.

Je prie Dieu, ma chère Fille, qu'il soit avec vous.

LETTRE XVII.

A Paris, ce 29 janvier 1691.

Je n'ai point encore vu Madame de Jouarre. Nous ne saurions plus faire autre chose envers celles de nos Sœurs qui sont inquiètes, que de les aimer, les aider, les considérer, les laisser dire et faire tout ce qu'il faudra. Comment veut-on que je règle tout en pareil cas? Je ne connois pas encore. En un mot, à qui n'a pas la foi, je ne ferois que perdre inutilement mes paroles; et pour vous qui l'avez, vous n'avez pas besoin de longs discours.

Pour ce qui regarde vos dispositions particulières, c'est, dans un état de ténèbres et de découragement, de se soutenir par la seule foi. Ce n'est pas ici un de ces maux dont le remède est présent, et ne dépend quelquefois que d'un seul mot, parce que les causes en sont connues et particulières: ici où le mal est universel, il n'y a que les remèdes généraux qu'on puisse employer: la foi, la persévérance, une perte de soi-même dans quelque chose de grand et de souverain, mais qui est encore obscur.

La fin en sera heureuse avec ces conditions: mais en ces états, il se faut bien donner de garde de vouloir trop voir; Dieu vous repousse trop loin quand vous le voulez prévenir. Je puis seulement vous assurer que c'est ici le temps d'amasser et de recueillir : soit tentation, soit maladie, soit quelque autre chose que Dieu conduit secrètement ; c'est l'Epouse dans les trous de la caverne, avec les animaux qui fuient le jour, toujours prête à se réveiller à l'arrivée de l'Epoux et au premier son de sa voix[1]. Il faut donc une attention toujours vive. Quand Dieu me donnera davantage, je serai fidèle à vous le rendre.

LETTRE XVIII [a].

A Versailles, ce 4 février 1691.

Votre lettre du 1ᵉʳ février me fut rendue hier, ma chère Fille. J'ai rendu (b) à M. le duc de Chevreuse celle que vous m'aviez envoyée pour lui.

Je pense vous avoir dit que ces peines dont vous me parlez, et qui entrent si avant dans cette disposition universelle de chagrin, ne doivent point vous troubler, et que ou il ne s'en faut point confesser du tout, ou il faut que ce soit très-rarement, et en termes très-généraux, pour s'humilier devant Dieu et devant les hommes. Pour ce qui est de ces chagrins, je soupçonne qu'il y a là beaucoup de vapeurs : Dieu et la tentation s'en servent chacun pour leurs fins. Dieu vous exerce, vous abaisse, vous subjugue, vous pousse à l'expérience et à la reconnoissance de votre impuissance propre, pour faire triompher dans votre cœur la toute-puissance de sa grace. La tentation, au contraire, veut vous porter à la paresse et au découragement : n'en prenez que la vue de votre néant, et en même temps élevez-vous en espérance contre l'espérance. Ne vous étudiez pas à rechercher les causes de cette noirceur : quelle qu'en soit la cause, elle est également soumise à Dieu. Dans les temps que vous serez plus accablée, pratiquez bien cet abandon secret, qui ne vous laisse presque rien à faire ni à méditer. Quand vous aurez un peu de liberté, faites ce que dit l'apôtre saint Jacques[2] : priez dans la tristesse, psalmodiez dans une plus douce et plus tranquille disposition : pratiquez le chant

[1] *Cant.*, II, 14. — [2] *Jac.*, v, 13.

(a) Revue sur l'original, qui se trouve à la bibliothèque du séminaire de Meaux. — (b) Les éditeurs ont imprimé : *Remis.* Nous ne notons pas les autres changemens.

A MADAME D'ALBERT, LETTRE XVIII, 4 FÉVRIER 1691.

intérieur, qui est un épanchement du cœur vers son Dieu et son Sauveur, en de saintes actions de graces, comme l'enseigne saint Paul[1]. Je vous donne pour cantiques les deux *Benedic*[2], que je vous prie de chanter : l'un, en l'appliquant à vous-même et aux immenses miséricordes que Dieu vous a faites ; l'autre, qui est le second, en pensant le moins que vous pourrez à vous-même, attentive aux œuvres de Dieu, à celles de la nature pour venir à celles de la grace, et célébrant en votre cœur l'immense et inépuisable profusion de ses graces.

Je ne crois pas qu'on vienne à bout de justifier la Vallée. Il le faut faire.

M. de Poitiers n'est point mort, ni n'a point été malade. La première fois que je le verrai je lui parlerai ; et je chercherai même les moyens de lui faire parler, si je suis longtemps sans le voir. Je trouve juste l'inquiétude qu'on a à Jouarre, et il faut tâcher d'y mettre fin. Je ne comprends pas pourquoi Madame la prieure trouve qu'on a tort de m'avoir parlé. Il n'y a jamais d'inconvénient à me dire ses pensées. Je vous assure que les premières laissent aux autres tout leur poids. N'écoutez pas celles qui vous disent qu'il ne faut point tant communiquer ce qui se passe en nous : cela peut être vrai en quelques personnes, mais non pas en vous : assurez-vous-en, ma Fille, et continuez à l'ordinaire.

Je n'ai vu encore personne ; je ne retournerai pas sans cela. S'il est vrai qu'on ait un arrêt portant règlement en cas pareil, il n'y a qu'à me le montrer ; mais personne ne le connoît. Vous avez raison de prier Dieu pour moi, par rapport aux choses que vous me mandez, qui ont grand rapport à l'Eglise. Je vous manderai (*a*) ce qui me paroîtra le mériter. Je suis à vous, ma Fille, sincèrement et à Madame de Luynes.

Vous apprendrez de Madame et du mandement que j'enverrai au premier jour, que j'espère être à Jouarre le mercredi de la Pentecôte, pour la descente des saintes reliques.

---

[1] *Coloss.*, III, 16. — [2] *Psal.*, CII et CIII.
(*a*) Les éditeurs : Je vous marquerai.

LETTRE XIX.

A Versailles, ce 7 février 1691.

Voilà, ma Fille, une lettre du P. abbé de la Trappe. Je n'ai point encore été à Paris, et il n'y a rien de nouveau dans les affaires.

Je prie continuellement Notre-Seigneur qu'il vous soulage et qu'il vous soutienne. *Sana me, Domine, et sanabor*[1] *:* O Seigneur! je ne veux de santé que celle que vous donnez; je ne puis ni je ne veux guérir que par vous.

LETTRE XX.

A Paris, ce 8 mars 1691.

A ce jour, où commença la délivrance, lisez, ma Fille, les sacrés cantiques que l'on chanta dans le temple à son renouvellement. Ce furent les psaumes Graduels, qui commencent, comme vous savez, après le cxviii. Celui-ci étoit destiné à chanter les ineffables douceurs de la loi de Dieu. Depuis le cxix jusqu'au cxxxiii le peuple, qui voit rebâtir le temple sacré où la loi étoit mise en dépôt, s'épanche en actions de graces, et exprime tous les sentimens qu'inspire tantôt une sainte joie dans le commencement de l'ouvrage, tantôt une secrète douleur des difficultés qui en causoient le retardement.

Chantez ces cantiques, ma Fille, chantez-les sur les degrés du temple; chantez-les en vous élevant au comble du saint amour, dont votre cœur fut touché, lorsque remplie du dégoût du siècle vous offrîtes à Dieu le sacrifice de vos cheveux pour vous engager à le suivre. Collez-vous à ses pieds avec la sainte Pécheresse; et après lui avoir donné vos cheveux d'une autre manière, répandez-y vos parfums, c'est-à-dire de saintes louanges, et baignez-les de vos larmes.

Je rends graces à Notre-Seigneur de ce qu'il a adouci vos peines du côté qui me paroissoit le plus fâcheux. Ne soyez point en peine des discours que me pourra faire M. Gérard. J'approuve vos sen-

---

[1] *Jerem.*, XVII, 14.

timens et votre conduite, et n'entrerai dans aucun détail. Le bruit s'augmente du dessein qu'on a de se démettre. Je ne doute point du tout qu'il n'y ait des mesures prises avec Madame de Soubise du côté de Madame de Jouarre. Je persiste à dire que je ne veux apporter aucun obstacle à l'absolution de la Vallée, pourvu qu'il soit à cent lieues d'ici. Je suis à vous, ma très-chère Fille, de tout mon cœur

LETTRE XXI.

A Meaux, ce 8 avril 1691.

J'ai été bien aise, ma chère Fille, de voir dans votre lettre quelque chose qui me marque un plus grand calme. Vous pouvez, sans vous opposer aux desseins de Dieu, souhaiter que vos peines cessent, et reconnoître la grace de Dieu et une grande miséricorde, en vous mettant sous la conduite particulière de votre évêque, à qui il inspire dans le même temps un infatigable désir de vous faire marcher dans ses voies.

Il est vrai sur le sujet des capucins, que je ne voudrois pas qu'on en fît un ordinaire : mais il est vrai aussi que je n'ai pas cru qu'on dût révoquer leurs pouvoirs, et on y peut aller tant qu'il n'y a point de révocation. Au surplus je serai très-aise qu'on s'en tienne, autant qu'on pourra, aux confesseurs ordinaires. Je ne change pourtant rien à cet égard à votre conduite particulière, et je vous laisse entièrement à votre liberté.

Je crois que je trouverai parmi mes papiers une copie de ma lettre à Madame la prieure. On n'excommunie pas comme cela par lettres. Mais en seroit-on quitte pour tenir une lettre bien cachetée? Vous pouvez vous assurer, ma Fille, que je vous offrirai à Dieu très-particulièrement durant ces saints jours.

Ne pourriez-vous point dire confidemment à Madame de Giri, que je vous ai priée de la faire souvenir de la promesse qu'elle m'a déjà faite, de se défaire promptement de ce chien qui importune la communauté.

LETTRE XXII (a).

A Meaux, ce 10 avril 1691

Vous avez très-bien résolu le cas de conscience : il n'y a nul doute que la permission de l'évêque ne suffise pour autoriser un confesseur, quelque contradiction qu'une abbesse y puisse apporter ; cela n'a aucune difficulté.

Vous verrez dans la lettre à Madame votre sœur, ce que je mande pour la prière. Que deviendroit le saint homme Job, si les maladies et les peines étoient des marques du courroux de Dieu? C'étoit l'erreur des amis de ce saint homme ; Jésus-Christ les a réfutés par sa croix. Au contraire les tentations et les souffrances sont la marque de la volonté de Dieu, et seront pour nous des sources de graces.

Notre-Seigneur soit avec vous, ma Fille.

LETTRE XXIII.

Sur la fin du carême de cette année.

Vous ne devez point appréhender que vos peines me rebutent : elles ont quelque chose de fort caché ; mais cela même m'encourage, parce que l'œuvre de Dieu, qui est la sanctification des ames, doit être conduite parmi les ténèbres et dans un esprit de foi et d'abandon, tant du côté des directeurs que de celui des pénitens. Allez donc de foi en foi, et en espérance contre l'espérance.

LETTRE XXIV.

A Meaux, ce 28 avril 1691.

Ils loueront, parce qu'ils aimeront ; et ils aimeront, parce qu'ils verront. C'est ce que dit saint Augustin, et c'est la source de cet éternel *Alleluia*, qui retentit du ciel jusqu'à la terre, par l'écoulement qui se fait en nous de la joie du ciel, dont notre foi et notre espérance renferment un commencement : c'est aussi

(a) Revue sur l'original.

pour cette raison que saint Paul nous avertit si souvent que nous devons être en joie. Il n'est pas nécessaire que cette joie soit sensible; elle est souvent renfermée dans des actes imperceptibles aux sens.

Le simple abandon en Dieu est pour vous une des meilleures pratiques, en récitant l'Office divin. On ne fait que se tourmenter vainement la tête, en s'efforçant en certains états de faire des actes contraires à ce que la tentation nous demande. Un simple regard à Dieu, et laisser passer avec le moins d'attention qu'on peut à ces peines, c'est le mieux pour vous.

Ce que l'on commence par l'ordre de Dieu, comme de se confier à son évêque et de se soumettre à sa conduite, doit être suivi persévéramment; et les peines qui naissent de là sont une marque de la tentation, qui voudroit bien s'y opposer. Une douce et constante persévérance vaut mieux en ce cas, que de se tuer à faire des actes pour combattre ces peines.

Nous pourrons parler à fond de vos vœux (*a*) à la première entrevue : je pense même que nous en avons déjà parlé beaucoup. Je les suspens tous jusqu'à ce que j'en sois informé, et alors il y a beaucoup d'apparence que je vous en déchargerai tout à fait. Je vous laisse celui qui me regarde, et vous savez que je l'ai accepté.

La confession annuelle est déterminée par l'usage au temps de Pâques. Je la crois d'obligation pour tout le monde, à cause de l'exemple, quoique l'intention de l'Eglise ne soit pas qu'on la fasse pour des péchés véniels, qu'on n'est pas obligé de confesser. Mais comme on ne sait si précisément la nature et le poids des péchés, il s'en faut toujours décharger en recourant aux Clefs de l'Eglise.

Je prie, ma Fille, Notre-Seigneur qu'il soit avec vous. Je salue ces Dames, dont les noms sont devant mes yeux par votre lettre.

(*a*) Des vœux particuliers, non des vœux solennels déjà prononcés par Madame d'Albert de Luynes.

LETTRE XXV.

A Meaux, ce 13 mai 1691.

Quand je reçus la lettre où vous me demandiez quelque chose pour le 8 de septembre, ce jour étoit passé. J'ai fait aujourd'hui ce que vous souhaitiez pour ce jour-là, et écoutant Dieu pour vous, il ne m'est venu que ces deux grands mots : *Votre volonté soit faite* [1] ; et : *Il fera la volonté de ceux qui le craignent* [2].

J'ai fait à M. de la Trappe la prière que vous souhaitiez ; mais assurez-vous que Dieu demande de vous un grand abandon. Je prie Dieu, ma chère Fille, qu'il soit avec vous.

Qu'on redouble secrètement les prières pour les affaires de Jouarre : avertissez nos chères Filles, à qui je me recommande de tout mon cœur. Je ne pourrai point vous voir à l'Ascension, et le bien des affaires demande que je sois où les grandes affaires se traitent. Consolez nos Filles, et assurez-les que ma bonne volonté est entière.

Encouragez, je vous en conjure, Madame de Lusanci ; exhortez-la à avoir un peu de patience. Je connois son obéissance et son zèle : Dieu la récompensera du sacrifice qu'elle fait de son repos au bien commun. Je prie Dieu que sa santé n'en souffer point ; je sais que le courage ne lui manque pas.

LETTRE XXVI.

Ce 8 mai 1691.

Je vous exhorte, ma chère Fille, à demander à Dieu cette joie du Saint-Esprit, qui est tant recommandée dans les saints Livres. Comme elle est, selon saint Paul [3], au-dessus des sens, elle n'est pas toujours sensible : mais soit qu'elle se déclare, soit qu'elle se renferme au dedans, c'est le seul remède à ces chagrins désolans. Elle viendra, et nous la verrons quelque jour sortir de ces té-

---

[1] *Matth.,* VI, 10. — [2] *Psal.,* CXLIV, 19. — [3] *Philip.,* IV, 7.

nèbres, par la vertu de celui qui dès l'origine du monde fit sortir et éclater la lumière du sein du chaos et du néant. *Amen, amen.*

LETTRE XXVII.

A Meaux, ce 3 juin 1691.

Les affaires de l'ordination de samedi prochain me tenant continuellement occupé dans les premiers jours de cette semaine, il n'est pas possible, ma Fille, que j'aille passer dans ces entrefaites un jour entier, comme je me l'étois proposé ; et tout ce que je pourrai, c'est d'y aller vendredi matin de la Ferté-sous-Jouarre, où j'irai coucher jeudi, et de revenir ici vendredi soir, sans préjudice d'une autre plus longue visite.

Je suis très-persuadé des bons sentimens de toutes celles que vous me nommez, et en particulier de Madame du Mans. J'écris à Madame votre sœur : j'écris aussi à Mesdames de la Grange et Renard, qui m'ont écrit.

Sur le cas de conscience que vous me proposez, je crois qu'il faut user de distinction. Si la permission du supérieur est restreinte à une certaine action, il n'est pas permis de passer outre. Si c'est une simple permission d'entrer indéfiniment, le supérieur est censé accorder la vue des lieux, pour en user néanmoins avec circonspection, et sans troubler le repos et le silence des communautés.

Je n'ai nulle peine sur les consultations que quand on recommence la même chose, parce que outre le temps que cela fait perdre, c'est un effet d'une inquiétude qu'il ne faut pas entretenir. Mais quand on est en doute si on a consulté, ou si la réponse est précise, ou qu'il y ait quelque nouvelle circonstance, il n'y a nulle difficulté qu'il ne faille consulter de nouveau. Vous me demandez franchement ma pensée, et moi je vous la dis avec la même franchise.

Pour le fait particulier de l'entrée à l'occasion des saintes reliques, en attendant qu'on y ait pourvu, je vous permets de conduire celles que vous trouverez à propos où vous voudrez, avec toutes les convenances nécessaires. Je ne crois pas même que les autres religieuses, ni les personnes qu'elles conduiront, encourent aucune peine, à cause que c'est une coutume que jusqu'ici les supérieurs semblent avoir tolérée, puisqu'ils ne l'ont pas contredite la sachant.

Je vous donne aussi les permissions que je vous avois permis de recevoir de Madame de Lusanci.

Vous m'aviez dit qu'on proposoit Madame de Goussault pour remplir la place de prieure ; mais je ne me souviens pas que vous m'eussiez dit que la chose fût faite. Ce choix est bon, et je voudrois qu'on en fît toujours de semblables. Je vous prie de lui dire que j'aurai de la joie de la voir au premier voyage de Jouarre.

Je ne suis engagé à rien pour le congé de Madame l'abbesse. Nous pourrons parler vendredi de ce que vous aurez appris sur ce sujet-là.

Je vous ai offerte à Dieu tous ces saints jours, et je continuerai toute la semaine avec une application particulière.

LETTRE XXVIII.

A Germigny, ce 13 juin 1691.

Sur votre lettre du 11, j'ai su la mort des deux Sœurs, et je les ai déjà recommandées à Notre-Seigneur.

Je n'ai dit qu'en riant que je ne voulois plus recevoir d'avis. Il y avoit pourtant là quelque chose de sérieux ; et il est vrai qu'il ne convient pas qu'on m'en donne par inquiétude, par doute ou par présomption ; mais m'avertir pour m'instruire ou pour me faire souvenir, non-seulement vous, ma Fille, mais toutes le peuvent.

Je n'ai pas eu le loisir de conférer votre version avec l'original : il eût fallu pour cela être ici un peu plus longtemps et en liberté ; ce qui se pourra faire en un autre temps.

La foi explicite de certains articles est nécessaire, mais non en tout temps ; et très-souvent il est mieux de se contenter simplement d'un acte de soumission envers l'Eglise : ce qui a lieu principalement dans les états de peine et de tentation comme le vôtre.

Je donnerai, quand vous voudrez, une ample audience sur toutes vos difficultés à Madame votre sœur et à vous.

Il y a beaucoup d'apparence que mon retour à Paris sera trop pressé, pour me laisser le loisir de retourner à Jouarre avant mon départ.

L'office pontifical que vous souhaitez se fera, s'il plaît à Dieu, et le plus tôt qu'il sera possible.

Nous sommes débiteurs à tout le monde, disoit saint Paul, *et jusqu'aux petits et aux insensés* [1]. Ceux qui croient qu'il est au-dessous du ministère épiscopal de s'occuper avec prudence à la direction, ne songent guère aux paroles et aux soins d'un si grand Apôtre.

M. de la Trappe m'a fait réponse sur la demande que vous lui faisiez par mon entremise, et m'a promis d'y satisfaire : mais il conclut comme moi que, quoi qu'il en coûte, il faut se soumettre à la volonté de Dieu aveuglément, et consentir en tout à ce qu'il ordonne.

La première fois que j'irai à Sainte-Marie, je me souviendrai, s'il plaît à Dieu, de Madame de Harlay, et de ma Sœur Catherine Eugénie.

Sur la lettre du 12, je rends graces à toutes celles que vous me nommez.

Je vous envoie copie de la lettre que j'ai écrite à Port-Royal (*a*) : vous y verrez ce que je dis sur l'arrêt ; c'est la vérité. Vous pouvez montrer cette lettre à Madame de Lusanci et à quelques autres bien affidées, même en retenir une copie en me renvoyant la mienne dont j'ai besoin ; mais que cela n'aille qu'à peu de personnes.

Il n'y a nul péril à me mander tout : ce à quoi je ne dirai rien, doit passer pour peu important dans mon opinion.

Les ressentimens de Madame de Jouarre sont une marque de foiblesse, dont je suis fâché pour l'amour de celles qui ont à les souffrir, mais beaucoup plus par rapport à elle.

Je salue Madame de Luynes, et suis à vous de tout mon cœur.

[1] *Rom.*, I, 14.
(*a*) Port Royal de Paris, où l'abbesse de Jouarre étoit retirée.

LETTRE XXIX.

A Meaux, ce 18 juin 1691.

J'ai répondu, ma Fille, à Madame de Lusanci, sur son cas de conscience : vous pourrez apprendre d'elle ma résolution, et le reste de ce qui se passe.

Pour votre difficulté, elle est nulle, et il n'y a qu'à continuer à communier avec une pleine confiance, sans même s'embarrasser de ces péchés oubliés qui se pourroient présenter : car dès qu'on a eu intention de les confesser, ils sont pardonnés avec les autres; et il ne faut point apporter à la communion de ces retours inquiets, qui empêchent la dilatation du cœur envers Jésus-Christ; ce qui a lieu principalement à l'égard de ceux qui sont sujets à se faire des peines. Ainsi je vous défends d'avoir égard à ces sortes de craintes; et entendez toujours, quand je vous décide quelque chose, que je vous défends le contraire.

Les prières que je conseille de faire pour le bien de la maison, sont les psaumes L et CI, où l'on demande sous la figure du rétablissement de Jérusalem celui de toutes les maisons consacrées à Dieu. J'y ajouterois les litanies, en y joignant en particulier, avec les Saints de l'ordre, celui des Saints et des Saintes dont les reliques reposent à Jouarre, et surtout des saintes abbesses et des saintes religieuses, et des saints évêques sous qui cette maison a fleuri, particulièrement saint Ebrigisille, que le monastère a toujours vénéré comme son pasteur, sans oublier saint Faron, sous qui le saint monastère a été construit.

Ce que j'ai mandé pour ma Sœur de Baradat, peut avoir lieu pour ma Sœur Faure, supposé que la communauté en soit également satisfaite. Je prie Notre-Seigneur qu'il soit avec vous

LETTRE XXX (a).

A Germigny, ce 28 juin 1691.

Vous ne devez point douter, ma Fille, que je n'étende les défenses que je vous ai faites à toutes les choses que je vous ai décidées. En effet ce seroit une erreur de croire que les maux que Dieu envoie, de quelque nature qu'ils soient, doivent toujours être pris pour des coups d'une main irritée : et en votre particulier, je vous assure que c'est ici plutôt une épreuve d'un père que la rigueur d'un juge implacable. Soumettez-vous à cette médecine spirituelle que Dieu emploie à guérir les maux de nos ames, lui qui en connoît si bien et la malignité et les remèdes. Souvenez-vous de cette parole : « Approchez-vous de Dieu, et il s'approchera de vous : résistez au diable et il prendra la fuite [1] : » c'est saint Jacques qui nous le dit. J'ajoute : Cessez de l'écouter, et bientôt il ne parlera plus. La fréquentation des sacremens est un excellent moyen pour l'abattre et pour vous soutenir.

Ma Sœur Cornuau peut vous communiquer ce que Dieu m'a quelquefois donné pour elle, sur quelques passages de l'Ecriture dont elle m'a demandé l'explication.

Quant à ce que vous dites que je vous ai dit (b) sur la liaison inséparable de la confiance et de l'amour, je voudrois bien pouvoir vous satisfaire en vous le redisant ; mais je vous assure, ma Fille, que je ne me souviens jamais de telles choses. Je reçois dans le moment, et je donne aussi dans le moment ce que je reçois. Le fond demeure ; mais pour les manières il ne m'en reste rien du tout. Il ne m'est même pas libre de les reprendre ni d'y retourner : et quant à présent, je ne pourrois pas vous dire autre chose que ce que vous avez si bien répété : Qu'on ne se fie point sans aimer, ni qu'on n'aime point sans que le cœur s'ouvre à ce qu'il aime, et s'appuie dessus. C'est pourquoi saint Jean, le docteur du saint amour, dit que *l'amour parfait bannit la crainte* [2] ; et David a chanté : *Je*

---

[1] *Jac.*, IV, 8, 7. — [2] *I Joan.*, IV, 18.

(a) Revue sur l'original, qui se trouve à la bibliothèque du séminaire de Meaux. — (b) Les éditeurs : Quant à ce que vous me rappelez que je vous ai dit.

vous aimerai, mon Seigneur, ma force, ma retraite, mon refuge, mon appui, et en un mot, selon l'original, *mon rocher* [1].

LETTRE XXXI

A Germigny, ce 30 juin 1691.

La peine que j'ai d'accorder tant de confesseurs, ne regarde pas Madame Renard en particulier, ni même, à vrai dire, personne dans l'état de défiance où l'on est. Loin de révoquer la permission du P. Claude, je la confirme de nouveau par une lettre que j'en écris à Madame la prieure.

Je connois bien les dispositions de M. Girard : elles sont bonnes dans le fond; mais il faudra tempérer beaucoup de choses à l'extérieur : pour l'intérieur, je n'en juge pas, et je suis fort sobre sur cela en ce qui touche la confession. Je tâche pourtant de remarquer tout, et de donner des avis proportionnés aux besoins et aux temps.

Je ne sais rien des dispositions présentes de Madame de Jouarre : mais ce qu'on me dit de Madame de *** est bien contraire à ce qu'on vous en écrit : je n'en sais rien d'assuré. Quoique Madame ***, qui en paroît fort contente, s'en soit expliquée en termes très-forts le témoignage d'une tante n'ôte pas tout doute.

Vous me ferez plaisir, ma Fille, d'écrire au P. Toquet ce que vous me marquez pour lui. Quand M. le cardinal de Bouillon sera de retour, je tâcherai de le rapprocher.

Il est certain, dans le cas que vous proposez, qu'on n'est point obligé de se déclarer, et même qu'on ne le peut pas en conscience, ni rien faire qui tende à cela, mais seulement par voies indirectes procurer du soulagement à celle qui est soupçonnée, avec discrétion.

Je ne changerai rien sur les confesseurs, quoique à vous parler franchement et entre nous, M. le *** me paroisse assez incapable. Je n'irai point vite en tout cela, et j'aurai tout l'égard possible pour celles qui s'y confessent, surtout comme vous

[1] *Psal.,* XVII, 1, 2.

pouvez croire, pour Madame de Luynes, dont je connois la vertu.

Je pourrai adresser les lettres par ma Sœur Cornuau, qui sera très-aise de rendre ce service à la maison et à moi.

Mon départ est toujours pour lundi, s'il plaît à Dieu. Vous n'aurez pas sitôt des nouvelles des affaires de Jouarre, parce que j'irai à Versailles dès le lendemain matin, s'il plaît à Dieu.

Je prie Dieu, ma Fille, qu'il soit avec vous.

LETTRE XXXII.

A Versailles, ce 25 juillet 1691.

C'est le jour de mon saint Patron que je vous écris cette lettre, et je le prie, ma Fille, de m'obtenir de Dieu des réponses dont vous puissiez profiter, à chaque article de vos lettres.

Sur votre lettre du 17, je n'ai nullement dessein de vous renvoyer à un autre pour une confession générale : s'il en faut faire une, je me servirai du premier temps de liberté pour l'entendre : mais comme je doute qu'il en faille faire, je me suis remis à ce que Dieu m'inspireroit de vous conseiller. C'est ce que nous pourrons traiter à fond quand nous serons en présence, et il est assez malaisé de le faire par lettres. En attendant, allez sans hésiter votre train; faites vos confessions et communions à l'ordinaire; la résolution de m'exposer tout est très-suffisante. Gardez-vous bien de céder aux peines qui surviendroient sur les péchés confessés, ou dont vous douteriez; car ce seroit une source inépuisable de scrupules.

C'est un usage assez général de faire répéter quelques péchés de sa vie passée, mais je pense qu'il faut user sobrement de cette méthode; et il me semble qu'on trouve toujours, ou presque toujours, assez de matière. Il ne m'est point encore arrivé de n'en trouver pas.

L'affaire de l'intention demande plus de temps que je n'en ai à présent : elle est pourtant plus délicate qu'embarrassée. Je prie

Notre-Seigneur qu'il soit avec vous. Vivez en paix et en espérance, et que ce soit là votre soutien et votre joie.

P. S. Le cardinal Pignatelli, archevêque de Naples, est pape sous le nom d'Innocent XII.

LETTRE XXXIII (a).

A Germigny, ce 12 août 1691.

Ma lettre à la communauté vous instruira, ma Fille, de beaucoup de choses; celle à Madame de Lusanci vous éclaircira sur ce que vous m'avez toutes deux mandé. J'écris, sans lui en rien dire, à Madame la prieure, sur le sujet du Tour, de la manière que j'ai crue la plus propre à ne lui rien faire soupçonner. Sur le reste de votre lettre du 11, je ne crois pas être en droit de nommer une boursière, qu'avec connoissance de cause et étant moi-même sur les lieux en visite. La réponse que me fera Madame la prieure sur le Tour me donnera lieu de parler, et de faire plus ou moins. Mon intention n'est point du tout de décharger Madame de Lusanci du dépôt : mais je ne lui dirai rien qu'en présence, et il faut de votre côté l'encourager à porter avec courage le joug que Dieu lui impose.

Mon voyage de la Trappe ne sera en tout que de neuf ou dix jours. Je le romprois sans hésiter, si je prévoyois que Madame de Jouarre dût venir; mais il n'y a nulle apparence. Il n'y aura qu'à m'écrire directement à Paris en mon logis, d'où il y aura bon ordre de m'envoyer tout. Sur les autres propositions qui regardent le temporel, nous en parlerons Madame de Luynes, vous et moi, et il faudra m'en faire ressouvenir à Jouarre.

Quant à Madame de Menou, j'avoue que je n'ai pas été fâché qu'elle vît Madame de Faremoutier et Madame sa sœur, dont elle pourra recevoir de bons conseils. Au surplus j'ai présupposé, comme on me le mandoit, qu'elle avoit l'agrément de Madame : si elle ne l'eût pas eu, elle n'eût dû ni pu sortir; le reste n'est rien. Je prendrai pourtant garde une autre fois à ces sortes de permissions. Ce que vous avez dit sur cela n'est d'aucune consé-

(a) Collationnée.

quence, et vous n'avez point à vous en confesser. J'ai encore donné depuis une permission pour Mademoiselle votre sœur, qui semble avoir quelque dessein de se consacrer à Dieu à Jouarre. J'ai vu la lettre qu'elle écrivoit sur ce sujet à M. Fouquet, chanoine de Meaux. Ma permission suppose le consentement de Madame l'abbesse, avec qui je ne doute pas que Mademoiselle de Luynes ne prenne les mesures nécessaires, et avec la famille, principalement avec vous; et j'ai dit à M. Fouquet que je n'accordois rien qu'à cette condition. Je vous prie d'en donner avis à Madame votre sœur, si elle ne le sait déjà.

Ce que j'ai dit dans mon *Catéchisme* est certain ; mais il n'est pas nécessaire qu'on sente cette préférence (*a*), et il ne faut point chercher d'en être assuré, puisqu'on ne le peut jamais être en cette vie. Il suffit de faire tout l'effort qu'on peut, et demander toujours pardon à Dieu de ce qu'on n'en fait pas assez. Au surplus je vous recommande de nouveau de vous abandonner à sa sainte volonté, et je vous défends de croire que vos peines vous soient envoyées pour autre fin que pour vous servir d'épreuve et vous épurer. J'aurai soin de rendre les lettres à la Trappe.

Ce que vous me mandez du dimanche est la même chose sur quoi je m'explique à Madame de Lusanci. Avant qu'on donnât à Madame de Jouarre l'argent qu'elle demande pour revenir, il faudroit auparavant qu'elle fit voir premièrement qu'on le peut; secondement ce qu'elle doit et l'état où elle a mis les affaires : laissez-la venir. Je prends en bonne part ce qu'on m'écrit pour m'exciter à ne me point relâcher : mais en vérité je n'ai pas besoin de tout cela : et quand les choses en sont venues à un certain point, je vois qu'il n'y a plus rien à faire qu'à ne jamais reculer.

Je vous prie de dire ce qui regarde Madame Menars à Madame de S. Ignace qui m'en a écrit.

Je salue de tout mon cœur Madame de Luynes et toutes nos chères Filles.

(*a*) Voici ce que Bossuet dit dans son *Catéchisme* de cette préférence « Quelle est l'obligation générale et continuelle d'accomplir le commandement de l'amour de Dieu? C'est de n'aimer en aucun temps la créature plus que Dieu, d'être à toute heure et à tout moment disposé à aimer Dieu plus que toutes choses. » (Voir notre vol. V, p. 96 et 97.)

LETTRE XXXIV.

A Versailles, ce 26 août 1691.

Je suis ici de samedi, et je ne crois pas en partir avant lundi : j'y ai beaucoup d'affaires que je tâche d'expédier. J'expédierai aussi celles de Paris, dont la principale est de résoudre la forme qu'on donnera aux affaires de Jouarre à la conclusion de la visite. Je prendrai toutes les mesures qu'il sera possible pour cela. Je vous assure, ma Fille, et vous en pouvez assurer nos chères Filles, que ce que j'ai fait à Jouarre la dernière fois étoit absolument nécessaire. Il n'en peut arriver aucun mal, que quelques gronderies de Madame ; et cependant je me mets en droit de la régler, sans qu'elle ose rien dire ; ou si elle parle, elle ne fera qu'affermir ce que je fais, étant à mon avis très-certain qu'elle sera condamnée : tout cela prépare la définitive.

Celles qui disent qu'elles ne signeront plus rien, auront beau faire ; il faudra bien qu'elles répondent quand je les interrogerai, et qu'elles signent leur réponse qui n'est qu'un témoignage de la vérité, que je rendrai pour elles avec autant d'efficace quand elles refuseront.

La signification faite à Jouarre opère le même effet que faite à Port-Royal (*a*), où j'ignore qu'on soit, parce qu'on y est sans mon congé. Au surplus je ne dis pas que je ne ferai point signifier ; mais je demande qu'on attende jusqu'à la semaine prochaine, où j'enverrai des ordres précis, et marquerai très-exactement à Madame de Lusanci ce qu'on aura à faire.

On m'est venu ce matin rendre une lettre du P. Colombet, jésuite de la province de Bordeaux, que Madame votre abbesse a nommé pour prédicateur. Je l'ai approuvé pour cela, mais non pas pour confesser. J'attends d'apprendre de vous ce qui vous paroîtra de lui.

M. le Chantre prendra la peine d'envoyer cette lettre par un homme exprès, qui rapportera vos réponses, et celles de nos chères Filles qui voudront m'écrire. Vous lui pouvez adresser les

---

(*a*) Port-Royal de Paris, où étoit l'abbesse de Jouarre.

paquets pour moi. On dit toujours que Madame de Jouarre part; mais on ne se remue pas.

Je ne vous dis rien sur votre sujet : allez toujours d'un même pas, selon la règle que je vous ai donnée. Le chapitre de saint Jean que j'ai eu intention de vous faire lire, est le ve : « L'Esprit souffle où il veut, et personne ne sait d'où il vient, ni où il va ; il en est de même de ceux qui sont nés de l'Esprit[1]. » Tout à vous.

LETTRE XXXV.

A Paris, ce 30 août 1691.

Je reçois votre lettre du 29 : je ne vois pas qu'on ait reçu un paquet que j'ai adressé à Jouarre par M. le curé de la Ferté, incontinent après mon arrivée de la Trappe à Versailles. Comme on l'aura reçu à présent, il sera bon de m'en avertir par une voie sûre et prompte, et des dispositions où l'on sera.

Pour moi, sans vous répéter ce que vous pourrez apprendre de Madame de Lusanci, je vous dirai que je n'ai rien appris de nouveau : que j'ai mandé à mon official de tenir une sentence toute prête, portant défense à Madame de Jouarre et aux Sœurs, de sortir du monastère sous peine d'excommunication *ipso facto*, laquelle sera signifiée aussitôt qu'on aura nouvelle qu'on arrivera. Je ne crois pas qu'elle se presse ; et en tout cas je la préviendrai ou je la suivrai de si près, qu'elle ne pourra pas gâter beaucoup de choses. Quant à sa démission, elle en parle toujours ; mais d'une manière si captieuse, qu'on voit bien que ce n'est que tromperie et amusement. Elle se moque de Madame de Soubise comme des autres. Dans cette incertitude, je ne puis former aucun plan, que de faire dans l'occasion ce que je pourrai. Je ne pense ni plus ni moins à Madame votre sœur que ci-devant : si j'étois le maître, je la mettrois sans hésiter au-dessus de toutes les autres, quand je devrois offenser son humilité que je ne puis assez louer. Pour ce qui est du gouvernement, quand Madame sera à Jouarre nous en conférerons amplement sur les lieux, avant que de prendre un parti. Je partirai bien instruit de ce que je

[1] *Joan.*, III, 8.

puis; et mon principe est de laisser le moins de matière qu'on pourra aux irrésolutions et irrégularités de Madame. Je ne la verrai point du tout, que je n'aie tout arrêté et conclu avec M. Petitpas, et que je ne voie l'exécution; sinon j'irai mon chemin, et je serai à Meaux le 6 de septembre, si le départ de Madame ne m'oblige de me hâter. Je crois en attendant qu'il y aura ordre de faire cheminer M. de la Vallée : comptez que je ne me relâcherai de rien du tout. Il y a beaucoup d'autres choses à dire, que je réserve à Madame votre sœur et à vous, lorsque nous serons en présence, étant certain que vous avez et aurez toujours ma principale confiance, comme vous avez d'ailleurs toute mon estime.

Je n'ai défendu ni improuvé aucun livre : il y en a seulement que je crois peu utiles à une religieuse, et quelques-uns qui ne sont pas assez nécessaires pour se faire des affaires sur cela. Cependant allez votre train, et ne vous émouvez jamais de ce que j'écris pour les autres, puisque je me réserve toujours une oreille pour les raisons particulières.

Je suis, ma Fille, en bonne santé par vos prières : assurez-vous que je veille sur vous et sur Jouarre comme à la plus grande et la plus pressante de mes affaires.

LETTRE XXXVI.

A Germigny, ce 12 septembre 1691.

Je vous envoie, ma chère Fille, par cet exprès, la réponse de M. l'abbé de la Trappe pour Madame votre sœur et pour vous. Vous voulez bien que je vous charge d'une réponse à Madame de Harlay sur les bruits qui ont couru, je ne sais pourquoi, de la mort de cet abbé. Vous pouvez l'assurer que je ne l'ai jamais vu en meilleure santé.

Je n'apprends rien de Paris: il me paroît seulement qu'on n'y songe à Jouarre que pour en tirer de l'argent que j'ai constamment refusé, ayant ajouté à cette fois une nouvelle raison, qui est qu'il n'y en a point. On s'est servi de l'entremise de M. de Troisville, mon ancien ami; et moi je m'en suis aussi servi pour parler des confesseurs et du médecin, et pour conseiller de nouveau que l'on commence à agir de meilleure foi et plus nettement qu'à l'ordinaire.

Pour ce qui vous touche, ma Fille, je vous prie de lire le troisième chapitre des *Lamentations* de Jérémie. Ce saint prophète paroît l'avoir fait dans le cachot, dont il est parlé dans les XXXVII et XXXVIII de sa prophétie. Comparez ce chapitre avec le psaume LXXXVII, vous trouverez dans l'un et dans l'autre des sentimens très-propres à votre état, et vous verrez comment, jusque dans le plus profond abîme de tristesse, on peut trouver de l'espérance. Le tableau que vous m'avez donné me fait trembler : quoi ! que je regarde ce soleil sans baisser les yeux ! cela n'est pas possible.

Je salue de tout mon cœur mes chères Filles, et surtout Madame votre sœur. Je ne cesse de prier pour vous, et surtout durant cette octave. Notre-Seigneur soit avec vous, ma chère Fille. Souvenez-vous toute votre vie de ce que je vous ai dit sur votre dernière revue; c'est qu'il ne faut jamais s'en inquiéter.

LETTRE XXXVII.

A Germigny, ce 12 septembre 1691.

Je vous assure, ma Fille, que votre confession dernière est très-bonne et très-suffisante : une autre plus générale seroit inutile et dangereuse à votre état. Vous ne devez point avoir égard à ces dispositions, où vous croyez avoir rétracté toutes vos résolutions précédentes. Toutes les fois que cela vous arrivera, il n'y a qu'à rejeter cette pensée comme une tentation, et aller toujours votre train. Je vous défends d'avoir de l'inquiétude de vos confessions passées ni à la vie ni à la mort, ni de les recommencer en tout ou en partie à qui que ce soit, fussiez-vous à l'agonie : ce ne seroit qu'un embarras d'esprit qui ne feroit qu'apporter du trouble et de l'obstacle à des actes plus importans et plus essentiels, qui sont l'abandon, l'amour de Dieu et la confiance en sa miséricorde.

C'est une erreur trop grande à la créature de s'imaginer pouvoir se calmer à force de se tourmenter de ses péchés. On en trouve ce calme que dans l'abandon à l'immense bonté de Dieu, en lui remettant sa volonté propre, son salut, son éternité; et le priant seulement par Jésus-Christ de ne nous pas souffrir dans le rang de ceux qu'il hait et qui le haïssent, mais au rang de ceux qu'il aime et qui lui rendent éternellement amour pour amour. Hors de cette confiance, il n'y a que trouble pour les consciences timorées, et surtout pour les consciences scrupuleuses comme la vôtre.

Vous ne devez jamais craindre de vous abandonner trop aux impressions de l'amour divin. Il faut toujours avoir dans le cœur que Dieu ne donne pas de tels attraits selon nos mérites, mais selon ses grandes bontés, et qu'il faut non-seulement se laisser tirer, mais s'aider de toute sa force à courir après lui, en se souvenant de cette parole : « Je t'ai aimée d'un amour éternel; c'est pourquoi je t'ai attirée par miséricorde [1]; » et en disant avec l'Epouse : « Tirez-moi ; nous courrons après vos parfums : ceux qui sont droits vous aiment [2]. »

Notre-Seigneur soit avec vous, ma Fille.

LETTRE XXXVIII.

A Germigny, ce 30 septembre 1691.

Plus on ira en avant, plus on verra qu'il n'y a point à se prévaloir de la bonne ou de la mauvaise mine que fera le monde : mais en tout cas, il est bon de se faire du dernier un exercice d'humilité et de patience; ce qui sans doute vaut mieux que les plus favorables accueils.

Pour faire achever ce qui reste, je n'ai point d'autres moyens à employer que ceux dont j'ai usé jusqu'à présent, si ce n'est que les derniers actes seront toujours les plus forts et les délais plus courts.

Entre nous, le Père S*** ne fait que tortiller et pateliner, et avec cela il se croit bien fin.

J'assure nos chères Filles, et Madame de Luynes en particulier, de mon affection et de mes services.

[1] *Jerem.*, XXXI, 3. — [2] *Cant.*, I, 3.

Croyez qu'à la vie et à la mort je ne vous manquerai pas, s'il plaît à Dieu. Tout à vous.

LETTRE XXXIX.

A Germigny, ce 30 septembre 1691.

Dieu que vous réclamez avec confiance, ma chère Fille, ou vous ôtera ce chagrin, ou vous soutiendra d'ailleurs, pourvu que vous soyez fidèle à obéir à la défense que je vous ai faite et que je vous réitère encore, de le regarder comme un effet du courroux de Dieu, puisque au contraire toutes les souffrances qu'il nous envoie en cette vie, et celle-ci comme les autres, sont selon saint Paul une épreuve de notre patience et par là un fondement de notre espoir [1]. Demeurez donc ferme dans ce sentiment, et ne laissez point ébranler votre foi par la tentation.

La coutume de dire Matines dès le soir, vers les quatre à cinq heures pour le lendemain, est si répandue, que je ne crois pas qu'on en doive faire aucun scrupule. J'approuverois pour le mieux qu'on les dît plus tard, afin d'approcher davantage de l'esprit de l'Eglise. Je trouve encore plus nécessaire de séparer les Heures, et de les dire à peu près chacune en son temps. Mais ce ne sont pas là des obligations si précises qu'on ne s'en puisse dispenser, quand on a quelque raison de le faire, sans encourir de péché et sans avoir besoin de recourir à la dispense des supérieurs.

Les œuvres d'Origène ont été autrefois rigoureusement défendues, à cause de ses erreurs ou de celles qu'on avoit glissées dans ses livres. Maintenant que les matières dont il s'agissoit alors sont tellement éclaircies qu'il n'y a plus de péril qu'on s'y trompe, vous pouvez le lire à cause de la piété qui règne dans ses ouvrages, en vous souvenant néanmoins que c'est un auteur dont l'autorité n'est pas égale à celle des autres Pères.

Ce n'est pas tant dans les livres que dans soi-même et dans son propre cœur, qu'il faut chercher la résolution des doutes que vous proposez sur l'intention. Et d'abord pour la définir, c'est un acte

[1] *Rom.*, V, 4.

de notre esprit par lequel nous le dirigeons à une certaine fin que la raison nous présente, et que la volonté suit.

Cela, comme vous voyez, est bien clair : la bonne intention est celle qui a une bonne fin ; la mauvaise intention est celle qui en a une mauvaise. C'est là cet œil de notre ame, lequel, quand il est simple, c'est-à-dire quand il est droit, tout est éclairé en nous ; et au contraire s'il est mauvais ou malicieux, tout est couvert de ténèbres selon la parole de Notre-Seigneur [1].

Ce n'est pas là la difficulté ; il s'agit de vous faire entendre comment cette intention subsiste en vertu, lorsque l'acte en est passé et qu'il semble qu'on n'y pense plus. Il faut donc premièrement distinguer l'acte et l'habitude ; et tout le monde entend cela. Mais si nous rentrons en nous-mêmes, nous y trouverons quelque chose de mitoyen entre les deux, qui n'est ni si vif que l'acte, ni si morne pour ainsi parler et si languissant que l'habitude.

L'acte est quelque chose d'exprès et de formel, comme quand on dit : Je veux aller à Paris, à Rome, où vous voudrez : on marche, on s'avance, et on ne fait pas un pas ni un mouvement qui ne tende à cette fin : mais néanmoins on n'y songe pas toujours, ou du moins on n'y songe pas aussi vivement qu'on avoit fait la première fois, lorsqu'on avoit pris sa résolution. On ne laisse pas néanmoins d'aller toujours, et tous les pas qu'on fait se font en vertu de cette première résolution si marquée : ce qui fait aussi que si quelqu'un nous arrête pour nous demander où nous allons, nous répondons aussitôt et sans hésiter que nous allons à Paris, ou en tel autre lieu qu'on voudra prendre,

On demande ce qu'il y a dans l'esprit qui nous fait parler ainsi. Je réponds premièrement qu'il n'importe pas de le savoir : il suffit de savoir que la chose est, et trop de subtilité en ces choses ne fait qu'embrouiller. En second lieu, je réponds que ce qui reste, c'est l'acte même, mais plus obscur et plus sourd, parce qu'on n'y a pas la même attention. Car il faut soigneusement observer que l'acte et l'attention à l'acte sont choses fort distinguées ; de sorte qu'il peut arriver qu'un acte continue, encore qu'on n'y pense pas toujours également ; d'où pas à pas et en diminuant

[1] *Matth.* vi, 22, 23.

l'attention par degrés, il peut arriver qu'on n'y pense guère ou point du tout : ce qui ne détruit pas l'acte ; mais le laissant en son entier, fait seulement qu'il demeure un peu à l'écart par rapport au regard de l'ame, c'est-à-dire à la réflexion, jusqu'à ce qu'on nous réveille comme on faisoit à notre voyageur en lui demandant : Où allez-vous ? A quoi il répond d'abord : Je vais à Rome ; ce qui ne demande pas qu'il fasse toujours un nouvel acte, mais qu'il fasse réflexion sur celui qu'il avoit déjà fait, et qui subsistoit sourdement et obscurément dans son esprit, sans qu'il songeât à l'y regarder.

A vrai dire, cela n'a point de difficulté. On pourroit dire qu'il en est de cet acte comme d'un trait qu'on lance d'abord, et qui avance en vertu de la première impulsion qui n'est plus. En cette sorte on pourroit penser qu'après la direction de l'esprit, qui s'appelle intention et résolution, il y reste une impression qui le fait tendre à la même fin.

Mais qu'est-ce que cette impression ? Je dis que c'est l'acte même ; ou si l'on ne le veut pas de cette sorte, c'est une disposition en vertu de laquelle on est toujours prêt à en faire un autre semblable. Mais j'aime encore mieux dire que c'est l'acte même qui subsiste sans qu'on y ait la même attention, ainsi que je l'ai supposé d'abord, quoique au fond il importe peu et que ces deux manières d'expliquer ne diffèrent guère.

La difficulté consiste à savoir quand est-ce que cet acte cesse, et comment. Mais premièrement il est constant qu'il cesse par une actuelle et certaine révocation de son intention ; secondement, on ne doute pas qu'il ne cesse encore par une longue interruption de la réflexion qu'on y fait.

C'est ici que les docteurs se tourmentent à chercher quel temps il faut pour cela. Mais la question est bien vaine, puisqu'il est certain qu'il n'y a pas là de temps précis et déterminé, et que l'acte dure plus ou moins dans sa vertu, selon qu'il a été plus ou moins fort lorsqu'il a été commencé, comme l'impression dure plus longtemps dans le trait ou dans une pierre, selon que l'impression a été plus grande.

Ce qu'on peut dire, c'est en premier lieu, que régulièrement le sommeil emporte une interruption inévitable à un acte libre, à cause de la suspension qui arrive alors dans l'usage de la liberté et de la raison. C'est aussi pour cela qu'on conseille de renouveler ses bonnes résolutions en s'éveillant. Secondement, on doit dire qu'une grande occupation de l'esprit cause aussi une interruption, parce que deux actes ne peuvent pas se trouver ensemble dans un degré éminent et fort, de sorte qu'ordinairement l'un efface l'autre en cet état. Le moyen d'éviter tout embarras, c'est de renouveler de temps en temps ses bonnes résolutions : et aussi quand on l'a fait sérieusement, il ne faut plus s'embarrasser si l'acte subsiste, puisqu'il est certain qu'il peut subsister longtemps, et souvent des journées entières sans qu'on y pense.

Quelques docteurs estiment qu'il peut être fait avec tant de force qu'il subsiste plusieurs années, même au travers du sommeil et des autres occupations, à cause de l'éminence et de la vertu de cet acte : ce qu'il n'est pas nécessaire de combattre, puisque régulièrement cela n'est pas ainsi, et que c'en est assez pour voir qu'il ne faudroit pas s'y fier : outre qu'il paroît manifestement contradictoire qu'un acte soit aussi fort qu'on le dit, et qu'à la fois on cesse d'y penser un très-long temps, puisque le propre des sentimens qui nous tiennent fort au cœur, c'est de revenir souvent et de s'attirer souvent notre attention.

Au reste il faut ici remarquer qu'il y a des vérités si simples, qu'elles nous échappent quand on entreprend de les entendre mieux qu'on n'a fait d'abord. Si quelqu'un vouloit définir ce que c'est qu'assurer, ou que nier, ou qu'une opinion, ou qu'un doute, ou qu'une science certaine, et chercher à ajouter quelque chose à la première et droite impression que ces mots font d'abord dans nos esprits, il ne feroit que se tourmenter et s'alambiquer, pour mieux entendre ce qu'il avoit déjà entendu parfaitement du premier coup. Il en est de même de l'intention virtuelle, que chacun trouve en soi-même sitôt qu'il l'y cherche. De là il suit clairement qu'elle suffit pour les sacremens en toute opinion, et pour le mérite, parce que c'est ou l'acte même continué plus sourdement, ou quelque chose d'équivalent à l'acte.

Pour en venir à ce qui vous touche en votre particulier, ne croyez jamais que vous ayez révoqué vos résolutions, sans que vous en trouviez en vous-même une revocation marquée; et croyez encore moins qu'elles finissent pour ainsi dire comme d'elles-mêmes, par une interruption de quelques momens, ou même de quelques heures, puisqu'il est bien certain que non, et que les actes durent plus sans difficulté que la réflexion qu'on y fait. Allons simplement avec Dieu : quand notre conscience ne nous dicte point que nous ayons changé de pensée ou de sentiment, croyons que cette même pensée et le même sentiment subsistent toujours.

Les actes qu'on aperçoit vivement ne sont pas toujours les meilleurs. Ce qui naît comme naturellement dans le fond de l'ame, presque sans qu'on y pense, c'est ce qu'elle a de plus véritable et de plus intime; et les intentions expresses qu'on fait venir dans son esprit comme par force ne sont souvent autre chose que des imaginations, ou des paroles prises dans notre mémoire comme dans un livre.

Comment faut-il faire maintenant pour former ces actes qui naissent comme de source? C'est une chose facile à entendre; et je crois vous en avoir assez dit pour ne vous laisser aucun doute sur ce sujet. Je prie Notre Seigneur qu'il soit avec vous.

Mandez-moi sincèrement comment on se trouve du confesseur.

LETTRE XL.

A Germigny, ce 5 octobre 1691.

Madame d'Alègre a pensé d'elle-même à vous aller voir, Madame votre sœur et vous; et vous n'avez à me savoir gré que d'avoir résolu sur l'heure à l'accompagner dans un voyage dont vous étiez toutes deux l'agréable sujet.

Je ne compte point aller à Fontainebleau, ni sortir du diocèse qu'après la Toussaint; mais je ferai beaucoup de visites dans le diocèse et autour d'ici.

Vous n'avez point du tout à vous confesser des peines que vous savez, même dans le cas dont vous me parlez

Ce que j'appelle sortir de source dans l'ame et comme naturellement, c'est lorsque les actes sont produits par la seule force des motifs qu'on s'est rendus familiers et intimes, en les repassant souvent avec foi dans son esprit, sans qu'il soit besoin d'arracher ces actes comme par une espèce de force, et qu'ils viennent comme d'eux-mêmes sans réflexion et attention expresse. Voilà les bons actes, et ceux qui viennent du cœur.

Je songerai à M. Morel; et je vous dirai par avance qu'un homme qui a un emploi réglé n'en doit pas être aisément tiré pour un emploi passager.

Vous faites trop d'honneur à ma sœur : elle vous en est fort obligée; elle se porte à son ordinaire.

LETTRE XLI.

A Germigny, ce 24 octobre 1691.

Votre lettre du 23, ma Fille, me marque le contentement que vous avez, Madame votre sœur et vous, de l'ouvrage qu'on vous a envoyé de ma part; Dieu soit loué. Il y avoit plusieurs jours que j'enfantois, ce me sembloit, quelque chose pour vous, quand vous m'avez exposé les désirs de Madame de Harlay. Tout ce que je méditois y revenoit fort, et il n'y aura qu'à le tourner au renouvellement des vœux et de la retraite. Ainsi cela se fera, s'il plaît à Dieu, au premier jour, et peut-être cette nuit, si Dieu le permet.

Je suis bien aise que M. le Blond vous demeure : je lui écris pour l'y exhorter. Je n'ai pu aller à Jouarre pendant que vous étiez indisposée : je serois entré sans hésiter pour vous voir. J'ai demain une conférence à Meaux. Si M. l'intendant y vient, ce sera un retardement pour mon voyage; mais il se fera certainement, s'il plaît à Dieu. Le congé que j'ai donné à Madame votre abbesse est de deux mois, à compter depuis le jour de son départ de Jouarre.

Les confesseurs des religieuses, soit ordinaires ou extraordinaires, n'ont pas les cas réservés, si on ne les leur donne expressément ; mais aussi n'y manque-t-on pas pour l'ordinaire.

Vous avez déjà vu qu'il me sera fort facile de tourner quelque chose que je vous destinois, à la retraite et au renouvellement des vœux ; et ainsi vous serez contente, tant pour vous que pour elle, s'il plaît à Dieu. Il s'agit d'un acte d'abandon que je crois spécialement nécessaire à votre état, suivant que je vous l'ai déjà dit. Je n'y dirai rien qui ne puisse paroître commun à tout chrétien dans le fond.

Je suis bien éloigné de croire que votre santé me soit présentement inutile. Vous savez combien de choses nécessaires j'apprends tous les jours de vous. C'est vous qui m'avez fait connoître les sujets ; et je ne trouve la dernière certitude sur laquelle il faut que je m'appuie dans les affaires, que dans le concert de vous deux avec Madame de Lusanci. Car sa fidélité me la fait mettre en tiers, et je reconnois encore que vous lui êtes fort nécessaire, pour lui inspirer le courage qu'elle a besoin de renouveler à chaque moment. Au surplus il n'est pas question avec vous de m'être ou ne m'être pas nécessaire. Vous m'êtes chère par vous-même, et c'est Dieu même qui a fait cette liaison. Ainsi vous devez sans hésiter me dire ce scrupule ou cette peine, comme vous voudrez l'appeler, à notre premier entretien ; et dès à présent je vous l'ordonne, et de me découvrir tout ce dont le retour pourra vous faire de la peine, quand même vous vous seriez calmée là-dessus, à la réserve des choses dont je vous ai défendu de me parler davantage, de peur de nourrir une inquiétude que je veux calmer et déraciner, s'il se peut.

Ne dites pas que votre état nuise à votre perfection ; dites plutôt avec saint Paul : « Nous savons que tout coopère à bien à ceux qui aiment Dieu [1]. » Or il n'y a nul état qui empêche d'aimer Dieu, que celui du péché mortel. Il n'y a donc nul état, excepté celui du péché mortel, qui loin d'être un obstacle au bien des fidèles, ne puisse avec la grace de Dieu y concourir. Je veux donc bien que vous lui demandiez avec cet Apôtre qu'il vous délivre de cet ange de Satan [2], quand vous seriez assurée que c'en est un, mais non pas qu'il vous empêche de bien espérer de votre perfection.

[1] *Rom.*, VIII, 28. — [2] *II Cor.*, XII, 8.

Je vous parle fort franchement et nullement par condescendance : je suis incapable de ce rebut que vous craigniez ; et le plus sensible plaisir que vous me puissiez faire, c'est non-seulement de ne m'en parler jamais, mais d'agir comme assurée qu'il n'y en a point. Vous voyez par cette réponse, que j'ai reçu la lettre que vous m'avez adressée par la poste. Je vous prie de dire à Mesdames Gobelin, d'Ardon et du Mans, que j'ai aussi reçu leurs lettres, et que je n'ai nul loisir de leur répondre. A vous de tout mon cœur, sans oublier Madame de Luynes.

LETTRE XLII.

A Meaux, ce 5 novembre 1691.

J'ai reçu, ma Fille, vos lettres du 30 octobre, du 1, 2 et 4 novembre avec ma béatitude, qui est celle en vérité que j'aime le plus, quoique la dernière soit constamment la plus parfaite, et celle sur laquelle le Sauveur appuie le plus : mais celle-ci y prépare ; et le cœur pour être pur doit être mis dans le feu de la souffrance. Mais hélas ! je n'en ai pas le courage : priez Dieu qu'il me le donne.

Vous vous préparez beaucoup de peine, si vous ne vous attachez constamment à la pratique que je vous ai ordonnée sur ces matières pénibles. Ce que vous diront sur cela les confesseurs sera bon, solide, véritable, mais peu convenable à votre état, et capable de vous détourner de cet esprit de dilatation et de confiance où vous avez besoin d'être conduite. Soyez une fois persuadée que ces sentimens qui vous viennent par des choses d'ailleurs innocentes, ne vous obligent point à la confession, et qu'il n'y a que l'assurance du consentement exprès et formel au péché mortel qui vous y oblige dans l'état où vous êtes. Remettez toutes ces peines à mon retour, et tenez-vous en repos. Toute l'inquiétude que vous vous donneriez sur ce sujet ne seroit qu'un empêchement à l'œuvre de Dieu ; et vous croirez toujours que vous ne vous êtes pas assez expliquée à moi, quoi que vous fassiez et quoi que je puisse vous dire. Je vous renouvelle donc toutes les défenses que je vous ai faites sur ce sujet-là, sans dessein de vous obliger à péché quand vous y contreviendrez par foiblesse et par scrupule.

Vous avez parfaitement bien pris l'esprit des sentences que je vous ai données. Mais ce que vous ajoutez sur votre mélancolie, que vous croyez incompatible avec cette joie, n'est pas véritable. Croyez-vous que le saint homme Job n'ait pas ressenti cette tristesse, qui nous fait voir un Dieu armé contre nous? Vous savez bien le contraire. Et Jésus-Christ n'a-t-il pas été lui-même plongé dans l'ennui et dans la tristesse jusqu'à la mort? Croyez donc que ces tristesses, quelque sombres et quelque noires qu'elles soient, et de quelque côté qu'elles viennent, peuvent faire un trait de notre ressemblance avec Jésus-Christ, et peuvent couvrir secrètement ce fond de joie qui est le fruit de la confiance et de l'amour.

Je vous reconnois toujours pour ma première Fille, et dès le temps de votre profession et depuis mon installation à Jouarre; et cela vous est bon pour vous.

LETTRE XLIII.

A Dammartin, ce 5 novembre 1691.

Vous n'avez rien, ma Fille, à confesser davantage sur la matière dont vous me parlez, ni à vous inquiéter de vos confessions passées. Vous n'avez rien à dire sur cela qu'à moi, pour les raisons que vous aurez pu voir dans ma lettre de ce matin, et pour d'autres encore plus fortes, qui ne se peuvent pas écrire si aisément. Je vous entends très-bien, et vous pouvez vous reposer sur ma décision.

C'est à l'heure de la mort qu'il faut le plus suivre les règles que je vous ai données, parce que c'est alors qu'il faut le plus dilater son cœur par un abandon à la bonté de Dieu. C'est alors, dis-je encore un coup, qu'il faut le plus bannir les scrupules. Mettez-vous donc en repos pour une seconde fois; ne croyez point que vous me fatiguiez jamais : toute ma peine est pour vous; et je ne veux point, si je puis, laisser prévaloir la peine; ce qui ne manque point d'arriver quand on s'accoutume à revenir aux choses déjà résolues. Tenez-vous donc ferme, ma Fille, à ce que je vous décide, et ne vous laissez ébranler ni à la vie ni à la mort. Y a-t-il quelqu'un sur la terre qui doive répondre de votre ame plus que moi? Vous reconnoissez que je vous ai enfantée par la divine parole ; vous êtes la première qui vous êtes soumise à ma conduite à l'extérieur et dans l'intérieur : que sert tout cela, si vous ne croyez pas à ma parole? Tenez-vous donc, pour la troisième fois, à ma décision.

Nous sommes affligés au dedans et au dehors par la tentation; mais nous ne sommes pas angoissés, c'est-à-dire resserrés dans notre cœur ; mais nos entrailles sont dilatées par la confiance[1]. Nous sommes agités par des difficultés où il semble que l'on ne voie aucune issue ; mais nous ne sommes point abandonnés ; et la main qui seule nous peut délivrer, ne nous manque pas. Nous sommes abattus jusqu'à croire, en nous consultant nous-mêmes, qu'il ne nous reste aucune ressource ; mais nous ne périssons pas, parce que celui qui a en sa main la vie et la mort, qui abat et qui redresse, est avec nous (a).

C'est, ma Fille, ce que je veux que vous alliez dire à Dieu au moment que vous aurez lu cette lettre.

LETTRE XLIV.

A Paris, ce 9 novembre 1691.

J'arrive en bonne santé, Dieu merci, ma Fille, et on me rend vos lettres du 7 et du 8.

Il ne faut point s'embarrasser des confessions passées pour les cas réservés. Je vous avoue qu'à la vérité je ne sais pas bien si la réserve a lieu à l'égard des religieuses ; et si en cas qu'elle ait lieu, leurs confesseurs sont censés avoir les cas réservés à leur égard. Mais quoi qu'il en soit, il est constant que la bonne foi suffit dans les uns et dans les autres, et qu'il ne faut point songer à recommencer les confessions. Depuis que le doute est levé, et

[1] II *Cor.*, IV, 8, 9.

(a) Mêmes paroles à peu près à Madame Cornuau. *Extraits de différentes lettres*, à la fin du volume précédent.

qu'ainsi la bonne foi n'y pourroit pas être, je déclare que mon intention est que tous ceux qui confesseront à Jouarre puissent absoudre de tout cas ; et ainsi on est assuré et pour le passé par la bonne foi, et pour l'avenir par ma permission expresse, que j'envoie à Madame la prieure.

A votre égard je vous défends de réitérer vos confessions, sous prétexte d'omission ou d'oubli, à moins que vous ne soyez assurée, premièrement, d'avoir omis quelque péché ; et secondement, que ce péché soit mortel ; ou, si c'est une circonstance, à moins qu'elle ne soit du nombre de celles qu'on est obligé de confesser ; et je vous défends sur tout cela de vous enquérir à personne, et vous ordonne de passer outre à la communion en plein abandon et confiance, à moins que par vous-même vous ne soyez entièrement assurée de ce que je viens de vous dire. Pour le surplus, vous devez être très-assurée que je vous entends, parce que sachant très-bien tous les côtés d'où peut venir cette peine, je vois que la résolution et l'ordre que je vous donne ne peut être affoibli ou changé par quelque côté que ce soit. Tenez-vous-en donc là, et ne vous laissez point troubler par toutes ces peines. M. de Sainte-Beuve avoit raison, et il y a plutôt à étendre qu'à rétrécir ces défenses : car il faut établir surtout l'abandon entier à la divine bonté, qui est un moyen encore plus sûr et plus général d'obtenir la rémission des péchés que l'absolution, puisqu'il en renferme toujours le vœu et en contient la vertu.

Au reste je n'oublie point de prier pour obtenir la délivrance de ce noir chagrin : mais je ne veux point que votre repos dépende de là, puisque Dieu seul et l'abandon à sa volonté en doit être l'immuable fondement. C'est l'ordre de Dieu ; et ni je ne puis le changer, puisque c'est l'annexe inséparable de sa souveraineté ; ni je ne le veux, parce qu'il n'y a rien de plus aimable ni de meilleur que cet ordre, dans lequel consiste toute la subordination de la créature envers Dieu.

Vous pouvez envoyer à Madame de Harlay ce qui regarde l'intention : je vous enverrai le reste quand il me sera donné. Je ne crains aucun verbiage de votre côté ; et vos lettres, quelque longues qu'elles soient, ne me feront jamais la moindre peine, pourvu seulement que vous n'épargniez point le papier, et que vous vouliez prendre garde à ne point presser sur la fin des pages vos lignes et votre écriture ; car au reste elle est fort aisée.

LETTRE XLV.

A Versailles, ce 14 novembre 1691.

J'ai reçu, ma Fille, votre lettre du 12. Je vous envoie l'écrit pour la retraite : vous en pouvez laisser tirer des copies, non-seulement pour Madame de Harlay, mais encore à nos chères Sœurs et à ma Sœur Cornuau. Vous me ferez plaisir après cela de me renvoyer l'original, parce que j'en veux envoyer autant aux Filles de Sainte-Marie de Meaux.

J'ai une grande consolation de ce que vous me mandez de ma Sœur de la Guillaumie et de ses compagnes, aussi bien que de nos dernières professes. Ce m'est en vérité une grande joie d'avoir mis la dernière main à leur consécration. J'espère que Dieu leur fera sentir du fruit de la conduite épiscopale, à laquelle elles se sont soumises d'abord ; et je les exhorte à y demeurer.

Quant à ces peines dont vous me parlez, elles ne doivent non plus vous arrêter, quand elles arrivent à la communion, que dans un autre temps ; autrement le tentateur gagneroit sa cause. Car, comme vous le remarquez, il ne demande qu'à nous tirer des sacremens et de la société avec Jésus-Christ. Vous avez donc bien fait de passer par-dessus, et de ne vous en confesser pas. La bonne foi et l'obéissance vous mettroient absolument à couvert, quand vous vous seriez trompée. Mais loin de cela, vous avez bien fait ; et plût à Dieu que vous fissiez toujours de même ! Il n'y a point eu d'irrévérence dans votre communion, ni de péché à vous être élevée par-dessus la pensée que vous faisiez mal, parce que c'est précisément ces sortes de pensées scrupuleuses et déraisonnables qu'il faut mépriser. Je ne veux point que vous vous confessiez à M. le curé, non plus qu'aux autres, de semblables peines.

Je veux bien, ma Fille, que vous m'en rendiez compte, quand vous ne pourrez pas les vaincre sans cela : mais le fond le meilleur seroit de ne plus tant consulter sur des choses dont vous avez eu la résolution ou en elles-mêmes, ou dans d'autres cas semblables. Ces consultations entretiennent ces dispositions scrupuleuses, et empêchent de parler de meilleures choses. Ne vous étonnez donc pas si je tranche dorénavant en un mot sur tout cela; car je pécherois en adhérant à ces peines.

Je ne vous ai parlé de prévenir nos chères Sœurs, que parce que la charité est prévenante. Je fais réponse à Madame de Lusanci pour les affaires, et je vous prie de la bien assurer que je ne serai jamais prévenu contre elle.

Je prie Dieu, ma Fille, qu'il soit avec vous.

LETTRE XLVI (*a*).

A Versailles, ce 15 novembre 1691.

L'écrit que je vous envoie est plus long que je ne pensois; mais c'est que j'ai voulu rendre tout ce que Dieu me prêtoit. Je prévois qu'il sera assez difficile qu'on l'ait décrit assez tôt pour me donner le loisir de l'envoyer à nos Sœurs de Meaux avant la Présentation, qui, ce me semble, est le 21. Cela se pourra pourtant, si ma Sœur de la Guillaumie veut bien pour l'amour de moi, puisque je l'en prie, faire un peu de diligence pour la première copie, et pour celle de Madame de Harlay. Quant à nos autres Filles, je laisse la distribution à votre discrétion, et pour cause.

LETTRE XLVII

A Versailles, ce 20 novembre 1691.

Ecrivez-moi sans hésiter cette pensée que vous ne voulez me dire que par mon ordre. J'ai répondu à tous vos doutes. C'est pour vous plutôt que pour moi que je vous défends de répéter.

Je salue Madame votre Sœur de tout mon cœur. Mon entretien avec Madame n'a pas plus opéré que les autres : mais ce n'est pas là que je mets ma confiance; et soit qu'elle retourne, soit qu'elle

(*a*) Collationnée.

demeure en ce pays, j'espère établir une conduite uniforme et certaine. Dieu soit avec vous.

† J. BÉNIGNE, év. de Meaux.

Je remercie aussi Madame de Rodon, et je suis bien aise que vous en soyez contente.

LETTRE XLVIII.

A Paris, ce 24 novembre 1691.

Vous avez très-bien fait de communier sans vous confesser de ces peines. M. le curé a toujours les mêmes approbations; mais je vous ai défendu, et je vous défends de vous confesser de ces peines à lui ou à d'autres, à moins que vous ne soyez assurée, jusqu'à en pouvoir jurer s'il étoit besoin, que vous avez consenti à un péché mortel, si c'en est un; ou si ce n'en est pas un, je ne veux point que vous consultiez sur cela d'autre que moi, ni que vous me consultiez par écrit. Tout ce que je puis faire, c'est de souffrir que vous m'en parliez de vive voix, encore ne vous le permettrai-je que par condescendance.

Je vous défends tout empressement et toute inquiétude pour cette consultation que vous pourrez me faire à moi-même, remettant la chose à mon grand loisir. Vous voyez bien après cela, ma Fille, que me demander des règles pour distinguer le sentiment d'avec le consentement, et en revenir aux autres choses dont vous parlez dans vos lettres, c'est recommencer toutes les choses que nous avons déjà traitées, et je ne le veux plus, parce que c'est trop adhérer à vos peines. Ainsi je vous déclare que voici la dernière fois que je vous ferai réponse sur ce sujet : et dès que j'en verrai le premier mot dans vos lettres, je les brûlerai à l'instant sans les lire seulement ; ce que je ne vous dis ni par lassitude, ni par dégoût de votre conduite, mais parce que je vois la conséquence de vous laisser toujours revenir à de tels embarras sous d'autres couleurs.

J'ai reçu agréablement les reproches de Madame votre sœur : je n'ai pas le loisir d'y répondre, et j'en suis fâché.

Quant à mon écrit, votre correction n'est pas mauvaise ; mais vous avez trop deviné. La première ligne naturellement ne signifioit rien, sinon que le sens étoit complet à cet endroit ; et la seconde, que c'étoit la fin de tout le discours. Le changement que vous avez fait n'altère rien dans le sens ; mais je l'aime mieux comme il étoit : mon intention a été que les paroles de l'*Apocalypse* fussent une conclusion du tout.

Il faut bien encourager Madame de Lusanci, qui agit à la vérité avec un courage qu'on ne peut assez louer. On s'élève beaucoup, et très-injustement contre elle ; je n'oublierai rien pour la soutenir.

LETTRE XLIX.

A Versailles, ce 29 novembre 1691.

J'ai lu, ma Fille, la petite lettre qui étoit incluse dans celle de Madame de Lusanci. Offrez vos peines à Dieu, pour en obtenir la cessation ou l'adoucissement et la conversion des pécheurs. Je vous assure qu'il n'y a point eu de péché mortel dans tout ce que vous m'avez exposé, ni aucune matière de confession : ce que vous me proposez en dernier lieu est de même nature. A quoi songez-vous, ma Fille, de chercher à calmer ces peines par des résolutions à chaque difficulté ? C'est une erreur : elles croîtront à mesure qu'on s'appliquera à les résoudre ; et il n'y a de remède que celui de l'obéissance et de l'abandon, qui tranche le nœud.

Je vous défends encore une fois de vous tourmenter à chercher la différence du sentiment et du consentement. Tenez-vous-en à mes décisions précédentes, et surtout à celles de la dernière lettre qui comprend tout. Je sais mieux ce qu'il vous faut que vous-même. Si vous étiez autant fidèle et obéissante qu'il faudroit, vous ne diriez jamais un mot à confesse de toutes ces peines : vous faites de grands efforts pour vaincre vos peines, et puis vous en revenez à la même chose.

Vous ne m'avez pas entendu quand je vous ai dit que le consentement à une certaine chose étoit péché mortel. Je m'expliquai après, et je vous assure qu'il n'y en a point dans ce que vous m'exposiez. Vous vous tendez des piéges à vous-même, et vous êtes ingénieuse à vous chercher des embarras. La vivacité de votre imagination est justement ce qui a besoin des remèdes que je vous donne. Ainsi décisivement ce sera la dernière fois que je répondrai à de telles choses. Il n'y a nul péché dans ces peines que celui d'y adhérer trop, et d'y trop chercher de remèdes. Si ceux que je vous donne ne vous apaisent pas, il n'y a plus qu'à s'abandonner à la divine bonté. Je prie Notre-Seigneur qu'il soit avec vous.

LETTRE L.

A Meaux, ce 26 décembre 1691.

Je n'ai reçu votre lettre, qui est venue par la poste, que fort tard et dans un temps où il eût été difficile d'y faire réponse. Je crains bien cependant que cela ne vous ait causé de l'embarras dans vos dévotions : il n'y en a pourtant point de sujet. Pour le passé, la revue que vous m'avez faite a été bien faite de votre part, et très-bien entendue de la mienne. La répétition que vous en avez faite à votre dernière confession m'a suffisamment remis les choses que vous m'aviez dites, et assez pour donner matière à l'absolution. Ainsi je vous défends tout retour et toute inquiétude sur cela, et de vous en confesser de nouveau ni à moi ni à d'autre

L'autre peine que vous m'expliquez ne doit non plus vous embarrasser, après les résolutions que vous avez eues sur cela de M. l'abbé de la Trappe et de moi. A la vérité je ne voudrois pas exciter ces tendresses de cœur directement : mais quand elles viennent ou par elles-mêmes, ou à la suite d'autres dispositions qu'il est bon d'entretenir et d'exciter, comme la confiance et l'obéissance, et les autres de cette nature, qui sont nécessaires pour demeurer ferme et avec un chaste agrément sous une bonne conduite ; il ne faut nullement s'en émouvoir, ni s'efforcer à les combattre ou à les éteindre, mais les laisser s'écouler et revenir comme elles voudront.

C'est une des conditions de l'humanité, de mêler les choses certainement bonnes avec d'autres qui peuvent être suspectes, douteuses, mauvaises même si l'on veut. Si par la crainte de ce mal on vouloit ôter le bien, on renverseroit tout, et on feroit aussi mal que celui qui voulant faucher l'ivraie, emporteroit le bon grain avec elle. Laissez donc passer tout cela, et tenez-vous l'esprit en repos dans votre abandon. Je vous défends d'adhérer à la tentation de quitter, ou à celle de croire qu'on soit fatigué ou lassé de votre conduite, puisqu'en effet on ne l'est pas et on ne le sera jamais, s'il plaît à Dieu ; car il ne faut jamais abandonner, ni se relâcher dans son œuvre.

Pour vous dire mes dispositions, autant qu'il est nécessaire pour vous rassurer, je vous dirai qu'elles sont fort simples dans la conduite spirituelle. Je suis conduit par le besoin : je ne suis pas insensible, Dieu merci, à une certaine correspondance de sentimens ou de goûts ; car cette indolence me déplaît beaucoup, et elle est tout à fait contraire à mon humeur : elle feroit même dans la conduite une manière de sécheresse et de froideur qui est fort mauvaise. Mais quoique je sente fort ces correspondances, je ne leur donne aucune part au soin de la direction, et le besoin règle tout. Au surplus je suis si pauvre, que je n'ai jamais rien de sûr ni de présent. Il faut que je reçoive à chaque moment, et qu'un certain fond soit excité par des mouvemens dont je ne suis pas tout à fait le maître. Le besoin, le besoin, encore un coup, est ce qui détermine. Ainsi tout ce qu'on sent par rapport à moi, en vérité ne m'est rien de ce côté-là, et il ne faut pas craindre de me l'exposer, parce que cela n'entre en aucune sorte dans les conseils, dans les ordres, dans les décisions que j'ai à donner.

Je vous ai tout dit ; profitez-en et ne vous laissez point ébranler : ce seroit une tentation trop dangereuse, à laquelle je vous défends d'adhérer pour peu que ce soit. Je prie Dieu, ma chère Fille, qu'il soit avec vous.

LETTRE LI.

A Meaux, ce 27 décembre 1691.

J'ai reçu toutes vos lettres, et entre autres celles qu'un capucin m'a rendues. Vous avez fort bien fait de passer par-dessus vos dernières peines ; et je vous défends de vous y arrêter jamais, ni de vous confesser de ne les avoir point confessées. Si vous continuez de cette sorte à entrer dans les pratiques que je vous ai marquées, vous vous faciliterez beaucoup la réception des sacremens, et vous y trouverez la consolation qu'y doit trouver une ame chrétienne, c'est-à-dire une ame confiante.

Je prie Dieu, ma Fille, qu'il soit avec vous. Je le prierai de tout mon cœur pour Madame la comtesse de Verue : on la disoit morte à Versailles ces jours passés ; j'en serois fâché, et je voudrois autre chose d'elle auparavant.

LETTRE LII.

A la fin de 1691.

L'acte de contrition nécessaire au sacrement de pénitence, ne demande pas un temps précis, et ne consiste pas dans une formule qu'on se dit à soi-même dans l'esprit. Il suffit de s'y exciter quelques heures avant la confession : quelquefois même l'acte qu'on excite longtemps devant est si efficace, que la vertu en demeure des journées entières. Je ne croirois pas qu'un acte pût subsister en vertu, quand le sommeil de la nuit ou quelque grande distraction est intervenue : à plus forte raison quand le péché mortel, qui est une rétractation trop expresse de l'acte d'amour, se trouve entre l'acte et la confession ou l'absolution. Il ne faut donc point s'inquiéter si l'on a répété cet acte ou immédiatement avant l'absolution, ou à la confession de quelque péché oublié : il suffit qu'il n'y ait pas eu d'interruption ou de rétractation, selon les manières que je viens de dire. Au reste il faut tâcher de former en soi une habitude si forte et si vive des vertus et des sentimens de piété, qu'ils naissent comme d'eux-mêmes et presque sans qu'on les sente, du moins sans qu'on y réfléchisse. Je n'ai rien à ajouter à mon *Catéchisme* sur les actes de contrition et d'attrition.

Il est inutile de savoir si les sacremens opèrent physiquement ou moralement ; ce qui est très-assuré, c'est que ce physique tient bien du moral, et que ce moral par sa certitude, sa promptitude et son efficace, tient bien du physique : et c'est peut-être ce que veulent dire ceux qui leur attribuent une opération physique. Il suffit de savoir que l'opération du Saint-Esprit, qui s'applique et se développe pour ainsi parler dans les sacremens, est très-réelle et très-physique, et qu'elle sort pour ainsi parler à la présence du sacrement, comme d'un signe qui la détermine en vertu de la promesse de Dieu très-infaillible. Adorez cette grace, admirez cette opération, croyez en cette puissance, conformez-vous à cette efficace par une volonté vive, qui s'accommode à l'impulsion et à l'action d'un Dieu.

LETTRE LIII.

A Paris, ce 5 janvier 1692.

Votre lettre du 30 décembre, ma chère Fille, m'oblige à vous dire d'abord que je suis content de votre obéissance. La règle que je vous ai donnée sur les peines que vous savez, s'étend à toutes les autres quant à l'obligation de les confesser, mais non pas quant à la défense de le faire. Car je ne vous défends pas de vous confesser de ces peines, ou des péchés que vous pourrez croire y avoir commis, pourvu que ce ne soit pas avec cette anxiété qui vous empêche de communier, ou ne vous permet pas de le faire avec toute la dilatation que cette action demande. Ce que je vous défends précisément à cet égard, c'est que vous ne songiez jamais à vous priver de la communion, ni à recommencer vos confessions avant ou après vous en être approchée, à moins que vous ne soyez assurée jusqu'à en pouvoir jurer, qu'il y a eu un péché mortel dans vos jugemens, dans vos distractions, dans vos soupçons et dans tous les sujets de vos peines. Je vous l'ai déjà dit, et vous deviez l'avoir entendu; mais à présent que vous l'avez par écrit, je m'attends à une entière obéissance.

Je serois bien fâché que nous perdissions ma Sœur de Saint-Gabriel. Je lui donne de tout mon cœur ma bénédiction, et je ne manquerai pas de l'offrir à Dieu, dont elle recevra, et en cette vie et en l'autre, la récompense de sa fidélité et de son obéissance.

On s'est contenté de vous donner la copie de la réquisition du promoteur, parce que c'est le fondement de ce qui se fera dans la suite: on n'eut pas le temps d'écrire le reste. Il n'y a point de façon à faire de cette réquisition, et au contraire il est bon qu'on la sache. Pour ce qui est des dispositions de Madame votre abbesse, elle voudroit bien ne pas retourner; mais elle sent qu'il faudra le faire. Je suis résolu à la pousser, si dans huit jours sans retardement elle ne prend un parti ; pour lui parler, c'est temps perdu. J'envoie à Madame la prieure et à Madame de Lusanci les ordres pour ce qu'il faut faire, si elle s'avisoit de prévenir la signification de mon *Ordonnance,* comme le sieur de la Madeleine l'en presse bien fort; mais ce n'est pas à lui qu'elle se fie sur cela. Que ceci ne soit que pour Madame de Luynes, Madame de Lusanci et vous.

Il ne faut jamais avoir de réserve en me parlant : vous voyez bien qu'à la fin il y faut venir, et que Dieu le veut.

Il n'y a rien à recommencer dans le Bréviaire que les endroits où l'on seroit assuré, dans le degré que je vous marque pour les autres choses, ou d'avoir omis, ou d'avoir été distrait volontairement. Je vous défends tout autre recommencement. Ne vous allez point rejeter dans l'embarras de distinguer ce qui est volontaire ou non ; cela ramèneroit toutes vos peines l'une après l'autre, et vous n'en sortiriez jamais. *Amen* et *Alleluia.* C'est dans l'acte d'abandon, que se trouve le seul remède à vos maux : je m'y unis de tout mon cœur, et vous le pouvez mander à Madame de Harlay.

C'est un grand mot que celui du saint prophète : *Elegi abjectus esse*[1] : « J'ai choisi d'être des derniers dans la maison de mon Dieu ; » et je rends graces à Dieu de vous l'avoir mis dans le cœur avec un sentiment particulier. Je le prie, ma chère Fille, qu'il soit avec vous.

Priez pour moi ; demandez pour moi des prières de tous côtés, et surtout à Madame de Harlay et à la sainte communauté où elle est. *Amen*, *Alleluia.*

[1] *Psal.* LXXXIII, 11.

LETTRE LIV.

A Versailles, ce 8 janvier 1692.

Je ne crains point de prendre sur moi l'obéissance que vous rendrez, ma chère Fille, aux ordres que je vous ai donnés pour vos confessions.

Quant à cette disposition qui vous fait voir un Dieu toujours irrité, sans en examiner le principe, offrez pour la conversion des pécheurs, et surtout des plus endurcis, les peines qu'elle vous cause; j'espère que vous en serez soulagée : du reste je vous mets et vous abandonne entre les mains de la miséricorde de Dieu. Je prie Notre-Seigneur qu'il soit avec vous.

LETTRE LV.

A Versailles, ce 17 janvier 1692.

Je suis, ma Fille, très-sensible à vos douleurs : je vous suis très-obligé de les offrir à Dieu pour moi; mais je le prie qu'il vous en décharge, et qu'il n'accumule pas tant de croix ensemble. Si mes vœux sont exaucés, vous serez bientôt dans un état plus tranquille. Ces noirceurs dans l'esprit avec des peines si aiguës dans le corps, ah! mon Dieu, c'en est trop : arrêtez votre bras, et faites sentir vos consolations; je vous en conjure par notre grand Médecin, qui a guéri nos plaies en les portant, et qui nous a laissé après lui un Consolateur, dans lequel toutes les bontés sont passées de votre sein. *Amen, amen.* C'est pour réponse à votre lettre du 12.

Pour les autres, je vous dirai que j'accepte de tout mon cœur ce qui m'est échu en partage pour cette année, et je vous prie d'en bien faire mes remerciemens à Madame de Luynes, par les mains de qui me sont venues toutes ces graces.

Vous avez si bien fait parler saint Ambroise, que je ne puis assez vous en remercier; et j'espère bien quelque jour me servir utilement de cette oraison. Je vous promets de la faire pour vous au premier quart d'heure que j'aurai libre.

Pour les passages que vous citez de Job et des autres Saints, quand vous les aurez conciliés avec ces paroles de Notre-Seigneur : « Ne craignez point, petit troupeau [1]; » et avec celles de saint Paul : « Réjouissez-vous; encore une fois je vous le dis, réjouissez-vous [2]; » et avec celles de saint Jean : « La parfaite charité bannit la crainte [3]; » et avec toutes celles où il est dit que celui qui se fie au Seigneur et qui s'abandonne à lui n'a rien à craindre : tout ce que vous me direz pour concilier ces passages avec ceux qui vous font peur, je vous le dirai pour concilier ceux qui font peur avec les règles que je vous ai données.

Faites-en l'essai, ma Fille, et par avance je vous déclare que vous trouverez qu'à proportion que la crainte augmente, on doit faire surnager la confiance, quand il n'y auroit que cette règle de saint Paul : « Où le péché a abondé, la grace a surabondé [4]. » Puissiez-vous être pénétrée de cette parole à l'instant que vous la lirez !

LETTRE LVI.

A Versailles, ce 18 janvier 1692.

Je vous écrivis encore hier, ma Fille, et je crois avoir répondu à tous vos doutes. Si vous y prenez bien garde, ce n'est toujours que la même peine qui revient sous d'autres couleurs, et tout au plus avec quelques circonstances qui ne changent rien. Il ne servira de rien de vous confesser au P. Toquet : vous ne manquerez jamais de gens pour qui vous croirez avoir des exceptions à faire. Pour moi, je n'en fais aucune, et je ne consens point du tout que vous vous confessiez à lui de ces peines ; car tout cela est directement contraire au dessein qu'il faut avoir, si on ne peut les étouffer, du moins de ne les nourrir pas.

Le principe de faire toujours le plus sûr n'est point pour les personnes peinées, parce que le plus sûr pour elles c'est d'obéir : autrement elles se perdroient, et à force de chercher le plus sûr pour elles, il n'y auroit rien de sûr pour elles.

J'ai fait aujourd'hui pour vous à Dieu la prière de saint Ambroise, et je crois que Notre-Seigneur m'aura exaucé.

[1] *Luc.*, XII, 32. — [2] *Philip.*, IV, 4. — [3] *I Joan.*, IV, 18. — [4] *Rom.*, V, 20.

On vient de m'écrire que Madame de Jouarre s'en va tout de bon. Je la suivrai de plus près qu'il me sera possible, et je n'abandonnerai jamais le saint ouvrage, ni le général ni le particulier. Cela est pour vous.

LETTRE LVII.

A Paris, ce 21 janvier 1692.

Je souhaite d'apprendre, ma Fille, si vos douleurs vous ont quittée : j'en prie Dieu, et qu'enfin il commence à vous soulager après vous avoir poussée si loin.

Enfin Madame de Jouarre se déclare malade, à la seconde signification de mon *Ordonnance*. Vous verrez dans la lettre de Madame de Lusanci, la signification qu'elle m'a fait faire.

Autre histoire : La Vallée écrit une grande lettre pour obtenir permission de venir à Paris, pour se faire traiter d'un cancer : on m'a envoyé la lettre, pour y faire telle réponse que je voudrois. J'ai dit qu'il n'y avoit qu'à le laisser là. M. de la Madeleine confirme sa maladie, et trouve étrange la demande qu'il fait à Jouarre d'une somme si considérable pour un petit homme comme lui. Tout considéré, il y a beaucoup d'apparence que vous verrez votre abbesse; mais au moins je n'assure rien, sinon que je ne vous laisserai pas longtemps combattre avec elle seul à seul, s'il plaît à Dieu.

O que Dieu est grand! ô que ses volontés sont souveraines et pleines de bonté! ô que Jésus-Christ est humble, patient et doux! Abandonnons-nous à lui, soumettons-nous avec agrément et complaisance : *Oui, mon Père, puisque vous le voulez ainsi* [1].

LETTRE LVIII.

A Versailles, ce 27 janvier 1692.

Je suis fâché, ma Fille, de voir durer si longtemps vos peines, tant celles de l'esprit que celles du corps. Au premier moment que j'aurai libre, j'écouterai ce qui me viendra sur la prière que vous me demandez. En attendant, souvenez-vous de celle de

---

[1] *Matth.*, xi, 26.

Notre-Seigneur : « Mon Père, détournez de moi ce calice ; non ma volonté, mais la vôtre[1] : « voilà tout, en trois mots. Lisez les endroits des évangiles où cette prière est racontée, et unissez-vous-y en esprit de foi, puisque Jésus-Christ l'a faite non tant pour lui-même qu'en la personne des pécheurs.

Tout ce que j'ai voulu conclure des passages que je vous ai laissés à concilier, c'est, ma Fille, qu'ils sont propres à certains états, tant ceux qui inspirent la crainte que ceux qui portent à la confiance : et ce qu'il faut conclure de là, c'est qu'il les faut appliquer par l'ordre et sous la conduite de celui que Dieu a chargé de votre ame, et c'est là tout le dénouement de ces apparentes contrariétés ; il y en a pourtant encore une autre, mais qui n'est pas de ce temps.

Je ne voudrois pas vous exempter de dire dans votre Bréviaire ce que vous seriez assurée, jusqu'à en pouvoir jurer, d'avoir omis. Mais ce qui est bien assuré, c'est qu'à moins que d'en avoir cette certitude, vous faites mal de répéter, et de vous accuser de ces incertitudes et de toutes les autres. Ainsi je persiste à ne vouloir pas que vous parliez de ces peines à qui que ce soit, pas même au P. Toquet, dont je connois la prudence. Tous les petits mots auxquels vous revenez toujours, ne sont que la même chose sous différentes couleurs, comme je vous l'ai déjà dit souvent, et je n'ai plus rien à vous dire sur ce sujet.

M. le Preux peut confesser celles qui ont accoutumé de s'y confesser à l'ordinaire ou à l'extraordinaire, et non les autres. Si quelqu'une s'y est confessée depuis le synode, par la permission verbale que j'en ai donnée et dans la bonne foi, il n'y a qu'à demeurer en repos.

Madame de Lusanci vous dira l'état des affaires : de vous dire ce que je ferai, moi-même je ne le puis : tout ce que je puis dire, c'est que je me gouvernerai selon l'occurrence, et n'omettrai aucune diligence.

Mon Dieu, je m'unis de tout mon cœur à votre saint Fils Jésus, qui, dans sa sueur et son agonie, vous a porté la prière de tous

[1] *Luc.*, XXII, 42.

ses membres infirmes. O Dieu, vous l'avez livré à la tristesse, à l'ennui, à la frayeur ; et le calice que vous lui avez donné à boire étoit si amer et si plein d'horreur, qu'il vous pria de le détourner de lui. En union avec sa sainte ame, je vous le dis, ô mon Dieu et mon Père, détournez de moi ce calice horrible ; toutefois que votre volonté soit faite, et non pas la mienne. Je mêle ce calice avec celui que votre Fils Notre-Sauveur a avalé par votre ordre. Il ne me falloit pas une moindre médecine ; ô mon Dieu, je la reçois de votre main avec une ferme foi que vous l'avez préparée pour mon salut, et pour me rendre semblable à Jésus-Christ mon Sauveur. Mais, ô Seigneur, qui avez promis de ne nous mettre pas à des épreuves qui passent nos forces, vous êtes fidèle et véritable. Je crois en votre parole, et je vous prie par Jésus-Christ votre Fils de me donner de la force, ou d'épargner ma foiblesse.

Jésus mon Sauveur, nom de miséricorde et de grace, je m'unis à la sainte prière du Jardin, à vos sueurs, à votre agonie, à votre accablante tristesse, à l'agitation effroyable de votre sainte ame, aux ennuis auxquels vous avez été livré, à la pesanteur de vos immenses douleurs, à votre délaissement, à votre abandon, au spectacle affreux qui vous fit voir la justice de votre Père armée contre vous, aux combats que vous avez livrés aux démons dans le temps de vos délaissemens, et à la victoire que vous avez remportée sur ces noirs et malicieux ennemis ; à votre anéantissement et aux profondeurs de vos humiliations, qui font fléchir le genou devant vous à toute créature dans le ciel, sur la terre et dans les enfers. En un mot, je m'unis à votre croix, et à tout ce que vous choisissez pour crucifier l'homme. Ayez pitié de tous les pécheurs, et de moi qui suis la première de tous : consolez-moi, convertissez-moi, anéantissez-moi : régnez, et rendez-moi digne de porter votre livrée. *Amen, amen.* Tout à vous.

LETTRE LIX.

A Versailles, ce 2 février 1692.

J'ai oublié de répondre à votre lettre du 28. Vous pouvez et vous devez sans hésiter, ma Fille, demander à Dieu mon retour dans le diocèse, et vous avez raison de croire que je suis à mon troupeau, et par conséquent à vous toutes, qui en faites une si chère et si considérable partie, plus qu'à tout le reste de l'Eglise, autant par inclination que par devoir.

Je ne prétends point du tout que le retour de Madame de Jouarre rende le commerce moins libre avec moi, et c'est à quoi je pourvoirai capitalement (*a*). Vous ferez très-bien de me dire toutes vos pensées sur la matière du livre de la conférence, et je loue Dieu en attendant que vous en soyez consolée. A vous, ma Fille, de bien bon cœur.

LETTRE LX.

A Versailles, ce 2 février 1692.

J'envoie à ma Mère la prieure l'ordre de faire venir le médecin de la Ferté-sous-Jouarre, pour vous et pour ma Sœur de Saint-Ignace. Il pourra voir en même temps ma Sœur de Saint-Gabriel, que je vous prie d'assurer du soin que j'ai d'elle devant Dieu : c'est une de mes meilleures Filles, que Dieu a fait entrer d'abord dans le bon chemin avec ma Sœur de Saint-Nicolas. Je les bénis de tout mon cœur.

Je ne me souviens plus du tout de ce que je dis au sermon de la Nativité, ni sur le *Salve*. Ce n'est pas mal fait d'écrire, comme on s'en souvient, ce qu'on croit qui peut être utile dans mes sermons : cela peut m'aider à les rappeler dans ma mémoire.

Il est bien aisé d'entendre que lorsqu'on appelle la sainte Vierge *notre vie, notre douceur et notre espérance*, c'est par rapport à Jésus-Christ que Dieu nous a donné par elle, et que nous la prions de nous montrer dans la suite de la prière. Mais de répéter d'où cela vient, ce seroit un trop long discours.

Je vous promets de permettre à ma Sœur de Sainte-Hélène une retraite après Pâques, et de l'aider à la faire.

Je n'ai pas seulement songé que vous ayez eu dessein de vous opposer à mes sentimens, en expliquant les passages que je vous avois proposés. Il n'est point du tout nécessaire que je vous dise

(*a*) Pourquoi l'Académie proscrit-elle ce mot?

comment je les entends à votre égard, puisque vous voyez bien que je les entends et que je vous les applique dans le sens qui vous doit porter à bannir la crainte, et à vous abandonner à la confiance. On se jetteroit dans des ambarras infinis, si on changeoit la direction en dissertation. Je ne trouve point à redire que vous m'exposiez vos sentimens : au contraire je le souhaite ; et sans m'en plaindre jamais, je vous dirai en simplicité ce qui sera nécessaire.

Ces fâcheux temps, Dieu merci, ne m'ont fait aucun mal, puisque vous souhaitez de le savoir. Je vous ai offerte à Dieu de tout mon cœur avec Jésus-Christ, et je le prie qu'il vous soulage.

Vous m'avez très-bien et très-souvent exposé cette peine que vous avez à l'occasion du sommeil. C'est à cette occasion que je vous ai dit que les dispositions sensibles ou sensuelles qui viennent en conséquence des choses nécessaires comme le sommeil, encore qu'on y consente, ne doivent point faire de scrupule, parce que ce consentement est une suite de celui qu'on donne au sommeil. Je vous prie, ne m'en parlez plus après cela ; et le plus que vous pourrez épargnez-moi les redites, qui ne font que nourrir les peines et tenir lieu de meilleures choses.

Pour ce qui regarde les difficultés que vous me proposez sur la règle, je vous y répondrai quand je l'aurai entre mes mains.

Pour les rechutes, je vous ai dit, et il est vrai, qu'encore qu'il faille toujours avoir une ferme résolution de s'abstenir des péchés dont on se confesse, même véniels, il n'est pas nécessaire que cette résolution soit d'une égale fermeté dans ces péchés-là comme dans les autres ; et qu'on ne doit point conclure par les rechutes que la résolution n'ait pas été ferme et sincère, pourvu que de bonne foi on ait la volonté de se corriger, et qu'on emploie même la confession comme un secours contre ses foiblesses.

Ce qu'on appelle mépris à l'égard des règles monastiques, est l'opposite de ce qui s'appelle foiblesse, inconsidération, surprise ; et emporte une malice délibérée. Une longue et opiniâtre négligence, qu'on ne prend aucun soin de vaincre, enferme du mépris, et à la longue peut dégénérer en péché mortel, mais non pas une négligence passagère. La règle du silence, je ne dis pas seulement celle du grand silence, mais encore celle du silence ordinaire pendant le jour, est digne de vénération et c'est un des fondemens de la vie monastique. Mais tout le monde ne l'entend pas aussi rigoureusement que M. de la Trappe, et vous devez vous en tenir aux observances reçues dans la maison.

Que j'aime le silence ! que j'en aime l'humilité, la tranquillité, le sérieux, le recueillement, la douceur ! qu'il est propre à attirer Dieu dans une ame, et à y faire durer sa sainte et douce présence !

Je dis tout cela sans rétracter ce que je vous ai dit sur ce sujet-là par rapport à vos peines et à vos tristesses. Je prie Dieu, ma chère Fille, qu'il soit avec vous. Je salue Madame de Luynes de tout mon cœur.

J. Bénigne, Ev. de Meaux.

Il y a de deux sortes de distractions volontaires, dont l'une emporte une extinction, et l'autre un relâchement de l'attention. C'est du dernier qu'a voulu parler le P. Toquet, et il a raison.

Encore un coup, ma chère Fille, Dieu soit avec vous.

Marie est la nouvelle Eve, au même sens que Jésus est le nouvel Adam. Marie est notre vie, notre salut, notre espérance, au même sens qu'Eve est notre perte, notre damnation, notre mort : voilà le fond.

LETTRE LXI.

Versailles, ce 18 février 1692.

Pour réponse à votre lettre du 10, je ferai savoir, ma chère Fille, à ma Sœur Cornuau le soin que vous prenez d'elle, et je lui écrirai au premier loisir, en commençant par la recommander sincèrement à Notre-Seigneur.

L'affaire du blé (a) est la moindre de toutes celles qui peuvent me regarder, et je voudrois qu'elle fût perdue à condition que celles de Jouarre prissent fin : je n'y oublierai rien.

(a) Vingt muids de blé, que le monastère de Jouarre devoit annuellement aux évêques de Meaux.

Sur la lettre du 14, je suis fort en peine de Madame Gobelin. Aussitôt que j'ai su par vous sa maladie, j'ai commencé par l'offrir à Dieu, afin qu'il la comblât de ses graces, et qu'il daignât écouter les vœux que nous lui faisons pour sa conservation. Vous la pouvez assurer qu'elle doit regarder toute pensée de faire quelque excuse à Madame, de quelque côté qu'on tâche de la lui inspirer, non-seulement comme un scrupule, mais encore comme une tentation, puisque ce n'est point offenser une abbesse que de rendre obéissance à celui à qui elle en doit tant elle-même, et de respecter l'ordre de la hiérarchie, qui est celui de Jésus-Christ.

Je me joins à la prière que vous faites à Dieu, afin qu'il empêche la désolation de son sanctuaire, et qu'il ne permette pas qu'on ferme les bouches qui le louent d'une manière si édifiante.

LETTRE LXII.

A Versailles, ce 19 février 1692.

Votre lettre du 17 me fait beaucoup appréhender pour ma Sœur des Archanges : je la bénis de tout mon cœur, et je prie Dieu qu'il nous la conserve. Je n'ai pas encore reçu le jubilé : mais comme je sais qu'il est accordé, et que le temps dépend des évêques, je donne à M. le confesseur le pouvoir de l'appliquer tant à elle qu'à celles des Sœurs qui se trouveroient en pareil état, en leur ordonnant ce qu'il trouvera à propos de leur imposer.

Je loue Dieu du bon effet que vous ressentez de la prière. Avant que de faire celle que vous demandez sur la mort, je voudrois bien avoir une copie de l'autre, pour ne point tomber dans des redites. Mais en faveur de ma Sœur des Archanges, je passerai outre sans attendre. Les tentations contre la foi, contre la soumission, contre la confiance, sont en effet les grands maux de ce dernier état : mais surtout vous avez raison de croire qu'il n'y a rien qu'il faille plus exciter que la confiance. Je souhaite que Dieu vous conserve, et qu'il ne me donne pas le déplaisir d'avoir à vous assister dans cet état. Mais je vous tiendrai, s'il plaît à Dieu, la parole de ne vous manquer ni à la vie ni à la mort.

Usez de votre prudence sur les livres dont vous me parlez, mais sans faire bruit. Je suis à vous, ma Fille, de tout mon cœur.

LETTRE LXIII.

A Paris, ce 22 février 1692.

Vous me consolez, ma chère Fille, en me racontant la sainte et heureuse fin de notre Sœur des Archanges. Je prie Dieu de tout mon cœur qu'il nous conserve ma Sœur de Saint-Ignace. Lorsque vous et les saintes ames pour qui je travaille goûtent ce que je fais, je reconnois la vérité de ce que dit un Saint du cinquième siècle : « Le docteur reçoit ce que mérite l'auditeur [1]. »

Pour guérir ma Sœur de Saint-Louis, il ne faut que lire avec elle l'évangile de la Pécheresse pénitente, et la décision expresse du Sauveur, qui dit : « Celui à qui on remet moins aime moins ; celui à qui on remet davantage aime davantage [2] » Quand le maître décide, les disciples n'ont qu'à se taire.

Vous n'êtes point obligée à faire sur le Carême d'autre épreuve que celle des années précédentes, et vous devez prévenir le mal plutôt que de l'attendre.

C'est l'Eglise qui avertit ses enfans d'étendre le jeûne sur tout, et de retrancher de tous côtés, aux yeux, aux oreilles, aux discours, autant qu'à la nourriture : mais quand on en est venu à une certaine mesure, si on ne mettoit une fin au retranchement, à la fin on ôteroit tout.

Vous ferez bien de mêler la lecture de Jérémie à celle des deux *Epîtres aux Corinthiens.*

Je salue Madame de Luynes de tout mon cœur, avec Mesdames de Fiesque, Renard, Fouré, etc. Notre Sœur des Archanges voudroit venir avec les autres selon la coutume ; mais il ne nous en reste plus que le souvenir et l'exemple ; Dieu a pris le reste. Dieu soit avec vous, ma Fille.

[1] S. Petr. Chrysolog. — [2] *Luc.*, VII, 47.

LETTRE LXIV.

A Paris, ce 25 février 1692.

J'ai reçu votre lettre du 22. Je rends graces à Dieu, ma Fille, du bon effet que fait sur vous la prière de la mort. Il n'y a rien qui presse de me la renvoyer; mais quand les choses sont faites, ce m'est un soulagement de m'en pouvoir servir pour d'autres qui ont le même désir. Au reste je ne me fâche point du tout de ce que vous me demandez, et vous ne devez jamais hésiter à me dire toutes vos vues, parce qu'enfin je n'en prendrai que ce que je pourrai faire; autrement vous voyez bien que je m'accablerois. Vous avez le fond, et il est bien aisé de suppléer au reste, quand on est pénétré.

M. Ledieu vous portera un petit traité *de l'Adoration de la Croix*, qu'on a imprimé de moi sans mon ordre; c'étoit une lettre à un religieux de la Trappe.

J'ai répondu sur les images, tant sur celles qui sont devant les yeux que sur celles que l'imagination se forge au dedans. Quoique ces dernières se présentent au milieu du culte, il ne s'ensuit pas qu'on les adore; et la crainte que vous avez que cela ne vous arrive, est une de ces peines qu'il faut mépriser aussi bien que celles que vous avez sur les images du dehors. Je vous assure que vous ne terminez point votre culte au bois ni à la figure, mais au seul original; car le contraire n'est pas possible à une personne instruite; et cela vous doit aider à connoître le fond de vos peines, qui sont pour la plupart de cette nature : cependant vous vous attachez à cela, comme si c'étoit quelque chose. Mettez-vous bien dans l'esprit ce que je vous ai dit, que attaquer directement ces peines, c'est les émouvoir et les fortifier, et qu'il n'y a qu'à les laisser s'écouler, et ne se point tourmenter de ces vains fantômes.

Je prie Notre-Seigneur qu'il soit avec vous.

LETTRE LXV.

A Meaux, ce 18 mars 1692.

Ma santé est parfaite, ma Fille : vous n'avez rien à craindre sur ma disposition à votre égard, qui ne sera jamais altérée. C'est pour vous, et non pas pour moi, que je tiens ferme. Je suis persuadé de la sincérité avec laquelle vous me parlez : je veux bien que vous me parliez de cette disposition pour le prochain, à condition que ce ne sera pas une occasion de nouveaux scrupules, et une peine qui vous rende l'approche des sacremens plus difficile. Je loue fort la réponse que vous avez faite au P. Toquet, dont je vous renvoie la lettre avec la préparation à la retraite. Je verrai avec soin votre relation, et vous pouvez m'en envoyer la suite. M. le grand-vicaire écrira de ma part au P. Basile : mais si Madame la prieure ne tient bas ma Sœur ***, et ne se résout une fois à me dire ce qu'elle fait, tout ce que je lui ai dit servira de peu. Le P. Toquet vous fait espérer de grandes désolations : souvenez-vous-en, et ne me les imputez pas; car pour moi j'espère que Dieu vous consolera. Mettez-vous entre ses mains; expirez-y; mourez avec Jésus-Christ à la croix : qu'il ne reste rien de l'ancien homme; que Jésus-Christ seul vive en vous.

LETTRE LXVI.

A Meaux, ce 19 mars 1692.

Sur la lettre que j'ai écrite à M. de la Madeleine, dont j'ai mandé la substance à Madame de Lusanci, on me répond, ma Fille, que Madame de Jouarre partira sans retardement samedi. Au reste elle est, dit-on, fort étonnée de la manière dont j'écris sur son sujet. Elle me trouve fort prévenu contre elle, et je suis tout prêt à en convenir, sans pouvoir me désabuser jusqu'à ce qu'elle change de conduite. M. le premier président m'a fait avertir qu'elle lui avoit demandé une audience, et qu'il l'avoit remise après Pâques : il n'a point dit ce que c'étoit; mais je crois que pour le grain, je ferai doucement entendre à M. le premier président que c'est un prétexte pour retourner, et que je me crois obligé à refuser un congé sur ce motif-là. Demain ou après, j'enverrai un exprès pour porter à Madame de Lusanci les ordres qui lui seront nécessaires, et dont nous sommes convenus.

Ne vous étonnez pas, ma chère Fille, de me trouver si ferme sur les règles que je vous ai une fois prescrites. C'est par la connoissance certaine que j'ai des suites épouvantables de la trop grande facilité qu'on pourroit avoir, et de la nécessité qu'il y a de ne point laisser prévaloir la peine : car on tombe dans des états vraiment désolans, auxquels Dieu ne veut pas qu'on donne lieu. Dieu sera avec vous, quand vous seriez dans les noirceurs de la mort ; et plus vous y serez enfoncée, plus il faut que tous vos os crient : *O Seigneur, qui est semblable à vous* [1]? Ne regardez pas tellement ces noirceurs comme une suite de votre complexion mélancolique, que vous oubliiez cependant qu'il y a une main suprême et invisible qui conduit tout, et se sert du tempérament qu'il a donné à chacun pour nous mener où il veut : cela est ainsi. Priez cette Puissance suprême qu'elle vous soutienne de la même main dont elle vous accable; car c'est là de tous les tourmens le plus délicat, de n'avoir de soutien que de son propre fardeau. Dieu soit éternellement avec vous.

LETTRE LXVII.

A Meaux, ce 22 mars 1692.

Je vais vous offrir à Dieu en ce saint jour, et lui offrir en même temps le renouvellement de vos vœux.

J'ai bien pris garde à l'image et au verset, qui répond bien à la réponse que vous avez faite au P. Toquet, et j'ai dit avec vous : *Amen, Alleluia.*

Prenez garde, ma chère Fille, à ne vous laisser pas agiter, mais à tenir ferme dans les règles que je vous ai données, non-seulement par rapport à la résolution finale, mais encore par rapport à la délibération. Il ne doit point y en avoir où la décision est si expresse : *Amen,* il est ainsi. Je le souhaite ; je l'ordonne,

[1] *Psal.* xxxiv, 10.

sans vous obliger à pécher, quand bonnement vous ne pourrez pas empêcher cette agitation.

Ce que je vous ai dit de la jalousie de Dieu et de l'ame pour Dieu, n'a eu d'autre fin que de vous dire une vérité, et de vous découvrir une des causes des peines qu'on ressent souvent quand on veut aimer Dieu purement, sans aucun rapport à celles que vous avez eues sur mon sujet, que vous devez mépriser.

Vous pouvez me demander tout, même mon explication sur le *Salve*, et ce qui regarde la règle : mais je ne puis, ma Fille, vous promettre une si prompte réponse. C'est beaucoup d'avoir demandé, d'avoir frappé ; et quelquefois on frappe si bien que la porte s'ouvre toute seule : comme il arriva à celui qui étoit venu de loin consulter Grégoire Lopez, sur un passage de l'Ecriture, dont il reçut l'explication avant qu'il lui en eût proposé la difficulté. Je prie Dieu qu'il soit avec vous ; qu'il vous soit Emmanuel *Dieu avec nous*, et qu'il accomplisse en vous ce qu'il est venu opérer dans le mystère de ce jour. *Amen, amen, Alleluia.*

J. Bénigne, év. de Meaux.

M. le premier président m'a seulement fait donner avis qu'il avoit accordé l'audience pour incontinent après *Quasimodo*.

M. le procureur général, consulté par Madame de Jouarre sur son temporel, lui a dit pour conclusion qu'il falloit s'entendre avec moi. Elle a bien envie de déposer Madame de Lusanci ; mais je ne crois pas qu'elle ose, ni qu'elle croie le pouvoir. Elle ne mène point M. de la Madeleine, mais un nommé de la Rasturière, si on me l'a bien nommé, qui étoit avec elle à Port-Royal, et que je ne connois pas. Ne m'en dira-t-on rien de Jouarre ?

LETTRE LXVIII.

A Meaux, ce 27 mars 1692.

Il est vrai que je n'ai pas approuvé en général qu'on changeât l'heure de Matines, parce que les relâchemens peuvent donner lieu à des introductions qui ne sont pas bonnes. Les raisons particulières peuvent rendre la chose excusable ; et pour vous, votre bonne intention vous a très-assurément sauvée du péché. Vous verrez le reste dans la lettre à Madame de Lusanci. Je vous verrai, s'il plaît à Dieu, lundi matin.

LETTRE LXIX.

A Meaux, ce 28 mars 1692.

J'envoie faire compliment à Madame de Jouarre, et en même temps vous assurer, ma Fille, que je vous verrai toujours lundi à midi. Je souhaite que Madame votre abbesse prenne des exemples plus heureux que celui de Madame de Saint-Andoche, qui a été interdite cinq ou six ans, réduite à cent écus de pension, et à la fin rétablie en se soumettant aux ordres et se remettant à la miséricorde de son évêque. J'espère que nous n'en viendrons pas si avant.

Je ne laisse pas de vous plaindre beaucoup; car il n'est pas possible qu'il n'y ait à souffrir. Préparez-vous à le faire chrétiennement, et à porter cette petite partie de votre croix. J'en dis autant à Madame votre sœur, à Madame de Lusanci et à nos chères Sœurs, que je salue de tout mon cœur.

Qu'on prie Dieu pour le succès de la prochaine visite : priez en particulier, et mandez à ma Sœur Cornuau qu'elle prie. Adressez-vous à Dieu en qualité de moteur des cœurs : j'ai souvent éprouvé que cette sorte d'adoration lui est agréable, et qu'elle est suivie de grands changemens.

LETTRE LXX.

A Meaux, ce 5 avril 1692.

Je serai lundi à Luzarches pour y voir le roi sur son passage, et revenir ici le lendemain, s'il plaît à Dieu. Vous aurez de mes nouvelles avant mon départ, et vous m'obtiendrez par vos prières un prompt retour à mon devoir.

Puisse ce Jésus ressuscité, qui a triomphé des foiblesses de notre nature, vous tirer comme d'un tombeau de cette profonde et si noire mélancolie, afin que vous chantiez avec tous les saints cet *Alleluia* qui fera un jour l'occupation de notre éternité.

Ne craignez rien, ma chère Fille, Dieu est avec vous. Pensez à monter au ciel avec Jésus-Christ par la partie sublime de l'ame et dans l'esprit de foi et de confiance; le reste sera plus tranquille.

LETTRE LXXI.

A Meaux, ce 18 avril 1692.

Je vous prie, ma Fille, avant toutes choses, de vous désabuser une fois pour toutes de la pensée où vous êtes que vos lettres me fassent de la peine, ou par leur nombre, ou par leur longueur. Celles où vous me parlez des affaires m'ont été et me sont encore si utiles pour m'instruire de ce qui se passe et du fond des choses, que je serois ennemi du bien de la maison et de mes propres intérêts, si je n'étois ravi de les recevoir : et pour celles qui regardent en particulier votre consolation et votre soulagement, je les devrois agréer par reconnoissance, quand ma charge et mon amitié ne m'en imposeroient pas d'ailleurs une étroite obligation.

La défense de prendre dans les actes la qualité de relevant immédiatement du saint Siége est plutôt faite pour empêcher que ce titre, lorsqu'on le prendra, ne nuise à mes droits comme si j'y consentois moi-même, que pour en faire aucun embarras. D'ailleurs cette défense regarde Madame l'abbesse quand elle est présente plutôt que les religieuses, qui peuvent sans difficulté signer après elle; n'étant pas juste ou de retarder les affaires de la maison pour ce sujet-là, ou de donner prétexte à une abbesse de leur faire de la peine. Ainsi voilà déjà une affaire résolue bien nettement, et il ne faut point être en peine de la suite : car quand je voudrai, je ferai donner un arrêt qui ensevelira pour jamais ce vain titre.

Quant à l'affaire de la redevance, il importe moins que dans les autres que vous mettiez ce titre dans l'acte qu'on pourroit vous faire signer pour intervenir, parce que paroissant aux yeux du parlement, ce sera une occasion de le faire rayer. Pour cet acte, il n'y a rien à observer que de ne consentir à aucun emprunt sous ce prétexte : tout le reste est indifférent.

Pour une protestation contre mes ordonnances, cela seroit dangereux, parce que vous protesteriez contre votre propre liberté : ainsi il faudroit encore y prendre garde. On pourroit insinuer quelque chose de cela dans l'acte qu'on vous proposeroit à signer pour la redevance. Cet acte ne doit contenir autre chose qu'une procuration pour défendre avec Madame l'abbesse l'affranchissement de la redevance. En ce cas vous le devez faire sans peine, et au contraire vous y offrir quand on voudra.

Si l'on avoit agi de bonne foi avec moi, il n'y auroit eu pour vous nul embarras dans le changement des offices, ni dans la protestation de Madame l'abbesse : car on m'avoit promis positivement qu'elle n'assembleroit la communauté que pour confirmer les officières, sans parler de déposition : et quant à l'appellation ou protestation, on me l'avoit proposée comme un acte que Madame feroit en son particulier, et non pas comme un acte qu'elle feroit la communauté assemblée. Au surplus, à mon égard la chose est indifférente ; car si l'effet et la force de mes ordonnances étoit empêché par l'appel ou l'opposition, ou, ce qui est encore plus foible, par une protestation de Madame de Jouarre, il ne faudroit jamais faire d'ordonnance, parce que je ne puis empêcher qu'on n'appelle, ou qu'on ne s'oppose, ou qu'on ne proteste. Mais ce qui établit la force des ordonnances de visite, c'est qu'elles sont exécutées par provision, nonobstant toutes appellations et oppositions, prises à partie et le reste, sauf à en examiner le fond devant les supérieurs, qui peuvent être, ou le parlement dans l'appel comme d'abus, ou le métropolitain dans l'appel simple. La force de ces ordonnances consiste encore à les faire si justes et si canoniques, qu'elles ne puissent recevoir d'atteinte dans le fond ; et c'est jusqu'ici ce qui a rendu les miennes invincibles.

Les dernières sont encore de cette force; et le métropolitain n'y peut donner aucune atteinte, parce qu'elles sont données en exécution d'un arrêt. J'avoue bien qu'on peut s'opposer à l'arrêt, principalement en ce qu'il ordonne que je nommerai la dépositaire ; car il est vrai que c'est là une chose extraordinaire, et qui n'est pas régulièrement du droit de l'évêque.

Voici donc ce qu'on ne peut me disputer : premièrement l'obligation de me rendre compte de tout ce qui regarde le temporel, et le pouvoir de régler et de statuer sur les comptes qu'on me rendra : secondement, le pouvoir de déposer les officières qui me seroient réfractaires, et même de les nommer s'il y paroissoit une affectation de désobéissance : mais de les nommer de plein droit, vous savez bien que j'ai toujours dit que cela ne m'appartenoit pas, et que la disposition qui m'en avoit été accordée à la réquisition de M. le procureur-général, dépendoit du cas particulier. Au reste je ne crois pas que Messieurs du parlement défassent ce qu'ils ont fait, étant absolument nécessaire pour régler les affaires de la maison, que j'aie du moins un an une dépositaire de conscience et de confiance. Je crois avoir des moyens certains pour soutenir cet arrêt, et Madame de Jouarre y perdra si elle l'entame. Pour ce qui est de la signature de la dépositaire, assurément ce ne sera pas une difficulté.

Si j'ai dit qu'il m'étoit indifférent que ma Sœur de Saint-Hélène se soit déposée ou non, ce sera peut-être pour dire que sa déposition ne fait point de tort à mon droit, ni ne casse pas un arrêt ou l'ordonnance d'un évêque : mais qu'il me soit indifférent qu'on m'ait manqué de parole, ni que M. de la Madeleine agisse avec si peu de sincérité, cela n'est point sorti de ma bouche. Il est vrai que je le reçois bien, parce que je suis sans aigreur : mais cela ne change rien dans ma conduite ni dans mes résolutions. Je donne si naturellement à tout le monde un extérieur de civilité, qu'il ne faut point s'en prévaloir.

Au reste j'apprends ce matin que l'affaire de la redevance (*a*) sera jugée lundi, et sur ce fondement j'avois réitéré les ordres pour partir demain : mais après y avoir pensé, je me suis enfin résolu à laisser juger cette affaire sans y être, de peur de donner lieu aux plaintes, quoique injustes, que pourroient faire les avocats, que j'empêche une abbesse d'aller défendre les droits de sa maison, pendant que je vais solliciter les miens : ainsi je ne partirai pas. Je ne crois pourtant pas vous pouvoir aller voir, ni le devoir dans cette conjoncture : le moins que je puisse faire,

(*a*) Redevance en blé, que l'abbesse refusoit de payer depuis que Bossuet lui contestoit l'exemption épiscopale.

c'est d'être ici pour donner à chaque moment les éclaircissemens qu'on pourra me demander, selon mes ordres, par des envoyés exprès.

J'abandonne donc cette affaire à la providence de Dieu, et je la hasarde beaucoup, à cause de la prévention que j'ai marquée ce matin : néanmoins elle est si bonne, que j'ai peine à croire qu'on veuille ni qu'on puisse me faire tort. J'enverrai souvent apprendre des nouvelles, et vous en donner. Ecrivez-moi ce que vous voudrez pour ce qui vous touche : je ne perdrai point de temps à vous répondre. Cette lettre peut être montrée à qui vous voudrez. Tout à vous, ma chère Fille.

LETTRE LXXII.

A Meaux, ce 18 avril 1692.

Le P. prieur du séminaire a eu tort de dire, ma Fille, que je n'irois point à Jouarre; car jusques à hier j'étois résolu à y aller. Il faut partir maintenant après les nouvelles que je reçois; et ce qui m'est assurément fort fâcheux, partir sans vous voir. L'ordre a été donné pour demain : cela peut aller jusqu'à lundi au plus tard. J'espère être ici dans quinze jours. M. le Chantre sera toujours prêt à monter à cheval dans vos besoins; et si quelque chose presse davantage, j'enverrai de Paris M. le trésorier. Je ne vous répéterai pas ce que vous pouvez apprendre de Madame de Lusanci.

Pour ce qui regarde la nouvelle abbesse, qu'on dit qui est sur les rangs, il n'en faut pas croire le P. des Londes, qui s'imagine toujours pouvoir réussir pour Madame de Croissi. Je ne crois pas non plus que Madame de Jouarre dise sincèrement ce qu'elle pense; et s'il falloit juger de ses sentimens, je croirois presque que ce qu'elle dit est justement ce qui est le plus loin de son cœur. Quoi qu'il en soit, la nouvelle abbesse, s'il y en a une, quelle qu'elle soit, sera bien farouche si je ne l'apprivoise, et bien indocile si je ne la réduis à la raison. Je n'y oublierai rien; et c'est tout ce que je puis. Du reste, ma Fille, Dieu se mêlera de cette affaire, et je n'en perdrai jamais l'espérance.

Les personnes mal intentionnées ne font pas toujours tout ce qu'elles veulent. Dieu se montre le moteur des cœurs, et fait tourner à ses fins même les passions injustes ; et je ne vois rien de bon que de s'abandonner à lui en pure perte ; car cette perte, c'est un gain assuré. « Qui perd son ame la gagne, qui la veut gagner le perd[1] ; » qui craint trop, fait tort à la sagesse et à la bonté qui gouverne tout.

On doit faire assigner le couvent en mon nom : je vous prie que nos chères Filles fassent en cette occasion, mais en celle-là seulement, ce qu'il faudra contre moi, et ne se montrent pas les moins zélées pour le bien de la maison : loin de le trouver mauvais, j'en serai bien aise. Je ne m'embarrasse nullement de ce procès : selon les règles, je dois le gagner ; selon les préventions que M. Talon a mises dans les esprits, je devrois le perdre : mais mes raisons sont si fortes, qu'il y en a assez pour faire même revenir les entêtés. Quoi qu'il en soit, cela sera court, et c'est ma joie, parce que je reviendrai sur mes pas, et me rendrai aussitôt auprès de vous.

Je ne pouvois m'empêcher d'aller consoler Madame de Farmoutiers (a) sur la mort de M. son père, ni y rester moins d'un jour. Je ne me plaindrai jamais des peines qu'on peut me donner à Jouarre ; mais je plaindrai seulement celles que je ne puis assez soulager, ni assez tôt. Je salue Madame votre sœur, Madame de Fiesque, etc. Votre lettre du jour de Pâques m'a rempli de consolation ; continuez.

LETTRE LXXIII (b).

Ce 19 avril 1692.

Je suppose, ma Fille, qu'après l'arrivée de ce messager, vous serez en liberté de parler de ma lettre d'hier, et qu'il n'est plus nécessaire que je répète tout ce qu'elle contient. Au lieu de cela je vous envoie copie de celle que j'écris par ce même messager à

---

[1] *Math.*, x, 39.

(a) Madame de Beringhen, abbesse de Farmoutiers. — (b) Collationnée sur l'original, qui se trouve à la bibliothèque du séminaire de Meaux.

Madame de Jouarre : et je vous ajouterai seulement que ce n'est point du tout mon intention de vous faire des affaires, par mes défenses, pour de petites choses, pourvu que l'essentiel de l'autorité subsiste. Vous pouvez donc souscrire aux actes où sera l'immédiation (a) : ils ne me nuiront pas, tant qu'ils ne passeront pas sous mes yeux, comme il faudra qu'ils y passent quand je me ferai représenter les baux dans les comptes. J'écris ce que vous souhaitez à Madame la prieure, avec d'autres choses que vous pourrez savoir d'elle, sur les confesseurs. Vous n'avez que faire de vous mettre en peine des papiers qui regarderoient la redevance, puisque vous n'en avez nulle conséquence : il est vrai que s'il y en avoit quelqu'un qui fût décisif en ma faveur et qu'on le sût, on seroit obligé de me le déclarer, à peine d'être coupable ; et j'en userois ainsi sans difficulté, si j'en avois qui fussent pour vous. Je ne crois pas qu'on vous parle de rien sur l'affaire de la redevance ; elle est trop prête à juger, et il faudroit déjà l'avoir fait. En tous cas signez sans hésiter, à la réserve des deux cas que je vous ai marqués dans ma lettre d'hier. On ne dira pas à la face du parlement que je suis un usurpateur du spirituel : ce qu'on dira du temporel est cela même qui est en question : et vous pouvez parler conformément à la prétention de votre maison.

Madame ne pourra plus crier sur mon refus, puisque je demeure moi-même : elle ne manquera pas de dire que c'est que je crains d'être condamné en ma présence. Je crois devant Dieu ma cause si bonne, qu'elle ne devroit souffrir aucune difficulté ; mais ce sont des hommes qui jugent, et des hommes prévenus par le plaidoyer de M. Talon. Je ne puis empêcher que M. de Paris ne soit mon supérieur, ni qu'il n'abuse de son pouvoir en cette occasion ; mais ce sera sans conséquence pour les autres. J'ai grand besoin de savoir les mouvemens qui se feront à Jouarre pour cela, si on se vante d'avoir un congé, si on est en état d'aller, si on se trémousse : pénétrez, et mandez-moi tout.

Je ne dis rien sur Madame de Matignon, que je ne connois pas.

(a) La dépendance immédiate du saint Siège, et par suite l'indépendance épiscopale.

Il ne sert de rien de raisonner sur tout cela, puisqu'on y voit si peu clair. Je discontinue, pour lire une lettre qu'on m'apporte en ce moment de Madame de Lusanci.

Il seroit bien plus doux de parler de cette paix qui surmonte tout sentiment, qui se cache, qui se montre, qui se retire, et qui jamais n'est plus parfaite que lorsque rentrée dans le fond, elle y règne sans être sentie. Dieu vous la donne ; je l'en prie.

LETTRE LXXIV.

A Meaux, ce 23 avril 1692.

Puisque vous voulez, ma Fille, que je vous instruise du droit de mon église sur la redevance, je vous dirai, en peu de mots, que la sentence du cardinal romain n'établit pas cette redevance comme une chose qui soit donnée de nouveau, encore moins qui soit donnée pour l'exemption. Il étoit constitué juge, premièrement de ce qui regardoit l'exemption et la juridiction. Mais il est à remarquer qu'après qu'il a spécifié dans l'exposé du droit des parties, dans sa sentence, tout ce qui regardoit cette matière de la juridiction jusqu'au dernier détail, sans rien omettre, il ajoute qu'on lui remettoit le jugement de toute autre matière quelle qu'elle soit, qui pouvoit appartenir au droit de l'évêque en quelque manière que ce fût ; et en conséquence il prononce sur le temporel, à savoir sur deux muids de blé que l'évêque avoit en fonds et sur la cire du trésorier. On ne voit pas pourquoi il auroit parlé de ces deux articles, s'il n'y avoit rien eu sur le temporel qui eût été remis à son arbitrage. Ce qu'il ajoute, sur les dix-huit muids, est une suite de cette prononciation ; et la différence qu'il met entre les deux muids et les autres, n'est pas que l'un fût ancien et les autres nouveaux ; car on ne lui a point accordé le pouvoir de rien donner : mais c'est que le tout étoit dû, que les deux muids avoient un fonds fixé sur quoi on les prenoit, au lieu que les dix-huit muids devoient être pris indéfiniment sur tous les fonds et dîmages d'un certain canton.

Cela étant, il paroît que les dix-huit muids ne sont point donnés de nouveau, ni pour l'exemption ; et c'est aux religieuses à prouver que c'est pour cela qu'ils sont donnés, faute de quoi l'évêque demeure dans sa possession. Aussi est-il à remarquer qu'elles ont contesté ce droit par deux fois, en soutenant que c'étoit un abus de donner du grain pour une exemption, et l'évêque soutenant au contraire que cette redevance étoit de l'ancien domaine et dotation de l'église; ce qui obligea les religieuses à mettre en fait que ce n'étoit point de l'ancien domaine et dotation : elles offrirent la preuve, à laquelle étant admises elles succombèrent, et elles ont été condamnées par deux arrêts contradictoires, contre lesquels il n'y a plus lieu de se pourvoir. Voilà, ma Fille, à peu près le droit de mon église, qui, comme vous voyez, est assez clair; et quand il le seroit moins, je n'en dois pas moins gagner ma cause, parce que le doute me suffit, attendu que dans le doute on adjuge à celui qui possède. C'est donc au monastère à prouver, et vous voyez qu'il a déjà succombé dans cette preuve. Aussi vous puis-je assurer qu'on revient déjà un peu de la prévention; et on commence à voir que les conclusions de M. Talon ne sont pas aussi bien fondées qu'on le croyoit. Quand mon avocat aura plaidé, on reviendra encore davantage; et les juges sont bien avertis que c'est une affaire où il faut donner de l'attention. Ainsi je crois toujours que je gagnerai; et je ne vois pas que j'aie à craindre autre chose que la commisération que la famille de Madame de Jouarre tâche d'inspirer pour elle aux juges, pour les empêcher de lui ôter tout.

Au reste vous avez raison de dire que s'il y a de la simonie dans cette affaire, elle est également des deux côtés. L'argent que vouloit donner Simon le Magicien étoit pour acheter le don de Dieu, et ce n'étoit pas lui qui le vouloit vendre : tellement que si c'étoit un crime à mes prédécesseurs de se laisser corrompre, les religieuses qui les auroient corrompus ne seroient pas moins criminelles. Et on ne peut pas dire que ce soit un bien donné pour se racheter de la vexation, pour deux raisons : l'une, que c'étoit les religieuses qui étoient pour ainsi parler les vexatrices, l'évêque étant en possession du droit de visite, comme il paroît par la sentence même du cardinal; secondement, on pourroit bien par une espèce de compensation abandonner un droit pour conserver l'autre, si c'étoient des droits de même nature, ou si le droit étoit litigieux des deux côtés. Mais ce n'est pas ce que prétendent les religieuses ; elles disent au contraire qu'elles ont créé sur elles une redevance nouvelle pour obtenir l'exemption : ce qui n'est pas abandonner un droit litigieux, mais donner un bien temporel certain pour affermir un droit spirituel litigieux ; ce qui est toujours constamment dans l'idée de la simonie. Il n'y a donc point de réplique à faire à votre raisonnement ; et si vous gagnez ce procès, votre exemption n'en sera que plus ruineuse, puisque le fondement en sera une simonie et une corruption : et quand vous le perdriez, il n'y auroit point d'excuse pour vous, parce que ni moi qui l'attaquois, ni le parlement qui vous l'a fait perdre, ne nous sommes fondés sur cette prétendue simonie ; autrement le procès seroit déjà jugé, sans qu'on plaidât davantage ; et la redevance s'en seroit allée avec l'exemption, à laquelle elle auroit servi de fondement.

Il y a beaucoup d'apparence que nous ne serons pas jugés jeudi prochain, parce que vous commencez à reculer, et à vous défier un peu plus de votre cause que vous ne faisiez au commencement. Voilà comme sont les affaires de Jouarre : on croit tout assuré d'abord ; on commence à douter, et puis on perd. Voilà ce qui doit arriver selon les règles : mais je ne réponds pas des hommes, surtout ayant contre moi tant de fortes sollicitations, sans aucun secours de ma part, pas même de mes neveux. Je ne sais pas qui sollicite, et on ne m'a encore parlé que de Madame de Marsan. Si Madame de Luynes sollicite avec Mesdames vos Sœurs, il n'y aura qu'à les laisser faire ; car elles auront plus de raison de solliciter à cette fois qu'à l'autre. Le recours est bien vain, d'espérer pouvoir revenir de l'arrêt, sur le fondement qu'il n'est point rendu entre les religieuses, le clergé et le peuple. Car rien ne m'est plus aisé que de le faire déclarer commun, puisqu'il est visible qu'on n'a point d'autres raisons à dire que celles que Madame l'abbesse a dites, et que personne n'est plus recevable à contester après que tout le monde exécute, et que j'ai fait une infinité d'actes de juridiction sans contradiction.

Mademoiselle de la Rasturière prétend être fort persuasive, et qu'elle auroit obtenu le congé de Madame l'abbesse, si elle me l'avoit envoyée au lieu de M. de la Madeleine. Elle croit aussi obtenir de moi un congé absolu pour aller aux eaux, sans y ajouter des défenses de passer et repasser par Paris : mais avec toute la politesse que je pus, je lui fis bien voir que cela n'étoit pas à espérer.

On n'obtiendra jamais de Madame de Jouarre qu'elle vous justifie, parce qu'elle veut avoir de qui se plaindre, et qu'elle croit faire plus de pitié en disant que c'est par des nièces qu'elle a perdu de si beaux droits. Je ne sais plus que faire pour la désabuser.

Il ne faut pas laisser croire à Madame de Lusanci que j'aie usé de tout mon pouvoir : à mesure que la conduite paroîtra mauvaise, mon pouvoir augmentera ; ou plutôt ce ne sera pas mon pouvoir qui augmentera, mais ce sera l'application qui s'en étendra plus loin et se fera mieux sentir.

Pour vos peines particulières, il n'est pas vrai que la tristesse ne puisse pas venir de Dieu : témoin celle de l'ame sainte de Notre-Seigneur. L'ennui où l'Evangéliste confesse qu'elle fut plongée, ne différoit point en substance de ce qu'on appelle *chagrin*. N'alla-t-il pas jusqu'à l'angoisse, jusqu'à l'abattement? Et n'étoit-ce pas une agitation, que de dire : « Mon ame est troublée, et que ferai-je? dirai-je à mon Père : Mon Père, sauvez-moi de cette heure[1]? » N'y avoit-il pas même une espèce d'inquiétude, d'aller par trois fois à ses apôtres, et de revenir par trois fois à son Père? Il est vrai qu'il n'y a point de défiance ; car cela ne convenoit pas à l'état du Fils de Dieu : mais n'en a-t-il pas pris tout ce qu'il en pouvoit prendre sans dégénérer de la qualité de Fils, lorsqu'il a dit : *L'esprit est prompt, mais la chair est foible*[2]? et encore lorsqu'il a dit : *Mon père, s'il est possible*[3] ; et selon l'autre Evangéliste : *Mon père, si vous le voulez*[4], comme s'il doutoit du pouvoir et de la volonté de son Père?

Tout cela fait voir que notre Chef a transporté en lui toutes les foiblesses que devoient éprouver ses membres, autant que la dignité de sa perfection et de son état le pouvoit souffrir. Mais la

---

[1] *Joan.*, XII, 27. — [2] *Matth.*, XXVI, 41. — [3] *Ibid.*, 39 — [4] *Luc.*, XXII, 42.

chose a été poussée bien plus loin dans ses serviteurs, puisque Job a été poussé jusqu'à dire : *Je suis au désespoir ;* et ailleurs : *J'en suis réduit au cordeau*[1]. Et saint Paul n'a-t-il pas été poussé jusqu'à n'avoir de repos ni jour ni nuit, jusqu'à être accablé au delà de toutes bornes et au-dessus de ses forces, jusqu'à porter dans son cœur une réponse de mort[2], et n'avoir besoin de rien de moins que d'une résurrection ?

Ne pensons donc point à donner des bornes aux exercices que Dieu peut envoyer à ses serviteurs ; mais livrons-nous entre ses mains pour recevoir tel caractère qu'il lui plaira de la croix de notre Sauveur : et il ne faut point se tourmenter en examinant si c'est là ou un effet de notre foiblesse, ou un exercice divin ; car en s'en tenant au premier, qui est le plus sûr, il ne laisse pas d'être véritable que Dieu s'en peut servir pour nous conduire à ses fins, autant que ce qui viendroit immédiatement de lui-même, ayant tout en sa main et même notre foiblesse et nos inclinations vicieuses, tout enfin jusqu'à nos péchés pour les faire servir à notre salut.

Au milieu de ces opérations et de ces états, s'éloigner du pain des forts, c'est renoncer à la force dont on a besoin ; et c'est une illusion de croire qu'on se porte mieux en se privant de la communion : car c'est le cas alors de s'en approcher en espérance contre l'espérance, qui est cette plénitude de foi que nous devons imiter d'Abraham, pour être justifiés à son exemple.

Je ne connois du livre intitulé : *l'Esprit de Gerson*, que le nom de l'auteur (a), qui est un très-malhonnête homme et très-ignorant en théologie : mais après tout il peut avoir pris quelque chose de fort bon de l'auteur qu'il cite, à quoi mon sermon du clergé pourroit être conforme.

L'oraison méthodique et régulière ne convient ni aux dispositions de votre corps, ni à celles de votre ame. Marchez en foi, ma Fille ; c'est là tout. Je n'ai le loisir d'écrire qu'à vous seule.

---

[1] *Job.*, VII, 15, 16. — [2] II *Cor.*, I, 8, 9.

(a) Eustache le Noble.

LETTRE LXXV.

A Meaux, ce 8 mai 1692.

Monsieur Eudes m'a rendu votre lettre, ma Fille. Sur l'accident qui est arrivé, on a bien fait. En cas qu'il eût fallu transporter le saint Sacrement, il eût été indifférent où on l'eût mis, pourvu que ç'eût été dans un lieu sacré et décent.

Je prie Notre-Seigneur qu'il bénisse ma Sœur de Saint-Ignace, que j'offre tous les jours à Dieu de tout mon cœur. Patience, persévérance, et au terme la couronne d'immortalité. Il n'y a nulle difficulté de redonner le saint viatique au bout de neuf ou dix jours, pourvu qu'on soit en état; mais on dit que notre chère Sœur malade ne sauroit pas avaler. Qu'elle y supplée par sa foi et par de pieux désirs. On pourroit aussi en cas de besoin faire l'office, et dire la messe au dedans, si le cas échéoit de le faire.

Il sembloit hier au soir que nous ne pourrions pas être jugés, à cause que le parlement étoit mandé pour aller prendre congé du roi; et M. l'avocat-général avoit dit qu'il ne pouvoit pas s'engager à conclure. Nous saurons demain s'il n'y aura rien eu de changé : je ne le crois pas. Nos avocats auront conclu, et le jugement sera le lendemain de l'Ascension. Je ne raisonne plus du tout sur l'événement, que j'abandonne tout à fait à Dieu.

Demain j'espère aller coucher à Chantilly, où le roi arrivera samedi, y séjournera dimanche, et en partira lundi, et moi le même jour ou le mardi au plus tard, pour retourner ici. J'enverrai aussitôt après quérir votre lettre. Je crois l'avoir bien entendue, sans la voir, par celle que vous m'écrivez. Redoublez vos prières dans ce saint temps des Rogations. Je prie Notre-Seigneur qu'il soit avec vous, et je vous offre à lui tous les jours.

LETTRE LXXVI.

A Meaux, ce 12 mai 1692.

J'arrive de mon petit voyage : j'ai vu partir le roi et toute la Cour. Si les vents étoient favorables, il y a beaucoup d'apparence qu'on verroit bientôt éclore quelque grand dessein, et qui pourroit décider. Il faut beaucoup prier pour le roi et pour les prospérités de l'Etat.

J'ai reçu, ma Fille, en arrivant, votre lettre du 9 et celle du 12. Je n'ai point vu le P. Soanen, ni rien ouï de sa part. M. le théologal ira avec tous les pouvoirs, s'il peut aller ; mais il est malade. Il écrira ou fera écrire à Madame de Jouarre, et vous ne l'aurez pas pour cette fois. Vous pouvez me dire tous vos doutes, et ce que vous m'en avez dit en général ne m'a nullement importuné. Je souhaite de tout mon cœur que la ferveur se soutienne à Jouarre, principalement dans celles qui me sont unies, et je n'oublierai rien pour les y porter.

Je suis fâché de la perte de ma Sœur de Saint-Ignace, qui assurément étoit une de nos plus saintes religieuses. Dieu sait ce qu'il veut faire, et il ne faut qu'attendre ses volontés avec une foi courageuse et persévérante. Il faut mettre en lui sa confiance : il donne l'humilité, comme il donne les autres vertus, et même plus que les autres, puisque le premier effet de sa grace est de faire rentrer l'homme dans son néant.

Vous manderez ce qu'il vous plaira à cette bonne Fille. Je serai ici, s'il plaît à Dieu, jusques après l'octave. M. Phélipeaux pourra revenir quand notre affaire sera jugée : elle le doit être vendredi prochain.

Je loue le sentiment que Dieu vous donne, qu'on est bien heureux d'avoir à souffrir pour la justice. Madame avance sans y penser l'œuvre de Dieu, quand elle vous donne lieu d'exercer la patience. Je songerai à la prière.

Il est bien vrai que Madame de Jouarre donne le dernier coup à l'exemption par l'arrêt qu'elle poursuit. J'ai appris pourtant à la Cour qu'elle se donnoit encore beaucoup de mouvemens du côté de Rome pour la faire revivre. Elle a écrit au roi en faveur de M. de la Vallée, et n'a reçu aucune réponse. Vous le pouvez dire à nos chères Filles, en recommandant qu'on n'en parle point : il ne sera peut-être pas hors de propos que Madame la prieure le sache.

J'ai vu en passant M. et Madame de Chevreuse, qui se portoient bien. Votre famille sollicite à cor et à cri pour Madame de Jouarre : on devroit donc du moins obtenir par là qu'on vous traitât mieux. Pour moi, cela ne me fâche point du tout. Je prie Notre-Seigneur qu'il soit avec vous.

LETTRE LXXVII.

A Meaux, ce 13 mai 1692.

J'envoie plutôt pour quérir vos lettres, ma Fille, que pour vous donner de mes nouvelles, puisque vous en reçûtes hier. Ce n'est pas que je me lasse de vous en donner, où que je soupçonne que vous vous lassiez d'en recevoir : une amitié aussi cordiale et aussi vive que la vôtre est bien éloignée de cette disposition. Celle que forme le christianisme est un effet du Saint-Esprit : celle qui est fondée sur la subordination ecclésiastique a son fond dans le caractère du baptême ; et quand on y joint la confiance absolue, c'est un soutien ; c'est quelquefois un martyre et une croix, et toutes les graces chrétiennes y sont renfermées.

Dieu me garde de vous faire des réprimandes de commande. Il en faut faire quand il le faut, quand la charité le demande, quand le Saint-Esprit le donne.

Il ne faut jamais signer de protestation qui regarde la conservation des privilèges : pour le temporel, tant qu'on voudra, pourvu que ce ne soit pas un moyen pour parler du spirituel dans le même acte. Je prie Notre-Seigneur qu'il soit avec vous.

LETTRE LXXVIII.

A Meaux, ce 17 mai 1692.

Votre lettre du 17 que je viens de recevoir, ma Fille, ne m'apprend rien de nouveau, en me marquant les sentimens que vous avez pour moi. Je les sais et je les ressens.

Pour ce qui est du procès, je vous ai souvent marqué l'extrême prévention des juges. Je ne sache d'autre cause de l'arrêt qui me l'a fait perdre : du reste il importe peu de le savoir, et je ne m'en informe pas. M. Phélipeaux, qui revient lundi et pourra aller à Jouarre durant le jubilé, nous en dira davantage. Ce qui est bien constant, c'est que cet arrêt donne le dernier coup au privilège, et que les juges les plus favorables qu'on pourroit choisir ne pourroient plus le relever quand ils le voudroient.

J'ai été fâché de cette perte par rapport à mon église et à mes successeurs : mais comme j'ai fait ce que je devois, je n'ai senti le coup qu'un seul moment ; et du reste, de très-bonne foi, je ne sens pas seulement que j'aie perdu. Assurez-en bien nos chères Filles, et que très-assurément je ne souffrirai plus le titre d'indépendance dans aucun acte. J'ai donné le coup mortel à l'exemption : Madame de Jouarre a voulu l'ensevelir, et il ne faut plus qu'il en soit parlé.

Il n'y a pas moyen de vous aller voir pendant le jubilé, ni durant le reste de la mission. On ne peut non plus vous envoyer le P. Claude, qui est un des principaux prédicateurs. Celles qui souhaitent de s'y confesser le pourront avoir après la mission, et on leur pourra différer leur jubilé, si elles le souhaitent.

Quelle pensée vous avez sur mes visites ! tenez pour assuré que j'y serai plus attaché, et que j'y agirai plus hautement que jamais : mais chaque chose a son temps, et tout doit être réglé par la prudence. Je salue nos chères Sœurs, et en particulier Madame de Luynes. Jésus-Christ a bien fait toutes choses, *Amen, amen* : il est ainsi. Tout à vous, ma chère Fille.

LETTRE LXXIX.

A Meaux, ce 21 mai 1692.

J'envoie, ma chère Fille, pour apprendre de vos nouvelles et de celles de nos chères Filles : on vous porte aussi une lettre de M. l'abbé de la Trappe. J'ai reçu la vôtre du 19. Je me dispose pour le jubilé dans cette semaine, et je m'en vais commencer mes stations. La prière que je vous ai promise ne sera prête que vers la fin de cette semaine : je n'ai pas eu le loisir d'y travailler plus tôt ; et il me semble aussi que vous me mandiez qu'il suffisoit qu'on l'eût dans la semaine prochaine, qui étoit celle qu'il paroissoit qu'on destinoit au jubilé.

M. Phélipeaux pourra aller la semaine prochaine à Jouarre : pour le P. Claude, il ne pourra pas y aller sitôt, à cause qu'il a des engagemens précédens dont nous ne sommes pas tout à fait les maîtres.

La part que vous prenez à mes intérêts me touche fort : mais je vous assure en vérité que je ne le suis de la perte que par la part que vous et vos chères Sœurs y voulez bien prendre. La soumission est le seul bien ; et quand Dieu donne des occasions de la pratiquer, il lui en faut rendre graces. Vous aurez su ce qui m'empêcha de faire réponse à Madame votre sœur et au cher chapitre soumis ; je répare cela à cette fois.

J'entre beaucoup en matière sur les indulgences, dans la méditation que je vous prépare à Madame de Luynes et à vous. Je loue vos sentimens généreux de ne vouloir pas profiter des sollicitations de votre famille contre moi : vous méritez par cet endroit-là beaucoup de reconnoissance de ma part, aussi bien que par beaucoup d'autres qui me marquent la sincérité et droiture de votre cœur. Je fais mettre au net un sermon dont j'espère que vous pourrez être édifiée ; c'est celui de l'ouverture de la mission.

J'ai oublié de remercier ma Sœur de la Guillaumie du soin qu'elle a de transcrire mes écrits. Je la bénis de tout mon cœur, et je vous souhaite, ma Fille, la consolation du Saint-Esprit. Je serai bien aise que vous remettiez votre jubilé à la semaine prochaine, afin que vous ayez la prière, que je tâcherai d'envoyer mardi ou mercredi au plus tard. A vous, ma Fille, de tout mon cœur.

LETTRE LXXX.

A Meaux, ce 23 mai 1692.

Voilà, ma Fille, la prière du jubilé : je souhaite qu'elle vous prépare à une si grande grace. Je n'ai pas besoin de vous dire que vous pouvez en faire part à Madame votre sœur, et à celles de nos chères Filles que vous trouverez à propos. C'est l'extrait d'une plus longue méditation qui n'est pas encore achevée : et comme il faudra du temps pour l'achever et la décrire, je vous envoie toujours cet extrait, qui en comprend toute la substance et toute la force. Le reste viendra en son temps : mais je ne puis me presser, étant d'ailleurs très-occupé durant ce saint temps.

J'ai promis une copie de cette prière à ma Sœur Cornuau : elle viendra faire ici son jubilé pendant l'octave, et il suffira que je l'aie pour ce temps-là. Vous pouvez aussi, sans vous presser, m'envoyer la copie de la prière de la mort. Comme je suis souvent consulté sur des choses semblables, vous voulez bien, pour me soulager, que ce qui est pour vous par destination et par préciput, vous soit commun avec d'autres par charité.

Portez vos maux et ces noirs chagrins en soumission : c'est là jusqu'à ce que Dieu vous en délivre, ce qui doit faire la principale partie de votre pénitence. *Amen, amen,* ma chère Fille.

LETTRE LXXXI.

A Meaux, ce 27 mai 1692

Je suis fâché, ma chère Fille, de n'avoir pas la même liberté de vous aller voir, qu'a M. le trésorier. Pour votre cas de conscience, qui sauroit bien distinctement les sentences d'excommunications portées contre celles qui entrent dans les monastères de Filles, en encourroit la peine. Ceux qui ne sont pas instruits et ne .e veulent pas croire, mais se persuadent que ce sont des discours de religieuses sans fondement, sont excusés par leur ignorance : et en tout cas, il n'y auroit obligation de les éviter qu'après que l'excommunication seroit déclarée par sentence. Je suis tout à vous, ma Fille, sans réserve.

LETTRE LXXXII.

A Meaux, ce 30 mai 1692.

J'ai vu votre lettre du 19, qui ne me paroît point demander de réponse. Sur les premiers articles, il suffit, ma Fille, que j'aie été averti. Il n'y a plus à me consulter sur le sujet de ces peines : il ne les faudroit pas même confesser à l'heure de la mort. Il n'y a qu'à se tenir aux règles que je vous ai données. La diversité des sentimens des confesseurs est un des maux que vous éviterez par là. Les peines sur la foi, en cela sont de même nature que les autres. Vous pouvez dire en général qu'il vous a passé dans l'esprit des doutes contre la foi, sans rien spécifier davantage et en disant que vous n'avez pas remarqué que vous y ayez adhéré : car vous devez, selon vos règles, présupposer que vous n'y adhérez pas quand vous n'êtes pas assurée de l'avoir fait. Il ne faut point recommencer vos confessions.

On peut écouter les raisons de douter pour consulter, mais toujours avec soumission. Vos peines ne doivent pas vous empêcher de communier deux fois la semaine, mais au contraire vous y engager.

Sur votre lettre du 22, je vous dispense des jeûnes absolument et des abstinences que vous ne croirez pas pouvoir faire. Votre confesseur les changera en quelques autres œuvres : vous ne pouviez mieux choisir que M. le curé.

Le P. Claude est malade; on ne peut l'envoyer de longtemps. Il n'y a point d'apparence qu'il soit en état d'aller à la mission d'Aci.

L'arrêt porte restitution de fonds (a), depuis la demande, c'est-à-dire rien. Quand je voudrai faire payer les dépens du premier procès, ce sera quelque chose. Tout cela ne mérite pas qu'on en parle. Je prie Notre-Seigneur qu'il soit avec vous, ma Fille.

LETTRE LXXXIII.

A Meaux, ce 31 mai 1692.

Vous ferez fort bien, ma Fille, de mettre ces impatiences avec les autres peines dont il ne faut pas ordinairement vous confesser. Il faut choisir des personnes qui sachent les faire servir aux desseins de Dieu, c'est-à-dire à humilier sans décourager; et au contraire à faire jeter son venin à la concupiscence, et à purifier le cœur par la contrariété. Ceux qui ne sont pas assez exercés à ces dispositions se scandalisent et s'embarrassent beaucoup, en

---

(a) Annule la redevance en blé que le monastère de Jouarre devoit aux évêques de Meaux.

embarrassant leurs pénitentes par des pénitences qui ne leur tournent à aucun bon usage. Ainsi mettez cela avec tout le reste. Acceptez ce que M. le curé a substitué à la place du jeûne.

Il est vrai que nous ne pouvons rien sans la grace, et nous ne pouvons non plus faire les autres actions de piété que celles que vous me priez de demander pour vous ; mais il ne faut pas pour cela cesser de vous exciter à celle-là comme aux autres, et bien croire en attendant que cette même excitation est encore un don de la grace.

Sans hésiter, je prends votre parti sur les ouvrages : je n'aime point ce qui coûte trop de temps, et de l'argent par-dessus. Je suis pour Marie contre Marthe, et pour la pauvreté contre ces petites libéralités. Je suis très-mortifié quand on m'en fait de cette nature, et encore plus mortifié quand on croit que je m'y plais, cela étant éloigné de mon esprit autant que le levant l'est du couchant.

Quant aux entrées, je n'ai pu refuser dans la conjoncture à la femme de la Madeleine : j'ai eu tort de n'avoir pas expliqué que ce n'étoit que pour une fois. On est accoutumé dans le reste du diocèse à le restreindre ainsi, à moins que le contraire ne soit spécifié. Je serai fort réservé pour Jouarre par toutes sortes de raisons, et en particulier par celle que vous me marquez : vous m'avez fait grand plaisir. Je salue de tout mon cœur Madame de Luynes et Madame de Fiesque. Je prie Notre-Seigneur qu'il soit avec vous.

J. BÉNIGNE, évêque de Meaux.

Ne dites rien, de peur de contrister nos chères Filles.

J'ai reçu la prière de la mort ; je vous enverrai bientôt celle du jubilé entière ; on la met au net. J'écris si vite que j'ai souvent peine à me déchiffrer moi-même.

LETTRE LXXXIV.

A Meaux, ce 6 juin 1692.

Vous me ferez plaisir de m'envoyer la sentence dont vous me parlez. Pour moi je n'aime point à donner des sentences de ma façon ; mais en voici deux bien courtes, et que j'aime fort : *Tout tourne à bien à ceux qui aiment Dieu* [1], et encore : *Espérance contre espérance* [2].

Vous recevrez le *Mandement* pour les prières de quarante heures par M. le curé de la Ferté-sous-Jouarre : le *Mandement* instruit de tout. On vous en porte un pour vous, et un pour Madame la prieure. Régulièrement on ne doit point prier publiquement pour personne sans ordre ; mais on n'y prend pas garde de si près. Ce n'est pas non plus la coutume de prier pour un autre roi, à moins qu'il ne soit ordonné, si ce n'est par des prières particulières, comme on fait dans les sacristies.

J'ai bien expliqué que je ne voulois point de pareils présens ; et en effet s'il en venoit je refuserai et renverrai. Ce que je vous écris est la vérité, et non une complaisance. Vos lettres me font plaisir, loin de me fatiguer ; donnez-vous une liberté toute entière.

Ma Sœur Cornuau est aux Ursulines, en grande paix ; je la mande quelquefois.

Le *Mandement* porte expressément que les prières de quarante heures ne se feront qu'après l'octave.

Les décisions du Pape ont la souveraine et infaillible autorité, de l'aveu de tout le monde, quand elles sont acceptées de toute l'Eglise. Vous avez très-bien fait de communier malgré vos peines. Je suis à vous de tout mon cœur.

LETTRE LXXXV.

A Meaux, ce 7 juin 1692.

J'allois envoyer à Jouarre quand votre paquet est venu, ma chère Fille, et on a donné à la messagère les lettres que j'avois écrites dès hier. J'approuve fort la prière que vous m'avez envoyée, et ma Sœur Cornuau sera bien aise de voir des extraits faits de si bonne main et avec un si bon goût. C'est en effet ma Sœur de Saint-Antoine Subtil qui a l'original que vous souhaitez. Quand je serai à Coulommiers, où l'on a la mission et le jubilé,

[1] *Rom.*, VIII, 28. — [2] *Ibid.*, IV, 18.

je verrai ce que je pourrai obtenir d'elle; car je sais qu'elle a de la peine à se dessaisir de l'original : du reste je ne me suis point du tout mêlé de la distribution que M. Ledieu fait de ces écrits; mais je me prêterai fort volontiers à vous les faire avoir tous, puisque vous en êtes touchée.

J'avois déjà séparé votre relation pour la porter à Germigny, où j'irai me reposer quelques jours après l'octave. Je ne vous oublie jamais, soyez-en bien assurée. Je prie Notre-Seigneur qu'il diminue vos peines, et qu'il augmente votre patience.

Le sacrement de Confirmation est en effet réservé aux évêques, pour en être les ministres ordinaires. L'Eglise grecque le fait donner maintenant par les prêtres, avec la permission de l'évêque; et cet usage étoit ancien dans quelques églises, sans même qu'il y fallût une dispense particulière du Pape. Il n'est pas bien constant que les papes en aient donné; et quoi qu'il en soit, la principale dispensation de ce sacrement demeure toujours à l'évêque, parce qu'on ne le donne que par l'onction qu'il a consacrée. Vous avez ma réponse sur le reste. Voici une lettre de Madame de Harlay, à laquelle je ne ferai de réponse qu'après avoir su vos sentimens.

Je salue de tout mon cœur Madame de Luynes.

LETTRE LXXXVI.

A Germigny, ce 14 juin 1692.

Je me sers de la commodité de ma Sœur Cornuau, pour vous dire, ma chère Fille, que je suis arrivé ici en bonne santé : j'y serai le reste de la semaine, ensuite à Coulommiers, et à Jouarre au commencement du mois de juillet. J'espère avant ce temps-là d'avoir de vos nouvelles par ma Sœur de Sainte-Pélagie, et peut-être par ma Sœur de Lusanci. Je crois que vous aurez fort approuvé ma conduite sur le congé à son égard. Depuis que je suis ici, je commence à me trouver l'esprit en repos.

L'Epoux et l'Epouse me ravissent : c'est une matière sur laquelle on ne tariroit jamais, mais qui n'est pas propre à tout le monde. C'est une amante et c'est une amie, et en un mot c'est l'Epouse qui dit : « Je l'ai cherché, et je ne l'ai pas trouvé ; je l'ai appelé, et il ne m'a pas répondu[1]. » C'est cette Epouse qui est frappée, blessée, dépouillée par les gardes de la ville. Tout le secret qu'elle y sait, c'est, malgré l'éloignement de l'Epoux, de retourner toujours à lui avec la même familiarité et liberté.

Vous voyez bien que ce que j'ai dit des rigueurs de la pénitence, suppose un sujet capable de les porter. Acceptez vos maux en pénitence, et tout vous tournera à bien. Les maux que Dieu nous envoie sont en quelque sorte imposés par son Eglise, lorsqu'elle nous ordonne de les accepter volontairement et humblement en satisfaction.

Je prie Notre-Seigneur qu'il soit avec vous. Je salue Madame de Luynes, Mesdames de Fiesque, de Lusanci, Fouré, Renard, Courtin, etc.

LETTRE LXXXVII.

A Germigny, ce 19 juin 1692.

J'espère, ma Fille, qu'on sera content de la résolution que j'ai prise sur les confesseurs. Il y a longtemps que j'y pense ; et le peu de profit qu'ils ont fait des avis que je leur ai fait donner, m'oblige à venir enfin à un remède plus efficace.

Je vous renvoie les sentences, afin que vous fermiez vous-même le paquet et que vous me le renvoyiez. Il n'y a rien de plus aisé que de reconnoître les fermetures à cachet volant. Les sentences sont très-bien choisies, la lettre n'est pas moins bonne ; mais vous avez voulu m'en priver.

Ma santé est parfaite par vos prières. C'est samedi que je pars pour la mission d'Aci, et lundi j'espère être de retour ici. J'ai achevé ce matin la révision des *Cantiques*.

Il n'y a que pour les crimes certains et marqués que je voulusse empêcher une ame de reprendre avec Dieu sa première familiarité : encore aurois-je peine à l'en exclure, si l'attrait y étoit. Autre est la conduite régulière, autre celle de miséricorde et de grace que Dieu choisit quelquefois

---

[1] *Cant.*, III, 1 ; V, 6.

Je trouve très-bon l'avis sur la nécessité de recevoir des Filles, et je ne m'y épargnerai pas.

LETTRE LXXXVIII.

A Germigny, ce 8 juillet 1692.

Je vous pardonne vos exagérations, qui assurément ne me trompent pas, et Dieu vous les pardonne aussi. Ne vous en inquiétez pas, ma Fille ; mais apprenez par votre peine à ne vous servir jamais de pareils moyens.

Il me semble que l'attrait qui a suivi ce que je vous ai dit sur le silence, vous est une marque que c'étoit Dieu qui me mettoit à la bouche ce que je vous disois sur cela : mais je n'ai pourtant pas prétendu vous en faire une loi si étroite, que vous ne puissiez quelquefois vous en dispenser lorsque ce mal vous pressera. J'espère pourtant que Dieu vous soutiendra sans cela, et je l'en prie. Ce que vous me marquez de vos peines n'est point du tout une rétractation de votre acte d'abandon. Notre-Seigneur a dit lui-même : *Mon Père, si vous voulez ; si cela se peut ;* et le reste que vous savez. Il faut porter cet état comme les autres du Sauveur.

A Dieu ne plaise que vous et moi jugions de la vérité que je vous propose, par les dispositions où je pourrois être en la proposant. La vérité, c'est la vérité, et elle ne dépend point des dispositions de ceux qui l'annoncent. Je n'ai aussi accoutumé de sentir aucune disposition, sinon que dans ce qui regarde mon ministère, et surtout dans la conduite des ames, ma conscience me rend témoignage que je ne parle pas selon l'homme, et je crus sentir distinctement ce témoignage la dernière fois : mais ne vous arrêtez à cela, non plus que je m'y arrête moi-même. Encore un coup, la vérité est la vérité, et c'est Dieu même, c'est Jésus-Christ même.

Laissez-vous aller à l'abandon, à l'attrait qui vous presse, quoi qu'il en puisse arriver : ne laissez pas dominer la peine, et attachez-vous aux règles que je vous ai données; c'est la vérité. Je n'ai rien à ajouter à ce que j'ai écrit ce matin sur le confesseur et sur mon voyage. Je prie Notre-Seigneur qu'il soit avec vous, ma Fille.

J. Bénigne, év. de Meaux.

« L'amour est fort comme la mort, sa jalousie est dure comme l'enfer[1]. » Ce qu'un Dieu jaloux fait souffrir à un cœur qu'il veut posséder, est inouï : ce que le cœur jaloux pour Dieu de ses moindres mouvemens, dont il ne veut réserver aucun, se fait souffrir à lui-même, est inexplicable. Pour vous, ma Fille, assurez-vous que Dieu vous regarde dans vos peines.

LETTRE LXXXIX.

Ce 16 août 1692.

Ma plus grande joie, ma Fille, est que nos chères Sœurs soient contentes; et vous avez raison de dire que la vraie reconnoissance qu'on doit, non pas à moi, mais à Dieu, pour les instructions qu'on reçoit, c'est d'en profiter.

Ne faites point ce vœu : mais ne doutez jamais que je ne me charge devant Dieu de tout le péché qui pourroit être dans l'obéissance que vous me rendez. Cela vous doit mettre dans un parfait repos : mettez tout sur moi, comme je mets tout sur Jésus-Christ.

Si vous prenez la peine, à votre loisir, de mettre mon exhortation sur le papier en grandes marges, j'y écrirai ce qui me reviendra de plus ou de moins que vous n'en aurez extrait.

Je n'ai nulle nouvelle de Madame de Jouarre, et je n'aurois point le loisir d'entendre le sieur de la Madeleine quand il viendroit aujourd'hui. Je pars après-midi pour Juilly, et demain à Paris, s'il plaît à Dieu. Notre-Seigneur soit avec vous à jamais.

J. Bénigne, év. de Meaux.

Je ne crois point pouvoir cette année aller à la Trappe : j'y enverrai votre lettre. Abandonnez-vous à celui auquel seul on se peut livrer sans crainte : il ne peut jamais délaisser ceux qui se donnent à lui en cette sorte.

[1] *Cant.*, VIII, 6.

LETTRE XC.

Germigny, ce 17 septembre 1692.

J'ai reçu, ma Fille, votre lettre du 15 : cette réponse ira par un exprès qu'on m'a envoyé de la Ferté-sous-Jouarre. Dieu conduise et daigne inspirer Madame l'abbesse : nous saurons ce qu'elle fera. Ne craignez point de m'interrompre, et instruisez-moi de tout. Ce qu'il y aura à dire sur ces professions, c'est qu'après avoir fait l'examen des Filles, porté par le concile de Trente, j'allai le jour de ces professions à la Ferté-sous-Jouarre y donner quelques ordres nécessaires; et qu'on crut que ce fut un prétexte que je pris pour n'assister point à cette cérémonie, ne voulant point donner prétexte à la retarder, comme il auroit pu arriver, si j'avois voulu insister à faire ôter de la profession la dépendance immédiate. Vous savez le reste. Je vous renvoie votre relation, afin que vous l'acheviez : je sais qu'il faut tout avoir devant les yeux.

Vous avez bien décidé; et quand il n'y a qu'une messe à laquelle on puisse assister, on peut l'entendre en touchant de l'orgue. On peut satisfaire au devoir d'entendre la messe en faisant quelques lectures, et disant quelque heure dans l'intervalle que vous marquez (a).

Les péchés que vous n'aurez point confessés pour obéir à la règle que je vous ai donnée, vous seront remis comme les autres : l'obéissance tient lieu de tout en cette occasion.

Notre-Seigneur soit avec vous, ma chère Fille.

LETTRE XCI.

A Germigny, ce 25 septembre 1692.

Vous ne me mandez pas si d'autres que vous se sont aperçues du tremblement de terre : il a fait de grands fracas. Ne craignez

---

(a) Comme par exemple lorsque l'orgue joue un temps considérable, ou pendant le chant du chœur, aux endroits où le prêtre s'arrête, si l'on n'est pas en état de s'unir à ce chant. (*Les édit.*)

point les signes du ciel; ne craignez non plus ceux de la terre. Quoique ces tremblemens aient des causes naturelles, on y doit toujours remarquer que Dieu, pour se faire craindre, a laissé de l'instabilité dans les corps à qui d'ailleurs il a donné le plus de consistance.

Quant au pur amour, je suis tout à fait de votre sentiment; et tout ce que vous dites de l'amour de Dieu est très-véritable. Ceux qui font les abstractions dont vous me parlez, ne songent pas assez à ce commandement de l'Apôtre : « Réjouissez-vous; je vous le dis encore une fois, réjouissez-vous [1]; » ni à celui de Jésus-Christ même : « Réjouissez-vous, et soyez transportés de joie, de ce que vos noms sont écrits dans le ciel [2]. » Ce n'est donc pas une imperfection de l'amour, mais une pratique commandée. Ce mot de saint Augustin décide tout : « Qu'est-ce, dit-il, que la béatitude? Une joie qui naît de la jouissance de la vérité : *Gaudium de veritate* [3]. » Jésus-Christ veut qu'on souhaite d'être heureux ; il donne partout ce goût; partout il inspire ce désir ; et l'amour est pur quand on est heureux du bonheur de Dieu, qu'on aime plus que soi-même.

Il ne laisse pas d'être véritable que l'homme, comme fait à son image, voudroit s'anéantir, si c'étoit sa volonté ou sa gloire. L'amour peut faire quelquefois de ces précisions; mais la charité ne consiste pas dans ces sentimens abstraits, quoiqu'on s'en serve quelquefois pour en exprimer la force.

Je ne crois pas que M. le grand-vicaire ni M. Ledieu puissent aller à Jouarre pour la Saint-Michel; ainsi je ne me suis pas pressé de travailler au sermon : je l'aurois fait, et je m'étois ravisé pour vous satisfaire. Permettez-moi de laisser sortir d'autres choses qui me pressent dans le cœur : je vous assure que tout ira mieux quand je suivrai ces mouvemens. J'espère qu'il m'en viendra quelques jours qui me feront parler de ce pur amour; mais il n'en faudroit parler qu'avec transport. A vous, ma chère Fille, de bien bon cœur.

[1] *Philip.*, IV, 4. — [2] *Luc.*, X, 20. — [3] *Confess.*, lib. X, cap. XXIII.

LETTRE XCII.

A Germigny, ce 30 septembre 1692.

Je me suis avisé trop tard que c'est demain Saint-Remi ; car si j'y avois pensé plus tôt, je vous aurois demandé une communion à ce jour-là pour le roi et le royaume. C'est le père des François et de leurs rois. Saint Denis est l'apôtre de l'ancienne Gaule ; saint Remi l'est en particulier de la France. Sa mission pour la conversion de nos rois et de leur peuple est toute divine : il les a consacrés à Dieu pour être les défenseurs de son Eglise. Il faut employer son intercession pour obtenir de Dieu la conservation du royaume ; et pour nos rois et tous les François, la grace d'accomplir l'ouvrage auquel Dieu semble les avoir dévoués et destinés par le ministère de saint Remi, qui est de maintenir la foi et l'Eglise catholique. Quoique la fête soit passée quand vous recevrez cette lettre, ne laissez pas de communier à cette intention.

Gardez-vous bien d'avoir du scrupule de désirer de goûter à la communion combien le Seigneur est doux : ce n'est pas chercher sa propre satisfaction, quand on ne veut goûter que Jésus-Christ. Du reste si c'étoit là de l'amour-propre, le Saint-Esprit ne nous en auroit pas fait un précepte par la bouche de David. Ce que je vous ai écrit d'éviter de communier pour votre propre satisfaction, doit avoir quelque relation à quelque chose que vous m'avez écrit, dont je ne me souviens que fort confusément. Quoi qu'il en soit, cela ne regarde point ce goût spirituel de Jésus-Christ, qui assurément n'est autre chose que le pur amour, quand on ne goûte que lui et qu'on l'aime mieux que tous ses dons, mais non pas mieux que lui-même, puisque lui-même c'est lui-même, et que c'est lui purement qu'on veut goûter.

J'ai bien envie, il y a longtemps, de dire quelque chose sur le pur amour et sur l'oraison ; et j'ai dans l'esprit un sermon que j'ai fait autrefois sur ces paroles de saint Jacques : *Approchez de Dieu, et il approchera de vous* [1]. Mais je ne me souviens plus de ce que je dis alors, et après je n'ose entamer une matière dont il

---
[1] *Jacob.*, IV, 8.

faut moins parler par son propre esprit que de toutes les autres de la vie spirituelle.

LETTRE XCIII.
A Germigny, ce 17 octobre 1692.

Je vous mets, ma Fille, de tout mon cœur, sous la protection spéciale du saint ange qui est chargé de vous garder. C'est aujourd'hui dans le diocèse la fête des saints anges gardiens.

J'ai reçu ce matin votre lettre du 16. Je ne vous dirai rien sur le silence dont vous vous plaignez : il est bon quelquefois d'accoutumer les ames à se tourner uniquement vers Dieu, et à respirer pour ainsi dire de ce côté-là ; et on peut les laisser à cette épreuve principalement en deux cas ; l'un, quand on ne voit point de nouvelles difficultés ; l'autre, quand Dieu aussi ne donne rien de particulier. Ce n'est pourtant pas de dessein que je me suis tu : c'est d'un côté par occupation, et de l'autre par un peu de paresse : j'avoue ma faute, et je vous prie non-seulement de me pardonner, mais encore d'obtenir de Dieu qu'il me pardonne.

Vous avez bien fait de ne rien dire à personne de la peine qui est expliquée dans votre billet du 8 ; il n'y a rien dans cette peine qui vous ait dû obliger d'aller à confesse, ni de vous priver de la communion. Je vous défends de nouveau de faire, sur cette matière principalement, aucune consultation à d'autre qu'à moi. Voilà la réponse à la lettre du 8.

Pour vous calmer l'esprit sur celle du 3, ou plutôt sur une lettre sans date, que je crois être venue avec celle-là, je vous dirai que les illusions que les spirituels font tant craindre, et avec raison, sur la dévotion sensible, ne conviennent pas à vos dispositions. Vous ne devez rien faire qui vous en tire : ainsi les actes suivis que vous voudriez faire à la messe, ne vous sont pas nécessaires. Il y a des actes très-simples qui en réunissent beaucoup dans leur simplicité : ceux-là ne veulent point être changés. C'est à ceux-là que vous êtes attirée : soyez fidèle, et suivez. Ne craignez point d'illusion, tant que vous m'exposerez simplement vos dispositions. Je veille, et ce vous doit être assez. Livrez-vous à

Dieu, et confiez-vous en sa bonté, et à l'esprit de conduite qu'il a mis dans les pasteurs de son Eglise.

A vous, ma Fille, de tout mon cœur.

LETTRE XCIV.

A Germigny, ce 3 novembre 1692.

Vous ne devez point avoir de peine, ma Fille, du temps que vous m'avez occupé à la dernière visite, non plus que de celui que vos lettres me peuvent ôter. Je prends mon temps pour les considérer et pour y répondre, de manière que cela ne me cause aucun embarras, et ne vous doit causer ni scrupule ni inquiétude.

Je ne vous dirai rien, ma Fille, sur le sujet de ce chagrin : quelque noir qu'il soit, il ne peut point empêcher les touches du ciel, ni en offusquer les lumières. Vous savez ce que dit saint Paul au sujet de l'ange de Satan qui l'affligeoit : il pria trois fois, c'est-à-dire souvent et instamment, et il lui fut dit : « Ma grace te suffit, et ma force se perfectionne dans l'infirmité[1] : » le contraire par son contraire. Qui sait si la lumière ne doit point sortir de ces ténèbres, et la joie du Saint-Esprit de cette tristesse? Priez trois fois, et croyez que Dieu ne vous laissera pas tenter par-dessus vos forces.

Vous donneriez gain de cause à la tentation, si lorsqu'elle vous envoie cette peine que vous ne pouvez bien exprimer, et que j'entends pourtant bien, vous descendiez du ciel où Dieu vous attire. Laissez être cette peine; ne vous en confessez pas. Humiliez-vous, comme je vous l'ai expliqué; mais ne vous troublez pas, ou ne cédez point au trouble. Recevez l'attrait de Dieu sans hésiter et sans examiner les suites; recevez les larmes. Les spirituels qui les décrient tant, ne songent pas assez qu'elles ne sont pas toutes si superficielles et si sensibles qu'ils pensent. Il y en a qui viennent du fond, comme celles de saint Pierre qui étoient accompagnées de tant d'amertume; comme celles de David, qui étoient accompagnées d'un gémissement semblable au rugisse-

[1] II *Cor.*, XII, 8, 9.

ment du lion. Il y en a de plus douces, comme celles de la pénitente qui en arrosoit les pieds de Jésus. Recevez celles que Dieu vous envoie; quoiqu'elles soient d'une autre nature que celles-là, elles viennent du fond également. Qu'est-ce que ce trait de feu qui fait fondre le cœur comme la cire?

Vous ne pouvez pas pratiquer plus d'observances que vous en faites : je vous donne le mérite de l'obéissance dans toutes celles dont vous vous privez par mon ordre.

Ce que j'ai dit sur cette parole : *Qui persévérera sera sauvé*, est entièrement de saint Augustin.

Vous prenez bien mon intention sur la pénitence que je vous ai imposée : tâchez une autre fois de vous faire bien expliquer mes intentions; car ordinairement au sortir du confessionnal ce que j'ordonne me sort de l'esprit, et cela pourroit vous causer des embarras. Notre-Seigneur soit avec vous, ma Fille.

LETTRE XCV.

A Paris, ce 5 novembre 1692.

J'envoie faire la signification : il est trop de conséquence de primer, pour hasarder plus longtemps cet avantage. Il n'est pas nécessaire de se presser pour Paris : c'est ce que je vous prie de dire à Madame votre sœur et à Madame de Lusanci, à qui je n'écrirai pas.

Je vous dirai, ma Fille, de bonne foi que dans une histoire à laquelle on veut donner de la croyance, il ne faut point de louanges. Ce qu'on peut faire, c'est de faire voir par les actions et autres choses de fait, les bonnes qualités qu'on veut qui paroissent : en quoi il y a beaucoup plus d'adresse et de peine qu'à donner des louanges manifestes.

Vous pouvez faire ce que vous voudrez sur mon dernier discours, et il n'y a point de permission à me demander sur cela. Le fond fera partie des réflexions sur la cène; mais les tours et l'application sont fort différens. Je vous offre à Dieu de tout mon cœur, ma Fille.

LETTRE XCVI (a).

A Germigny, ce 7 novembre 1692.

Pour réponse à votre lettre du 5, qui est venue avec celle du 6, il n'y a point à hésiter à demeurer dans la voie où vous êtes, elle n'a rien de suspect; mais j'avoue qu'il y faut être conduit de la main de Dieu, et affermi par un conseil ordonné de Dieu; avec cela tout est sûr.

N'étourdissez jamais cette touche intime, sous quelque prétexte que ce soit. Recevez les ardeurs; les lumières en sortiront quand Dieu voudra : elles ne sont nécessaires qu'aux docteurs, qui doivent conduire et enseigner.

Puisque vous souhaitez qu'on vous désigne un chapitre à lire, divisez le cinquième en autant de jours que Dieu vous inspirera, et marquez-moi les endroits qui auront rapport à vos états. Ne vous confessez point du tout de ces impatiences, ni de ces peines contre Dieu, non plus que des autres.

Je ne crois point que la *Clémentine* oblige sous peine de péché mortel, le concile de Trente l'ayant ou interprétée ou réduite à une admonition (b). A vous de tout mon cœur, ma Fille.

J. Bénigne, Ev. de Meaux.

Les ardeurs ne sont jamais sans quelques lumières sombres et confuses, mais néanmoins pénétrantes, qui soutiennent, excitent et nourrissent les ardeurs. Il s'y faut donc abandonner; je dis aux ardeurs, sans rien désirer davantage, mais en recevant ce que Dieu donne.

(a) Revue sur l'original. — (b) L'article de la *Clémentine*, qui prescrivoit aux religieuses de se confesser tous les mois, a été interprété par le concile de Trente, sess., XXV, *de Regular.*, cap. x.

LETTRE XCVII.

A Germigny, ce 14 novembre 1692.

Le Père gardien de Coulommiers me rendit hier vos lettres à Farmoutiers. J'en suis revenu plus précipitamment que je ne pensois, pressé par beaucoup d'affaires de différente nature, qui m'obligent d'être demain à Paris. Je dirai bien à M. le duc de Chevreuse; mais rien n'empêchera Madame de Luynes de solliciter : elle s'en fait un point d'honneur.

Quant au surplus de votre lettre et à celle d'hier, je n'ai de loisir que pour vous dire que si vous ne vous tenez rigoureusement à la règle que je vous ai donnée, et que vous vous laissiez entraîner, comme vous avez fait cette fois, à vous confesser de cette peine et des autres, vous serez le jouet de la peine, et vous perdrez des communions qui vous soutiendroient beaucoup. Vous ne recevrez plus de lettres que de Paris.

LETTRE XCVIII

A. Paris, ce 17 novembre 1692.

J'arrivai samedi en cette ville. Je vais aujourd'hui à Versailles, où je porte toutes les lettres et tous les papiers concernant Jouarre, pour y prendre les résolutions que je viendrai ici exécuter. Il me semble qu'on a trop d'inquiétude. Il faudroit une fois être content de faire ce qu'on peut, et au reste s'abandonner à la divine Providence. C'est ce que je fais; et bien résolu de ne manquer pas de ma part à ses momens, j'attends et je suis toutes les ouvertures qu'il me donne. On retarde autant l'œuvre de Dieu, qu'on tarde à se mettre dans cette disposition. J'en dirai davantage quand j'aurai eu le loisir de réfléchir sur tout : je n'ai pas encore eu le temps de me tourner.

Pour vous, ma Fille, laissez-vous conduire; ne succombez point à la peine : jusqu'ici je la vois toujours la même, quelque différente que vous en paroisse la forme. Je prie Dieu, ma Fille, qu'il soit avec vous.

LETTRE XCIX.

A Paris, ce 16 décembre 1692.

Que la nature humaine est dépravée! L'Eglise n'ose décider que la sainte Vierge, Mère de Dieu, ait été exemptée de cette tache. Que la nature humaine est dépravée! que le mal est profond! qu'il est général! que nous avons besoin d'être purgés pour être capables de voir Dieu! « Bienheureux ceux qui ont le cœur pur, parce qu'ils verront Dieu. » Soumettez-vous à l'ordre caché par lequel Dieu purifie les cœurs, pour les rendre dignes de le voir. O pureté! ô vision! ô lumière! ô vérité! ô vie! quand vous verrai-je? O Dieu! quand vous verrai-je?

J'ai reçu hier une visite de Madame la duchesse de Luynes, dont je fus fort satisfait : Mademoiselle de Luynes y étoit. Mais Madame de Jouarre est toujours en même état, et ne songe point du tout à sa conscience ; ce qui inquiète beaucoup Madame de Luynes, dont les intentions sont très-pures. On parle toujours de départ : Madame de Lusanci vous dira le reste, s'il vous plaît. Je salue Madame votre sœur et nos chères Filles.

LETTRE C.

A Meaux, ce 20 décembre 1692.

Ce que dit M. de la Trappe, de l'attention continuelle qu'on doit avoir aux jugemens de Dieu, est vrai pour l'ordinaire, mais non pas universellement ; et il ne l'entend pas autrement lui-même. D'ailleurs qui désire de voir Dieu craint de le perdre : mais cett crainte ne l'abat, ni ne le décourage, parce qu'il sait qu'il est bon, et il s'abandonne à lui.

Croyez-moi, vous donnez trop dans ces peines : je vous assure qu'elles ne doivent point vous empêcher de communier sans que vous les confessiez. Je n'ai pas besoin de décider s'il y a du péché ou non : à parler franchement, je crois pouvoir assurer qu'il n'y en a point ; mais en tout cas je vous assure qu'il n'y a point d'obligation de s'en confesser, et que vous feriez mieux de ne le pas faire. Vous ne savez pas combien Dieu est bon, et ce que peut l'abandonnement qu'on lui fait de tout.

J'approuve fort le sentiment de M. de Sainte-Beuve, et vous pouvez vous reposer dessus ; mais je crois la voie que je vous montre plus conforme à votre état présent. Son sentiment et le mien ne sont qu'un dans le fond, et nous allons à la même fin.

Je vois à peu près ce qu'a voulu dire le prédicateur, et je voudrois bien qu'on ne fût pas si affirmatif en choses où l'Eglise n'a pas parlé (*a*).

Celui qui a enseigné à saint Paul que *la force se perfectionne dans la foiblesse,* et que la tentation donne occasion à notre avancement, peut seul vous faire entendre que les peines que vous déplorez peuvent aider à purifier le cœur.

Tout ce qu'on dit de vous à Paris, au sujet de l'obéissance que vous me rendez, augmente la couronne que vous devez attendre pour cette action de justice. Le monde parle et juge sans savoir ; mais Jésus-Christ l'a jugé, et a cassé par avance tous ses jugemens.

Encouragez Madame la prieure à ne point quitter, quoi qu'il arrive. Le soldat de Jésus-Christ ne doit jamais poser les armes : le temps viendra de se délasser. Je suis à vous de tout mon cœur.

LETTRE CI.

A Meaux, ce 21 décembre 1692.

Ma Sœur Cornuau s'est volontiers chargée de ce paquet : elle porte aussi une lettre à Madame la prieure, où est une permission pour les capucins ; aussi bien j'aurois de la peine à en donner pour des gens qui passent, à moins que je ne les connusse. Souvent ils laissent des impressions auxquelles ils ne peuvent plus remédier, parce qu'ils s'en vont, et qu'on n'entend plus parler d'eux. Au contraire ceux qui sont stables songent aux reproches qu'ils pourroient s'attirer s'ils faisoient mal, et sont en état de réparer ce qu'ils pourroient avoir fait par mégarde.

(*a*) Il s'agit de la conception de la sainte Vierge. Maintenant l'Eglise a parlé.

Madame de Baradat a parfaitement bien répondu, et il n'y a qu'à parler toujours sur le même ton.

On me mande, ma Fille, que Madame de Luynes dit qu'il n'y a pas un mot pour elle dans toutes mes lettres. Souvenez-vous que j'ai répondu à celle que vous m'écriviez sur ce qu'on disoit de vous deux : ainsi elle étoit comprise dans cette réponse, et vous m'étiez toutes deux également présentes.

Voici un très-petit exercice pour Noël : vous en pouvez faire part à ma Sœur Cornuau, à qui je n'en parle point.

Pour vous, ma Fille, assurez-vous que Dieu regarde dans vos peines. Je suis à vous de tout mon cœur.

J. Bénigne, Ev. de Meaux.

« Abraham a vu mon jour, et il s'en est réjoui [1]. » Il a vu mon jour, le jour auquel j'ai paru au monde. Isaïe a aussi vu ce jour, et voici ce qu'il en a vu : « Un petit enfant nous est né, un fils nous est donné, et sa principauté est sur ses épaules ; et son nom sera l'Admirable, le Conseiller, le Dieu fort, le Père du siècle futur, le Prince de paix [2]. »

De toutes ces qualités, je choisis pour vous celle d'*Admirable*, que je vous donne à méditer. Songez bien à cette belle qualité, et donnez-vous à Dieu, afin qu'il daigne vous faire sentir en quoi principalement ce divin Enfant est admirable. Donnez la même chose à méditer à Madame de Luynes et à ma Sœur Cornuau.

Donnez à Madame de Lusanci à méditer la qualité de *Conseiller*, et qu'elle songe bien aux conseils de ce divin Enfant : qu'elle lui demande conseil sur tout ce qu'elle a à faire, et qu'elle songe en même temps que tout foible qu'il paroît dans son berceau, c'est un Dieu fort : qu'elle donne la même chose à méditer à sa nièce.

Donnez à Mesdames de Rodon et du Mans, à considérer cette aimable qualité de *Prince de Paix;* et à Madame de Baradat celle de *Père du siècle à venir*.

Toutes ensemble méditez ces mots : « Un petit enfant nous est donné, un fils nous est né : » prenez-le toutes, puisqu'il vous est

[1] *Joan.*, viii, 56. — [2] *Isa.*, ix, 6.

donné à la sainte table ; prenez-le comme un petit enfant, puisque c'est pour vous qu'il est né en cette qualité.

Associez à cette pratique celles que vous croirez qui y entreront.

Je ne parle point exprès de la principauté sur les épaules, qui regarde selon les Pères un autre mystère, qui est celui de la croix.

Ce sera le sujet de mon sermon de Noël que je vous donne à méditer. Priez Dieu qu'il m'ouvre l'intelligence de cette admirable prophétie, la plus capable que je sache de faire connoître et aimer ce divin Enfant. Puisse-t-il être aimé de toute la terre !

LETTRE CII.

A Meaux, ce 22 décembre 1692.

Vous pouvez vous dispenser de l'abstinence de Noël. Il n'y a point d'obligation d'entendre trois messes le jour de Noël.

Vous pouvez les jours de dimanche et fêtes, après vos prières et lectures, employer le reste du temps, quelque long qu'il soit, à transcrire mes écrits, à votre relation et autres choses.

Songez bien à cet Enfant admirable, et songez particulièrement en quoi il l'est pour vous : j'en suis pénétré.

LETTRE CIII.

A Paris, ce 15 janvier 1693.

J'approuve fort, ma Fille, l'avis que vous avez inspiré pour le règlement. Il faut mener les choses avec douceur et prudence, et plutôt faire qu'ordonner. Il faut même ne faire que ce qui sera nécessaire, et le moins qu'on pourra de changement : car il faut entrer dans tous les ménagemens que M. de Soubise est obligé d'avoir. Pour le fond, lui et Madame de Soubise sont dans toutes les dispositions que nous pouvions souhaiter. Je dois voir après dîner la nouvelle abbesse, et j'ajouterai un article à cette lettre quand je l'aurai vue.

Je commence à croire plus que jamais que tout le bien se fera à Jouarre, et que Madame votre sœur et vous y aurez la plus grande part : heureuses d'y coopérer sans y paroître. Je vous dirai une parole qu'un religieux (a) très-saint, très-humble et très-pénitent, de l'ordre de saint Dominique, me dit une fois avant que je fusse évêque : Que Dieu m'avoit destiné à avoir part à beaucoup de bien sans que je le susse. Sans examiner par quel esprit il parloit, je vous avoue que j'ai toujours été fort touché de cette manière de coopérer aux desseins de Dieu, et que je souhaite une pareille grace à ceux que j'aime.

J'ai vu le P. Moret et le P. Toquet : le premier m'a dit que les infirmités de Madame de Lavardin ne permettroient pas qu'elle suivît Madame de Rohan. Je la demanderai ; nous verrons. On a envoyé à Rome pour les bulles : ne le dites qu'à très-peu de personnes, et commandez de ma part un grand secret. Madame de Jouarre (b) ne sait où elle en est : il lui prend quelquefois des envies de retour. Je ne l'ai pas vue encore. Madame de Lusanci vous dira ce que je lui mande, et Madame la prieure aussi.

LETTRE CIV.

A Versailles, ce 25 janvier 1693.

J'ai envoyé votre lettre à la Trappe. Sur votre lettre du 17, vous n'avez, ma Fille, qu'à vous tenir à la règle que je vous ai donnée. Tous les raisonnemens que vous faites sont bons : mais je dois agir par d'autres principes, qui sont encore meilleurs par rapport à vous ; et je persiste à vous dire que vous n'avez point à vous confesser des choses dont vous me parlez.

Rien ne vous oblige à rester dans l'église ni au lieu de l'oraison, encore que vos attraits continuent lorsque le temps est passé. Suivez sans crainte l'attrait durant la messe : ce sacrifice comprend tout, et convient à tout.

Vous avez raison de dire qu'il ne faut pas aller vite ; mais il faut aller, et faire ce qui sera jugé nécessaire. Ne craignez point

(a) On a quelques lettres de ce religieux à Bossuet : il se nommoit le Père Antoine, et il est célèbre dans son ordre par la réforme qu'il a établie dans plusieurs des maisons de la Provence et du Comtat. (*Les édit.*) — (b) L'ancienne abbesse qui avoit donné sa démission.

de proposer vos sentimens, et après abandonnez tout à Dieu. Il faut bien se garder de faire beaucoup de bruit pour un petit bien.

Le sieur de la Vallée ne paroît pas, et je ne le crois pas de retour. Assurez-vous que ni lui ni son frère n'approcheront de Jouarre tant que Dieu me conservera la vie.

J'ai été ravi d'entendre parler le P. Toquet sur la pauvreté : rien ne me touche plus que cette vertu, et le silence. Il le faut rompre sans crainte, pour dire votre avis sans hésiter : vous n'en aurez jamais d'occasions plus pressantes. Dieu qui a tiré la lumière du sein des ténèbres, tire les bons avis d'où il lui plaît. Il faut même redire plusieurs fois les mêmes choses, jusqu'à ce qu'on entre. Quand on trouve tout bouché, et qu'on a assez frappé sans qu'on ouvre, alors il se faut retirer aussi content que si on avoit réussi, parce qu'on a réussi à contenter Dieu, qui est ce qu'il faut chercher.

Pourquoi ne voulez-vous pas que le *Trahe me*, et le reste, soit dans la Vulgate? Il y est, tout au commencement du Cantique[1]. J'aime beaucoup cette parole à cause du rapport qu'elle a avec celle du Fils de Dieu : *Nisi Pater meus traxerit eum*[2] ; et à celle-ci, *Omnia traham*[3]. Il tire en bien des manières ; quelquefois il se cache, et alors il tire par le fond.

Que j'aime ce bon P. Toquet ! j'entre dans toutes ses pensées. Prenez bien garde comme je parle, je veux dire dans toutes celles de sa lettre, et j'espère que le temps approche d'accomplir le reste : bientôt vous le verrez. Dieu est avec vous.

LETTRE CV.

A Versailles, ce 9 février 1693.

Au lieu de vous unir à ce que je fais pendant le carême, unissez-vous, ma Fille, à mes intentions, et surtout à celles que j'ai pour vous, et que j'offre à Dieu tous les jours en votre nom.

Le volume des notes sur Salomon tire à sa fin, et vous en aurez des premières.

[1] *Cant.*, I, 3. — [2] *Joan.*, VI, 44. — [3] *Ibid.*, XII, 32.

Pour gagner les indulgences, le plus sûr est de se confesser, encore qu'on ne sente pas en avoir besoin.

Dans le changement d'un office pour un autre par mégarde, il n'est pas d'obligation de recommencer, quand même l'office omis seroit plus long.

Je n'entends point encore parler de la bénédiction de la nouvelle abbesse. Quand elle sera à Jouarre, nous aviserons aux livres qu'on lui pourra proposer.

Je pense sérieusement aux confesseurs.

Je donne de tout mon cœur ma bénédiction à Madame la prieure. Notre-Seigneur soit avec vous.

LETTRE CVI.

A Versailles, ce 12 février 1693.

Je veillerai à tout, s'il plaît à Dieu. Il y a une permission aux deux la Vallée d'aller où ils voudront, à l'exclusion du diocèse de Meaux. Je presse fort qu'on me tienne parole sur leurs bénéfices ; mais on n'a pas pu mettre cela en condition.

Je suis très-en peine de Madame votre sœur : je m'en vais dire la messe à son intention et à celle de Madame la prieure.

Quand les médecins jugent le gras nécessaire, et que la supérieure l'ordonne, la plus prompte obéissance est la meilleure, et il ne faut point se laisser forcer. J'approuve fort la pratique de se priver de boire hors des repas, quand il n'y a aucune sorte de nécessité.

Dans les graces qu'on reçoit de Dieu, ce seroit une fausse humilité et une vraie ingratitude de ne les pas reconnoître : mais dès qu'on les reconnoît comme graces, l'humilité est contente. Il ne faut point décider si Dieu ne les donne qu'aux ames pures ; car il les donne à qui il lui plaît, et il est au-dessus de toutes les règles, outre encore qu'un grand attrait se peut rencontrer avec une grande infidélité. Dieu n'en est pas moins bon, et la grace n'en est pas moins grace, encore qu'on n'y réponde pas autant qu'on devroit ; et c'est de quoi pousser l'ame jusqu'à son néant.

Il ne faut pas pour cela recevoir le don de Dieu avec inquiétude ;

mais dilater son cœur par la confiance, sur cette parole de saint Paul : « Où le péché a abondé, la grace a surabondé[1]. »

N'hésitez point à communier trois fois la semaine, sans même attendre cette impression, qui assurément est de Dieu : de quoi néanmoins je ne vous fais pas une règle ; mais quand cette faim spirituelle se fait sentir, il faut l'assouvir et se livrer à l'amour de Jésus-Christ.

Vous aurez part au sacrifice, et la même que les deux malades.

LETTRE CVII.

A Versailles, ce 21 février 1693.

Pour réponse à votre lettre du 16, je n'ai point encore parlé de la bénédiction de la nouvelle abbesse : je m'expliquerai sur tout cela avant mon départ. Le cérémonial me touche peu, et je ne m'attacherai qu'à l'obéissance.

J'ai été fort surpris d'apprendre que Madame de Thou n'étoit pas partie. Il y a près d'un mois qu'elle a ordre de moi de s'en retourner, et qu'on m'avoit assuré qu'elle partoit le lendemain. J'ai écrit pour avancer son départ, et j'ai fait dire à M. l'abbé de Thou que je ne recevois pas l'excuse des mauvais chemins. J'attends l'effet de ma lettre, et ne donnerai aucun relâche.

Il n'est pas possible à mon avis que la Burie soit de retour, et c'est tout ce qu'il pourra faire d'en avoir la permission. Mon déplaisir seroit extrême, s'il avoit trouvé Madame de Thou encore à Paris. J'ai dit ce qu'il falloit dire sur ces deux frères.

Il est certain qu'on peut être infidèle à un grand attrait de la grace, et c'est ce qui concilie la reconnoissance avec l'humilité. Il faut prier l'auteur de la grace de nous donner cet attrait auquel on ne sait pas résister.

Vous feriez mal de vous retirer souvent de la communion. Je ne vous le permets que très-rarement, et lorsque vous sentirez que la faim de cette viande céleste pourra être excitée par cette espèce de jeûne spirituel.

J'instruirai M. votre frère des choses que vous me mandez sur

[1] *Rom.*, v, 20.

la religieuse étrangère, qui pourroit accompagner Madame de Rohan. Je ferai ce qu'il faudra sur tout cela. Je salue de tout mon cœur Madame de Luynes, et me réjouis de sa convalescence. Tout à vous, ma Fille.

LETTRE CVIII.

A Versailles, ce 5 mars 1693.

Vous devez savoir à présent, ma Fille, que j'ai reçu toutes vos lettres précédentes. Celles du samedi 28 février et du 2 mars me furent rendues hier en même temps. N'hésitez point à communier malgré cette peine : gagnez sur vous de ne la confesser pas. Suivez votre attrait dans l'oraison. Si Dieu vous le continue, malgré toutes les infidélités où vous pouvez tomber, c'est un effet de sa bonté, à laquelle vous ne pouvez ni ne devez donner des bornes. Vous auriez à craindre l'illusion, si vous agissiez sans conduite et hors de l'ordre de l'obéissance : ne craignez rien en obéissant. Vous êtes précisément dans le cas où il faut suivre Jésus-Christ qui dit : *Qui vous écoute m'écoute* [1]. Vous ne m'avez pas assez expliqué votre peine sur la passion de Jésus-Christ et sur celle des saints, pour que je puisse vous y donner une décision précise. Quelle qu'elle soit, elle ne doit point vous empêcher de vous appliquer à ces objets quand vous y serez attirée : mais aussi suivez votre attrait, et ne forcez pas votre esprit à s'y attacher. Dites à votre loisir le psaume *Super flumina*, et *Te decet hymnus Deus in Sion*.

Quant à Madame de Rohan, il est vrai qu'elle ne croit pas pouvoir se passer de quelque religieuse, et il seroit dur de l'y obliger. Celle qu'elle mènera est la personne du monde dont il y a le moins à craindre, et qui paroît me devoir être la plus soumise : elle n'aura point du tout un air de gouvernante ni de conseillère : ce ne sera que pour un temps, et nous en serons le maître. L'autre Sœur est une converse, qui prend soin de Mademoiselle de Rohan. On n'a pas encore de nouvelle de la signature des bulles : on ne les aura que pour Pâques ou environ. Laissez dire au P. Toquet

[1] *Luc.*, x, 16.

ce que Dieu lui inspirera ; mais ne paroissez en rien. Je serai, s'il plaît à Dieu, lundi à Meaux. Je vous verrai bientôt après, s'il plaît à Dieu, et nous dirons ce qui ne se peut écrire.

LETTRE CIX.

A Meaux, le jour de Pâques 1693.

J'ai su, ma Fille, ce qui s'est passé à la prise de possession : vous avez bien fait, Madame votre sœur et vous ; au reste la chose n'étoit pas d'une extrême conséquence. Le procureur de Madame de Rohan est fort satisfait ; il a dû retourner hier par la faute du notaire apostolique. Les priviléges sont ensevelis par cet acte, et le monastère est qualifié comme étant *in diœcesi Meldensi*, sans aucune mention d'exemption, même prétendue. Je manderai de Paris ce qu'il faudra faire pour l'installation, après avoir conféré avec les intéressés. La pension se doit expédier par un autre acte, et la communauté n'a plus rien à faire.

Il est vrai que la lettre de Madame de Soubise a quelque chose d'un peu vif : mais aussi vous m'avouerez qu'il y avoit quelque chose d'assez fort à dire qu'elle amenoit des religieuses pour servir de conseil, et son père sembloit accuser la nouvelle abbesse de quelque sorte d'incapacité. Au fond tout cela n'est rien, et on n'en traitera pas moins bien Madame la prieure : elle a bien fait de son côté de parler franchement.

Quant à votre lettre du jeudi saint, marchez en repos sur ma décision. Je vous ai déjà distingué la différence qu'il y avoit entre s'humilier devant Dieu pour un péché, et l'obligation de le porter à la confession : cela est certain et vous n'avez qu'à vous y soumettre sans raisonner davantage. C'est qu'on ne doit confesser en certains états que des choses très-assurées : ce qui n'empêche pas qu'on ne s'en humilie devant Dieu dans toute l'étendue qu'on peut donner à cet acte : abandonnant tout à la bonté de Dieu.

Bonsoir, ma Fille ; « Jésus-Christ est hier et aujourd'hui, et il est aux siècles des siècles [1]. » Sa résurrection est une extension de sa génération éternelle : et saint Paul applique à ce mystère cette

---

[1] *Hebr.*, XIII, 8.

parole de David : *Ego hodie genui te* [1]. « Je vous ai engendré aujourd'hui. » Renaissons avec lui, et vivons éternellement dans son amour.

LETTRE CX.

A Meaux, ce 28 mars 1693.

J'ai cru, ma Fille, avoir satisfait par mes lettres précédentes aux difficultés de celle à laquelle vous me demandiez une réponse. Il n'y a rien de nouveau ; et tout étoit résolu, en vous ordonnant de communier tous les jours que vous me marquiez.

Il est vrai que M. le Chantre est mort (*a*). Voilà la lettre de M. l'abbé qui m'en donne avis. Vous pouvez la faire voir, la copier, et me la renvoyer ensuite. Je pars mercredi ou jeudi sans remise, s'il plaît à Dieu.

La copie de la lettre que vous m'envoyez est bien remarquable : je vous garderai le secret.

Madame de Lusanci m'écrit le voyage du sieur de la Burie à Torci, et les assurances qu'il donne d'elle à Jouarre : d'où j'ai pris occasion de lui envoyer la défense en question ; et cela m'a paru plus naturel que de vous l'adresser, étant en toutes façons plus convenable que vous ne paroissiez en rien.

Vous me faites plaisir de me circonstancier tout le cérémonial : je répondrai sur tout, s'il plaît à Dieu. Il me paroît que les chanoines ne veulent pas s'en tenir au passé.

J'accepterai demain de très-bon cœur au saint autel le renouvellement de vos vœux, et l'acceptation que vous faites, comme pour votre devise, des mots du Psalmiste que je vous ai appliqués : *Elegi abjectus esse in domo Dei mei* [2]. C'est là cette meilleure part qui ne vous sera pas ôtée.

J'aurai soin de faire décrire le sermon de la cène, et de vous en faire part.

Je salue Madame votre sœur de tout mon cœur. Notre-Seigneur vous bénisse : je vous bénis en son nom.

[1] *Psal.*, II, 7. — [2] *Psal.*, LXXXIII, 11.
(*a*) Le grand chantre de l'église de Meaux, retiré à la Trappe.

LETTRE CXI (a).

A Meaux, ce 31 mars 1693.

Je conseillerai fort à Madame de Jouarre d'en user sobrement et modérément, et selon vos remarques pour les lettres et les assistances. C'est en effet un style de bulle, que cette obligation de ne rien faire sans l'ancienne : je crois néanmoins qu'il s'y faut conformer autant qu'on peut. Sur ce qui regarde Jouarre, je ne vous dirai plus rien que de Paris, et après avoir vu les gens.

A votre égard, la disposition fâcheuse dont vous me parlez, loin d'être une marque que celle du matin n'étoit pas de Dieu, en est plutôt une qu'elle en étoit, puisque l'ennemi l'a imitée à contresens. Vous avez bien fait de communier ; et ces fâcheuses dispositions vous y doivent plutôt déterminer que vous en détourner.

Quand les entrées sont permises, et comme publiques, il n'y a point de mal de prendre part à quelques-unes. Je veux bien que vous en usiez pour les lettres, comme vous avez fait jusqu'à présent ; et cette permission durera jusqu'à ce que je l'aie révoquée. Prenez garde néanmoins qu'il n'en revienne rien, à cause des conséquences et de l'exemple.

Ce que vous écrivez du 30 et qui regarde l'étoffe du voile, sera remis pour Paris.

M. l'archidiacre vous est bien obligé, et vous rend graces très-humbles. Je ne crois pas qu'il ait vu Madame de Jouarre. Il a vu M. de Soubise sur la redevance ; et on est convenu que tout se traiteroit à l'amiable. J'aurai soin de la lettre de la Trappe. Je prie Notre-Seigneur qu'il soit avec vous et avec Madame votre sœur.

Que je suis aise de ce que tout ce qui se passe de bien en vous, unit votre cœur à cet aimable verset : *Elegi abjectus esse*. C'est là le fond de la vocation religieuse.

Je permets cette demande de la vue du Seigneur, comme une saillie, et comme un transport du saint amour : mais au reste ce

(a) Revue sur l'original de Meaux.

n'est pas chose à faire autrement, puisqu'on ne la doit point espérer, après ce que Dieu a dit : *Nul vivant ne me verra* [1].

La disposition dont vous me parlez n'est pas un empêchement à la communion. Courez-y avec ardeur, et mettez en Dieu tout votre appui par Jésus-Christ.

J'ai permis l'entrée de M. *** pour une fois seulement, et dans la pensée que j'ai eue qu'il étoit bon qu'il vît les dedans.

LETTRE CXII.

A Meaux, ce 29 mai 1693.

J'arrivai hier; je me dispose, s'il plaît à Dieu, à commencer l'office cette après-dînée, à chanter les Matines demain à quatre heures, et à prêcher l'après-dînée. Mardi je retournerai pour prendre congé du roi, et achever mes affaires. Vendredi je retournerai, s'il plaît à Dieu, pour l'ordination de samedi; et le jour de la Trinité, sans manquer et au plus tard, à Jouarre jusqu'au mercredi matin : je prendrai le temps qu'il faudra pour vous entretenir.

Ma Sœur Cornuau a tout sujet d'être contente de vous. Je n'entrerai là-dedans (*a*) qu'avec mesure et précaution; et quoique je lui souhaite un bon succès, et que je sois disposé à lui prêter la main, je doute fort qu'on puisse réussir.

Adorez le Saint-Esprit sous le titre d'esprit de vérité, qui est celui que lui donne Jésus-Christ en le promettant [2]. Que tout soit vrai en vous : c'est tout dire, et je vous laisse à méditer cette parole, ou plutôt je prie cet esprit de vérité de vous introduire dans ce secret.

Vous pouvez, Madame votre sœur et vous, suivre Madame votre abbesse, si elle désire que vous la suiviez, après lui avoir dit humblement qu'elle vous feroit plaisir de choisir des personnes plus grandes observatrices que vous de ce qui est du dehors; mais néanmoins que vous obéissez sans peine. Je ne crois pas

---

[1] *Exod.*, XXXIII, 20. — [2] *Joan.*, XIV, 17; XV, 26; XVI, 13.

(*a*) Dans le désir qu'elle avoit d'être reçue religieuse à Jouarre. Malgré l'appui de Bossuet, ce désir ne fut point réalisé.

qu'elle sorte avant que je l'aie vue, parce que la permission qu'elle a de sortir n'est que pour les dehors de la maison : si néanmoins elle l'interprète avec plus d'étendue, suivez sans scrupule. Je prie Dieu, ma Fille, qu'il soit avec vous.

LETTRE CXIII.

A Germigny, ce 14 juin 1693.

L'obligation où j'étois, ma Fille, de renvoyer promptement le nouveau confesseur, ne me laissa de loisir que ce qu'il en falloit pour faire réponse à Madame votre abbesse. Il me paroît que le confesseur est fort capable; et je le trouve, à en juger par le peu de temps que je l'ai vu, autant et plus capable qu'aucun de ceux qu'on m'a adressés pour Jouarre. J'ai conseillé à Madame l'abbesse de bien éprouver si la communauté en sera contente, et si lui de son côté sera content de la condition, avant que de renvoyer M. d'Ajou, dont on paroît content; et c'étoit là aussi sa pensée.

Je n'ai jamais été de sentiment qu'il fallût juger de l'état de celles qu'on a à conduire : il suffit de les mettre en repos sur les voies qu'elles suivent, en les assurant qu'il n'y a rien de suspect, et en leur faisant suivre l'attrait de la grace. Pour ce qui est de l'état, il dépend non pas des attraits, mais de la fidélité qu'on apporte à y correspondre ; et c'est sur quoi non-seulement je ne trouve pas nécessaire de prononcer aucun jugement, mais je le trouve très-dangereux.

Dieu veut qu'on marche en obscurité sur son état durant cette vie. J'avoue bien qu'on sent quelquefois, comme dit saint Jean [1], une certaine confiance, lorsque notre cœur ne nous reprend pas: mais toutes les ames ne sont pas appelées à ce genre de confiance. Il y en a qui ne trouvent dans leur cœur que des ténèbres par rapport à leur état. Leur confiance doit être fondée sur la pure bonté de Dieu ; et si Dieu veut qu'elles aient quelque sorte d'assurance, il faut que Dieu la donne par ce secret langage que lui seul peut faire entendre, et non pas les hommes. J'improuve

[1] I *Joan.*, III, 21.

donc absolument la curiosité sur son état, et encore plus sur le passé que sur le présent : tout cela n'étant nullement nécessaire, et étant sujet d'ailleurs à beaucoup de témérité et d'illusion.

Vous voyez bien par ce discours, que le silence que je vous ai prescrit n'est point par rapport à ceux qui sont chargés de la conduite : car au contraire il leur faut tout dire, parce que c'est de là que vient l'assurance que la voie est sûre, ce qui est absolument nécessaire, parce qu'autrement on marcheroit toujours dans la crainte, et jamais dans la confiance. Distinguez toujours entre la voie où l'on marche, et l'état où l'on parvient par cette voie. La première doit être sûre, parce qu'elle dépend de l'attrait ; et la seconde non, parce que, comme je viens de vous le dire, elle dépend de la fidélité et de la correspondance.

Voilà tout ce que je sais dans les voies spirituelles : s'il étoit nécessaire d'avancer plus ou moins, je me confie que Dieu me le révéleroit dans l'occasion.

On ne m'a rien dit du tout sur les communications que vous pouvez avoir eues avec une personne que vous me désignez confusément : il n'importe pas non plus que je le sache : il suffit que vous soyez assurée des règles que je vous donne, sans que rien vous puisse ébranler là-dessus ; et comme je vous y crois bien affermie, vous n'avez qu'à marcher en confiance.

J'approuve fort que vous ayez communié en mémoire des graces que vous reçûtes dans votre première communion. Dieu posa là le fondement de la crainte, parce qu'il vouloit construire dessus l'édifice de l'amour. Je trouve très-bon que vous communiez tous les jours des quarante heures, si Dieu vous en inspire le désir, et que Madame votre abbesse le trouve bon. Ce désir est en effet une des meilleures raisons de communier ; et le faire dans l'obéissance est encore un nouveau degré de grace dans la fréquentation de ce divin sacrement, où nous célébrons la mémoire de l'obéissance de Jésus-Christ jusqu'à la mort, et à la mort de la croix. Par la même raison je trouve très-bon que vous demandiez, et que vous fassiez des communions extraordinaires quand vous en serez pressée, et que vous disiez à Madame votre abbesse que je l'approuve. Je prie Notre-Seigneur qu'il soit avec vous.

LETTRE CXIV.

A Meaux, ce 27 juin 1693.

Monsieur le grand-vicaire vous ayant instruite de ma marche, je commencerai d'abord, ma Fille, par répondre à toutes vos lettres.

Les assurances morales qu'on cherche de son état ne sont nullement nécessaires : on n'en doit chercher aucune par réflexion. Si Dieu inspire un certain repos dans la conscience, et que par cette secrète réponse il semble vouloir garantir à une ame humble et fidèle qu'il la regarde avec bonté, il faut recevoir ce témoignage; et au surplus, sans examiner son état et marchant en simplicité, il faut toujours recevoir le pain de vie et les consolations du Saint-Esprit, avec un entier abandon, sans même, s'il se peut, songer à soi, mais à la seule bonté de Dieu.

Vous avez bien fait de communier sans vous confesser de cette peine, et vous devez toujours agir de cette manière, par foi et obéissance. Ces dispositions données ou soustraites ne sont point la marque que l'Epoux vienne à contre-cœur : mais c'est qu'il va et qu'il vient, et que son Esprit souffle où il veut, comme bientôt vous le verrez expliqué dans le saint *Cantique*.

Je n'empêche point du tout que vous ne parliez de bonnes choses avec celles qui auront de l'ouverture pour vous, et pour qui vous en ressentirez; et ce n'a jamais été mon intention de l'empêcher. Pour ce qui est de ses dispositions particulières, celles-là en peuvent parler à qui Dieu en donne le mouvement, et on les peut écouter : mais on doit être fort réservé là-dessus, non par estime de son état, comme si c'étoit quelque chose de rare, mais en s'oubliant soi-même et se laissant telle qu'on est.

Je suis très-aise de la réception de ma Sœur Griffine : vous pouvez l'assurer de mon amitié. Encouragez Madame de Saint-Louis, et assurez-la aussi que les soins qu'elle prend d'elle et du noviciat me sont très-agréables.

Je suis toujours dans les mêmes sentimens pour les affaires de Madame de Luynes, et je ne me relâcherai de rien : j'aurai égard à tout ce que vous me mandez. J'ai peur que Madame de Luynes ne façonne un peu trop avec moi.

LETTRE CXV.

A Meaux, ce 8 juillet 1693.

Je crois, ma Fille, pouvoir vous assurer que j'ai reçu toutes vos lettres, quoique je ne puisse pas à présent vous les accuser par dates, non plus que vous répondre sur toutes vos demandes : je répondrai seulement à la plus importante, qui est celle où vous demandez d'être instruite sur ce qu'on appelle la voie de la foi.

Je vous dirai que celles qui disent que c'est la seule à désirer, ne parlent pas juste ; car il n'y a rien à désirer que l'accomplissement de la volonté de Dieu. J'avoue qu'il peut arriver qu'on soit quelquefois plus touché du goût sensible qu'on a de Dieu, que de Dieu même. Dieu se sert aussi quelquefois des sécheresses pour nous détacher de ce goût ; mais c'est à lui à le faire, et non pas à nous à rien désirer. Il faut tâcher seulement d'aller si droitement à Dieu, que les réflexions sur nous-mêmes ne nous y donnent point de retour. Dieu seul peut opérer un si grand effet, en tirant à lui le cœur par son fond : c'est à quoi porte le *Cantique des Cantiques* ; et c'est pourquoi vous ferez fort bien de continuer vos oraisons dessus.

Il y a un état où Dieu met les ames, au-dessus des privations et des graces, au-dessus des sécheresses et des goûts ; ou plutôt il les met au-dessous de tout cela, par l'abandon à sa volonté : c'est la voie où il faut entrer ; car pour s'ôter à soi-même les attraits ou demander à Dieu qu'il les ôte, il y auroit en cela trop de péril. Ne changez rien ; allez devant vous, et Dieu ne vous quittera jamais.

J'ai offert à Dieu de tout mon cœur Madame de Lavardin et M. le duc de Montfort, dans des vues bien différentes.

LETTRE CXVI.
A Germigny, ce 15 juillet 1693.

Nous arrivâmes dimanche avec le tonnerre et le déluge, mais heureusement, Dieu merci, par vos prières. Sur cette peine humiliez-vous, et continuez sans vous arrêter, recevant l'attrait de Dieu comme il le donne. Ne faites point de nouvelles épreuves : contentez-vous de ce que votre abbesse vous ordonnera. Vous pouvez faire la lecture du *Cantique* à tel moment que vous voudrez, avant ou après l'oraison journalière, et je ne vous astreins à rien sur cela.

J'approuve fort vos vues sur le lieu de repos du Fils et du Père : ajoutez-y le sein de l'Eglise et celui des ames pures, et tout y sera. Faites part de ces vues et des autres sur le *Cantique*, à ma Sœur Cornuau, et lisez-lui-en quelquefois. Vivez dans la dépendance intime et perpétuelle de la grace, sans laquelle à chaque moment votre volonté vous échapperoit : mais il faut retenir la grace en s'abandonnant sans cesse à elle ; car elle vous fera veiller par ce moyen.

Je pars samedi pour Paris : si je puis avoir lu votre papier avant cela, je vous en rendrai compte. Je prie Notre-Seigneur, ma Fille, qu'il soit avec vous et avec Madame de Luynes. Voilà la lettre pour ma Sœur de Saint-Antoine, que je vous prie de lui envoyer : je lui ai écrit ce que vous avez souhaité.

Dieu est avec vous : j'admire ses infinies miséricordes. « Louez le Seigneur, parce qu'il est bon, parce que ses miséricordes sont éternelles. »

LETTRE CXVII.
A Germigny, ce 5 août 1693.

Vous avez tout dit, ma Fille, par ces mots : Ce n'est pas le plaisir d'aimer, c'est aimer que je veux. Tenez-vous-en là : relisez ma lettre ; et si vous ne l'entendez pas d'abord, priez Dieu qu'il vous la fasse entendre. Tout consiste à pénétrer cette vérité, qu'il faut aller à Dieu pour ainsi parler en droiture, et s'en remplir tellement qu'il n'y ait plus de retour sur nous. Joignez cela avec les paroles que je viens de marquer de votre lettre; tout s'accomplira en vous par ce moyen.

Je vous répète vos paroles: « Je ne sais point distinguer le goût de Dieu, de Dieu même: il me semble que le goût de Dieu que j'éprouve, n'est qu'un amour de Dieu qui unit à lui et qui le fait posséder : car je ne veux de douceurs que par rapport à lui ; et ce n'est, ce me semble, que parce que je l'aime, que je prends du plaisir à l'aimer; et enfin ce n'est point le plaisir que je veux, je veux seulement aimer. » Vous distinguez, en disant cela, tout ce qu'il faut distinguer; et tout ce qu'on diroit au delà ne seroit pas vrai ni solide.

Je vous assure qu'au premier moment de loisir je reverrai le *Porrò unum* (a). Je repasserai aussi sur l'écrit que vous m'avez donné à Jouarre la dernière fois, pour voir s'il plaît à Dieu de me donner quelque chose.

Mettez votre peine sur le jugement téméraire avec les autres, et ne vous détournez de la communion ni de l'oraison qu'aux mêmes cas. Dilatez-vous; possédez votre ame; ne vous laissez point atterrer, ni assujettir à la peine.

Il ne faut pas vous étonner si je ne dis rien sur tous les bruits qu'on répand sur l'archevêché de Lyon. Dans mon ame, quoi qu'on m'en dise, je sens qu'on n'y pense pas, et qu'il n'en sera rien : mais je crois devoir garder la fidélité à Dieu, de ne penser rien sur tout ce qui me touche, que quand il faut y penser. *A chaque jour suffit sa malice.* J'approuve tous les sentimens de mes Filles, parce qu'ils sont bons pour elles, et non point par rapport à moi. J'approuve les vôtres en particulier, et je vous permets d'employer tout auprès de Dieu.

(a) Sermon pour la vêture de Henriette de la Vieuville, ayant pour texte : *Martha, Martha, sollicita es et turbaris circa plurima ; porrò unum est necessarium.* Voir vol. XI, p. 455.

LETTRE CXVIII.

A Germigny, ce 7 août 1693.

J'ai prié M. Phelippeaux de vous aller voir, quoique je ne sache pas bien, ma Fille, ce qu'on souhaite de lui : mais sa présence est toujours bonne à Jouarre, et on pourra m'écrire avec liberté.

Je crois que vous devez être contente sur le sujet de l'attachement que quelques-uns craignent pour le goût qu'on ressent de Dieu. Il est vrai que Dieu le cache quelquefois aux ames qu'il veut attirer, et qu'il a mille moyens de le faire. Ce qui l'y oblige, c'est entre autres choses le dessein de prévenir la présomption qui pourroit suivre, si une ame se connoissoit elle-même : et je ne puis ni ne dois vous dissimuler que vos peines pourroient être une couverture des graces que Dieu vous fait, qui ne seroit pas inutile si vous étiez fidèle au divin attrait. Soyez-le donc, et sachez que cette fidélité consiste principalement à s'abandonner à cet attrait indépendamment de toute autre vue, et avec le moins de retour qu'il se pourra sur soi-même, parce que l'effet de cet attrait n'est pas tant à faire que l'ame cherche à s'humilier, mais qu'elle cherche à s'oublier tout à fait par un céleste enivrement, qui la sépare d'elle-même beaucoup plus que ne feroient toutes les réflexions qu'elle pourroit faire pour s'humilier; et c'est là le vrai fond de l'humilité, puisqu'on apprend par ce moyen à se compter pour rien, et en quelq uesorte à n'être plus. Notre-Seigneur soit avec vous, ma Fille.

LETTRE CXIX.

Germigny, ce 13 août 1693.

J'approuve fort, ma Fille, que vous entriez dans cet esprit de séquestration particulière où vous croyez que Dieu vous pousse ; je le crois aussi bien que vous. L'amour-propre, qui y peut trouver son compte, ne vous doit pas empêcher de vous rendre à cet attrait. Nos foiblesses n'empêchent point la vérité; et elle n'en est pas moins souveraine, encore qu'il s'y mêle quelque chose du nôtre. Au contraire c'est une manière d'honorer la vérité, que de la démêler de tout ce qui l'accompagne et de la suivre. Faites-le donc; mais prenez bien garde de le faire de manière qu'on ne s'aperçoive pas de votre dessein. Retirez-vous peu à peu : je prie Dieu qu'il vous couvre de ses ailes.

Je trouve très-dangereux le commencement d'attache que vous savez : n'oubliez rien pour le rompre, mais sans faire rien paroître. N'hésitez point à retenir Madame de Maubourg ; elle manqueroit à la vocation et à l'œuvre de Dieu en se retirant : mais il faut l'exhorter à mener la chose doucement, sans trop peiner la personne ; cela feroit un effet contraire : il faut aider la foiblesse avec un peu de condescendance.

Sacrifiez à Dieu la tendresse de votre cœur, qui vous a tiré des larmes des yeux. N'ayez de cœur que pour Dieu, ni de larmes que pour vos péchés, et pour le bannissement de sa Cité sainte. Dieu vous donnera ce saint loisir, où désoccupée de la créature, vous serez toute à vous pour être toute à lui. Votre confiance redouble l'estime que j'ai pour votre personne, et le désir d'avancer votre perfection.

Ce sont ces peines dont vous vous plaignez si souvent à moi, qui peuvent servir de couverture à cet attrait et à ce goût de l'amour divin. L'enveloppe est faite ; priez Dieu d'y mettre, et d'y cacher son trésor. Notre-Seigneur soit avec vous.

LETTRE CXX.

Vendredi matin.

Ma santé est fort bonne, Dieu merci, et je ne mérite pas qu'on s'en mette en peine. J'aurai soin du sermon de *Maria optimam partem elegit* (a) : mais il faut prier Dieu qu'il m'en donne le loisir comme j'en ai la volonté. Il vient tous les jours tant de choses, que je ne puis pas toujours tout ce que je veux ; le plus pressé l'emporte.

Je vous ai dit, ma Fille, sur le sujet de cette peine, que vous ne devez point du tout vous en inquiéter, ni interrompre votre

(a) Voir lettre CXVIII.

sommeil. Je voudrois que vous pussiez communier tous les jours durant cette octave. Le P. de la Pause est assurément un digne prédicateur, et je n'ai pas douté qu'il ne fût goûté. J'ai lu ce que vous m'avez donné du P. Toquet : je révère ses sentimens comme ceux d'un saint. Exhortez-le à prier pour le roi et pour l'Etat, et à ne m'oublier pas. Tout ce qu'on a dit de l'archevêché de Lyon (*a*) n'est que chimère. J'ai fort prié M. le cardinal de Bouillon de nous laisser le P. Toquet.

Generationem ejus quis enarrabit[1] ? « Qui entendra sa nativité ? » celle par laquelle il sort du sein de son Père ; celle par laquelle il sort du sein d'une Vierge ; celle par laquelle il sort du sein du tombeau ; celle par laquelle il sort des paroles sacramentales, et comme de la bouche de ses ministres pour venir à tous ses fidèles, et leur porter dans le sein la vie et la grace ? Qui entendra ces nativités de Jésus-Christ ? Mais puisqu'on ne peut pas les entendre sur la terre, qui ne désirera d'en sortir, pour voir ce qu'on n'entend pas de ces admirables naissances du Dieu-Homme ?

Je salue Madame de Luynes et nos chères Sœurs.

LETTRE CXXI (*b*).

A Meaux, ce 17 août 1693.

Ma Sœur Cornuau m'a rendu, ma Fille, votre lettre du 13. Ne vous embarrassez point de la confession générale que vous m'avez faite. Les questions que je puis vous avoir faites n'ont aucun rapport à cela, et je vous défends de vous en inquiéter, non plus que de ce que vous m'avez dit sur l'agrément : je vous ai très-bien entendue, et ma réponse vous doit entièrement calmer.

Si je n'ai pas répondu sur cette dissimulation dans les bonnes œuvres, c'est assurément que je n'y ai rien trouvé d'obscur. Il est vrai que souvent on ne sait pourquoi on agit ; et si on pouvoit se connoître parfaitement soi-même et tous les motifs qui nous font agir, on auroit cette certitude de sa justice que le concile de

---

[1] *Isa.*, LIII, 8.

(*a*) On avoit, comme on l'a vu plus haut, parlé de Bossuet pour ce siége. — (*b*) Revue sur l'original.

Trente ne veut pas qu'on puisse avoir en cette vie. Le tout est d'agir autant qu'on peut en simplicité, en droiture et en sincérité devant Dieu; en reconnoissant que Dieu peut voir du péché où nous n'en voyons pas, et en nous abandonnant à sa miséricorde pour en avoir le pardon, sans pourtant discontinuer ses exercices ou se laisser abattre par la défiance.

Vous pouvez assurer le P. Toquet que je recevrai avec joie son présent, et y joindre l'estime sincère que je fais de ce saint religieux.

J'espère pouvoir travailler au premier jour au sermon de Marthe et de Marie. J'aurois pu commencer dès aujourd'hui, s'il n'étoit à Germigny; et vous pouvez assurer Madame l'abbesse qu'elle aura part à la révision que j'en ferai.

Ma Sœur Cornuau s'en retourne à la Ferté-sous-Jouarre, bien fâchée que ce ne soit pas droit à Jouarre, où tout ce qu'elle a vu l'édifie de telle sorte, qu'elle en est toute occupée et n'en parle qu'avec effusion de cœur. Cependant la conjoncture où elle est ne lui permet d'y rentrer si vite, et elle souhaite seulement qu'on lui conserve sa place. Je reconnois en effet qu'elle a profité de ce séjour, et qu'elle en peut profiter encore pour s'avancer à la perfection à laquelle elle paroît appelée d'une façon particulière: mais il y a encore beaucoup à travailler, surtout à rompre cette activité et vivacité prodigieuse qui la prévient presque en toutes choses. Cherchez des occasions naturelles de lui parler sur cela, sans qu'il paroisse que je vous en écris : elle vous rendra ce billet. J'apprends avec joie que M. le prince de Bournonville est hors de péril. Je salue Madame de Luynes et mes chères Filles. Notre-Seigneur soit avec vous.

LETTRE CXXII.

A Germigny, ce 21 août 1693.

Je suis bien aise, ma Fille, avant mon départ qui sera, s'il plaît à Dieu, demain matin, de vous accuser la réception de vos paquets, en particulier de celui de M. le grand-vicaire, et de celui que j'ai reçu en réponse de la lettre que vous a rendue ma Sœur Cornuau.

Je vous ferai réponse à loisir sur toutes vos autres demandes : en voici deux en particulier sur lesquelles je vous réponds. Premièrement, n'ayez point de crainte de recevoir l'attrait que vous m'avez expliqué, nonobstant les pensées qui l'accompagnent ou le suivent : secondement, ne vous pressez pas de vous ouvrir sur les affaires dont vous m'écrivez. Ma Sœur Cornuau attendra bien que je vous aie écrit plus amplement ; ce que je ferai quand j'aurai trouvé le temps de faire mes réflexions.

Au surplus soyez assurée que je vous entends, que je crois de bonne foi ce que vous m'exposez sur vos dispositions, et que je vous dis fort sincèrement ce que j'en pense, autant qu'il est nécessaire. Ainsi vous n'avez, ma Fille, qu'à suivre sans hésiter ce que je vous marque. Je salue Madame votre Sœur, et prie Notre-Seigneur qu'il soit avec vous.

LETTRE CXXIII.

Ce 12 septembre 1693.

Après la copie de la lettre que vous m'avez envoyée, vous voyez bien, ma Fille, qu'il n'y a point de difficulté, et que les confesseurs de Jouarre ont par cette lettre les cas réservés. Il n'y aura en tout cas qu'à la faire voir à Madame la prieure, ou le faire dire par elle à Madame l'abbesse, et au défaut de tout cela laisser chacun dans la bonne foi jusqu'à ce que j'y aie pourvu. Vous n'avez point mal fait, et vous n'avez point à vous confesser pour avoir répondu comme vous me l'avez mandé : continuez vos communions à l'ordinaire.

Tout ce que je vous puis répondre, c'est que je suis content, et Dieu en moi, de votre obéissance. Pour le progrès, je ne dirai rien, sinon que je crois qu'il vous est utile de demeurer dans la conduite où vous êtes. Quand Dieu donne plus, il faut plus aimer. Vous avez reçu l'absolution de tous vos péchés confessés et non confessés. Allez en paix, et vivez ; enfoncez-vous de plus en plus dans le silence.

Je suis très-aise que Madame votre sœur soit contente de moi. Madame de Lusanci me fera plaisir de m'exposer ses doutes, et je la préviendrai sur cela. Je pars lundi, s'il plaît à Dieu, pour me montrer au roi et à Monseigneur avant leur départ; je ne serai que trois jours. Si Madame de Soubise est encore à Jouarre à mon retour, je l'irai voir sans manquer. Ne dites pas que vous m'ayez rien écrit. Il sera fort à propos que nous nous rencontrions un jour tous trois ensemble, Madame de Soubise, Madame l'abbesse et moi.

J'ai lu le passage de saint Bernard que vous m'avez envoyé, et j'en ai été touché ; mais comme je ne m'en souviens plus que dans un fond indistinct, marquez-moi l'endroit.

Le silence intérieur et extérieur, la retraite et l'éloignement de la créature, c'est ce qui vous délivrera du péché, et vous attirera de particulières assistances. Notre-Seigneur, ma Fille, soit avec vous.

J. Bénigne, év. de Meaux.

Je suis en tout et partout du sentiment de sainte Thérèse : je croirois le contraire fort périlleux.

LETTRE CXXIV.

A Germigny, ce 25 septembre 1695.

Il y a deux choses à distinguer dans la lettre des évêques : le style, qui est toujours fort humble ; le fond, qui à le bien prendre n'est qu'un compliment, qui laisse la doctrine en son entier. On appellera cela rétractation parmi ceux qui veulent toujours tourner tout à l'avantage de Rome : il n'importe guère. Quant à moi, je n'ai rien à signer. On n'a pas seulement songé à toucher le moins du monde à mon sermon : de grands cardinaux m'ont écrit que le pape l'avoit lu et approuvé. C'est la pure et saine doctrine de l'antiquité : il n'en faut croire ni plus ni moins. Je ne suis point en peine de votre foi sur cet important sujet.

Mettez les peines qui vous viennent avec les autres, et n'en chargez pas vos confessions. Je vous écouterai volontiers sur toutes vos questions : ce sera bien fait de les mettre par écrit, afin qu'il y ait moins de temps à donner pour es résoudre. Pour l'oraison, suivez toujours votre attrait : l'opposition de la nature n'en doit pas empêcher l'effet, et ne mettra point d'obstacle au don de Dieu.

C'est un grand acte que de se laisser pénétrer par le trait qui vient de Dieu. Il faut aller droit à lui, avec le moins de retour qu'il sera possible. Les considérations ne feroient que vous casser la tête : l'impression simple d'une vérité connue ou inconnue, selon qu'il plaît à Dieu, avec ce trait lancé dans le cœur, l'oraison est faite ; il n'y a plus qu'à la continuer.

La doctrine de sainte Thérèse convient très-bien avec cette disposition. Il faut être parmi ces attraits, et dans cet état, fort souple sous la main de Dieu ; et lorsqu'il s'approche de lui-même, il ne faut pas perdre le temps à l'appeler, mais jouir de sa présence et le goûter. Il fera de vous ce qu'il lui plaira : il veut être aimé. Les considérations sont nécessaires pour ébranler un cœur encore insensible : quand il est pris, il n'est pas temps de chercher des motifs ; il ne faut que se laisser prendre, et saisir à ces doux liens. Cet acte est très-libre et très-réel ; mais il ne s'y faut exciter que fort doucement. Quelquefois, quand il semble se ralentir, Dieu veut insensiblement et peu à peu le tourner en habitude, et le ramasser dans le fond. Notre-Seigneur soit avec vous.

LETTRE CXXV (a).

A Germigny, ce 27 septembre 1693.

Je passe dans votre lettre du 23 tout ce qui regarde l'affaire de Rome, à laquelle j'ai satisfait.

Vous ferez bien d'avertir Madame de Baradat sur le manger, et de lui dire que j'approuve fort votre sentiment.

Je ne ferai point de réponse à Madame de Lusanci : je vous dirai seulement sur les affaires de la maison, qu'après que j'aurai parlé une ou deux fois à Madame l'abbesse, s'il se peut même en présence de Madame sa mère, je prendrai le parti de continuer la visite, et de la conclure par une ordonnance qui ne contiendra que peu d'articles, mais qui donneront une forme. Que cela demeure entre Madame votre sœur et vous avec Madame de Lusanci, que

(a) Revue sur l'original.

je ne presserai plus de demeurer dépositaire. Nous conviendrons de ce qui sera à faire à la première conversation. Je crois que le bon parti est celui que vous prenez de demeurer en repos : je le prendrai de mon côté, mais c'est après avoir fait et en continuant de faire ce que je pourrai. Vous pourriez même, ma Fille, ce me semble, vous épargner les décharges de cœur, et vous renfermer dans ce qui sera nécessaire : mais cette nécessité n'a pas des bornes si étroites, et il n'est pas donné à l'esprit humain d'être si précis, qu'on puisse entièrement séparer le superflu d'avec le nécessaire, qui seroit trop sec, et même peu intelligible si on ne lui donnoit de l'étendue. Agissez donc en liberté, et songez que la charité c'est la liberté véritable.

Il faut laisser dire celles qui parlent de Madame de L***, et encore plus celle qui dit que je ne la puis souffrir, moi qui ne songe pas seulement à elle, si ce n'est quand il le faut pour son bien et celui de la maison.

Il n'y a rien du tout à espérer pour Madame de Giri, après les décisions que m'envoie Madame de Jouarre.

Je connois fort bien cette peine, et je vous assure que vous n'en devez point troubler votre sommeil. Pour ce qui est de cette espèce d'assurance de la rémission de vos péchés; elle n'a rien de suspect, et vous pouvez recevoir ce don de Dieu.

J'ai reçu bien assurément la lettre dont vous êtes en peine, et je crois avoir répondu à une partie de ce qu'elle contenoit.

Vous ferez bien, quand vous aurez à m'écrire quelque chose sur votre état, de le faire dans une lettre séparée, et de mettre à part ce qui regarde la maison ou autre chose.

Je voudrois bien voir tout d'une suite ce que vous m'avez écrit dans les trois ou quatre dernières lettres. O que Dieu demande de dégagement, de pureté, d'abandon! Notre-Seigneur, ma Fille, soit avec vous.

J. BÉNIGNE, év. de Meaux.

J'enverrai la lettre.

LETTRE CXXVI.

A Germigny, ce 3 octobre 1693.

Vous avez vu dans mes précédentes la réception du passage de saint Bernard, qui accompagnoit une lettre que je crois être du 29 septembre. Je n'ai pas encore eu le loisir de lire la grande lettre ; c'est ce que je ferai au premier moment de liberté. En attendant, soyez assurée que lorsque vous parlerez de vos dispositions plus qu'il ne faudra, Dieu me fera la grace de vous arrêter.

Je sens qu'il y a quelque chose à vous dire pour vous exciter à suivre et même à perfectionner, si Dieu le veut, l'attrait qui vous presse. Allons pas à pas : c'est assez que vous soyez assurée que vous n'avez rien à craindre.

Je ne me sens aucun mouvement de changer pour les mépris, mais plutôt dans ce point-là une inébranlable fermeté fondée sur ce qu'autrement les délibérations ne sont pas libres. Pour m'ébranler sur cela, il me faudra dire des raisons que je ne prévois pas.

Je vous prie d'assurer le P. Cosme que je n'ai eu aucune raison de lui différer ses pouvoirs, sinon que ne le connoissant pas et n'ayant aucune lettre de Jouarre ni de Madame l'abbesse ni de personne, je n'ai pu moins faire que de m'informer de lui : maintenant qu'on m'en a fait de si bons rapports, j'espère beaucoup de sa conduite : il m'a parlé comme il faut sur la juridiction.

Laissez écouler ces dispositions de l'humeur mélancolique, même celles qui vous soulèvent contre Dieu. Dieu est, et vos mouvemens ne lui peuvent rien ôter. Attachez-vous à ce qu'il est, au préjudice de ces émotions étrangères.

Je répondrai point à point à la grande lettre ; et s'il y a quelque chose de plus à vous demander pour m'éclaircir, je vous le dirai à Jouarre, où je donnerai le temps qu'il faudra, quoique fort pressé et fort occupé d'une œuvre que je crois de Dieu. Notre-Seigneur soit avec vous.

LETTRE CXXVII (a).

A Germigny, ce 11 octobre 1693.

Nous avons fait à notre aise et en peu de temps ce périlleux voyage de Germigny. Vous ne me donnez pas lieu de vous désavouer, et ainsi, ma Fille, vous ne vous devez pas étonner que je me déclare sur la préférence.

Commencez votre retraite, au nom de Dieu, aussitôt que vous le pourrez, et que le mal de Madame votre sœur vous en donnera le moyen. L'esprit où vous y devez entrer doit être un esprit de pauvreté, afin de vous exposer à Dieu pour recevoir plutôt que pour agir et pour donner. Vous donnerez après ce que vous aurez reçu : le donner, c'est le bien garder pour l'amour de Dieu. Quand l'attrait vous laissera à vous-même, prenez par partie la première lettre de saint Jean : vous y trouverez partout les grands mystères, sources des grandes vertus et des grandes opérations de la grace. Jésus-Christ, lumière, vie, avocat, victime, Dieu en nous : le nouveau commandement fondé sur la nouvelle union du Verbe avec nous : Dieu dès le commencement qui attire les prémices du cœur ; le malin vaincu, le monde et ses convoitises ; l'antechrist : tout ce qui sépare Jésus-Christ, qui le divise d'avec l'ame, et l'empêche d'être un avec elle : l'onction : Dieu amour : les enfans de Dieu et leur héritage ; les petits enfans et leur simplicité, leur docilité, leur facilité à se laisser mener où l'on veut, la lisière pour ainsi parler par où on les tient ; être né de Dieu, connoître Dieu ; l'amour prévenant de Dieu qui nous a aimés le premier : nous devons prévenir comme lui, non pas Jésus-Christ, cela ne se peut, mais à son imitation et pour l'amour de lui nos frères infirmes et ingrats : l'extinction de la jalousie dans la charité ; l'amour des dons de Dieu dans les autres comme dans nous, en regardant Dieu dans ses dons, ou plutôt ce don qui est Dieu même : le témoignage des Trois qui ne sont qu'un : Dieu plus grand que le cœur, le pénétrant, le perçant : Dieu nous écoutant : la prière selon sa volonté : Dieu se priant et s'écoutant

(a) Revue sur l'original, qui se trouve à Meaux.

lui-même en nous : être de Dieu, être en Dieu, entrer et sortir : l'amour accru, la crainte bannie, l'abandon et la confiance ; tout en proie à l'amour divin : silence; cependant écouter toujours; laisser faire la parole, et ne faire que lui prêter l'oreille attentive. En voilà assez pour reprendre haleine. Communiez tous les jours.

Etre de Dieu, ne pécher plus; tout le monde plongé dans le mal : connoître le vrai Dieu; être en son Fils. Le commencement de l'*Epître : Ce que nous avons vu, ce que nous avons ouï ;* la fin : *Celui-ci est le vrai Dieu, et la vie éternelle ;* qu'il soit avec vous, ma Fille.

LETTRE CXXVIII.

A Germigny, ce 13 octobre 1693.

J'ai bien cru, ma Fille, que vous ne seriez pas longtemps sans que le goût de l'*Epître* de saint Jean vous vînt.

Souvenez-vous que ces adhérences qui vous inquiètent ne doivent point vous empêcher de faire vos exercices. Je ne sais point décider avec certitude jusqu'où en va le péché ; mais je sais bien qu'elle ne doit vous faire obstacle pour rien. Toute ma doctrine sur ces sortes de sujets est renfermée dans ces deux paroles : Se servir de ces peines pour s'humilier; point pour se décourager, ni pour s'arrêter sur son chemin.

Je ne comprends plus rien aux directeurs; et à force de raffiner sur les goûts, sur les sensibilités, sur les larmes, on met les ames tellement à l'étroit, qu'elles n'osent recevoir aucun don de Dieu. Celui des larmes est à chaque page dans saint Augustin; mais dans David, mais dans saint Paul, mais dans Jésus-Christ. Pleurez, pleurez, fondez en larmes quand Dieu frappera la pierre. J'appelle ainsi votre cœur, non point à raison de la dureté, mais de la stérilité naturelle pour les larmes de dévotion et de tendresse. Modérez-les quand la tête en est troublée : quand il n'y a que le cœur qui se fond, je veux qu'on pleure ; et si vous avez trop de ces larmes, envoyez-en moi ; je les recevrai, surtout celles que Dieu envoie sans nous ; ce sont les bonnes. J'approuve aussi ce goût de la communion tel que vous me le représentez : il me tarde que vous commenciez cette retraite, et je prie Dieu qu'il calme les douleurs de Madame votre sœur.

Je ne m'arrête pas à dire que Dieu peut supprimer les actes de l'imagination ; il en supprime de bien plus délicats, quand il veut rendre l'ame docile au joug qu'il a à lui imposer. Allez donc en paix.

Je ne dois point me mêler des réceptions, ni même y entrer trop avant, mais régler la manière de les faire ; et c'est là ce que je ferai, s'il plaît à Dieu. Notre-Seigneur soit avec vous.

LETTRE CXXIX.

A Germigny, ce 16 octobre 1693.

Je veux bien que vous m'écriviez sur l'oraison, à la manière que vous le marquez par votre lettre du 14.

Sur celle du 15, je vous assure qu'il n'y a point d'illusion dans vos attraits ni dans vos larmes. J'aime à entendre que vous sentez que ce n'est pas vous qui aimez, mais quelque chose qui aime en vous. La cause de ces attraits, c'est la bonté infinie de Dieu. Si elle veut tirer de là quelque instruction pour les autres par mon moyen, je me donne à lui pour faire sa volonté.

Je n'ai rien de particulier à vous dire sur vos dispositions par rapport à moi. Il me sembleroit seulement qu'il n'y faudroit pas prendre garde de si près, à cause de la liaison du ministère avec Dieu et ses plus vives opérations. Je répondrai au premier loisir à la grande lettre ; mais je voudrois bien que ce fût dans une parfaite désoccupation de toute autre pensée. Je prie Notre-Seigneur qu'il soit avec vous.

LETTRE CXXX.

A Germigny, ce 17 octobre 1693.

Vous aurez vu par mes lettres qu'on vous rendra ce matin, que j'ai répondu aux vôtres. Il reste à vous décider que la petite confession générale que vous me fîtes dans le voyage qui a précédé le dernier, est très-bonne, et que vous avez très-bien fait de ne vous pas confesser de ces adhérences. Ce que je vous en ai dit depuis ne change rien en cela : je vous permets pourtant de vous en confesser en général, à condition que quand vous ne le ferez pas, vous n'en irez pas moins à la sainte table.

Accoutumez-vous à étendre à tout la règle que je vous ai donnée pour la confession. Sans cette règle vous ne sauriez avoir de paix, ni être fidèle à l'attrait de Dieu. Je le prie de modérer vos inquiétudes qui vont à un trop grand excès sur la confession : trop de ces délicatesses avec un Dieu si bon ne convient pas. Si vous ne voulez pas m'envoyer des larmes, pleurez pour moi, ma Fille, et croyez que vous ne sauriez me faire plus de plaisir.

Vous ne me dites rien de votre malade dans votre dernière lettre : cela me fait croire qu'elle est mieux.

LETTRE CXXXI.

A Germigny, ce 19 octobre 1693.

Je ne sais plus, ma Fille, quand se fera mon voyage de Coulommiers. Il survient une affaire qui en rend le temps incertain.

Je ne vois guère d'apparence à vous voir devant la Toussaint. Ainsi vous ferez très-bien de commencer votre retraite le plus tôt qu'il sera possible : je vous donne ma bénédiction pour cela. Vous ne serez point sans secours ; Dieu sera avec vous : abandonnez-vous à lui ; j'espère que vous sentirez son secours, et cette épreuve vous sera utile. En tout cas je serai ici pour vous répondre. Vous serez avertie du jour de mon départ ; et quelque part que je sois, les lettres me seront apportées sûrement de Meaux, où il les faut adresser. Commencez donc à la bonne heure et au nom de Dieu. Humiliez-vous ; et ne vous embarrassez pas de ces jalousies : abandonnez-vous à l'attrait. Si vous pouvez dévorer entre Dieu et vous ces noirceurs, cela lui sera fort agréable, et j'espère que ce sera un moyen pour faire que ces attraits passagers se tournent en fond et en habitude. Je prie Notre-Seigneur qu'il soit avec vous.

LETTRE CXXXII.

A Meaux, ce 28 octobre 1693.

« Bienheureux ceux qui ont le cœur pur; car ils verront Dieu. » C'est la béatitude qui m'est venue la première à la lecture de votre lettre, et je vous la donne. Celle que j'aurai à prêcher le jour de la Toussaint est celle-ci : *Bienheureux ceux qui ont faim et soif de la justice*, etc. Qu'est-ce que cette faim et cette soif? qu'est-ce que ce rassasiement? Dans la vôtre, par pureté, j'entends le dégagement.

C'est une chose admirable que la dépendance où Dieu met les ames du ministère ecclésiastique, à mesure qu'il les veut rendre plus indépendantes de toute autre chose. Il permet pourtant des contre-temps pour faire son coup par lui-même : la conjoncture de votre retraite vous en doit être un exemple.

Je m'en vais à Dammartin jusqu'à la Toussaint : j'y serai fort occupé; et peut-être le plus loin de vous qui se puisse dans le diocèse. Je vous remets à Dieu pour ce peu de temps. Je serai avec vous en esprit ; et Dieu sera le moyen entre vous et moi.

Ne vous mettez en peine de rien : laissez-vous conduire à l'attrait : celui qui le donne saura bien vous faire trouver l'Ecriture sainte quand il faudra, et il le faudra quand il le voudra; du reste tout à l'abandon. L'ame souffre, je l'avoue, à n'être occupée que de Dieu en nudité et désolation : mais c'est alors que plus caché dans le fond, il soutient ce qu'il semble avoir délaissé.

J'écrirai pour vous assurément; Dieu le veut : mais il veut qu'on n'écrive qu'après avoir eu le temps d'écouter. Ce qui occupe au dehors est un empêchement qu'on ne peut pas toujours lever, quand il est imposé d'en haut.

Si votre santé souffre, quittez sans hésiter. Ce n'est pas la retraite, c'est la volonté de Dieu qui sanctifie. Si vous avez à avoir de la jalousie, ayez-en pour les graces les plus excellentes, et pour cette voie que saint Paul nous a montrée [1]. Il y a des nécessités de différens degrés; les bienséances en font une. L'application que vous

---
[1] *I Cor.*, XII, 31.

donnerez à écrire vos difficultés sur les auteurs mystiques ne vous fera point de tort, je vous en assure. Notre-Seigneur soit avec vous, ma Fille.

LETTRE CXXXIII (a).

A Dammartin, ce 31 octobre 1693.

Pour moi, ma Fille, je n'y sais pas tant de finesse que votre auteur : j'appelle la foi nue, une foi qui demeure dans son obscurité et s'en soutient; j'appelle désolation la disposition d'une ame qui ne reçoit aucun secours aperçu. Je ne veux point du tout qu'on désire cette disposition. Quand Dieu y met, je ne veux point qu'on fasse d'effort; je dis d'effort pour en sortir, ni autre chose que ce qu'a fait Jésus-Christ dans son agonie, en concluant : *Non pas ma volonté, mais la vôtre :* ce qu'il a dit positivement en notre personne, puisque pour lui sa volonté étoit toujours dans le fond celle de son Père.

Les nouveaux spirituels se font un jargon que je n'entends pas : ils parlent trop de passiveté. Je n'en reconnois point de pure, parce qu'il y a toujours un acte très-libre et très-paisible, aussi bien que très-intime de la volonté, et un libre consentement, sans quoi l'oraison ne pourroit avoir ce mérite chrétien, qui est tout ensemble notre mérite et un don de Dieu. Tout le secret de l'oraison me paroît être dans cette parole de saint Jacques : « Approchez-vous de Dieu, et il s'approchera de vous.[1] » On s'approche de Dieu, lorsqu'on se met en sa présence; c'est-à-dire lorsqu'on se recueille en soi-même pour recevoir l'impression de sa vérité, quelle que soit celle à laquelle il lui plaira de nous appliquer, où à celle que la lecture ou notre volonté soumise à Dieu nous présentera. Quand l'ame est déterminée et comme entraînée d'en haut, soit avec force et avec puissance, soit avec suavité, soit avec un trait mêlé de l'un et de l'autre, qu'elle suive : quand elle est comme laissée à elle-même, qu'elle s'aide de tout ce qui lui est laissé ou donné d'ailleurs.

[1] Jacob., IV, 8.
(a) Revue sur l'original.

Je ne sais où votre auteur a pris que lorsqu'on est appelé à cette oraison de pure foi, tout autre exercice est interdit. Ce sont des règles qu'on se fait arbitrairement, sans aucune autorité de l'Ecriture ou des Saints. C'est autre chose, si Dieu ne le permet pas ; mais ce n'est pas une règle. La seule règle dans ces occasions est de ne rien forcer, parce que cet effort trop vif et trop marqué ordinairement est un effet d'une imagination échauffée, qu'il faut bannir et tenir captive autant qu'on peut. Mais une manière de s'exciter, douce et paisible, quelquefois fervente, toujours simple, ne doit point être excluse de l'oraison, mais plutôt y doit et y peut être très-utilement exercée.

Pour ce qui est du raisonnement exprès et méthodique, j'avoue qu'il me peine dans la communication : mais cette simple attention avec cette admiration de la vérité est bien loin de là ; et loin de nuire à la contemplation, elle en fait une des plus belles parties, puisque rien ne dispose tant à aimer, qui est le but et l'essence de la contemplation. Voilà donc ce que j'appelle s'approcher de Dieu.

Pour ce qui est de l'autre partie, qui est que Dieu s'approche de nous, elle est sans règle ; et lui en vouloir donner, c'est en vouloir donner à Dieu. Je vous dirai seulement que les spirituels, du caractère de l'auteur que vous me citez, me semblent trop attachés à tout rapporter à la présence de Dieu en nous, qui n'est qu'un de ses attributs particuliers, et qui en soi-même n'est pas des plus touchans, puisque selon cette présence divine qui répond à l'immensité de Dieu, il est dans toutes ses créatures animées et inanimées. C'est autre chose que cette présence par laquelle il nous est présent comme bonté, comme vérité, comme sainteté qui nous rend saints. O ! celle-là, ma Fille, je veux dire cette présence, c'est ce qui nous unit à Dieu de cette manière intime que lui seul sait expliquer.

Il est bien certain que le fond de l'oraison de contemplation, c'est le recueillement et le silence : mais si l'effet de ce recueillement étoit de nous retenir toujours en nous-mêmes pour ne regarder Dieu que là, Jésus-Christ ne nous auroit pas fait dire tous les jours : *Notre Père qui êtes dans les cieux;* et il ne seroit pas dit de lui tant de fois, qu'il leva les yeux au ciel en bénissant et en priant. Sortons donc de nous-mêmes en cette sorte, et laissons-nous ravir hors de nous ; c'est un des effets de l'amour. Quand on est ravi hors de soi de cette sorte, on y demeure ; et ce n'est pas tant en sortir, qu'y rentrer d'une autre manière. Toute vérité, quelle qu'elle soit, aperçue ou non aperçue distinctement, est l'objet de l'union avec Dieu, qui est toute vérité : et aussi réciproquement, toute vérité est Dieu, parce que c'est en Dieu que tout est vrai immuablement et éternellement.

Je suis ravi de vous voir ravie de la divinité et de la grandeur de Jésus-Christ : soyez-la encore de sa béatitude : soyez-la de celle de Dieu, qui est heureux et le seul puissant, comme l'appelle saint Paul [1]. Réjouissez-vous de ce que Dieu est une nature heureuse et bienfaisante, et bienfaisante parce qu'elle est heureuse : heureuse et béatifiante, qui fait ses délices de la bonté, qui se dégage sur tout ce qu'il aime, et à qui il communique son amour conformément à cette parole : « Mes délices sont de converser avec les enfans des hommes [2] : » combien plus avec les anges, où il n'y a rien d'impur ? mais combien plus en autre sens avec les hommes, afin de les purifier en leur appliquant sa pureté purifiante. C'est ainsi qu'on a le cœur pur.

Vous me demandez ce que c'est que le dégagement où je mets cette pureté ? Cela s'explique de soi-même. Il y a des choses sur lesquelles il faut sentir, et non pas interroger. Relisez l'endroit où je vous parle de ce dégagement ; vous trouverez tout votre doute éclairci. Vous vous faites souvent de la peine, en disant que je ne vous réponds pas à certaines choses auxquelles je sens que je réponds, parce que je donne un principe par lequel on se répond à soi-même, qui est une manière de répondre qu'il faut souvent pratiquer, parce qu'elle apprend à l'ame à consulter en soi-même la vérité éternelle, c'est-à-dire à s'y rendre attentive. C'est ce qui fait que je ne vous dis mot sur ces oppositions à l'attrait divin. N'est-ce pas répondre à tout que de vous dire de le suivre ? Allez donc à Dieu en abandon : assurez-vous que j'ai répondu à toute votre lettre ; dilatez-vous, marchez en liberté. Ne

[1] *Tim.*, vi, 15. — [2] *Prov.*, viii, 31.

vous faites point de la confession un exercice angoisseux, mais de confiance et d'amour ; par conséquent d'humilité, parce qu'il n'y a point de confiance qui ne sorte de ce fond.

Vous souhaitez à l'heure de la mort la confiance que vous avez ressentie : ignorez-vous que celle qu'on a pendant tout le cours de la vie, a son effet pour la mort? Que sommes-nous, sinon des mourans? Celui qui la donne ne la peut-il pas continuer? Que fera l'ame à la dernière heure, sinon ce qu'elle a toujours fait? Dieu n'a-t-il pas en son pouvoir tous les momens, et y en a-t-il un seul qui ne puisse être celui de la mort? Que faut-il donc faire à chaque moment, sinon d'étendre sa confiance à tous les momens suivans, et à l'éternité toute entière, si notre vie pouvoit durer autant?

Vous voyez que j'ai répondu à tout. Je me suis trouvé cette nuit en disposition et en loisir de le faire. J'ai eu plus tôt fait de lire votre lettre toute entière, que d'y aller chercher les distinctions que vous m'y aviez marquées. Vous êtes trop angoisseuse ; dilatez-vous, quoique les angoisses aident aussi à leur manière à dilater d'un côté ce qui se resserre de l'autre. Si cela est en vous, Dieu en soit loué. Ce noir chagrin est en sa main, et il sait bien s'en servir : il n'y a qu'à s'abandonner, et se laisser pousser haut et bas, puisque l'état de cette vie demande ces vicissitudes, et que l'immutabilité est réservée à la vie future.

Dites-moi qui est cet auteur, s'il est imprimé? Si c'est un auteur que le public ne connoisse pas, je ne suis point pressé de le connoître. Je vous dirai seulement qu'en ce siècle je vois dans les spirituels beaucoup de jargon, beaucoup de règles qu'on forge sur ses expériences ou par raisonnement : mais ni nos expériences, non plus que celles des personnes que nous connoissons, ne font toutes les voies de Dieu, ni nos raisonnemens ne font pas sa loi. Il pousse et il retire. Ce qu'on appelle état permanent, ne l'est qu'à comparaison d'un autre plus agité ou plus variable; et si on avoit l'entière et absolue permanence, on auroit l'éternité.

Quand le compte que je vous ordonne de me rendre causera trop d'interruption à votre oraison, ou trop d'accablement à votre tête, remettez à un temps plus libre, et marchez en tout à dilatation de cœur, autant que Dieu vous le donnera, sans contraindre son Saint-Esprit, qui veut qu'on le laisse souffler où il veut et comme il veut. Je le prie qu'il soit avec vous.

Je suis bien aise de voir par la lettre de Madame de Baradat le contentement que vous m'aviez déjà marqué.

J. Bénigne, év. de Meaux.

P. S. Il reste à vous dire que pour vous donner moins de peine, je ne vous demande aucun raisonnement sur vos dispositions, mais une nue exposition de ce qui se passe tant en peines qu'en attraits, tout cela m'étant nécessaire pour me fixer dans ma conduite. Je n'empêche pourtant pas que vous ne m'exposiez aussi vos réflexions.

Les auteurs dont vous me parlez, ne me paroissent pas distinguer la voie de la foi nue d'avec celle du pur amour. Il n'y a rien de si certain que ce principe, que l'amour présuppose quelque connoissance et qu'il l'augmente. Une lumière plus sombre est changée par l'amour en une lumière plus claire, une lumière plus variable en une lumière plus fixe, une lumière plus resserrée en une lumière plus étendue, et ainsi du reste : et cette nouvelle lumière qui vient par l'amour l'augmente encore, et ainsi jusqu'à l'infini. Dieu soit avec vous.

LETTRE CXXXIV (a).

A Meaux, ce 31 octobre 1693.

Vous ferez très-bien de communier tous les jours de votre retraite. Vous ne devez point hésiter à commencer votre office selon l'ordre du chœur. Je vous donne à lire un des jours le premier chapitre d'Ézéchiel, où est la gloire de Dieu. Adorez-en l'obscurité sainte : abandonnez-vous à Dieu pour ne rien entendre. S'il sort quelque rayon de la profondeur de la nue, recevez-le avec respect.

Notre-Seigneur soit avec vous.

(a) Revue sur l'original.

LETTRE CXXXV (a).

A Meaux, ce 3 novembre 1693.

Je connois M. de Malaval (b) : laissez-le là, et conseillez à Madame de Baradat d'en faire autant. Il est de ceux qui font une méthode réglée de leurs expériences, et qui contraignent par là l'esprit de Dieu, qui veut être libre. Quand je dis : Laissez cela, je ne veux pas dire pour vous : Ne le lisez pas; je le dis à Madame de Baradat. Je n'aime pas qu'à l'entrée des voies de Dieu on fasse de ces lectures qui pourroient prévenir l'esprit par des impressions, et substituer des pensées humaines à la place des mouvemens du Saint-Esprit.

Je ne vous tairai point que dans le compte que vous me rendez de votre retraite, j'ai senti un esprit trop raisonneur : trop de réflexions sur votre état, trop de comparaison de votre oraison avec les autres, et de celle de l'amour avec celle de la pure foi, qui dans le fond sont les mêmes. Il m'a paru même dans vos attraits quelque chose de plus brouillé, de moins net que dans ce qui précédoit votre retraite. J'en ai attribué la cause à tant de réflexions sur les états et les oraisons, qui n'étoient pas tant de saison, et qui pouvoient trouver leur place dans l'exposition que vous me voulez faire des difficultés. Pour me les faire, je vous permets la lecture de Malaval. Au reste je vous ai instruite par ma lettre de Dammartin, de ce que vous avez à faire.

Ne faites point de communions par épreuve de ce qui pourra en arriver, mais par attrait, par obéissance et par goût. La présence de Dieu, dans l'oraison, ne doit pas être une présence sèche, mais pleine d'amour. Rien ne rend l'objet si présent que l'amour même, qui lui unit le fond de l'ame, et qui en rappelle tous les traits. Peut-on oublier et n'avoir pas présent ce qu'on aime? Vous vous êtes donc bien trompée, quand vous avez distingué cette oraison de présence d'avec celle d'amour. Dieu présent comme vérité, comme justice, comme bonté infiniment communicative; Dieu

---

(a) Revue sur l'original. — (b) Nous avons parlé de Malaval dans les *Remarques historiques* du XIXᵉ volume.

présent dans le cœur et y habitant, y demeurant, y agissant avec liberté, s'y promenant, comme parle l'Ecriture, *deambulabo in eis*[1]; n'est-ce pas la véritable matière de l'amour jouissant?

Si méditer, c'est faire des raisonnemens dans son esprit avec un effort de la tête, M. Nicole n'aura pas raison de vouloir qu'on en revienne toujours à la méditation. S'il appelle raisonner, contempler une vérité révélée de Dieu, y être attentif, l'admirer, s'y unir par un acte de foi, par la même foi en contempler la liaison avec d'autres vérités également révélées, et la liaison révélée aussi : je le veux bien, et en tout cela c'est le cœur qui fixe l'esprit; et s'il y a un raisonnement, comme en effet il y en a un, c'est un raisonnement dont la foi, qui opère en amour, fait toute la liaison des principes et des conséquences. La tête y a peu ou point de part : tout consiste principalement dans une attention paisible de l'ame sur ce qu'elle aime, et l'attention de cette sorte est un effet de l'amour.

L'attention vient d'un acte de la volonté qui la fixe. C'est autre chose quand il part un trait du fond de l'ame, qui la transporte, et lui fait désirer de voir à découvert la vérité même, qui a été jusqu'ici ce que Dieu a semblé vouloir de vous. Mais sans chercher à rien décider là-dessus, laissez-le décider tout seul; et parmi des choses qui toutes sont bonnes et toutes peuvent venir de son esprit, laissez-vous déterminer par l'attrait.

Ne craignez rien dans les larmes que le mauvais effet qu'elles peuvent faire sur votre santé et sur votre tête : du reste, ni David, ni saint Paul, ni saint Augustin à leur exemple, n'y ont trouvé la nature. Elle se trouve partout, et se peut trouver dans les actes les plus purs, qui peuvent servir à la repaître. Le moyen le plus efficace pour l'empêcher de s'y trouver, c'est de la laisser comme oubliée, et songer plutôt à l'outre-passer qu'à la combattre.

Ne dites point que vous aimez et que vous admirez sans acte, car tout cela sont des actes : dites sans acte marqué et sans paroles expresses, et vous direz bien. Je sais aussi que c'est cela que vous entendez.

[1] *Levit.*, XXVI, 12.

Ce rassasiement dans la sainte communion me plaît beaucoup, et je ne m'étonne pas qu'il ne soit pas plein ni parfait dans une ame qui espère et qui désire. Vous avez bien fait de prier en cet état pour les ames que Dieu purifie, et en ce monde et en l'autre; car il y a un purgatoire mystique dans cette vie.

Voilà la réponse à vos lettres du 29, du 30, du 31. Il est mardi. Elle partira par la poste.

Notre-Seigneur soit avec vous.

J. Bénigne, év. de Meaux.

Je m'en vais à Germigny jusqu'à samedi. Ce jour-là à Coulommiers, à Faremoutiers, etc., etc., s'il plaît à Dieu. Notre-Seigneur soit avec vous, ma Fille.

J'ai reçu tous les paquets du 31 et du 1er. Vous aurez réponse demain. Vous pourrez vous ouvrir au P. Toquet, autant que Dieu vous l'inspirera. Je laisserai ordre qu'on l'invite à me venir voir à Germigny, où je vais coucher.

LETTRE CXXXVI [a]

A Germigny, ce 3 novembre 1693.

L'avis est bon à donner au P. Toquet. Je vous ai mandé ce matin que je donnerais ordre à Meaux, s'il y passait, qu'on me l'envoyât ici.

Si je vous réponds par principes, souvent sans application, ma vue est que vous trouviez les réponses dans la vérité éternelle plutôt que dans ma bouche.

Cette présence de Dieu indéfiniment dans toutes choses, est la plus sèche et la moins touchante de toutes. Attachez-vous aux présences que je vous ai marquées, plutôt qu'à celle-là, que les spirituels d'aujourd'hui semblent regarder comme le fondement principal de leur oraison.

Il ne m'importe guère que vous vous donniez la peine de transcrire le sentiment de Malaval, que je n'estime pas assez pour en faire une autorité. On allègue certains passages du *Traité de*

[a] Revue sur le manuscrit.

l'Amour de Dieu de saint François de Sales, dont j'entendrois parler plus volontiers si vous les saviez.

Je ne songe point du tout à écrire de l'oraison en général; c'est bien assez que j'aide à marcher ceux que Dieu m'adresse. Si j'avois à écrire, je le ferois par principes, comme vous le dites, plutôt que par réfutation. Il y auroit du péché à ne vouloir pas être toujours occupé de Dieu si on le pouvoit. Il n'y a point de péché à donner quelquefois du relâchement à cette douce occupation, quand elle vient à trop échauffer la tête. Il ne s'agit pas non plus de l'opposition par nature, mais de celle de consentement et de volonté : sur quoi vous avez votre grande règle pour la confession.

Il ne faut point chercher d'autre raison pourquoi Dieu retire son attrait, sinon qu'il souffle où il veut : les autres sont accessoires, et ne se trouvent pas partout. Qui dit dégagement, dit dégagement de tout; c'est là cette pureté de cœur qui concourt avec la parfaite liberté. J'ai ajouté que ce dégagement n'ôtoit pas la dépendance envers l'Eglise et son ministère : c'étoit tout ce que je voyois sur cette matière, et ce qui suffit pour entendre ce dégagement, qui n'est qu'une séparation de tout ce qui n'est pas dans l'ordre divin.

Les distractions n'obligent pas à recommencer les endroits du Bréviaire où elles arrivent, quand on n'est pas certain qu'elles sont volontaires; autrement, contre l'esprit de l'Eglise vous vous chargeriez de plus de prières vocales qu'il ne faut, et vous vous mettriez dans des angoisses, dont l'esprit de Dieu est ennemi.

Je trouve plus de netteté dans les sentimens du 1er novembre, que dans ceux qui précédoient immédiatement. Allez toujours, Dieu est avec vous. Je vous loue de vous attacher à la charité fraternelle : mais songez qu'elle réside dans un certain fond, et n'a non plus besoin d'actes marqués que la charité envers Dieu et les autres vertus. Tout n'est rien en effet : tout ce qu'on pense de Dieu est un songe à comparaison de ce qu'on voudroit et penser et faire pour célébrer sa grandeur. Offrez-lui le néant de vos pensées, qui se perdent et s'évanouissent devant la plénitude de sa perfection et de son être.

LETTRE CXXXVII.

Ce 4 novembre 1693.

Je ne dis point que vous ne parliez pas nettement : au contraire, c'est en faisant comparaison des lettres où je trouvois de la brouillerie avec les autres, que je vous ai dit qu'elles me paroissoient moins nettes.

Je ne connois le P. Guilloré que par des extraits que j'en ai vus, qui me parurent un peu extraordinaires. On perd bien du temps à ces lectures.

La lettre que vous m'écriviez pour le renouvellement de vos vœux, arriva lorsque la messe que vous vouliez que je dise à cette intention étoit finie : ainsi je n'avois plus rien à dire sur cela. Je connois le fond de ces jalousies spirituelles : c'est de quoi s'humilier, mais non pas de quoi se décourager. Que voulez-vous que je vous dise sur mes louanges ? Le mieux que je puisse faire, c'est de passer par-dessus. Voulez-vous que je vous parle franchement sur les réceptions ? on se défie un peu trop de moi. La réponse que je ferois aujourd'hui, ne seroit pas plus ferme que celle des temps précédens ; et c'est pourquoi j'aime autant garder le silence que de répondre sans nécessité.

J. BÉNIGNE, év. de Meaux.

P. S. *Qui vicerit, sic vestietur vestimentis albis, et non delebo nomen ejus de libro vitæ, et confitebor nomen ejus coram Patre meo et coram Angelis ejus* : « Celui qui sera victorieux, sera ainsi vêtu d'habits blancs ; et je n'effacerai point son nom du livre de vie, et je confesserai son nom devant mon Père et devant ses anges. » Voilà ce qui est venu à l'ouverture de l'*Apocalypse*. J'approuve fort que vous continuiez la lecture de cet admirable livre. Je prie Dieu, ma Fille, qu'il soit avec vous : je lui rendrai graces au saint autel de celles qu'il vous a faites dans cette retraite.

LETTRE CXXXVIII.

A Meaux, ce 14 décembre 1693.

Laissez, ma Fille, Dieu le maître des graces qu'il vous voudra faire : il l'est aussi, quoi qu'on puisse faire, ni penser au contraire ; mais il faut consentir à ce qui est, et s'y soumettre avec amour. Ainsi on ne perd rien, et Dieu sait bien récompenser d'ailleurs ce qu'on semble perdre : car il est celui à qui pour faire et pour donner ce qu'il lui plaît, le néant est aussi bon que l'être, et ce qui n'est pas aussi bon que ce qui est. Croyez-le, et vous vivrez. Mettez Jésus-Christ à la place de tout ce qui vous manque. Peut-être que Dieu vous fera sentir par avance cette oraison en Jésus-Christ et par Jésus-Christ, dont je me propose de vous parler.

N'allant point à l'office, ne faites pas ce peu qui vous accable. Profitez des humiliations que cela vous attire. Je vous permets quelque société durant vos maux : ne forcez rien, et passez ce que vous pourrez entre Dieu et vous. Ne faites aucun effort, quel qu'il soit, et ne vous livrez pas à de trop grands mouvemens. Lisez à votre loisir le chapitre XL de l'*Ecclésiastique*, et le chapitre IX de la *Sagesse*. Portez Adam et son joug. Portez l'image de l'Adam terrestre, et vous porterez un jour celle du céleste. Communiez le plus souvent que vous pourrez : quand vous ne le pourrez pas, mettez-vous en la personne d'Adam privé du fruit de vie : humiliez-vous en cet état, et revêtez-vous du nouvel Adam. Vous aurez plus que vous ne perdez : c'est là encore une fois cette oraison en Jésus-Christ. N'argumentez point sur les graces, si elles sont passagères ou non : recevez-les comme éternelles et elles le seront.

S'unir à Dieu sans combattre directement un sentiment, est une manière très-efficace de n'y adhérer pas : c'est le cas de trouver en Jésus-Christ tout ce qu'on ne peut trouver en soi.

Il y a des prophéties de toutes les sortes : il y en a où Jésus-Christ est tout pur, et il y en a où il est enveloppé. Celles où il est tout pur assurent dans les autres le sens où il est caché. Vous trouverez cela expliqué à la fin des notes sur Salomon, sous le titre de *Supplenda in Psalmos*. Le Père qui dit: *Totus Deus*, c'est saint Augustin sur l'*Epître aux Galates*, et il l'applique à Jésus-Christ ressuscité. Joignez à l'Evangile de saint Jean le *Missus est* de saint Luc[1], et arrêtez-vous à tous les degrés par lesquels le Verbe descend. C'est un premier pas d'envoyer un ange; un autre, d'inspirer à la sainte Vierge cet amour de la chasteté; un autre, de lui inspirer l'obéissance avec l'*Ecce ancilla*; un autre, de venir lui-même, après que l'humilité a si fort rapproché de lui celle qui le devoit attirer et recevoir.

Il n'y a rien du tout de secret dans cette affaire. Il est public que Madame de Jouarre (a) a donné un placet pour rentrer, que le roi a mis un néant avec indignation, et a dit que c'étoit l'effet des mauvais conseils des prêtres qu'elle avoit voulu ravoir, et qu'il les falloit éloigner. On a plaidé au grand-conseil, et elle a été condamnée contradictoirement.

Je prie Notre-Seigneur qu'il soit avec vous.

J. BÉNIGNE, év. de Meaux.

P. S. J'ai lu un peu plus de la moitié de votre grand écrit, et jusqu'ici je n'ai rien trouvé dans vos sentimens que je n'approuve.

Je trouve qu'on parle beaucoup contre les larmes, et j'aurois intérêt à suivre ce sentiment: mais je ne sais que répondre à saint Augustin, à tous les Saints, à David, à saint Paul, à Jésus-Christ même. Il faut tâcher de les modérer quand cela accable le corps et fait du mal : du côté de Dieu, ordinairement je n'y vois rien qui ne soit désirable. On a mis dans les litanies de Paris : *Ut fontem lacrymarum nobis dones, te rogamus*, etc., et cela est tiré des anciens Rituels. Je sais bien que ce qui est bon de soi, par accident peut tourner en mal, mais en soi c'est un don de Dieu qu'il faut accepter, et l'on doit lui en rendre grâces. Notre-Seigneur soit avec vous.

---

[1] *Luc.*, 1, 26 et seq.

(a) La précédente abbesse qui s'étoit démise.

LETTRE CXXXIX.

A Meaux, ce 17 décembre 1693.

Voilà, ma Fille, une lettre de M. l'abbé de la Trappe. Je continue la lecture de votre grand livre, où je ne trouve toujours rien que je n'approuve. Je suis dans l'étonnement de beaucoup de spiritualités inconnues aux Pères, et inconnues aux apôtres. Il faut pourtant bien qu'elles soient bonnes dans un certain sens, et vous tâchez de le trouver. Si vous aviez coté les endroits, vous m'auriez soulagé de quelques petits soins; mais cela n'est rien, et j'y suppléerai aisément. Je prie Notre-Seigneur qu'il soit avec vous.

LETTRE CXL.

A Meaux, ce 23 décembre 1693.

J'ai reçu, ma Fille, vos lettres du 16, du 18, du 19 et du 22, avec une autre sans date, mais qui étoit jointe à une qui étoit datée.

Totus Deus ne convient pas à l'incarnation dans l'intention de saint Augustin, lorsqu'il s'est servi de ce mot, parce qu'il ne s'en sert que par rapport à la pleine manifestation de la divinité de Jésus-Christ.

Quand on dit qu'on est favorisé par sentiment plutôt que par réflexion et par retour sur soi-même, ou en tout cas par reconnoissance, il n'y a point de vanité : le premier est le meilleur.

Il n'est pas toujours nécessaire de connoître distinctement ce que Dieu veut de nous, et il suffit de s'y abandonner. Ainsi je ne connois rien davantage au sujet dont vous me parlez. Beaucoup de foi et d'abandon avec peu de vues distinctes, c'est le plus souvent ce que Dieu veut.

Quand je dis que vous ne vous livriez pas à des attraits et opérations trop fortes, je parle par rapport au corps, qu'il ne faut pas laisser accabler : à cela près, livrez-vous.

Je vous avoue que je n'entends pas ces grandes défiances qu'on veut inspirer aux hommes de Dieu; c'est peut-être par un défaut de lumières : en tout cas elles suffisent pour vous, et vous n'avez rien à rechercher davantage, comme aussi ne le faites-vous pas. L'obéissance supplée à tout, et l'ordre de Dieu.

Il y a des sensibilités de plusieurs degrés : celles qu'on craint tant sont fort superficielles. Il y a un sens intérieur bien profond, et ce qui s'y passe n'a rien de suspect. Je vous répète encore qu'il faut recevoir ces dons de Dieu avec liberté et dilatation. Je suis étonné du dernier passage du cardinal Bona, que vous m'envoyez aujourd'hui.

Je persiste à dire qu'on ne peut aimer sans connoître : mais quoique connoître et aimer soient deux opérations très-différentes, il est très-possible et très-commun qu'on ne les distingue pas ; et souvent l'amour semble prévenir, parce qu'on le sent davantage. Au reste tout cela n'importe à rien, pourvu qu'on ne déroge pas à la parole de Notre-Seigneur, qui dit : *La vie éternelle est de vous connoître*[1].

Pour ce qui est de l'acte de contemplation sans s'appliquer aux images, je n'y vois aucune impossibilité. Au reste, quoique l'amour divin ne soit point à craindre, il y a quelquefois des circonstances qui le sont : mais on le connoît bientôt, et Dieu ne tend point de pièges aux ames qu'il tire. Je n'entre point dans l'avis qui préfère les privations sèches. On raffine trop ; je dis trop, et même de très-saints auteurs. J'ai peine à céder à de certains sentimens des plus grands spirituels modernes. Il semble qu'on ne s'étudie qu'à trouver des subtilités pour faire qu'on se défie de Dieu. Il n'y a presque que sainte Thérèse dont je puisse m'accommoder tout à fait : mais encore un coup c'est ma foiblesse de ne pouvoir atteindre au raffinement des autres. Nous perdrions trop de temps à renvoyer cet écrit. Je choisirai les questions auxquelles il faudra répondre en un mot, et je les ai déjà marquées autant qu'il est nécessaire par rapport à vous ; il n'y a que le temps à trouver.

Portez votre infirmité sur ces jalousies spirituelles entre Dieu et vous, et jamais à confesse, et qu'elles ne vous empêchent jamais de faire ce qui vous est prescrit, surtout de communier. Ne rai-

[1] *Joan*, XVII, 3.

sonnez pas davantage sur le consentement, et abandonnez tout à la bonté de Dieu. Ne songez plus à vos confessions précédentes, nonobstant la peine nouvelle que vous donnent ces dispositions. Il n'y a qu'à obéir sans raisonner, et à dilater son cœur. Il n'y a pas de loisir et encore moins de nécessité de vous donner des pratiques comme l'an passé.

Gloria in excelsis Deo, *pax hominibus*, etc. Ce sera le sujet de mon sermon. Dieu bénisse les nouvelles officières.

Quand ces fantômes de divinité passent par l'esprit, je n'y vois autre chose à faire qu'à les laisser passer sans s'en émouvoir, et sans même y faire attention ; et s'ils se rendent importuns, encore plus les mépriser, sans effort contre eux, de peur de combattre contre le vent.

Il ne faut rien désirer, ni ravissemens ni extases, mais seulement d'aimer Dieu : mais n'ayez point de scrupule de cela ; laissez passer. Ne demandez pas à Dieu qu'il retire aucun de ses dons, mais qu'il vous donne celui d'en bien user.

Si vous voulez mettre par écrit ces qualités du Sauveur, du chapitre IX d'Isaïe, tirez-les au sort entre celles qui en seront édifiées, et priez Madame l'abbesse d'y entrer, si vous l'y croyez disposée. Le sort vous tiendra lieu d'obéissance, et je prie Dieu d'y donner sa bénédiction. Du reste ces pratiques viennent bien quand on y est poussé : la répétition devient sèche et affectée.

Assurez-vous qu'on ne verra plus entrer d'homme à Jouarre sans une nécessité absolue, et assurez-en mes chères Filles. Je salue Madame de Luynes.

Notre-Seigneur, ma Fille, soit avec vous.

LETTRE CXLI.

A Meaux, ce vendredi, vers la fin de 1693.

Retranchez encore, ma Fille, de vos réflexions la question inquiète que vous faites, si Dieu vous veut faire de nouvelles graces. Soyez soumise à sa volonté dans une attente paisible : bien loin de vous tourmenter à chasser les réflexions, ce qui les feroit plutôt venir, laissez-leur avoir leur cours ; qu'elles s'écoulent sans que vous vous y attachiez; entrez dans le fond. Malgré nos infidélités, Dieu veut toujours donner de nouvelles graces : il les donne au-dessus de tout mérite ; il les donne sans qu'on le sente, sans qu'on le sache, souvent même sans qu'on le soupçonne : il se sait lui-même, et c'est à lui à qui il faut tout remettre. C'est bien fait de remettre tout à la main toute-puissante de Jésus-Christ.

Vous voilà toujours dans vos craintes de consentement, et vous voulez m'y faire entrer. Vous détruisez ce que vous veniez de dire, et mes règles ne seront plus rien si vous vous écoutez ainsi vous-même : mais si vous allez pousser la chose jusqu'à vous retirer de la communion, ou à vous troubler en allant à ce banquet de délices, vous renversez tout. Si je ne vous fais pas beaucoup de remarques sur les attraits que vous sentez, c'est que je souhaite aussi que vous y fassiez moins de réflexion. Quand vous avez exposé, mon silence marque mon approbation contre les illusions que vous pourriez craindre, et cela suffit sans tant raisonner.

Rien ne peut mieux faire le sujet de la retraite que je vous permets, que cette sublime purification de la religieuse des Clairets. J'ai vu ce récit, et comme vous j'ai fort remarqué cet endroit : c'est la disposition la plus convenable à la qualité d'Epouse.

Votre esprit qui prévient trop les difficultés, et qui par avance demande des conseils contre les peines que vous craignez qui ne reviennent, s'écarte de la simplicité. Quoi, la parole du Fils de Dieu, *A chaque jour suffit sa malice*, ne regarde-t-elle pas la vie intérieure comme l'autre ? Oui, sans doute, elle la regarde : tenez-vous-en là : car enfin quelle est cette inquiétude ? Si ces peines reviennent, n'avez-vous pas le remède dans les règles et dans les ordres que vous avez reçus de moi ? Que voulez-vous davantage ?

Voudroit-on que j'allasse m'inquiéter, comme on fait à Jouarre, de tous les projets qu'on conçoit, et qu'on dit qu'on fait du côté de Rome ? A chaque jour suffit sa malice, encore un coup. Pour dire que j'obéirai, s'il vient des ordres en forme, vous avez bien remarqué que c'est un *si*. Que sert de perdre le temps en paroles superflues? Dites à celles qui se troublent que mon repos doit calmer leur inquiétude. On ne songe point du tout à remuer l'affaire de l'exemption, et on y songeroit en vain. Madame de Soubise a raison de ne songer pas à M. l'archevêque en matière de congé : ce n'est pas là une cause d'appel. Je n'ai encore aucune réponse; quand j'en aurai, je vous en dirai ce qui se pourra.

Ne vous troublez de rien; tout est compris dans la volonté de Dieu : en s'y abandonnant, qu'a-t-on à craindre? Notre-Seigneur soit avec votre esprit.

LETTRE CXLII.

A Meaux, ce 30 décembre 1693.

Il y a déjà, ma Fille, plus de cinq cents pages des miennes dans la continuation de la Cène : il n'y a plus que quatre versets à expliquer, avec une récapitulation de la prière de Notre-Seigneur.

Je n'ai rien ouï de vous sur le jansénisme, ni sur autre chose. Je me ferai un honneur et un plaisir de vous justifier. Laissez écouler ces peines; elles ne feront, s'il plaît à Dieu, que concentrer la charité dans votre fond. Si Dieu vous veut sans action, soyez-y, et ne forcez rien. Active, passive, tout est bon, si Dieu le veut, disoit saint François de Sales à la Mère de Chantal. Tout ce que Dieu a fait dans les Saints n'est pas écrit : ils n'ont pas toujours su eux-mêmes ce que Dieu opéroit en eux. Le fond de la grace est toujours le même. La manière de l'appliquer, et l'attention qu'on y a peuvent augmenter ou diminuer, s'expliquer ou plus ou moins. Il y a un mot de saint Antoine qui comprend bien des secrets : c'est que le moine, pour bien prier, ne doit songer ni à lui-même ni à sa prière. Je ne sais s'il n'est point dans votre écrit : quoi qu'il en soit, je l'ai dans Cassien.

Il n'y a aucun sujet de croire que Dieu permette au démon de remuer cette humeur noire : ne doutez pas qu'elle n'ait son utilité pour entretenir le don de Dieu.

Je salue Madame votre sœur, et suis à vous, comme vous savez.

LETTRE CXLIII (a).

A Meaux, ce 1er janvier 1694.

J'envoie exprès pour vous souhaiter une heureuse année, pour vous dire adieu, et recevoir les papiers que vous aurez à m'envoyer.

Je n'ai rien, ce me semble, à vous mander sinon : Renouvelez-vous, dilatez-vous. Sur l'oraison, je pense et repense aux paroles de saint Antoine : les voici de mot à mot, telles qu'elles sont rapportées par Cassien dans sa neuvième Conférence, chapitre XXXI. « L'oraison n'est point parfaite, où le moine se connoît lui-même ou sa prière : » *Non est perfecta Oratio in quâ se Monachus vel hoc ipsum quod orat intelligit.* Cela dit beaucoup.

Il y a encore dans saint Augustin, au commencement du livre IX de ses *Confessions*, un silence qui est admirable. Pour moi je crois qu'on ne traitoit guère de ces choses particulières : on se renfermoit entre Dieu et soi : *Intra in cubiculum*[1] selon l'Evangile. C'est un des défauts de la dévotion d'aujourd'hui, de se trop observer dans l'oraison et d'en trop parler. C'est autre chose pour ceux que Dieu met dans la dépendance d'un directeur, pour s'assurer de la voie : mais avec cela, je suis fort d'avis qu'on se laisse beaucoup aller à Dieu, sans tant craindre l'illusion. Il faut exposer, et demeurer en repos.

Je crois être obligé de vous dire que je doute que Madame de Saint-Bernard ait reçu nos lettres et qu'elle les puisse recevoir. Je n'irai par là, qu'à mon retour qui sera en bref, s'il plaît à Dieu. Notre-Seigneur, ma Fille, soit avec vous. Je salue Madame votre sœur. Pour la lettre de M. de Chevreuse elle est partie. Je salue et je dis adieu à nos chères Filles.

[1] *Matth.*, VI, 6.
(a) Revue sur l'original.

LETTRE CLXIV (a).

A Meaux, ce 2 janvier 1694

Je n'ai rien reçu de vous sur les sujets dont vous m'avez écrit, qui ne fût digne d'une religieuse aussi détachée que vous êtes. Vous aurez vu par ma lettre que vous recevrez ce matin, que je pars lundi sans tarder. L'affaire de Notre-Dame de Soissons, apparemment ne se terminera qu'à Pâques. Tout est entre les mains de Dieu.

J'ai redemandé à ma Sœur Subtil le commencement que je lui avois envoyé sur la Cène, pour le corriger, et le renvoyer avec tout le reste : il n'est pas possible que cela se fasse avant mon départ, ni que j'écrive rien de considérable.

J'ai eu beaucoup de joie de ce que vous m'avez mandé de la conduite édifiante de Madame de Baradat la tante : c'est un bon esprit, qui ne se mettra pas au bien à demi. Je vous prie de témoigner mes sentimens à Madame de Blaienne. Je n'ai rien à vous dire de Farmoutiers que lorsque j'y irai moi-même, ce qui est fort loin. J'approuve au reste toutes les démarches que la charité vous inspire. Je vous permets d'écrire, et à elle de recevoir ce que vous trouverez à propos de lui mander, pourvu que la voie soit sûre, et que je ne paroisse pas. J'ai des raisons d'agir de cette sorte : vous pouvez l'assurer de ma charité.

Je me doutois bien que votre explication sur le jansénisme seroit celle que vous me donnez, et j'en suis très-aise.

Je vous répète que les actes qu'on appelle *formels*, ordinairement ne sont rien moins que de vrais actes. Un simple retour vers Dieu emporte un plus parfait désaveu de tout ce qui est contraire à sa volonté, que tous ces actes en forme qui ne sont que dans la mémoire. En un mot, c'est assez de dire dans le langage du cœur : Mon Dieu, j'aime ce que vous aimez, et je désavoue tout ce qui ne vous plaît pas.

(a) Revue sur l'original.

LETTRE CXLV.

A Versailles, ce 9 janvier 1694.

J'ai, ma Fille, reçu votre lettre du 4. Je suis ici depuis trois jours : M. de Chevreuse n'y sera que dans deux jours : vos lettres ne seront rendues qu'en ce temps-là. On attribue beaucoup à M. du Maine la nomination de Madame de Fiesque (*a*) : on pense qu'il a cru que Madame la comtesse de Fiesque l'avoit fort servi auprès de Mademoiselle. J'ai dit à Madame de Soubise combien vous vous sentiez obligées, Madame votre sœur et vous, aux amitiés que Madame de Jouarre vous avoit faites en cette occasion, et à toute la manière dont elle en avoit usé.

La joie qu'on doit avoir dans les occasions d'humiliation n'est pas toujours une joie sensible, mais une simple complaisance de l'esprit à la volonté de Dieu, en lui disant : *Ita, Pater, quoniam sic fuit placitum ante te*[1] : « Oui, mon Père, je vous en rends gloire, parce qu'il vous a plu que cela fût ainsi. » Madame votre sœur est entrée dans les véritables sentimens que Dieu demande d'elle. Il n'y a aucune apparence que M. votre frère songe à rien, et vous avez raison de croire que c'est une suite des dispositions de la divine Providence. Après tout, qu'y a-t-il sur la terre qui ne doive céder infiniment à la joie de contenter Dieu ? Notre-Seigneur soit avec vous.

LETTRE CXLVI.

A Paris, ce 16 janvier 1694.

Je distingue, ma Fille, sur les causes de sortie celles qui sont fondées sur la santé, c'est-à-dire sur un véritable besoin des eaux, et autres remèdes qu'on ne peut pas prendre ni faire dans le monastère : j'y ai aisément égard et je les reçois, quoique j'estime plus parfait, dans les Carmélites et à la Visitation, d'y re-

---

[1] *Matth.*, XI, 26.

(*a*) Il s'agit ici de la nomination de cette dame à l'abbaye de Soissons, pour laquelle on proposoit madame de Luynes, sœur de madame d'Albert. (*Les édit.*)

noncer. Quant aux autres raisons de sortir que vous me marquez, je doute fort qu'elles soient légitimes, et que je doive m'y rendre; ou pour mieux dire je ne doute pas, et je vois bien clair là-dessus.

Pour en venir maintenant au particulier de Madame votre sœur et de vous, si les eaux vous sont nécessaires, à elle pour ses fluxions, et à vous dans la juste crainte de devenir non-seulement boiteuse, mais encore impotente, j'entrerai dans tous les moyens pour vous procurer ce soulagement.

Quant à cette humeur noire, c'est autre chose; je crois que vous n'en devez attendre la guérison que de Dieu, qui la fait servir à ses fins cachées d'une façon particulière. Humiliez-vous, et soumettez-vous : souvenez-vous de cette parole : « Ma grace te suffit; car la force se perfectionne dans l'infirmité. » Priez trois fois comme saint Paul [1]. Je ne crois pas que vous ayez une autre réponse. De quelle manière l'ange de Satan agissoit dans la peine de l'Apôtre, il ne l'a pas expliqué, et nous a montré à ne pas chercher ces explications, mais à nous contenter humblement de la réponse de Jésus-Christ.

Je me suis expliqué sur le livre avec celui qui en devoit traiter avec moi, d'une manière à ne laisser aucun doute de ma résolution très-déterminée. On ne m'a point rendu de réponse; mais j'ai déclaré nettement que je persisterois, quelle qu'elle fût, et que je ne mettrois pas cela en délibération : en un mot, le livre est mauvais.

Pour celui du *Cantique des Cantiques* du bon homme, dont la préface vous a peinée, je l'avois vu sans peine. Ce bon homme est peu pénétrant, et ne songe guère à prendre l'esprit de l'Ecriture. Il le faut laisser faire, puisqu'il a pour lui de grands auteurs : mais c'est craindre où il n'y a rien à craindre, et ôter toute la grace du livre que de suivre ce sentiment.

Sur le sujet de ces jalousies, Dieu en ôtant, comme je l'en prie, la malignité, et vous en laissant, comme je crois qu'il le veut faire, l'humiliation, elles vous tourneront à salut; et vous n'avez qu'à continuer vos communions à votre ordinaire, et à recevoir

[1] II *Cor.*, xii, 9.

la grace qu'il vous y fera. L'esprit de gémissement pour les péchés est enfermé pour vous dans l'esprit d'amour.

Je suis bien aise de vous entendre dire que quand on vous offriroit cent abbayes, vous n'en accepteriez aucune. Portez Madame votre sœur aux mêmes sentimens ; je ne dis pas à la soumission où elle est, mais à l'exclusion ; car j'ai toujours cru, et crois plus que jamais, que Dieu veut cela d'elle. Sa volonté se déclare par deux endroits : l'un est la disposition où est M. votre frère, l'autre est la disposition de ceux par qui passent ces affaires. Dieu se déclarant assez par là, il faut aussi se déclarer avec Dieu, et regarder ce dernier événement comme un dernier coup où il manifeste sa volonté sur elle : et c'est là, je ne dirai pas le sacrifice qu'il lui demande, mais la récompense du courage avec lequel elle s'est donnée à lui.

Songez au mot que je vous ai écrit sur ce sujet, ou à elle ou à vous. Lorsqu'on se consacre à Dieu, et qu'on veut qu'il règne sur nous, il faut lui rendre graces de ce qu'il vient à l'effet, et qu'il exerce actuellement cet empire auquel nous sommes soumis ; et c'est pour chacun de nous ce que veut dire : *Adveniat regnum tuum.*

Je n'ose vous rien dire sur ce que vous me marquez de vos sentimens par rapport à moi ; cela n'est pas seulement obligeant par rapport à ma personne, mais encore utile à votre ame par rapport à la conduite où Dieu vous a mise. Je prie Notre-Seigneur qu'il soit avec vous.

† J. BÉNIGNE, év. de Meaux.

P. S. Ma Sœur Cornuau donne trop dans tout. Sera-t-elle bien plus avancée à Soissons qu'à Jouarre sans association ? Je n'approuve point ses vivacités. Je vous prie de dire à Madame de Rodon que je suis de son avis sur ce sujet.

Il faut vous justifier sur le sujet des abbayes dans l'occasion, pour l'édification publique : du reste qu'importe que le monde pense ? Il faut tout laisser passer, comme les figures des nuages, qui ne sont qu'imagination et s'effacent les unes les autres de moment en moment.

LETTRE CXLVII (a).

A Paris, ce 25 janvier 1694.

Il ne faut point, ma Fille, vous détourner de la communion pour toutes ces peines. La pensée de votre sortie avec Madame votre abbesse, supposé qu'elle arrive, de quoi je doute beaucoup, étant soumise à ma volonté comme à celle du supérieur donné de Dieu, n'a rien que de bon.

Celle de ces jalousies, dès qu'elle vous fait de la peine, n'est qu'un mouvement de la partie inférieure. Pour détruire toute l'adhérence que vous croyez y avoir, il ne faut qu'un simple désaveu. J'approuve, et dans cette occasion et dans toute autre, la demande faite à Dieu de faire lui-même ce qu'il veut dans sa volonté, que nous lui remettons; et c'est le meilleur désaveu qu'on puisse faire de tout ce qui s'oppose à Dieu en nous. Faites cet acte, tant qu'il vous sera donné de le faire. Si quelquefois il vous semble que vous ne le faites pas si formé, sachez qu'il se fait en vous et par vous-même, sous la motion de Dieu, d'une façon plus intime. Surtout, quoi qu'il arrive, ne vous détournez ni de la communion ni de la sainte familiarité que Dieu vous demande. Laissez-vous conduire à son attrait ; laissez-vous consumer de ce trait de flamme.

Loin de vous défendre de me communiquer votre intérieur, je crois cela nécessaire, et vous devez continuer sans hésiter. Si j'aperçois que le temps vienne de ne plus communiquer qu'avec Dieu seul, je vous le dirai : mais c'est à quoi je ne vois aucune ouverture ni apparence. Vous n'avez que cette voie pour vous assurer; et livrée à vos peines, vous ne pourriez contenter Dieu ni vous mettre au large.

Quant au reste dont vous m'écrivez, assurez-vous que je n'ai rien cru de vous qui fût indigne d'une ame que Dieu visite de ses graces. Il n'y a personne de qui j'aie dit plus de bien et plus hautement, même par rapport au gouvernement, que de Madame votre sœur et de vous. Les discours des hommes prennent dans

(a) Revue sur l'original.

les autres hommes comme Dieu veut. Laissez donc discourir le monde, puisqu'il veut parler : il y auroit quelque chose de moins mortifiant dans son oubli, et il faut avaler toute la médecine comme Dieu la prépare.

Je crois très-inutile de faire écrire à ce bon Monsieur sur son livre des *Cantiques*. L'autre livre dont vous me parlez est sur le point de paroître : il en paroîtra dans peu un de M. Pelisson sur l'Eucharistie, que vous serez bien aise de voir. Notre-Seigneur soit avec vous.

LETTRE CXLVIII.

A Paris, ce 28 janvier 1694.

Je n'ai point reçu de paquet où il y eût une lettre de Madame de Fiesque : si je le reçois, je vous en donnerai avis. Voilà, ma Fille, une lettre de M. l'abbé de la Trappe. La mort de Madame de Lorraine (*a*) m'a plus affligé qu'elle ne m'a surpris. Je prie Notre-Seigneur qu'il regarde son ame en pitié. Toutes mes réflexions sont renfermées dans ces paroles de Notre-Seigneur : *Veillez et priez*. Je verrai M. et Madame de Soubise pour voir ce qu'il y aura à faire pour la maison. Je n'ai point ici les mémoires qu'on avoit faits de l'argenterie. Il faudra aussi se précautionner pour empêcher que les la Vallée ne puissent aller à Jouarre : cette mort ne change rien à leur état.

Ne vous inquiétez point de ces choses de votre vie passée, dont vous avez dessein de vous confesser de nouveau à moi : cela même n'est pas nécessaire. Je salue de tout mon cœur Madame de Luynes.

LETTRE CXLIX.

A Versailles, ce 16 février 1694.

La règle sur les dots, c'est, ma Fille, premièrement qu'on peut prendre non-seulement des pensions, mais à cause des embarras qu'elles causent, des fonds par rapport à la subsistance des filles,

(*a*) L'ancienne abbesse de Jouarre, décédée le 25 janvier 1694.

quand la maison n'est pas en état de les nourrir. La quantité de ce fonds se doit régler par l'autorité de l'évêque selon les besoins, et on permet dans le diocèse d'aller jusqu'à cinq à six mille livres. Il y a une nouvelle déclaration du roi, qui oblige les évêques à lui donner leur avis sur ce sujet. On ne se presse pas de faire ce règlement, ni de donner cet avis, tant qu'on voit qu'on n'excède pas, et il n'y a qu'à se reposer sur la conscience de l'évêque.

Il n'est pas permis de demander plus pour une fille, sous prétexte qu'elle seroit de moindre naissance. Je trouve pourtant très-bon qu'on prenne garde à la condition jusqu'à un certain point, parce que cela entretient dans les monastères une certaine noblesse de sentimens, dont on peut tirer de l'utilité. Voilà, ma Fille, ce que j'ai à dire sur votre consultation ; et cette réponse vous fait voir que vous n'avez rien fait de mal en écoutant la proposition qu'on vous a faite, et que vous n'en auriez point fait en y entrant davantage : mais du reste, je ne vois pas qu'en soi elle soit utile.

Puisque l'affaire des fèves (*a*) a été jusqu'à vous, et qu'on en a fait du bruit dans le monastère, je vous dirai franchement que je me suis expliqué déterminément sur cela, et que je ne crois pas devoir changer. On me propose de différer : je ne veux m'engager à rien, et je prétends que sans s'en mêler davantage, on me laissera prendre le temps que je croirai le plus convenable. Ainsi, ma Fille, il est inutile de me parler là-dessus : il n'y a qu'à voir si on est véritablement soumis, ou si tout ce qu'on m'a dit et fait dire sur cela n'a été que compliment et amusement. Voilà parler franchement : du reste tout se fera sans altération de ma part : je n'ai que Dieu en vue, et ainsi il ne sert de rien de m'inquiéter. Je condescendrois de bon cœur à vos désirs, si je voyois d'autres voies d'établir la liberté des suffrages ; mais comme je n'en connois point, il faut finir là.

Au reste on perdroit trop de temps à vous dire dans le détail tous les propos qu'on a tenus sur cela, aussi bien qu'à répondre aux peines que donne le retardement de mes réponses. Il suffit de bien poser pour principe que ce n'est point que je sois capable

---

(*a*) Des fèves dont les religieuses se servoient pour donner leurs suffrages.

de me rebuter pour quelque considération que ce puisse être. Je prie Notre-Seigneur qu'il soit avec vous.

LETTRE CL.

A Paris, ce 17 février 1694.

Ne songez point au jeûne, et n'attendez pas des besoins qui vous accableroient : mettez à la place l'acceptation de vos infirmités.

Je n'ai rien, ma Fille, à vous dire de nouveau. Je vous ai permis de désirer les attraits en tant qu'ils portent à l'amour. Je ne révoque point cette permission : mais je crois meilleur, avec une parfaite abnégation de ses désirs, de s'abandonner à celui qui seul sait se faire aimer. Je le prie d'être toujours avec vous.

LETTRE CLI.

A Paris, ce 2 mars 1694.

Je viens de recevoir votre lettre du premier : j'ai reçu le paquet où étoit celle pour le P. Moret, qu'on lui a portée ce matin. Je vois par toutes les dates qu'il ne s'en est perdu aucune de celles que vous m'adressiez. Je serai, s'il plaît à Dieu, samedi à Meaux, ou lundi au plus tard. Je ne tarderai pas à aller à Jouarre.

Ne laissez pas de recevoir les graces de Dieu, quoiqu'elles ne vous profitent pas autant qu'elles pourroient. Ce seroit encore plus mal fait de se défier : à la longue, la confiance l'emportera. Je suis bien aise du sermon que le P. de la Pause vous a accordé, et je l'en remercierai moi-même bientôt, s'il plaît à Dieu. Je salue de tout mon cœur Madame de Luynes. Je prie Dieu, ma Fille, qu'il soit avec vous. Je donnerai les ordres qu'il faudra pour chercher la lettre pour laquelle vous appréhendez. Consolez Madame Renard, et témoignez-lui la part que je prends à ses peines.

LETTRE CLII.

A Meaux, ce 4 mars 1694.

Il n'y a rien, ma Fille, de difficile à entendre sur ces jalousies pour le temporel et le spirituel : il me paroît très-inutile que vous m'expliquiez cette dernière. C'est autre chose d'être tenté de semblables peines, comme vous dites qu'il peut arriver à de saintes ames ; autre chose d'y adhérer et d'y consentir. Je vous défends de vous laisser détourner de la communion par cette peine, et de vous en confesser autrement qu'en termes très-généraux, sans que cela vous empêche de communier. Les marques que vous me donnez de consentement à ces peines sont très-fausses. Vous m'en direz ce que vous voudrez au premier entretien, quoique cela soit fort inutile : en attendant, allez votre train, sans rien changer à vos communions, en quelque degré qu'elles soient : et ne me demandez pas pourquoi je vous parle si précisément ; c'est assurément que Dieu le veut, et que vous n'avez qu'à m'obéir, à lui en moi.

Ne cherchez point de raison pourquoi l'onction du Saint-Esprit se fait sentir plus ou moins : il suffit que cet Esprit souffle où il veut, et quand il veut. J'approuve la disposition de demeurer dans l'attente du regard divin.

Il est inutile que vous me parliez de mes dispositions. De moi-même, je n'aurai jamais rien à vous dire sur cela, puisque moi-même je n'y pense point, et tâche de demeurer devant Dieu dans une ignorance absolue. Vous direz que c'est donc là ma disposition. Non ; n'y pensez pas, et n'en parlez plus.

Je reconnois mes paroles, et n'y trouve rien que je n'approuve encore : mais ne me faites point faire de réflexions de ce genre sur moi-même ; ce n'est pas là ce que Dieu demande de moi.

Je ne sais ce que vous me demandez sur la pénitence que je vous ai imposée. Quand je les ai une fois données, ordinairement je les oublie ; et il faut tâcher de me faire parler bien clair quand il en est question, et après cela ne m'en parler plus, si ce n'est pour me rendre compte, quand on en aura le mouvement, de l'effet qu'elles auront produit.

Vous voyez bien que j'ai reçu vos lettres du 29, du 1er, et j'ajoute aujourd'hui celle du 2.

Je serai content de votre soumission, si vous ne me questionnez plus sur les articles sur lesquels je vous réponds dans cette lettre.

LETTRE CLIII (a).

Ce 4 mars 1694.

On désire des ravissemens ; on désire des paroles intérieures qu'on entend dire aux autres qui leur sont secrètement adressées : on porte envie à celles qui reçoivent de telles graces ; on voudroit en avoir plus qu'elles : est-ce péché ? ou quel péché est-ce ?

Si on désire ces ravissemens ou ces paroles intérieures comme pour avoir quelque chose d'extraordinaire, par curiosité ou par vanité, c'est péché, et un péché qui peut être grand, selon le degré et la plénitude du consentement. Si on désire ces ravissemens en tant qu'on voit dans les autres qu'ils ravissent l'ame à elle-même, pour l'unir davantage à Dieu et enflammer son amour, il n'y a point là de péché ; car c'est désirer l'amour même : mais à cause de la vanité et de la curiosité, il est dangereux de s'abandonner à ce désir ; et il vaut mieux désirer l'effet que le moyen, c'est-à-dire le ravissement. Car Dieu n'est point astreint à ce moyen, et il peut produire l'effet de l'amour en tel degré qu'il voudra, par d'autres moyens que celui-là. Il en est de même des paroles intérieures : on en peut désirer l'effet ; on peut même en quelque sorte désirer ces paroles intérieures que désiroit David, lorsqu'il disoit : *Dic animæ meæ : Salus tua ego sum*[1] : « Dites à mon ame : Je suis ton salut. » Mais il ne faut pas entendre que ce soit toujours des paroles formées et comme articulées au dedans : le plus souvent ce n'est autre chose qu'une secrète confiance que Dieu inspire, par laquelle il certifie l'ame autant qu'il convient à

[1] *Psal.* xxxiv, 3.
(a) Revue sur l'original.

l'état de cette vie, qu'il est son salut, et lui en donne la même assurance que s'il lui disoit en termes formels : Je suis ton salut. On peut désirer cette parole, ou plutôt cette douce et intime inspiration d'une confiance inébranlable, puisque c'est là un des alimens les plus propres pour exciter et fortifier l'amour de Dieu.

Quand, en apprenant les graces que Dieu fait à certaines personnes, on sent en quelque sorte qu'on leur porte envie, c'est-à-dire qu'on voudroit être comme elles unies parfaitement à Dieu, ce mouvement est bon : car on ne veut pas dire par là qu'on souhaitât de leur ôter leur grace pour l'avoir, puisqu'on sait que Dieu est assez riche pour nous donner tout ce qu'il voudra sans avoir besoin, comme les hommes, de rien refuser ni de rien ôter aux autres. On peut même en quelque façon désirer d'aimer Dieu plus que les autres ; et c'est à quoi Jésus-Christ même semble avoir sollicité saint Pierre, en lui disant : *M'aimez-vous plus que ceux-ci* [1] *?* Il faut toutefois observer que saint Pierre n'osa répondre : Oui, je vous aime plus qu'eux ; mais seulement : *Vous savez que je vous aime.* On peut néanmoins désirer en un certain sens d'aimer plus que les autres, et plus même, s'il se pouvoit, que les séraphins, pour exprimer que quelque amour qu'on puisse avoir, on n'en aura jamais autant que Dieu en mérite. Tenez-vous à ce que je vous ai écrit.

LETTRE CLIV.

A Paris, ce 6 mars 1694.

Je reçois votre lettre, et cette réponse sera commune entre vous et Madame votre sœur. Pour réponse donc, je vous dirai que je suis toujours dans la résolution de conclure la visite, et de mettre les réceptions par fèves dans les réglemens. Le temps de l'exécution dépendra des conjonctures : mais je ne veux point laisser acquérir sur moi cet avantage, qu'on me fasse changer d'avis en me résistant, surtout dans des choses si justes et si nécessaires, et après que je m'en suis expliqué.

Je suis étonné, ma Fille, que Madame votre abbesse prenne

---

[1] Joan., XXI, 15.

cela si fort à cœur : et après ce qu'elle m'a dit sur cela, je crois bien voir qu'elle agit par des impressions venues du dehors. Quoi qu'il en soit, j'irai mon train, et je verrai une fois si l'obéissance qu'on m'a tant promise est un compliment ou une chose effective.

Je n'ai rien à craindre du métropolitain, et cette affaire n'est point de sa connoissance. Je ne dois non plus attendre de faire ce règlement à l'occasion des réceptions ; au contraire il est bon que la chose soit réglée avant que le cas arrive. Le sentiment de Madame la prieure ne m'ébranle pas, parce que je sais ce qu'elle m'a dit en des temps où elle me parloit en liberté.

Pour ce qui est de la division qui en pourroit arriver, et des discours qu'on en répandra dans le monde, si je me laissois arrêter par là, je n'aurois qu'à laisser tout là ; et au lieu de faire ma charge sérieusement, la mettre tout en complimens. Quant aux discours, à Dieu ne plaise que je les craigne ; et je vois trop clairement qu'à la fin ils tourneront à mon avantage, agissant par des raisons si essentielles. Toute ma peine consiste à voir qu'on semble vouloir rejeter sur vous la résolution où je suis : mais outre que je ne crois pas qu'on pousse si loin l'injustice contre vous, que de vous imputer une chose à laquelle vous n'avez aucune part; et contre moi, que de me croire si incapable d'agir, que je ne puisse me déterminer que par des conseils étrangers : je vous crois toutes deux assez fidèles à Dieu, pour ne vouloir pas que je m'arrête par des vues humaines.

Quelque déterminé que je vous paroisse, je ne suis point pressé du tout de faire une chose que je puis faire quand je voudrai : bien plus, je suis tout prêt à changer quand on me dira des raisons, et qu'on sera dans la soumission où l'on doit être. Si l'on pense me faire peur en me faisant voir des contradictions, je me croirai alors obligé à user sans crainte et sans hésiter de l'autorité que Jésus-Christ m'a donnée; et je sens qu'il faudra bien qu'on y cède.

Je ne prétends point cacher ces dispositions : vous les pouvez dire à qui vous voudrez avec discrétion, même à Madame l'abbesse, et lui montrer cette lettre, mais non pas la lui laisser : car quand il faudra que je m'explique, ce doit être dans une autre forme. Mais j'ai cru vous devoir écrire franchement ce que je pense des raisons que vous et Madame votre sœur me représentez : je les loue dans votre bouche ; mais elles seroient trop foibles dans la mienne, si je m'y rendois.

Au reste, je vous dis encore que je ne me presserai pas. Dès le lendemain que je serai à Meaux, qui sera mardi, s'il plaît à Dieu, j'enverrai apprendre des nouvelles de la santé de Madame, dont je suis dans une véritable inquiétude. Peu de jours après, j'irai à Jouarre où, soit en visite ou hors de visite, tout le monde, et vous, mes Filles, en particulier, et Madame l'abbesse plus que toutes les autres, pourront me représenter tout aussi au long qu'on voudra tout ce qu'on aura à me dire, ou sur cette affaire, ou sur toute autre : mais je ne m'engage à rien qu'à suivre les mouvemens d'en haut et ceux de ma conscience.

J'aurai d'autres choses à dire et à régler, qu'on trouvera peut-être encore plus mauvaises que celles des fèves : mais il faut que j'agisse selon Dieu, c'est-à-dire fort au-dessus des complaisances et de toutes les raisons humaines, pour ne point introduire un esprit mondain dans la maison de Dieu : tant pis pour ceux qui ne voudront pas se laisser conduire par cet esprit dégagé et supérieur à tout. Pour moi, qui ne dois avoir dans l'esprit, surtout dans l'âge où je suis, que de tenir mon compte prêt pour le grand Juge, je ne puis avoir en vue que le bien, et le plus grand bien, et tout ce qui est nécessaire pour empêcher le péché. Je vous salue toutes deux dans le saint amour de Notre-Seigneur.

Assurez dans l'occasion Madame l'abbesse de toute mon affection et de toute mon estime.

LETTRE CLV.

Ce 6 mars 1694.

Si je donne ouverture à de tels raisonnemens, on me dira toujours que je suis poussé comme si j'étois un novice : ainsi vous voudrez bien que j'aille mon train : vous n'avez qu'à ne rien dire et me laisser faire. Je ne voudrois pourtant pas que l'on contredît une abbesse par un esprit d'opposition ; et c'est ce qu'il faut empêcher, comme j'espère le faire. Au reste ne croyez pas que ces manières d'agir me rebutent de Jouarre. On ne me connoît pas, si l'on croit me faire avancer ou reculer par des vues humaines : il n'y a qu'à me laisser faire ma charge, et que chacun se mêle de ce qui lui est commis. J'avois résolu de ne vous écrire pas un mot de cette affaire, et de la conclure sans en parler à qui que ce soit : mais comme on veut vous intéresser, il a fallu vous témoigner mon sentiment, et vous prier de trouver bon que j'aille mon train, comme je ferai, s'il plaît à Dieu, sans me détourner. Dieu veut peut-être me faire perdre à cette occasion certaines condescendances et ménagemens, qu'une prudence peut-être humaine m'auroit inspirés pour continuer la bonne intelligence : Dieu sera plus maître, quand je serai affranchi de ces considérations. Si pendant qu'on veut se fâcher contre moi, on vous mêle dans cette querelle, Dieu est votre juge et votre témoin, et moi très-ouvertement votre défenseur. Assurez-vous qu'à la fin il faudra bien qu'on me cède. Gardez le silence autant qu'il sera possible : ne dites jamais que j'aie rien promis, ni que je sois engagé à autre chose qu'à la règle et à la raison. Je prie Notre-Seigneur qu'il soit avec vous.

LETTRE CLVI.

A Meaux, ce 13 mars 1694.

Le jubilé sera pour la quinzaine de Pâques, à commencer le lundi du dimanche des Rameaux, et finira à Quasimodo. On commencera le jour de la Notre-Dame les prières des quarante heures pour le roi, pour l'Etat et pour la paix. J'aurai de la peine à être à Jouarre plus d'un jour entier pour cette fois. Si l'on ne perd point de temps, il y en aura pour tout le monde. J'espère en trouver pour faire l'instruction que j'ai promise sur l'oraison par Jésus-Christ : la parole de saint Bernard est fort belle, et j'en profiterai, s'il plaît à Dieu.

Il ne faut point me presser pour écrire sur l'oraison : il faut que l'Esprit me presse, et je n'y résisterai pas, s'il lui plaît : du reste j'ai tant à dire et à écrire, que si je me laissois aller, il y en auroit peut-être de quoi m'accabler.

Je suis content de la disposition que vous me marquez sur ce que j'aurai à faire à Jouarre. Dieu bénira tout, et moins il y aura en moi de complaisance humaine, plus l'Esprit de Dieu se rendra le maître. La crainte de troubler Madame l'abbesse ne sera pas ce qui m'empêchera de conclure la visite. Il faut qu'elle s'accoutume à n'être pas troublée de pareilles choses : mais vous voyez bien, au peu de temps que j'ai, qu'il n'y a point d'apparence de conclure.

Il est bon, ma Fille, que vous ignoriez en effet beaucoup de choses, afin d'assurer en toute sincérité que vous les ignorez : et quand je vous tais quelque chose, c'est par cette considération plus que par toute autre.

Je prie Notre-Seigneur qu'il soit avec vous. Je salue Madame de Luynes.

LETTRE CLVII (a).

A Meaux, ce 26 mars 1694.

Tenez-vous, ma Fille, dans ce repos divin que l'obéissance vous fait trouver, et ne le laissez pas troubler par ces peines renouvelées. Plus le trouble s'élève, plus vous devez passer par-dessus. Ne différez vos communions que par pure impossibilité de maladie : du reste n'hésitez pas, et regardez tout autre retardement comme une tentation. Je loue l'obéissance que vous avez exercée en m'écrivant la lettre du 16.

Faites le moins que vous pourrez de réflexions sur la nature des graces que vous recevez. Exposez le fait pour être assurée dans votre voie : du reste demeurez soumise à Dieu, et recevez en grande simplicité ce qu'il vous donne par pure bonté.

Il ne faut point rejeter cette idée de Jésus-Christ présent ; il est présent, et comme Dieu, par sa nature et par l'influence de ses graces ; et comme homme, par la communication de ses mérites, et l'infusion continuelle de son Saint-Esprit, que sa sainte ame ne

(a) Revue sur l'original.

cesse de demander et d'obtenir pour nous : car c'est par là qu'il est notre Chef ; et on n'a besoin d'aucune autre représentation que de celle de cette ineffable vérité.

Il n'est pas vrai que la dévotion à Jésus-Christ soit l'attrait des commençans ; et quand cela seroit, il faut toujours se mettre en ce rang, et souffrir que Dieu nous y mette, quand il lui plaît ; car il faut dire tous les jours avec David : *Dixi: Nunc cœpi; hæc mutatio dexteræ Excelsi* [1]. Voilà sur la lettre du 17.

Sur celle du 18, il n'y a qu'à vous confirmer ce que je viens de vous dire, et ajouter sur les larmes, qu'il en faut laisser couler des torrens. Je suis content, Dieu en moi et la charité dans mon cœur, de l'obéissance que vous me rendez : je suis bien aise que vous la soyez de ma Sœur Cornuau ; elle ressent vivement toutes vos bontés.

Je salue de tout mon cœur Madame Renard.

J'ai fait un tour à Paris. J'y arrivai il y a aujourd'hui huit jours, et le jour même à Versailles, d'où je retournai samedi ici.

Je trouve encore de vous une lettre du 14, une du 16, et une seconde du 18.

Le silence dans le cloître et dans le dortoir est de même obligation que celle des autres observances, où la négligence et le mépris font le péché.

Il est vrai qu'il ne faut point ordinairement, et sans grande nécessité ou utilité, dire ses pénitences, parce que cela peut compromettre le confesseur, qui de son côté ne peut rien dire pour sa défense : et je puis bien l'avoir dit à Madame de Lorraine ; car je le dis à tout le monde dans l'occasion.

Il faut beaucoup respecter les lieux où le silence domine, et aimer les occasions et raisons de ne point parler, comme des occasions de grande grace.

Je n'ai point parlé douteusement à Madame votre abbesse sur les réceptions par les fèves : en tout cas, je lui envoie aujourd'hui une grande lettre pour son instruction sur ce sujet.

Il ne sert de rien d'écrire de tout ceci à M. de la Trappe, comme vous me le proposez. L'ordre de saint Bernard a ses observances,

[1] *Psal.* LXXVI, 11.

et cet abbé a les siennes, auxquelles je ne me crois pas obligé de céder. D'ailleurs je n'ai pas besoin qu'on consulte tant, ni qu'on me cherche tant de justifications; ainsi laissez tout cela: j'espère que ma conduite se justifiera par elle-même. Je n'ai pas besoin non plus qu'on me justifie la conduite de M. de la Pause, dont je n'ai aucun soupçon. Je le trouvai samedi en passant chemin avec Mesdames de Fiesque, qui alloient coucher à Claye. Nous arrêtâmes les carrosses: Madame la comtesse de Fiesque me fit en riant quelques reproches sur Madame de Jouarre; tout se passa bien.

Ne vous attachez jamais dans la prière à suivre ce que vous aurez d'abord voulu considérer. L'Esprit de Dieu sait mieux ce qu'il nous faut que nous-mêmes, et c'est dans la prière qu'il veut exercer cette souveraineté qui le fait souffler où il veut; témoin ce passage de saint Paul: *L'Esprit prie pour nous*[1], et le reste. Vous ne sauriez trop déraciner les réflexions sur la nature des graces, ni trop vous laisser conduire au Saint-Esprit, qui veut prier en vous à sa mode, et non à la vôtre.

LETTRE CLVIII.

A Meaux, ce 28 mars 1694.

Vous avez très-bien remarqué, ma Fille, que l'orgueil et la colère sont, comme l'envie, des péchés mortels de leur nature. Ils sont véniels, ou par la légèreté de la matière, ou par celle de l'adhérence, lorsqu'il y a plus de surprise que de malice. Envier aux autres les profits spirituels et la préférence du côté de Dieu, seroit en soi une jalousie qui tiendroit de celle du démon, et par conséquent très-griève. Ce n'est donc point à la légèreté de la matière qu'il s'en faut prendre; mais il en faut revenir à notre règle, de ne tenir pour péché mortel qu'on soit tenu de porter à la confession, que ceux où l'on est certain, jusqu'à en jurer, qu'on a pleinement consenti. Vous feriez une chose agréable à Dieu de vous en tenir à cette règle sur tous les péchés, et vous me sauveriez la peine de recommencer toujours la même chose, qui ne

[1] *Rom.*, VIII, 26.

m'est peine pourtant que par la perte du temps qu'on rempliroit de meilleures choses, et par la crainte que j'ai de nourrir de vains scrupules en y adhérant pour peu que ce soit.

Au lieu de vous tourmenter par la crainte de consentir à ces péchés, lorsque la pensée vous en vient, vous devriez vous contenter de mettre votre volonté entre les mains de Dieu, qui saura bien la tenir dans les bornes où elle doit être ; et cette simplicité est le plus assuré préservatif dont vous puissiez user.

Je ne me souviens pas de vous avoir dit autre chose sur vos impuissances à l'égard des observances de l'Eglise, sinon qu'il les falloit prendre comme une partie de la peine que Dieu vous impose : et quant au désir des croix, il en faut aussi accepter l'imposition, avec l'humiliation de les recevoir sans avoir la consolation de les désirer, avec une soumission très-entière aux ordres de Dieu qui les envoie.

A l'égard du P. abbé de la Trappe, toute ma peur c'est que vous ne passiez dans son esprit pour une personne inquiète ; ce qui n'est pas assurément. Je ne prétends point par là vous empêcher de lui écrire, quand il y aura des raisons.

Je connois l'esprit doux et docile de Madame votre abbesse : elle seroit heureuse, si elle agissoit par ses propres mouvemens, et ne le sera jamais qu'elle ne se soit mise au-dessus des impressions qu'on lui donne. Je suis ravi de la voir attachée à Messieurs ses parens ; mais je voudrois que ce fût comme le doit être une personne consacrée à Dieu. La réponse de saint Augustin est très-à propos sur ce sujet. Quoi qu'il en soit, une religieuse ne se doit pas tenir pour mécontente qu'on prenne soin de la renfermer, puisque c'est avec celui qu'elle a choisi pour Epoux, et à qui seul elle a donné son cœur. Notre-Seigneur soit avec vous.

LETTRE CLIX.

A Meaux, ce 6 avril 1694.

Pour réponse à votre lettre du 3, le délai de ce paiement n'a pas dû, ma Fille, vous faire retourner à confesse, tant à cause de la

(*a*) Revue sur l'original.

égèreté de la somme qu'à cause de la volonté où vous étiez d'y satisfaire.

Il n'y a point d'obligation de faire entendre la messe aux enfans avant sept ans; au contraire il peut y avoir de l'inconvénient; mais il faut pourtant peu à peu les y accoutumer.

Selon l'ordre du diocèse, le matin du Vendredi saint est au rang des fêtes. Je ne crois pas qu'on se doive faire une peine de ne pas venir à l'office pour les prophéties. Il suffit d'assister à la passion, à l'adoration de la croix et à la communion du prêtre. Encore ne voudrois-je pas absolument condamner ceux qui n'assisteroient pas à la passion toute entière, sans mépris et sans négligence. Celles qui ont des affaires ou des indispositions peuvent sortir et rentrer, sans s'en faire une peine, après avoir adoré la croix, ou durant la passion, s'il le faut, et pendant Vêpres. Je mets hors de peine par cette réponse Madame de Lusanci, et les autres qui auront des raisons à peu près semblables, quoique d'une autre nature.

LETTRE CLX (a).

A Meaux, ce 12 avril 1694.

Je crois, ma Fille, que vous aurez bien entendu que le petit mot que je dis à Madame de Notre-Dame sur les jalousies qu'on auroit à Jouarre, n'étoit qu'une petite raillerie très-innocente : car au reste je sais trop qu'une ame attirée comme vous à la vérité n'a point de ces jalousies de recevoir des civilités mondaines, qu'on doit et qu'on rend à tout le monde, encore moins de celles de voir des maisons et des jardins. Votre esprit est trop au-dessus de cela, et vous dites de trop bon cœur : *Sursùm corda*.

Il y a longtemps que je ressens dans vos lettres quelque chose de ce que vous m'expliquez enfin ouvertement sur Madame de Luynes. Je vous assure pourtant qu'il n'y a lieux sur la terre, sans en excepter les plus hauts, où je ne me sois expliqué sur sa vertu, sur sa sagesse, sur sa grande capacité pour les plus grandes places. Il est vrai en même temps qu'en considérant les dis-

(a) Revue sur l'original.

positions de la divine Providence sur elle et sur vous, j'ai cru que Dieu vouloit d'elle une abjection volontaire et une entière abnégation de tous les honneurs où elle pouvoit naturellement parvenir. Je suis encore dans cette pensée, et regarde ces desseins de Dieu comme la plus grande grace qu'il lui ait faite, après celle de lui avoir inspiré le mépris du monde. Que si je ne cherche pas autant à lui parler qu'à vous, ou si j'écoute davantage celles qui me parlent, c'est que Dieu ne lui donnant pas le mouvement de s'ouvrir à moi, je ne puis entrer avec elle que dans des généralités qui sont bientôt épuisées. Je vous prie pourtant, ma Fille, de me dire sincèrement et bonnement ce que je puis faire pour lui persuader toute mon estime : vous verrez qu'il n'y a rien que je ne fasse pour cela.

Sur le sujet de Madame votre abbesse, je ressens tout ce que vous en dites. J'ai dans l'esprit une lettre pour elle, où je lui exposerai en ami et en père tout ce que je crois de ses bonnes dispositions, et tout le tort qu'on lui fait en lui faisant plutôt écouter des pensées mondaines que celles qui la porteroient à sa perfection, et lui attireroient de très-grandes graces. Mais pour écrire ces choses il faut que Dieu auparavant se fasse entendre, et j'en attends le moment.

Vous pouvez mander au P. Moret, comme de vous-même, ce que vous m'écrivez. S'il ne falloit qu'un petit délai pour contenter la vanité de Madame de Soubise, qui à quelque prix que ce soit, veut avoir le foible avantage d'avoir emporté quelque chose sur moi, je suis capable de l'accorder, pourvu qu'ensuite le bien se fît ; car c'est tout ce que je désire.

LETTRE CLXI [a].

A Meaux, ce 27 avril 1694.

Je ne doute point, ma Fille, que Dieu ne vous veuille communiquer quelque nouvelle grace. Je vous y prépare il y a long-temps, par les continuels avertissemens que je vous donne de moins réfléchir sur la nature des graces. Dieu ne veut pas tant

---

(a) Revue ur l'original.

être étudié, et il ne se cache pas avec tant de soin qu'il fait dans les ames pour se laisser, je ne dis pas découvrir, mais trop chercher. Le moyen de modérer ces réflexions, c'est de se tenir *dans un profond abaissement devant Dieu*, n'en sortant que par force, c'est-à-dire quand une main souveraine à laquelle on ne peut pas résister nous en tire. C'est à quoi vous invite cette attente où Dieu vous tient.

Pour les réceptions, il faut laisser au Saint-Esprit le temps dont il veut bien avoir besoin pour mener les ames par les voies douces de son imperceptible providence, au point où il a dessein de les conduire.

Les agitations doivent précéder. J'aurai du moins fait ce que je dois. Il ne me souvient d'autre expédient proposé par le P. Moret, que de celui d'un délai illimité, moyennant quoi on me donnera toutes les paroles que je voudrai : cela n'étant qu'un amusement qui remettroit la conclusion au jour du jugement, je n'y ai pas donné, non plus que dans la voie du scrutin, qui est une autre illusion. Voilà pour la lettre du 25.

Pour celle du 26, je vous dirai assurément tout ce qui se pourra dire sur la suite de cette affaire. Tout ce que je vous ai dit par rapport à M. de la Trappe ne vous accuse de rien; mais vous explique seulement une vérité à laquelle il se faut tenir. Je loue le zèle que vous avez à me justifier. Vous ne songez peut-être pas qu'il y a des occasions où il faut être blâmé. Vous faites pourtant bien, pourvu que ce soit par les voies douces, et sans rien forcer ni tirer de trop loin.

Je n'ai nulle intention que l'affaire que j'ai proposée à Madame votre sœur réussisse : je ne laisserai pas de prendre tous les éclaircissemens, sans la commettre. Je n'écris rien à Madame de Baradat qui intéresse votre secret : vous l'avez bien conseillée, et j'approuve fort que dans l'occasion vous lui continuiez vos bons avis.

Ne sortez point de cette attente : noyez les réflexions dans le fond de la vérité et de l'abandon; vous verrez le don de Dieu. Vous avez eu raison de dire que je ne permets jamais la séparation des cérémonies d'avec le baptème, et on y est si fait qu'on ne m'en parle plus, Dieu merci. Je prie Notre-Seigneur qu'il soit avec vous.

J. Bénigne, évêque de Meaux.

Il faut dans cette conjoncture prier beaucoup pour Madame de Jouarre, le Dieu qui fléchit les cœurs : avertissez-en les amies sûres. Assurément elle est peinée, et ma lettre doit augmenter ses inquiétudes ; et si elle préfère Dieu au monde, qui la persécute jusque dans le sein de la vie religieuse, elle se rendra.

LETTRE CLXII (a).

A Germigny, ce 4 mai 1694.

Je vous rends graces, ma Fille, des prières que vous faites pour moi, et vous me ferez plaisir de les continuer. Je ne vous ai rien dit en particulier sur ces impatiences contre Dieu ; cela entre dans nos règles. Vous ne devez point les porter à la confession, ni vous en émouvoir, laissant tout à la bonté de Dieu, qui les permet pour vous exercer et vous humilier. Quand je vous donne des sujets de méditer, je les soumets à l'attrait de Dieu qui doit l'emporter. Vous devez continuer vos communions sans trop d'égard à votre santé, si ce n'est qu'il en arrivât quelque préjudice notable. Quand Notre-Seigneur désire de célébrer avec nous sa Pâque, il le désire pour nous plutôt que pour lui, et nous le fait désirer. J'approuve fort le désir que vous avez de le voir de la manière que vous l'expliquez : c'est le même qu'avoit saint Paul. Au lieu de nous mander qu'il y a des arrêts, le P. Moret devroit nous les envoyer.

LETTRE CLXIII.

A Germigny, ce 10 mai 1694.

Je suis bien fâché, ma Fille, de l'indisposition de Madame votre sœur et du retardement de votre retraite.

Il me semble que vous ne devez ni presser ni détourner Madame de la Tour, mais la laisser simplement à elle-même. La

(a) Revue sur l'original.

raison est que je ne vois rien qui détermine ni qui fasse bien connoître la volonté de Dieu. Je trouve cependant que Madame n'a pas raison de vous inquiéter sur son sujet, et vos sentimens sont justes.

Vous avez mandé tout ce qu'il falloit au P. Moret : son expédient est tout à fait pauvre. S'il y a des arrêts formels en cas pareils, il ne faut point tenter l'impossible : s'il n'y en a point, comme je le crois, je n'ai qu'à aller mon train. Je m'étonne en tout cas que le P. Moret, au lieu de m'envoyer ces arrêts, s'il y en a, s'amuse à une négociation qui n'est bonne à rien, comme je le lui ai mandé; et vous pouvez lui écrire sur ce sujet ce que Dieu et la raison vous inspireront.

On négociera inutilement le retour du sieur de la Burie. Je n'ai nulle nouvelle du P. Soanen.

Rien ne vous oblige à dire votre Bréviaire pour le lendemain plus tard que quatre à cinq heures.

Quand Dieu attire à des choses dont il montre qu'il ne veut point l'accomplissement, puisqu'il les rend impossibles, il nous fait un double bien : l'un, de nous sanctifier par un bon désir; et l'autre, de nous exercer et humilier par le refus.

Ce qu'il y a à faire dans cette foiblesse de la patience et dans toutes les complaisances qu'on a pour soi-même, c'est de s'humilier beaucoup sans perdre la confiance, au contraire espérer d'autant plus en Dieu qu'on trouve en soi un plus profond néant.

Il faut être sur les lieux pour profiter de tous les avis que vous me donnez sur certaines choses. J'y ai cependant beaucoup d'attention.

Il faut rendre graces à Dieu, si les écrits de la Cène ont quelque chose de touchant.

Je crois que pour bien régler toutes choses sur le sujet de ma Sœur Griffine, il faudroit prendre du temps, deux ou trois mois pour le moins : j'aurois le loisir entre deux de voir Jouarre, et on écouteroit Dieu. La matière est fort ambiguë en toutes manières. Voilà tout ce que je pense sur ce sujet. Mes sentimens de l'année passée ne concluent rien pour elle, parce qu'on peut parler plus ferme après l'épreuve : ainsi je suis en suspens.

Ne vous inquiétez point des doutes dont vous me parlez, ni du soin de les déposer. Tenez-vous aux règles que je vous ai données, qui vous défendent de vous troubler de la crainte du péché mortel, tant que vous n'avez point la certitude au degré que je vous y ai obligée. Ne voyez-vous pas que votre peine se tourne en toutes formes, pour vous ôter les règles sur lesquelles seules vous pouvez fonder votre paix? Donnez-vous bien de garde d'en sortir.

Je vous prie de dire à Madame de Baradat que je lui ferai réponse au premier jour.

Je loue Dieu des graces qu'il vous fait : je lui demande pour vous quelque chose de plus dégagé, de moins raisonnant et de moins réfléchissant dans votre fond, pour commencer cette nouvelle fortification.

Il n'est pas nécessaire de renoncer à ces délectables dispositions de l'amour de Dieu, mais de les perdre et de les retrouver dans quelque chose de plus nu, qui est la simple volonté de Dieu. Je le prie qu'il soit avec vous.

J. Bénigne, évêque de Meaux.

Je salue Madame votre sœur, et lui souhaite du soulagement.

Je serai ici à la Pentecôte : pour l'Ascension je n'en réponds pas.

LETTRE CLXIV.

A Germigny, ce 13 mai 1694.

Le P. Soanen m'a rendu votre lettre, ma Fille : il ne m'a parlé de rien du tout. Je l'ai mis sur le discours de la Sœur Griffine. Je ne me suis pas expliqué autrement que j'ai fait avec vous. Il dit toujours qu'il s'en veut aller, et à tout hasard je fais cette réponse. Je n'ai jamais eu de sentiment fixe sur cette Sœur. Qu'en pourrai-je dire par un moment d'entretien? Si l'on sursoit, on aura du temps pour examiner. Je suis d'avis que ce soit, si on le fait, avec douceur et sans aucun rebut. Je m'en suis ainsi expliqué au P. Soanen, m'en remettant au surplus sur la prudence de Madame.

Le reproche que je vous fais sur votre raisonnement, regarde uniquement tous les tours divers avec lesquels vous ne cessez de revenir à vos doutes et à vos scrupules, que je voudrois voir amortis; et j'espérerois plus de grace avec une conscience moins peinée : mais Dieu sait pourquoi il le permet : du reste continuez à votre ordinaire. Je salue Madame de Luynes.

LETTRE CLXV.

A Meaux, ce 15 mai 1694.

Le mystère de l'Ascension comprend trois choses principales, dont l'une est le grand détachement où il faut être à l'égard de Jésus-Christ même, qu'il ne faut plus connoître selon la chair, mais uniquement par la foi. O quelle pureté! quel détachement! La seconde, son intercession par sa présence auprès de son Père, qui paroît par les endroits de l'*Apocalypse*, où l'Agneau est devant le trône, et qui est parfaitement expliquée dans les dix premiers chapitres de l'*Epître aux Hébreux*, que vous lirez durant l'octave, sans discontinuer l'*Apocalypse*. La troisième est la descente du Saint-Esprit, qui devoit être le fruit, et de la présence de Jésus-Christ auprès de son Père, et de notre détachement.

Il faut beaucoup prier Dieu durant cette octave, pour les ames qui s'attachent trop à leur directeur. J'en ai ici un exemple qui me fait beaucoup de peine.

Quant à ma Sœur Griffine, je n'ai garde d'avoir formé un jugement fixe, la connoissant si peu. Si j'oublie si facilement tout ce que je semble avoir dit comme par un mouvement particulier, c'est qu'en effet je n'en fais nul cas et ne désire point qu'on en fasse, mais qu'on s'attache aux raisons. Ce qui me fait douter, c'est cet esprit de hauteur et même d'aigreur que l'on convient qui est en elle. La question est en quel degré, et s'il y a apparence qu'elle se corrige. Vous avez bien fait de porter ma Sœur de Saint-Louis à ne point quitter.

Il ne faut point que ces émotions contre le prochain empêchent la communion, et j'approuve fort en ce cas d'approcher de Jésus-Christ comme de celui qui calme les flots et les tempêtes.

Notre-Seigneur soit avec vous.

LETTRE CLXVI [a].

A Versailles, ce 24 mai 1694.

Sur vos lettres du 20 et du 22, il me semble qu'il n'y a rien à vous dire sur les lectures que vous pourrez faire. L'*Apocalypse* sera admirable avec les chapitres xiv, xv et xvi de saint Jean, en s'attachant à ce qui regarde la descente du Saint-Esprit et les caractères de cette divine personne, en y joignant le chapitre viii aux Romains, avec le v aux Galates, depuis le verset 16. Il me semble qu'il y a là de la pâture.

Vous ne devez point être en peine de ce que vous m'avez écrit sur ma Sœur Griffine, je sais la même chose par d'autres endroits et des deux côtés. Mais vous avez tort de dire que je sois prévenu contre elle : ce n'est point être prévenu que de vouloir écouter tout le monde, et sur le tout Dieu même et son Saint-Esprit. Vous êtes, dites-vous, mortifiée de ce que je ne vous crois pas en cette affaire autant que dans d'autres. Dès que le doute est levé, il n'en faut croire personne absolument, mais tout entendre. Dans le fond je suis toujours porté pour elle. Du reste le moyen dont vous me mandez qu'elle se sert contre ses imperfections est excellent, et je ne voudrois point lui en donner d'autre, ni lui souhaiter d'autres dispositions que celles que vous me marquez. Vous avez bien fait de la soulager en ce que vous avez pu et su : c'est très-bien fait de la fortifier contre les insultes qu'on lui fait ; car j'appelle ainsi ces mortifications qu'on multiplie sans mesure : je veux qu'on humilie et qu'on relève.

Vous n'avez fait aucun mal de dire à ma Sœur Griffine qu'elle pouvoit s'ouvrir de ses peines avec les circonstances que vous lui avez marquées. La manière dont Dieu a calmé ces peines que vous me marquez, vous montre la voie que vous devez suivre dans des occasions semblables. C'est assez de demander à Dieu par

[a] Revue sur l'original.

Jésus-Christ d'en être délivré, et puis aller en paix, se soumettant à la volonté de Dieu.

Vous n'avez point à vous mettre en peine, ni vous, ni les autres religieuses, de ceux qui manquent aux statuts sur l'habit ecclésiastique. C'est à moi à y pourvoir : je le fais et le ferai.

LETTRE CLXVII.

Le lundi de la Pentecôte, ce 31 mai 1694

S'unir à Dieu parfaitement comme à la souveraine vérité, c'est, ma Fille, le voir tel qu'il est et face à face. Voilà le dernier effet que fera en nous l'esprit de vérité ; et en attendant, pendant le temps de cette privation, pendant que l'éternelle et souveraine vérité ne nous paroît qu'à travers des ombres, et que nous en sommes privés, le même esprit se tourne en nous en esprit de gémissement, en esprit d'enfantement et de travail, en nous faisant déplorer notre privation et notre exil, et attendre avec patience la révélation des enfans de Dieu. Communiez dans cette pensée, non-seulement le jeudi, mais encore le mardi même ; et dites, si vous le voulez, que je vous ai demandé la communion du jeudi pour quelque vue particulière, comme je le fais en effet, après celle de mardi qui sera à la communauté. Je ne veux point que l'une empêche l'autre.

Ces changemens d'états, de quelque côté qu'ils viennent, car il ne faut point trop s'en informer, ne vous doivent point empêcher de recevoir la grace de Dieu. C'est une conduite de sa sagesse de laisser sa créature à elle-même, quelquefois même à la tentation et aux noirceurs qu'elle amène, après l'avoir occupée. On ressent davantage par ce moyen l'empire de Dieu et son propre néant, le combat des deux esprits et la supériorité de celui de Dieu.

Ne feignez point d'accompagner Madame l'abbesse, Madame votre sœur et vous, quand elle vous l'ordonnera, sans lui marquer autre chose que le plaisir de lui obéir et de la suivre. Je suis bien persuadé que vous lui serez toutes deux plus utiles que personne.

Je ne puis m'imaginer que ma Sœur *** ose se présenter pour entrer à Jouarre sans ma permission, et encore moins qu'on la reçoive : c'est un esprit fort peu propre à se faire voir dans une communauté.

Si quelque jour en visitant ses fermes, Madame votre abbesse vient à Germigny, je vous permettrai aisément de succomber à la tentation de la suivre avec Madame votre sœur et Madame de Lusanci. Car je sais bien que vous aimez à fond la retraite toutes trois, et que vous ne sortirez qu'avec l'esprit qu'il faut : mais il ne faut point lui inspirer cette pensée, qui pourra lui venir par elle-même et avec quelque raison.

Je ne partirai point de Jouarre sans y prêcher, s'il plaît à Dieu. Je tâcherai de vous rapporter le cantique; cela du moins ne tardera pas.

LETTRE CLXVIII.

A Paris, ce 4 juin 1694.

Je ne crois pas avoir rien de nouveau à vous dire. Vous n'avez, ma Fille, qu'à continuer vos exercices, vos confessions, vos communions, toujours attachée à vos règles et en vous mettant au-dessus ou au-dessous de vos peines. Je réponds toujours à Dieu pour vous, et vous offre à lui au saint autel.

Le livre va toujours, et même l'obstacle qu'on croyoit y pouvoir faire difficulté semble se tourner à rien. Je n'ai point vu le P. Moret. Notre-Seigneur soit avec vous. Je salue Madame de Luynes.

LETTRE CLXIX.

A Meaux, ce 8 juin 1694.

J'envoie la permission à Madame pour l'entrée que vous souhaitez. En ces cas, ma Fille, l'utilité fait toute la nécessité.

Il n'y a rien à faire du côté de M. de Paris : on ne sait ce que les papiers deviennent chez lui ; mais aussi on n'y regarde pas, et la plupart se perdent sans qu'on y pense. Je n'en garde guère des vôtres sur les dispositions particulières.

Reposez-vous en Dieu. Ceux qui vous disent que c'est amour-propre de craindre d'abandonner ce repos pour de bonnes œuvres, disent vrai et faux. Saint Augustin et saint Bernard décident souvent qu'on a peine à quitter la contemplation pour l'action. Ce besoin et l'ordre de Dieu décident. En ce cas si l'opération de Dieu est empêchée pour un temps, elle sait bien par où revenir.

Laissez-là tous ces vains efforts que vous feriez pour vaincre ces jalousies spirituelles; laissez-les passer : remettez votre volonté à Dieu par Jésus-Christ, afin qu'il fasse en vous ce qu'il veut.

Vous avez bien parlé à Madame la prieure sur ma Sœur Griffine. Je ne suis point surpris que ma Sœur de Sainte-Gertrude m'écrive : je lui fais réponse par Madame

Communiez cette octave tous les jours, si votre santé le permet. Abandonnez-vous à Dieu, afin qu'il fasse en vous par lui-même cet acte de désappropriation qui ne vous laissera en partage que les richesses de votre Epoux. Plus vous craignez de vous laisser occuper de Dieu, plus il se faut plonger à l'abandon dans cet abîme, et vaincre toute opposition. Ne vous forcez point pour pleurer, ne déplorez point de ne le pas faire : recevez ce qui vous vient : vivez en paix et dans une humble attente de Dieu. Lisez quand vous pourrez : quand Dieu voudra parler, quittez tout pour écouter ; un mot de lui vaut tout un livre.

Vous pouvez désirer ces saintes délectations, vous en réjouir en Notre-Seigneur, le prier de les continuer, et à quelque prix que ce soit de faire que vous l'aimiez.

Recevez sans vous mettre en peine si vous donnez quelque chose. Recevoir de Dieu c'est lui donner ; et comme il n'a pas besoin de nos biens, tout ce qu'il demande de nous c'est que nous recevions ceux qu'il nous fait. Cette disposition de recevoir ce que Dieu donne est de grand mérite devant lui. Une ame ne doit point chercher de mériter, mais de plaire à Dieu. Si elle sait plaire à Dieu, elle enferme tous les mérites dans cette science. Ne songez point à changer votre oraison. Les spiritualités où l'on désire que Dieu mette moins du sien, afin que l'ame y mette davantage, me sont suspectes ; et si l'on comprenoit bien que tout ce que nous pouvons mettre du nôtre dans l'oraison, s'il n'est pas de Dieu n'est rien, je crois qu'on seroit plus sobre à parler ainsi.

Les goûts sensibles pour lesquels les spirituels ordonnent une certaine sorte d'abnégation, sont d'une autre nature que ceux dont vous me parlez. L'imagination y a trop de part, et il faut outre-passer ses sentimens.

Je n'aime point non plus ces témoignages si sensibles d'affection. La sainteté de la vocation chrétienne et religieuse ne souffre point ces tendresses toujours trop humaines. Ménagez-vous pourtant avec certaines personnes qu'il ne faut pas rebuter pour leur bien. Ce train est mauvais, et il le faut rompre autant qu'on pourra.

Je crois présentement avoir répondu aux demandes de l'écrit que vous me donnâtes à Jouarre au dernier voyage.

Le bien dans cette vie n'est jamais sans quelque mal; mais il ne faut pas que le mal qui l'accompagne nous empêche de le goûter en lui-même. Voilà la résolution de bien des doutes. *Amen, amen*, il est ainsi. Notre-Seigneur soit avec vous.

LETTRE CLXX [a].

A Meaux, ce 9 juin 1694.

Il n'y a nulle difficulté de prendre cet argent avec la charge de nourrir les Filles, et de les élever aux conditions que vous me marquez. Cela n'a rien de commun avec le cas du concile. La conséquence est de faire de tels emprunts sans consulter la communauté : mais cela ne regarde pas Madame votre sœur plus qu'une autre, et c'est un point qu'il faudra prévoir dans mon règlement.

Je vous ai dit plusieurs fois, ma Fille, qu'il faut mettre ces jalousies et ces doutes sur la foi avec les autres peines, et s'y conduire par les mêmes règles, qu'il n'est pas bon que je recommence toujours. Je crois avoir répondu à vos autres doutes dans ma lettre d'hier, et il faudroit une bonne fois vous tenir pour dit que vos peines en venant d'un même fond, ne font que prendre d'autres

(a) Revue sur l'original.

formes. Dieu exerce votre patience à les expliquer, et peut-être un peu la mienne à y répondre et à dire la même chose. Je n'y ai nulle répugnance en vérité; mais cela peut empêcher de meilleurs discours, et restreindre un peu le cœur. Je suis à vous en Notre-Seigneur, ma Fille. Ne vous allez pas rebuter de m'écrire vos peines, quand vous verrez qu'elles vous accablent, et que vous ne pouvez les vaincre autrement: mais au reste mettez-vous au large et ne faites jamais dépendre vos communions d'une réponse; Dieu le veut ainsi.

LETTRE CLXXI.

A Meaux, ce 14 juin 1694.

Oui, ma Fille, c'est de bon cœur que je me rends garant pour vous auprès de Dieu que vous désavouez tout ce qui lui déplaît, et tout ce qui blesse la foi et la charité. Je désavoue tout cela pour vous : je renonce de bon cœur pour vous à Satan et à ses œuvres, et à ses pompes : donnez votre foi à l'Epoux céleste. Madame votre abbesse ne me répond sur quoi que ce soit : elle n'ose; mais je crois qu'elle le voudroit : j'espère que le temps de sa liberté viendra. Madame sa mère se déchaîne contre moi, principalement sur le refus : tout cela ce sont des couronnes ; et assurément, s'il plaît à Dieu, mon cœur n'en sera ni aigri ni altéré.

L'écrit dont vous m'avez envoyé copie vous peut convenir en quelque chose, mais peu, et en rien exactement. Je vous le renvoie pour en prendre ce qui vous sera propre : Dieu vous le fera sentir. Vous me ferez plaisir à votre loisir de m'envoyer une copie de ce même écrit. J'honore de tout mon cœur Madame votre sœur.

Je vous offre à Dieu sans relâche, surtout au saint autel. C'est là qu'on est Epoux et Epouse, n'ayant point puissance sur son corps, mais se le donnant mutuellement, et s'unissant corps à corps, cœur à cœur, esprit à esprit. O la divine société ! Tout à vous en Notre-Seigneur.

LETTRE CLXXII.

A Meaux, ce 18 juin 1694.

Le P. Claude s'est trouvé fort à propos pour vous porter cette lettre. Je commence par vous envoyer l'image au dos de laquelle j'ai suivi scrupuleusement, et toutefois pas trop bien, les règles de ma Sœur de Sainte-Gertrude. Je connois maintenant le P. Côme, et je le recevrai très-bien. Je profiterai dans l'occasion des avis que vous me donnez sur certaines choses qui se passent. Je vous renvoie la lettre de Madame de Soissons.

Vous me pouvez mander toutes les vues dont vous me parlez confusément, quel qu'en soit le sujet. Ne craignez pas de m'écrire ce qui me touche, que je lirai, s'il plaît à Dieu, comme vous le dites, c'est-à-dire comme s'il ne me touchoit pas.

Mandez toujours vos dispositions pour les soumettre. Cela se peut faire sans vous en occuper, et au contraire en vous détachant de tout ce qui n'est pas Dieu : ce qu'on soumet à l'Eglise n'attache pas.

On peut recevoir cette fille avec ses mille écus, s'il n'y a autre empêchement; mais la chose ne laisse pas d'avoir son danger. Je salue Madame votre sœur de tout mon cœur.

On me mande de Paris que Madame de Soubise doit bientôt aller à Jouarre; mais l'on ne m'explique pas si c'est avec le P. Bourdaloue. Je ne me défie point de ce Père. Notre-Seigneur soit avec vous.

LETTRE CLXXIII.

A Meaux, ce 18 juin 1694.

Ne vous affligez point, ma Fille ; Dieu vous regardera en pitié : communiez à votre ordinaire, malgré cette peine. Je réponds pour vous à Dieu de tout ce que vous ne pourrez pas faire : ne vous confessez point de tout cela. Ne capitulez point avec Dieu sur ce que vous voulez qu'il vous donne et qu'il vous ôte : tout est à lui ; et il ne s'en tiendra pas à votre mot, ni aux conditions que vous voulez lui imposer : il sait ce qu'il veut donner et ôter;

il n'y a qu'à lui dire avec Job : « Quand il me tueroit, j'espérerois en lui [1]. »

Si on vous parle des fèves, vous n'avez, Madame votre sœur et vous, qu'à écouter, dire doucement mes raisons, ne vous donner aucune part aux premiers desseins, dire que vous ne savez rien de ce que je veux faire ou ne faire pas ; mais seulement qu'il ne paroît pas que j'aie changé d'avis, et que je ne parle plus de cette affaire, sachant apparemment à quoi m'en tenir. Laissez-moi blâmer si l'on veut, sans vous animer à me défendre : dites que je dis là-dessus que Dieu me défendra. Notre-Seigneur soit avec vous.

LETTRE CLXXIV.

A Meaux, ce 21 juin 1694.

Ne songez pas, ma Fille, à être contente, ni à savoir si Dieu est content de vous : c'est un secret qu'il s'est réservé. Abandonnez-vous à lui, afin qu'il se contente lui-même en vous, et en toute créature, par sa volonté toujours sainte. Quelle joie de savoir qu'il est, et qu'il est heureux ! C'est la seule chose qui doit véritablement contenter une Epouse. Ce qui nous touche lui doit être remis par un abandon absolu et volontaire : c'est lui qui fait tout en nous, j'entends tout le bien ; et c'est lui seul qui nous empêche de faire tout le mal.

Je suis très en peine de Madame du Mans. Je vais demain en visite au Mesnil, d'où j'irai faire un tour à Paris pour quelques affaires. Notre-Seigneur soit avec vous. Je vous bénis de tout mon cœur, Madame votre sœur et vous.

Madame l'abbesse me fait part de la bonne compagnie qui lui arrive.

Ces dernières lignes sont écrites depuis la lecture de votre lettre du 19. Gardons-nous bien de juger de la sœur Griffine par nos dispositions. Il ne me reste plus rien de celle dont vous me parlez, et dont vous m'avez déjà parlé une fois : si elle est de Dieu, elle reviendra.

[1] *Job.*, XIII, 15.

LETTRE CLXXV.

Ce 22 juin 1694.

Je vous envoie, ma Fille, la lettre pour ma Sœur de l'Assomption, toute ouverte, afin que vous lui en fassiez la lecture, et lui en inculquiez les vérités dans l'occasion.

Je ne trouve pas que le sermon XLIX de saint Bernard vous puisse beaucoup soulager sur ces peines de jalousie : s'il le fait pourtant, à la bonne heure. Dieu fait un remède tel qu'il lui plaît de tous les discours de ses Saints ; mais ici le vrai et grand remède est dans les plaies du chaste Epoux, où l'ame trouve la source de tous les dons, et les aime dans toute la distribution qui s'en fait ; comme qui aimeroit l'eau dans le réservoir, l'aimeroit dans tous les canaux qu'elle remplit sans s'y gâter. Il est vrai qu'on peut dire à Dieu : *Non fecit taliter omni nationi*[1], et se réjouir par ce moyen de la singularité de ses dons, en tant qu'elle vient de lui, et que tout finalement se rapporte à sa volonté.

Pour les autres choses dont vous m'écrivez, je ne vois pas qu'il y ait à s'en mettre en peine. Je réponds en tout pour vous, et souvent, principalement au saint autel. Ne cherchons point d'explication avec Dieu dans la manière dont il agit en nous ; il la sait, et c'est assez.

Je vous ai déjà dit sur ma Sœur Griffine que quand on me dit des faits contraires, il ne s'agit pas de s'en rapporter à celles qui parlent. Les supérieurs doivent venir à éprouver et connoître autant qu'ils peuvent par eux-mêmes : c'est ce que j'ai conseillé à Madame de Jouarre, et de m'écrire ce qu'elle aura vu. Il vous est permis cependant de suivre vos lumières, mais non pas de croire qu'elles doivent être une raison pour moi. Assez d'autres choses vous doivent lier à ma conduite, sans celle que vous me marquez. Je ne crois pas qu'on ose proposer la réception de cette Fille autrement qu'on a fait la dernière fois pour son noviciat : si on le faisoit, vous et les autres religieuses sont en droit de refu-

[1] *Psal.*, CXLVII, 9.

ser leurs suffrages, et doivent plutôt n'en point donner ; mais déclarer seulement qu'il faut attendre mes ordres, sans contredire davantage, et sans tenir aussi la Fille pour (a).

LETTRE CLXXVI.

Versailles, ce 8 juillet 1694.

Je crois vous avoir mandé que ce qu'on croyoit pouvoir opposer au livre n'est d'aucune force, et ainsi qu'il pourra paroître bientôt. Je n'ai point vu le P. Moret : je ne partirai point sans le voir.

Il n'y a nul doute qu'on puisse procéder à la réception d'une Fille, quand il y auroit quelque point de la règle ou des constitutions qu'elle ne pourroit accomplir, pourvu que l'essentiel s'y trouvât. On m'a parlé de certaines choses qui regardent le coucher et l'habillement, qui sont un peu singulières.

Votre expédient sur les notes du livre qui doit paroître, n'est point à rejeter ; mais je crois les autres meilleurs. Laissez vaguer votre imagination : vous ne la sauriez retenir que par le fond, ni dissiper que par là toutes les images qu'elle fait rouler devant vous. Je réponds à Dieu que votre cœur n'y est pas attaché. Ne demandez point trop d'être délivrée de ces peines : songez à ce qui fut dit à saint Paul. « Ma grace te suffit, et ma force se perfectionne dans l'infirmité [1]. » Je vous entends bien ; allez en paix.

Que vous dirai-je du céleste Epoux ? Il faut qu'il parle, afin qu'on parle ; et quand il ne parle pas, il faut songer que son nom nouveau est inconnu, et sa gloire inénarrable. Vous ferez bien de continuer la lecture du *Cantique*, et vous approprier ce que l'Epoux et l'Epouse se disent mutuellement, surtout au dernier chapitre. Qui est cette petite Sœur qui n'a pas encore de mamelles ? N'est-ce point une ame à donner à Jésus-Christ, encore qu'il lui manque beaucoup de choses ? Ecoutez Dieu là-dessus : il faut glorifier Jésus-Christ à la vie et à la mort.

[1] II *Cor.*, XII, 9.

(a) Il manque ici un feuillet dans l'original. (*Les Bénéd. des Blancs-Manteaux.*)

Je n'oublie ni Madame de l'Assomption, ni ma Sœur Cornuau, ni vous, ni Madame votre sœur dans mes prières. Notre-Seigneur soit avec vous.

LETTRE CLXXVII.

A Versailles, ce 10 juillet 1694.

Continuez à m'écrire à votre ordinaire : ne croyez jamais que vos lettres ni rien du tout me rebute. Je prends beaucoup de part aux appréhensions de Madame de Sainte-Madeleine, et j'ai recommandé à Dieu de tout mon cœur la malade. J'apprends depuis qu'elle est morte. Je vous prie de faire mes complimens aux deux Sœurs : je ressens d'autant mieux leur juste douleur, que je connois mieux le sujet qu'elles ont de s'affliger.

Dites à Madame de Sainte-Madeleine que le saint Epoux aime qu'on lui offre un cœur percé de douleur comme le sien, et que ce sont de tels cœurs qu'il aime à percer des traits de son amour. Je prie Dieu de la soutenir si fortement qu'elle soit capable de consoler sa famille.

Priez Dieu qu'il m'inspire dans un grand besoin où je suis des plus pures lumières du ciel.

Notre-Seigneur soit avec vous.

LETTRE CLXXVIII.

A Germigny, ce 17 juillet 1694.

J'aurai soin, ma Fille, de faire passer votre lettre au P. abbé de la Trappe. J'approuve l'application que vous vous faites à vous-même du verset des *Cantiques* et de mon interprétation. Dans le dessein de vous conformer à la communauté, surtout dans l'office, n'en prenez point au-dessus de vos forces : Dieu ne demande pas cela de vous, et votre expérience doit servir de règle. Autre chose est de chercher la délivrance de cette humeur, autre de s'exposer à en augmenter la noirceur.

Je ne trouverois pas bon que vous vous séquestrassiez de l'office pour vaquer à l'oraison dans un coin : il faut assister du moins, s'il se peut, à une Heure, afin qu'on voie que vous faites ce que vous pouvez.

Le sentiment de M. de la Trappe, pour les réceptions, peut recevoir une restriction, si la Fille ne se trouvoit pas en état d'accomplir la plus grande partie et les articles les plus importans de la règle. Je vous promets de demeurer en suspens, jusqu'à ce que j'aie vu ma Mère de Saint-Louis et ma Sœur Griffine

Allez votre chemin dans l'oraison, et laissez-vous conduire à l'esprit de Dieu, en qui je suis tout à vous.

J. Bénigne, Ev. de Meaux.

P. S. J'approuve votre prière avec la lettre à la main, et je vous rends grace de la charité que vous avez pour mon ame.

LETTRE CLXXIX.

A Marly, ce 24 iuillet 1694.

J'ai reçu votre lettre du 19, ma Fille. Ne vous faites point un scrupule de vous être abandonnée au sommeil : vous le deviez, et vous le devez dans le même cas. Quoique Dieu nous occupe, on doit alors se désoccuper, en considérant les nécessités qu'il impose comme une loi souveraine, aimable même en ce point qu'elle est un exercice de sa justice sur notre coupable mortalité.

Je tâcherai de voir le P. Moret avant que de partir : mon départ est fixé au lundi 2 août. On achèvera les traductions commencées par M. du Bois (*a*). Sa Préface a été fort combattue : personne n'a approuvé ce qu'il a dit, à l'exclusion de l'imagination, dont il faut se servir pour prendre l'esprit.

(*a*) Philippe du Bois, de l'Académie françoise, traducteur d'un grand nombre d'ouvrages de saint Augustin, entreprit de prouver dans la Préface qu'il mit à la tête de sa traduction des sermons du saint docteur sur le Nouveau Testament, que l'éloquence humaine ne convenoit pas aux orateurs chrétiens, et qu'ils avoient tort de l'employer dans leurs prédications. La préface de M. du Bois fit d'abord impression sur beaucoup de personnes qui furent éblouies des raisons spécieuses qu'il apportoit pour soutenir sa thèse. Mais le docteur Arnauld, quoique ami du traducteur, le réfuta si solidement dans ses *Réflexions sur l'éloquence des Prédicateurs*, que tous ceux qui avoient applaudi à M. du Bois furent étonnés de voir qu'il ne s'appuyoit que sur de faux principes, et sur des raisonnemens très-peu solides. (*Les premiers édit.*)

On n'est point obligé de se confesser des mouvemens d'impatience auxquels on ne croit point avoir adhéré : mais s'ils ont paru sur le visage, ou par le son de la voix, on peut demander pardon à celle qui en a été le sujet, et on le doit régulièrement pour l'édification. Quand on s'en confesseroit, il n'y auroit point de mal en général : mais quand cela tourne au scrupule et retire des sacremens, il ne le faut plus. Qui veut aimer parfaitement, doit laisser bannir la crainte et dilater son cœur : il en est de même des autres dispositions.

Je répondrai à toutes les peines que vous me ferez connoître, en aussi peu de mots qu'il se pourra. Ne recommencez point votre Bréviaire que dans le cas de la règle, c'est-à-dire quand l'omission est certaine, et que l'on en peut juger. Je salue Madame votre sœur.

LETTRE CLXXX.

A Germigny, ce 4 août 1694.

Le P. Bourdaloue a bien voulu être le porteur du paquet où sera incluse cette lettre. Il nous a fait un sermon qui a ravi tout notre peuple et tout le diocèse.

J'ai, ma Fille, reçu votre lettre du jour de saint Jacques et celle du 27. Je suis toujours fâché quand il se trouve des obstacles aux saints désirs de Madame votre abbesse. Je ne veux pourtant point blâmer les excuses que vous lui faites sur la charge qu'elle a voulu vous donner de la conduite des converses : il n'y a que votre santé qui m'ait touché là-dessus. Du reste, quoique vos scrupules aient été un des motifs pour vous en retirer, ils sont d'une nature à ne point vous porter à faire de la peine aux autres.

Continuez vos communions : faites celle du samedi ; je vous connois assez pour prendre hardiment sur moi toute la faute. Dilatez-vous, et allez en paix. Je ne crains point l'illusion quand on se soumet ; et cela vous doit obliger à ne la pas craindre.

Le goût que vous avez quand on vous parle des délices de la possession de la vérité, est très-bon. Si Dieu ne vous donne pas le goût de la mortification, il ne faut pas vous en étonner : vous n'êtes pas en état de vous en servir.

Sur la lettre du 28, je plains avec vous les prédicateurs qui débitent des antithèses : l'Esprit de Dieu n'entre point par là.

J'enverrai dans quelques jours à Jouarre. Vous me ferez plaisir de m'envoyer par le P. Bourdaloue les cahiers dont vous me parlez : si vous y avez de la peine, j'enverrai dans quelque temps à Jouarre les quérir, et je répondrai aux difficultés. Dieu soit avec vous.

LETTRE CLXXXI.

A Germigny, ce 11 août 1694.

Sur votre lettre du 3, j'ai reçu les papiers que vous m'avez envoyés par le P. Bourdaloue. Je suis bien obligé à Madame de Sainte-Théodore, et je ne doute point de son affection. Il ne faut point s'arrêter aux discours qu'on rapporte de mes gens : il suffit que je reçoive agréablement les lettres de Jouarre, et les siennes en particulier. Je ne veux point décider l'affaire de ma Sœur Griffine; et si je le voulois, il seroit bien difficile que ce ne fût pas en sa faveur.

Je n'approuve pas les manières de rabaisser qui rebutent et découragent : la charité n'en veut point de telles. Vous ne devez point avoir de scrupule quand vous avez dit dans le moment ce que vous suggéroit votre conscience. Madame de l'Assomption me paroîtroit fort propre pour le noviciat.

Sur la lettre du 4, l'attrait pour la solitude est un préparatoire à un autre attrait, sur lequel il faut attendre et écouter Dieu. Vous eûtes tort de ne point communier samedi. La douleur de ne point aimer l'Époux qui est si aimable et si aimant, est la plus juste qu'on puisse avoir, et il faudroit fondre en larmes pour n'être point assez à lui. Priez-le qu'il vous possède, et livrez-vous à lui. Je le prie de vous rendre sa sainte présence ; mais je ne le prie pas de vous la faire toujours sentir. Je répondrai au surplus de cette lettre quand j'aurai vu l'écrit. Vous me ferez plaisir de m'expliquer votre acte d'abandon : il y en a un qui approche fort de tenter Dieu; ce n'est pas là le vôtre ni le mien. Pour le repos et le silence, je n'en suis pas en peine.

Sur la lettre du 5, vous avez bien fait avec le P. Bourdaloue. Vous ne serez jamais trompée, tant que vous exposerez vos dispositions; et c'est là le remède sûr contre les illusions. Envoyez-moi les papiers dont vous me parlez.

Sur la lettre du 6, vous trouverez l'explication du passage de saint Pierre à la fin des notes sur Salomon, dans le *Supplenda in Psalmos,* pages 644 et 645. Je n'ai point vu le P. Moret : le livre ira son train. Ne craignez jamais de m'importuner, mais seulement de vous resserrer le cœur que Dieu veut dilater. Samedi j'irai coucher à Meaux, dimanche l'office, lundi séjour, mardi coucher à Paris pour affaires très-nécessaires.

Celle de Rebais n'a aucune difficulté dans le fond. Il s'agit de savoir si les moines seront mes grands-vicaires : j'ai des raisons pour ne le vouloir plus : cela m'inquiète peu, parce que je serai toujours le maître de l'exécution.

Je salue Madame votre sœur de tout mon cœur. Dilatez-vous : que Dieu vous dilate.

J. Bénigne, év. de Meaux.

P. S. Je vous envoie deux exemplaires d'un *Discours sur la Comédie,* dont je vous prie de présenter l'un à Madame; l'autre sera pour vous et pour Madame votre sœur, etc., etc.

LETTRE CLXXXII.

A Germigny, ce 12 août 1694.

J'en userai, ma Fille, comme vous souhaitez avec ma Sœur Griffine; et qui plus est, je vous entendrai avant que de rien dire sur son sujet. On travaille toujours à Paris à empêcher l'édition du livre. Je verrai le P. Moret, quoique apparemment il n'aura rien à dire de nouveau.

L'acte d'abandon est excellent; mais j'ai mes raisons pour vous demander la manière dont vous le faites, non par aucun doute sur vous, mais par rapport à d'autres personnes qui le font très-mal, et de la manière qui induit à tenter Dieu ; ce qui est bien loin de vous. Continuez comme vous faites.

Je vous répondrai sur votre écrit et sur celui de l'oraison, s'il plaît à Dieu. J'ai envoyé à Madame l'abbesse la permission pour Madame de Sainte-Dorothée ; et en tant que besoin est, je la confirme par cet envoyé. Je vous offrirai à Dieu de bon cœur dimanche prochain.

LETTRE CLXXXIII.

A Germigny, ce 13 août 1694.

Je vous envoie, ma Fille, deux lettres que j'ai reçues aujourd'hui de M. de Chevreuse : il m'écrit de Forges du 9, et espère se rendre bientôt à Paris.

Je croyois recevoir aujourd'hui des exemplaires du *Discours de la Comédie*, pour en envoyer à Jouarre, surtout à Madame de Luynes. Je vous prie de lui faire mes excuses pour cette fois : car il n'en est point venu.

J'ai commencé à lire vos difficultés avec une pleine persuasion de la pureté de votre foi. Je n'ai lu encore que la première difficulté sur la confession, et je ne vois pas bien encore ce que vous désirez de moi. Car s'il faut entrer dans la discussion des passages de saint Chrysostome, de saint Basile, de saint Jean Climaque, vous voyez bien que pour cette seule question il faudroit un volume : que si je ne dis que deux mots pour trancher seulement ce qu'il faut croire, il y a à craindre que je n'augmente plutôt la difficulté que de la résoudre. Je répondrai pourtant le mieux et le plus tôt qu'il sera possible.

Quant à vos peines, je vous assure que vous n'avez qu'à demeurer en repos : allez en paix à Dieu et avec votre abandon ordinaire. J'ai connu et entendu tout : demeurez en sûreté et en repos. Communiez, confessez-vous à votre ordinaire, et ne vous départez point de vos règles, ni des ordres que je vous ai donnés pour votre conduite. Je prie Notre-Seigneur qu'il soit avec vous. Je pars lundi pour Paris.

LETTRE CLXXXIV.

A Meaux, ce 16 août 1694.

Je ferai rendre vos lettres au plus tôt, et les enverrai à Forges à M. votre frère. Je ferai ce que je pourrai pour l'obliger à vous venir voir, et même vous l'amener : je l'y ai vu fort disposé. Vous m'avez fait plaisir de m'envoyer copie d'un petit avis, que je ne me souvenois plus de vous avoir donné sur l'oraison. Il me semble que vous y pourriez trouver la résolution de vos peines. La règle est de suivre l'attrait : lorsqu'il y en a deux qui sont bons, comme les vôtres, on les peut suivre alternativement; dans le moment, celui qui est le plus fort et qui prédomine, celui enfin pour qui on se sent le plus de facilité et qui produira le plus de fruit, sans négliger ni l'un ni l'autre, tant qu'il plaît à Dieu de les continuer : s'il en ôte l'un, garder l'autre, et ne se croire pas plus parfaite pour cela, parce que la perfection consiste dans la volonté de Dieu.

Saint François de Sales dit : Active, passive ou patiente, tout est égal, pourvu que la volonté de Dieu soit suivie. C'est, ma Fille, ce que je vous dis, et la décision de vos doutes. Seulement gardez-vous bien de quitter vos communions et vos exercices, ni de vous laisser empêcher par le scrupule. Vos règles et la confiance vous mettront au large ; le saint abandon pour faire et recevoir ce que Dieu veut, et y coopérer selon qu'il le veut, qu'il y attire ; s'exciter même dans la langueur à se remettre paisiblement entre ses bras ; ne point craindre l'illusion quand vous marchez dans les voies que vous m'avez exposées ; vous souvenir que je réponds pour vous à Dieu, et vous attache à l'obéissance : voilà tout pour vous.

Je suis très-content de l'écrit du P. Toquet, qui est bien plus sûr dans ses maximes que plusieurs de ceux qui écrivent de cette oraison. Dieu n'envoie pas deux attraits même opposés pour tenir l'ame en incertitude, mais pour suivre tantôt l'un, tantôt l'autre, suivant le mouvement présent.

Je ne vais point à la Trappe ce voyage. J'ai différé le synode à la fin d'octobre : cela ne veut pas dire que mon voyage soit long ; je n'en sais pas davantage.

LETTRE CLXXXV.

A Paris, ce 23 août 1694.

Votre conclusion, ma Fille, sur les chansons de l'opéra est fort bonne ; et c'est bien fait de les éviter. Vous avez tort de croire que votre recommandation ne soit pas bien forte ; le bénéfice est donné. M. d'Ajou ne doit pas se tenir exclus des graces en son temps. Je ne m'éloignois pas de mon déni ; mais Madame l'abbesse y a de la peine, et ce n'est pas sans raison.

N'hésitez point à m'écrire ce qui vous a été donné par rapport à moi : ne croyez jamais que je reçoive rien en me moquant ; je ne déteste rien tant que l'esprit de moquerie.

La foi nue est la foi sans aucun soutien sensible, contente de son obscurité, et ne cherchant point d'autre certitude que la sienne, avec un simple abandon.

Je ne me souviens pas bien distinctement du passage de sainte Thérèse. S'il n'est point dans votre écrit de l'oraison, je vous prie de me le marquer. Je n'ai aucun loisir de répondre à vos demandes sur l'écrit du P. Toquet.

Je crois répondre à tous vos doutes, en vous disant de suivre l'attrait. Rappelez-vous le mot de saint François de Sales : Active, passive ou patiente, tout est bon, pourvu qu'on suive la volonté de Dieu.

Les petits caractères du livre du P. Toquet me peinent un peu, et c'est une des raisons qui m'empêchent de vous répondre. Notre-Seigneur soit avec vous. Comment dites-vous que je ne vous bénis pas ? quand je mets ce mot, c'est une vraie bénédiction.

LETTRE CLXXXVI.

A Paris, ce 25 août 1694.

Vous êtes, ma Fille, punie par vos peines de celle que vous avez eue de me mander franchement toutes vos vues : faites-le toujours sans hésiter. Ne craignez rien; je réponds toujours a Dieu pour vous. Que l'obéissance a de grands effets! Vous n'avez rien à craindre, encore un coup, en agissant dans cet ordre. Que Dieu est grand, et que ses opérations dans les ames sont merveilleuses! Elles s'appliquent par l'obéissance : c'est la mère des vertus et le remède certain pour éviter les illusions. O vérité! ô vérité! puisse-t-elle vous faire vraiment libre, selon la parole du Fils de Dieu!

LETTRE CLXXXVII.

A Versailles, ce 29 août 1694.

Il y a, ce me semble, trois points à résoudre dans votre lettre. Premièrement vous demandez si vous entrerez dans la dévotion de Madame de Sainte-Gertrude : j'y consens; faites-le par obéissance, dans une union avec elle et celles à qui j'en explique les lois, sans faire aucune austérité ni station. Vous verrez le reste dans la lettre que Madame de Sainte-Gertrude vous communiquera.

Secondement, sur cet abandon : c'est assez que vous sachiez que je l'approuve, sans vous mettre en peine davantage de pénétrer les desseins de Dieu. Il veut quelquefois qu'on entre dans ses desseins comme dans une certaine obscurité douce, où l'on acquiesce à sa volonté sans en voir et sans en vouloir voir le fond. En général, vous pouvez croire que le dessein de tels jeux de Dieu, qui laissent un goût dont il semble ne vouloir pas l'accomplissement, mais pousser l'ame par des instincts d'une autre nature, est de la rendre souple sous sa main et mobile à lui seul : ce qui doit d'un côté produire au fond une grande humilité, et de l'autre une grande confiance en sa bonté.

En troisième lieu, je ne sais pourquoi vous voulez que je vous parle de mes dispositions sur le sujet des vues que Dieu vous a données. Il ne faut jamais me presser sur de telles choses, sur lesquelles je n'ai jamais rien à dire qu'il soit utile de savoir, et je devrois suivant mes règles garder un éternel silence. Et toutefois je veux bien vous dire qu'en parlant de l'attrait, vous avez raison ; car celui de la vertu dont vous parlez m'a été donné en un haut degré; en sorte que je la vois toujours comme un fondement d'une sainteté éminente : mais autre chose d'en avoir l'attrait, autre chose d'y être fidèle autant que Dieu le demande. Tout est dit; n'y pensez pas davantage. Je verrai l'endroit de sainte Thérèse. Notre-Seigneur soit avec vous.

P. S. Vous m'avez autrefois envoyé un passage de saint Bernard, sur les graces attachées au souvenir de quelque homme. Votre écrit est à Meaux : marquez-moi seulement l'endroit de ce Père.

LETTRE CLXXXVIII.

A Meaux, ce 10 septembre 1694.

J'ai reçu avec plaisir, ma Fille, votre lettre du 7. Ne doutez point que je n'aie reçu toutes celles que vous m'avez adressées à Paris. J'ai fait réponse à quelques-unes, et je m'étois proposé de faire réponse à toutes, et à vos écrits, que j'avois mis à part pour cela dans un porte-feuille séparé. Je l'ai oublié dans une armoire, où je l'avois renfermé avec tout ce qui regardoit Jouarre. Je demande pardon à Dieu et à vous de cet oubli. La chose est irréparable jusqu'à mon retour à Paris, qui sera le 15 octobre. Je vous verrai, s'il plaît à Dieu, avant ce temps-là. Je suis vraiment peiné de mon oubli; car j'aurois passé les trois jours de Germigny, qui précéderont mon voyage de Châlons, dans cette occupation. Mortifiez-vous, et croyez que cela me mortifie beaucoup : au moins ne soyez en peine de rien; tout est renfermé sous une clef que je porte toujours avec moi.

J'enverrai à Jouarre lundi pour prendre congé de Madame et de vous. Je partirai mardi pour Châlons : ce voyage pourra durer quinze jours. Je reviendrai à Germigny, d'où je vous irai voir sans manquer.

Je ne manquerai pas de vous offrir à Dieu très-particulièrement le jour de votre baptême. Je répondrai de nouveau à Dieu pour vous, et me conformerai à tous les désirs que vous me marquez.

Je salue de tout mon cœur Madame de Luynes et nos autres chères Filles.

† J. BÉNIGNE, év. de Meaux.

P. S. Regardez toujours ces chagrins comme un instrument dont Dieu se sert : tout est graces en ses mains. Je ne prétends point vous empêcher de vous occuper de ces attraits dont vous me parlez. Dieu a mille moyens de me faire paroître à vos yeux meilleur que je ne suis, sans offenser la vérité : ne vous appuyez qu'en lui seul. Songez au sermon xiv de saint Bernard. Notre-Seigneur soit avec vous

LETTRE CLXXXIX.

A Germigny, ce 13 septembre 1694.

J'ai reçu, ma Fille, toutes les lettres dont vous me marquez l'envoi. Que le jour de votre baptême, qui est aujourd'hui, soit pour vous un jour de saint renouvellement. Je ne manquerai pas de vous y offrir à Dieu. Vous aurez de mes nouvelles de Châlons, et vous en ferez part à nos chères Filles. C'est toujours demain mon départ. Je dirai la messe à l'intention de Jouarre, afin que Dieu y daigne suppléer mon absence par sa présence plus particulière.

Je voudrois que vous eussiez été plus soumise sur l'oubli de vos papiers, non point par rapport à moi qui ai tort, mais par rapport à Dieu qui l'a permis. Je vous assure du moins que le cours de ses miséricordes et de toute votre conduite n'en souffrira rien. Toutes vos peines, quelles qu'elles soient, et en quel temps qu'elles viennent, n'empêchent pas la vérité des dons de Dieu, et en particulier de l'impression du sang de Jésus-Christ, dont en effet vous ne m'aviez jamais témoigné de semblable sentiment : mais c'est que l'Epoux de sang vous a voulu donner cette marque de son union avec lui.

Les actes ne laissent pas d'être méritoires, quoique reçus : autrement, comme tout est reçu, il n'y auroit rien de méritoire. L'acceptation volontaire de ce que Dieu fait lui est toujours parfaitement agréable ; et la force de son action empêche si peu la nôtre, qu'elle l'excite, quoique ce soit pour ensuite l'absorber tout en elle-même. Cela est ainsi ; Dieu veut qu'on le croie, sans même l'entendre : s'il ouvre les yeux, il faut voir sans curiosité ni recherche.

Je répondrai bien assurément à tous vos papiers, s'il plaît à Dieu. Soyez soumise à l'ordre pour ce qui en peut arriver à l'heure de ma mort : j'y donne l'ordre que je puis. Soyez-la aussi pour l'impression de ce livre. Je vous trouve trop vive sur ce sujet-là : Dieu veut une attente plus tranquille de ses volontés. Vous faites bien de me dire le bien et le mal. Laissez passer toutes les peines que vous me marquez, et suivez vos règles.

Le P. Toquet est un saint, et moi-même je suis disposé à me mettre sous sa conduite plutôt qu'à en retirer qui que ce soit : mais vous n'avez à vous attacher qu'à celle où vous êtes.

Ce n'est pas assez de brûler ; il faut se laisser consumer des flammes dont vous me parlez, et demeurer allumée comme une torche qui se consume en elle-même toute entière aux yeux de Dieu : il en sait bien retirer à lui la pure flamme, quand elle semble s'éteindre et pousser les derniers élans. Saint Paul nous a appris que ce feu ne périt jamais [1], et l'Epouse a chanté que les eaux ne l'étouffent point [2].

Consolez nos Filles, et dites-leur que si Dieu leur donnoit des espérances, elles ne seroient point filles d'Abraham, qui vivoit en espérance contre l'espérance.

Il ne faut point s'attacher à ces dispositions qui passent ; mais s'en servir pendant que Dieu les envoie et les entretient, pour s'unir au seul qui ne passe pas. C'est l'état de cette vie, de passer et s'écouler continuellement par le temps à l'éternité. J'ai lu avec plaisir les endroits de saint Bernard et de sainte Thérèse. C'est une chose admirable comme Dieu unit à ses ministres, et comme il veut en même temps qu'on s'en détache.

Notre-Seigneur soit avec vous à jamais. Consolez de ma part Madame la prieure. Madame se chargera de lui porter ma bénédiction. J'offre à Dieu Madame de Montmorency, et les regrets avec les besoins de toute la famille en cette occasion.

[1] I Cor., XIII, 8. — [2] Cant., VIII, 7.

LETTRE CXC.

A Châlons, ce 18 septembre 1694.

J'ai, ma Fille, reçu votre lettre du 15. Vous me ferez toutes grand plaisir, et vous beaucoup en particulier de vous souvenir de moi le jour de mon sacre : je ne vous y oublierai pas. L'anniversaire de la consécration d'un évêque est une fête pour le troupeau, et autrefois elle étoit dans le calendrier. Ma santé est parfaite, Dieu merci. Je vous bénis de tout mon cœur, et Madame de Luynes, etc., et très-particulièrement Madame la prieure.

LETTRE CXCI.

A Châlons, ce 22 septembre 1694.

Monsieur l'abbé de Soubise a passé ici, et y a laissé en passant votre lettre du 21. Je continue demain mon voyage à Reims, et incontinent après je tournerai face vers Germigny. Mon chemin est de passer par Soissons : ainsi j'espère y aller rendre à Madame de Soissons la visite que je lui ai promise. Elle a satisfait tout le monde, et je ne vois personne qui n'en dise beaucoup de bien. Ma santé est parfaite par vos prières. Je vous rends grace, ma Fille, et à toutes nos chères Filles. Je prends beaucoup de part à la douleur de Madame de Luynes et à la vôtre. Je serai, s'il plait à Dieu, dans le diocèse dans cinq ou six jours. Je suis à vous comme vous savez. Demeurez ferme dans vos règles. Notre-Seigneur soit avec vous.

LETTRE CXCII.

A Germigny, ce 5 octobre 1694.

J'ai reçu vos lettres du 2 et du 3. Laissez-là les abbayes et les louanges des hommes: il n'y a qu'une occasion où il faille être loué, c'est quand Jésus-Christ paroîtra. En attendant il faut dire : « Mon ame sera louée en notre Seigneur[1]. » Qu'est-ce qu'on

---
[1] *Psal.*, XXXIII, 3.

appelle élévation, avantages, et tout le reste? C'est le langage des étrangers qu'on apprend pendant son exil, et non pas celui des citoyens. Madame votre sœur rempliroit très-bien une telle place : mais si elle sait bien remplir celle d'une humble religieuse, elle aura moins de complimens, mais plus d'estime, du moins de ma part. Je n'approuve point le zèle de celles qui, sous couleur de procurer le salut des autres, veulent s'agrandir et devenir séculières après avoir été religieuses. Une abbesse qui n'est pas plus petite dans cette dignité que dans son abjection, ne connoît pas la valeur du précieux néant de Jésus-Christ. Il est vrai, j'ai une idée de la pauvreté intérieure et extérieure, qui me la fait aimer comme Jésus-Christ. Tout ce qui m'environne me semble emprunté, et tout ce qui semble m'agrandir au fond ne me fait voir que le vide infini de la créature. De quoi se remplit-on, hélas ! et dans quelle inanité demeure-t-on, lorsqu'on ne prend que des ombres avec une main et une bouche avide ! « Vanité des vanités, dit l'*Ecclésiaste*, vanité des vanités, et tout est vanité[1], » et on ne peut assez nommer la vanité.

Je ne savois point la maladie de Madame la princesse de Rohan, et vous m'avez fait plaisir de me la mander. Je salue de tout mon cœur Madame votre sœur. Je lui connois de tout temps un bon cœur, et un esprit solide.

Je trouve bien faux que la sainte délectation de l'amour divin diminue la liberté. Je ne puis vous assurer du jour de mon arrivée à Jouarre ; ce ne peut être déjà avant le synode. Je répondrai à ce que vous m'écrirez : en attendant mon cœur me presse pour Jouarre.

Si Dieu vous veut environner et au dehors et au dedans, et dans l'intellectuel et dans le sensible, laissez-le faire. Tout ce qui fait aimer Dieu est bon : mais l'aimer, c'est vouloir sa gloire au-dessus de tout.

Je me suis ouvert au P. Toquet de mon dessein : je l'ai trouvé comme je le souhaitois ; il ne faut que trouver un temps.

Vous parlez beaucoup d'abbayes, et vous y revenez souvent. Laissez là ces vaines grandeurs, ce vain éclat ; il n'en faut pas

[1] *Eccle.*, I, 2 ; XII, 8.

tant parler, même pour le mépriser. Je prie Notre-Seigneur qu'il soit avec vous.

LETTRE CXCIII (a).

A Germigny, ce 10 octobre 1694.

Je me suis très-volontiers offert à Dieu, ma Fille, pour continuer à prendre le soin de votre ame. La pensée qui m'est venue en le faisant, c'est de vous unir aux volontés secrètes de Dieu pour votre sanctification et pour la mienne, en unité de cœur; non que je souhaite ces correspondances à mes dispositions, qui en vérité sont moins que rien par rapport à moi: au contraire je vous conseille d'outre-passer tout cela, et de ne regarder en moi qu'un ministre de Jésus-Christ, et un docteur sincère et désintéressé de la vérité; car je vous permets de vous unir à cette disposition, que vous avez sujet de croire en ma personne quoique indigne. Tout le reste, en vérité, est sans fondement: mais si Dieu veut honorer, comme disoit saint Bernard, l'opinion qu'on a, ou plutôt que vous avez de mes bonnes dispositions, qui suis-je pour empêcher ses conseils?

Ce chagrin, quoi qu'il en soit, et quelle qu'en soit la cause, est un instrument de Dieu, dont il faut le prier de se servir pour ses fins cachées; et après l'avoir prié de l'ôter, il faut acquiescer à la réponse qui dit: Il suffit. Je ne dis pas pour cela que ce soit un ange de Satan: mais je dis que la vertu se perfectionne dans ces infirmités comme dans les autres. Quand vous comparez vos fautes avec les dons de Dieu, concluez que Dieu est bon au-dessus de toute idée des hommes et des anges, et dites-lui en confiance: « Mon Dieu, ma miséricorde [1] ! »

Les croix régulièrement sont une marque de l'amour de Jésus-Christ: quand on n'en profite pas, c'est un motif de s'humilier, et par là de se crucifier encore davantage. Tout va bien dans la vie spirituelle, pourvu qu'on ne perde jamais courage; ou quand on

[1] *Psal.*, LVIII, 18.
(a) Revue sur l'original.

le perd, qu'on aille avec un cœur humble et désolé le rechercher en Jésus-Christ qui est notre force.

Ma visite à Jouarre aura ses momens, que je ne puis encore connoître précisément. Pour le voyage de la Trappe et des Clairets, j'en doute pour cette année. J'avois d'abord résolu d'enfermer la lettre de Madame de Maubourg dans votre paquet; cela m'a échappé. Beaucoup de choses commencent à m'échapper de cette sorte, dont je suis fâché. Faites mes excuses à Madame de Maubourg.

Venons à la lettre du 7, et à l'endroit de la prière et de la foi nue. Tous les mystiques que j'ai vus n'en ont jamais donné une idée bien nette. La définition que je vous en ai donnée est celle que j'ai recueillie de ceux qui en ont parlé le plus nettement. Votre auteur, qui met dans cette foi nue la consommation de l'état mystique et de l'union avec Dieu, s'éloigne de leur langage. La foi nue, selon eux tous, est celle par où commence la contemplation, ou en autres termes l'oraison de recueillement, de quiétude, de simple présence, qui toutes ne signifient que la même chose. Tout cela est fondé sur cette foi nue, qui proprement fait le passage de l'état considératif, ou méditatif, ou discursif à l'état contemplatif. Car, disent-ils, l'ame exercée dans la méditation, où elle agit par raisonnement ou par lumière, en vient par là à n'avoir plus besoin de méditations, de discours, de réflexions, de raisonnemens; et c'est alors que n'ayant besoin ni de lumière ni de goût, elle est conduite par une simple foi nue et obscure où elle plonge et perd tous ses goûts, tous ses soutiens et appuis sensibles. Ce pas est grand, selon eux; mais infiniment au-dessous des autres états, dont le dernier est non pas précisément l'anéantissement, mais l'anéantissement en Dieu, qu'ils appellent transformation, déification, perte en Dieu, union parfaite, et parfaite consommation du sacré mariage de l'ame avec Jésus-Christ son Epoux.

Que la foi nue commence seulement alors, c'est renverser les principes de tous les autres; et je ne m'étonne pas que cela soit arrivé à ce docteur. Ceux qui comme lui font à Dieu une méthode et l'astreignent à certain nombre de degrés, à quatre comme celui-ci, et à plus ou moins selon les autres, sont sujets à des pensées particulières.

Ce rayon que met votre auteur est encore une invention de son esprit : peut-être pourtant n'est-ce qu'un langage, qui réduit en termes communs, reviendroit à peu près aux pensées des autres mystiques. En général, ils sont grands exagérateurs, et peu précis dans leurs expressions; en sorte que qui prendroit ce qu'ils disent au pied de la lettre, il n'y auroit pas moyen de le soutenir. Par exemple, quand celui-ci dit que la foi nue nous élève jusqu'à l'état ou conversation des bienheureux, c'est parler contre saint Paul, qui enseigne que la foi n'est plus dans cette béatitude[1]. Pour être bien assuré du sentiment de cet homme, il faudroit peut-être l'entendre parler, et peut-être qu'on trouveroit bien à rabattre de ses expressions outrées. Pour moi, sans entrer dans ces discussions, je crois pouvoir vous assurer que les larmes dont vous me parlez ne sont pas de celles que produit la pure sensibilité, et que les nouveaux spirituels décrient si fort; mais plutôt elles ont leur source dans la même grace pour le fond, quoique non en même degré, qui faisoit couler celles de David, celles des autres prophètes, celles de saint Paul, et pour aller au premier principe, celles de Jésus-Christ même.

Pleurez donc, pleurez encore un coup, et laissez pour ainsi parler dissoudre votre cœur en larmes. Il n'est pas besoin de savoir pourquoi vous pleurez, non plus que de demander (si l'on aime), quand on aime sans savoir qui, ni pourquoi, parce qu'on se perd dans quelque chose aussi souverain qu'inconnu. Il faut aimer sans songer qu'on aime, souvent même sans le savoir, encore moins sans savoir pourquoi; car il n'y a point de raisons particulières. C'est ce que dit la sainte Epouse : « Il est tout aimable, tout désirable : » *Totus desiderabilis*[2]; selon l'original, tout amour. Voilà ce que j'appelle la foi nue, qui n'a besoin ni de goût, ni de sentiment, ni de lumière distincte, ni de soutien aperçu; mais qui, contente de sa sèche obscurité et simplicité, y demeureroit l'éternité toute entière, si Dieu le vouloit : mais comme elle sait qu'il ne le veut pas, elle s'élance sans cesse vers l'état où cet

---

[1] I *Cor.*, XIII. — [2] *Cant.*, v, 16.

obscur et cet inconnu se changera en pure lumière, pour nous abîmer par là éternellement dans l'amour parfait et consommé. Je n'en sais pas davantage, ou ce que je sais davantage n'est pas nécessaire.

Je ne puis dire quand je pourrai vous aller voir : croyez seulement qu'il ne m'entrera jamais dans la pensée de différer ce voyage, par la crainte d'être importuné sur ce que j'aurai à faire ou ne faire pas.

Mandez-moi ce que vous saurez des mesures qu'on aura prises sur la vêture de Mademoiselle de Soubise : le dessein étoit de la faire avant la Toussaint. Je ne sais si la petite vérole, ou quelque autre raison, n'aura pas changé cette disposition. Je ne veux pas le demander à Madame de Jouarre, qui continue à ne m'écrire que des complimens avec une affectation manifeste de ne me parler de rien. Je vais ce soir à Meaux, pour préparer lundi le synode, et le tenir mardi. Après cela je commencerai à chercher à m'affranchir pour vous aller voir. Je salue Madame de Luynes. Notre-Seigneur soit avec vous deux.

J. Bénigne, év. de Meaux.

P. S. Sainte Teutechilde, priez pour votre troupeau et pour leur pasteur.

LETTRE CXCIV.

A Meaux, ce 12 octobre 1694.

Il faut encore, ma Fille, vous donner avis que j'ai reçu, outre la lettre qu'un de mes gens qui avoit été à Jouarre m'a rendue, une autre lettre de vous du 10. Vous m'avez fait grand plaisir de faire pour moi la demande que vous avez faite, qui m'est en verité fort nécessaire.

J'approuve vos larmes, et je les offre à Dieu de tout mon cœur. Dieu vous fasse la grace de perdre et de plonger toutes vos lumières et toutes vos vues particulières, tant sur moi que sur toutes choses, dans cette sainte et divine obscurité de la foi, et n'avoir de soutien qu'en elle : non que je veuille anéantir ces lumières ni ces vues qui sont bonnes et utiles ; mais je veux que vous ne mettiez votre appui que sur Dieu appréhendé par la foi, selon ce qui est écrit : « Le juste vit de la foi. » Tout à vous en Notre-Seigneur.

LETTRE CXCV.
A Germigny, ce 16 octobre 1694.

Vous vous êtes émue sans sujet, ma Fille. Je n'ai pas dit un seul mot de foi nue, je n'ai point parlé de vos dispositions : j'ai parlé de vues et de lumières, qui toutes doivent céder à la sainte obscurité de la foi, non de la foi des mystiques qu'ils n'ont point encore définie, mais de celle des chrétiens que saint Paul a définie si nettement. J'ai toujours tenu pour maxime que toutes vues et lumières doivent se réunir au principe de la foi, qui seule ne nous peut tromper. On peut se tromper à croire dans quelqu'un de certaines dispositions, telles que celles que vous croyez ressentir en moi : mais on ne peut se tromper à réduire tout cela au seul principe de la foi, dont la sainte et divine obscurité est accompagnée d'une certitude qui ne nous trompe jamais.

Ces saintes délectations dont vous désirez la continuation appartiennent à l'amour, et en sont ou la nourriture ou la flamme. Je n'ai point reçu la lettre dont vous me parlez ; elle viendra. Je vous prie de témoigner bien particulièrement à Madame que je suis touché de son mal, et que je rends graces à Dieu de sa guérison, que je suppose à présent très-parfaite.

Il suffit que ma Sœur Cornuau sache que j'ai reçu son billet. Il est sans doute que dans la visite je commencerai tout le scrutin.

Notre-Seigneur soit avec vous.

Rassurez bien celles qui craignent que je ne relâche mes soins sur Jouarre ; on verra que non. Je salue Madame de Luynes.

LETTRE CXCVI.
A Germigny, ce 26 octobre 1694.

Je me mets devant Dieu, ma Fille, pour vous expliquer en simplicité, indépendamment des pensées particulières des mystiques, ce que l'Ecriture me fait entendre sur l'oraison de la foi.

La foi est le principe de l'oraison, conformément à cette parole : « Comment invoqueront-ils, s'ils ne croient pas [1] ? » Par cette foi, j'entends la foi commune des chrétiens, que saint Paul a définie en cette sorte : « La foi est la substance et le soutien des choses qu'il faut espérer, la conviction des choses qui ne paroissent pas [2]. » Cette conviction est expliquée par ces paroles du même Apôtre : « Il sut pleinement, il eut une pleine persuasion que Dieu peut faire tout ce qu'il promet [3]; » et c'est encore ce qu'il appelle ailleurs « la plénitude de la foi et de l'espérance [4]. » Cette même foi, sur quoi est fondée une si pleine confiance et espérance, est en même temps animée par la charité, selon ce que dit saint Paul : « La foi opère par la charité [5]. »

Voilà donc les trois vertus des chrétiens, la foi, l'espérance et la charité, fondées primitivement sur la foi : c'est ce qui fait dire au Prophète, et après lui à saint Paul : « Le juste vit de la foi [6]. » S'il vit de la foi, il prie en foi, et la foi comprend toutes ses prières.

Il faut donc être appuyé sur ce fondement ; et c'est là ce qui constitue le chrétien. L'homme comme homme s'appuie sur la raison, le chrétien sur la foi : ainsi il n'a pas besoin de raisonner ni de discourir, ni même de considérer, en tant que considérer est une espèce de discours ; mais de croire : et jusque-là je suis d'accord avec ces mystiques qui excluent si soigneusement le discours. Je veux bien aussi qu'on l'exclue, mais par la foi, qui n'est ni raisonnante ni discursive, mais qui a son appui immédiatement sur Dieu : d'où s'ensuit la foi des promesses et l'espérance, et enfin la charité qui est la perfection.

Pour espérer en Dieu, pour aimer Dieu, on n'a donc besoin d'aucun discours : quand on en feroit, ce n'est pas là notre fondement, et le chrétien n'a besoin que de la foi seule.

« Le fruit de la foi, c'est l'intelligence [7], » comme dit saint Augustin : mais quand on ne viendroit pas à l'intelligence, la foi dans son obscurité suffit ; et tout ce qu'on a d'intelligence en cette

---

[1] *Rom.*, x, 14. — [2] *Hebr.*, xi, 1. — [3] *Rom.*, iv, 21. — [4] *Hebr.*, vi, 11; x, 22. — [5] *Gal.*, v, 6. — [6] *Habac.*, ii, 4; *Rom.*, i, 17. — [7] *In Joan.*, tract. xxii, n. 2.

vie étant trop foible pour faire l'appui de l'homme, toute l'intelligence doit être plongée finalement dans la foi.

Par la même raison, toute délectation, toute douceur se doit encore aller perdre là-dedans. Car le cœur humain ne doit s'appuyer ni sur goût, ni sur douceur, mais uniquement sur la foi, qui est le bon fondement. Ainsi, et en sécheresse et en jouissance, on doit demeurer égal et comme indifférent, content de la foi, toute obscure qu'elle est. Je ne dis pas que si Dieu donne des goûts, il les faille craindre ou rejeter : et c'est en quoi je vois les mystiques ordinairement trop précautionnés contre Dieu, portant les ames en quelque sorte à s'en défier. Ils parlent aussi trop généralement contre les goûts, puisqu'ils avouent qu'il y en a de plus profonds et de plus intimes que ceux qu'on appelle sensibles. Mais ni les uns ni les autres ne sont l'appui du chrétien, à qui la foi suffit pleinement. Ce ne sont donc pas des appuis ; mais ce sont des consolations dans le désert. Du reste la vraie conduite est de marcher uniformément en vraie et pure foi.

Je ne suis non plus d'accord avec les mystiques sur le rejet de ces goûts intérieurs : je crois qu'on peut, et qu'on doit les désirer comme des attraits à l'amour : mais quand ils manquent, il n'en faut pas moins aller son chemin en foi : et cela concilie parfaitement ce qui pourroit vous avoir paru peu suivi dans les endroits de mes lettres, que vous rapportez dans la vôtre.

Au reste il est certain que l'espérance et la charité portent en elles-mêmes consolation et douceur; et une telle douceur, que si la foi est bien vive, c'est comme un commencement de la vie future. La foi même est consolante et soutenante dans son obscurité. Car qu'y a-t-il de plus soutenant que de se tenir à Dieu sans y rien voir, lorsque perdu dans sa vérité, on entre dans l'inconnu et l'incompréhensible de sa perfection? Alors, soit qu'on voie par la foi ses perfections distinctes, en disant : Je crois en Dieu le Père tout-puissant; et encore : Saint, saint, saint; soit que sans rien voir de particulier, on se perde avec le Prophète[1], en disant : Grand en ses conseils, incompréhensible à connoître, devant qui toute pensée demeure court : le cœur avide est con-

[1] *Jerem.*, XXXII, 19.

tent ; et embrassant ce qu'il ne voit pas, il en prévient la vue par la foi, et l'aime sans le connoître. C'est sur cela que je fonde toute l'oraison, autant la commune que l'extraordinaire, qui doit à la fin revenir à la simplicité de la foi : elle n'est pas moins aimable dans sa nue et sèche obcurité, que quand elle étincelle et qu'elle flambloie. Marchez donc dans votre voie ; ne désirez point de changer : si Dieu veut de vous autre chose, il saura le faire au-dessus de toute intelligence et de tout désir. Le reste se dira en présence, le plus tôt qu'il sera possible.

LETTRE CXCVII (a).

Ce 26 octobre 1694.

..... Pour mon frère, il n'a point encore tant été ici qu'à cette fois ; et nous n'avons pu trouver le temps d'aller à Jouarre, quoique comme moi il vous honore et vous estime très-particulièrement, Madame de Luynes et vous. Il sait combien nous sommes amis. Il sera bien aise aussi de rendre ses respects à Madame de Jouarre. Pour moi, j'espère toujours vous voir le jour des Morts après dîner. Je ne vous conseille pas de différer pour cela votre communion : il sera meilleur de la réitérer après. Croyez-moi, tout est fête pour les Epouses de Jésus-Christ.

Ne soyez point en peine comment Dieu vous purifiera des péchés que vous n'aurez pas confessés ; croyez en cette parole : « Plusieurs péchés lui sont remis, parce qu'elle a beaucoup aimé [1]. » Pour avoir cette vertu purifiante, il n'est pas toujours nécessaire que l'amour soit gémissant, ni que les larmes qu'il fait verser soient amères : celles qui sont plus douces et plus tendres attendrissent aussi l'Epoux, l'adoucissent, l'apaisent, calment sa colère, en contentant son amour. Allez donc, et vivez en paix. Ne désirez ni la foi nue, ni la foi plus consolante : tout est égal, actif, passif ou patient, comme disoit saint François de Sales. Dieu a des moyens pour rendre actifs ceux qui reçoivent,

[1] *Luc.*, VII, 47.
(a) Revue sur l'original.

pour rendre patiens, et si l'on veut passifs, ceux qui agissent; le tout est de se ranger doucement à l'ordre de sa volonté.

Je n'empêche pas que vous ne receviez ce qu'il vous donne par rapport à moi, pourvu que vous ne mettiez votre appui que sur mon envoi et mon ministère; tout le reste pouvant être faux, sans que rien vous dépérisse pour cela. Dites-moi ou ne me dites pas ce qui se passe en vous sur ce sujet-là, en soi cela ne fait rien à la conduite; et il vaut mieux le dire que le supprimer, pourvu que vous ne me parliez pas de sainteté ni de chose semblable, parce que j'aurois trop de peines de vous voir trompée. Car encore que Dieu même ait des moyens de tromper les ames qui ne sont pas opposées à sa vérité, je suis bien aise de ne pas entrer là-dedans, et de demeurer pour tel que je suis, pourvu que mon ministère soit honoré en vous par la foi. La foi est délectable, quand il veut; quand il veut, elle ne l'est pas, ou l'est moins, ou même est désolante et accablante : pourvu qu'elle demeure toujours foi, et que dans l'ébranlement de tout le dehors ce fondement demeure ferme, tout va bien.

Vous aurez à présent reçu ma lettre sur la vôtre; celle-ci viendra en confirmation. Je crois sentir que j'ai dit au fond tout ce qui vous étoit nécessaire : si vous priez Dieu, le reste vous sera aussi révélé. Surtout gardez-vous bien d'imiter ceux qui veulent toujours savoir où ils en sont pour l'oraison. Je n'aime pas qu'on veuille marquer si précisément les degrés, ni qu'on fasse la loi à Dieu, comme en lui déterminant ce qu'il doit faire à chaque degré, et en décidant : Cela n'est pas de cet état, cela en est; il y a là une présomption secrète et une pâture de l'amour-propre. Pour moi je crois, et je crois savoir que Dieu sait mettre les ames parfaites à l'A B C de la piété sans les reculer; et qu'il en avance d'autres à la perfection, sans paroître les tirer de l'infirmité du commencement. Il est maître à tromper les ames de cette sorte; c'est là comme le jeu de sa sagesse : il le joue si bien et si secrètement, que personne n'y connoît rien que lui seul, et il n'y a qu'à le laisser faire en la foi de cette parole : « Il a bien fait toutes choses : » *Benè omnia fecit* [1]. Sachez que comme il donne

---

[1] *Marc.*, VII, 37.

quand il veut le lait aux forts, il peut aussi quand il veut donner le pain aux enfans, en le lactifiant pour ainsi parler, ou en donnant à l'estomac des forces cachées : il n'y a qu'à marcher en simplicité et en confiance, et sans tant raisonner sur les états, aider chacun suivant la mesure du Seigneur, et lui prêter la main selon qu'il se découvre.

Ne me dites pas après cela que quelquefois je ne réponds pas à tous vos doutes : je sens qu'ordinairement je réponds à tout sans qu'il y paroisse. Je ne refuse pourtant pas d'être averti ; mais cependant cassez le noyau, vous trouverez la substance.

Je n'ai jamais tant ouï parler d'oraison, et il me reste malgré moi un certain dégoût des spirituels ; je dis de ceux qui le sont plus, en ce qu'ils se font un peu trop une loi de leurs expériences, et n'entrent pas dans l'étendue des voies de Dieu, qui parmi une infinité de complications d'états sait conserver et cacher l'unité de son action. A lui gloire, à lui sagesse, à lui bénédiction, adoration et amour.

Gardez cette lettre, dont il faudra peut-être un jour m'envoyer copie aussi bien que de la précédente. Quelquefois on me consulte en général sur l'oraison, et je sens que je ne réponds jamais mieux que lorsque je parle à celles à qui Dieu me rend redevable ; car alors c'est son onction qui m'instruit.

Que je suis édifié de voir Madame votre sœur s'affectionner à son office de chantre : je prie Dieu, en récompense de cette affection, de la guérir de son rhume, et je la bénis dans ce dessein. Cette affection vaut mieux que cent mille crosses : ce n'est pas cet extérieur qui remplit l'ame. Non, l'ame n'est pas si peu de chose, que ces petits jeux des hommes puissent la remplir. Souvent ou l'on désire ces élévations, ou l'on s'en contente par rapport aux autres plutôt qu'à soi-même : il n'y a alors qu'à s'interroger, et qu'à se dire à soi-même : En serai-je mieux ou plus mal au fond quand le monde dira : La voilà bien, on lui fait justice, elle a sujet d'être bien contente. Mais qu'est-ce que tout cela, sinon une pitoyable illusion de notre esprit, qui se mêle dans celui des autres pour s'asservir à leur goût ? Heureux qui ne se regardeue par rapport à Dieu seul, à qce qu'il pense de nous, à ce qu'il en veut.

Vous voyez bien que j'ai reçu vos deux lettres : celle du 27 est venue à moi avant celle du 24. J'ai lu avec plaisir l'endroit de saint Jean Climaque sur les larmes, qui est très-beau et très-véritable. Notre-Seigneur soit avec vous.

LETTRE CXCVIII.

A Meaux, ce 5 novembre 1694.

Je me disposois à vous écrire quand j'ai reçu votre lettre. Ce que je voulois vous dire, c'est que vous ne deviez point être troublée sur votre confession. Quoique je n'eusse point lu votre billet, j'en avois le fond dans l'esprit. On ne me dit point qu'il eût rapport à votre confession; et en effet il n'y étoit point nécessaire. Je vous ai dit sur ces tendresses tout ce qui étoit nécessaire. On ne doit point exciter ce que ces tendresses ont de sensible : on peut exciter ce qui est du fond de la charité, qui a sa tendresse dont saint Paul étoit tout rempli. Voilà ce que je voulois vous écrire.

Après avoir lu votre lettre, j'ajoute, ma Fille, à la première demande, que je vous ai réitéré l'absolution; à la seconde, que je l'ai appliquée à tout ce qui regardoit les causes et les effets de cette tendresse; à la troisième, cette absolution étoit une suite de la confession qui venoit de précéder, et qui subsistoit moralement; à la quatrième, il suffit pour en profiter que vous fussiez dans le dessein de faire ce que je vous avois prescrit et ce que j'aurois à vous prescrire.

L'extrait que vous m'envoyez est d'une bonne doctrine, et je m'y tiens en y ajoutant ce que je viens de vous dire, qui n'en est qu'une plus ample explication.

Je vous répète que la charité, qui est l'amour même, a sa tendresse, à laquelle il est permis de s'exciter comme à la charité même. Profitez bien de l'endroit que vous me répétez sur le calme qu'on cherche à force de se tourmenter. C'est ce qu'on ne sauroit assez vous rappeler; ni vous, vous le mettre trop dans le cœur.

Je salue Madame de Luynes. Je suis si éloigné de craindre l'illusion pour vous, que je ne vous blâme que de la trop craindre.

N'attendez jamais rien de moi sur ces rapports à mes dispositions : je vous laisse à Dieu sur cela, et à toutes les innocentes tromperies qu'il vous peut faire à cet égard ; mais je ne puis y entrer : je ne dis pas : Je ne le veux pas ; mais : Je ne le puis.

Vous raisonnez trop sur les causes, pourquoi ces goûts se font et se défont? Le Verbe va et vient : son esprit souffle où il veut. Il faut être souple sous sa main, sans raisonner sur ses conduites. Je vous bénis en Notre-Seigneur, pour dissiper vos peines sur votre confession.

J. Bénigne, év. de Meaux.

P. S. Je n'ai rien à dire à Madame Renard : si elle est encore à Paris, elle me pourra voir ; sinon, dites-lui qu'elle me trouvera toujours père, et c'est tout dire pour elle.

LETTRE CXCIX.

A Paris, ce 9 novembre 1694.

Il faut, ma Fille, vous répondre aussi brièvement qu'il se pourra, non pour épargner la peine d'écrire, mais pour éviter l'embarras des paroles, et vous donner une décision plus précise.

Vous vous êtes suffisamment expliquée sur ces sentimens excités : vous ne devez pas vous expliquer davantage, ni même vous en inquiéter. Votre obéissance couvriroit tous les défauts de vos confessions, quand il y en auroit eu ; ce qui n'est pas. Vous cherchez à vous tourmenter vous-même par ces souvenirs rappelés des personnes, dont la mémoire vous fait un bien à peu près de même nature que celui que vous avez remarqué dans un sermon de saint Bernard. Les satisfactions humaines qui se pourroient mêler dans cette grace, car c'en est une, n'en empêchent pas l'effet, ni ne sont pas des péchés dont on doive se confesser. Je n'ai rien changé sur ce sujet-là dans les sentimens que je vous ai exposés dès le commencement. Vous vous tendez des piéges à vous-même, quand vous faites sur cela tant de questions et que vous me demandez des réponses plus précises. Les suites même de ces sentimens, que vous appelez plus fâcheuses, ne devroient point vous troubler quand elles arriveroient, ni ne vous engageroient à la confession : tenez-vous invariablement à mes règles. Vous vous forgez des peines sur tout cela, qui devroient être bannies il y a longtemps. Le mal que vous imaginez dans cette épreuve que vous avez voulu faire, n'est rien. Vous vous repliez trop sur vous-même, et vous devriez suivre plus directement le trait du cœur qui veut s'unir à Dieu. Notre-Seigneur soit avec vous.

Je vous recommande Madame Renard : mais prenez garde de ne vous point laisser accabler par le soin que vous prendrez à la consoler. Exhortez-la à la patience et à la soumission, c'est le meilleur remède à ses maux; et j'entends ici par ces remèdes un vrai remède même pour le corps. Parce que Dieu est bon, ma Fille, nos infidélités ne lui font pas toujours retenir sa main ou retirer ses dons. Recevez avec reconnoissance les touches de son Saint-Esprit. L'Epouse, qui avoit laissé passer l'Epoux qui frappoit, ne laisse pas à la fin de le retrouver. Le tout est de revenir toujours à lui avec une sainte familiarité. Quelque irrité qu'il paroisse, il fait quelquefois comme un souris à une ame désolée. « Venez, dit-il, mon Epouse; venez des lieux affreux où vous êtes, et des retraites des bêtes sauvages [1]. »

Quant à mes dispositions, dont vous me parlez, je n'y sais rien, si ce n'est que par ma charge je suis un canal par où passent les instructions pour les autres, et que j'ai grand sujet de craindre que je ne sois que cela. Il faut du moins donner et distribuer ce qu'on reçoit, autant qu'on peut, et tâcher qu'il nous en revienne quelque goutte.

Madame de Lusanci sera bien prise, quand vous lui direz que je ne me suis pas aperçu que votre lettre fût longue.

Je repasse sur le *Cantique des Cantiques* à l'occasion de mes notes, et j'en suis à l'endroit où l'Epouse dit : « Je sommeille; mais mon cœur veille [2]. » Que ce sommeil est mystérieux; mais que l'Epoux est jaloux, et qu'il passe vite! Je porterai à Germigny votre relation : mon repos s'y passera sur le *Cantique*,

---
[1] *Cant.*, IV, 8. — [2] *Ibid.*, V, 2.

et il y faudra mêler mille brouilleries que je réserve à ce temps-là.

Anima mea liquefacta est ut locutus est : quæsivi et non inveni illum; vocavi, et non respondit mihi[1] : « Mon ame s'est comme fondue au son de sa voix : je le cherchai, et je ne le trouvai point; je l'appelai, et il ne me répondit point. » Qui expliquera ce mystère? Tout à vous, ma Fille.

LETTRE CC.
A Meaux, ce 3 décembre 1694.

Je ne vous dissimule point que je n'aie été fort surpris de la promotion de Madame de Fiesque ; je n'aurois pas cru qu'elle dût aller si haut d'abord : mais il faut adorer les dispositions de la divine Providence. Il y a ici quelque chose de bien particulier à l'égard de Madame votre sœur. Je ne saurois vous rien dire des démarches que pouvoit faire M. de Chevreuse : il faut lui parler auparavant. De croire que votre conduite à l'égard de Madame de Lorraine ait produit un mauvais effet, vous voyez bien qu'on ne l'estime pas assez pour cela. J'ai toujours ouï dire que votre éducation de toutes deux à Port-Royal avoit fait une mauvaise impression, que M. votre frère même avoit eu bien de la peine à lever par rapport à sa personne : j'ai dit ce que je devois là-dessus et au P. de la Chaise et au roi même. Je n'en sais pas davantage.

Mais il faut percer plus avant que tout cela. Dieu sait ce qu'il faut à tout le monde, et les voies propres pour y parvenir, et les effets qui s'en doivent suivre. Tout ce qui se passe ici n'est que l'écorce de son ouvrage; et lorsqu'on verra le fond, lorsque le rideau sera tiré, et que nous entrerons au dedans du voile, nous verrons combien il est véritable que « qui s'humilie sera relevé, et que qui se relève sera humilié. » Vous n'avez autre chose à faire qu'à continuer comme vous avez commencé. Entrez bonnement avec Madame de Fiesque comme ne songeant qu'à son avantage. Elle sera fort en vue dans une grande communauté, dans une grande ville : il faut un grand sérieux et un extérieur très-régulier, où rien ne se démente : le dedans est bien plus

[1] *Cant.*, v, 6.

important; mais il faut que Dieu s'en mêle. Je prie Dieu, ma Fille, qu'il soit avec vous.

J. Bénigne, Ev. de Meaux.

P. S. Le messager va pour Madame votre sœur et pour vous seules; les autres lettres sont la couverture : j'ai cru qu'il ne falloit pas faire paroître qu'il y eût rien de particulier pour vous en cette occasion.

LETTRE CCI.

A Paris, ce 4 décembre 1694.

Je vous renvoie, ma Fille, sur le procès à Madame votre sœur, et je me sauve la peine du recommencement. M. votre frère a votre lettre. Vous avez succombé encore une fois à une tentation dont je croyois vous avoir guérie : c'est celle de croire que les lettres de Jouarre m'importunent. Vous m'avez déjà écrit qu'on vous l'avoit dit, et de chez moi, et je vous avois assuré que cela n'étoit pas. Il falloit s'en tenir à une réponse si précise. Cependant vous voilà encore dans la peine, qui n'a pas plus de fondement maintenant qu'alors. Je vous dis donc encore une fois que cela n'est pas, mais tout le contraire. Je prie qu'à cette fois vous vous guérissiez de tous les discours qu'on vous fera sur cela, et que vous ne croyiez sur moi qu'à moi-même. Il est vrai que j'ai différé à vous répondre jusqu'à ce que je fusse un peu plus en liberté; mais cela même, c'est pour mieux répondre. Demeurez donc en repos, et continuez à votre ordinaire.

J'ai assurément reçu toutes vos lettres : vos règles rendoient les réponses peu nécessaires. Vous n'avez qu'à vous y tenir : c'est assez que je réponde pour vous à Dieu.

Le P. Toquet a raison : j'en ferois autant que lui en pareil cas; mais je ne désire pas que vous en veniez au cas qu'il vous a marqué. Quant aux graces que vous recevez, je ne crois être en obligation de les examiner que pour deux fins : l'une, pour vous assurer contre l'illusion; l'autre, pour être attentif aux indices que Dieu pourroit donner par là de ce qu'il demande de vous de nouveau. Quand je n'ai rien à vous dire sur cela, vous n'avez qu'à aller votre chemin. Pour ce qui est de l'assurance que vous voudriez que je vous donnasse sur votre état, votre assurance consiste en ce que je réponds de vous à Dieu : tout le reste est curieux plutôt qu'utile.

J'ai reçu et vu le passage de sainte Thérèse ; je le connoissois : il est plein de vérité et de lumière ; mais mon fondement n'est pas sur ces discours, quoique j'y défère beaucoup. J'ai ma règle dans l'Ecriture ; et c'est selon celle-là, qui ne peut faillir, que je tâche de vous conduire. Marchez donc en la foi de cette parole : « Qui vous écoute, m'écoute [1], » puisque vous êtes dans le cas plus que personne.

Je vois par la suite de vos lettres, qu'il n'y en a point de perdues : tenez-vous en repos sur cela. Je suis très-aise que le P. Toquet acquiesce. Faites, non pas des complimens de ma part, mais des amitiés sincères à Madame de la Grange, dont le mal me peine, et que j'offre à Dieu de tout mon cœur, afin qu'il la soulage. Notre-Seigneur soit avec vous.

LETTRE CCII (a).

A Meaux, ce 21 décembre 1694.

Pour répondre par ordre à vos lettres depuis celle du 6 décembre, je voudrois bien, ma Fille, que vous fussiez une fois bien persuadée que je ne suis point changeant envers mes amis, et moins avec vous qu'avec qui que ce soit : du reste j'écris ou n'écris pas selon les affaires et les besoins. Le cœur est le même : je vous porte toujours devant Dieu, et je lui réponds de vous avec le même cœur. Du reste il faut vous avouer qu'il y a des temps où je ne puis écrire sans m'incommoder. Il ne faut pas laisser de m'écrire et de m'envoyer les papiers dont vous me parlez : il faut seulement me laisser prendre le temps qui me convient. Je vous assure, encore une fois, que je ne vous abandonnerai ni à la vie ni à la mort.

Ne changez rien à votre oraison. Si Dieu ne vous donne pas l'amour des souffrances, il vous donne les souffrances mêmes ;

[1] *Luc.*, x, 16.
(a) Revue sur l'original.

et les sentir avec peine, c'en est une partie si considérable, qu'il ne veut peut-être pas vous en décharger. Qu'étoit-ce en Jésus-Christ que *mœrere et tædere, et dolere et pavere?* Qu'étoit-ce que dire : « Mon père, s'il se peut ? » Tout est bon, pourvu qu'on finisse en disant avec lui : *Fiat voluntas tua.* Il a tout pris, excepté les impatiences ; et celles que nous ressentons font un caractère d'humiliation qui ne lui convenoit pas, mais qui ne laisse pas de nous être utile, pourvu que nous souhaitions de les tenir sous le joug avec son secours.

Je ne me repens pas de n'être point entré dans le détail de vos peines : assurez-vous que c'eût été en semer d'autres. Il faut trancher d'un seul coup ce qui sans cela seroit infini. Vous avez bien entendu ce que j'ai voulu dire sur le P. Toquet. Tenez-vous-en à vos règles, et pour conclusion dites que je réponds pour vous.

Vous avez mal fait de consulter ce livre. Tenez-vous-en sur ces peines à ma décision : sortir de là pour entrer dans un plus grand détail, ce seroit le moyen de les fortifier. Confiance, dilatation, délectation en Dieu par Jésus-Christ, c'est tout ce que Dieu demande. Vous avez bien fait, toutes les fois que vous êtes passée par-dessus ces peines dans la confession ; tenez-vous-en là. Vous avez bien fait encore un coup ; et le trait qui vous a empêchée de vous en confesser au P. Toquet étoit de Dieu, qui vous a fait pratiquer l'obéissance par ce moyen.

Vous me ferez plaisir de témoigner en particulier à toutes mes chères Filles, que je ressens vivement les témoignages de leur amitié. Je n'ai point été aux Carmélites de ce voyage. Je n'y vois que celles qu'il faut voir, et j'ai peu de temps à donner aux complimens simples.

Assurez Madame de Harlay que je lui suis obligé de ses prières : je suis en peine de sa maladie, et je l'offrirai à Dieu de bon cœur comme une ame qui lui est chère.

Le P. Moret ne voit guères clair, s'il croit que ces arrêts doivent m'arrêter. Son expédient a cheminé par divers endroits, et je crois jusqu'ici que ce n'est qu'un amusement. J'ai toujours beaucoup d'estime pour lui.

J'ai reçu les extraits de mes lettres.

Je vous renvoie l'écrit du P. Toquet : faites-lui bien mes excuses ; il n'y a pas moyen de se mettre dans cette petite écriture. Je crois que vous m'aviez redemandé cette lettre de M. l'abbé de la Trappe que je vous renvoie.

Mon rhume se guérira, s'il plaît à Dieu, pourvu que je me mette, comme je fais, la tête en repos.

Notre-Seigneur soit avec vous. Souvenez-vous de la lettre de saint Jean. Ah! qu'elle est divine! que le caractère en est haut dans sa simplicité!

Je salue Madame de Luynes. Il me semble que les affaires de M. le comte de N*** étoient en bon train, et que M. de Chevreuse en avoit bonne opinion.

LETTRE CCIII.

A Meaux, ce 22 décembre 1694.

J'ai reçu vos deux paquets. Loin d'être persuadé que vous deviez cesser votre traduction, je vous exhorte d'y joindre celle du *Benedictus* et du *Nunc dimittis*. Je n'improuve pas que vous composiez en latin ; mais pour le grec, je crois cette étude peu nécessaire pour vous : je vous l'ai mandé par une feuille séparée, et je ne sais pourquoi elle n'a pas été mise dans le paquet.

Assurez-vous, ma Fille, que je ferois mal d'entrer davantage dans la discussion de vos peines. Vous vous en faites par là de nouvelles : comme quand vous allez deviner que je mollis sur la défense de vous en confesser, à cause de ce que je dis sur la parole du P. Toquet : cela est à cent lieues de ma pensée. Au contraire je crois tous vos doutes si bien résolus par la règle que je vous ai donnée, qu'il n'y a qu'à vous la répéter quand vous rentrez dans vos peines. Serez-vous bien plus avancée, quand je vous aurai dit qu'une pensée morose est une pensée où l'on s'entretient volontairement dans des objets impurs? N'en faut-il pas toujours revenir à être assuré, jusqu'à en jurer, que cet arrêt de l'esprit est volontaire? Vous raisonneriez sans fin, et vous ne feriez que vous embarrasser vous-même, si on entroit avec vous dans toutes ces questions. Croyez-moi, ma Fille, c'est assez que je vous décide d'un côté, et que de l'autre je réponde à Dieu pour vous.

Notre-Seigneur soit avec vous, ma Fille.

Passez outre dans saint Jean, et lisez ces mots : « Mes petits enfans, je vous écris ces choses, afin que vous ne péchiez pas ; mais si vous péchez, nous avons pour avocat auprès du Père Jésus-Christ le Juste, et il est la propitiation de nos péchés [1]. » Souvenez-vous, ma Fille, de la grace que Dieu vous a faite de vous témoigner dans le cœur qu'il vous les avoit pardonnés. Rendez-lui-en grace par Jésus-Christ le Juste, en qui je vous bénis de tout mon cœur.

LETTRE CCIV [a].

A Meaux, ce 23 décembre 1694.

Je n'ai de temps que pour vous mander, ma Fille, que j'ai reçu votre lettre, celle de Madame de Sainte-Gertrude et celle de ma Sœur Cornuau. Je mis hier une lettre pour vous à la poste, que vous recevrez peut-être après celle-ci. Ne soyez point en peine de vos papiers ; ils sont bien enfermés ensemble, et j'y répondrai au premier loisir.

Je connois le fond de ces peines dont vous me parlez, et je ne puis vous répondre que ces paroles dites à saint Paul : *Ma grace vous suffit.* Offrez-les à Dieu pour les fins cachées pour lesquelles il vous les envoie. Quelles qu'elles soient, c'en est là le seul remède et le seul soutien.

Quand vous m'enverrez la traduction des notes, je vous enverrai mes remarques. Vous verrez par ma réponse d'hier que je ne suis pas pour le grec.

Dites à Madame de Sainte-Gertrude que j'ai lu sa lettre, et qu'elle ne manque pas de communier à Noël et durant toutes ces fêtes, à son ordinaire.

Ce que vous avez à faire pour vos péchés, c'est de vous soumettre à la volonté de Dieu, qui vous exerce en tant de manières : le reste ne seroit pour vous que de vains efforts, et peut-être

[1] 1 *Joan.*, II, 1, 2.
(a) Revue sur l'original

une pâture subtile de l'amour-propre. Notre-Seigneur soit avec vous.

LETTRE CCV (a).

A Meaux, ce 30 décembre 1694.

Je vous puis dire, ma Fille, avec assurance, à présent que j'ai reçu toutes vos lettres, même celle que Madame votre abbesse me devoit envoyer, et qui est depuis venue par la poste.

Développez-moi un petit mystère. Que veut dire le voyage de Mademoiselle de S.? Madame de Jouarre mande que Madame sa mère la mande pour lui faire prendre la mesure pour un corps de jupe. Je le croirai si l'on veut. Mais c'est beaucoup plaindre la peine d'un tailleur; car le tailleur est trop précieux et trop important. Venons à des choses plus importantes.

Je ne doute point, ma Fille, que ce n'ait été une vue de la Providence divine, en m'appelant à Jouarre, de vous procurer par mon ministère le secours qui est attaché à l'épiscopat, et vous ne devez rien craindre pour vous y être attachée.

Vous faites bien de tout rapporter à la jouissance de la vie future : j'approuve un état dont le fond nous attache et nous transporte à ce dernier terme. Dieu en donne tel avant-goût, tel pressentiment qu'il lui plaît : mais je trouve communément que les ames qu'on appelle grandes et qui en cela sont bien petites, font trop de cas des jouissances et des unions de cette vie. L'attache qu'elles y ont me fait trembler, dans la crainte qu'elles ne soient de celles que leur propre élévation précipite dans la présomption. Je vous parle ainsi sans me sentir en aucune sorte la pénétration que vous m'attribuez dans les voies de Dieu : il me suffit que dans le moment il daigne éclairer ma petitesse pour les ames qu'il m'a confiées, principalement pour la vôtre.

Quels que soient vos désirs pour la vie future, ne laissez pas de chanter tout le Cantique de l'Epouse : prévenez la jouissance de l'éternité ; et livrée à cette douce espérance, croyez que tout est présent à l'ame qui aime. J'approuve votre pensée sur le sentiment de la foi. Son propre est de tout cacher, et souvent jusqu'à

(a) Revue sur l'original.

elle-même, sans qu'il soit besoin de la sentir, puisque le soutien qu'elle nous donne est au-dessus de tout sens.

Vous ferez mieux de suivre votre simple attrait que des raisonnemens et réflexions : et je vous ai dit souvent qu'il n'est pas nécessaire de former des actes, dont vous portez le fond dans le cœur : ainsi continuez dans cette conduite. Ne vous inquiétez pas quand l'Hostie sacrée ne fait pas les impressions ordinaires, et n'en cherchez point la cause. Le céleste Epoux donne et retire, et ne veut pas qu'on s'accoutume à ses dons, ou qu'on les regarde comme une dette, mais qu'on profite à chaque moment de sa libéralité. Demeurez donc en repos, et ne doutez point pour cela de la vérité de la grace.

J'approuve vos pensées sur les passages du *Cantique*, en particulier celle du souhait des patriarches, sur ces mots : *Qui me donnera* [1], et le reste.

Il n'y a point de nécessité de considérer en particulier l'enfance de Jésus. Je trouve quelque chose de plus fort encore à s'attacher à sa croix ; et c'est un mystère qu'on ne doit que le moins qu'on peut perdre de vue : mais quand Dieu conduira votre esprit à quelque chose de plus abstrait sur la personne de Jésus-Christ, tout est bon, et il n'y a qu'à suivre l'attrait.

Il est certain que l'état infirme du corps empêche l'ame quelquefois de porter l'attrait dans toute sa force : tenez-vous-en à la règle que je vous ai donnée là-dessus, et aux paroles que vous m'avez rapportées d'une de mes lettres. Pour ce qui est de ces peines qui viennent avec ces attraits, je ne veux pas seulement que vous y pensiez.

Tout le remède que je puis vous donner sur le trouble où vous entrez par le délai de mes réponses, c'est que vous soyez bien persuadée que ce n'est point par épreuve, ni manque de bonne volonté que je me tais, mais par occupation ou par impuissance. Ce n'est pas la longueur ou la brièveté des réponses qui me recule ou m'avance ; c'est l'état présent d'occupation ou de loisir où je me trouve : et comme mes occupations ne sont pas humaines, il faut s'accommoder à ce que Dieu permet : par ce moyen tout

[1] *Cant.*, VIII, 1.

tournera à profit. Du reste quand vous croyez que je me ralentis, c'est une tentation à laquelle il ne faut pas donner lieu, non plus qu'écouter tous les discours qu'on vous fait, ou qu'on vous rapporte.

Le passage de sainte Gertrude est fort beau et fort à propos pour vous. L'amour divin est dévorant : il brûle le sang, il dessèche les moelles, il peut causer mille infirmités; et quand cela est, il n'en est que plus certainement un sacrifice agréable à Dieu, dont il se sert aussi pour crucifier et anéantir la nature, à laquelle il est si pénible. Il faut pourtant quelquefois, et quand on se sent tomber dans l'accablement, ménager sa tête, son cœur et la commotion trop violente du sang.

Je vous renvoie le *Magnificat*; j'en suis très-content : vous avez pris un tour si naturel, qu'on ne peut point apercevoir que ce soit une version, tant tout y est droit et original. Faites de même le *Benedictus* et le *Nunc dimittis*, et à votre grand loisir le psaume *Eructavit*, ou le *Dixit Dominus*, qui sont ceux qui me paroissent les plus élevés sur le mystère de Jésus-Christ. Je salue Madame de Luynes, et suis tout à vous. Notre-Seigneur vous bénisse, ma Fille.

LETTRE CCVI.

A la fin de 1694.

Je vous plains d'un côté, ma Fille, dans l'état pénible où vous êtes; et de l'autre je me console dans l'espérance que j'ai que Dieu travaillera en vous très-secrètement. Il sait cacher son ouvrage, et il n'y a point d'adresse pareille à la sienne pour agir à couvert. Ce n'est point par goût, et encore moins par raison ou par aucun effort que vous serez soulagée; c'est par la seule foi obscure et nue, par laquelle vous mettant entre ses bras, et vous abandonnant à sa volonté en espérance contre l'espérance, comme dit saint Paul, vous attendrez son secours. Pesez bien cette parole de saint Paul : *Contra spem in spem*; « en espérance contre l'espérance[1]. » Je vous la donne pour guide dans ce chemin téné-

[1] *Rom.*, IV, 18.

breux; et c'est vous donner le même guide qui conduisit Abraham dans tout son pèlerinage.

Communiez sans hésiter, dans cette foi, tous les jours ordinaires, et non-seulement toutes les fois que l'obéissance vous le demandera, mais encore lorsque vous y serez portée, si Dieu le permet, par quelque instinct, pour obscur qu'il soit. Faites de même vos autres fonctions, sans faire aucun effort pour sortir d'où vous êtes, persuadée que plus Dieu vous plongera dans l'abîme, plus il vous tiendra secrètement par la main. Il n'y a point de temps à lui donner, ni de bornes à lui prescrire. Quand vous n'en pourrez plus, il sortira des ténèbres un petit rayon de consolation, qui vous servira de soutien parmi vos détresses. Notre-Seigneur soit avec vous. « Soyez fidèle jusqu'à la fin, et je vous donnerai la couronne de vie [1]. »

Je suis bien aise, ma Fille, du bon effet qu'ont produit en vous le passage de saint Basile, et ceux des autres saints cités dans le livre de la *Comédie*. C'est un flambeau allumé devant les yeux des chrétiens, tant dans le siècle que dehors, pour les faire entrer dans l'incompréhensible sérieux de la vertu chrétienne.

Sur le sujet de vos sécheresses, songez seulement que l'ouvrier invisible sait agir sans qu'il y paroisse; que le tout est de lui abandonner secrètement son cœur pour y faire ce qu'il sait, de ne perdre jamais la confiance, non plus que la régularité aux exercices prescrits de l'oraison et de la communion, sans avoir égard au goût ou au dégoût qu'on y ressent, mais dans une ferme foi de son efficace cachée. Notre-Seigneur soit avec vous.

LETTRE CCVII.

A Meaux, ce 2 janvier 1695.

Quand vous m'avez exposé les choses, et que je ne les improuve pas, vous pouvez toujours compter sûrement que je n'y trouve rien à redire, et ensuite aller votre train. Voilà, ma Fille, de quoi vous mettre l'esprit en repos.

Je vous suis obligé de tous les avis que vous me donnez sur les

[1] *Apoc.*, II, 10.

complimens. Je suis peu propre à ces bagatelles, et j'ai aussi peu de peine à prévenir que de plaisir à être prévenu dans de telles choses. Je voudrois une bonne fois qu'on se mît sur un pied solide et de confiance sincère : tout le reste en mon ame me paroît grimace. J'enverrai pourtant après demain ; car aujourd'hui j'ai déjà trop écrit de lettres. S'il y avoit eu quelque chose à dire de nécessaire à Madame de Rodon, je l'aurois fait : il faut un peu m'épargner pour ce qui ne l'est pas.

L'affaire de ces personnes est très-faisable, puisque leur parenté est fort éloignée, et du trois au quatre.

Je prie Notre-Seigneur qu'il vous enseigne toujours par son onction ce qu'il veut de vous. Sans vos peines, je vous dirois qu'il faudroit moins raisonner sur ses conduites : mais vous avez besoin d'être assurée ; et ainsi continuez.

Je salue de tout mon cœur Madame de Luynes : faites aussi mes complimens à Madame la prieure, à Mesdames de la Grange et Renard, et à Madame de Saint-Paul. Notre-Seigneur soit avec vous.

LETTRE CCVIII.

A Meaux, ce 4 janvier 1695.

Mademoiselle de Soubise a passé sans que je l'aie su ; et quand j'ai voulu l'aller voir elle étoit partie : elle ne m'a fait faire aucune honnêteté. J'entends bien tout ce que cela veut dire, et ne m'en émeus point du tout. Vous ferez bien d'en user avec réserve sur ces visites.

Je vous ai dit très-souvent que je ne voulois pas que ces peines, grandes ou petites, vous empêchassent de suivre ce qui vous est prescrit, et que vous faites bien de passer par-dessus.

Modérez les conversations inutiles, autant que la bienséance le permet et sans scrupule : mais, encore un coup, que ces peines n'aient point de part à ce que vous ferez ou ne ferez pas là-dessus. Vivez en espérance, sans désirer de la sentir. C'est bien fait de ne songer qu'à aimer, et même d'aimer sans songer qu'on aime. Lisez les Evangiles de l'enfance de Jésus-Christ, et demandez la simplicité ; exercez-vous-y.

Je vous pardonne vos questions ; mais, ma Fille, il y en a que je voudrois bien ne plus entendre.

J'ai oublié de vous dire qu'en traduisant le psaume XLIV, quand vous le ferez, vous ferez bien d'ajouter ce qui est dans le *Supplenda.*

Je suis fâché de l'état de Madame de la Grange, et je prie Notre-Seigneur de la soulager.

Vous faites bien de m'écrire, et de me proposer toutes choses. Il ne faut jamais se servir de ce terme d'importunité : il faut tâcher seulement de diminuer les peines, de peur qu'elles n'étrécissent le cœur que Dieu veut dilater.

J'ai oublié d'envoyer ; ce sera pour une autre occasion. Notre-Seigneur soit avec vous, ma Fille.

J. BÉNIGNE, Ev. de Meaux.

P. S. Je vous prie de me mander franchement si vous voyez quelque apparence à associer ma Sœur Cornuau. Vous voyez bien que de la manière dont on agit avec moi, je ne dois pas me commettre : mais je ferai volontiers ce que Madame de Luynes et vous me conseillerez. Je sais que vous l'aimez, et je lui en vois beaucoup de reconnoissance.

LETTRE CCIX [a].

A Meaux, ce 12 janvier 1693.

Vos passages sont fort beaux, ma Fille, aussi bien que vos réflexions. Vous remarquerez seulement qu'il se faut bien garder de vous les appliquer toutes. Les conseils des Saints sont des remèdes qu'il faut appliquer avec connoissance, et selon les dispositions : ainsi ne changez rien dans les vôtres.

Je n'ai pas eu le loisir de lire le *Benedictus*, et je n'en ai que pour vous dire que je ne vous oublierai pas. J'attends avec impatience le retour de ce messager, et de vos nouvelles. Je salue Madame de Luynes. Mon départ à vendredi.

[a] Revue sur l'original.

LETTRE CCX.

A Meaux, ce 13 janvier 1695.

Madame votre sœur m'a fait un agréable récit, et bien circonstancié. Je vous prie, ma Fille, de l'en remercier de ma part. J'apprends de tous côtés, comme du vôtre, les bons sentimens de Madame de Sainte-Marie, et j'en suis en vérité très-content.

Je pars demain, s'il plaît à Dieu, en bonne santé. J'emporte le *Benedictu*. Je prie Notre-Seigneur de vous confirmer de plus en plus la grace de la rémissiondes péchés.

Je ne sais si je me suis servi du mot d'*indifférence* : je ne l'aime guère à l'égard des dons de Dieu. En tout cas, je n'y veux entendre autre chose qu'une entière résignation ; et au-dessus de tous dons particuliers, un attachement immuable à celui qui donne. Notre-Seigneur soit avec vous.

LETTRE CCXI.

A Paris, ce 19 janvier 1695.

J'ai reçu, ma Fille, vos deux lettres. Ce que ma Sœur de Saint-Louis doit recommander particulièrement à ses novices et à ses professes, c'est un grand silence, de ne se plaindre ni ne murmurer jamais, et de suivre la règle et les coutumes bien établies, et non les exemples. Je l'offrirai de bon cœur à Dieu.

Je suis très-aise de la réception de ma Sœur Griffine. Je laisse sur les réceptions chacun à sa liberté. Je parlerai franchement à celles qui, comme vous, se soumettront à moi. Conduisez ma Sœur Cornuau, et allez doucement. J'ai un peu de peine de l'obliger à montrer les lettres qui pourroient découvrir le fond et le particulier de ses peines. Je crois que Dieu aura fort agréable la réserve que vous aurez pour cela ; et c'est là mon dernier sentiment, après y avoir pensé devant Dieu. On se trompe de croire qu'étant reçue, elle seroit plus hautaine ; je crois qu'elle seroit plus humble.

Une fille peut demander à ses parens quelque chose, pour les petits frais que vous me marquez.

L'autre fille peut aussi presser ses parens, tant pour ses petits ajustemens que pour quelque augmentation de sa dot, qui est assez modérée.

Mon neveu n'a pu écrire, à cause d'un accès de fièvre de trente heures qui l'a assez affoibli.

Je profiterai de vos avis sur Madame de la Tour.

J'ai eu mes raisons pour écrire comme j'ai fait à Madame de Luynes. Je l'ai fait fort sincèrement, mais plus encore pour les autres que pour elle : on ne peut la trop distinguer. Notre-Seigneur soit avec vous.

LETTRE CCXII.

A Versailles, ce 23 janvier 1695.

Vous nous faites trop d'honneur à mon neveu et à moi. Sa fièvre n'a pas eu de suite, sinon qu'il est un peu échauffé : son remède est pour quelque temps un grand repos.

J'ai bien cru que ma réponse sur ma Sœur Cornuau vous feroit quelque peine : mais il faut que la vérité l'emporte toujours, et faire ce qu'il plaît à Dieu par-dessus tout. Mes paroles n'en sont pas meilleures, pour avoir en vous l'effet que vous me marquez. Dieu bénit votre obéissance ; et celui dont je tiens la place veut se faire sentir. Brûlez, soupirez pour lui ; dites-lui avec son Epouse : « Tirez-moi ; nous courrons : ceux qui sont droits vous aiment. » Mais qu'il aime aussi ceux qui sont droits, qui le sont avec lui, et avec les hommes, et avec eux-mêmes, se simplifiant tous les jours, et devenant un sans diversion et sans partage de désirs. Notre-Seigneur soit avec vous.

J. Bénigne, Ev. de Meaux.

Lisez le *Cantique.*

LETTRE CCXIII.

A Versailles, ce 31 janvier 1695.

Pour réponse à trois de vos lettres, je n'ai nulle intention de vous détourner de cette union nuptiale avec l'Epoux. S'il y a quelque grace que j'estime en cette vie au-dessus de celle-là, c'est, ma Fille, celle de ne souhaiter aucune grace d'un état particulier; mais seulement celle de contenter Dieu, et de le voir pour l'aimer et le glorifier sans fin. Celle-là enferme toutes les autres, et c'est la substance même du christianisme.

Vous n'avez pas bien fait de vous confesser de l'adhérence à cette peine, puisqu'assurément vous n'eussiez pas pu jurer que vous y aviez donné un consentement volontaire. Laissez être le péché ce qu'il est : une autre fois tenez-vous-en à ma règle, et ne vous confessez plus de telles choses. Ne quittez jamais vos communions sans un ordre exprès. Offrez vos peines à Dieu selon ses desseins. Modérez vos larmes pendant la nuit et le jour, quand vous craindrez d'être vue : Dieu vous en donnera la force; je l'en prie.

Je suis demeuré ici exprès pour y voir avec plus de loisir Monsieur et Madame de Soubise, quand ils y seront. Notre-Seigneur soit avec vous, ma Fille.

Lisez le *Cantique*. Les droits qui aiment l'Epoux sont ceux qui, sans retour sur eux-mêmes, se livrent à ses chastes attraits, qui sont la vérité, la douceur et la justice, et se transforment en eux : *Propter veritatem, et mansuetudinem, et justitiam*[1].

LETTRE CCXIV.

A Paris, ce 10 février 1695.

Continuez, ma Fille, à m'écrire sur ce qui se passe en vous : ayez-y l'attention qu'il faut pour m'en rendre compte. Ce compte vous est nécessaire pour recevoir des réponses qui vous assurent, et vous empêchent de demeurer dans la peine. Ne vous confessez

---

[1] *Psal.*, XLIV, 5.

point de ces peines, nonobstant l'exposé que vous m'en faites : je vous le défends, et de rien changer pour cela dans vos communions et dans votre conduite. Je réponds toujours de vous également. Mes sentimens ne changent pas ; mais on en inspire aux âmes de plus ou de moins simples, selon que leur attrait le demande. Tenez pour certain qu'il est mieux de s'abandonner à la volonté de Dieu sur la diversité des attraits, que de rien déterminer par son choix.

Toute ame sainte est Epouse. Dieu appelle dans cette vie à de certains états où cette grace se déclare davantage : bien certainement la perfection en est réservée à la gloire : c'est donc là qu'il faut terminer ses désirs, et recevoir en attendant ce que Dieu donne comme il le donne, sans croire qu'on en vaille ou plus ou moins, qu'autant qu'on est plus ou moins uni à la volonté de Dieu. Je n'ai de temps que pour écrire ce mot : je ferai réponse à ma Sœur Cornuau une autre fois.

LETTRE CCXV.

A Paris, ce 28 février 1695.

Ecoutez bien, ma Fille, je n'improuve pas votre voie : je ne veux pas même vous en détourner ; mais je vous en montre une meilleure, non afin que vous la suiviez, car il faut que Dieu le veuille : mais afin que, s'il veut vous y conduire, j'aie fait ce qu'il demande d'un Pasteur, qui est de lui préparer les voies, étant bien certain que selon les règles communes de sa providence il fait précéder quelque connoissance des voies où il veut mener les ames, avant que de les y faire entrer.

Or quelle est cette voie meilleure ? Je vous le dirai en trois mots. Ce n'est point d'agir sans attraits ; car cela ne se peut : il faut que le Père tire, et par conséquent il faut un attrait ; et si l'Epouse n'avoit pas besoin d'attrait, elle ne diroit pas : *Tirez-moi*. Que veux-je donc ? Que vous connoissiez qu'il y a une infinité d'attraits connus et inconnus auxquels il faut s'étendre, pour laisser à Dieu la liberté de nous tirer par l'un plutôt que par l'autre ; non qu'il soit nécessaire pour cela d'en envisager l'un comme absolument le plus parfait, car il n'y en a point qui étant choisi de Dieu, ne mène à la perfection ; mais afin que Dieu choisisse celui qu'il voudra, qui dès là deviendra le meilleur et le plus perfectionnant pour vous.

Je vous dis donc : Suivez le vôtre ; c'est le meilleur pour vous tant que Dieu le donne : mais entrez dans toute l'étendue de ses voies ; et sans vous attacher à une seule, ayez la foi en celui qui en a mille pour vous attirer. C'est là que vous trouverez la véritable dilatation de cœur. Je ne vous demande donc que de vous remplir de cette foi qu'on appellera, si l'on veut, la foi nue. Pour moi, je n'entends par là que la foi de l'immense sagesse, puissance et bonté de Dieu, pour faire porter à chaque membre de Jésus-Christ le caractère qu'il doit avoir dans son corps, par les voies qui lui sont connues.

Cela ne veut pas dire qu'on renonce à rien, ni même qu'on demande rien ; mais qu'on se tienne en attente de tout ce que Dieu veut faire de nous dans le corps de Jésus-Christ, connu et inconnu, en présupposant toujours qu'il nous veut effectivement dans ce corps. Voilà tout.

Pour ce qui est du carême, je vous ai dit plusieurs fois, aussi bien que sur l'office, que vous fassiez comme nous l'avons déterminé par le passé, sans seulement songer à de nouvelles tentatives, puisque je vous le défends. Le Dieu Moteur des cœurs et Père des lumières soit avec vous. Lisez le troisième chapitre de l'*Epître aux Philippiens.*

LETTRE CCXVI.

A Paris, ce 16 mars 1695.

Je ressens très-vivement, ma Fille, les douleurs de Madame votre sœur, dont vous me faites dans vos lettres une si vive peinture, surtout par celle du 12 : j'ai reçu les précédentes. Je suis aussi très-affligé du péril de Madame de la Grange et des maux de toutes mes Filles, que je ne cesse d'offrir à Dieu au saint autel, et toujours, surtout Madame de Luynes. Je prie Dieu de lui mettre dans le cœur la vertu de la croix et de la résurrection de Jésus-

Christ, et de lui donner du soulagement. Je le prie aussi de lui appliquer la vertu toujours vivante dans les saintes et précieuses reliques du glorieux martyr saint Potentien, qui semblent avoir déjà opéré sur elle. Continuez à me mander de ses nouvelles.

Pour vous, vous n'avez qu'à suivre vos attraits, que j'approuve autant que jamais : pour le reste je vous le montre seulement, non pour vous obliger à rien faire pour vous y porter, au contraire je vous le défends ; mais pour donner lieu à Dieu de vous tirer où il voudra. Tant qu'il ne fera rien sur cela, ce sera signe qu'il vous mènera à la perfection qu'il vous destine, par la voie où il vous a mise. Gardez-vous bien de croire qu'il y ait rien de défectueux : on va par toutes voies choisies de Dieu à la même perfection, et il n'y a qu'à se conformer à sa volonté.

En soi, il n'y a rien de plus excellent que l'amour de Jésus-Christ où vous tendez, et le désir de le voir face à face, puisque c'est là que se trouve la plus grande gloire de Dieu, et l'entière destruction du péché par l'union consommée à la justice éternelle. Il n'est question que des moyens ; et je vous montre seulement que, sans quitter ceux que Dieu nous offre, il n'y a, quand il y attire, qu'à s'abandonner à tout ce qu'il peut vouloir. Sa volonté est la source où tout est compris, et d'où tout dérive. Notre-Seigneur soit avec vous. Je bénis de tout mon cœur Madame de Luynes, et toutes nos autres malades.

Il me semble que je vous ai autrefois envoyé une image de Jésus-Christ flagellé : montrez-la-leur de ma part, si vous l'avez : mais je me souviens que c'étoit pour Coulommiers, si je ne me trompe. En tout cas, faites-leur vous-même ce tableau par ce seul trait d'Isaïe : « C'est l'homme de douleur, et celui qui a expérimenté toutes les foiblesses du corps [1]. » Je n'ai de temps que pour vous dire ceci. Notre-Seigneur soit avec vous.

[1] *Isa.*, LIII, 3, 4.

LETTRE CCXVII.

A Meaux, ce 29 mars 1695.

Ne craignez point, ma Fille, pour le désir que vous avez que Jésus-Christ accomplisse en vous comme dans un de ses membres, ce qu'il doit porter comme Chef. Ce sentiment n'a rien de superbe; au contraire c'est une parfaite humilité de ne se retrouver qu'en Jésus-Christ. Je vous ai bien entendue : cette influence du chef se répand sur tous les membres de son corps mystique, selon l'ame et selon le corps. La joie que vous avez de la gloire de Jésus-Christ, par rapport à celle de Dieu, est du pur amour; et ce pur amour, il le faut pratiquer plutôt que de songer si on l'a : plus on l'a, moins on y pense, si ce n'est dans certains cas. Pour vous, vous n'avez à réfléchir sur vous-même que par rapport à l'obéissance, et au compte que Dieu veut que vous me rendiez.

Madame l'abbesse ne m'assure point du jour de la prise d'habit : je ne manquerai pas, s'il plaît à Dieu; et ce me sera une joie qu'une ame si pure et si bien appelée soit la première que je lui offre dans la sainte solitude de Jouarre, où je souhaite de voir régner le silence intérieur et extérieur où l'Epoux parle.

Les papiers du *Benedictus* me tomberont sous la main quand j'y songerai le moins : en tout cas, rien ne traîne ni ne se perd. Notre-Seigneur soit avec vous.

Faites, je vous prie, mes complimens, et portez ma bénédiction à Mesdames de la Grange et de Rodon. Il y a longtemps, ce me semble, que je n'ai eu de nouvelles de Madame du Mans.

LETTRE CCXVIII

A Meaux, ce 2 avril 1695.

Communiez sans hésiter, malgré ces peines : ne vous en confessez pas. Ne vous embarrassez point à faire des actes contraires : consentez à ceux que je fais pour vous à ce moment, et que je ferai à Complies, demain à Matines, à la Messe et Vêpres : je prends tout sur moi.

Le quiétisme ne se peut pas définir en un mot. N'ayez, ma Fille, aucun regret à ce que vous avez écrit : j'y ferai réponse tout à coup quand vous vous y attendrez le moins, s'il plaît à Dieu : ma bonne volonté vous soutiendra peut-être en attendant. Nous dirons le reste mercredi. Je salue Madame de Luynes. Notre-Seigneur soit avec les deux Sœurs.

LETTRE CCXIX.

A Versailles, ce 27 avril 1695.

Je n'ai pas manqué, ma Fille, de prier pour vous. Je suis très-aise de votre meilleure disposition. Vous aurez vu par mes précédentes que je ne suis pas aussi occupé, étant ici, que vous pensez, et que j'y trouve du temps pour mettre votre conscience en repos.

Recevez ce cher Sauveur, ce cher Epoux, ce cher et unique amant des ames pudiques et saintes. J'irai sans doute à la Ferté en même temps que Madame de Miramion ; et ce ne sera pas sans passer à la sainte montagne. Je souhaite fort d'écouter tout ce que votre cœur veut éclore. Je serai bien aise d'avoir la copie de la lettre dont vous me parlez. Vous offrez un trop grand prix pour une vie aussi inutile que la mienne. Entrez dans le sentiment que le Sauveur inspire aux apôtres, en leur disant : « Si vous m'aimiez, vous vous réjouiriez de ce que je vas à mon Père, parce que mon Père est plus grand que moi[1] ; » c'est-à-dire : Vous vous réjouiriez de ma gloire et de mon retour à la source d'où je suis sorti, et d'où je tire toute ma grandeur. C'est là le plus pur amour, et celui qui nous suivra dans le ciel, où la gloire du Bien-aimé fera notre joie et notre vie. Je vous la souhaite, avec la bénédiction du Père, du Fils et du Saint-Esprit. *Amen, amen.*

[1] *Joan.*, XIV, 28.

LETTRE CCXX.

A Paris, ce 30 avril 1695.

Les plaintes de votre dernière lettre s'évanouiront, ma Fille, aussitôt que la réponse précise que j'y ai faite sera arrivée entre vos mains. Je vous y décide nettement que, sans avoir aucun égard à la peine que vous m'exposez, vous devez aller votre train, et surtout vous bien garder de rejeter, ou d'interrompre, ou de différer votre sommeil pour cette peine. Je vous défendois aussi de vous en confesser, quand vous seriez à l'heure de la mort. Cette réponse, qui a précédé celle dont vous me marquez la réception, a dû vous être remise il y a longtemps, et elle vous aura rendu le calme.

Si je ne vous parle pas le même langage qu'à ma Sœur Cornuau, c'est que je réponds à chacun selon son attrait, sans que cela marque rien de plus ou de moins, ni de mon côté ni du côté des personnes. Il ne faut donc jamais regarder ces choses par rapport aux autres, mais tout par rapport à soi; et pour empêcher l'inconvénient, je crois que dorénavant le mieux sera de ne se plus rien entre-communiquer sur ce qui regarde l'état intérieur d'un chacun.

J'espère être à Meaux au plus tard à la fin de la semaine prochaine. Je vous prie de me mander seulement si c'est la coutume de porter tous les corps à la porte ; je ne dis pas à la grille, mais à la porte de l'église du monastère.

Je suis en peine de la santé de Madame de Luynes et de la vôtre. Je prie Notre-Seigneur qu'il soit avec vous.

Suivez votre attrait en toutes choses, et dites au céleste Epoux : « Tirez-moi ; nous courrons : ceux qui sont droits vous aiment. »

LETTRE CCXXI.

A Meaux, ce 1er mai 1695.

J'avois écrit la lettre ci-jointe pour l'envoyer par la poste avant la réception de la vôtre du 31. Je ne puis vous envoyer ces écrits quant à présent; ce sera bientôt. J'irai à la Ferté après l'octave ; et c'est dans ce temps que se feront toutes choses.

Si Madame estime le peu que j'ai fait par ma bonne volonté, elle a raison. Je ferai précisément pour vous, ma Fille, ce que vous souhaitez pendant cette octave. Je vous envoie l'Ordonnance pour Madame de Harlay, aux conditions marquées par mon autre lettre.

Vous voyez qu'à l'endroit que vous me marquez, on ne condamne que le dessein de supprimer les efforts du libre arbitre ; de quoi je suis bien certain que vous êtes fort éloignée. Vous me direz sur cela ce que vous voudrez. Prenez garde seulement qu'il n'y ait un peu de tentation à vouloir toujours vous expliquer davantage ; ce qui pourroit empêcher le parfait repos et l'entière dilatation de cœur que je vous souhaite. Dites pourtant à la bonne heure ce que vous pensez. Notre-Seigneur soit avec vous.

LETTRE CCXXII.

A Meaux, ce 10 mai 1695.

Je n'ai, ma Fille, jamais douté de votre sincérité. Quand je vous prie d'examiner ce que vous pouvez me promettre sincèrement, c'est afin que vous vous examiniez devant Dieu sur cela. Je laisse les choses en l'état où elles étoient. Vous savez que j'ai toujours excepté ce qui regarde le particulier des états, qu'il faut réserver à Dieu : pour le reste je laisse une liberté toute entière à vous et à ma Sœur Cornuau, et je me contente de la disposition où vous êtes de ne rien faire que vous croyiez qui répugne à mes sentimens. Je n'entends pas même vous gêner sur les demandes que vous pourriez faire pour connoître les dispositions des personnes et en profiter ; mais je ne veux obliger personne à rien répondre là-dessus, et je crois même absolument mieux de retrancher sur cela toutes sortes de curiosités.

Quand Madame votre abbesse vous invitera à la suivre dans la visite des terres de l'abbaye, suivez sans hésiter, si vous êtes en état de le faire, Madame votre sœur et vous, en quelque lieu qu'elle aille. Pour ici, il n'y a nulle difficulté : pour Soissons, je n'en refuserai pas la permission ; mais je ne le conseillerai pas. Vous pouvez souhaiter de guérir pour ce petit voyage, et marquer qu'il y a de la différence entre aller dans une maison religieuse, et visiter des personnes séculières : mais je ne crois pas que vous fissiez prudemment de conseiller ce voyage entièrement inutile.

Quand vous aurez lu attentivement l'Ordonnance, vous verrez que je m'y suis expliqué sur l'opinion des mystiques dont vous me parlez. Comment entendez-vous Moïse et saint Paul : l'un, qui veut être ôté du Livre de Vie; et l'autre, être anathème *à Christo?* Je prie Notre-Seigneur qu'il soit avec vous.

LETTRE CCXXIII.

A Germigny, ce 14 mai 1695.

Dans la plus ample instruction, j'expliquerai en particulier mes raisons contre Malaval : en attendant on peut m'en croire. C'est de lui que sont les propositions que j'ai marquées page 7, et qui m'ont fait tant d'horreur. Gardez, ma Fille, celui qu'on vous a remis en main, jusqu'à ce que vous ayez occasion de me le donner. Vous pouvez y lire ce que vous voudrez. Je ne sais si cette personne qui le défend tant, sait qu'il est noté à Rome. Je reverrai tout votre écrit sur l'oraison, et je satisferai à tout, s'il plaît à Dieu, dans mon *Instruction.*

L'amour-propre se fourre partout : ceux qui ne parlent que d'amour pur sont-ils quittes d'amour-propre ? C'est tenir les ames dans une gêne ennemie de la liberté de l'esprit de Dieu, que de leur rendre suspect tout ce qu'il y a de meilleur, sous prétexte que l'amour-propre se niche partout. Il n'est plus foible nulle part que dans la production des désirs, qu'on trouve de mot à mot dans la parole de Dieu.

Le Chrétien intérieur est condamné à Rome : je ne l'ai jamais lu, non plus que Guilloré sur les tentations. Un cœur chrétien a pour ainsi dire naturellement je ne sais quoi de particulier pour Jésus-Christ, parce qu'il est l'Emmanuel, Dieu avec nous : mais cela même est la voie pour aller à la divinité.

Les passages de Moïse et de saint Paul demanderoient un plus grand discours. Priez celui qui ne les a pas inspirés pour rien, de m'en ouvrir l'intelligence.

L'acte marqué dans l'article xxxiii, loin d'être d'obligation, doit être fait avec beaucoup de précaution. Je ne le trouve nulle part dans saint Augustin, ni rien d'approchant : cependant c'est lui, après les apôtres, qui est le docteur de la charité comme de la grace.

Je vous renvoie votre version corrigée : vous pouvez tout entreprendre après cet endroit-là.

Je serois bien aise de savoir à peu près quand on viendra ici, et il est bon de m'avertir quelques jours avant, parce qu'autrement je pourrois naturellement aller ailleurs : la semaine prochaine sera plus libre. Notre-Seigneur soit avec vous, ma Fille, à jamais

LETTRE CCXXIV.

A Meaux, ce 17 mai 1695.

Je suis tout à fait de votre avis sur la délectation du bien éternel, et je ne puis approuver les prétendues mortifications des mystiques. Je crois en effet, ma Fille, que Malaval a eu bonne intention, et encore plus celles qui ont profité de sa lecture : mais il faut avouer que ces mystiques ont enseigné une mauvaise théologie, et qui induit sans y penser à beaucoup d'erreurs, et à un grand affoiblissement de l'ancienne piété.

Je ne change rien à la permission que je vous ai donnée, de continuer la lecture des lettres de M. de Saint-Cyran : je ne le permettrois pas si aisément à quelqu'un qui ne l'auroit pas lu, ou que je ne croirois pas capable d'en profiter. La concession ou refus de telles permissions sont relatives aux dispositions des personnes. Ainsi vous pouvez continuer, et me marquer les endroits excellemment beaux.

Je n'ai rien dit de ce qu'on me fait dire sur les oraisons extraordinaires, sinon qu'en effet elles sont rares. Vous êtes bien éloignée des illusions qu'on y appréhende. Vous n'avez rien à craindre de votre oraison, ni pour le présent, ni pour le passé.

J'ai fait donner une Ordonnance au P. Morel; on a oublié le P. Soanen. On a beau faire, on oublie toujours quelqu'un, et ce sont souvent ceux qu'on voudroit le moins oublier. On réparera ou ici, s'il y vient, ou à Paris. Je salue Madame de Luynes. Notre-Seigneur soit avec vous.

P. S. N'interrompez point vos communions pour ces peines sur le prochain; mais offrez-les, afin d'obtenir de Dieu une véritable charité pour lui

LETTRE CCXXV.

A Meaux, ce 23 mai 1695.

De tous les fruits du Saint-Esprit, celui qui m'a le plus touché à cette fête, que je vous donne et que je tâche de prendre pour moi, c'est la paix, avec cette parole de Jésus-Christ : « Je vous laisse la paix, je vous donne ma paix[1] : » L'effet de cette paix, c'est que vous demeuriez tranquille dans votre état, sans rien consulter davantage. Il n'y a point d'illusion : j'approuve tout ce que vous m'en avez exposé, même par rapport à moi. Agissez suivant les dispositions que Dieu vous donne, et ne craignez rien : la vérité vous répond par ma bouche, autant pour ce qui me regarde que sur toute autre chose; c'en est assez. Pour ce qui est de mes dispositions, vous n'avez pas besoin que je vous en explique d'autres que celle de vouloir faire jusqu'à la fin toutes les fonctions du bon pasteur : Dieu m'en fasse la grace.

Pour le voyage, je vous avoue que si j'eusse prévu qu'on dût aller à Paris, je ne l'aurois pas permis, ou j'y aurois apporté des restrictions. Néanmoins puisque la parole est lâchée pour les terres en général, je ne la révoquerai pas. A votre égard, ne contristez point Madame votre abbesse; et si elle veut que vous la suiviez, obéissez. Quant à moi, je n'ai nul dessein bien fixe pour cette semaine, et je me conduirai suivant les lettres que je recevrai de Jouarre.

Il est vrai qu'il y a un édit du roi, vérifié au parlement, qui

[1] Joan., XIV, 27.

soumet tous les monastères, même ceux qui sont en congrégation, aux évêques d'une certaine manière ; et qui est non-seulement de ce côté-là, mais en beaucoup d'autres points, très-avantageux à la discipline ecclésiastique. Je n'ai pas besoin de raisonner sur cela par rapport à moi : il me suffit d'avoir fait dans le moment ce que je devois, pour le temporel et pour le spirituel également. Notre-Seigneur soit avec vous.

LETTRE CCXXVI.

A Meaux, ce 1er juin 1695.

A la première commodité on vous enverra un exemplaire de l'Ordonnance pour Madame de Harlay, que vous lui ferez tenir vous-même : je ne veux point qu'il paroisse que je la divulgue hors de mes limites.

Je n'ai remarqué dans saint Jean Climaque nul vestige d'oraison passive ; je reverrai les endroits. Je suis bien aise, ma Fille, que vous soyez satisfaite du petit voyage à Trilpat. Je sentis de la peine, qui se termina en actions de graces, en voyant les Epouses de Jésus-Christ retourner en la maison de leur Epoux.

Ne soyez point embarrassée des sentimens que vous m'exposez : songez plus à vous unir au divin Epoux qu'à vous détacher des autres. Puisse la joie du Saint-Esprit triompher de la tristesse que vous portez dans le fond ! Je crois pourtant qu'elle est selon Dieu, et qu'elle tient un peu du naturel et des infirmités.

Je ferai décrire les papiers ici, et ne puis à présent les envoyer. Quand Dieu me donnera ce que vous souhaitez que je vous donne, vous l'aurez. Communiez tous les jours dans cette octave : que nulle peine prévue ou imprévue ne vous en empêche. Ce que Dieu demande de vous, c'est la confiance et la dilatation du cœur. Vos papiers sont dans d'autres porte-feuilles, et ne tiendroient pas aisément dans ceux qui ne renferment que le courant. Mon neveu vous rend graces et vous salue, et tous deux Madame de Luynes.

On dit M. de la Trappe fort malade

LETTRE CCXXVII.

A Meaux, ce 4 juin 1695.

Vous me faites, ma Fille, très-grand plaisir de me témoigner les amitiés du P. Soanen, et la grande satisfaction que vous avez et qu'on a à Jouarre des excellens sermons de son neveu. Il m'a fait le plaisir de me l'amener à Paris, et je suis très-aise qu'il réussisse comme vous le dites. Je suis à présent si occupé, que je ne sais quand précisément je pourrai penser à vos questions. Je travaille néanmoins encore à la suite des Mystères, que je veux tâcher de mener jusqu'à un certain point : cela ne me coûte aucune application, et me délasse plutôt.

Tant que vous songerez à établir votre confiance sur vous-même, vous n'y parviendrez jamais. Je lisois hier de pieux vers de Gerson, dont le sens est : Je sais que les dogmes que je viens d'enseigner de la vie mystique sont très-véritables : mon ame les ressent, mon expérience en est le témoin ; mais ce n'est point par là que je serai glorifié : mon espérance est la croix de Jésus-Christ ; sa grace, et non pas mes œuvres. Dites à son exemple : Je vis à l'ombre de la grace et de la miséricorde de Dieu, comme une plante qui croît dans la maison du Seigneur, qu'il nourrit de la pluie du ciel, et qu'il anime par la chaleur de son soleil, qui est Jésus-Christ.

J'ai lu les extraits de mes lettres que vous m'avez envoyés, et celui que je reçois aujourd'hui revient beaucoup à ce que je viens de dire. Je ne souhaite point que vous vous tourmentiez à vous détacher de votre attrait ; mais qu'en dilatant votre cœur à Dieu, vous l'ouvriez à tout ce qui peut venir de ses montagnes éternelles. Il y a beaucoup de mérite à se livrer à Dieu, à la manière que vous me marquez ; et le véritable mérite est de suivre Dieu.

Il est vrai que le livre du *Chrétien intérieur* a été noté par une censure de l'inquisition à Rome. Je n'y ai encore rien trouvé de mauvais : mais en général les nouveaux spirituels outrent beaucoup les matières, et semblent vouloir enchérir sur les saints Pères ; ce qui me fait beaucoup de peine. Je ne saurois vous rien dire de la Ferté-sous-Jouarre, ni de Jouarre. Notre-Seigneur soit avec vous.

P. S. Aimable plante, olivier fécond et fructifiant, arbre chéri de celui qui l'a planté dans sa maison, qu'il regarde continuellement avec des yeux de complaisance, qu'il enracine par l'humilité, qu'il rend fécond par ses regards favorables, comme un soleil bienfaisant, dont il prend les fleurs et les fruits pour en faire une couronne à sa tête; croissez à l'ombre de sa bonté, et ouvrez-vous à ses bénignes influences. *Amen, amen.*

LETTR CCXXVIII.

A Meaux, ce 10 juin 1695.

Je vous ai déjà dit, ma Fille, ce que je pensois sur le voyage de Soissons, et vous savez quel plaisir j'aurois d'en donner à Madame votre sœur. Mais assurément ces visites d'abbesse à abbesse ne sont guère conformes à l'esprit de clôture; et comme je vous ai dit, je ne dirai mot si on les fait sans me le demander; mais je ne les conseillerai pas si on me consulte. Je suis très-content, ma Fille, des dispositions que vous me marquez, et vous n'avez qu'à continuer dans cette voie.

Je n'ai rien du tout à ajouter à ce que je vous ai dit du mérite : le principe en est la charité, et le degré de l'un dépend de l'autre. Il est vrai que, toutes choses égales, l'état que marque Grégoire Lopez peut être plus méritoire par accident : mais dans le fond qui aime plus, mérite plus, l'amour étant toujours libre en cette vie. Il y a une belle sentence dans le bienheureux Jean de Dieu, qui est sur le réciproque de l'amour entre Dieu et l'homme : il dit que comme Dieu nous choisit librement, nous le devons choisir de même; et c'est à peu près ce que disoit saint Clément d'Alexandrie, que comme Dieu prédestine l'homme, l'homme aussi en quelque façon prédestine Dieu. Mais après tout la comparaison est fort imparfaite, puisque c'est Dieu qui commence, et que notre amour est un fruit du sien.

Demain nous allons tous en visite, moi d'un côté, mon neveu

de l'autre, et mes grands-vicaires de l'autre. Je vais demain à Farmoutiers et aux environs, d'où je reviendrai quand j'aurai fait, et n'en puis dire davantage. Je passerai à Coulommiers, où la bonne Sœur Subtil et ses Sœurs apprendront volontiers de vos nouvelles. Je salue Madame de Luynes. Notre-Seigneur soit avec vous, ma Fille.

J. Bénigne, Ev. de Meaux.

P. S. On ne me parle plus il y a longtemps de Madame de la Grange : je présuppose qu'on a toujours d'elle un soin égal. Je n'oublie pas Madame Renard. Samedi le P. Berard me rendit votre lettre, comme je partois pour Farmoutiers ; ainsi je diffère la réponse.

LETTRE CCXXIX.

A Germigny, ce 17 juin 1695.

J'arrivai hier de Créci : j'ai été à Coulommiers, où j'ai accordé à ma Sœur de Saint-Antoine ce qu'elle souhaitoit, et vous pour elle. Je m'en vais à Meaux à la conférence, et demain je retournerai en visite à une des extrémités du diocèse, où je demeurerai autant que les besoins des lieux le demanderont. De là je reviendrai encore à Créci, s'il plaît à Dieu ; et voilà, ma Fille, tout ce que je puis prévoir de ma marche. Vos lettres portées à Meaux me seront fidèlement envoyées où je serai, et je vous prie de me mander la suite des voyages.

Je ne sens point du tout que j'aie rien de nouveau à vous dire sur ces peines, dont je vous ai souvent défendu de vous inquiéter : je vous le dis néanmoins encore. Il ne sera peut-être pas inutile que vous m'envoyiez ce livre ici, où je serai bien certainement, s'il plaît à Dieu, le vendredi après la Saint-Jean, et le samedi suivant toute la matinée. Priez Dieu de plus en plus pour les travaux dont il me charge, afin que je les subisse entièrement détaché de moi-même. Je le prie aussi qu'il soit avec vous, et je vous assure que je ne cesse de lui offrir les douces blessures de votre cœur. Ne rejetez point ses graces ; laissez-vous tirer où il voudra, et courez après ses parfums.

LETTRE CCXXX.

A Meaux, ce 25 juin 1695.

J'ai, ma Fille, reçu les paquets et le livre : je vous prie de le dire à nos chères Filles; et qu'occupé de plusieurs affaires, avant mon départ pour Créci, qui sera aussitôt après le dîner, je ne puis faire réponse qu'à mon retour.

J'ai lu votre lettre : vous eussiez mieux fait de lire le livre ; et sans hésiter de m'en marquer tous les endroits, puisque je ne l'ai pas défendu, et pour cause. Je parlerai pour Madame Viart. Madame de Jouarre arriva ici à minuit, et y demeura jusqu'à six heures du soir. Vous aurez vos versions : j'ai celle de saint Siméon. Je ne puis dire précisément combien je serai dans le diocèse : il ne paroît pas que rien me presse avant le 15 ou le 16.

Tous les passages de saint Jean Climaque et de Cassien seront examinés dans mon Traité. Je ne puis vous dire autre chose en général, sinon que je n'y trouve pas jusqu'ici bien clairement l'oraison de quiétude, ni ces impuissances des mystiques nouveaux, même de ceux qui sont approuvés : cela dépend de plus hauts principes, qu'il seroit long de déduire. Tout ce que je puis faire quand j'en serai là, sera de vous envoyer mes écrits à mesure que je les ferai. Vous me citez saint Jean Climaque par nombres ; je les lis dans l'original où ne sont point ces distinctions : il suffit de me marquer les degrés de son *Echelle* mystérieuse. Je bénis de tout mon cœur notre chère Sainte-Dorothée.

LETTRE CCXXXI.

A Germigny, ce 1er juillet 1695.

Par votre lettre du 28 je vois, ma Fille, que Madame de Jouarre étoit indisposée à Paris : il me tarde qu'elle finisse ses courses qui commencent à mal édifier. Le roi a dû être à Marly jusqu'à aujourd'hui, et Madame votre sœur aura eu peine à voir Madame de Chevreuse ; mais j'espère que cela se sera réparé au retour.

Je laisse à votre liberté de me dire, ou ne me pas dire, les peines qui ont rapport à moi ; et je puis vous assurer, sans en savoir davantage, que vous n'avez qu'à toujours aller votre train.

Nos voyageurs de Soissons sont fort contens de Madame l'abbesse, qui ne leur a rien dit que je sache sur la visite qu'elle espéroit. Il est vrai qu'elle a eu ce qu'il y avoit de mieux entre Mesdemoiselles de Rohan ; et je trouve Madame de Soubise fort modeste, de se contenter de la petite qu'on vous a donnée. Les dix mille écus sont véritables.

Je suis toujours très-disposé à écouter Dieu sur votre sujet : mais quand on a résolu les principales difficultés, Dieu laisse dans le silence, et veut qu'on profite de ce qu'il a donné. Mon silence n'est donc point une punition de Dieu, mais une sage et ordinaire économie de sa grace. Ce silence pourtant n'est pas bien grand, et je tâche de ne vous rien laisser d'indécis. Tout viendra en son temps, et il ne faut pas s'accabler d'écriture.

La prière que vous me demandez est en cent endroits de l'Ecriture, et très-nettement dans les oraisons de Primes : *Domine Deus*, etc., et *Dirigere*, etc. Pourquoi vouloir après cela quelque chose de particulier, et de moi ? Puis-je mieux dire que l'Eglise ? Au contraire, quand il y a des prières ecclésiastiques sur certains sujets, il y a de la foi et de la soumission à s'en tenir là. C'est peut-être pour cela qu'il ne me vient rien sur ce sujet, et que Dieu veut que je vous renvoie à l'Eglise.

Je continue de temps en temps les mystères : quand j'en serai à la Conception de Notre-Seigneur, je m'arrêterai, et j'enverrai ce qui sera fait pour vous et ma Sœur Cornuau. Voilà pour la lettre du 27.

Je vous renvoie le *Nunc dimittis* revu. Je ne suis guère content de beaucoup de lettres que vous m'avez envoyées de M. de Bernières. Outre les endroits marqués, j'y en trouve beaucoup d'autres très-suspects, surtout la manière dont il parle de l'indifférence pour les émotions de la sensualité. C'est bien fait de ne se pas trop roidir à faire des actes contraires ; mais aussi d'en venir à dire que c'est l'affaire de Dieu, et non pas la nôtre ; qu'un rien ne réfléchit pas, ne résiste pas : je ne puis consentir à ces expressions. Je dirois de même : Un rien ne prie pas, ne s'unit pas, n'aime pas, ne se soumet pas ; un rien ne s'anéantit pas : et voilà toute la piété réduite à rien, ou à des allégories sur le néant; cela peut conduire à de très-grands maux. Pour vous, ma Fille, vous êtes instruite sur ce sujet-là, et vous n'avez, sans vous arrêter, qu'à continuer dans ses peines ce que vous avez commencé, mais non pas à en venir jamais à ces expressions et sentimens de nonchalance. C'est la réponse à ce qui restoit de la lettre du P. Berard. Je ne dis rien sur les attraits dont vous y parlez, parce que je les approuve.

Je n'ai point parlé pour raison à Madame de Richelieu ; c'est assez qu'elle ne m'ait parlé de rien. Je vous plains d'être si souvent distraite, et même quand vous écrivez. Songez bien, mais sans scrupule, si vous ne pouvez pas un peu vous affranchir de cette captivité extérieure. Ce n'est pas le goût des souffrances, c'est la soumission à la volonté de Dieu qui les envoie, que je vous demande. Voilà réponse à la lettre du 24. Dans la lettre du 20, vous demandez s'il ne vaudroit pas bien mieux songer à la mort que de recevoir ces touches qui occupent si doucement. Je réponds que non, et que la grande règle est de se laisser tirer au céleste Epoux.

Vous en dites trop en assurant sur le sujet de Madame Guyon, que mon discernement est à l'épreuve de toute dissimulation. C'est assez de dire que j'y prends garde, et que je tâcherai de prendre des précautions contre toutes les dissimulations dont on pourroit user. On peut être trompé en deux manières, ou en croyant ce qui n'est pas, ou en ne croyant pas tout ce qui est. Le dernier peut arriver aisément ; mais il faut prendre des précautions à toutes fins, pour empêcher qu'on n'induise les ames à erreur par une mauvaise doctrine ou de mauvaises pratiques.

Je suis obligé aux bontés de Madame de Harlay, et l'aurois été à ses lettres.

La vraie raison qui empêche mon *Traité sur l'oraison* d'aller aussi vite qu'on voudroit, c'est la délicatesse et l'étendue de la matière, et la multiplicité des occupations. Votre zèle pour ma perfection, en y comprenant la pénitence, me plaît beaucoup. Cette bonne fille ne m'a rien dit là-dessus: l'Ecriture m'en dit assez; et pour le reste, ni je ne le dédaigne, ni je ne le demande.

J'ai reçu une lettre de M. l'abbé de la Trappe : son mieux est bien foible. Le roi lui a permis de choisir un successeur dans sa communauté. Je ne puis rien dire sur mon séjour, ni sur mon départ : le dernier ne sera qu'à l'extrémité. Notre-Seigneur soit avec vous.

LETTRE CCXXXII.

A Meaux, ce 3 juillet 1695.

Monsieur d'Ajou m'a rendu vos billets : je ne trouve rien que de bon dans celui daté du dimanche, et vous pouvez suivre ces dispositions. Je vois quelque sujet d'espérer la venue de Madame de Miramion, qui me déterminera d'aller à la Ferté, d'où je monterai la montagne.

Je verrai la version de la préface des psaumes. Je n'ai garde d'être contraire à l'oraison de quiétude, que j'ai si expressément approuvée, pourvu qu'on ne l'outre pas, comme on fait si souvent les bonnes choses. Notre-Seigneur soit avec vous.

LETTRE CCXXXIII.

A Paris, ce 16 juillet 1695.

Je pars aujourd'hui pour la Trappe. Avant mon départ, je vous donne avis de la réception de votre lettre du 14. Madame l'abbesse vous portera un billet de moi. Je vous ferai rendre une Ordonnance à mon retour.

Je vous fais de très-bon cœur la dernière réponse de saint Bernard. Car par la grace de Dieu je la porte dans mon fond, et vous m'avez fait grand plaisir de me la marquer dans ce Saint. Elle me donne une nouvelle vénération pour lui, par-dessus celle que j'ai toujours eue très-grande pour sa très-pure et paternelle charité. Enracinez-vous dans l'humilité, par la foi et par le chaste et pur amour : c'est la source de la véritable humilité. Qui aime, s'oublie soi-même, et n'a garde de se compter pour quelque chose, puisqu'il s'est oublié et ne se retrouve qu'en Dieu par Jésus-Christ. Notre-Seigneur soit avec vous, ma Fille, à jamais.

LETTRE CCXXXIV.

A Meaux, ce 4 août 1695.

J'ai reçu la lettre dont vous êtes en peine. Vous ne doutez point, ma Fille, que je n'aie pris beaucoup de part à l'affliction de Madame votre sœur et à la vôtre. J'ai appris de M. de Chevreuse que la fin de M. de Morstein a été précédée d'une vie si chrétienne, qu'on peut croire que Dieu le préparoit à ce dernier moment. Pour M. le comte d'Albert, lundi à six heures du soir que je quittai M. de Chevreuse, M. de Guiscard ne lui en écrivoit pas un mot, ne lui circonstanciant que ce qui regardoit M. de Morstein ; et c'est ce qui lui faisoit croire qu'il n'étoit rien de ce qu'on disoit de M. le comte d'Albert.

Je prie Dieu qu'il bénisse votre retraite. Vous trouverez dans les Evangiles, et dans la seconde *Epître* de saint Pierre, de quoi vous entretenir sur Jésus-Christ transfiguré. C'est en cet état où il paroît le plus beau des enfans des hommes par l'anticipation de sa gloire, par le témoignage que lui rendent Moïse et les prophètes, et par l'invitation qui nous vient du ciel de l'entendre. Faites le sujet de votre retraite de l'Evangile des dix Vierges : préparez-vous à entrer aux noces de l'Epoux, en disant avec saint Jean : *Venez, Seigneur Jésus, venez;* et le reste de la fin de l'*Apocalypse,* joint au chapitre 1ᵉʳ du *Cantique des Cantiques.*

M. l'abbé de la Trappe m'a donné cette lettre en réponse aux vôtres. Sa main droite est toujours ulcérée; mais il me paroît en état de vivre encore quelques années. Le repos où il va entrer contribuera à le conserver. Son successeur est un saint et éclairé religieux (a), qui a le don de la parole avec celui de l'exemple et

(a) Dom Zozime, à qui le roi, sur la démission de M. de Rancé et à sa prière, accorda le brevet de l'abbaye de la Trappe, le 20 janvier 1695. Ses bulles furent expédiées le 20 décembre de la même année, et il prit possession le 22 janvier de l'année suivante, mais il ne fut pas longtemps en place, car il mourut avant l'ancien abbé. (*Les édit.*)

de la conduite. J'ai été très-édifié du monastère des Clairets, où l'œuvre de Dieu avance sous la conduite d'une sainte et zélée abbesse. Ma santé est bonne ; mais j'ai besoin d'un peu de repos à Germigny, où je vais. Je prie le saint Epoux d'être avec vous.

LETTRE CCXXXV.

A Germigny, ce 8 août 1695.

Continuez à suivre votre attrait : recevez sans scrupule les larmes que Dieu vous envoie. Laissez dire les hommes : écoutez Dieu ; écoutez Jésus : l'Epouse se réjouit à la seule voix de l'Epoux. Il est vrai que j'ai beaucoup estimé la *Vie de la Mère de l'Incarnation* (a). Vous avez raison de vous en tenir à saint Augustin, qui ne connoît point ces abstractions. Il y a un sensible qui est bien profond et bien intime ; assurez-vous-en. Modérez l'oraison, ma Fille, quand vous vous sentirez foible ; Dieu l'aura fort agréable.

Si ces peines viennent, soumettez-vous à la volonté de Dieu, et laissez-lui le choix de ses contre-poids. Je le prie pourtant de les détourner, et en même temps je vous défends de vous laisser détourner de ce que vous avez à faire. Quand vous désirez de sentir plus de foi envers le mystère de l'Eucharistie, vous avez raison d'un côté ; dites seulement avec les apôtres : « Seigneur, augmentez-nous la foi ; » et avec cet autre : « Je crois, Seigneur ; aidez mon incrédulité ; » et laissez tout passer.

Si vous connoissez en cette fille un grand progrès, avec une forte envie de se corriger, vous pouvez la recevoir. Mandez-moi ce qu'on a fait de la fille du P. Antheaume. Ce Père me presse fort en sa faveur, et je voudrois lui faire plaisir, mais non pas faire mon affaire de cette réception.

(a) Il est ici question de la *Vie de la vénérable mère Marie de l'Incarnation, supérieure des Ursulines en Canada*, que dom Claude Martin, son fils, religieux bénédictin de la congrégation de Saint-Maur, et d'un mérite très-distingué, publia en 1677, en un volume in-12. Bossuet, dans ses ouvrages sur le quiétisme, témoigne beaucoup d'estime et de respect pour cette sainte religieuse. (*Les édit.*)

Abandonnez-vous à l'amour et à toute l'étendue de l'attrait divin, avec une entière dilatation de cœur.

J'ai vu ici le P. Soanen, et je l'ai arrêté à souper et à coucher à l'évêché : j'ai fait ce que j'ai pu pour le satisfaire.

Je ne trouve rien que de bien dans les sentimens que vous me marquez pour la confession, dans votre lettre de dimanche. Je ne vois pas qu'on puisse être dangereusement trompé, en consultant et suivant en simplicité son évêque. Encore un coup, suivez l'attrait, et laissez-vous tenir doucement en oraison autant qu'il plaira à Dieu, sans vous inquiéter du diable qui pourroit intervenir ; mais assurez-vous en Dieu : on peut prétendre à tout avec Jésus-Christ, pourvu qu'on veuille l'aimer. Espérez en Dieu à la vie et à la mort. Notre-Seigneur soit avec vous, ma Fille.

LETTRE CCXXXVI (a).

A Germigny, ce 13 août 1695.

J'approuve fort que vous fassiez un compliment à Madame de Harlay votre amie, sur la mort de M. le marquis de Vieux-Bourg, qui étoit en vérité un aimable homme et digne d'être regretté.

Dieu soit loué, ma chère Fille, et sa bonté adorée, sur la préservation de cette peine incommode et affligeante. Souvenez-vous, si elle vient, de l'offrir à Dieu pour tels pécheurs qu'il voudra : il a cela fort agréable, et qu'on souffre en charité et en esprit de communion pour ses frères.

Sur vos lettres du 10 et du 11, je vous avertirai fidèlement de tout ce que je saurai. Il y a toute apparence, et pour mieux dire toute certitude, que Dieu par miséricorde autant que par justice me laissera dans ma place (a). Quand vous souhaitez qu'on m'offre et que je refuse, vous voulez contenter la vanité ; il vaut bien mieux contenter l'humilité, et dire avec David sur cette

---

(b) On parloit de Bossuet pour remplir le siége de Paris, vacant par la mort de M. de Harlay.

petite humiliation, si c'en est une : *Bonum mihi quia humiliasti me* [1].

Le P. Antheaume ne saura rien. Je ne connois pas assez cette fille pour me rendre son intercesseur auprès de Madame. J'honore fort le bon Père; mais il ne la connoît guère plus que moi, et cela ne peut pas faire un engagement assez fort pour moi : peut-être tiendroit-elle la place de quelque plus digne sujet; ainsi je m'en tiens là.

Assurez Madame Renard de mon amitié. J'aurai soin de vous envoyer l'Ordonnance de M. de Châlons (a), qui est à la vérité très-belle, très-sainte et très-intérieure : je vous renverrai aussi la mienne.

J'ai fait à l'égard de Madame Guyon tout ce que demandoit l'ordre de la discipline : je ne juge point du cœur. Sa rétractation ne vous est point nécessaire; elle paroîtra en son temps. Ne vous embarrassez point sur le quiétisme : vous êtes très-éloignée de cet esprit-là.

Il faudroit éviter sur les réceptions les crieries qui semblent vouloir imprimer des nécessités : ce sera une matière de visite.

J'ai vu ce matin le P. Toquet, et j'ai fort combattu ses vues de la Trappe. Je lui ai dit ce que vous souhaitiez pour moi, qui est la nomination et le refus : il n'a pas paru éloigné d'un pareil souhait; mais au fond il ne convient pas.

C'est bien fait d'avoir mis fin à votre retraite, et je loue Madame de sa précaution. On peut aspirer à tout avec Dieu, pourvu qu'on soit soumis. Les dernières et les premières places à cet égard sont égales, et les premières se trouvent souvent dans les derniers rangs. Il n'y a rien que Dieu cache tant que les grandes graces. Laissez Dieu le maître de ses touches, et priez-le de vous aider par les moyens les plus secrets, si c'est sa volonté. Il n'y a point de résolution à écrire sur votre retraite, si ce n'est de bien aimer Dieu. Je suis obligé de partir mardi ou mercredi au plus tard pour Paris. Notre-Seigneur soit avec vous.

[1] *Psal.* CXVIII, 71.

(a) Louis-Antoine de Noailles, depuis archevêque de Paris et cardinal, qui publia cette année une ordonnance contre le quiétisme.

LETTRE CCXXXVII.

A Meaux, ce 16 août 1695.

Je n'y fais pas tant de façons : j'ai, ma Fille, écrit tout simplement à Madame l'abbesse que je ne connoissois pas assez cette fille pour prendre part à ce qui la regarde. J'en ai mandé autant à celles qui m'en ont écrit, non pour approuver ces grands bruits, mais afin qu'on ne pense pas que j'entre dans les desseins du P. Antheaume, ni que ce Père pousse si loin de pures civilités. Je ne laisse pas de ressentir les égards qu'on a eus pour moi, surtout ceux de Madame de Luynes et les vôtres. Laissez toutes deux discourir celles dont vous me parlez, et continuez à bien faire sans aucune récompense sur la terre du côté de celles à qui vous faites du bien; car c'est là où il faut espérer ce que dit le Fils de Dieu : « Il vous sera rendu dans la résurrection des justes [1]. » Il ne faut jamais souhaiter la reconnoissance par rapport à soi; mais seulement par rapport à ceux qui la doivent.

Je suis bien aise de l'accroissement de cet esprit de retraite : quand Dieu change les dispositions, il ne laisse pas de bâtir sur le même fond. Il n'est pas besoin que vous méditiez beaucoup : exercez l'amour doucement et en toute simplicité, sans rien forcer, et sans vous troubler pour la cessation ou pour la continuation, et pour le renouvellement des dispositions qui ne sont pas essentielles à l'esprit de foi. Ne vous inquiétez non plus de ces goûts ou de ces dégoûts : tout est dans le fond, d'où il sortira ou demeurera concentré quand Dieu le voudra; et c'est assez.

Voilà l'Ordonnance de M. de Châlons, et un autre exemplaire de la mienne : elles sont de même esprit, quoique différentes dans les manières.

Il passa hier à deux heures après midi un courrier qui dit qu'il alloit porter de bonnes nouvelles à M. de Châlons : ce seroit un choix dont j'aurois une grande joie. Notre-Seigneur soit avec vous.

[1] *Luc.*, XIV, 14.

LETTRE CCXXXVIII.

A Paris, ce 22 août 1695.

Vous aurez appris, ma Fille, que la grande expectation du public sur l'archevêché de cette ville a été heureusement terminée par la nomination de M. de Châlons, dont je me suis beaucoup réjoui, non-seulement parce qu'il est mon ami intime, mais plus encore pour le grand bien qu'un tel pasteur apportera à tout le troupeau. Voilà vos appréhensions finies : pour moi je puis vous assurer que je n'ai pas cru un moment que cela pût tourner autrement, et que tous mes souhaits sont accomplis. Il n'y a plus à douter malgré tant de vains discours des hommes, que selon tous mes désirs je ne sois enterré aux pieds de mes saints prédécesseurs, en travaillant au salut du troupeau qui m'est confié, dont votre saint monastère fait une des principales parties, et vous-même la première Fille de votre pasteur.

Je n'ai pas discontinué un seul moment de travailler à l'*Instruction* que j'ai promise, et que vous souhaitez sur l'Oraison : c'est une ample et délicate matière autant qu'elle est importante. Nous étions convenus ensemble que les articles dressés par nos communs soins seroient publiés de même, sans nommer aucun auteur particulier.

La supériorité de Navarre vaut autant que la provisorerie de Sorbonne ; c'est-à-dire rien du tout qu'un titre d'honneur, et un soin de ces deux maisons qui ne m'attache en aucune sorte à Paris.

Je suis ravi du bien que vous dites de cette religieuse : je crois qu'elle viendra dans le diocèse, où nous lui ferons faire ce qu'il faudra. Puissiez-vous être de celles qui sont formées par la grace, pour trouver devant Dieu la paix et pour elles et pour les autres. Il en coûte bon, et on a besoin pour cela d'être ferme comme une muraille pour soutenir les assauts de l'ennemi, et d'avoir pour tous les pécheurs des mamelles que la charité remplisse. Notre-Seigneur soit avec vous.

J. Bénigne. évêque de Meaux.

P. S. Aimez Dieu et le désert avec Jésus-Christ, avec ses anges et avec les bêtes sauvages.

J'irai tenir le synode, et vous voir bientôt après, s'il plaît à Dieu.

LETTRE CCXXXIX.

A Meaux, ce 25 septembre 1695.

Il est difficile, ma Fille, qu'occupé autant que je le suis de la matière que j'ai à traiter, je puisse trouver tout le temps que je donnois autrefois à vous écrire. Je répondrai à tous vos doutes particuliers, en instruisant toute l'Eglise selon les lumières et la mesure que Dieu me donnera. Je crois aussi vous avoir donné tous les principes dans mes lettres; et entre autres choses, de vous avoir bien fait entendre que je n'ai jamais eu aucune vue de changer vos attraits, ni de vous en souhaiter d'autres : recevez-les donc. Je révère tout ce qui vient de Dieu, et n'approuve pas ceux qui veulent toujours rejeter ces délectations célestes.

Je ne suis pas persuadé qu'on mérite plus dans la privation et la sécheresse, mais qu'on mérite d'une autre sorte; et j'aime mieux qu'on s'occupe de l'amour saint que du mérite qu'on acquiert en le pratiquant. Vous entendez bien l'abandon : exercez-le de même, et ne vous embarrassez point de M. Nicole, qui n'improuveroit pas votre abandon : en tout cas vous avez à écouter au dedans un autre maître.

On peut souhaiter l'attrait, comme on peut souhaiter l'amour où il porte : on peut souhaiter la délectation comme une suite et comme un motif de l'amour, et un moyen de l'exercer avec plus de persévérance. Quand Dieu retire ses délectations au sensible, il ne fait que les enfoncer plus avant, et ne laisse non plus les ames saintes sans cet attrait que sans amour. Quand la douce plaie de l'amour commence une fois à se faire sentir à un cœur, il se retourne sans cesse, et comme naturellement, du côté d'où lui vient le coup; et à son tour il veut blesser le cœur de l'Epoux, qui dit dans le saint *Cantique*: « Vous avez blessé mon cœur, ma Sœur, mon Epouse : encore un coup, vous avez blessé mon cœur par un seul cheveu qui flotte sur votre cou[1]. » Il ne faut rien pour blesser l'Epoux : il ne faut que laisser aller au doux vent de son inspiration le moindre de ses cheveux, le moindre de ses désirs. Car tout est dans le moindre et dans le seul : tout se réduit en la dernière simplicité. Soyez donc simple et sans retour, et allez toujours en avant vers le chaste Epoux : suivez-le, soit qu'il vienne, soit qu'il fuie ; car il ne fuit que pour être suivi. Dieu soit avec vous.

LETTRE CCXL.

A Germigny, ce 30 septembre 1695.

Madame du Chalard arriva ici hier tout à la nuit, et en est repartie à sept heures du matin. Je lui ai répondu sur tous ses doutes autant que j'ai pu, et j'ai été fort content d'elle.

Je vous charge volontiers de mes reconnoissances envers saint Ebrigisille, et j'attends encore de lui de plus grandes graces. Je vais dimanche en visite à Nanteuil-le-Haudoin jusqu'à mardi. Il y a longtemps que vous ne me dites rien de Madame de Luynes. Mon frère et toute la famille vous est bien obligé, et vous rend avec moi mille graces très-humbles. Le religieux prémontré dont vous me parlez n'a point rendu de lettres de vous : peut-être l'a-t-il fait rendre par quelque autre main. J'en ai reçu une du même sens que celle dont vous me faites l'exposé, et j'y consens de bon cœur, n'ayant rien qui me presse plus que d'annoncer à Jouarre la sainte parole.

Vous pouvez apprendre à ces demoiselles ce que vous savez d'arithmétique, de la carte et de l'histoire : le blason est moins que rien : mais aussi on le peut apprendre en peu de temps ; et je ne haïrois rien tant qu'un attachement pour cela, où il n'y a que vanité. Il n'y a nul inconvénient à leur faire lire l'Histoire romaine, soit dans les originaux ou dans Coeffeteau. Pour le latin, vous pouvez ajouter aux lettres de saint Jérôme les histoires de Sulpice Sévère. Bannissez en toutes manières les chansons d'amour : ne souffrez pas qu'on nomme ce nom en votre présence : je vous donne toute liberté de vous servir de mon nom pour cela.

[1] *Cant.*, IV, 9.

Vous pouvez dissimuler quelquefois; mais que ce soit dans l'intention de mieux frapper votre coup. Parlez humblement, mais franchement à Madame là-dessus : dites-lui que tout le monde n'est pas comme elle d'une innocence inaltérable : enfin n'épargnez rien pour cela: et, je vous prie, point de complaisance : je ne ferai jamais rien paroître. Notre-Seigneur, ma Fille, soit avec vous.

J. Bénigne, évêque de Meaux.

P. S. On blâme dans les jeux de hasard le hasard même, pour ne point parler de la perte du temps, de l'attache, des passions, de l'avarice, qui règnent dans ces jeux; et il ne les faut en aucune sorte souffrir aux pensionnaires dans un cloître.

LETTRE CCXLI.

A Germigny, ce 8 octobre 1695.

Le paquet dont vous êtes en peine m'a été rendu, et la lettre de Madame la duchesse de Luynes est brûlée. Je compte, ma Fille, de ne bouger d'ici dans toute la semaine prochaine, ni dans les premiers jours de la suivante. Commencez par là vos petites courses. Nous écrirons ici tout ce qu'il faudra pour votre conscience. Je commencerai par prendre toute l'autorité de M. de Rouen, et ensuite j'agirai toujours comme étant votre propre prélat. Ainsi je ne changerai en rien du tout, et seulement on sera un peu plus loin: mais la grace de Dieu ne s'éloigne pas, et son Evangile marche.

Ma Sœur Cornuau vous fera voir, et à Madame votre sœur, la lettre que je lui écris sur ses vues. Aidez-la à se bien conduire. Je ferai ce qu'il faudra avec Madame d'Alègre. Je prie Notre-Seigneur qu'il soit avec vous, et je vous bénis en son nom.

J. Bénigne, évêque de Meaux.

P. S. Soyez ferme en Notre-Seigneur : ne vous faites point malade. Dieu disposera toutes choses; et encore un coup, je ne vous manquerai en rien, s'il lui plaît.

LETTRE CCXLII.

A Germigny, ce mardi 12 octobre 1695.

Vous voulez que je vous dise, ma Fille, ce que Dieu demande de vous pour vous conformer à l'état où il vous met. Je vous réponds qu'avant toutes choses il veut que vous continuiez, peut-être que vous augmentiez vos communions ; et c'est visiblement où vous conduit cette union aux dispositions de Jésus dans l'Eucharistie. Il ne faut donc point adhérer à ceux qui veulent régler si précisément le nombre des communions à chaque semaine : ces règles des communautés ont de bons motifs ; mais ne règlent pas les désirs des ames, ou plutôt les désirs de Dieu dans les ames mêmes.

Mais quelles sont ces dispositions de Jésus dans l'Eucharistie ? Ce sont des dispositions d'union, de jouissance, d'amour. Tout l'Evangile le crie : Jésus veut qu'on soit un avec lui ; il veut jouir, il veut qu'on jouisse de lui. Sa sainte chair est le milieu de cette union : il se donne ; mais c'est qu'il veut se donner encore davantage : *Se ipsum dabit, quia se ipsum dedit*, disoit saint Augustin[1]. Il est le gage de lui-même : sa présence réelle sentie par la foi, est le gage de sa présence parfaite, lorsque nous lui serons semblables en le voyant tel qu'il est. Ainsi l'esprit de Jésus dans l'Eucharistie, c'est que l'union nous soit un gage de l'union, et accomplisse le mystère de l'amour ici en espérance, et là en effet.

Jésus-Christ nous a donné une vraie idée de ses dispositions dans l'Eucharistie, en nous rappelant cette vertu qui découloit de son corps sur ceux qui savoient le toucher comme il veut l'être ; car il ne faut pas croire que cette vertu sorte seulement pour guérir les corps. Jésus-Christ est encore plus Sauveur des ames : il en pique le fond ; il y excite les saints désirs ; il les unit à lui-même, et les prépare à une union plus divine et plus excellente ; et tout cela est l'effet de la vertu qu'il portoit dans son humanité, et qui se dégage sur ceux qui le touchent avec foi.

Je ne m'étonne donc pas si en recevant dans l'Eucharistie

[1] *Enar. in Psal.*, XLII.

par la sainte chair de Jésus et par son humanité unie au Verbe, cette divine vertu, on fond en larmes. Cette vertu émeut, attendrit, amollit le cœur qu'elle touche, et en fait couler comme le sang par les yeux. Ne vous arrêtez point à ceux qui accusent ces larmes de foiblesses : il y a des larmes semblables à celles d'un David, à celles d'un Paul, à celles de Jésus-Christ même ; et s'opposer au cours de telles larmes, c'est s'opposer à la doctrine de tous les Saints. C'est bien fait alors avec l'Epouse sacrée de tirer l'Epoux dans le désert, dans la maison de notre Mère, dans le secret des instructions de l'Eglise et de ses Pasteurs, et de boire en sûreté sous leur conduite ces enivrantes douceurs.

Il est vrai que cette vertu dont Jésus est plein ne demande qu'à sortir ; et ainsi, comme elle a choisi la divine Eucharistie comme le canal où elle se veut dégorger sur les ames, c'est lui faire violence que de retarder ses écoulemens en différant les communions. Ainsi pour ôter en vous tout empêchement qui vous pourroit séparer de cette divine viande, je vous réitère les défenses que je vous ai faites de vous retirer de ce sacrement, et de la confession qui y prépare, par les craintes d'avoir consenti à certaines tentations, ou de ne les avoir pas repoussées par actes exprès et formels. Ne vous arrêtez à aucun péché quel qu'il soit, envie, jalousie, aversion, à moins, comme je vous l'ai dit souvent, que l'assurance d'y avoir consenti puisse être confirmée par serment avec une pleine certitude. Ne vous tourmentez point inutilement et très-dangereusement à faire ces actes exprès quand vous n'en aurez point la facilité, ni même quand vous l'auriez, lorsque Dieu vous demandera autre chose au dedans. Ne vous confessez jamais de ces peines que vous savez. Ne laissez point gêner votre cœur par toutes ces anxiétés ; mais dans la sainte liberté des enfans de Dieu, et d'une Epouse que son amour enhardit, livrez-vous aux opérations du Verbe, qui veut laisser couler sa vertu sur vous. Elle aime les ames chastes ; mais aussi elle les fait telles ; et vous trouverez l'explication de cette chasteté des ames dans ces paroles de saint Pierre : « Vous devez purifier vos ames, et les rendre chastes par l'obéissance de la charité, dans l'amour de la fraternité, en se rendant attentifs à s'aimer de plus en plus avec un cœur simple ; renouvelés et régénérés non d'une semence corruptible, mais d'une semence immortelle, par la parole du Dieu vivant qui demeure éternellement[1]. »

Ne vous étonnez pas quand vous trouverez en vous-même des penchans contraires à la vertu, et ne concluez pas de là que vous deviez vous retirer de la communion, dont vous pourriez abuser. Gardez-vous bien de céder à cette peine; car c'est donner à la tentation ce qu'elle demande. Cherchez votre force dans l'Eucharistie, qui seule vous peut assujettir à la divine vertu, qui sort de Jésus pour imprimer en nous sa ressemblance. Laissez-vous heureusement enivrer du désir de cette union avec le plus beau, et en même temps le plus pur des enfans des hommes. Quand accablée avec saint Bernard du poids de ses graces, vous ne saurez où vous mettre pour les recevoir, dites-lui qu'il fasse en vous ce qu'il veut, et qu'il se reçoive lui-même. Portez vos infirmités corporelles et spirituelles avec Jésus-Christ, et mettez votre force dans sa croix, en écoutant ce qu'il dit au saint apôtre : *Ma vertu*, cette vertu dont je suis rempli et qui découle de moi, *se perfectionne dans l'infirmité*[2].

Tenez pour certain, quoi qu'on vous dise, et qui que ce soit qui vous le dise, que les mystiques se trompent, ou ne s'entendent pas eux-mêmes, quand ils croient que les saintes délectations que Dieu répand dans les ames soient un état de foiblesse, ou qu'il leur faille préférer les privations, ou que ces délectations empêchent ou diminuent le mérite. Vous avez raison de dire qu'on ne trouve point tout cela dans saint Augustin ; et on ne le trouve pas dans saint Augustin, parce qu'il ne l'a pas trouvé dans l'Evangile. La source du mérite, c'est la charité, c'est l'amour; et d'imaginer un amour qui ne porte point de délectation, c'est imaginer un amour sans amour, et une union avec Dieu sans goûter en lui le souverain bien, qui fait le fond de son être et de sa substance. Il est vrai qu'il ne faut pas s'arrêter aux vertus et aux dons de Dieu ; et saint Augustin a dit que « c'est de Dieu, et non pas de ses dons, dont il faut jouir : » mais enfin il ajoute aussi que c'est par ses dons qu'on l'aime, qu'on s'y unit,

[1] *Petr.*, I, 22. — [2] II *Cor.*, XII, 9.

qu'on jouit de lui; et s'imaginer des états où l'on jouisse de Dieu par autre chose que par un don spécial de Dieu lui-même, c'est se repaître l'esprit de chimères et d'illusions. La pureté de l'amour consiste en deux choses : l'une, à rendre à Dieu tous ses dons comme choses qu'on tient de lui seul; l'autre, de mettre ses dons dans leur usage véritable, en nous en servant pour nous plaire en Dieu, et non en nous-mêmes.

Les mystiques raffinent trop sur cette séparation des dons de Dieu d'avec lui. La simplicité du cœur fait recevoir ces dons comme étant de Dieu, qui les met en nous; et on aime à n'être riche que par ses largesses. Au surplus, un vrai amour ne permet pas d'être indifférent aux dons de Dieu. On ne peut pas ne pas aimer sa libéralité : on l'aime tel qu'il est et pour ainsi dire dans le plus pur de son être, quand on l'aime comme bienfaisant et comme béatifiant; et tout le reste est une idée qu'on ne trouve ni dans l'Ecriture, ni dans la doctrine des Saints.

Ajoutez à cette parole que vous rapportez de David : *Delectare in Domino, et ipse dabit tibi cogitationes cordis tui*[1]; ces autres paroles du livre des *Machabées*, qui semblent être une plus ample explication de la courte sentence de David : « Dieu nous donne un cœur pour le servir, et pour faire sa volonté avec grand courage et une pleine volonté : » *Corde magno, et animo volenti*[2]. De dire que cette grandeur d'un cœur courageux, et cette volonté pleine diminue le mérite et nous rend moins agréables à Dieu, c'est dire que la chaleur diminue dans le midi.

Ces raffinemens dans la piété montrent qu'on la met dans des réflexions et dans des raisonnemens, et non dans la vérité, quoiqu'on s'en vante. Au surplus j'approuve votre sentiment, de penser peu à ses mérites, pour deux raisons : l'une, comme dit saint Bernard, « que nous avons des mérites pour mériter de Dieu, et non pour nous applaudir à nous-mêmes[3]; » l'autre, qu'en pensant à la grace, qui est la source de tout mérite, on honore les mérites dans leur principe.

Ce qu'on souffre dans l'opération où Dieu délecte les ames, vient de l'un de ces trois principes : l'un, que les délectations ne

[1] *Psal.*, XXXVI. 4. — [2] II *Machab.*, I, 3. — [3] *In Cant.*, serm., LXVIII, n. 6.

sont pas pleines, et que l'amour qu'elles inspirent n'est pas jouissant ; l'autre, que l'ame y est trop poussée au-dessus d'elle-même, ce qui n'est pas sans une secrète souffrance de la difficulté qu'on trouve à les suivre ; le dernier, qu'elles sont détruisantes, crucifiantes, anéantissantes, tendant, comme dit saint Paul[1], à la division de l'ame avec l'esprit, jusqu'aux dernières jointures et à la moelle des os. Il s'y mêle encore d'autres causes, comme sont le poids de la grace même, et la conviction qu'elle porte de l'ingratitude de l'ame : mais en même temps que la grace pèse, la grace soutient aussi, et Dieu qui la donne d'en haut est en nous pour y soutenir ses propres efforts.

Quand vous vous sentez attirée à quelque chose d'intime, n'acquiescez point à la volonté ni de lire, ni de penser à autre chose, si ce n'est que la nécessité ou la charité le demande : autrement l'Epoux s'en ira, et vous aurez peine à le rappeler.

Je crois avoir répondu à vos demandes, et vous avoir expliqué ce que Dieu exige de vous. Réjouissez-vous avec Jésus-Christ, de ce qu'il est le plus beau des enfans des hommes, et souvenez-vous qu'il faut mettre parmi ses beautés, la bonté qu'il a de vouloir gagner les cœurs et les remplir de lui-même.

Je n'approuverois pas qu'au milieu des récréations, vous fissiez une autre oraison que celle qu'on doit toujours faire. Pour la retraite, tenez-vous-y autant que la tête la pourra porter, et prenez les relâchemens nécessaires à votre tempérament. Continuez à m'écrire : Dieu veut que vous vous assuriez par l'obéissance, et c'est par là qu'il vous veut conserver la liberté où il vous demande. Je suis à vous en son saint amour.

† J. Bénigne, év. de Meaux.

P. S. Je n'ai pas le temps de relire. Je salue Madame de Luynes, et le reste de nos chères Filles affligées, sans oublier ma Sœur Cornuau.

[1] *Hebr.*, IV, 12.

LETTRE CCLXIII.

A Germigny, ce 28 octobre 1695.

Il m'est bien aisé de vous dire en général, ma Fille, pourquoi Dieu inspire aux ames tant de saints désirs dont il ne veut point l'accomplissement. Car il nous a révélé qu'il leur donne en cela double mérite : l'un, de vouloir un bien; et l'autre, de se soumettre aux ordres de Dieu. De rendre compte du particulier, vous ne me le demandez pas, et je ne le puis.

Vous ferez votre retraite quand il lui plaira de le permettre, et je le prie d'accepter en attendant votre bonne volonté.

Que sert, ma Fille, que le monde sache la facilité ou difficulté que j'ai ou que je n'ai pas à la composition? Il me suffit de prendre les momens de Dieu, et de n'en perdre aucun de ceux qu'il me donne.

J'ai reçu la réponse de M. le duc de Chevreuse, conforme à ce que vous me mandez, mais dans le fond un peu étonné du changement de Madame votre sœur.

La vie de sainte Catherine de Gênes est pleine de choses extraordinaires, mais simples et très-éloignées des nouveaux raffinemens, quoiqu'on se serve beaucoup de son autorité et de ses exemples.

Si Madame votre sœur persiste dans le véritable désir de se cacher avec Jésus-Christ, elle est heureuse d'avoir refusé le prieuré. Je loue beaucoup les amitiés de Madame la duchesse de Luynes; mais la vie cachée en Jésus-Christ vaut mieux que tous les bénéfices du monde. Notre-Seigneur soit avec vous.

LETTRE CCXLIV.

A Meaux, ce 16 décembre 1695.

J'ai pourtant toujours le même cœur. Il ne faut, ma Fille, attribuer mon silence qu'au peu de loisir. N'ayez point de regret d'être demeurée : je suis à vous et à Jouarre autant que jamais. Je vous verrai assurément après la fête, s'il plaît à Dieu : je souhaite que vous la passiez saintement. Dans quelle troupe des adorateurs voulez-vous que je vous mette? De celle des anges, ou de celle des bergers? Votre état vous appelle aux premiers : dites donc avec ces esprits célestes votre *Gloria in excelsis*. La simplicité des bergers vous tend les bras : allez avec zèle, et retournez avec joie en glorifiant Dieu dans la compagnie des autres.

J'ai vu Madame de Chevreuse, et nous avons tout traité à fond : j'ai vu aussi le P. Moret. J'ai dit tout ce qu'il falloit, et à qui il falloit. Sur ce qu'on a dit de Madame votre sœur et de vous, nous en parlerons. Cette lettre n'est que pour vous dire que j'arrive.

Je ne me souviens point d'avoir reçu de lettre de Madame de Lusanci qui demandât réponse, depuis une à laquelle j'ai assurément répondu, et qui en attendoit d'elle une seconde sur le sujet de Madame sa nièce. Je vous prie de lui donner avis de ce messager, afin qu'elle ne perde pas cette occasion de me faire savoir ce qu'il lui plaira. Il me semble que c'est vous qui m'avez écrit que Mademoiselle de Soubise avoit été attaquée de ce mal presque universel à Jouarre : je l'ai bien recommandée à Notre-Seigneur. J'aurai tout l'égard possible à Jouarre dans la capitation : nous serons tous accablés, et il faudra porter notre mal avec patience. Je suis à vous de tout mon cœur.

J. Bénigne, Ev. de Meaux.

P. S. Voici le principal : continuez vos communions malgré tout ce que vous dites de vos infidélités. Dieu est fidèle et bon, c'est assez.

LETTRE CCXLV.

A Meaux, ce 20 décembre 1695.

J'écris à ma Sœur Cornuau, dont la lettre presse. Je n'ai pas le loisir de chercher celle de Madame de Lusanci. J'ouvre, et lis d'abord toutes les lettres; j'en brûle quelquefois, et ce sont celles qui ne demandent point de réponse : les autres entrent dans des porte-feuilles, avec lesquels elles me suivent partout, et je n'en laisse jamais au lieu d'où je pars. Je prendrai le premier temps libre pour y repasser, les revoir, et faire réponse.

Suivez vos attraits sans crainte dans chaque moment, et ne vous arrêtez point à M. Nicole, qui a ses manières de s'expliquer, où vous n'êtes point obligée d'entrer. Je travaille sans relâche ; c'est tout ce que je puis dire.

La meilleure disposition pour recevoir la confirmation, est toujours de la regarder comme le remède à la persécution que le monde fait sans cesse aux enfans de Dieu, par ses exemples pervers et surtout par ses coutumes et ses maximes tyranniques et corrompues, qui entraînent les ames foibles, c'est-à-dire la plupart de celles qui vivent au milieu du monde. Cette tyrannie s'étend jusque dans la maison de Dieu, où quelquefois l'on n'ose pas même pratiquer ce qui est parfait ; tant la coutume s'oppose à la vérité.

Vous recevrez de Madame votre abbesse les ordres pour les pensionnaires qui devront être confirmées.

Il est vrai qu'on a dit au roi ce que vous avez su ; mais cela n'avoit rien de commun avec Villarseaux : ce sont de vieilles impressions de Port-Royal, dont on a peine à revenir ; mais qui, Dieu merci, ne font aucun mal, si ce n'est de retarder le cours des graces de la Cour, ce qui est souvent un avancement de celles de Dieu. Je n'ai pas le temps d'en dire davantage : je crois que je vous verrai avant la Circoncision. Dieu soit avec vous.

LETTRE CCXLVI.

A Paris, ce mercredi, à la fin de 1695.

Je me suis bien souvenu, ma Fille, de l'état que vous m'aviez représenté : j'ai même trouvé la lettre. Je me suis souvenu aussi que déjà jusqu'à deux fois vous avez eu de pareilles dispositions, et cela revenoit par intervalle, mais foibles d'abord à comparaison de celles-ci et peu durables : ainsi cet état ne m'a point surpris ; vous y pouvez marcher sans crainte. Il ne faut point que mon livre vous en rebute : il est fait pour empêcher que l'on en abuse ; mais on ne peut pas empêcher Dieu de tirer les ames à lui par les voies qu'il veut.

Je vous dirai, comme disoit saint François de Sales : **Soyez** active, passive ou patiente, comme Dieu voudra. Ce qu'on appelle cessation d'actes n'est après tout qu'une concentration des actes au dedans. Laissez-vous conduire à Dieu. Tant que je ne vous verrai point indifférente à la damnation, vous ne serez point du nombre des quiétistes que je réprouve. Du reste l'oraison de quiétude est une oraison en soi vraiment divine; et vous savez bien que loin de la rejeter, j'en ai donné les principes dans les livres VII et VIII. Vivez donc en paix. Notre-Seigneur soit avec vous à jamais.

LETTRE CCXLVII.

A Meaux, ce 2 janvier 1696.

Vous avez bien fait, ma Fille, d'accepter l'emploi qu'on vous a donné, et vous le devez continuer tant que votre santé n'en sera point incommodée. L'amour de la retraite est quelquefois dans le cœur sans être sensible, et alors il n'en vaut que mieux, parce que c'est une partie de la retraite que la volonté soit si fort en elle-même, et l'ame dans un si grand recueillement que les sens n'y entrent point. Si on vous eût donné les novices, il eût fallu accepter avec soumission : maintenant tenez-vous en repos.

Il n'y a rien eu dans le fond en l'affaire de Villarseaux, qui doive peiner votre conscience. Si vous n'avez pas agi dans tout le degré de perfection que Dieu demandoit, c'est que vous êtes une créature foible et pécheresse; et il n'y a point à s'en étonner. Humiliez-vous; ne vous découragez pas, et n'y pensez plus. Quand vous avez agi et parlé dans les momens selon les mouvemens de la conscience, ne vous inquiétez plus : l'amour-propre, que vous craignez tant, excite ces inquiétudes, et veut être trop assuré d'avoir bien fait : mais la vraie charité abandonne tout à Dieu.

Pour ce qui est des entretiens sur le sujet du prochain et de ses défauts, la règle certaine est de n'en parler qu'à ceux à qui il est utile de le faire, ou pour leur faire connoître une vérité par un exemple, ou pour aviser avec eux aux moyens de corriger ceux qui manquent, quand leur avis y peut être utile.

La règle de saint Augustin sur le désir qu'on soit content de nous, est bonne et très-suffisante. C'est une espèce d'amour-propre de tant raisonner sur l'amour-propre. L'amour-propre veut paroître éclairé sur la découverte qu'on fait des vices de l'amour-propre, où il trouve une pénétration qui le satisfait. J'aime mieux une espèce d'oubli de soi-même que la déploration des fautes de son amour-propre, et cet oubli ne nous vient que lorsqu'on est plein de Dieu.

Je ne conviens point du tout qu'on ne puisse pas, quand la prudence et la nécessité le demandent, faire des actions d'où il arrive que le prochain soit trompé; par exemple, une fausse marche pour se dérober à l'ennemi. Si le prochain est trompé, alors c'est sa faute. Pourquoi précipite-t-il son jugement? Que ne veille-t-il si c'est un bien? Pourquoi est-il injuste si c'est un mal? Pourquoi est-il curieux, et veut-il savoir ce qui ne lui convient pas? Vous n'êtes pas obligée de lui découvrir votre secret ou celui de vos amis. Que ne se tient-il dans ses bornes? A la vérité je ne voudrois pas faire finesse de tout, ni se déguiser à tout moment; car c'est prendre un esprit artificieux : mais quand il y a raison et nécessité, je n'hésiterai pas à aller d'un côté où je ne veux pas continuer d'aller, à prendre un habit qui me fasse méconnoître, et à éluder la poursuite d'un ennemi. Il n'en est pas de cela comme de la parole, qui est l'expression naturelle de la pensée, et ne lui doit jamais être contraire. Les autres signes sont équivoques; et pour la parole même, on peut substituer des expressions générales à des expressions précises. Ce n'est point tromper le prochain; et s'il se trompe en précipitant son jugement, c'est sa faute, et non pas la vôtre. Les auteurs que vous m'alléguez outrent la matière : saint Augustin l'a poussée jusqu'où il falloit aller, et il n'en faut pas davantage. Quelqu'un s'est-il avisé de blâmer ce chrétien (a) qui prit l'habit d'une fille, ni la fille qui prit l'habit de ce jeune chrétien? Néanmoins ils trompoient l'attente des brutaux, qui espéroient toute autre chose que ce qu'ils trouvèrent. Il faut aimer la vérité; mais la vérité elle-même veut

(a) Il se nommoit Didyme, et la fille Théodore : il lui donna son habit et prit le sien, pour la faire évader du mauvais lieu où elle avoit été conduite par ordre du juge, et où sa pudeur couroit les plus grands risques. *Voyez* les actes de cette histoire dans Bollandus et dans les *Actes des Martyrs* de dom Ruinart. (*Les premiers éditeurs.*)

qu'on la cache par des moyens innocens à ceux qui en abusent et à qui elle nuit.

Vos sentimens sont justes sur les écrits des païens et des écrivains profanes. A force de craindre l'orgueil dans la lecture des grands ouvrages des saints, on en viendroit à le craindre encore dans la lecture de l'Ecriture et des paroles de Jésus-Christ. Il faut marcher en simplicité. Il y a quelquefois un grand orgueil à craindre tant l'orgueil : il se faut familiariser avec son néant; et quand après on s'élève, c'est sans sortir de ce fond.

Madame de Sainte-Gertrude entre dans de bons sentimens.

Il est vrai qu'il y a des états fort conformes à celui des ames du Purgatoire, et Dieu y jette certaines ames : il l'en faut louer. Saint François de Sales tenoit pour indifférent de faire les choses avec attrait ou sans attrait. Il y a toujours un attrait caché qui se fait suivre : le tout est d'aimer, c'est-à-dire de se conformer à la volonté de Dieu. Aimer Dieu sans savoir pourquoi, ou plutôt sans sentir pourquoi et sans le savoir distinctement, est un bel amour. J'approuve fort le passage qui transporte notre cœur de l'amour du corps naturel de Jésus-Christ à l'amour de son corps mystique.

La pensée de saint Bernard est ravissante. Le goût que sainte Catherine de Gênes trouve si mauvais, est un goût qui en s'occupant de soi-même, nous désoccupe de Dieu. Cette Sainte est toute pleine du vrai goût de Dieu : mais Dieu qui le lui donnoit lui apprenoit à s'en détacher, c'est-à-dire à n'y mettre pas sa félicité, mais en Dieu. Ces raffinemens sont bien délicats; et quoique Dieu les inspire à certaines ames, celles qui prennent bonnement et plus simplement les choses ne valent pas moins. En général, on peut dire que les goûts purement sensibles sont bien dangereux : mais quand le goût se trouve dans l'endroit où se trouve aussi la vérité, il est bon et désirable, et il ne faut pas s'en défier.

Je suis revenu en bonne santé, puisque vous voulez le savoir. Je ne prévois point d'affaire qui empêche mon retour au commencement du carême. Je n'ai point encore marqué le jour du départ; mais il sera dans peu.

Je trouve très-bon que vous fassiez des traductions : cela ne vous retirera point de l'esprit d'oraison, non plus que l'emploi où l'obéissance vous engage, et où je vous en donne le mérite. Je salue Madame de Luynes. Notre-Seigneur soit avec vous.

LETTRE CCXLVIII.

A Meaux, ce 6 janvier 1696.

Je ne puis absolument excuser de quelque péché ces conversations sans nécessité sur les défauts du prochain, quand on ne les mettroit qu'au rang des paroles inutiles : mais ces péchés ne sont pas d'une nature à annuler les confessions ; et il suffit en général de vouloir toujours mieux faire, et ne cesser jamais de se corriger. Tenez-vous-en là, sans questionner davantage. Car, ma Fille, il ne faut pas que la vérité vous soit un piége pour réveiller vos scrupules. Il se peut même qu'il y ait plus de nécessité qu'on ne pense à s'entretenir un peu des choses où l'on doit prendre un intérêt commun, et où il faut savoir les sentimens des autres. Tout cela se doit prendre bonnement; et le scrupule est un plus grand mal que ce mal-là, quel qu'il soit. En voilà assez pour vous calmer pour tout le reste de vos jours.

Il est impossible de rien décider sur les réceptions sans voir les choses soi-même : tout dépend des circonstances particulières qu'on ne peut voir que de près. Mettez-vous donc devant Dieu ; pesez tout en sa présence, et faites sans scrupule ce qui vous paroîtra le meilleur. Je vous dirai en général que le seul soupçon ne suffit pas pour exclure; mais qu'il faut qu'il soit fondé sur des faits, ou sur une exquise connoissance de l'humeur de la personne dont il s'agit.

Vous n'avez pas eu raison en ces matières de déférer à ce qu'on vous a dit que j'approuvois. J'approuve tout en général : en particulier, je n'approuve ni n'improuve ; mais je laisse agir chacun selon ses lumières. Il en est de même du choix de Madame de Saint-M***. Je crois qu'elle a de la bonne volonté ; mais je connois bien qu'elle auroit besoin elle-même d'un bon noviciat, que Dieu peut-être lui fera faire avec celles qu'elle conduira. Je crois qu'en lui parlant avec charité et sans prendre aucun avantage, on lui peut être fort utile.

J'ai toujours trouvé les communautés trop délicates sur les avertissemens généraux. Je ne me serois pas aisément résolu à parler aux particulières, qui souvent rapportent mal ce qu'on leur dit. Il vaut bien mieux parler franchement, puisqu'aussi bien tout se dit, et qu'on sache ce que vous pensez.

Je ne sais si l'on a ici le *Traité de la Communion sous les deux espèces*; il faudra s'en souvenir à Paris.

J'avoue que les novices ne doivent point avoir un esprit plaintif : mais aussi il faut avouer que quand tant de gens leur parlent et les reprennent, il est naturel que ne sachant plus par ce moyen à quoi s'en tenir, elles souhaitent de sortir de cet embarras. Ce seroit un raisonnement bien creux et bien détourné, que d'aller fonder sur cela une exclusion.

J'ai lu la lettre que Madame de Harlay vouloit que je visse, et j'en avois déjà vu autant en d'autres mains. Ne diminuez point vos communions; mais au contraire plus on vous occupe au dehors, plus vous devez au dedans chercher Jésus-Christ avec toute l'avidité d'un cœur affamé. Si vous aimez la vérité, la vérité vous délivrera, et vous serez vraiment libre. Notre-Seigneur soit avec vous.

LETTRE CCXLIX.

A Paris, ce 25 janvier 1696.

Je commence, ma Fille, par me réjouir de votre meilleure disposition. J'espère que Dieu me fera la grace, si je suis au monde, de vous introduire à la porte du ciel.

Pour réparer toutes vos fautes dans votre maladie, priez Dieu qu'il vous fasse la grace, non de sentir ou d'apercevoir votre soumission et conformité aux ordres de Dieu, mais de l'avoir en effet. Aimez Dieu plutôt que de vous inquiéter si vous l'aimez ; et réparez le défaut d'aimer, en aimant plutôt qu'en vous affligeant de ne pas aimer. Demeurez ferme à ne vous confesser pas de ces peines, fussiez-vous aux portes de la mort. Tout est assuré pour vous, si vous conservez la confiance absolue en la divine miséricorde. Laissez-vous sauver par pure grace. Communiez le plus tôt que vous pourrez.

Vous me faites une agréable peinture de l'endroit de l'infirmerie où vous étiez. Je suis bien content de votre infirmière, et de ce que vous l'êtes. Je suis en esprit avec vous ; je prends part à vos feux de joie. Priez Dieu que l'augmentation de ma charge tourne au salut du troupeau nouvellement réuni : je fais ces vœux pour Jouarre autant ou plus que pour Rebais. Je suis bien aise des réceptions. Je vous louerai toujours beaucoup de parler franchement à Madame votre abbesse : je souhaite que tout le monde en fasse autant. J'avoue que je suis bien aise de ma Sœur Baubé. Notre-Seigneur soit avec vous, ma Fille.

LETTRE CCL.

A Paris, ce 31 janvier 1696.

Ayez courage, ma Fille ; votre cher Epoux ne vous a point abandonnée dans votre maladie : s'il vous a fait participante des détresses de sa croix, vous n'en aurez par là qu'une plus intime société avec lui. Continuez vos communions, sans même aller à confesse. Tant que vous serez renfermée, Notre-Seigneur vous aidera : mettez toute votre assurance en sa bonté. Il est vrai qu'il est lui-même l'amour, et que s'il ne se donne, on n'aime point : mais il sait se donner sans qu'on le sache : il ne faut que s'abandonner à lui ; tout ira bien. Vous n'êtes point obligée à vous entendre vous-même quand vous récitez le Bréviaire, surtout dans l'office du chœur et avec votre dureté d'oreille, mais seulement de prononcer articulément et rondement.

On décrit mon *Traité de l'Oraison* : je ne perds pas un moment de temps. Ne m'en demandez pas davantage ; mais demandez tout à Dieu pour moi dans un ouvrage de cette importance.

J. Bénigne, év. de Meaux.

P. S. Dieu daigne donner son repos à la bonne Mère Gabriel ; je la lui recommanderai avec affection.

Je n'attaque point l'exemption du monastère de Rebais. Les paroisses me sont soumises par le concile de Trente : je rends le prix de la juridiction aliénée. Tout se fait dans l'ordre; mais les moines voudroient bien qu'on eût peur, et qu'on les crût assez puissans pour remuer Rome, comme quelques-uns sont assez malins pour le vouloir. Vous voyez bien que je ne parle pas de tous : leur général les désavoue; et cette bulle est une chose manifestement surprise, dont le Pape ne sait rien du tout. J'en ai rendu compte au nonce, qui n'en a nulle connoissance, et n'approuve pas que l'on commette aussi mal à propos le nom du Pape.

LETTRE CCLI.

A Paris, ce 11 février 1696.

Je prie Dieu qu'il guérisse vos yeux. Si Notre-Seigneur vouloit y laisser tomber une goutte de son sang, ah! la vraie lumière y luiroit aussitôt. Je ne puis partir d'ici que la semaine prochaine; je vous verrai le plus tôt qu'il sera possible, mais je ne puis assurer que ce soit avant le jubilé. Je suis tout à vous par le cœur; mais les temps ne sont pas en notre pouvoir. A toutes fins tâchez d'exposer vos peines par écrit : j'enverrai querir votre lettre aussitôt que je serai à Meaux.

Mon neveu est aujourd'hui parti pour Lyon, pour Marseille, et enfin pour Rome, où il passera avec M. le cardinal nonce.

On recommence à dire que je suis fort brouillé avec Rome, et que le Pape a écrit un bref très-fort au roi contre moi. Cependant loin de cela, M. le cardinal de Janson m'écrit par le dernier ordinaire, qu'on ne parle point du tout à Rome de cette affaire, qu'on veut être si grande. Il est vrai que le Pape a écrit un bref au roi, où il n'est parlé de moi ni directement ni indirectement. Ainsi je n'ai, Dieu merci, aucune affaire de ce côté-là ni d'aucun autre, qui me regarde; et si je suis arrêté, c'est par toute autre chose.

Que je suis aise de la convalescence du P. Toquet! Dieu nous conserve un trésor. Nous vous porterons l'*Instruction du Jubilé*, que vous connoissez, augmentée et imprimée, avec la *Communion sous une espèce*. Je prie Notre-Seigneur d'être avec vous.

LETTRE CCLII [a].

A Paris, ce 18 février 1696.

Je souhaite, ma Fille, que Madame la prieure reçoive la bénédiction et la consolation que vous pouvez lui donner par cette lettre. En l'état où elle est, lorsque Dieu permet ces agitations, c'est qu'il veut pousser les ames en renonçant à tout appui propre; et sur ses œuvres, de rejeter sur Dieu tous leurs soins, même celui de leur salut, dans la ferme foi qu'il a soin de nous : ce qui n'est pas un abandon, tel que le veulent les quiétistes, à être sauvé ou damné, à Dieu ne plaise; mais au contraire dans la volonté de jouir de Dieu, d'abandonner à sa grace un si grand effet, parce qu'encore qu'il ne veuille pas nous sauver sans nos bonnes dispositions, il est maître à chaque moment de nous les donner; et en faisant ce qu'on peut, se livrer à lui comme à celui par qui nous faisons ce que nous pouvons. Dites donc à cette bonne Mère, si cette lettre la trouve encore au monde, qu'elle se souvienne de ce qu'autrefois je lui ai dit sur ce sujet-là et dont elle parut être contente, et qu'elle mette uniquement son repos en Dieu.

Prenez pour vous le même conseil, à la vie et à la mort. Gardez soigneusement cette lettre ; et lisez dans le livre *du Bien de la Persévérance*, de saint Augustin, chapitre VI, le lieu qu'il y apporte de saint Cyprien pour montrer qu'il faut tout donner à Dieu; et encore le XXI, où il nous apprend que le vrai moyen d'espérer en Dieu, c'est de perdre jusqu'au fond toute espérance en soi-même.

Quant au commandement que vous voulez que je fasse au mauvais air, votre affection vous trompe : Dieu n'a point donné cette autorité à ses ministres. Et qui suis-je pour entreprendre de si grandes choses ? Je fais néanmoins ce que je puis, en vous ordonnant de conseiller à Madame de faire faire une aspersion d'eau bénite par toute la maison, afin de chasser toute la puissance de l'ennemi. Faites faire en particulier cette aspersion dans votre chambre; tout ira bien.

(*a*) Revue sur l'original.

Quant à moi, je vous confirme que le roi n'a eu à me parler d'aucune affaire, petite ou grande, qui me regardât : je n'ai même nulle part à ce qui se fait avec les moines sur le sujet de la bulle. On n'a garde de soutenir à Rome ce qu'ils désavouent : on n'y aime pas trop les exemptions, dont on commence à voir les abus : on n'y songe plus seulement que celle de Jouarre ait été. Voilà des vérités que vous pouvez dire et écrire à qui vous voudrez. A vous en la charité de Notre-Seigneur.

LETTRE CCLIII.

A Versailles, ce 25 février 1696.

Portez, ma Fille, vos distractions avec patience ; c'est prier que d'être distrait de cette sorte. Recevez ce que Dieu donne. La sécheresse est fort bonne dans les actes de piété ; car ils sont dans la suprême partie et fort au-dessus des sens.

Je me réjouis des saintes dispositions que Dieu commence à mettre dans l'ame de Mademoiselle de Guimené. C'est un grand don de Dieu, dont elle doit être fort reconnoissante. La lecture que vous lui faites de l'*Ecclésiaste* est fort propre à l'attrait par où Dieu la prend : elle recevra d'autres graces. Encouragez-la, et l'assurez de mes prières. Les bontés de Dieu sur les ames sont inestimables ; et il faut bien savoir profiter de ses premiers dons, qui sont le fondement de toute la suite.

L'aspersion de l'eau bénite sera bonne, en quelque manière qu'on la fasse ; et je m'en remets à la prudence de Madame, que je vous prie de saluer de ma part, et de la bien assurer de mes très-humbles services.

J'ai prié Dieu pour vos yeux, et j'espère de sa bonté qu'il en accordera la guérison à votre foi.

Je loue Dieu de m'avoir donné la pensée de vous exhorter à vous laisser sauver par grace. Ces choses qu'on dit en passant sont des traits qui viennent de lui, et qui de ce côté-là font un grand effet.

Madame du Chalard doit me faire parler de son affaire : j'en prendrai tout le soin possible.

Je chargerai M. Ledieu de me faire souvenir du livre que vous demandez, aussitôt que nous retournerons à Paris.

On peut bien réitérer le viatique au bout de neuf ou dix jours, surtout dans les maladies de langueur, et lorsqu'il y a eu quelque relâchement : mais pour communier deux fois en un jour, on ne le doit permettre en aucun cas : à chaque jour suffit son festin. C'est douter de la vertu de l'Eucharistie, que d'en multiplier la réception avec trop d'empressement. Il n'y a point de commandement divin de communier en forme de viatique : c'est une ancienne et sainte institution ecclésiastique.

Quand on vous demande si vous avez quelque chose contre ceux envers qui vous vous confessez de n'être pas bien disposée, répondez que vous tâchez d'étouffer tous les ressentimens, ou que vous le souhaitez, et passez outre sans scrupule.

La lettre que j'ai reçue de ma Sœur des Séraphins étoit, ce me semble, une réponse à celle que je lui avois écrite sur la mort de Madame sa sœur, ou sur quelque maladie : je lui écrirai à la première occasion.

J'enverrai savoir des nouvelles de M. de Senez (a). Je suis fort peu régulier en visites, ou plutôt je suis assez régulier à n'en guère faire. On m'excuse, parce qu'on sait bien que ce n'est ni par gloire, ni par dédain, ni par indifférence ; et moi je me garantis d'une perte de temps infinie. Notre-Seigneur soit avec vous.

LETTRE CCLIV.

A Meaux, ce 14 avril 1696.

Il n'y a point d'obligation de spécifier la circonstance du dimanche et d'une fête : il est bon de le faire quand on est instruit, sans inquiétude pourtant, et du moment qu'on y tomberoit. Il vaut mieux laisser là cette circonstance, qui n'est pas absolu-

---

(a) Jean Soanen, dont nous avons parlé dans une note précédente. Né à Riom en 1647, il obtint l'évêché de Senez, en 1695. Un des quatre évêques appelans dans l'affaire du jansénisme, il publia une *Instruction* dite *pastorale* contre la constitution *Unigenitus* ; le concile d'Embrun le suspendit de toutes fonctions ecclésiastiques, et le roi le relégua à l'abbaye de la Chaise-Dieu, en Auvergne. Jean Soanen comme Richard Simon, comme Quesnel, comme Malebranche et d'autres, avoit appartenu à la congrégation de l'Oratoire.

ment nécessaire, et ne doit faire de peine à qui que ce soit. On n'est non plus obligé de spécifier qu'on a ouï la messe en mauvais état, même aux jours d'obligation, parce que, comme vous dites fort bien, le confesseur doit présupposer qu'on a durant ce temps ouï la messe, quand on ne lui confesse pas le contraire. Comme l'expression de ces circonstances n'est pas nécessaire, il ne sert de rien de marquer le moyen d'y suppléer. Voilà, ma Fille, vos doutes bien précisément résolus.

Par le peu que j'ai entretenu ce bon et docte religieux, j'ai reconnu qu'il lui manquoit un degré de précision et d'exactitude. Ce qu'il a prêché sur la communion spirituelle n'a nulle solidité, quoiqu'il puisse l'avoir pris dans de bons auteurs, mais en cela alambiqués. Notre-Seigneur soit avec vous. Vous pouvez communiquer cette réponse à quiconque en aura besoin, mais sans scandaliser ce bon Père.

J. Bénigne, Ev. de Meaux.

P. S. Je prie, et je prierai Dieu qu'il confirme en vous les bonnes dispositions que vous me marquez sur la mort. La gloire de Dieu que nous devons désirer, est la sanctification et la glorification de Jésus-Christ dans ses membres.

Vous pouvez dire, et il est vrai, que j'ai été reçu à Rebais de tout le clergé et de tout le peuple, comme Jésus-Christ même. Les religieux, après avoir un peu chicané sur la manière de me recevoir, ont obéi à mes ordres, et m'ont reçu en corps à l'entrée avec la croix, l'encens et l'eau bénite. Le prieur revêtu à la tête, m'a fait une harangue latine, respectueuse et pieuse. J'ai donné avant la messe la bénédiction solennelle. Le prieur et le sous-prieur ont reçu avec soumission la permission de confesser; et leur général l'a approuvé.

Ne recommencez aucune confession; n'y ajoutez rien; demeurez en repos. Ma santé, dont vous voulez que je vous informe, est fort bonne, quoique j'aie communié de ma main presque tout le peuple, et confirmé mille à onze cents personnes. J'ai prêché cinq ou six fois en deux jours; ce qui n'a pas empêché que je ne prêchasse hier, et que je ne prêche dimanche et le jour de Pâques.

En voulez-vous davantage? Je salue Madame de Luynes. Dieu soit avec vous.

LETTRE CCLV.

Le lundi, 14 mai 1696.

Je ne manquerai pas, ma Fille, de dire à M. votre frère ce que vous demandez. J'entends bien que sacrifier sa vue, c'est sacrifier plus que sa vie en un certain sens; mais il n'en faut pas moins faire le sacrifice. Dieu n'a pas besoin de votre consentement pour faire sa volonté, et il y faut acquiescer quelle qu'elle soit : j'espère pourtant.

Je vous ai dit et redit que vous ne devez point vous tourmenter ni à dire les Psaumes que vous ne savez point par cœur, ni à vous faire lire les leçons de votre Bréviaire ; et cependant vous me faites encore la même demande : à la fin vous deviendrez aussi raisonnante que Madame du Mans.

Laissez voir les vers, avec le même secret, à Mesdames du N***, de Lusanci, et de Rodon si elle en a entendu parler, même à Madame la Guillaumie : permettez-en la lecture à ma Sœur Cornuau tant qu'elle voudra. Dieu veut que vous soyez unies ensemble d'une manière surnaturelle, et autant inséparable qu'épurée : je le connois.

Je pourrai passer à Jouarre allant à Rebais, le lundi de la Pentecôte, mais comme un éclair. Je crois à présent mon neveu passé ; je n'en ai point de nouvelles depuis le 30 : priez pour lui. Je vous remercie de toutes vos bontés. Je salue votre secrétaire de bien bon cœur.

C'est mal fait de demander à Dieu de vous ôter des désirs, sous prétexte qu'il ne veut pas toujours qu'on les accomplisse dans toute leur étendue. N'est-il pas le maître et du pasteur et du troupeau, et ne sommes-nous pas en sa puissance nous et nos paroles ? Notre-Seigneur soit avec vous.

LETTRE CCLVI.

A Versailles, ce mardi 29 mai 1696.

J'ai envoyé votre lettre à la Trappe. J'aurai soin, ma Fille, de vous faire porter les livres que vous demandez. Un directeur qui croit la maladie un obstacle à la perfection de l'oraison, ne sait pas que la perfection en est dans le *Fiat voluntas tua*. J'entrerai dans votre neuvaine, et j'y dirai la messe que vous souhaitez dès demain, s'il plaît à Dieu. Vous devriez en faire une à sainte Fare, qu'on réclame tant pour les yeux.

Je ne demande point maintenant de qui sont les vers que j'ai trouvés dans votre lettre du 21 : je suis déjà bien assuré qu'ils ne sont point de Madame de Sainte-Gertrude. Je les attribue à Madame votre sœur, dont j'en ai vu de très-beaux, de très-élevés et de très-réguliers sur cette mesure. Je suis très-aise qu'elle soit contente de mes Psaumes.

Le mot que vous n'avez pu lire est celui de *los* pour louange, antique, mais qui se conserve dans la poésie et y a même de la noblesse.

Je pars toujours pour Meaux, sans manquer s'il plaît à Dieu, de mercredi en huit. Je crois vous avoir mandé que mon neveu a passé à Florence avec M. Phelippeaux, et qu'ils ont été reçus avec des bontés et honnêtetés très-particulières. Je suis à vous, ma Fille, comme vous savez.

J. Bénigne, Ev. de Meaux.

P. S. Je ne partirai pas d'ici sans voir M. l'abbé de Soubise. Je me promets bien que vous aurez donné part à Madame des nouvelles de mon neveu, en l'assurant de mes très-humbles services et des siens.

LETTRE CCLVII.

A Meaux, ce 7 juin 1696.

Communiez, ma Fille, à votre ordinaire, en vous occupant de vous-même comme souffrante. Communiez en même temps au sang et aux souffrances de Jésus. Si vous sortiez de vous-même parmi les souffrances, elles cesseroient d'être souffrances, et de vous unir autant qu'elles peuvent faire à Jésus-Christ. Ne réglez pas vos communions et votre oraison sur ce que Dieu vous donne où vous ôte, ni sur vos infidélités, ni sur vos dispositions grandes ou petites, mais sur la bonté de Dieu et les règles de l'obéissance. Si votre état est pénible, il est par là comme Dieu le veut : il n'y a qu'à demeurer dans vos règles. Si vous n'êtes point contente dans vos privations, c'est ce que Dieu veut : il ne faut la vouloir être que quand il le veut. Si le cœur vient une fois à bout de dire dans le fond : *Fiat voluntas !* il ne faut rien davantage ; car l'impression durera, s'il plaît à Dieu.

Les vers latins sont très-beaux : vous pourriez les avoir faits comme les françois, dont vous m'avez enveloppé l'auteur : je soupçonnois que c'étoit vous. Il n'y auroit point de mal d'apprendre un peu les règles de la poésie françoise à Madame de Sainte-Gertrude, si l'on ne craignoit qu'elle s'y donnât trop. Il y a aujourd'hui huit jours, qui étoit le jour de l'Ascension, qu'il sortit, en voyant le lever du soleil, une hymne en françois sur ce mystère, que je voudrois que vous eussiez, et vous l'aurez en effet quand elle sera à son point.

Ne parlons point de me divulguer comme faisant des vers, quoi qu'en dise le P. Toquet, à qui je défère beaucoup. *Poeta* est toujours masculin : pour une femme on dit, *poetria*, ou *poetris* ; au pluriel, *poetrides*, qui est plus en usage. Je ne fais des vers que par hasard, pour m'amuser saintement d'un sujet pieux, par un certain mouvement dont je ne suis pas le maître. Je veux bien que vous les voyiez, vous et ceux qui peuvent en être touchés. A tout hasard, voilà l'hymne, sauf à y ajouter et entrelacer un sixain. Vous aurez bientôt les mystères jusqu'à l'Incarnation.

Je suis fâché d'avoir à vous dire qu'apparemment je ne pourrai pas arrêter à Jouarre lundi, à cause que le matin je fais une profession, et qu'il faudra arriver le soir à Rebais. J'échapperai au retour pour vous aller voir, quoique je doive aller à Banost, et que l'ordination pressera. Tout à vous dans le saint amour de Notre-Seigneur.

LETTRE CCLVIII.

A Lusanci, ce 15 juin 1696.

Que j'ai de regret, ma Fille, de n'avoir pas le temps d'user de la commodité que vous m'envoyez! Il faut partir en vous bénissant, comme Jésus-Christ en montant aux cieux. Otez la dernière stance de son hymne : elle n'est pas en sa place. Offrez-lui la peine de vos impatiences en expiation de leur faute. Que vos foiblesses ne vous rendent pas suspect le don de Dieu. Il faut sentir ; car c'est en cela que consiste la croix : mais en même temps il faut se soumettre, dire son *In manus*, et faire expirer le vieil homme. Je salue Madame de Luynes. Notre-Seigneur soit avec vous.

LETTRE CCLIX.

A Germigny, ce 11 août 1696.

Je ne sais, ma Fille, si vous avez bien pris ma pensée. Je ne trouve point à redire que vous entriez dans les desseins que vous savez. Je trouve très-bien de vouloir sacrifier ces desseins à l'obéissance, et je ne doute pas que ce que vous m'écrivez sur cela ne soit sincère : ainsi vous vous défendez très-bien du côté où vous n'êtes point attaquée. Ce qui m'a surpris, c'est qu'il ait fallu vous ouvrir les yeux sur cela, et que vous n'ayez pas senti d'abord qu'il ne falloit pas sortir de l'esprit de stabilité, ni éviter l'humiliation, ni enfin entrer dans des vues qui sont tout humaines. Il n'y a rien à faire sur cela, sinon reconnoître une petite foiblesse que je voudrois ne point voir en vous; mais que je suis bien aise que vous y voyiez, pour en tirer l'utilité que Dieu sait. Je serois bien fâché que vous changeassiez sur cela de dessein : moi-même qui n'y entre point par moi-même, non-seulement je n'y apporterai aucun obstacle, mais je ferai sincèrement ce qui pourra l'avancer ; faites-en de même. Je n'ai au reste aucune nouvelle de ce côté-là, et n'en puis rien dire du tout.

Il y a bien d'autres Cantiques sur le métier. *Prenez les petits renards*[1] : taillez dans le vif ; que ce soit là le fruit de cette poésie. Je salue Madame de Luynes. Je vous offrirai demain très-particulièrement. Je prie Notre-Seigneur qu'il soit avec vous, qu'il fortifie votre vue et votre patience.

LETTRE CCLX.

A Meaux, ce 20 octobre 1696.

Il faut, ma Fille, adorer en toutes choses la disposition de la divine Providence. Je vous ai promis de ne vous abandonner jamais : je vous réitère de bon cœur cette sainte et inviolable promesse. Dites à M. de Paris ce que Dieu vous inspirera là-dessus.

Vous aurez une obédience de moi pour aller avec Madame votre sœur ; et dès à présent je vous permets de la suivre. Dites sans hésiter le Bréviaire de Paris jusqu'à nouvel ordre. Je vous permets de demander à Jouarre tout ce que vous y avez à votre usage : je vous donne pareil pouvoir pour prendre sur votre pension ce que vous croirez qui vous sera nécessaire. Donnez et recevez ce que vous voudrez. Sans doute, quand vous serez à Torci, vous devez regarder Madame votre sœur comme votre supérieure.

Je vous ai déjà dit, ma Fille, que je n'avois agréé votre vœu à sainte Fare que dans la vue du retour à Jouarre : ainsi hors de ce cas, je vous en décharge, en vous permettant néanmoins de faire quelque diligence pour un équipage, mais sans scrupule et sans vous croire obligée à vous priver de rien pour avoir le moyen de faire ce voyage. Sainte Fare vous écoutera en quelque lieu que vous soyez. Ma Sœur Cornuau peut entrer avec vous dans ce saint monastère, si vous y allez.

Je vous donnerai de bon cœur des croix de la Trappe, la première fois que je vous verrai. Nous réglerons vos occupations extérieures quand vous serez à Torci. Je prie le Verbe de vous parler dans le fond le plus intime de votre cœur. J'ai écrit à Madame votre sœur sur ses devoirs.

[1] *Cant.*, II, 15.

LETTRE CCLXI.

A Meaux, ce 18 novembre 1696.

Il me fâche, ma Fille, de vous entendre dire que je ne lis pas vos lettres. Quelle marque en avez-vous? Parce que je ne réponds pas dans le moment à toutes vos peines? Quelquefois j'oublie pour un temps; quelquefois aussi, quand ce sont de vains scrupules et que j'ai souvent résolus en cas semblables, je ne dis mot, comme dans le cas qui vous met en peine.

Les soupçons ne sont pas péché quand on n'y adhère pas, ou quand on ne les fait pas sans fondement, ou que l'on ne s'en occupe pas lorsqu'on n'y est pas obligé : ainsi soyez en repos.

Je pourrai aller pour cette affaire à la Ferté-sous-Jouarre demain ou après demain : ce ne sera pas sans aller à Jouarre; on ne s'y doute encore de rien du tout.

J'attends des nouvelles de M. le curé de Banost, qui est allé joindre à Torci M. l'abbé Berrier, pour savoir s'ils viendront ici avant que d'aller à la Trappe. J'expédie ici le plus que je puis : mais l'affaire dont vous vous doutez mérite que je la suive, et Dieu le veut. Je suis bien éloigné de la vouloir étouffer comme on le voudroit à Jouarre, si ce n'est par la retraite du coupable : en ce cas, et si les preuves manquoient, j'assurerois la retraite; sinon il faut un exemple d'un si grand scandale, et je n'y épargnerai rien. Ne dites mot; assurez Madame de Luynes que je pense à tout. M. de Chevreuse ne dira rien que de concert avec moi. Notre-Seigneur soit avec vous.

P. S. Je suis bien édifié des saintes dispositions de la supérieure de Torci.

LETTRE CCLXII (a).

A Paris, ce 16 décembre 1696.

On a raison, ma Fille : il n'y a point à hésiter à suivre le sentiment de M. l'abbé Berrier : suivez; vous en avez toute permission.

(a) Revue sur l'original.

Je pars demain, et je ne puis sortir d'aujourd'hui, étant assez enrhumé et occupé de plus d'une sorte.

Je bénis le petit couvent, et vous en particulier. Vous devez faire ce que vous pourrez pour aller au-devant des larmes : Dieu l'aura ainsi agréable, assurez-vous-en : l'obéissance est au-dessus de toutes les graces. Nous en dirons davantage une autre fois. Je vous charge de mes complimens envers M. l'abbé Berrier. J'espère le trouver au retour, et je m'en fais une joie. Notre-Seigneur soit avec vous.

LETTRE CCLXIII.

A Versailles, ce 28 février 1697.

Je loue Dieu, ma Fille, de la paix qu'il vous donne : c'est le fruit sacré de l'obéissance que vous avez rendue aux conseils que je vous ai donnés en Notre-Seigneur. J'ai bien peur que le fond de Madame de Luynes ne change pas, et que le délai ne serve qu'à rendre les choses à la fin plus embarrassantes. Cependant la raison veut qu'on gagne du temps le plus qu'on pourra, pour donner à Dieu le temps qu'il demande pour développer ses conseils.

Pour la spiritualité, celle dont vous me parlez est en effet fort sèche; et ce qui m'y fait de la peine, c'est le peu de conformité que j'y trouve avec l'esprit de saint Augustin, qui me paroît être celui de Jésus-Christ et de l'Evangile. Marchons dans nos anciennes maximes.

J'ai cru qu'il falloit exposer les dispositions présentes de Madame votre sœur assez à fond à M. le duc de Chevreuse, à toutes fins, en l'assurant néanmoins que nous n'oublierions rien pour l'affermir.

Je ne puis vous dire précisément quand mon livre paroîtra, parce que j'attends les remarques et l'approbation de M. de ***.

LETTRE CCLXIV.

A Meaux, ce 28 mars 1697.

Monsieur l'abbé Berrier m'a rendu votre lettre, ma Fille. Je vous ai écrit d'ici par M. Gueniot, et à Madame votre sœur. Je conseillois à M. le curé de Banost de différer son voyage à Torci jusqu'après la *Quasimodo*, et j'espérois aussi de m'y rendre (a).

Je suis bien aise que vous soyez contente de mon livre, et que vous n'ayez pas improuvé la défense de sainte Thérèse. Je souhaite sur toutes choses d'être entendu et goûté des ames à qui Dieu se communique, et il me semble que sa bonté me favorise en cela. Patienter pour un an, c'est une foible ressource, si ce n'est dans l'espérance de plus. Je réponds de vous à Dieu avec autant de foi et de confiance que par le passé.

Priez pour l'Eglise, pour ses défenseurs et pour les dévoyés. Il n'y a point d'erreur plus dangereuse que celle qui énerve tout avec des paroles douces, un extérieur de spiritualité et un artificieux étalage de contemplation. Je salue Madame de Luynes. Le saint Epoux soit votre soutien et votre paix.

LETTRE CCLXV.

A Meaux, ce 1ᵉʳ avril 1697.

Pour éviter les redites, je mande, ma Fille, à Madame de Luynes la difficulté du voyage que je méditois à Torci, et la nécessité de le différer de quelques jours. La question que vous me proposez demanderoit un plus long discours, mais à mon avis peu nécessaire. Il ne faut que recevoir la grace de Dieu, et y consentir; ce qui se faisant librement, ne peut manquer de mériter, sans

---

(a) Bossuet disoit dans l'avant-dernière lettre : « J'espère le trouver au retour; » il dit dans celle-ci ; « J'espérois aussi *de* m'y rendre. » On peut expliquer cette différence sans recourir à la raison d'euphonie, non plus qu'à l'inexactitude des éditeurs : c'est que le sujet d'*espérer* se trouve en repos, sans action dans le premier cas; tandis qu'il y a pour lui tendance, mouvement, effort, difficulté dans le second. Quelqu'un me dira : Bossuet n'a pas remarqué cette différence. — Qu'importe, s'il l'a sentie naturellement, et s'il y conforme partout son langage?

s'inquiéter de savoir à quel moment est ce mérite. Je crois même qu'il y a en cela un peu de curiosité, qui pourroit plutôt empêcher qu'avancer l'effet de la grace.

Il a fallu que j'entrasse un peu dans cet examen, pour rabattre l'arrogance des faux mystiques, qui ne veulent trouver de perfection que dans la voie où ils s'imaginent qu'ils sont. Toute voie est bonne quand elle est de Dieu. Il faut toujours distinguer l'attrait du consentement; et quoique l'attrait ne soit pas précisément le mérite, c'en est le principe; du reste il n'y a rien que de bon dans ce que vous marquez de vos dispositions. Il faut juger de même de la suspension des puissances: quand elle arrive, il la faut recevoir, et demeurer bien persuadé de deux choses : l'une, que tout ce qui vient de Dieu a son utilité; l'autre, qu'il a mille autres voies de nous mener à ses fins cachées : de sorte qu'il faut entrer en général dans l'admiration de ses voies, et s'attacher en particulier à celle où il nous met.

Portez avec résignation le délai de mon voyage, s'il le faut : vous ne voudriez pas que je m'exposasse à être noyé comme la dernière fois. Notre-Seigneur soit avec vous.

LETTRE CCLXVI.

A Versailles, ce 19 juin 1697.

Il me semble, ma Fille, qu'il y a longtemps que je n'ai reçu de vos nouvelles, ni de celles de Madame de Lusanci ; j'en ai su pourtant par M. l'abbé Berrier. En repassant mes papiers, j'ai trouvé la lettre où vous demandiez d'être réglée sur les communions des octaves de la Pentecôte et de la Fête-Dieu. Quoique ces fêtes soient passées, je ne laisserai pas de vous dire que je serai bien aise d'apprendre que vous ayez communié tous les jours : cela servira pour d'autres fêtes.

Ne rejetez jamais l'attrait de communier, quand il plaira à Dieu de vous le faire sentir. Ne refusez non plus les goûts de Dieu, ni les larmes, ni les douceurs de ses consolations : mais plus il vous fera sentir ses graces, plus vous devez tâcher de purifier votre cœur.

Il semble que les affaires qui m'occupent depuis si longtemps sont à leur crise; mais c'est dans ces états qu'on a besoin de réveiller son attention. Priez Dieu pour moi : priez pour celui que nous tâchons de ramener de son prodigieux égarement; mais qui ne paroît pas encore disposé à s'humilier.

Je salue de tout mon cœur Madame de Luynes : demandez-lui pour moi de ses nouvelles; mandez-m'en de la novice (a), et croyez-moi tout à vous.

LETTRE CCLXVII.

A Paris, ce vendredi 9 août 1697.

Je veux bien, ma Fille, que vous communiquiez cette lettre, après pourtant que je l'aurai vue. Au reste, que veut-on dire sur mon ignorance dans les voies intérieures? C'est pour prétendre les trop savoir qu'on s'y perd, et qu'on y perd les autres. Il faut apprendre de Dieu à chaque moment ce qu'il faut dire. Souvenez-vous de la préface de mon livre. Les humbles ignorans en savent plus sur ce sujet que ceux qui disent qu'ils voient, et que leur orgueil aveugle.

Voilà des consolations que je vous envoie : faites-en part à Madame de Luynes, sans oublier ma Sœur Bénigne. Je vous en permets des copies, à condition, aussitôt qu'il y en aura une, de me renvoyer le tout.

M. de Cambray est parti : il prend le ton plaintif comme si on l'opprimoit, quoiqu'on ne fasse rien que selon la règle. Il nous a appelés à témoin M. de Paris et moi, avec M. de Chartres. On a tâché de le ramener par toutes les voies amiables depuis deux ou trois mois. Enfin pour la décharge de nos consciences, nous déclarons nos sentimens. Nous envoyons au Pape notre *Déclaration :* le roi nous appuie; il a parlé à M. le nonce; il a écrit au Pape de sa propre main. En voilà assez pour le présent : n'en faites part qu'à Madame de Luynes, et toutes deux gardez le secret, jusqu'à ce qu'il éclate par ailleurs. Notre-Seigneur soit avec vous.

(a) La Sœur Cornuau.

LETTRE CCLXVIII.

A Meaux, ce 15 août 1697.

Je ne suis pas d'avis, ma Fille, de faire voir vos deux lettres à d'autres qu'à M. de Saint-André, parce qu'encore qu'elles soient très-bonnes, par rapport à la conjoncture on en pourroit abuser et les prendre mal.

Quant à vos attraits, suivez-les et ne soyez en peine de rien; je vous en réponds. Enfoncez-vous dans l'intime. Ceux qui ne sentiront pas dans mon livre une solide spiritualité, ne s'en persuaderont pas par ailleurs, et diront que je répète les leçons des autres.

Vous me renverrez les vers quand vous les aurez fait décrire comme à l'ordinaire. Je serai ici le plus longtemps que je pourrai, et du moins toute la semaine prochaine. Samedi j'irai coucher à Jouarre, et dimanche à Germigny. Je salue Madame de Luynes. Je n'ai point de difficulté pour M. le curé de Banost; mais pour les autres, il faut en ce temps se tenir clos et couvert sur les choses particulières, dont on veut faire des règles. Notre-Seigneur soit avec vous.

LETTRE CCLXIX.

A Meaux, ce 6 septembre 1697.

Prenez garde, ma Fille, d'être trop raisonnant: recevez à pleines mains ce que Dieu vous donne. Pourquoi vous étonnez-vous que sous la main de Dieu vous aimez mieux, que lorsqu'il se retire pour vous faire sentir ce que vous êtes? Au reste il ne faut pas se plaindre des célestes délectations : l'état d'innocence, où l'amour eût été si pur, n'en auroit pas été privé. Si c'étoit une chose dont il fallût songer à se détacher, saint Paul diroit-il si souvent : *Réjouissez-vous?* Saint Jean n'a-t-il pas tressailli de joie avant que de naître? Qu'est-ce qui a fait dire à la sainte Vierge : *Exultavit spiritus meus?* Et n'est-il pas écrit de Jésus-Christ même : *Exultavit in Spiritu sancto?* Je voudrois bien demander à nos nouveaux raffineurs si Jésus-Christ a jamais abdiqué les célestes délectations, s'il a cru qu'elles fussent un obstacle à l'amour, s'il a souhaité que Dieu l'en privât pour l'aimer plus parfaitement et plus purement. En vérité on pousse trop loin les raffinemens.

Puisque M. de Chevreuse vous doit aller voir, demandez-lui si Jésus-Christ, si la sainte Vierge, si saint Jean-Baptiste du moins ont jamais songé à ces suppositions impossibles, où l'on voudroit maintenant mettre la pureté de l'amour. Au surplus écoutez-le : promettez-lui tout le secret qu'il vous demandera par rapport à moi; mais dites-lui bien que pour moi je n'exige aucun secret. Je veux que vous lui disiez avec une pleine liberté tout ce que vous savez de mes sentimens. Qu'il vous rende, s'il peut, une bonne raison pourquoi M. de Cambray a refusé si obstinément de conférer avec moi. S'il vous parle de mes prétendus emportemens qui lui ont servi de prétexte, niez-lui hardiment que j'en sois capable; et assurez-le, sans hésiter, que par la grace de Dieu je sais garder toutes les mesures de respect et de bienséance dans des conférences sérieuses. Après tout, je suis toujours ce que j'étois, aussi tendre pour les personnes qu'inflexible contre la doctrine. Priez Dieu qu'il les convertisse, qu'il éclaire leur aveuglement, en abaissant leur présomption. Notre-Seigneur soit avec vous. Je suis toujours de plus en plus édifié de M. l'abbé Berrier.

LETTRE CCLXX.

A Germigny, ce 10 octobre 1697.

Je suis fâché, ma Fille, de n'avoir pu satisfaire à votre désir en venant : je ferai mieux, s'il plaît à Dieu, au retour. Je pars demain; je serai jeudi à Fontainebleau, où vous pouvez m'écrire par les voies ordinaires, qui sont ouvertes partout où est la Cour. Je tâcherai d'y voir M. de Chevreuse. Rien ne change en moi; mais je vois qu'on change beaucoup quand on a un parti dans la tête et une nouveauté à soutenir. Dieu les aide par sa grace.

La définition de l'espérance chrétienne est connue; c'est un désir de posséder Dieu en lui-même comme son bien, qu'on peut acquérir, quoique avec difficulté, sur le fondement de son éternelle fidélité et de sa toute-puissance, et en vertu de ses promesses. On en veut venir à dire que la charité ne doit donc pas renfermer le désir de posséder Dieu : on ne songe pas que c'est une vertu universelle, qui enferme les motifs des autres vertus. Au reste elle ajoute à l'espérance, et au désir de posséder Dieu, un désir efficace des moyens, qui comprennent l'observation des commandemens. Je rendrai public ce que j'ai écrit sur la charité.

Le vers que vous désirez est ainsi :

> . . . . Tout ce qu'on a pensé,
> Sans que d'un Dieu jaloux l'honneur soit offense.

On dit indifféremment *avec* ou *avecque;* ce dernier rend la mesure complète. M. Ledieu aura lu cet écrit à Jouarre. Nous ne saurions fournir aux copies : on imprime cet écrit.

Vous pouvez garder l'exemplaire de la *Déclaration:* on en donnera un autre à M. l'abbé. Vous pouvez lui dire que j'ai donné une bourse à la décharge de mes premiers engagemens, et que son tour viendra.

Je vais travailler à la distribution des stations, avec une attention particulière sur le P. Michel et sur le désir que vous me marquez. La Ferté-Gaucher est destinée. Je prie Notre-Seigneur qu'il soit avec vous.

LETTRE CCLXXI.

A Paris, ce 14 janvier 1698.

J'ai reçu, ma Fille, votre lettre du premier, dont vous étiez en peine. Dans celle du 13, je vous permets d'accompagner Madame de Luynes quand elle sortira. Pour votre oraison, il n'en faut point être en peine, ni quitter l'attrait pour suivre les prières de la messe. Ces attraits ne me déplaisent point du tout : au contraire c'est une grace dont je suis très-reconnoissant pour vous, et vous n'avez qu'à les suivre et tout abandonner à Dieu.

Vous verrez dans peu ma réponse à l'*Instruction pastorale* de M. de Cambray. Je suis bien aise que vous ayez su ce qui s'est passé à notre serment : j'eusse bien souhaité de vous le pouvoir écrire. Notre-Seigneur soit avec vous.

J. Bénigne, év. de Meaux.

P. S. Il m'est bien fâcheux, aussi bien qu'à vous, de ne pouvoir pas vous aller voir, ni même vous donner par lettres tout le secours que vous souhaitez : j'en demande pardon au Saint-Esprit, qui vous inspire ce désir. Souvenez-vous de ce saint évêque Fructueux, qui, allant au martyre et sollicité par quelqu'un de prier pour lui, répondit : Il faut que je prie pour la sainte Eglise catholique, répandue par toute la terre. J'oserois bien, sans me comparer à ce grand saint, dire aujourd'hui qu'attentif à toute l'Eglise, ce que ce soin général m'emporte, est rendu par un autre endroit à ceux qui ont besoin de mon secours.

LETTRE CCLXXII.

A Paris, ce 18 février 1698.

J'apprends, ma Fille, avec déplaisir que votre mal d'yeux recommence. En commençant cette lettre, je suis arrêté par la vôtre qu'on vient de me rendre du 18.

Il n'y a rien de décidé du côté de Rome. Nous croyons toujours que la vérité prévaudra, malgré la cabale la plus puissante qu'on vit jamais. Vous aurez bientôt mon livre, s'il plaît à Dieu. Priez-le qu'il y donne sa bénédiction, pour sa gloire et pour le bien de son Eglise. Je compte que je serai bientôt à Meaux : je n'attends que la publication de ce livre. Au surplus pouvez-vous croire que j'abandonne mes chères brebis, pour m'attacher aux vues générales de l'épiscopat? L'exemple de saint Fructueux n'est rapporté que pour montrer en certains temps, des applications particulières à certains objets, et non pas l'exclusion des autres. Mon fond est le même : mais le temps ne seconde pas toujours mes intentions. Pour vous, je vous renouvelle de bon cœur toutes les saintes promesses que je vous ai faites; et quand le temps le permettra, je vous le ferai connoître par une visite. Ne négligez pas de m'écrire. Assurez Madame de Luynes de la continuation de mes sentimens. Notre-Seigneur soit avec vous.

LETTRE CCLXXIII.

A Meaux, ce 4 avril 1698.

Je vous remercie, ma Fille, pour ma Sœur de Saint-Bénigne (a), qui est ravie, et elle a raison. Je vous annonce mon arrivée à Torci, vendredi prochain au soir, pour en partir le lendemain après dîner. Nous parlerons de vos peines et de vos états, et je ne veux point que vous vous en ouvriez à personne. Dieu est avec vous, et c'est assez.

Allez au sacré tombeau avec Marie-Madeleine, et criez de tout votre cœur, *Rabboni*. C'est le seul maître, le seul docteur qui sait parler au dedans.

J'ai assurément reçu vos lettres ; mais je ne puis en marquer la date. Je rendrai compte du reste à Madame de Luynes, à qui je m'en vais écrire. Empêchez tout appareil vendredi, et modérez-le pour le samedi. Assurez-vous que vous êtes et serez toujours ma première Fille. L'écran est admirable : recevez-en mes remerciemens, et faites-les à Madame votre sœur. Notre-Seigneur soit avec vous.

LETTRE CCLXXIV (b).

A Paris, ce 25 juin 1698.

Je ne puis tarder à vous dire, ma Fille, que je parlai hier à Monseigneur l'archevêque pour la conservation du Fremoy. Il me dit qu'il iroit bientôt à Torci, et qu'à mon retour il vouloit bien conférer avec moi sur cette affaire, avant que de la déterminer. Vous en avertirez, s'il vous plaît, Madame de Luynes, afin qu'on prépare tout ce qui sera nécessaire de lui faire voir. Tout consiste à montrer d'un côté la nécessité d'étendre le logement pour les novices et les pensionnaires ; et de l'autre, l'impossibilité d'en

---

(a) La sœur Cornuau, qui avoit fait profession religieuse à Torci sous ce nom. — (b) Revue sur l'original.

commencer de nouveaux : d'où se conclut invinciblement la nécessité de se servir des anciens, en attendant qu'on puisse faire autre chose. Faites-lui bien voir d'un côté que la dépense de l'arcade ne sera pas grande, et de l'autre que le noviciat sera régulier ; sans oublier les autres raisons qu'on m'a exposées, et le besoin où l'on est de loger les pensionnaires de condition qu'on vous veut donner, ce qui ne contribuera pas peu à la subsistance de la maison. J'ai un peu parlé de M. l'abbé Dreux, qui par complaisance pour M. Paulet, et par le bruit que fait votre chapelain, se tourne tout à la démolition. Dites-lui tout comme à un père ; car il n'y a point dans l'épiscopat un cœur plus paternel que le sien. Rendez graces à Dieu du prodigieux effet de sa réponse aux quatre lettres. M. Ledieu est chargé de vous envoyer ma *Relation du quiétisme*. Je prie Notre-Seigneur qu'il soit avec vous, ma chère Fille.

J. Bénigne, év. de Meaux.

M. de Chevreuse tourne la tête quand il me rencontre : je n'en suis pas moins son ami et son serviteur ; il se fait plus de tort qu'à moi.

LETTRE CCLXXV.

A Paris, jeudi soir, 1698.

Ce que dit M. de Cambray sur le sujet de la confession, est incompréhensible, ma Fille. Il sait bien en sa conscience que je ne l'ai jamais confessé. Je ne sais ce qu'il veut dire de sa confession par écrit. Il n'articule rien de net, et il tâche seulement de donner l'idée d'un crime capital dont il m'accuse. Je répondrai sans doute, s'il plaît à Dieu, et en bref. Je me souviens très-bien du bon esprit et de la droiture de Madame de la Tour-Maubourg. Jamais homme n'a écrit plus artificieusement que M. l'archevêque de Cambray, ni n'a été plus capable de soutenir l'étonnante cabale dont il est environné. C'est la cause de Dieu, qu'il veut défendre tout seul ; car les hommes ne feroient qu'y nuire, si Dieu ne s'en mêloit.

Le pauvre abbé Dreux est mort, et vous n'aurez plus d'obstacle de sa part. Ainsi je conseille à madame de Luynes de commencer son bâtiment, à moins qu'elle n'ait des défenses de M. l'archevêque, ce que je ne crois pas ; car je le vis encore hier dans la disposition où nous le pouvions souhaiter.

Notre-Seigneur soit avec vous.

LETTRE CCLXXVI.

A Paris, ce 28 juin 1698.

Ne vous découragez point, ma Fille, de l'état où vous vous trouvez devant Dieu. Il n'en est pas moins avec vous ; et à mesure qu'il paroîtra vous dépouiller, il vous remplira au dedans de dons plus intimes, pourvu que vous persévériez dans l'oraison à votre ordinaire, aussi bien que dans la sainte communion, sans vous laisser ralentir ou détourner par quelque considération que ce soit : c'est moi qui vous le dis au nom de Jésus-Christ. Souvenez-vous de cette parole : *En espérance contre l'espérance ;* et encore : *Dilatez-vous ;* et encore : *Ne cessez de vous réjouir ;* et encore : *Ne craignez point, petit troupeau.*

Consolez et conduisez ma sœur de Saint-Bénigne dans ses obédiences ; et du reste dites-lui que je lui permets de pleurer et de s'épancher avec vous, mais avec vous seule. Je n'ai pu trouver le loisir de lire ses consultations. Notre-Seigneur soit avec vous, ma chère et première Fille.

LETTRE CCLXXVII.

A Meaux, ce 9 octobre 1698.

Le jugement que vous faites de la *Réponse* et des trois Lettres de M. de Cambray est juste en tous points : vous le verrez bientôt très-clairement par ma réponse, dont l'impression s'achève. Je vous envoie le billet pour l'imprimeur que vous souhaitez : ne le donnez pas que vous ne sachiez que ma *Réponse* soit affichée ; car on n'y auroit pas tout l'égard que je souhaite à cause de l'impossibilité. J'espère que ma réponse édifiera l'Eglise, et préviendra le public contre le caractère séducteur de M. l'archevêque de

Cambray. Il me fait pitié; mais ma pitié se tourne toute vers les infirmes de l'Eglise qu'il séduit. Son éloquence, si vous y prenez bien garde, consiste dans une aisance d'un style contentieux, où le solide manque tout à fait. Les endroits qui regardent M. l'archevêque sont un peu fâcheux; et le monde jugera que sa bonté n'a pas été assez précautionnée contre un homme dont il n'a pas connu assez tôt les chicanes et les artifices : mais vous verrez que le fond est bon.

J'ai cru au reste que vous connoîtriez par mes précédentes, qu'ayant reçu le devis que Madame de Luynes m'envoyoit, j'avois par conséquent reçu la lettre dont il étoit accompagné. Du reste il ne faut jamais qu'elle soit en peine sur la pensée que je puis avoir de ses bons sentimens pour moi. Notre-Seigneur soit avec vous.

LETTRE CCLXXVIII.

A Meaux, ce 21 novembre 1698.

J'ai reçu votre lettre du 10, au retour de Fontainebleau, c'est-à-dire depuis trois jours. M. de Chevreuse ne songe plus à me voir, mais à détourner les yeux quand il me rencontre : j'aime mieux cela que la dissimulation. Il faut espérer que la décision qu'on attend du Pape, dans ce mois-ci ou dans l'autre, changera les cœurs, et ne nous donnera pas, comme je le crains beaucoup, de simples dehors. Assurez-vous que de mon côté le cœur est le même. Ma réponse contient une exacte vérité. Tout ce qu'on fait contre moi est plein d'aigreur et d'une hauteur affectée. On craint de ne le pas prendre d'un ton assez haut, et de paroître me céder en quoi que ce soit. Pour moi, je ne verrai jamais que l'avantage de la cause, et encore poussé par la charité.

J'irois avec plaisir à Torci, mais vous voyez la saison et le temps. Tenez-vous ferme aux règles que je vous ai données, surtout dans la matière dont vous me parlez. Mettez en Dieu toute votre sollicitude, assurée qu'il a soin de vous : je vous en suis caution. Conduisez ma Sœur de Saint-Bénigne. Dieu vous conduira, et je ne vous manquerai jamais ni à la vie ni à la mort, ni à Madame de Luynes dans l'occasion. Notre-Seigneur soit avec vous.

LETTRE CCLXXIX (a).

Vous n'avez point à vous confesser ni à vous embarrasser de ces peines qui ont rapport à moi, ni d'aucune autre. Gardez-vous bien de vous retirer pour cela de la communion.

« Dieu, qui par son commandement fait sortir la lumière des ténèbres, a répandu dans nos cœurs la lumière qui rejaillit de la face de Jésus-Christ [1]. » C'est peut-être le secret dessein de Dieu dans ces noirceurs qu'il a permises : c'est peut-être aussi qu'il a coutume de donner un contre-poids à ses graces. Quoi qu'il en soit, on n'a pas besoin de pénétrer ses desseins, et il suffit d'être bien certain qu'il faut recevoir ce qu'il donne. C'est de quoi je vous assure, et qu'il n'y a point là d'illusion.

Il ne faut point chercher à se défaire de ces fantômes : on n'en sera tout à fait défait que lorsqu'on le sera de la chair et de la mortalité. Il suffit de s'élever au-dessus, et d'épurer ses pensées en désavouant tout ce qui vient des sens ; ou, ce qui fait le même effet, et plus grand, en ouvrant les yeux à de plus pures lumières.

Marchez en confiance et en sûreté, allez votre train malgré vos scrupules et vos peines. Dieu supporte nos foiblesses ; et le chaste Epoux, tout jaloux qu'il est, ne nous traite pas à la rigueur. Recevez ses graces particulières : mais gardez-vous bien d'en faire dépendre vos communions. A vous, ma Fille, de bon cœur.

LETTRE CCLXXX.

Les réponses précises ordinairement sont un peu sèches. La consolation dans les peines consiste plus dans la décision qui expose la vérité toute nue, que dans des discours pour la soutenir. Cette di-

[1] II *Cor.*, IV, 6.

(a) Nous donnons ici quelques lettres ou fragmens qui sont sans date (*Les premiers, par conséquent tous les édit.*)

latation de cœur ne se trouve guère dans les réponses qu'il faut faire à des questions de la nature de celles que vous proposiez ; et c'est pourquoi je souhaiterois que vous vous tinssiez aux résolutions qu'on vous donne, sans vous mettre à recommencer. Ce n'est point par rapport à moi, mais par rapport à votre repos que je parle ainsi : assurez-vous-en, et que je porte sincèrement vos peines devant Dieu. Je le prie qu'il soit avec vous.

LETTRE CCLXXXI

Je vous ai offerte ce matin à Dieu, afin que vous ayez part avec moi à la gloire de Notre-Seigneur, et que nous nous en rendions dignes vous et moi par celles que nous prendrons à ses humiliations.

Pour vous préparer à votre confession, les psaumes XVII, XXXIII, CII et CIII, avec les sept Pénitentiaux, seront les plus propres ; le VIIe chapitre de saint Luc, les XXI, XXII, XXIII, XXIV, XXV, et le XXVIe jusqu'au verset 15 de saint Matthieu, avec le XIIe de saint Jean. Tout y parle de la préparation à la dernière heure par une humble pénitence, et il faut apprendre à s'y élever des pieds de Jésus à sa tête.

Vous ne devez point appréhender que vos peines me rebutent : elles ont quelque chose de fort caché ; mais cela même m'encourage, parce que l'œuvre de Dieu, qui est la sanctification des ames, doit être conduite parmi les ténèbres et dans un esprit de foi et d'abandon, tant du côté des directeurs que de celui des pénitens. Allez donc de foi en foi, et en espérance contre l'espérance.

Je salue Mesdames de Ficsque, de Lusanci, de Rodon, etc.

LETTRE CCLXXXII.

Vous n'avez plus à vous troubler de ces adhérences après la résolution précise que je vous ai donnée sur cela, ni à chercher les raisons sur lesquelles je me fonde, puisque je vous assure qu'elles sont certaines et si claires, qu'il n'y en a point en matière de direction de plus manifestes : mais c'est assez qu'elles me le soient, et le temps est venu où il faut absolument que vous vous reposiez sur ma foi en pleine soumission et obscurité.

C'est pour la même raison que vous devez continuer à tout exposer, parce que tout le repos, et pour le présent et pour l'avenir, qui vous est absolument nécessaire pour entrer dans les voies où Dieu vous veut, dépend de là.

Tenez-vous donc ferme à suivre la même conduite : je vous arrêterai où il faudra et quand il faudra ; je vous l'ai déjà dit plus d'une fois, et je vous le répète encore. Dieu le veut ainsi : cela est, *Amen, amen* : croyez et votre foi voussauvera.

Vous recevrez cette lettre par ma sœur Cornuau. Donnez-lui vos conseils : les miens sont qu'elle se soumette sans réplique et sans résistance.

Ecrivez au reste ce que Dieu vous inspirera dans l'occasion à Madame de Saint-Bernard. Dieu est seul : sa sainte volonté en toutes choses.

LETTRE CCLXXXIII.

Depuis ma lettre écrite, on me rend votre lettre du 16, sur laquelle je ne vois pas que j'aie rien de nouveau à vous dire. Noyez vos infidélités dans le sang de Jésus-Christ et dans l'abîme des bontés de Dieu, et continuez à marcher dans les voies qu'il vous ouvre. Il est au-dessus de tous ses dons et de toutes nos ingratitudes ; et il donne, parce qu'il est bon. La crainte de l'illusion est ce que vous avez le plus à craindre. Parce que vous êtes infidèle, s'ensuit-il que les dons de Dieu ne soient pas, et que sa vérité ne subsiste pas ?

Vous vous embarrassez peut-être trop de la manière dont on me recevra. J'offrirai à Dieu de tout mon cœur Madame votre nièce. Je vous bénis en partant, autant que je puis, de la bénédiction que Jésus-Christ donna à ses apôtres en s'élevant vers les cieux. Notre-Seigneur soit avec vous.

LETTRE CCLXXXIV.

A LA SŒUR CORNUAU, RELIGIEUSE A TORCI.

A Paris, ce 29 décembre 1700.

Voilà, ma Fille, ce qui m'est venu sur l'épitaphe de feu Madame d'Albert : il en faudroit dire davantage, si dans cette matière il n'étoit nécessaire de trancher court. Présentez-la de ma part à Madame de Luynes, dont je voudrois bien contenter l'amour par quelque chose de plus étendu.

Ci-gît
MARIE-HENRIETTE-THÉRÈSE D'ALBERT DE LUYNES.

Elle préféra aux honneurs
D'une naissance si illustre et si distinguée
Le titre d'épouse de Jésus-Christ
En mortification et en piété.
Humble, intérieure, spirituelle
En toute simplicité et vérité,
Elle joignit la paix de l'innocence
Aux saintes frayeurs d'une conscience timorée.
Fidèle à celui qui, presque dès sa naissance,
Lui avoit mis dans le cœur le mépris du monde,
Elle fut longtemps l'exemple
Du saint et célèbre monastère de Jouarre ;
D'où étant venue en cette maison
Pour accompagner une sœur chérie,
Elle y mourut de la mort des justes,
Le 4 février 1699,
Subitement en apparence,
En effet avec les mêmes préparations
Que si elle avoit été avertie de sa fin.....

Pour vous, ma Fille, comme je vous l'ai dit tant de fois, vivez et mourez comme sous les yeux d'une si sainte amie.

Notre-Seigneur soit avec vous.

FIN DES LETTRES A MADAME D'ALBERT.

LETTRES

A L'ABBESSE ET AUX RELIGIEUSES

DE L'ABBAYE DE JOUARRE (a).

LETTRE PREMIÈRE.

A MADAME DE LA CROIX, PRIEURE.

Ce 4 mars 1690.

Je veux bien vous l'avouer, Madame; car je ne puis me résoudre à vous appeler ma Fille, jusqu'à ce que vous le méritiez par votre soumission, ou du moins par votre confiance. Je ne comprends rien à votre conduite : me trompiez-vous, ou vouliez-vous m'amuser de belles paroles, quand en effet vous m'en donniez de si agréables? A Dieu ne plaise. Qu'est-ce donc qui vous a changée si soudainement? Est-ce crainte, légèreté, complaisance? Tout cela est bien peu digne d'une religieuse de votre mérite et de votre âge.

Qu'attendez-vous, et quelle fin auront ces dissensions? Espérez-vous qu'on vous donne un supérieur que Madame votre abbesse ne demande pas, et ne peut ni n'ose demander? Mais

---

(a) La première édition, celle des bénédictins des *Blancs-Manteaux*, renferme la note suivante : « Nous avons réuni toutes les lettres que Bossuet a écrites à Madame d'Albert de Luynes, parce qu'il nous a paru qu'il seroit utile de lire sans interruption les règ'es de conduite que lui donnoit le prélat, et de considérer sous un même point de vue le détail des affaires de l'abbaye de Jouarre, où Bossuet a développé toute l'étendue de son zèle, et montré autant de sagesse que de fermeté. Les mêmes raisons nous portent à ne [point séparer les lettres écrites à d'autres religieuses de la même abbaye : rapprochées de celles de Madame d'Albert, elles développent beaucoup de faits relatifs à cette abbaye, et forment comme une histoire suivie des contestations qu'elle a eues avec Bossuet, et de la conduite du prélat dans ce monastère avant et après l'établissement de sa juridiction. »

On ne trouve que rarement, dans la bibliothèque des amateurs, quelques rares manuscrits de ces lettres : nous les avons imprimées d'après les premières éditions.

que ne vient-elle donc gouverner son monastère, plutôt que de vous laisser dévorer les unes les autres? Si elle étoit ici, tout seroit en paix, car il faudroit bien qu'elle obéît elle-même, et qu'elle fît obéir les autres. Quel parti est celui-là, de n'oser venir et de soulever de loin tout un monastère?

Mais quel parti est-ce à vous, Madame, d'être l'instrument dont on se sert pour tenir dans l'oppression plus de la moitié de la communauté, en sorte qu'elle ne peut traiter avec moi qu'avec le secours de la justice séculière? Vous jugez bien que cela ne peut pas durer, et que je ne délaisserai pas celles qui me reconnoissent, et qui obéissent aux conciles en m'obéissant.

Vous attirez des affaires à Madame votre abbesse, dont elle ne sortira jamais; car vous voyez bien jusqu'où elle peut être poussée sur son absence sans ma permission. Ses flatteurs, qui la perdent, ne la tireront pas d'un si mauvais pas. Il faudra donc, et bientôt, qu'elle révoque les ordres secrets qu'elle envoie ici pour tout troubler, puisqu'on ne garde plus avec moi aucune mesure, et qu'on pousse la violence jusqu'à vous empêcher vous-même de me tenir des paroles si précises. Vous concevez aisément ce que je dois faire contre elle. Vous déplorez avec moi son aveuglement, et vous coopérez aux mauvais desseins que lui donne un conseil autant aveugle que violent et intéressé. Je suis obligé de vous avertir que c'est agir contre votre conscience.

Je vous garderai le secret sur ce que vous m'avez dit de particulier, et même je suis tout prêt à vous recevoir encore, si vous revenez à vos premiers sentimens. C'est pousser la complaisance trop loin, que de se laisser priver des sacremens. Pousserez-vous cela jusqu'à Pâques? Car pour moi je ne puis vous donner ni permettre qu'on vous donne un sacrement que vous n'êtes pas en état de recevoir. Vous en avez assez fait pour conserver, si vous croyez qu'il le faille, un droit ruineux, ou plutôt un droit ruiné et nul de son origine.

Quoi qu'il en soit, le Pape ne viendra pas vous gouverner. Ayant à vous remettre en d'autres mains pour la décharge de sa conscience et pour votre propre salut, pouvoit-il rien faire de mieux que de vous remettre à celui que Jésus-Christ avoit chargé de vous? et le pouvoit-il faire d'une manière plus avantageuse que dans un concile œcuménique? Seriez-vous bien mieux gouvernée par quelques religieux de Cluni, ou quelque autre prêtre séculier ou régulier, qui vous verroit en passant deux ou trois fois en plusieurs années, ou par un évêque qui ne vous verroit jamais, et qui accablé du fardeau qu'il a déjà sur les épaules, se chargeroit encore de celui d'autrui? Ne verrez-vous jamais que l'Eglise ne peut plus souffrir de telles conduites, et qu'il en faut revenir à ce que Jésus-Christ a fait?

Revenez, ma Fille, revenez à celui qui vous tend les bras. Donnez la paix à vos Sœurs qui vous aiment. Donnez-la à vous-même, et ne vous jouez pas de Jésus-Christ pour l'amour des créatures.

LETTRE II.

A MADAME RENARD.

Ce 6 mars 1690.

Je me souviens bien, ma Fille, de cette religieuse de Tours, qui se prive des sacremens depuis si longtemps. Je ne vous puis rien dire de précis sur ce qu'il y auroit à faire : tout ce que je puis, c'est de parler des choses dont je suis chargé, et j'évite d'entrer dans les autres. Je dirai bien seulement que la privation du droit de suffrage, et les autres peines de cette nature, apparemment feront peu d'effet sur un esprit de ce caractère. Elle sait les peines portées par les décrets de l'Eglise, qui sont bien plus redoutables.

Je croirois en général qu'il faut la traiter comme une malade, et songer à guérir son esprit blessé avec douceur, avec patience, en lui expliquant les miséricordes de Dieu, et en lui montrant les passages des saints, où ils ont combattu si vivement ceux qui se retirent du saint Sacrement par des vues de perfection qui leur en font perdre la grace. Je ne sais rien davantage.

Si on est porté à me consulter, à cause que j'ai eu longtemps entre les mains une personne qui a été dans le même état, on doit songer en même temps que je ne l'en ai pas tirée : elle se confessa et communia en mourant sans aucune peine : elle n'avoit jamais été opiniâtre, et ce caractère que vous me marquez dans cette religieuse est celui qui me paroît le plus fâcheux. Mais cela même est quelquefois une maladie; et ces sortes d'aheurtemens qui viennent d'une certaine foiblesse d'esprit, demandent la même douceur et la même patience que les autres peines : ordinairement elles ne veulent pas être attaquées directement; souvent même il ne faut pas faire semblant qu'on les attaque, ni qu'on en soit si fort étonné; car cela rebute un pauvre esprit : je dis pauvre en cela, encore que je voie bien que celle-ci est forte d'ailleurs. Je prie Dieu qu'il l'éclaire, et qu'il éclaire ceux qui sont chargés de sa conduite.

LETTRE III

AUX RELIGIEUSES DE JOUARRE,

QUI LUI AVOIENT RENDU LES PREMIÈRES UNE OBÉISSANCE PARTICULIÈRE.

A Versailles, ce 28 juillet 1690.

Mes chères Filles,

La paix et la charité soit avec vous.

Outre les lettres que vous avez vu que nous écrivons à la communauté, nous vous faisons celle-ci, pour vous témoigner la satisfaction que nous avons de votre conduite, depuis que prévenant le reste de vos Sœurs par la promptitude de votre obéissance, vous nous avez reconnu pour le supérieur légitime que Jésus-Christ vous envoyoit. Vous voyez que Dieu a béni nos soins.

Madame votre abbesse a trouvé dans le rapporteur qu'elle avoit choisi pour rapporter sa requête, un avocat plutôt qu'un juge, je le dirai franchement : elle n'a rien oublié pendant six semaines, non-seulement pour instruire Messieurs les commissaires et les juges, mais encore pour les irriter contre moi par tous les moyens possibles, sans oublier les faux récits qu'on lui inspiroit de faire et de publier. Mais la vérité a triomphé, et de trente-cinq à quarante juges, à peine a-t-elle eu trois ou quatre suffrages favorables : ainsi toutes les chicanes sont finies. Il ne reste plus autre chose, sinon que nous travaillions à l'avancement spirituel de la maison, tant en particulier qu'en général, et au rétablissement du temporel dans sa première splendeur : c'est à quoi vous devez maintenant concourir avec moi, en vous déclarant plus hautement que jamais pour l'obéissance.

J'abandonnerai dorénavant celles qui auront peur, si leur crainte retarde leur zèle.

Ne manquez point de respect à Madame votre abbesse : mais gardez-vous bien de croire qu'elle puisse rien contre mes ordres. Tâchez de ramener toutes vos Sœurs par la douceur. Je pourvoirai au surplus dans la visite que j'espère faire dans les premiers jours du mois prochain; et encore que je veuille espérer que toutes vos Sœurs suivront alors vos bons exemples, je me souviendrai toujours que vous êtes les saintes prémices recueillies en Notre-Seigneur, que je prie d'être avec vous, et suis de bon cœur, etc.

LETTRE IV.

A LA PRIEURE ET COMMUNAUTÉ DE JOUARRE.

A Versailles, ce 28 juillet 1690.

La requête de Madame votre abbesse, en cassation de l'arrêt du 26 janvier dernier, après avoir été vue durant trois ou quatre séances par MM. les commissaires du conseil, avec toutes les pièces dont elle étoit soutenue, a enfin été rapportée mercredi dernier en plein conseil, où elle a été rejetée tout d'une voix à la réserve de trois ou quatre. Vous devez juger par là combien sa cause étoit déplorée, puisque Madame votre abbesse a été condamnée sur sa propre requête, sans que je fusse en cause, et n'a pu même obtenir de m'y mettre. Après cela vous voyez bien, mes Filles, qu'elle n'a plus nulle ressource dans le royaume.

Rome, qu'on a tâché d'émouvoir, n'a rien voulu écouter, encore qu'on ait écrit en votre nom, quoique apparemment sans votre approbation, quatre ou cinq lettres également irrespectueuses contre moi et contre tout le clergé de France, qu'on n'a pas épargné : mais on sait bien en ce pays-là, que je ne fais rien que conformément aux bulles des papes et aux décrets des conciles œcuméniques. Ainsi, mes Filles, sans vous laisser désormais flatter par les discours vains et mensongers dont on vous amuse depuis six mois, commencez à chercher la paix de votre maison dans l'obéissance que vous devez à Jésus-Christ et à l'Eglise en ma personne.

Je me prépare à faire une nouvelle visite au commencement du mois prochain, où j'espère que, toutes altercations éteintes et avec moi et entre vous à jamais, nous ne parlerons que des instructions et consolations spirituelles qui sont attachées aux fonctions de notre ministère apostolique. Celles de vous qui voudroient croire qu'il y ait plus de graces dans les religieux qui vous viennent voir sans ordre, que dans notre caractère où réside la plénitude de l'esprit de gouvernement et de conduite, ne prévaudront pas, et leur erreur comme leur foiblesse sera connue de tous. Vous ne verrez aucun changement dans les louables coutumes de votre maison, où je tâcherai seulement de vous confirmer, et en toutes manières de vous faire croître en Jésus-Christ.

Je vous ordonne en vertu de la sainte obéissance, de tenir prêt pour la visite tout ce que vous aurez en main chacune de vous pour me faire connoître l'état du temporel de la maison, c'est-à-dire tant du revenu que des dettes, charges et dépenses ordinaires, afin que réglant le tout avec une juste proportion, je travaille à ramener toutes choses à l'état des anciens jours. Que toutes celles qui ont quelques comptes à rendre les tiennent prêts, pour nous les faire voir et les rendre devant nous.

Si Madame votre abbesse veut entrer dans un concours amiable avec moi pour votre bien et pour le sien propre, elle m'y trouvera très-disposé : et pour cela je vous permets de lui envoyer copie de cette lettre. Car je ne m'ingérerai plus à lui donner des conseils, après le peu de succès qu'ont eus ceux que je lui ai donnés ci-devant, quoiqu'ils fussent très-salutaires et très-propres à lui faire éviter les inconvéniens où elle est tombée.

Je vous défends d'avoir égard à tous les changemens qu'on pourroit faire dans les offices, et en général dans la maison jusqu'à mon arrivée.

Je souhaite de tout mon cœur que ni Madame l'abbesse ni aucunes de vous ne m'obligent jamais à leur faire sentir la puissance qui est en nous; car les effets en sont terribles, et en ce monde et en l'autre.

Soyez fidèles à mes ordres, sans écouter rien au contraire, parce que rien ne vaut contre celui à qui le Saint-Esprit a donné sur vous la première et principale autorité : je veux dire en un mot, et pour éviter toute équivoque aussi bien que pour ne vous laisser aucune vaine terreur, que l'autorité de Madame l'abbesse est nulle contre la mienne; de quoi je suis obligé de vous avertir, afin que vous connoissiez ce que vous n'avez jamais su, ce que c'est qu'un supérieur.

Je viendrai à vous en esprit de paix et de douceur, mais aussi de fermeté et de zèle : celles qui craindront Dieu seront avec moi. Je suis en la charité de Notre-Seigneur, mes Filles.

LETTRE V.

A UNE RELIGIEUSE DE JOUARRE.

A Meaux, ce 30 septembre 1690.

J'ai envoyé querir mes receveurs, et les ai priés de traiter Jouarre le plus doucement qu'il se pourroit. Ils m'ont dit qu'ils avoient offert tous les accommodemens possibles pour faciliter toutes choses et éviter les frais. Ils m'ont payé, et je ne puis les empêcher d'exercer mes droits dont ils ont traité. Ils disent que M. Cheverin leur a dit qu'on regorgeoit de grain dans la maison, de sorte que ce n'étoit que pour faire beaucoup de bruit qu'on crioit tant à cette occasion. Le fermier de Mée a répondu qu'il étoit prêt à payer, mais qu'il en étoit empêché par les religieuses: il ne s'agit que de dix muids de très-petit blé. Si Madame la prieure proposoit quelque chose pour assurer le paiement, je ferois ce que je pourrois. On voit bien ma bonne volonté dans la diminution des décimes, qui étoit bien difficile dans ce temps : mais je ne puis pas donner le bien d'autrui, ni faire perdre à mes receveurs ce qui leur est dû. Voilà, ma Fille, ce que je vous prie de dire à Madame la prieure : si je pouvois faire davantage, je le ferois pour l'amour de la communauté, et en particulier pour l'amour de vous qui m'en priez de si bonne grace.

LETTRE VI.

A MADAME DE LUYNES.

A Germigny, ce 13 octobre 1690.

La mort, toutes les fois qu'elle nous paroît, nous doit faire souvenir de l'ancienne malédiction de notre nature et du juste supplice de notre péché : mais parmi les chrétiens et après que Jésus-Christ l'a désarmée, elle nous doit faire souvenir de sa victoire et du royaume éternel où nous passons, en sortant de cette vie. Ainsi dans la perte de nos proches, la douleur doit être mêlée avec la consolation. « Ne vous affligez pas, disoit saint Paul, à la manière des gentils qui n'ont point d'espérance [1]. » Il ne défend pas de s'affliger, mais il ne veut pas que ce soit comme les gentils. La mort parmi eux fait une éternelle et irrémédiable séparation : parmi nous ce n'est qu'un voyage, et nous devons nous séparer comme des gens qui doivent bientôt se rejoindre. « Que les chrétiens dans ces occasions répandent donc des larmes que les consolations de la foi répriment aussitôt : » *Fundant ergò Christiani consolabiles lacrymas, quas citò reprimat fidei gaudium* [2]. Ces larmes, en attendant, font un bon effet : elles imitent Jésus qui pleura en la personne de Lazare la mort de tous les hommes : elles nous font sentir nos misères, elles expient nos péchés, elle nous font désirer cette céleste patrie où toute douleur est éteinte et toutes larmes essuyées. Consolez-vous, ma Fille, dans ces pensées ; croyez que je prends part à votre douleur, et que je m'unis de bon cœur à vos prières.

[1] *I Thess.*, IV, 12. — [2] S. Aug. serm. CLXXII, n. 2.

LETTRE VII.

AUX RELIGIEUSES DE JOUARRE.

A Meaux, ce 22 janvier 1691.

Je reçois, mes Filles, avec une sincère reconnoissance les témoignages de votre amitié. Je souhaite que tout le monde vienne bientôt boire avec vous ce vin nouveau de l'Evangile, que je suis prêt à distribuer également à toutes et à chacune selon sa mesure, c'est-à-dire selon les degrés de ses besoins et de sa foi, sans aucune autre distinction de mon côté. Enivrez-vous, mes saintes Filles, de ce vin céleste, que les vierges de Jésus-Christ ont droit de prendre plus que tous les autres fidèles, puisque c'est ce vin qui les rend fécondes à Jésus-Christ leur époux, et qui les produit elle-même. Je prie Dieu, mes chères Filles, qu'il soit avec vous. Votre bon Père, etc.

† J. Bénigne, évêque de Meaux.

P. S. Il ne faut pas oublier la bonne coutume de saluer en particulier la secrétaire.

LETTRE VIII.

MADAME DU MANS.

A Meaux, ce 22 janvier 1691.

Les circonstances que vous me marquez ne changent rien dans mes résolutions, parce que ou vous les avez expliquées, ou elles ne sont pas essentielles : ainsi vous pouvez demeurer en repos. Il y a des choses qu'on doit supposer que le confesseur entend par l'usage même de les entendre, et par les réflexions qu'il y doit faire. Vous avez dit tout ce qu'il falloit pour me faire bien entendre vos péchés : j'en ai été content alors ; il n'en faut plus parler. Voilà, ma Fille, la courte réponse que vous souhaitez.

LETTRE IX.

A MADAME DE LUYNES.

A Paris, ce 6 mars 1691.

Je suis bien aise, ma Fille, de la satisfaction que vous témoignez de mes Psaumes. Je vous propose la traduction de la préface, qui pourra aider celles de nos Filles à qui Dieu donnera le goût et le désir d'en profiter ; mais à votre grand loisir.

Madame d'Albert vous aura pu dire combien j'ai été touché du doute où vous paroissiez être, du plaisir que je prenois à recevoir les témoignages de votre amitié, n'y ayant personne de la maison que j'estime plus que vous. Vous pouvez apprendre ici de nos amis communs avec quel sentiment je parle de vous : en un mot, je vous prie, ma Fille, d'être bien persuadée que vous n'avez point d'ami plus fidèle, ni de serviteur plus acquis. J'en prends à témoin M. de Chevreuse, avec qui je m'entretins encore hier très-longtemps de vous.

Madame d'Albert vous dira ce qui regarde les affaires ; et toutes deux vous en direz à nos chères Sœurs ce que vous jugerez convenable.

LETTRE X.

A MADAME DU MANS.

A Meaux, ce 18 juin 1691.

Le père Gardien des Capucins de Coulommiers me sera toujours considérable, et par son mérite, et par ce qu'il vous est. Je fus fâché d'avoir si peu de temps pour l'entretenir, à cause que j'étois fort las, venant de donner la confirmation à douze ou treize cents personnes. J'approuve que vous ayez fait ce que vous m'avez proposé pour avoir quelques livres, et vous avez pu en ce cas prendre mon silence pour un aveu.

Madame de Lusanci, à qui je réponds sur les avis qu'elle me donne par votre moyen, vous communiquera ma réponse.

Assurez-vous toujours, ma Fille, de mon estime et de ma confiance particulière, et que je vous offre à Dieu de tout mon cœur.

LETTRE XI.

A MADAME DU MANS.

A Germigny, ce 28 juin 1691.

L'avis a été lu trop tard. Je commençois à ouvrir la lettre, quand M. Girard m'a rendu le gros paquet. J'ai interrompu pour voir ce que c'étoit. Je me suis mis à considérer la plus jolie reliure du monde : les anges, les dauphins, tout m'a frappé. J'ai bientôt connu, aux ornemens et au volume, que c'étoit l'*Exposition*, qu'on avoit voulu si bien parer. J'ai lu ensuite votre lettre : il n'étoit plus temps; M. Girard avoit vu tout le mystère. Je n'ai pu après cela que ne plus mot dire, et je ne crois pas qu'il y ait fait grande attention.

Voilà, ma Fille, un récit fidèle de ce qui s'est passé. Il ne me reste qu'à vous remercier, et à admirer la belle reliure de Jouarre : en vérité il n'y a rien de plus industrieux, et on y a de toutes sortes d'esprits. Le bon est qu'on y trouve aussi des cœurs bien disposés à la soumission et au devoir; et c'est de quoi je rends graces à Dieu de tout mon cœur, le priant d'avancer le temps que j'aurai à travailler uniquement à les unir à Dieu.

P. S. J'aurai soin de vous envoyer des reliures de ma manière, en récompense des vôtres.

LETTRE XII.

AUX RELIGIEUSES DE JOUARRE.

A Meaux, ce 5 novembre 1691.

J'ai reçu, mes Filles, ma béatitude (*a*). Si j'ai cette faim et cette soif de la justice, je l'aurai pour moi et pour les autres, ce qui est

---

(*a*) On tiroit tous les mois à Jouarre, selon le pieux usage de plusieurs monastères, des sentences de l'Ecriture au sort, pour chacune des religieuses, et il y en avoit une pour le prélat, intimement uni à ces saintes Filles. (*Les Edit.*)

le devoir d'un pasteur ; et si je suis rassasié, vous serez toutes heureuses. La terre qui nous est promise, est la terre des vivans ; et la douceur qui nous est donnée comme le moyen d'y arriver, est la fleur de la charité.

Ma Sœur du Mans, qui a les larmes en partage, a aussi la consolation qui les accompagne : qu'elle pleure aux pieds du Sauveur par pénitence, et qu'elle y laisse à jamais tout ce qui est ou superflu ou délicat. Ma Sœur de Saint-Michel sera vraiment pauvre, si pénétrant jusqu'au plus intime de son cœur, elle n'y laisse que Dieu et me en lui tout son trésor : où sera son trésor, là sera son cœur. En général, mes Filles, renouvelez-vous tous les jours. L'ouvrage est pénible, mais la récompense est grande. Et qu'est-ce qu'un vrai et sincère amour n'adoucit pas ? Regardez l'attention qu'on a sur vous, comme un continuel avertissement qu'on vous donne de vous avancer à la perfection de votre état, qui est celle du christianisme.

Prenez garde qu'on n'aille pas s'imaginer que je vous aie obligées à renouveler vos vœux, comme si je jugeois ou insuffisans ou imparfaits ceux que vous avez faits avant moi. Car il y auroit peut-être des esprits assez malins pour tourner si mal les choses, et vous en voyez la conséquence. Du reste je ne vois pas qu'il y ait de façons à faire sur un renouvellement qui se fait tous les ans dans tous les monastères, ni sur la foi que vous aurez eue en la grace du ministère épiscopal, en le faisant entre mes mains. La grace de Notre-Seigneur soit avec votre esprit, mes Filles.

LETTRE XIII

A MADAME DE LUSANCI.

A Versailles, ce 8 janvier 1692.

Je commence, ma Fille, par vous faire excuse de ce que je me sers d'une main étrangère pour épargner une tête appesantie par le rhume. Il ne m'a pas empêché, Dieu merci, de faire écrire le sermon que je vous envoie, comme je vous l'avois promis. Vous le trouverez peu conforme à votre état, puisqu'il attaque les pécheurs les plus endurcis : mais il faut que les ames innocentes apprennent à gémir pour eux dans leur retraite; et qu'en voyant leurs excès, elles s'accoutument à rendre graces à Dieu des miséricordes qu'elles en ont reçues. Vous ne laisserez pas de voir dans ce sermon les plus utiles sentimens où l'on puisse entrer à la vue des mystères de Jésus-Christ. Il n'y a rien de meilleur que de regarder toujours qu'ils peuvent être en ruine aussi bien qu'en résurrection à plusieurs, afin que si on est assez heureux pour en profiter, on l'attribue à sa grace. Vous pouvez faire part de cette instruction à celles que vous croirez qui en seront édifiées, et à votre grand loisir vous me ferez plaisir d'en tirer une copie, et de me renvoyer l'original : car encore qu'il ait été fait uniquement pour vous, vous ne serez pas fâchée d'être l'occasion que d'autres en profitent.

Aussitôt que j'aurai des nouvelles à vous mander, vous en aurez, et je vous prie d'être bien persuadée que je ne perdrai pas un seul moment. Je conçois parfaitement la conséquence de tout ce que vous me mandez sur ce sujet-là, et je ne désire rien tant que de procurer du repos à la Maison et à vous.

J. Bénigne, év. de Meaux.

P. S. Renvoyez le sermon quand vous voudrez, par la poste ou autrement. La crainte doit porter à la confiance, et la confiance produire dans le cœur le désir de le purifier, afin de voir Dieu. Ceux qui y travaillent sont bien éloignés de ce péché contre le Saint-Esprit, qui ne se remet jamais. Personne ne sait quel il est; mais il consiste principalement dans la malice, dans l'aveuglement, dans l'endurcissement.

Dites à ma Sœur de Sainte-Madeleine, que je lui sais bon gré de son zèle, et que je l'invite aussi bien que vous à espérer plutôt qu'à craindre. L'acte d'abandon est le plus puissant remède contre ce terrible péché dans lequel les impies mourront.

LETTRE XIV.

A MADAME DU MANS.

A Versailles, ce 17 janvier 1692.

J'ai reçu, ma Fille, avec joie votre lettre du 9 pour ce qui vous touche ; mais j'y ai vu avec déplaisir la maladie de Madame d'Ardon. Obligez-la aux précautions nécessaires pour se guérir, et pour prévenir la rechute ; car je ne veux point qu'elle soit malade, encore moins qu'elle se la fasse. Je vous charge de ce soin, et je vous donne pour cet effet le pouvoir que j'ai sur elle. Je la bénis de tout mon cœur, et je prie Notre-Seigneur qu'il verse sur vous et sur elle ses saintes bénédictions, afin que vous le serviez en crainte et en joie, en humilité et en courage, en abandon et en confiance. Je suis à vous en son saint amour.

LETTRE XV.

A MADAME DU MANS.

A Versailles, ce 29 janvier 1692.

Je suis, ma Fille, fort en peine de la santé de Madame de Saint-Ignace. Je vous charge d'en prendre soin, de la consoler en mon nom, et de l'assurer de mes prières. Prenez soin aussi de Madame de Rodon. Je vous donne tout le mérite de l'obéissance pour les assister, et j'en prendrai sur moi l'obligation ; de sorte que vous contenterez Dieu et les hommes ; et votre inclination, aussi bien que votre charité, sera satisfaite.

Il me semble que Madame de Jouarre songe tout de bon à s'en retourner : elle sent bien qu'il faut obéir malgré qu'on en ait. Je crois que la fin des affaires approche plus qu'on ne pense, et qu'il n'y a qu'à l'attendre avec foi et patience. Madame de Lusanci vous dira où l'on en est. Je prie Notre-Seigneur qu'il soit avec vous, et je vous bénis de tout mon cœur vous et nos deux Sœurs que je vous ai recommandées.

LETTRE XVI.

A MADAME DU MANS.

A Paris, ce 19 février 1692.

Je ne vous tiendrai point coupable de la rupture du carême, quand même vous vous y trouveriez obligée par l'abstinence de la Septuagésime : mais quand cette expérience sera bien confirmée, il faudra une autre fois se réserver pour ce qui est plus nécessaire. Dieu aura, en attendant, votre bonne volonté pour agréable, et il ne vous imputera pas à péché d'avoir commencé avec une sincère intention de continuer.

Ayez grand soin de mes Sœurs de Saint-Ignace et de Rodon. Je suis bien en peine de ma Sœur des Archanges, et j'aurois un grand regret si nous la perdions. Conservez-vous aussi, ma chère Fille, e me croyez tout à vous dans le saint amour de Notre-Seigneur.

LETTRE XVII.

A MADAME DE LUSANCI.

A Paris, ce 19 février 1692.

Votre lettre du 18, que j'ai reçue en arrivant en cette ville, a fait, ma Fille, une grande plaie dans mon cœur, en m'apprenant la mort de notre chère Sœur des Archanges. C'est la première que je rencontrai avec un visage soumis et content, en entrant à Jouarre. Son zèle ni sa foi n'ont jamais été ébranlés. Dieu nous l'ôte cependant lorsque nous avions encore tant de besoin de ses saints exemples : c'est à nous à baisser la tête sous ses ordres souverains. Consolez nos chères Filles, en les assurant de la part que je prends à leur douleur, et du soin que j'aurai de l'offrir à Dieu, en lui recommandant l'ame bien-aimée que nous avons perdue sur la terre des morts, mais que nous retrouverons dans la terre des vivans.

J'ai vu, dans une lettre de Madame d'Albert, une plainte de

Madame de Luynes, de Madame Renard et de vous, que je vous laisse mourir. Sans passer plus outre, je me suis senti saisi de douleur en déplorant l'impuissance humaine, qui ne peut retenir ce qu'elle voudrait le plus pouvoir conserver, c'est-à-dire de bons cœurs à qui on se trouve uni par l'amour de la vertu : mais en même temps j'ai adoré la souveraineté de Dieu dans l'inévitable arrêt de mort qu'il a donné contre nous, dès que le péché est entré dans le monde. Il faut trembler et nous taire sous l'autorité de ses jugemens, et nous souvenir pourtant que le premier sur qui a été exécutée cette sentence de mort est le juste Abel : par où, comme disoit un ancien, Dieu nous a voulu montrer que la mort avoit un foible fondement, puisque le premier qui a succombé sous ses coups est en même temps le premier de tous les amis de Dieu. Ce qu'il a permis pour nous faire voir que l'empire de la mort ne dureroit pas, et qu'il seroit obligé de le détruire, puisqu'il avoit si mal commencé, que sa justice ne le pouvoit pas souffrir. Je prie Notre-Seigneur qu'il soit avec vous.

LETTRE XVIII.

A MADAME DU MANS.

A Paris, ce 25 février 1692.

Je ferai tout ce que je pourrai pour la consolation de mes Filles. Je me donnerai tout le soin possible du spirituel comme du temporel de la Maison : il faudra un peu considérer ce que mes forces et mes autres occupations demandent. Vous me réjouissez de m'apprendre qu'on espère bien de ma Sœur de Saint-Ignace, que je salue de tout mon cœur, aussi bien que ma Sœur de Saint-Michel, dont je suis en peine à cause du long temps qu'il y a que je n'en ai ouï parler. Je prie Notre-Seigneur qu'il soit avec vous, ma Fille.

LETTRE XIX.

A MADAME DU MANS.

A Meaux, ce 18 mars 1692.

La règle pour les confessions, c'est déjà, ma Fille, qu'on ne doit point se gêner à répéter les péchés véniels, quelque empêchement qu'on soupçonne avoir été dans le confesseur ; et pour le surplus, à moins d'avoir vu clairement qu'il n'avoit pas l'esprit libre, il faut demeurer en repos, quand même il se seroit troublé davantage dans la suite : ainsi il n'est pas besoin que vous recommenciez vos confessions en cette occasion. Je trouve très-bon que ma Sœur Cornuau reçoive les lettres dont vous me parlez. Je salue de tout mon cœur la chère malade, et je prie Dieu qu'il la soulage.

LETTRE XX.

A MADAME DE LORRAINE, ABBESSE DE JOUARRE.

A Paris, avril 1692.

Je crois, Madame, être obligé de vous donner avis que je pars, et en même temps de vous faire souvenir de la promesse que vous m'avez faite de partir vous-même bientôt.

Vous voyez que je ne vous presse pas. Vous êtes venue ici contre la parole qu'on m'a portée de votre part, que j'ai par écrit. Vous demeurez hors de chez vous au delà de tous les termes de votre obédience, sans que j'entende seulement parler de vous. Je ne sais qui vous peut donner de tels conseils, ni en quelle sûreté vous pouvez recevoir les sacremens, puisque dans quelque nécessité où vous vous croyiez être de passer un si long temps hors de la clôture, vous devez savoir qu'il ne vous est pas permis de le faire sans congé. Je me tais cependant ; et sans vous rien permettre, ni vous rien défendre, je vous laisse au jugement de Dieu et à votre conscience.

Je sais vos infirmités, et je veux bien ne vous pas presser. Faites, Madame, de vous-même ce que vous demande votre devoir et la règle de l'Eglise. Si vous ne pouvez partir sitôt, renvoyez ce que vous pourrez de vos religieuses : vous ne songez pas combien l'air du siècle est contagieux pour celles qui font profession de s'en éloigner. Et pour vous, Madame, profitez du temps. Parmi tant d'habiles gens qui sont ici, choisissez-en quelqu'un, comme je vous y ai déjà exhortée, entre les mains de qui vous remettiez votre conscience.

Je prie Dieu sincèrement qu'il vous conserve : mais enfin on ne doit pas vous dissimuler que les maladies sont des avertissemens de Jésus-Christ qui frappe à la porte. Prenez une bonne fois un conseil solide, et qui éloigné de tout intérêt, ne songe qu'à votre salut.

Pour ce qui est de votre maison, outre les choses que j'ai eu l'honneur de vous représenter par ma lettre précédente, il y en a deux à vous dire : l'une, que vous preniez soin de faire ramasser les papiers de votre abbaye, qui sont ici en grand nombre, et de les renvoyer à Jouarre ; tous les procès où ils pouvoient être nécessaires sont finis, et il y va de votre conscience de les remettre en leur lieu : l'autre chose, c'est que vous vouliez bien une fois nous faire voir tout ce que vous devez et tout l'état de vos affaires, afin qu'on sache sur quoi compter. Du reste donnez vos ordres de manière que je ne sois pas obligé d'en donner aucun. Soyez, Madame, bien persuadée que je ne souhaite rien tant que de vous voir en repos ; et sans avoir rien à ordonner sur l'administration du temporel, de n'avoir à m'appliquer qu'à votre salut et à celui de vos Filles.

LETTRE XXI.

A MADAME DU MANS.

A Meaux, ce 5 mai 1692.

Je donne de tout mon cœur ma bénédiction à notre chère Sœur de Saint-Ignace, et je ne manquerai pas de la recommander à

Dieu toute ma vie, en quelque sorte que sa divine bonté dispose d'elle. Je lui confirme ce que je lui ai dit du regard miséricordieux qui étoit sur elle, et je l'exhorte à augmenter et à embellir ses couronnes par la patience et la confiance.

C'est un grand vœu à une religieuse que celui de la pauvreté : celui-là rend le vœu à Notre-Dame de Liesse peu nécessaire. Que peut donner une religieuse qui n'a rien ? Il n'y a rien de meilleur que de donner son rien à Dieu. Pour les petites choses que vous vous êtes données mutuellement, elle et **vous** avec Madame de Rodon, je les permets.

Priez Dieu pour moi, et soyez-lui toujours fidèle.

LETTRE XXII.

A MADAME DU MANS.

A Meaux, ce 12 mai 1692.

Dieu a voulu avoir notre chère Sœur de Saint-Ignace : il le faut louer des consolations qu'il lui a données, et des bons exemples qu'elle nous laisse. Je ne laisse pas d'être fort touché de cette perte, et il me fâche que votre maison perde tant de bons sujets. Dieu saura bien réparer nos pertes, et il ne faut qu'avoir la foi pour tout attendre de lui. Les heures ne peuvent pas être mises en meilleures mains que celles que vous me marquez. Consolez Madame de Rodon ; qu'elle vous console. Je ne puis vous dire le temps que je serai à Jouarre. Je vous donnerai, ma Fille, le temps que vous demandez, et serai toujours disposé à vous aider au grand ouvrage auquel vous travaillez. Je prie Notre-Seigneur qu'il soit avec vous.

LETTRE XXIII.

A MADAME DU MANS.

A Germigny, ce 26 juin 1692.

Je crois, ma Fille, que vous avez su la raison qui m'a obligé à renvoyer ensemble les deux confesseurs. Toutes les fois qu'il y en aura qui ne pourront s'accorder entre eux, et qui donneront lieu à des partialités, j'en userai de même. Je les avois fait avertir tous deux de changer de conduite, et que s'ils ne le faisoient, je serois obligé d'en venir où j'en suis venu. Voilà, ma Fille, ma raison, qui est très-solide. Je ne sais rien des discours que vous dites qu'on a tenus à Jouarre : mais je puis bien vous assurer que personne ne m'a rien écrit pour me porter à ce que j'ai fait, et que je n'y ai été déterminé que par la continuation des divisions.

Je ne refuserai jamais de vous entendre autant que personne et avec autant de confiance ; mais à ce coup je crois que le meilleur sera de se soumettre. Je ne fais tort à personne, et il ne tiendra qu'à Madame de Jouarre de réparer la perte qu'on fait ; ce qui ne lui sera pas fort difficile. Je prie Notre-Seigneur qu'il soit avec vous.

LETTRE XXIV.

A MADAME DU MANS.

A Paris, ce 19 juillet 1692.

Vous n'avez qu'à demeurer en repos sur l'affaire dont vous m'écrivez : continuez vos communions à votre ordinaire, sans recommencer vos confessions. Je serai bien aise de ce qu'on vous communiquera du côté de Coulommiers, et je donne toutes les permissions de part et d'autre.

Dans le cas que vous proposez, il n'y a nul doute qu'aussitôt qu'on se sent en péché mortel, on ne soit obligé à la pénitence, et à se disposer à la confession ; mais non pas toujours à la faire sur-le-champ : il est bon de gémir auparavant, et de se mettre en état de bien faire sans rien précipiter, ni rien négliger.

Il est sans doute que les péchés oubliés sont pardonnés avec les autres, quelque temps qu'ait duré l'oubli, et qu'on ne doit confesser que celui qu'on se rappelle. Je prie Dieu qu'il console ma Sœur de Saint-Michel, et je vous donne, ma Fille, une bénédiction très-cordiale.

LETTRE XXV.

A MADAME DU MANS.

A Germigny, ce 25 septembre 1692.

Vous ne devez point douter, ma Fille, que je ne fasse avec plaisir tout ce qui sera utile au bien de votre ame et à votre perfection. Les choses qui ont été faites à Jouarre avant que je fusse entré dans les affaires, conservent toute leur force et je les approuve. Ce que vous me dites de mes réflexions sur le sermon de Notre-Seigneur sur la montagne, me donne courage pour achever quelques autres ouvrages de cette nature.

Soyez Marie de désir, et Marthe par obéissance. Afin de gagner les indulgences, pour le plus sûr il se faut confesser à cette intention. Je prie Dieu, ma Fille, qu'il soit avec vous.

LETTRE XXVI.

A MADAME DU MANS.

A Germigny, ce 3 novembre 1692.

Vous avez tort, ma Fille, de croire que vous me causiez une insupportable fatigue : où allez-vous prendre cela ? Ce qui me fatigue, n'est pas d'avoir à écouter, mais d'avoir à le faire quand je vois le temps qui presse. Loin de vous abandonner, j'ai au contraire formé le dessein de vous entendre une autre fois préférablement, et je ne vous manquerai en rien

Un cœur pur, c'est un cœur dégagé de tout ; et c'est ce qui rend capable de voir Dieu. Quelle pureté, quel détachement demande une si pure et si sublime vision !

Dieu daigne bénir par sa grace ceux qui profitent de sa parole. Je prie Notre-Seigneur qu'il soit avec vous, ma Fille.

LETTRE XXVII.

A MADAME DU MANS.

A Versailles, ce 9 février 1693.

J'ai reçu, ma Fille, la demande que vous me faites pour donner un confesseur à Mesdames Paget, de Menou et Jourdin. Puisque le premier dimanche de l'avent, pour lequel elles le demandoient est passé, il est bon qu'elles attendent jusqu'à ce que je sois à Meaux, c'est-à-dire à la semaine prochaine, s'il plaît à Dieu. Madame de Jouarre m'ayant en quelque sorte reproché la facilité que j'avois à donner des confesseurs extraordinaires, ces Dames ne trouveront pas mauvais que j'examine un peu les temps convenables. J'ai fait la même réponse à Madame de Lusanci, croyant que la demande m'étoit venue de sa part : mais votre lettre du 21 du passé, que je viens de relire, m'a fait voir que c'étoit vous.

Je ne me suis jamais plaint de la longueur des lettres, mais seulement de la résistance qu'on apporte aux décisions, et du temps que l'on y perd ; et tout cela sans vouloir rebuter personne, mais au contraire tout faciliter à tout le monde.

J'approuve pour trois fois la semaine ce que vous me proposez, à condition que vous discontinuerez de bonne foi si vous vous en trouvez incommodée. Dieu aura votre bonne volonté plus agréable, et je le prie, ma Fille, de bénir vos bons desseins.

† J. Bénigne, év. de Meaux.

P. S. Je donne ma bénédiction de tout mon cœur à toutes nos malades, et en particulier à Madame la prieure.

LETTRE XXVIII.

A MADAME DU MANS.

A Meaux, ce 24 mars 1693.

Je n'ai reçu que hier votre lettre, et il n'étoit plus temps de vous envoyer la permission pour ma Sœur Cornuau : mais, ma Fille, je vous assure que si elle est entrée, j'en serai bien aise.

Recevez les consolations que Dieu vous envoie avec une entière reconnoissance, sans vous mettre en peine de la suite ; Dieu est puissant pour y pourvoir. Dites seulement avec David : *Confitemini Domino quoniam bonus, quoniam in sæculum misericordia ejus*[1]. Vous me direz quand vous voudrez vos difficultés. Je prie Notre-Seigneur d'être avec vous.

LETTRE XXIX.

A MADAME DU MANS.

A Meaux, ce 29 mars 1693.

J'ai, ma Fille, reçu agréablement le travail de votre pinceau et les témoignages de votre amitié. Il n'y a ni or ni argent, et vous avez été fidèle à mes ordres.

Pour ce qui regarde votre intérieur, vous n'avez, ma Fille, qu'à recevoir ce que Dieu vous donne, en admirant ses bontés. Il ne faut point faire d'acceptation expresse des croix et des privations qui vous sont montrées confusément et en gros ; mais seulement en général de la volonté de Dieu, qui vous donnera des forces à proportion des exercices qu'il lui plaira de vous envoyer.

Vous pouvez me communiquer la suite de ces états. Ne vous servez plus de ce terme, que je ne veux pas répéter. Je vous écoute avec joie ; soyez soumise seulement : ces dispositions de-

---

[1] *Psal.* CXVII, 1.

mandent beaucoup de fidélité et d'obéissance, et peu de raisonnement.

La fréquente communion doit être votre grand soutien, et vous devez suivre Jésus-Christ qui vous y attire. Il n'y a rien de suspect dans vos dispositions, ni dans vos vues. Dieu ne s'est pas fait une loi de ne faire des graces particulières qu'aux ames pures et innocentes. Voyez comme il traite la pécheresse, et quelle douceur il mêle dans ses larmes. Voyez comme il traite Marie-Madeleine, de laquelle il avoit chassé sept démons, et combien agréablement il se montre à elle après lui avoir envoyé ses anges. Ses bontés sont au-dessus de toutes ses œuvres. Marchez en confiance, et ne craignez rien ; Dieu est avec vous.

LETTRE XXX.

A MADAME DU MANS.

A Meaux, ce 30 mars 1693.

J'ai oublié, ma Fille, à vous répondre sur un des articles principaux de votre lettre. Il est vrai que les graces que vous recevez demandent une grande séparation des compagnies; car Dieu veut les ames à soi : mais il ne faut pourtant rien faire qui vous fasse remarquer; et quand il arrivera dans les conversations quelque forte touche, si vous prévoyez qu'il en doive paroître quelque chose au dehors, vous devez alors vous étourdir, et s'il se peut détourner le cours de vos pensées : que si vous ne croyez pas le pouvoir, retirez-vous doucement. Au reste il faut beaucoup de courage pour soutenir les efforts d'un Dieu jaloux, lorsqu'il veut posséder une ame. Vous entrez dans une carrière difficile par l'extrême fidélité qu'il y faut garder : mais le secours est grand et la couronne digne du combat. Notre-Seigneur soit avec vous.

LETTRE XXXI.

A MADAME DU MANS.

A Paris, ce 19 avril 1693.

J'ai reçu, ma Fille, celle que vous m'avez écrite. Abandonnez-vous à la divine Providence, et abandonnez-y les affaires de la Maison. Assurez-vous que je ne perdrai jamais de vue ce qui sera pour son bien, et que je m'attacherai plus que jamais, quoique d'une autre manière, à ce qui la touche et vous toutes.

LETTRE XXXII.

A MADAME DU MANS.

A Meaux, ce 25 mai 1693.

Abandonnez le passé à la divine miséricorde : ne vous en inquiétez pas ; ne refusez point les graces que Dieu vous offre, par la crainte des difficultés qui en naîtront. Songez à celui qui dit : *J'ai vaincu le monde*[1]. Il vaincra le monde en nous, quand il anéantira les mauvais désirs; c'est-à-dire la concupiscence des yeux; c'est-à-dire la curiosité de l'esprit, la concupiscence de la chair ; c'est-à-dire tout le sensible et tout orgueil.

Recevez, ma Fille, ce que Dieu vous donne, et à la manière qu'il voudra vous le donner. Il saura proportionner ses dons et ses exercices à votre foiblesse : c'est un sage médecin, laissez-le faire. Ne vous embarrassez pas si c'est lui qui parle : attribuez-lui sans hésiter tout ce qui vous invite à la perfection ; car c'est toujours lui qui le dit.

Je vous permets l'usage de cette ceinture, deux jours de cette semaine. Ne me fatiguez plus à me demander des austérités. Je n'aurai rien sur cela à vous répondre, sinon : Allez doucement. Ne quittez le saint Sacrement que le moins que vous pourrez.

---

[1] *Joan.*, XVI, 33.

Ecoutez, parlez pour le roi, pour l'Etat et pour la paix. Ne m'oubliez pas. Dieu soit avec vous.

LETTRE XXXIII.

A MESDAMES DU MANS ET DE RODON.

A Meaux, ce 1er juin 1693.

Voilà, mes Filles, ma Sœur Cornuau qui va jouir de la grace que vous lui avez procurée : je vous la recommande : instruisez-la, conseillez-la, conduisez-la. Priez pour moi, et me croyez à vous de tout mon cœur.

LETTRE XXXIV.

A MADAME DU MANS.

A Paris, ce 29 juin 1693.

Je connois la disposition de nos Sœurs encore désobéissantes : je les ai toutes vues, à la réserve d'une ; et je vous assure, ma Fille, qu'elles ne me tromperont pas, s'il plaît à Dieu. Laissons rapporter l'affaire du conseil. Si Madame votre abbesse est refusée de sa requête, tout est fini, et elle demeurera sans aucune ressource : ou elle sera reçue, et cela n'aboutira qu'à m'assigner, l'arrêt du parlement restant toujours dans sa force. Lequel des deux qui arrive, je vous assure, ma Fille, et vous pouvez en assurer nos chères Filles, que vous me verrez bientôt, s'il plaît à Dieu, et que je viendrai à des remèdes plus forts sans tous les ménagemens que j'ai eus jusqu'ici. Au surplus vous pouvez tenir pour certain tout ce que j'ai mandé par mes précédentes, et encore, que tous les gens de bon sens ne veulent pas qu'il y ait le moindre sujet de douter que la requête de Madame de Jouarre ne soit rejetée. Je prie, ma Fille, Notre-Seigneur qu'il soit avec vous.

LETTRE XXXV.

A MADAME DU MANS.

A Meaux, ce 18 juillet 1693.

J'ai lu votre lettre, ma Fille : il n'y a rien de nouveau à y répondre, si ce n'est sur la communion de tous les jours : je vous en permets le désir. Suivez Dieu, marchez en confiance et en assurance. Ce n'est pas à vous à prescrire à Dieu les voies qu'il veut tenir. La foi consiste à suivre ce qu'il veut, à attendre ce qu'il voudra faire, à se soumettre à ce qu'il veut. Quand vous avez exposé, vous n'avez plus qu'à vivre en paix.

LETTRE XXXVI.

A MADAME DU MANS.

A Germigny, ce 5 août 1693.

Vous faites bien, ma Fille, d'exposer les choses ; vous ne devez point hésiter à continuer. Réprimez, autant que vous pourrez, ce qui se peut faire connoître au dehors : c'est là seulement que je vous permets de résister à l'attrait, et de le vaincre à quelque prix que ce soit. Il faut demeurer maître de l'extérieur, et en demander la grace à Dieu. Je vous permets ce que vous me demandez pour l'octave de l'Assomption, mais avec modération. Notre-Seigneur soit avec vous.

LETTRE XXXVII.

A MADAME DU MANS.

A Germigny, ce 25 septembre 1693.

Lorsqu'il nous arrive, ma Fille, de nous oublier nous-mêmes et de commettre quelque péché, il ne faut pas perdre courage ; mais au contraire reprendre de nouvelles forces, et se souvenir de cette parole de saint Jean : « Si nous péchons, nous avons un avocat, un intercesseur, un défenseur, savoir Jésus-Christ, ce juste qui est la propitiation pour nos péchés, et non-seulement pour nos péchés, mais encore pour ceux de tout le monde [1]. »

Vous avez bien fait de communier, et de ne pas attendre ma permission pour cela : l'avis de votre confesseur suffit, et vous en devez user ainsi en toutes rencontres. J'espère aller à Jouarre dans quelques jours, et y faire, sans manquer, le discours sur la prière.

Quant à la Maison, mettez tout entre les mains de Dieu, et assurez-vous que je serai toujours attentif à y faire ce que je pourrai. Je prie Notre-Seigneur qu'il bénisse ma Sœur de Rodon, et nos autres chères Filles que vous me nommez.

† J. BÉNIGNE, év. de Meaux.

P. S. Je ne vois nul inconvénient à recevoir Madame de Giri : elle est infirme à la vérité, mais à ce qu'il me paroît bonne religieuse ; et cette réception sera utile à la maison.

LETTRE XXXVIII.

A MADAME DU MANS.

A Germigny, ce 26 septembre 1693.

Je suis étonné, ma Fille, après toutes les choses que je vous ai dites, que vous me recommenciez votre confession. Ne le faites plus dorénavant, et ne parlez plus du passé à qui que ce soit, à confesse, ni hors de confesse.

Je n'ai rien à vous dire de nouveau sur les austérités. Mortifiez votre propre volonté, gouvernez votre cœur, et rendez-vous-en la maîtresse. Demandez à Dieu son secours, ne parlez qu'en charité et avec mesure, ne donnez rien à votre humeur ; voilà les austérités que je vous ordonne. Portez en pénitence celles que la religion prescrit ; aimez le silence et la retraite. Il y a une re-

[1] [*Joan.,* II, 1 et 2.

traite et un silence que les emplois du dehors n'altèrent pas. Je prie Notre-Seigneur qu'il soit avec vous.

LETTRE XXXIX.

A MADAME DU MANS.

A Germigny, ce 13 octobre 1693.

Encore un coup, ma Fille, que vos fautes ne vous découragent pas; au contraire qu'elles vous animent : ne perdez point votre confiance. Si vous saviez les bontés de Dieu et les ardentes poursuites de ce céleste amant, avec quelle sainte familiarité vous reviendriez à lui après vos foiblesses! Exposez-lui tout, et il sera facile à vous pardonner.

Je prie Dieu que le nom d'Ange ne soit pas donné inutilement à celle à qui on l'a donné. Je salue nos Sœurs.

LETTRE XL.

A MADAME DE LUSANCI.

A Germigny, ce 16 octobre 1693.

Je suis bien aise, ma Fille, de ne pas tarder à répondre à vos demandes, et j'ai de la joie de vous pouvoir donner cette satisfaction. On peut et on doit croire très-certainement qu'on est du nombre de ceux pour qui Jésus-Christ a opéré ses mystères : le baptême et les sacremens nous en sont un gage, et il ne nous est pas permis d'en douter. Pour ce qui est de la prédestination, c'est un secret impénétrable pour nous ; et le doute sur une chose si importante nous rendroit la vie insupportable, si nous n'étions invités par là à mettre notre salut entre les mains de Dieu, et à dépendre de lui beaucoup plus que de nous-mêmes. On est assuré d'être exaucé, pourvu qu'on attende tout de sa bonté paternelle. Ce qui nous oblige le plus à prier, c'est l'extrême bonté de Dieu qui nous donne au-dessus de nos mérites, et encore qu'il faille tâcher d'accomplir les conditions de la prière, il faut être persuadé que Dieu ne nous juge pas à la rigueur, et qu'il se laisse fléchir au moindre commencement de bonne volonté.

Ce que je vous disois dernièrement, c'est, si je ne me trompe, que Dieu a su tirer le plus grand de tous les biens du plus grand de tous les péchés, qui est la trahison de Judas, l'injustice de Pilate, et l'ingratitude des Juifs. Ce grand mystère nous doit faire voir qu'il ne permet le péché que pour sa gloire : et quoiqu'on ne puisse assez haïr le péché, cela n'empêche pas d'aimer le bien que Dieu sait en faire sortir. S'il n'y avoit point de haine, d'impatience, d'injustice dans le monde, les vertus ne parviendroient pas à leur perfection. Déplorons donc le péché; mais en rendant graces à Dieu de l'extrême patience avec laquelle il le supporte, et de la toute-puissante bonté par laquelle il le tourne en bien pour ses amis. Je ne vous répondrai rien sur ce qu'on vous dit que j'approuve : vous savez bien mes sentimens. Je prie, ma Fille, Notre-Seigneur, qu'il soit avec vous.

LETTRE XLI.

A MADAME DE BARADAT.

A Germigny, ce 25 octobre 1693.

Je ne connois point du tout le livre dont vous me parlez. La méditation de Jésus-Christ en qualité d'homme n'oblige pas toujours à le regarder selon son humanité. La contemplation de la divinité n'est pas une oraison abstraite, mais épurée; c'est la première vérité. Mais la vue de Jésus-Christ ne peut pas en détourner : au contraire Jésus-Christ en tant qu'homme a été en tout et partout guidé par le Verbe, animé du Verbe : il n'a pas fait une action, il n'a pas prononcé une parole, il n'a pas fait un clin d'œil qui ne soit plein de cette sagesse incréée que le Père engendre dans son sein. Ainsi pour concilier toutes choses, il ne faut point séparer la nature humaine de la divine. C'est un effet de sa bonté infinie que de s'être si étroitement uni à l'homme. Tout ce qui reluit de divin dans l'Homme Jésus-Christ, retourne à Dieu : quand nous y sommes, on peut s'y tenir avec un secret retour sur Jésus-Christ, qu'on ne perd guère de vue quand on aime Dieu. Après tout, c'est l'attrait qu'il faut suivre dans les objets où tout est bon, et il n'y a qu'à marcher avec une entière liberté.

Ce sont de faux spirituels qui blâment le saint attachement qu'on a à Jésus-Christ, à son Ecriture, à ses mystères et aux attributs de Dieu. Il est vrai que Dieu est quelque chose de si caché, qu'on ne peut s'unir à lui que quand il y appelle et qu'avec une certaine transcendance au-dessus des vues particulières : la marque qu'il y appelle, c'est quand on commence à le pratiquer. En cela on ne quitte point les attributs de Dieu, mais on entre dans l'obscurité, c'est-à-dire, en d'autres paroles, dans la profondeur et dans l'incompréhensibilité de l'Etre divin. C'est là sans doute un attribut divin, et des plus augustes. On ne sort donc jamais tellement des attributs de Dieu, qu'on n'y rentre d'un autre côté et peut-être plus profondément.

Les jours ne sont pas faits pour Dieu. Ceux que l'Eglise destine aux mystères, parlent d'eux-mêmes à l'ame attentive : demeurer en Dieu, c'est demeurer au centre de tous les mystères.

L'état où l'on reçoit l'impression d'une certaine vérité cachée, qui semble ne faire qu'effleurer l'esprit, et qui fait taire cependant toute autre pensée, n'est pas oisif; ou c'est dans cette bienheureuse oisiveté que consiste le divin sabbat, et le jour du repos du Seigneur.

Dieu semble nous échapper quand il se communique plus obscurément, et que par lui il nous fait entrer dans son incompréhensible profondeur : alors comme toute la vue semble être réduite à bien voir qu'on ne voit rien, parce qu'on ne voit rien qui soit digne de lui, cela paroît un songe à l'homme animal; mais cependant l'homme spirituel se nourrit.

« Où le péché a abondé, la grace a surabondé[1]. » C'est honorer cette vérité que de recevoir les dons de Dieu, quelque grands qu'ils soient, et malgré ses péchés de tendre de tout son cœur à lui être uni sans donner aucunes bornes à ce désir.

C'est assez d'avoir dit ses péchés, sans marquer les occasions : la foi bannit les vains scrupules.

[1] *Rom.*, v, 20.

Je vous renvoie votre lettre, afin, si vous ne l'avez pas assez présente, que vous voyiez la réponse à chaque article.

Ne craignez point, ma Fille; Dieu est avec vous : soyez fidèle et courageuse, vous avez un bon défenseur.

LETTRE XLII.

A MADAME DE LUSANCI.

A Germigny, ce 30 octobre 1693.

J'ai reçu, ma Fille, vos lettres du 1 et du 2. J'ai envoyé les pouvoirs pour le P. Côme, après lui avoir donné en peu de mots les avis que j'ai crus nécessaires.

Pour ce qui est de la mitigation de Jouarre, vous n'êtes obligée à garder la règle sur ce point que selon la pratique reçue et usitée dans le monastère : le surplus pourroit regarder les supérieurs, et leur donner lieu d'approfondir davantage la matière. Mais dans ces choses qui ne sont pas de droit divin, ni même de l'essentiel de l'institution monastique, la pratique qui se continue au vu et au su des supérieurs, peut mettre en repos la conscience des inférieurs; et vous devez, ma Fille, vous en tenir là; la seule uniformité vous y obligeroit. Quoique j'aie approuvé le livre de M. de la Trappe, ce n'est pas à dire pour cela que j'approuve toutes ses pensées comme nécessaires : il suffit qu'elles soient utiles pour donner lieu à l'approbation. Du reste je n'approuverois point du tout qu'on se distinguât des autres, et vous devez vous conformer au général de la Maison, jusqu'à ce qu'il y soit pourvu, s'il le faut.

Le dessein de votre retraite doit être principalement de vous avancer dans la perfection de votre institut. Dieu permettra peut-être que dans le premier voyage, en vous parlant de l'oraison, je vous donnerai de la pâture pour votre retraite. Il ne me vient rien à présent, sinon que vous devez lire le chapitre XVII de saint Jean, et apprendre à prier en conformité de la prière de Notre-Seigneur et en union avec lui : cela, avec les vérités du sermon dont vous vous souvenez, vous suffira. Abandonnez tout à Dieu, unissez-vous à sa sainte volonté, tant pour votre particulier que pour la Maison en général. Cherchez votre paix en Dieu, et goûtez combien il est bon. Je le prie, ma Fille, d'être avec vous.

Je n'ai pas le loisir d'écrire à mes Sœurs du Mans et de Rodon.

LETTRE XLIII.

A MADAME DU MANS.

A Germigny, ce 3 novembre 1693.

Qui pratique la charité est en Dieu, et Dieu en lui. Ainsi, ma Fille, ne vous plaignez pas de vos distractions dont la charité est la cause. *La charité couvre la multitude des péchés* [1] *:* ainsi ne vous découragez pas, puisque cette charité dont vous croyez que l'exercice cause vos péchés en vous dissipant, au contraire en est le remède. Pour ce qui est des pénitences que vous me demandez, mon silence est un refus. Je ne suis pas de l'avis que vous souhaitez: les austérités de la religion vous doivent suffire, avec le travail de votre obéissance. Je suis bien obligé à Mesdames de Saint-Maur et de Saint-Placide de leur souvenir. Je prie Notre-Seigneur qu'il soit avec vous.

LETTRE XLIV.

A MADAME DU MANS.

A Meaux, ce 12 décembre 1693.

Je vous prie de faire mes complimens à vos malades. Ne vous mettez point du nombre : modérez les exercices de l'esprit; ne vous abandonnez pas aux larmes. Soyez à Dieu, ma Fille, je le veux : soyez oubliée et comptée pour rien; Dieu vous regardera. La considération est bonne, l'attention, l'admiration: ce n'est point une perte de temps. *Dieu a tant aimé le monde* [2] *:* vous avez raison, c'est l'abrégé de l'Evangile et de tout le mystère de Jésus-Christ. L'amour ne connoît point d'ordre, et ne peut s'as-

[1] I *Petr.*, IV, 8. — [2] *Joan.*, III, 16.

sujettir à des méthodes. La confusion est son ordre : la distraction ne vient point de ce côté-là. Expliquez-vous nettement sur la personne dont vous me parlez. Trêve d'austérités, même des communes, tant que ce rhume durera. C'est assez faire que d'obéir sans réplique, et sans demander des explications. Gardez votre poitrine et votre tête. Notre-Seigneur soit avec vous.

LETTRE XLV.

A MADAME DU MANS.

A Meaux, ce 14 décembre 1693.

J'ai, ma Fille, reçu votre lettre, dont je profiterai dans l'occasion : vous avez bien fait de me l'écrire. Je ne vous dissimule point qu'ayant entrevu, par quelque conjecture, que cette personne se servoit de certains livres, j'en ai d'autant plus rabattu que j'ai vu sur tout cela un silence qui m'a fait beaucoup de peine. Pour ce qui est de vous, je ne vous ai rien révoqué ; mais j'ai ajouté une certaine discrétion et modération qu'il est juste de vous prescrire. Vous faites bien de n'user point des livres d'oraison. Ecoutez Dieu : je le prie, ma Fille, qu'il soit avec vous. Lisez le psaume xxxiii en humilité et confiance.

† J. Bénigne, Ev. de Meaux.

P. S. Il faudra voir la conduite de Madame de B*** : le mieux qu'elle puisse faire est de se tenir en repos ; et si elle veut rester, en revenir à être simple religieuse bien humble.

LETTRE XLVI.

A MADAME DU MANS.

A Meaux, ce 23 décembre 1693.

Oui, ma Fille, faites l'impossible, et Dieu le fera avec vous. Vous avez bien fait de vous humilier. Je consens au rétablissement de ce que j'avois suspendu à cause du rhume, supposé qu'il soit passé tout à fait. Recevez les touches de Dieu, et les larmes comme le reste, en faisant ce qui se pourra pour les empêcher de paroître : Dieu vous aidera à le faire. Recevez aussi l'assurance de la rémission de vos péchés, telle qu'on la peut recevoir en cette vie, et la consolation du Saint-Esprit. Dispensez-moi de vous donner des pratiques : ni cela n'est nécessaire, ni je n'en ai le loisir. Ecrivez, si vous voulez, les qualités de l'Enfant Jésus : je vous donne à méditer celles que le sort vous fera échoir; et le sort, qui est dirigé par le Seigneur, vous tiendra lieu d'obédience. Je prie Notre-Seigneur qu'il soit avec vous.

LETTRE XLVII.

A MADAME DE LUSANCI.

A Meaux, ce 30 décembre 1693.

Jésus-Christ, le Prince de paix, ma Fille, a pacifié le ciel et la terre par son sang et par son abandon à son Père : c'est aussi par cet abandon que vous aurez la paix que le monde ne peut donner. Le principe de la paix est dans ces paroles : *Fiat voluntas tua;* avec cela tout est bon, parce que Dieu est la bonté même.

Je tâcherai à la visite de soutenir la discipline.... Une échappée peut être exempte de péché, mais non pas une continuité qui n'est jamais sans quelque mépris et quelque scandale.... Malgré toutes les raisons qu'on dit en faveur de l'infirmité, à moins d'une vocation tout à fait extraordinaire, c'est une raison d'exclure. Notre-Seigneur soit avec vous.

LETTRE XLVIII.

A MADAME DE LUYNES.

A Meaux, ce 2 janvier 1694.

Je ne puis, Madame, que vous rendre graces très-humbles de tous vos saints présens et de toutes les bontés que vous me marquez. J'y réponds avec une parfaite sincérité, et je vous prie de ne jamais révoquer en doute cette fidèle correspondance. Je suis, ma Fille, à vous de tout mon cœur.

† J. Bénigne, Ev. de Meaux.

P. S. Je n'ai pas trouvé dans le paquet le billet de la sainte Vierge. Je me trompe : en dépliant le paquet, je le trouve avec plaisir et reconnoissance. Je la prie de vous impétrer ce bon vin de la nouvelle alliance, qui n'est autre chose que l'esprit dont les apôtres furent enivrés à la Pentecôte, et le sang de Jésus-Christ, qui a été exprimé de la vraie vigne. L'étude des Ecritures convient parfaitement avec ce bon vin, et c'est dans ce divin cellier qu'on le boit. Vous êtes de celles, ma Fille, qui pouvez entrer plus avant dans ce cellier mystique, et vous y laisser transporter au-dessus du monde et de toutes ses pensées. Personne au monde ne ressent plus cette vérité que moi.

LETTRE XLIX.

A PLUSIEURS RELIGIEUSES DE JOUARRE.

A Paris, ce 15 janvier 1694.

J'ai reçu, mes Filles, votre eulogie avec beaucoup de reconnoissance et de joie; et vous jugez bien que celle que j'ai ressentie en voyant à la tête le nom de votre sainte et illustre abbesse, a été très-grande. Répondez, mes Filles, à ses bontés et à l'exemple qu'elle vous donne. Assurez-vous toujours, mes Filles, de mon amitié et de l'estime que j'ai pour vous.

LETTRE L.

A MADAME DE LUSANCI.

A Paris, ce 27 janvier 1694.

Il est vrai, ma Fille, que j'ai oublié de vous répondre sur l'assistance au chœur et sur le chant : l'un et l'autre est d'obligation, et on ne peut s'en dispenser sans raison. Je ne crois pas qu'on puisse excuser de péché mortel la négligence qu'on auroit à cet égard, et encore moins le mépris. Vous entendez bien que la négligence consiste dans l'habitude et la trop grande facilité de manquer à un des devoirs principaux de la vie religieuse.

Je ne doute point que la mort de Madame de Lorraine ne vous ait vivement touchée : c'est-à-dire qu'il faut toujours se tenir prêt, parce qu'on ne sait à quelle heure doit venir le maître. Je verrai ce qu'il y aura à faire pour les intérêts de la Maison. Je prie Notre-Seigneur qu'il soit avec vous.

LETTRE LI.

A MADAME DU MANS.

A Farmoutiers, ce 2 avril 1694.

J'ai vu une résolution de cas de conscience sur la réception par scrutin, qui ne fait rien à notre question. Car il ne s'agit pas de savoir si les abbesses sont obligées en conscience de changer la forme qui y est marquée; mais si les supérieurs majeurs ne peuvent pas introduire l'autre pour un plus grand bien, et s'ils n'y sont pas obligés dans certains cas particuliers.

LETTRE LII.

A MADAME DU MANS.

A Meaux, ce 5 avril 1694.

Croyez-moi, ma Fille, communiez à votre ordinaire : faites votre jubilé, ne raisonnez point, obéissez. Ne répétez rien de vos confessions passées, ni des pénitences omises : vous pouvez réserver de m'en parler à loisir ; mais cela n'oblige pas à suspendre le cours ordinaire de vos confessions et communions. Acceptez la peine que Dieu permet qui vous arrive; mais n'y adhérez pas davantage, et suivez ponctuellement cette réponse.

Il n'y aura point de guerre entre Madame votre abbesse (a) et moi. Pour sa sortie, si elle écoutoit ce que lui dit le fond de son cœur, sans être prévenue d'ailleurs, elle m'en remercieroit; car ce fond aime la retraite. Pour les réceptions, je lui donnerai le temps de revenir à ses premiers sentimens, qui étoient de laisser la chose en ma disposition. Cette obéissance simple et sincère seroit une action digne d'une religieuse; Dieu le lui avoit inspiré : si elle étoit fidèle à cette grace, elle lui en attireroit d'autres plus grandes : mais elle se laisse étourdir par les sentimens du dehors, au lieu d'écouter son cœur, et ce que le Saint-Esprit y disoit.

Vous aurez vu, par le mot que je vous ai dit sur la consultation de M. de Sainte-Beuve, qu'elle ne fait rien à notre sujet : nous la savions bien. La question, encore un coup, n'est pas de savoir à quoi une abbesse est obligée par elle-même; mais à quoi elle l'est, quand son supérieur parle et ordonne, et encore quand il ordonne avec autant de connoissance et d'aussi pressantes raisons que celles qui me déterminent.

Le Saint-Esprit avoit fait sentir d'abord à Madame de Jouarre que le bon parti étoit d'obéir; c'est aussi la vérité. Priez Dieu qu'elle y revienne : ce sera une grande avance pour sa sanctification, et Dieu me le fait sentir ainsi. Notre-Seigneur soit avec vous. Obéissez, ne raisonnez pas.

LETTRE LIII.

A MADAME DU MANS.

A Meaux, ce 6 avril 1694.

Je veux bien, ma Fille, que vous communiquiez à Madame de Luynes ce que je vous ai écrit sur les réceptions. Je l'ai fait à tout hasard, afin que dans l'occasion vous en pussiez dire quelque mot dans la liberté que vous avez à parler. Du reste ne hasardez rien; ne faites point d'affaires; surtout parlez sobrement de ce que j'ai

(a) Madame de Rohan Soubise. Elle étoit remplie de pieux sentimens, mais elle cédoit avec trop de foiblesse à l'influence de sa famille.

dit sur le péché mortel : je ne vous oblige à rien du tout. Vous avez très-bien parlé et très-bien répondu sur ma Sœur Cornuau : Madame elle-même m'a écrit la chose. Ma Sœur Cornuau lui fait ses remerciemens, et lui demande ses ordres. Je vous donne de tout mon cœur à Notre-Seigneur.

LETTRE LIV (a).

A MADAME DE SOUBISE, ABBESSE DE JOUARRE.

A Meaux, ce 25 avril 1694.

J'apprends, Madame, de tous côtés qu'il se répand un bruit dans Paris, d'où j'arrive, que nous ne sommes pas bien ensemble, et que Messieurs vos parents se plaignent de moi comme si je vous étois opposé : ce que je puis croire assez aisément, puisqu'ils m'ont témoigné à moi-même qu'ils étoient mécontens, et même offensés de l'ordre que je voulois établir pour la réception des Filles. Je ne vous dis point ceci par forme de plaintes contre des personnes que je continue et continuerai d'honorer toute ma vie. Je respecte leur vertu plus encore que leur naissance ; et je n'ai rien à leur reprocher que d'entrer peut-être un peu trop avant dans des choses dont il se faudroit reposer sur moi, comme attachées à mon ministère. Aussi lorsqu'ils me tinrent ce discours, ils vous pourront dire que, sans me fâcher (ce qui ne m'arrivera jamais, s'il plaît à Dieu, avec personne et moins encore avec eux qu'avec tous les autres), je leur répondis seulement avec toute l'honnêteté qu'on doit à des personnes de ce rang, mais en même temps avec la franchise qui convient à un évêque, que je les priois de me laisser traiter avec vous une affaire où leur état ne devoit pas leur permettre d'entrer et où j'étois assuré de vos sentimens, toutes les fois que vous agiriez entièrement par vous-même (car en effet, vous me les aviez assez déclarés) ; et que quelles que fussent vos pensées, vous les soumettriez aux miennes avec une entière obéissance. Mais comme il se pourroit faire que par des raisons plutôt politiques que religieuses, on tâcheroit de vous in-

(a) Revue sur l'original.

spirer d'autres sentimens, j'ai cru devoir vous dire encore une fois toutes mes raisons en esprit de charité et de douceur, comme il convient à un Père ; et vous les dire même par écrit, et amplement, afin que vous ayez plus de moyen d'y réfléchir, et même de prendre avis de personnes doctes et spirituelles, si vous croyez en devoir chercher d'autres que les miens en ce qui regarde le gouvernement de votre monastère.

Je suppose comme certain que selon la pratique de Jouarre même, les réceptions se doivent faire à la pluralité des suffrages des religieuses, sur la proposition que l'abbesse en fait dans le chapitre. Il n'y a point là-dessus de question ; et tout ce qui reste à examiner est la manière de donner les suffrages. Or je dis que celle de les donner publiquement et de vive voix, expose vos religieuses au danger de trahir leur conscience en matière grave, et par conséquent à commettre autant de péchés mortels qu'il se feroit de réceptions dans votre maison.

Que la matière soit grave, personne n'en peut douter, puisqu'il s'agit de la réception des sujets, d'où dépend tout l'ordre, toute la régularité, toute la bonne constitution d'un monastère.

Qu'en faisant donner les suffrages à haute voix on expose les religieuses à cet inconvénient, la chose est claire pour deux raisons, qui ne peuvent pas être meilleures : l'une qu'elles craindront toujours de déplaire à leur abbesse, sous laquelle elles sont dans une absolue et perpétuelle dépendance, en refusant un sujet qu'elle leur propose : l'autre, qu'elles craindront en même temps d'offenser leurs Sœurs, l'expérience faisant voir que celles qu'on propose sont ordinairement portées par une partie de la communauté. Quand on s'oppose à leur sentiment, cela cause des contentions infinies : celles dont le sentiment a été combattu préparent de semblables exclusions à l'autre parti : les novices ou les professes, dont on aura voulu empêcher la réception, sont tentées si violemment d'en garder le ressentiment dans leur cœur, qu'il n'y en a presque point qui n'y succombent, ou qui n'aient besoin pour y résister de si grands efforts, que la charité ne permet pas qu'on les y expose. Pour ne se point attirer de semblables aversions, on prend le parti de dissimuler, et de laisser aller les réceptions comme elles pourront, au gré d'une abbesse, et de celles qui favoriseront la personne proposée ; en sorte que tout est plein de respects humains, et qu'à vrai dire il n'y a ni liberté ni véritable délibération.

On me demandera si je connois et d'où je connois cette disposition dans le couvent de Jouarre : et je répondrai que je la connois dans la timidité naturelle d'un sexe infirme ; je la connois par l'expérience des autres couvens de filles, où lorsqu'on a voulu établir par des moyens assurés la liberté des suffrages, et ôter tout respect humain dans les réceptions, on n'a rien trouvé de meilleur que les suffrages secrets ; et ce qui est vrai ordinairement de ces monastères, je sais par la connoissance particulière que j'ai de celui de Jouarre, depuis que je le gouverne, c'est-à-dire depuis trois ou quatre ans, que cette disposition de crainte pour leur abbesse et d'égards les unes pour les autres, y est autant et plus que dans aucun autre ; et je puis dire devant Dieu que j'en suis certain autant qu'on le peut être humainement de choses de cette nature.

Ce n'est pas d'aujourd'hui, Madame, ni seulement de votre temps que je suis de ce sentiment : je puis justifier par mes procès-verbaux signés de toutes les officières, grandes et petites de votre Maison, que je suis entré avec elles dès mes premières visites dans cet examen : j'y suis encore entré plus avant dans une visite générale, où j'entendis toutes les religieuses en particulier, dès le temps de Madame de Lorraine, où je puis dire que le plus grand nombre et presque toutes, tant celles qui m'étoient le plus soumises que celles qu'on appeloit alors le parti de Madame, me déclarèrent qu'il n'y auroit jamais ni liberté de suffrages ni de réceptions sincères, qu'on ne les fît faire par ballottes ou fèves blanches et noires, toute autre voie ne suffisant pas pour donner aux religieuses la liberté, sans laquelle leurs suffrages ne seroient que l'effet des regards humains, et une profonde dissimulation de leurs sentimens.

Voilà, Madame, quel étoit alors le sentiment de vos religieuses. S'il vous paroît maintenant qu'elles changent, ce que pourtant j'ai peine à croire, ce me sera une nouvelle preuve que dès qu'une abbesse parle, elles n'ont plus de liberté, et que c'est le cas plus que jamais, où il faut que je parle pour elles. Je l'aurois fait il y a longtemps, et sous Madame de Lorraine, si cette abbesse, avec qui je voulois comme avec vous traiter tout à l'amiable, n'avoit été toujours absente de son monastère : et pour la stabilité d'un règlement si nécessaire, je croyois le devoir faire dans une visite où l'abbesse fût présente.

Au surplus ce n'est pas ici une nouveauté, mais une manière d'assurer la liberté des suffrages, dont je trouve la nécessité déjà établie. C'est un moyen d'unir davantage la communauté; et plus les religieuses auront de liberté dans les réceptions, plus celles qu'elles recevront et avec qui elles ont à passer leur vie auront de part à leur commune charité. Les postulantes et les novices s'appliqueront aussi d'autant plus à leur devoir, qu'elles se verront obligées à contenter non la seule abbesse, mais tout une communauté où elles auront autant d'inspectrices qu'il y aura de capitulantes.

Que si je m'attache à la voie secrète comme au moyen le plus propre à procurer tous ces biens à votre Maison, et à remédier aux inconvéniens que j'ai remarqués, je ne fais que suivre l'exemple des grands monastères qui sont gouvernés par les évêques ; et je puis ici alléguer non-seulement ceux du diocèse, comme celui de Farmoutiers, qui le premier a donné l'exemple de la plus étroite observance ; mais encore hors du diocèse, comme dans la métropole les célèbres monastères de Montmartre, de Chelles, du Val-de-Grace, pour ne point parler des autres, et en particulier le saint monastère de Chasse-Midi, où vous avez été si bien élevée. Une illustre tante qui en a été encore plus le modèle par ses vertus que l'institutrice par ses sages constitutions, en a fait une expresse pour cette manière de recevoir. C'est pourquoi vous êtes vous-même venue à Jouarre avec une sincère disposition de recevoir les Filles dans la religion, de la même sorte que vous y étiez vous-même entrée : et si maintenant vous hésitez, nous savons d'où vous en viennent les impressions.

Si tant de grands évêques ont établi cette règle, principalement depuis le concile de Trente, ç'a été en suivant l'exemple de saint Charles, dont voici un canon célèbre, livre VI des constitutions de ce saint, titre : *De la manière de recevoir les Filles à la religion*, chapitre VIII. « Qu'il soit procédé à la réception des Filles pour le noviciat, et du noviciat à la profession, par suffrages secrets, afin que chacune des religieuses puisse satisfaire librement à sa conscience, sans être empêchée par aucune passion. » Il est porté expressément dans ce canon, qu'il est du premier concile de la province de Milan, qu'il a été expressément confirmé par Pie V, et que toute réception faite dans une autre forme sera nulle et sans effet.

Voilà le modèle qu'ont depuis suivi les évêques ; et ce canon de saint Charles contient en abrégé toutes les raisons qui appuient ma résolution. Elles se rapportent à deux générales qui, si l'on veut, n'en feront qu'une : que les suffrages doivent être secrets pour mettre les religieuses en état, premièrement de satisfaire librement à leur conscience, et secondement d'y satisfaire sans aucune crainte, sans aucune affection, passion ou égard humain, *nullo affectu impeditæ ;* qui sont précisément les deux motifs que je viens d'étendre plus au long. Et remarquez, Madame, s'il vous plaît, qu'il paroît par les paroles de saint Charles, qu'il s'agit ici de satisfaire à un devoir de la conscience, et de donner à des Filles, c'est-à-dire à un sexe infirme et timide, le moyen d'y satisfaire avec liberté, qui est aussi le grand motif que je me propose.

Il est vrai que le concile de Trente n'a pas voulu établir cette loi, laissant à la discrétion des évêques de le faire peu à peu en temps convenable : mais il a assez indiqué que c'étoit l'esprit de l'Eglise et le sien, lorsqu'en réglant la forme de l'élection des supérieurs ou supérieures, il a voulu qu'elle se fît par suffrages secrets, *per vota secreta ;* en sorte que le nom des élisans ne fût jamais su : Et cela, dit le saint concile, afin que tout se fasse droitement et sans aucune fraude, *rectè et sine ullâ fraude*[1] : indiquant par là que les élections faites par suffrages publics, sont exposées au péril de fraude et de peu de sincérité par les dissimulations qui s'y pratiquent.

[1] Conc. Trid. *de Regul. et Monial.*, sess. XXV, cap. VI.

C'est en conséquence de ce décret du concile que saint Charles, qui a tout fait dans l'esprit de cette sainte assemblée, et ensuite tous ou presque tous les évêques ont étendu cette obligation de procéder par vœux secrets, aux réceptions des Filles, qui dans le fond sont de véritables élections : et c'est tellement l'esprit de l'Eglise, que dans tous les brefs de translation d'un ordre à un autre le Pape, qui ordonne que la réception dans un autre couvent se fasse par les suffrages des religieuses, exprime nommément qu'elle se fera par des suffrages secrets : ce qui est la clause ordinaire de semblables brefs, dont j'ai un exemple tout nouveau dans une translation qui m'est renvoyée, laquelle aux termes du bref doit être faite *prævio consensu monialium, capitulariter tacitisque suffragiis :* « avec le consentement préalable des religieuses capitulairement, et par suffrages secrets : » le saint Siége ne jugeant pas que sans cette précaution la liberté des suffrages soit suffisamment établie.

On n'oppose à tant de fortes raisons et à tant de graves autorités que ce seul inconvénient, que donner cette liberté aux religieuses, c'est rendre les réceptions trop douteuses et trop difficiles, et donner lieu à l'exclusion de beaucoup de Filles dont la vocation sera très-bonne, par un esprit de contradiction à une abbesse qui les aura proposées. Je ne nierai point que cela ne puisse arriver quelquefois : mais de deux inconvéniens celui qu'il faut le plus éviter, c'est celui qui sera le plus ordinaire et le plus grand. Or il est bien plus ordinaire que l'esprit de timidité se trouve dans les religieuses que l'esprit de contradiction contre leurs abbesses, pour lesquelles on les voit plutôt disposées à une excessive flatterie qu'à la résistance. Il n'est pas moins véritable que le plus grand inconvénient est celui de contraindre la liberté, dont le défaut entame le fond de la délibération, n'y en ayant point de véritable où la liberté ne se trouve pas : ce qui fait aussi que saint Charles et les évêques, selon l'esprit du concile et du saint Siége, ont pris le parti prudent d'établir la liberté des suffrages plutôt que celui de prévoir la contradiction des religieuses, qui non-seulement est plus rare, mais encore moins essentielle, comme on vient de voir.

Je sais bien que votre intention n'est pas de contraindre vos Filles, mais au contraire de leur déclarer en toute sincérité que vous prendrez tous leurs sentimens en bonne part. Mais outre que les règlemens ne doivent pas être faits seulement pour le temps présent, mais pour toute la postérité, ni sur les dispositions particulières, mais sur celles qu'on sait être les plus ordinaires : je vous dirai encore, Madame, qu'avec toute votre bonté vous ne sauriez rassurer vos Filles contre vous-même : elles craindront toujours des retours secrets, que la flatterie ou les intérêts de celles qui obsèdent souvent les abbesses rappellent dans leur esprit ; et quelque injuste que fût leur crainte par rapport à vous, il y en auroit assez pour les empêcher de vous parler librement. Et quand vous seriez venue à bout de leur lever cette appréhension, vous ne les mettrez jamais à couvert des divisions auxquelles les exposeroit la déclaration de leurs sentimens, puisque vous-même vous seriez bien empêchée à les éteindre.

On objecte enfin une consultation de M. de Sainte-Beuve, où sur le cas d'une abbaye de Saint-Benoît, où les suffrages pour les réceptions se portent secrètement à l'oreille de l'abbesse, qui conclut ensuite à la pluralité des voix ; il résout que cette abbesse n'est point obligée, sous peine de péché mortel, à abolir cette coutume. Mais, Madame, on vous trompe visiblement si on vous flatte de la réponse de ce docteur. Notre question n'est pas si vous êtes obligée sous peine de péché mortel d'abolir de vous-même une coutume de votre abbaye, mais si vous pouvez sans péché mortel désobéir à votre évêque lorsqu'il trouve nécessaire de la changer. Si on avoit consulté un si habile homme sur ce cas, je ne suis pas en peine de ce qu'il auroit répondu, surtout cet évêque ne voulant rien faire qui ne soit visiblement canonique, établi dans tout le diocèse, conforme à l'exemple de la plupart des évêques et de saint Charles, et dans l'esprit du concile de Trente et du saint Siége. Songez que votre Maison n'a jamais été visitée depuis cinq cents ans. Si durant une si longue et une si dangereuse indépendance on n'y a pas établi tout l'ordre que je crois nécessaire, pour des raisons générales et particulières, c'est à moi à y pourvoir selon Dieu ; et vous voulez bien, Madame, que je vous dise que c'est à vous à obéir. C'est aussi ce que votre cœur vous a dit d'abord, et ce qu'il vous dira toujours, toutes les fois qu'en vous mettant devant Dieu en toute humilité, vous n'écouterez que lui seul.

Mais venons au fond : Pourroit-on croire que les règlemens des évêques dans les monastères, ne doivent s'étendre qu'à empêcher ce qui seroit précisément un péché mortel ? Ce seroit une doctrine tout à fait absurde. Ils ne doivent pas seulement détruire les péchés mortels effectifs, mais en prévenir les périls et les tentations, du moins les plus ordinaires, et même selon l'exigence des cas établir par leur autorité ce qui tend à la perfection, ce qui assure le bon état d'un monastère, ce qui est de plus grande édification, ce qui fait entrer davantage dans l'esprit de l'Eglise. M. de Sainte-Beuve qui est consulté sur le cas précis du péché mortel d'une abbesse, ne répond qu'à la demande qu'on lui fait, et n'auroit eu garde dans le reste de restreindre l'autorité des évêques : ainsi sa résolution ne regarde point notre cas.

Mais il énonce que dans la règle de saint Benoît il n'y a rien qui oblige l'abbé à procéder par suffrages secrets dans les réceptions : on pourroit encore ajouter qu'il n'y a rien qui l'oblige à y suivre la pluralité des voix, et même qu'il y a un chapitre où il est généralement affranchi de cette nécessité.

Cela néanmoins n'empêche pas que M. de Sainte-Beuve ne conclue que l'abbesse dont il s'agit est obligée de suivre la pluralité dans les réceptions : ce qui suffit pour montrer qu'il y a des cas où le temps et l'expérience ont fait apporter des restrictions à l'autorité des abbesses. On en pourrait alléguer plusieurs; mais celui-ci nous suffit.

Que si on a pu restreindre cette autorité sur la pluralité des suffrages, à plus forte raison le doit-on faire pour en établir la liberté, sans que l'on puisse alléguer ni l'autorité de la règle, ni la coutume contraire, puisqu'on y peut déroger par des statuts postérieurs, et qu'on le doit même selon l'exigence des cas.

Au surplus la plus mauvaise manière de procéder aux réceptions, est celle de porter sa voix à l'oreille de l'abbesse : car ni elle ne déracine tout à fait la crainte où l'on est que le secret n'échappe, ni elle ne remédie en aucune sorte au principal sujet de l'appréhension, puisque c'est l'abbesse elle-même que l'on craint le plus. Ainsi on ne pourvoit point à la liberté des suffrages, et on attire à une abbesse des soupçons tout à fait préjudiciables et au respect qui lui est dû, et au repos de sa communauté. Personne ne niera jamais qu'un évêque ne pût abolir une coutume qui a ses inconvéniens, sans que la consultation de M. de Sainte-Beuve, qui ne le regarderoit point, fût capable de l'en détourner.

On avoue donc sans difficulté, avec ce docteur et avec les auteurs qu'il allègue, que les coutumes diverses de donner les voix, même celle de n'en donner point et de laisser tout faire aux abbés seuls, comme il se pratique en beaucoup de monastères d'hommes, absolument peut subsister sans péché mortel : mais la prudence qui restreint cette autorité dans un sexe plus infirme, doit avec la liberté des suffrages donner aussi les moyens les plus convenables pour la maintenir ; et en cela les évêques selon leur prudence et l'exigence des cas, peuvent se conformer aux meilleurs exemples, encore que tout le monde ne les suive pas : et aucun docteur n'a dit ni ne dira qu'on puisse leur désobéir quand ils le feront.

Au reste rien ne montre tant l'esprit de l'Eglise, et le besoin où l'on est de rendre les suffrages le plus secrets qu'on pourra, que la coutume constante de toutes les nouvelles communautés et en particulier de celles-là même où la supériorité n'est que triennale. Car si on craint qu'une supérieure d'un pouvoir si court ne contraigne les suffrages, que ne doit-on pas craindre en ce genre des abbesses dont on dépend si absolument dans toute sa vie ?

Il ne me reste après cela, Madame, qu'à vous exhorter à rentrer dans vos premiers sentimens, qui étoient en m'exposant les difficultés de part et d'autre, de vous soumettre au jugement de celui que Dieu vous a donné pour supérieur. Si vous saviez les graces qui sont attachées pour vous à cette soumission, rien ne seroit capable de vous en détourner. Surtout ne vous laissez pas **tromper par ceux qui veulent vous inspirer de plaider plutôt que** d'obéir. Ils ne songent pas que ce n'est pas ici une matière contentieuse, ou de la nature de celles qui puissent être portées par appel au métropolitain. Tant qu'un évêque ne fait rien qui ne soit bon, convenable, utile, conforme aux canons, aux meilleurs exemples, à l'esprit de l'Eglise et du saint Siége, il peut suivre avec une sainte liberté les mouvemens de sa conscience, et c'est le cas où il ne doit compte de ses actions qu'à Dieu seul. Nous avons un trop habile métropolitain pour entrer avec moi dans ces discussions, dont il n'a non plus à se mêler que de la conduite de mon séminaire. Et d'ailleurs trouvera-t-il mauvais que je me conforme aux usages de son diocèse et à l'exemple de la métropole?

Où iriez-vous donc porter vos plaintes? à la justice séculière, dans un cas de cette nature, de pure discipline monastique? Dieu vous en préserve. Les juges laïques seront les premiers à vous dire que ce n'est pas ici une matière de possessoire, qui soit de leur compétence. Si ce n'est, lorsque les évêques voudront faire quelque nouveau statut pour la bonne observance de ceux qui sont déjà établis ou pour le bien de la paix, on introduise cette nouvelle prononciation, que les monastères soient maintenus dans la possession de ne pas obéir : chose si absurde qu'on ne la peut seulement penser. Pour l'abus dans des choses de cette nature, où je ne fais que suivre les meilleurs exemples, sans outrepasser le pouvoir qui est attaché à mon caractère, où le mettra-t-on? Croyez-moi, Madame, je vous le dis en ami, en père qui désire la véritable droiture de votre conscience devant Dieu et votre honneur devant les hommes : il ne vous convient pas de vous exposer à soutenir une cause si déplorée, et de vous mettre au rang des abbesses qui préfèrent la domination à l'obéissance. Il y a des choses où, pour être vraiment maîtresse selon Dieu, il ne faut pas souhaiter d'être maîtresse absolue. Votre communauté, quoi qu'on vous en dise peut-être à cette occasion, n'est point contrariante ni entreprenante contre ses abbesses. Au contraire je n'en connois point où l'on y soit plus attaché, et où l'obéissance soit plus sincère. Laissez-moi donc lui donner la liberté qui lui convient par tant de raisons : elle n'en sera que plus volontairement soumise à vos ordres.

Je sais que vous trouverez de mauvais conseils : on m'a même fait voir un mémoire dressé par un avocat pour les suffrages publics : mais il est rempli de si pitoyables raisons, qu'en vérité j'en ai honte. Ce ne sont que subtiltées et politiques humaines, bien éloignées des maximes qui doivent régler la conscience d'une religieuse. Il ne s'agit pas de chercher ce qui pourroit peut-être éblouir les ignorans, mais de peser ce qu'on peut porter devant le tribunal de Jésus-Christ. Les raisonnemens du palais sont peu propres à cela. Fiez-vous à votre pasteur, qui sait mieux que qui que ce soit ce qui vous est utile, et qui le veut plus que personne.

Je ne me presse pas comme vous voyez : j'attends avec patience un paisible consentement; et j'aime mieux, s'il se peut, que vous preniez de vous-même une bonne résolution que d'user de l'autorité que le Saint-Esprit m'a donnée. Si vous n'écoutez que Dieu seul et votre propre conscience, vous m'écouterez. Ne croyez pas vous abaisser en vous humiliant devant celui qui vous tient lieu de Jésus-Christ. Ne croyez pas vous élever en lui résistant : car tout cela est du monde et de l'esprit de grandeur auquel vous avez renoncé, et dont il ne faut point garder le moindre reste. Ne croyez pas que l'obéissance ne soit qu'en paroles, comme si la reconnoissance de la supériorité ecclésiastique ne consistoit qu'en compliment. Il en faut venir aux effets, quand on veut être vraiment religieuse et vraiment humble. Alors on reçoit de Dieu les plus pures et les véritables lumières de son état.

Au reste je ne vous parlerai point de la sortie qu'on vous a proposée, pour assister à Paris à la bénédiction de Madame de Notre-Dame de Soissons, où le moindre inconvénient eût été celui d'une grande dépense inutile. L'assistance de deux abbesses dans une cérémonie si sainte et si nécessaire, s'est introduite contre l'ordre du pontifical, qui ne demande la présence que de deux matrones, c'est-à-dire de deux femmes vénérables par leur âge et par leur vertu. Moi-même j'ai béni deux abbesses avec cette simplicité et cette régularité. Il n'eût pas été digne de vous de sortir pour un si frivole sujet d'un monastère où à peine êtes-vous entrée. Je ne vous fais donc point d'excuse de ce que je vous ai dit sur ce sujet-là, et que vous avez si bien reçu. Je vous prie seulement d'apaiser ceux qui semblent y vouloir trouver à redire, et de croire que tout ce que je fais en cette occasion vient d'un désir sincère de conserver la réputation de votre régularité, si nécessaire non-seulement à votre maison, mais encore à l'édification publique, accompagné d'une estime particulière de votre vertu.

LETTRE LV.

A MADAME DU MANS.

A Meaux, ce 26 avril 1694.

En arrivant de Paris, j'envoie, Madame, selon ma coutume, apprendre des nouvelles de votre santé, et en même temps je vous envoie aussi une grande lettre à laquelle ce petit voyage, qui n'a duré que trois jours, a donné occasion. Je vous supplie de la lire à part vous seule, sous les yeux de Dieu. Dans quelques jours je vous prierai de me déclarer vos intentions. Vous y verrez les miennes; et après avoir tant agité cette affaire, il en faut venir à une décision pour avoir la paix, n'y ayant rien de moins propre à la conserver que de laisser les choses trop longtemps en suspens. Je n'ajouterai rien sur ce sujet à la lettre qui dit tout : croyez seulement que la charité l'a dictée.

LETTRE LVI.

A MADAME DU MANS.

A Meaux, ce 26 avril 1694.

Ne cherchez point de repos qu'en la pure bonté de Dieu : jusqu'à ce que vous en soyez là, vous ne serez jamais sans trouble. C'est à tort que vous vous êtes inquiétée sur cette pénitence; avant ou après, tout est bon. Ne me parlez jamais de recommencer vos confessions.

Je ne souhaite point, ma Fille, que vous fassiez rien pour vous décharger des novices. Ce que vous me mandez sur la première maîtresse est digne de réflexion. Consolez ces ames affligées, et faites-les marcher dans la latitude. Ma Sœur Cornuau me paroît fort contente. Notre-Seigneur soit avec vous.

LETTRE LVII.

A MADAME DU MANS.

A Meaux, ce 27 avril 1694.

Puisque l'affaire du noviciat est consommée, et que l'obéissance l'a décidée, Dieu le veut ainsi. Il est vrai que j'avois consenti aux désirs de Madame de Rodon; mais à condition que l'obéissance en décidât.

Vous êtes bien simple, ma Fille, quand vous vous troublez, faute de croire que vous ayez mérité la rémission de vos péchés. Ne songez-vous pas qu'elle est gratuite, et que si vous y cherchez d'autres mérites que ceux de Jésus-Christ, vous ne sentez pas assez le fruit de votre rachat?

J'ai reçu la lettre dont vous me faites mention dans celle du 26. Quand ma lettre (a) ne produiroit d'autre effet que celui d'avoir fait précéder l'instruction et l'exhortation à la conclusion, c'est tout pour moi. Au reste s'il vient un ordre de Rome en forme, j'obéirai certainement avec joie, et je serai ravi d'avoir à donner un exemple d'obéissance. Notre-Seigneur soit avec vous.

LETTRE LVIII.

A MADAME DU MANS.

A Germigny, ce 13 mai 1694.

Je vous offrirai à Dieu de tout mon cœur, ma Fille. Ne vous mettez point tant en peine si votre état de langueur est agréable à Dieu. Sa volonté est d'une étendue infinie et embrasse tout, pourvu qu'on se conforme à elle.

La règle pour vos retraites est, ma Fille, de consulter avant

(a) La grande lettre à l'abbesse de Jouarre.

toutes choses ce qui se peut ou ne se peut pas du côté du dehors, et quand vous serez en liberté de ce côté-là, entrer en retraite; sinon trouver la retraite comme tout le reste dans la volonté de Dieu.

Quant à l'autre point (a) dont vous me parlez, on ne doit point penser à cela; j'y penserai moi-même quand il faudra. Il faut auparavant savoir l'état des choses en général, et je n'en puis être informé que par un voyage à la Trappe. Alors quand je verrai ce qui se pourra, je réglerai sous les yeux de Dieu ce qu'il faudra. En attendant, être en repos est le seul parti : autrement le bon désir se tourne en agitation et inquiétude. Notre-Seigneur soit avec vous. Recommandez le secret.

LETTRE LIX

A MADAME DE LA GUILLAUMIE.

A Meaux, ce 8 juin 1694.

Je vous plains d'un côté, ma Fille, dans l'état pénible où vous êtes, et de l'autre je me console dans l'espérance que j'ai que Dieu travaillera en vous très-secrètement. Il sait cacher son ouvrage, et il n'y a point d'adresse pareille à la sienne pour agir à couvert. Ce n'est point par goût, et encore moins par raison ou par aucun effort que vous serez soulagée; c'est par la seule foi obscure et nue, par laquelle vous mettant entre ses bras, et vous abandonnant à sa volonté en espérance contre l'espérance, comme dit saint Paul, vous attendrez son secours. Pesez bien cette parole de saint Paul : *In spem contra spem;* « En espérance contre l'espérance. » Je vous la donne pour guide dans ce chemin ténébreux, et c'est vous donner le même guide qui conduisit Abraham dans tout son pèlerinage. Communiez sans hésiter, et dans cette foi, tous les jours ordinaires; et non-seulement toutes les fois que l'obéissance le demandera, mais encore lorsque vous y serez portée, si Dieu le permet, par quelque instinct, pour obscur qu'il soit. Faites de même vos autres fonctions, sans aucun

(a) La Sœur désiroit de se retirer à l'abbaye des Clairets, près de la Trappe.

effort pour sortir d'où vous êtes, persuadée que plus Dieu vous plongera dans l'abîme, plus il vous tiendra secrètement par la main. Il n'y a point de temps à lui donner, ni de bornes à lui prescrire. Quand vous n'en pourrez plus, il sortira des ténèbres un petit rayon de consolation qui vous servira de soutien parmi vos détresses. J'aurai soin de ce que vous me mandez sur le sujet de M. le grand-vicaire : sa conduite est sainte ; vous ne devez pas vous en retirer : la mienne et la sienne n'est qu'un. Notre-Seigneur soit avec vous.

P. S. « Soyez fidèle jusqu'à la fin, et je vous donnerai la couronne de vie. »

LETTRE LX.

A MADAME DU MANS.

A Meaux, ce 14 juin 1694.

On m'a rendu votre lettre ce matin, ma Fille, dans une conjoncture où à peine avois-je le loisir de l'ouvrir, bien loin d'y pouvoir répondre. La lettre est fort bien. Conseillez à votre amie de ne se donner aucun mouvement. Si j'avois suivi le mien, j'aurois tout rompu d'un seul coup : mais il faut être plus attentif aux désirs que Dieu inspire, quoiqu'il n'en veuille pas toujours l'accomplissement. Je le prie beaucoup pour cette personne, et j'espère qu'il me donnera la décision sur ce qu'il veut d'elle ; mais il faut auparavant tout connoître. Pour vous, ma Fille, marchez en fidélité et en confiance. Notre-Seigneur soit avec vous.

LETTRE LXI.

A MADAME DE LA GUILLAUMIE.

A Meaux, ces 18 et 21 juin 1694.

Je me réjouis, ma Fille, de votre tranquillité. Je n'écris rien, ni n'écrirai rien à personne sur votre désir (*a*). Je penserai soi-

(*a*) La Sœur désiroit d'entrer à l'abbaye des Clairets.

gneusement à vous faire faire la volonté de Dieu : ce n'est pas chose où il faille aller vite, ni sans des marques extraordinaires, ou du moins bien particulières de vocation. Dieu ne veut pas toujours l'accomplissement de tous les désirs qu'il inspire. Soyez donc toujours soumise et fort secrète : j'en userai avec le même secret.

Vous tirerez tout le fruit que Dieu veut de vos sécheresses, si vous continuez, ma Fille, à vous acquitter de vos devoirs comme vous pourrez, sans quitter aucun de vos exercices, et moins encore l'oraison et la communion. Mettez à la place des regrets de vos péchés, qui vous manquent, celui que Jésus-Christ en a offert pour vous à son Père, et rendez-le-vous propre par la foi. Je n'ai plus rien à vous dire sur le reste. Notre-Seigneur, que je prie sans cesse de vous aider, soit avec vous, ma Fille.

LETTRE LXII.

A MADAME DU MANS.

A Meaux, ce 22 juin 1694.

Je suis en peine de votre santé, et encore plus de votre peine qui peut même nuire beaucoup à votre santé. Je suis au reste bien assuré que vous n'avez rien à craindre pour les péchés de votre vie passée, ni rien à suppléer d'obligation dans les confessions générales et dans les revues que vous avez faites, et vous feriez chose agréable à Dieu de vous en tenir là sans rien remuer davantage : que si je vous ai promis de vous ouïr, c'est par pure condescendance. Ainsi vous feriez très-bien de déposer tout doute et tout scrupule, et quand même vous seriez à l'article de la mort; car c'est même principalement à ce moment-là qu'il faut à l'abandon se jeter entre les bras de la miséricorde de Dieu, et quitter tout ce qui empêche le cœur de se dilater en elle. Faites ainsi, et ne craignez rien, et ne songez point à vous confesser de rien du passé, puisque je vous assure que vous y avez satisfait : je vous connois assez pour vous mettre en repos sur cela et sur toutes choses. Allez donc en paix, si Dieu le veut.

Vous voyez, ma Fille, jusqu'où je pousse les choses. Je ne me dépars point cependant de la promesse que je vous ai faite, quoique je n'y croie point de nécessité. Portez votre mal en humilité et en patience. Jésus-Christ soit avec vous. Appliquez-vous, autant que le peut une foi vive, la grande indulgence de sa mort : la foi en porte l'effet jusqu'à l'infini ; et toutes les autres indulgences, qu'il est bon de chercher et de désirer, sont fondées sur celle-là. Je vous bénis de tout mon cœur, et ne cesserai de vous offrir à Dieu.

LETTRE LXIII

A MADAME DE LA GUILLAUMIE.

A Marly, ce 24 juillet 1694

Les plaies que fait le Bien-aimé sont le soutien d'un cœur blessé de son amour : croyez, ma Fille, que c'est de lui qu'est parti le trait qui vient de vous percer. Ne le priez pas qu'il adoucisse la rigueur du coup, mais qu'il vous soutienne pour le bien porter. Les temps des croix sont les temps précieux de la vie : il faut se donner en proie à celui qui par les plaies qu'il nous fait, veut tirer tout notre sang, c'est-à-dire toute la vie des sens. Songez à tout ce que Dieu ôta à Job en un instant, et comme tout ce qu'il lui laissa lui tourna en supplice, il n'eut pas de honte de confesser et de témoigner sa douleur. Ne déchirez pas votre habit ; mais laissez-vous déchirer le cœur par celui qui a voulu vous mettre à cette rigoureuse épreuve. Réunissez en lui seul tout ce que cet objet mortel pouvoit attirer, et vivez de la vérité. Je prie pour vous : Notre-Seigneur soit avec vous à jamais.

LETTRE LXIV.

A MADAME DU MANS.

A Paris, ce 26 juillet 1694.

Quoique je plaigne les novices que vous avez sous votre charge pour être au nombre des Sœurs, je trouve l'autre affaire, que Madame votre abbesse vous confie, d'une telle conséquence, que vous ne devez pas y refuser votre ministère. Il n'est point question, ma Fille, de conduire des contemplatives; mais, sans aucun égard à ces hauts états vrais ou prétendus, d'en examiner les qualités par rapport à la vocation au monastère de Jouarre, sans écouter autre que Dieu. Quand je dis écouter Dieu, je n'entends pas que vous attendiez qu'il vous parle d'une façon particulière : ces manières particulières d'écouter Dieu me font plus douter qu'elles ne me rassurent.

Ecouter Dieu, c'est bien examiner les faits qui peuvent faire ou pour ou contre, peser les raisons, et assurer l'esprit de Madame dans les divers rapports qu'on a pu lui faire. Vous parviendrez à cela, ma Fille, si vous vous tenez sans prévention sur tout ce qui se dit de part ou d'autre; si vous priez Dieu avec une sainte indifférence de vous éclairer, et que sans avoir égard à ce qui se dit de part ou d'autre, vous vous rendiez attentive à la vérité. Car Dieu parle quand on la connoît, et on la connoît quand on la cherche. N'ayez donc ni éloignement ni prévention; penchez plutôt à secourir une ame qui se veut donner à Dieu qu'à la bannir de sa maison; mais regardez les choses simplement; dites-les de même, et Dieu bénira vos intentions qui seront pures, comme celles de Madame votre abbesse le sont.

Tâchez de n'abandonner pas entièrement vos novices : peut-être que la seconde cellérière pourroit en conserver le soin sous votre conduite, et profiter de vos connoissances et du crédit que vous avez sur elles. Voilà, ma Fille, ce que vous avez à faire à cet égard.

Pour ce qui est de vos confessions passées et de l'omission des péchés ou des circonstances aggravantes, vous ferez bien de n'y plus songer. Vous avez bien fait de ne vous en pas confesser ni pendant votre maladie, ni depuis le rétablissement de votre santé. Tenez-vous-en à cette réponse, et me croyez tout à vous.

LETTRE LXV.

A MADAME DU MANS.

A Germigny, ce 11 et 13 août 1694.

Après vous avoir mandé mon sentiment sur vos obédiences, par conseil et non autrement, je vous laisse, ma Fille, à la disposition de Madame votre abbesse et de la divine Providence. Il n'y a plus rien à dire sur les deux novices dont vous m'écrivez : je n'entre pas volontiers dans cet examen sans nécessité. L'année ne se passera pas, s'il plaît à Dieu, que je ne conclue la visite par les règlemens qui seront le plus nécessaires. Ne faites point d'austérités que votre santé ne soit plus forte. Je prie Dieu qu'il vous sanctifie en vérité.

Continuez toujours, ma Fille, dans votre conduite ordinaire avec Madame votre abbesse. Je suis obligé de partir lundi pour Paris : j'irai mon train dans le temps convenable; et comme je vous l'ai dit, je prends pour compliment tout ce qui n'est pas une entière obéissance, comme on la doit à un supérieur qui représente Jésus-Christ, et qui ne veut que la règle. Aussitôt qu'il y aura des *Discours sur la Comédie*, j'en enverrai pour vous, pour Mesdames de Lusanci et de Rodon, et pour nos autres chères Filles et ma Sœur Cornuau.

Notre-Seigneur soit avec vous.

LETTRE LXVI.

A MADAME DE LA GUILLAUMIE.

A Germigny, ce 13 septembre 1694.

Je suis bien aise, ma Fille, du bon effet qu'ont produit en vous les passages de saint Basile et des autres saints, cités dans le livre *de la Comédie :* c'est un flambeau allumé devant les yeux des chrétiens, tant dans le siècle que dehors, pour les faire entrer dans l'incompréhensible sérieux de la vertu chrétienne.

Sur le sujet de vos sécheresses, songez seulement que l'ouvrier invisible sait agir sans qu'il y paroisse, et que le tout est de lui abandonner secrètement son cœur pour y faire ce qu'il sait, et de ne perdre jamais la confiance, non plus que la régularité aux exercices prescrits de l'oraison et de la communion, sans avoir égard au goût ou au dégoût qu'on y ressent, mais dans une ferme foi de son efficace cachée. Notre-Seigneur soit avec vous : je ne vous oublie jamais devant lui.

† J. Bénigne, év. de Meaux.

P. S. Je vous bénis de tout mon cœur avec vos novices, et je loue Dieu des graces qu'il vous fait pour elles.

LETTRE LXVII.

A MADAME DU MANS.

A Germigny, ce 13 septembre 1694.

Je vois bien que la nouvelle de ma mort subite a été portée jusqu'à Jouarre : je n'en sais point de fondement, puisque en vérité je n'ai pas eu seulement mal au bout du doigt. Le fruit de ces bruits que Dieu permet est, ma Fille, de nous tenir tous en la main de Dieu.

Tant que je vivrai, je n'abandonnerai jamais la sainte Maison. Il faut se soumettre à la volonté de Dieu pour l'affaire des réceptions. Si en cette affaire ou dans les autres choses, je tardois par des vues ou pour des affaires humaines, je me reprocherois mes retardemens et mes absences : mais comme Dieu sait que non, c'est à lui à suppléer par sa présence ce qu'il feroit par la mienne. C'est ce que vous pourrez dire à celles qui en sont capables. Je vous donne les permissions et les approbations que vous demandez, qui sont très dans l'ordre. Notre-Seigneur soit avec vous.

LETTRE LXVIII.

A MADAME DU MANS.

A Germigny, ce 10 octobre 1694.

C'est à la paroisse de Coulommiers que j'ai cru faire plaisir, en lui donnant le P. gardien pour prédicateur. J'ai beaucoup d'estime pour lui, et je tâcherai de le conserver en ce pays.

On n'a garde de savoir mes intentions pour la visite; je ne les sais pas moi-même. Je ne porte jamais à ces actions des jugemens déterminés : l'occasion, le besoin décide, et la charité toujours douce, toujours patiente, par-dessus tout. Il faut sur cela s'abandonner à la Providence. Vous parlez bien sur ce sujet, et j'en suis content.

Pourvu que le vin soit pur, naturel et non mélangé, quoique foible par sa nature, il peut servir au sacrifice. Il est bien pourtant d'en donner qui soit un peu plus fort, et surtout qui ne soit point dégoûtant, à cause des mauvais effets de ce dégoût. Quand le vin nouveau sera reposé, il n'y a point d'inconvénient d'en donner.

Désirer et s'humilier sans découragement ni inquiétude, voilà, ma Fille, ce que je vous souhaite.

LETTRE LXIX.

A MADAME DU MANS.

A Germigny, ce 28 octobre 1694.

Le tout est, ma Fille, de ne vous pas décourager de votre découragement. Que trouvez-vous de si nouveau dans vos foiblesses, que pour cela vous vous troubliez jusqu'à vouloir tout laisser là? Quand vous seriez cent fois plus foible, votre infidélité anéantit-elle la bonté de Dieu? et votre infirmité détruit-elle sa force? Pauvre créature! vous vous imaginiez être forte, et voilà que vous vous êtes trouvée telle que vous étiez en effet. Repentez-vous, demandez pardon avec douleur, mais sans chagrin; dites avec David : « C'est maintenant que je commence : » *Dixi, Nunc cœpi*[1]. Et que savez-vous si Dieu ne veut pas commencer en vous quelque chose de nouveau, par une expérience si forte de votre néant? Donnez-vous à lui : remettez-vous tranquillement dans vos exercices. J'espère vous voir le jour des Morts. Je prie Notre-Seigneur qu'il soit avec vous.

LETTRE LXX.

A MADAME DE LA GUILLAUMIE.

A Meaux, ce 5 novembre 1694.

La foi, qui est le principe et le fondement de l'oraison, est la même qui est définie par saint Paul, « le soutien des choses qu'il faut espérer, la conviction de ce qui ne paroît pas[2]. » C'est, ma Fille, cette foi qui nous attache à la vérité de Dieu sans la connoître. Contente de sa sainte obscurité, elle ne désire aucune lumière en cette vie. Sa consolation est de croire et d'attendre; ses désirs sont ardens, mais soumis. L'Epoux lui donne un soutien obscur comme la foi : elle l'aime de cette main; elle baise cette main souveraine, qui la caresse et la châtie, comme il lui plaît :

[1] *Psal.* LXXVI, 11. — [2] *Hebr.*, XI, 1.

ses châtimens mêmes sont des caresses cachées. Il a pitié de sa foiblesse, toujours prêt à lui pardonner ses infidélités, pourvu qu'elle ne perde point courage : il l'entretient à son gré, lorsqu'elle se retire pour l'amour de lui.

Je ne trouve rien que de bien dans l'écrit que vous a lu ma Sœur Cornuau. Je prendrai le temps de lui insinuer ce que vous souhaitez : tenez-vous-en à ce que vous m'avez dit sur son sujet, et agissez avec cette sainte liberté et cordialité qui est le propre des ames dévotes. Désirez l'union parfaite, séparez-vous de tout, et le vrai tout vous sera donné. C'est à peu près ce que je vous ai dit sur la foi, autant qu'il m'en souvient. Notre-Seigneur soit avec vous.

LETTRE LXXI.

A MADAME DU MANS.

A Paris, ce 4 décembre 1694.

Vous n'avez point, ma Fille, à vous mettre en peine de vos confessions précédentes, et je vous le défends absolument : c'est moi qui en réponds à Dieu. Vivez dans cette confiance, et mettez-vous dans le repos qui est nécessaire pour laisser agir le Saint-Esprit. Recevez ses dons sans craindre que vos infidélités en empêchent la vérité : recevez à chaque moment ce que Dieu vous donne; tâchez d'en profiter : quand vous ne le ferez pas, ne vous en affligez pas jusqu'au point de vous chagriner et de perdre courage. Quelle merveille que Dieu soit meilleur que vous, et que sa grace abonde malgré vos péchés!

Les austérités sont très-bonnes; mais saint François de Sales m'a appris que celles qu'on demande par-dessus la règle, régulièrement ne sont pas utiles. Tenez-vous-en là.

LETTRE LXXII.

A MADAME DU MANS.

A Meaux, ce 21 décembre 1694.

Je veux absolument que vous me mandiez qui sont ceux qui se mêlent de me faire parler, afin que je leur fasse savoir doucement dans l'occasion, et sans vous commettre, que je n'ai pas besoin d'interprète. Au reste, ma Fille, ne vous étonnez pas de ces vicissitudes de l'ame; c'est l'apanage de la créature d'être sujette au changement. Priez le seul Immuable qu'il vous affermisse : ne changez rien dans votre conduite au dehors.

Offrez à l'Enfant Jésus le désir d'imiter en tout son obéissance et sa petitesse. Notre-Seigneur soit avec vous.

LETTRE LXXIII.

A MADAME DU MANS.

A Meaux, ce 31 décembre 1694.

Il faut, ma Fille, tenir un milieu avec les Sœurs: ne leur laisser rien passer de considérable; car ce leur seroit un titre pour se mettre comme en possession de mal faire. Du reste, c'est un grand sujet de nous humilier, lorsque nous commettons des fautes nous-mêmes en reprenant celles des autres; mais il n'en faut pas moins faire son devoir : ce n'est pas nous, c'est la charge, c'est l'ordre de Dieu qui doit agir; c'est Dieu même par conséquent, et nous ne faisons que lui prêter ministère.

Si nous étions bien persuadés de notre extrême foiblesse, nous ne serions pas si étonnés lorsque nous tombons dans des fautes, et je vous avertis que dans la description que nous en faisons, il s'y peut souvent mêler beaucoup d'amour-propre, qui attire insensiblement un certain découragement ou une espèce de chagrin. Ne vous arrêtez pas à éplucher tout avec inquiétude: mais quand votre conscience vous avertira d'une faute bien véritable, tournez-vous à Dieu en lui disant : Hé bien, Seigneur, quelle merveille qu'une pécheresse pèche? Soutenez-moi, je vous en prie; autrement je ferai toujours de même. Cela dit, demeurez humiliée, et non troublée devant lui, et il viendra à votre secours quand vous y penserez le moins. Seulement soyez fidèle à vos exercices, et à la fréquentation des sacremens, surtout de ce grand sacrement de l'Eucharistie où est toute notre force. Notre-Seigneur daigne vous donner une bonne année.

LETTRE LXXIV.

QUESTIONS FAITES PAR MADAME DU MANS,

AVEC LES RÉPONSES DE BOSSUET

Ce 30 mars 1695.

Première demande. Quand on a reçu pour pénitence en confession d'offrir à Dieu toutes les bonnes actions de sa vie, toutes celles de la règle que l'on a embrassée, peut-on, Monseigneur, recevoir plusieurs fois cette même pénitence de différens confesseurs, et à plusieurs confessions même générales?

Réponse. Quand c'est le même confesseur, il faut croire qu'il n'a dessein que d'inculquer davantage cette obligation, qui d'ailleurs est de droit divin et naturel dans son fond : quand c'est un autre confesseur, il faut l'avertir afin qu'il s'explique.

Seconde demande. Quand on craint d'abuser des graces de Dieu, peut-on dans cette vue-là le prier de nous en faire moins, afin d'être moins coupable; et ne se la rend-on point de se priver de ces graces particulières si volontairement?

Réponse. Ce seroit un mauvais motif, qu'il ne faut jamais avoir. Quand les saints ont dit : C'est assez, c'étoit des graces de douceur et de sensibilité, comme contraires souvent à l'esprit de la croix.

Troisième demande. Ne se trompe-t-on point quand les touches de Dieu font verser des larmes, lorsqu'on se trouve encore sensible aux créatures, et qu'à leur occasion on en verse? Il me semble que les premières devroient tarir les secondes.

Réponse. C'est foiblesse d'être si sensible pour les créatures : mais il ne s'ensuit pas que ce soit tromperie de s'abandonner aux mêmes impressions pour les choses de Dieu : ce qui est imparfait n'est pas toujours faux pour cela.

Quatrième demande. Peut-on se distraire et se dissiper volontairement, quand une certaine application à Dieu cause quelque mal de tête; et dans la crainte de devenir infirme, ne pas aller aussi loin que semblent le demander les vues que nous croyons que Dieu nous donne?

Réponse. Cela se peut et se doit.

Cinquième demande. Quand on se sent dans l'abattement du corps et de l'esprit, et qu'on ne sauroit discerner si c'est paresse, dégoût des choses de Dieu, tentation, négligence ou infirmité, fait-on autant de fautes devant Dieu que cet état-là nous le donne à croire, et faut-il le dire au confesseur?

Réponse. Ce ne sont pas là toujours des fautes : il n'est pas besoin de les confesser, ni encore de s'en faire de scrupule. Il y a bien des choses qu'il n'est pas besoin de trop pénétrer. Il faut toujours s'humilier devant Dieu, mais non toujours se livrer à l'anxiété de se confesser.

Sixième demande. Est-il plus parfait dans les peines intérieures et extérieures de s'abandonner à Dieu, sans en demander du soulagement ou la délivrance, quoique avec soumission à sa volonté; et n'y a-t-il point de la témérité à les vouloir porter sans le soulagement d'un directeur ou d'une amie confidente?

Réponse. Cela dépend des occasions qu'on a de traiter avec un sage directeur, et des circonstances particulières. Il y a beaucoup de choses à traiter entre Dieu et soi, sans y admettre un tiers, qui souvent fait un embarras.

Septième demande. Quand la nature se sent plus contrariée d'une chose que d'une autre, et qu'on a vu que Dieu demande qu'on fasse choix de celle qui nous fait peine, est-ce, Monseigneur, une faute de ne pas suivre cette vue? L'on nous dit que toutes ces pensées-là ne sont pas des inspirations, comme nous le croyons.

Réponse. Ces vues particulières ne sont pas des règles : il y faut fort peu adhérer, et agir bonnement avec Dieu qui est la bonté même.

Huitième demande. Peut-on faire servir la lecture que nous faisons faire à nos enfans, pour celle que la règle nous prescrit? Ce ne sont pas de celles à qui l'on apprend; j'entends celles qui le savent parfaitement.

Réponse. Cela se peut; et encore qu'on n'apprenne rien de nouveau, c'est toujours beaucoup de renouveler et comme rapprendre de nouveau, en se mettant au rang des enfans.

Neuvième demande. Doit-on, sans votre permission, se faire donner par les confesseurs, des pénitences extraordinaires, dans des temps de ferveur qui prennent?

Réponse. On le peut, avec discrétion et circonspection.

Dixième demande. Quand une supérieure a ordonné quelque chose qu'on n'approuve pas, quoiqu'on veuille bien obéir, il se fait un murmure et un caquet intérieur qui se soulève contre elle et contre ce qu'elle ordonne : cela est-il mal, et l'obéissance est-elle désagréable à Dieu?

Réponse. Ce murmure est le plus souvent involontaire, et de ceux qu'il faut laisser écouler comme l'eau, sans s'entêter à le combattre.

Onzième demande. Lorsqu'une personne vous a fâché et vous a fait peine, quoiqu'on réprime ce mouvement en se taisant, l'intérieur étant troublé et ne pouvant empêcher le trouble ni dans l'oraison ou autres prières, est-on coupable devant Dieu? Est-ce une faute dont il faille se confesser et qui doive empêcher la communion?

Réponse. J'en dis autant que du précédent article.

Douzième demande. Puis-je sans scrupule préférer les besoins ou instructions de mes novices à mes lectures spirituelles, que vous savez que notre sainte règle nous prescrit chaque jour, quand l'on a aussi peu de temps et chargée comme je la suis?

Réponse. Vous le pouvez sans scrupule et vous le devez, Dieu l'aura fort agréable.

Treizième demande. J'aurois bien souhaité que vous eussiez la bonté de me fixer le temps où il vous plaît que je fasse la lecture des évangiles que vous m'avez donnés pour pénitence à lire pendant quinze jours.

Réponse. Il faut tâcher de n'avoir plus rien à me dire sur les pénitences que j'ai données, après la chose faite, parce que pour plusieurs raisons je n'y puis rien ajouter ni diminuer.

Quatorzième demande. Il faut vous avouer que tout ce qui me consoloit le plus, et où je trouvois de l'onction et du goût, me fait peur, et je crains de m'y ennuyer : je ne sais ce que je vais devenir, Monseigneur. Oh! que le salut me paroît difficile aujourd'hui! Ne rien faire pour Dieu, n'être qu'importune à son pasteur, et être insupportable à soi-même : enfin, Monseigneur, que devient-on dans un tel état? Je n'ai presque plus d'espérance d'aucun côté. Vous nous avez dit dans votre exhortation que celui-là aime davantage à qui on a plus remis, et que celui-là aime moins à qui on a moins remis : je crains donc que tous mes péchés ne me soient point remis, puisque je n'aime point, et que je ne gagnerai pas le jubilé, puisque je me sens déjà toute désespérée. Enfin je n'ai point coutume d'être comme je suis : d'où cela peut-il venir? J'ai la cervelle toute renversée; de sorte que j'oublie que j'abuse de votre patience. Je vous en demande mille pardons, et mille fois je me prosterne devant vous, Monseigneur, pour vous conjurer d'avoir pitié de moi. Ce n'est pas manque de vénération et de respect, que je vous dis tout ceci : je vous honore et chéris plus que jamais, et vous promets en tout ce qu'il vous plaira de m'ordonner une parfaite soumission, etc.

Sœur Du Mans.

Réponse. Quoi, vous pensez à ce que vous allez devenir! Est-ce là comme vous vous abandonnez à Dieu?

Vous avez peur que le temps des consolations ne soit passé. Qui vous a dit les desseins de Dieu, et comment osez-vous entrer dans ses conseils? Recevez humblement ce qu'il vous donne, et ne pensez point à ce qu'il veut faire que lorsqu'il lui plaît de se déclarer.

Ma Sœur Cornuau est ici : je lui ai dit l'état des choses et vos bonnes volontés : du reste votre bonne et prudente abbesse fera ce qu'il lui plaira. Si c'est par rapport à moi qu'elle change et qu'elle vacille, je crains qu'elle n'en réponde un jour à Dieu : quant à moi j'ai dit ce que j'ai à dire, et n'y ajouterai pas une syllabe. Notre-Seigneur soit avec vous.

LETTRE LXXV.

A MADAME DU MANS.

A Meaux, ce 4 et 5 janvier 1695.

Reprenez vos communions : demandez pardon à Dieu de les avoir interrompues. Pour vos novices, tenez-les autant que vous pourrez entre le désir et la jouissance : ménagez-leur les consolations comme les peines ; servez-vous de la faim de communier dont quelques-unes vous paroissent pressées, pour les engager à devenir humbles : faites-leur dire *Magnificat* toutes ensemble dans le noviciat, et dites-le avec elles.

Je vous vois, ma Fille, trop étonnée quand vous tombez en quelque faute : humiliez-vous, encouragez-vous, mettez votre confiance en Dieu seul, et demeurez en repos. Je trouve très-bon que vous parliez à celles des novices qui ont été sous votre charge. Pour les abstinences, après l'âge de sept ans je m'en rapporte aux médecins : avant cela, il ne faut point en être en peine. Notre-Seigneur soit avec vous.

LETTRE LXXVI.
A MADAME DE LUYNES.
A Meaux, ce 4 janvier 1695.

Quoi, ma Fille, tant d'éloquence avec un si beau présent! C'en est trop, et je ne puis y répondre. Je remettrai en effet la réponse à demain; mais je ne puis tarder davantage les remercîmens que je dois à un secrétaire dont le mérite est si rare et brille avec tant d'éclat; qui m'a toujours honoré d'une affection si distinguée, comme j'ai toujours eu pour lui tant d'estime et de confiance.

LETTRE LXXVII.
A MADAME DU MANS.
A Meaux, ce 13 janvier 1695.

Je suis bien aise, ma Fille, que tout se soit bien passé, et que Madame soit aussi contente de la communauté que la communauté d'elle : c'est ainsi qu'il faut agir. Plus elle montre de bonté et de confiance, plus il faut avoir de complaisance et de soumission; et ce sera là ma joie. Je me réjouis en particulier avec nos Filles : apprenez-leur bien qu'elles doivent prendre un autre esprit que celui qui a régné jusqu'ici parmi les Sœurs à Jouarre. Travaillez à le déraciner, et concourez en cela avec tous les bons desseins de Madame votre abbesse. La soumission est le principal; la fidélité à la maison est le second point; la paix et la concorde, le troisième. Notre-Seigneur soit avec vous.

LETTRE LXXVIII.

A MADAME DE LUYNES.

A Meaux, ce 13 janvier 1695.

Le récit que vous me faites me ravit : le comble de ma joie, c'est de voir cette parfaite union ; une digne abbesse contente, et une communauté également satisfaite. Vous voyez, ma Fille, que Dieu aime Jouarre. Vous en faites un ornement principal, et je vous y vois honorée et chérie de tout le monde. Je suis ravi quand j'entends Madame l'abbesse parler de vous comme elle fait : mais vous avez encore plus le solide que tout le reste. Je vous rends graces de votre lettre, et suis à vous, ma Fille, comme vous savez.

LETTRE LXXIX.

A MADAME DU MANS.

A Paris, ce 19 janvier 1695.

Prenez, ma Fille, un soin particulier de vos Filles qui sont à recevoir : faites-leur promettre d'entrer dans un esprit de soumission particulière, et de se gouverner par la règle et l'obéissance, et non point par les exemples.

Vous pouvez dire à Madame d'Albert que j'ai fort approuvé vos vues sur les vœux, et que j'en ai écrit à Madame comme de moi-même. Notre-Seigneur soit avec vous.

LETTRE LXXX.

A MADAME DU MANS.

A Paris, ce 28 février 1695.

Je ne suis point d'avis, ma Fille, que vous remettiez votre office à Madame votre abbesse. Considérez ce que c'est que de travailler pour les ames : on regagne avec usure d'un côté ce qu'on croit perdre de l'autre. Il faut préférer à tout, excepté à l'obéissance, le bonheur de n'avoir à songer qu'à soi. Continuez à bien instruire vos Filles sur les points que je vous ai marqués. Dites sincèrement vos sentimens sur celles qui sont à recevoir : dans le doute, inclinez par charité à la réception. Notre-Seigneur soit avec vous, ma Fille.

LETTRE LXXXI.

A MADAME DE LA GUILLAUMIE.

A Paris, ce 25 avril 1695.

Etant revenu ici, ma Fille, où j'ai trouvé parmi mes papiers votre lettre du 12 avril, je vous y fais réponse sur-le-champ ; et je vous prie de m'excuser sur la peine que vous aura donné un billet de moi à ma Sœur Cornuau, où j'avois confondu cette lettre de vous avec quelques autres.

Ce que vous avez à faire à l'égard de votre novice, c'est premièrement, comme je crois vous l'avoir dit, de lui faire envisager les obligations de son état en lui-même, selon la règle et sans aucun égard à tous les exemples qu'elle verra, en quelque lieu et en quelque personne que ce soit, parce qu'elle ne sera pas jugée selon les exemples, mais selon les règles qui sont dictées par le Saint-Esprit, approuvées de toute l'Eglise et conformes à l'Evangile. Secondement, mettez-lui bien dans l'esprit cette parole du Psalmiste : « Ecoutez, ma Fille, et voyez ; oubliez votre peuple et la maison de votre père[1]. » Dites-lui bien qu'un des grands obstacles à la grace que Dieu veut faire aux personnes de sa naissance qui se consacrent à Dieu, c'est de s'occuper, pour peu que ce soit, de leur extraction : car une chrétienne doit croire qu'il n'y a rien dans sa naissance qui ne soit à déplorer, et qu'elle doit compter pour sa véritable naissance sa seconde nativité par le baptême, où l'image de Dieu, qui fait toute la dignité de la créature raisonnable, a été réformée et renouvelée.

C'est à cette condition, et par le mépris de tous les avantages que la foiblesse humaine veut imaginer dans les naissances que le

[1] *Psal.*, XLIV, 11.

monde appelle grandes, qu'elle acquerra une beauté intérieure très-cachée, qui fait ajouter au Psalmiste : « Et le roi désirera votre beauté. » Ce roi, c'est Jésus-Christ, le vrai Roi de gloire, mais qui a mis sa gloire et sa beauté dans l'humilité et dans la bassesse. Il ne peut être touché que de ce qui lui ressemble ; et le moindre acte d'humilité vaut mieux pour une ame chrétienne que tout l'éclat du monde, qu'il faut oublier entièrement, et dont il faut perdre autant qu'on peut toute l'idée, selon ce que dit le Psalmiste : *Obliviscere* : « Oubliez. » Il ne dit pas : Faites-en peu d'état ; mais : Oubliez, comptez tout cela comme n'étant pas et n'ayant jamais été, parce qu'en effet ce n'est rien. Et pour effacer cette idole trop inhérente dans les esprits, il est bon de faire des actes d'humiliation, tels que les feroient les servantes : mais le secret est de les faire dans l'esprit d'un véritable dépouillement, ne s'estimant pas plus que si en effet on étoit né dans la plus basse condition, à cause, encore un coup, que tout ce qui n'est pas Dieu et ne nous approche pas de Dieu, est un rien et moins qu'un rien, puisqu'il ne sert qu'à nous faire pécher et à nous enorgueillir : ce qui est la chose du monde qui déplaît le plus à Dieu ; ce qui aussi lui fait dire par la bouche de son Prophète : « Pourquoi vous glorifiez-vous, terre et cendre? » En voilà assez pour cette fois : une autre fois, quand Dieu le donnera, nous en dirons davantage.

Pour ce qui est de votre oraison, laissez là Malaval et tous les maîtres humains, si vous voulez que le Saint-Esprit vous enseigne au dedans. C'est lui qui vous apprendra ce silence de paroles et de pensées qui consiste à se tenir devant Dieu dans le vrai esprit de la foi, qui est sans doute une pensée, mais une pensée très-simple, qui en produit d'autres aussi simples qu'elle, qui sont l'espérance et l'amour. Quant à la sécheresse où l'on tombe dans la cessation de l'attrait, il ne faut point s'en étonner ; mais aller son train avec Dieu, se réduisant à la simple obscurité de la foi, et s'enfonçant dans son pur néant où l'on trouve Dieu.

Je suis très-aise de vous voir peinée de l'inutilité des discours : c'est ce qui vous doit attirer à parler beaucoup à Dieu, et à ne parler aux créatures qu'autant que l'obéissance et la charité le demandent. La bienséance fait une partie de la charité, parce que la charité, autant qu'elle peut, ne veut fâcher personne. Pour celles qu'il faut fâcher en les reprenant, c'est un grand don de Dieu de le bien faire. Il faut bien se garder de mollir, ni de leur faire des excuses : car ce seroit détruire l'ouvrage de la correction, mais l'accompagner de toute humilité et douceur. Et loin que la mauvaise disposition de celles qui la reçoivent mal doive éloigner de prier, c'est un nouveau sujet de prier. Car lorsque ceux à qui nous parlons de la part de Dieu ne nous écoutent pas, c'est alors qu'il faut parler à Dieu pour eux, et le prier de nous donner le véritable esprit de charité dans la répréhension. Pour ce qui est de cesser de les reprendre, il ne le faut faire qu'à l'égard des incorrigibles, et encore quand on y voit de l'orgueil; et en même temps leur faire entendre que si on les reprend moins, ou qu'on cesse de les reprendre tout à fait, c'est un grand sujet de tremblement pour eux, puisque leur état en ce cas ne diffère en rien de celui d'un malade abandonné par les médecins, à qui l'on ne donne plus de remèdes, ou à qui l'on n'en donne guère. Il faut qu'ils sentent qu'on est toujours prêt à les leur rendre avec autant de charité et de patience que jamais, pour peu que le sentiment et la santé leur reviennent : et quand on en est réduit à ne leur plus parler, c'est une raison de se rejeter dans ce silence intérieur, afin que Dieu parlant en nous, nous ne parlions plus que par son esprit.

Je vous dirai encore un mot sur le sujet de Malaval; c'est que son livre a été condamné à Rome, et que peut-être je serai obligé de le condamner moi-même pour plusieurs excès, et entre autres, parce qu'il éloigne de Jésus-Christ et de sa sainte humanité. Il ne laisse pas d'y avoir quelques bonnes choses dans son livre, mais si mêlées que la lecture n'en peut être que dangereuse. Ne vous étonnez pourtant pas du goût que vous y avez trouvé, car Dieu se sert de qui il lui plaît : il suffit de laisser là les livres mêlés de bien et de mal, quand on en est averti.

Ma Sœur Cornuau peut vous laisser ses papiers; je lui en donne une entière liberté. Notre-Seigneur soit avec vous.

† J. Bénigne, év. de Meaux.

P. S. Si vous avez la *Vie de saint François de Sales* par M. de Maupas, évêque du Puy, lisez la page 42 et suivantes, de l'abrégé de l'esprit intérieur ; vous verrez qu'il dit mieux que Malaval.

LETTRE LXXXII.

A MADAME DE LA GUILLAUMIE.

A Paris, ce 6 mai 1695

Ne soyez point en peine de votre oraison, ma Fille : elle est très-bonne, comme vous me l'avez exposée ; et si Malaval vous instruisoit en quelques endroits, Dieu, qui vous instruisoit bien, vous en a fait prendre ce qui étoit bon, et il a béni selon sa coutume vos bonnes intentions. Vous n'avez rien à dire à personne sur ce sujet ; et mon *Ordonnance*, que j'enverrai lundi de Meaux, vous instruira toutes. Notre-Seigneur soit avec vous.

LETTRE LXXXIII.

A MADAME DE LUSANCI

A Germigny, ce 17 mai 1695.

Il est vrai, ma Fille, que les péchés véniels n'ont pas causé la mort à Jésus-Christ : mais outre qu'ils sont par d'autres endroits haïssables en eux-mêmes, ils ont encore ceci de malin, que faits volontairement ils disposent au péché mortel, et peuvent de ce côté-là avoir rapport à la mort du Sauveur des ames : du moins on ne peut douter qu'ils n'aient pu ajouter quelque augmentation à ses peines, puisque c'est par le mérite de son sang qu'ils sont remis. La confession de ces péchés, faite avec les dispositions convenables et surtout avec un désir sincère de s'en corriger, produit l'accroissement de la grace sanctifiante et des secours actuels pour les éviter.

LETTRE LXXXIV.

A MADAME DU MANS.

A Meaux, ce 27 mai 1695.

On a bien parlé de vous à Germigny; on y a vu de vos lettres : on vous y désiroit d'un côté, de l'autre on préféroit les solitaires. Il ne faut point s'embarrasser des actes : il y a un article qui doit tirer de peine celles qui les veulent faire trop méthodiques, trop arrangés et trop formels. Ne soyez en peine de rien sur cela : votre oraison doit être simple, du cœur et non de l'esprit, et plus humble que délectable. Abandonnez vos infidélités à la miséricorde de Dieu, et vivez en paix.

Régulièrement parlant, le plus sûr pour les dispenses, comme pour le reste, c'est de s'en tenir à l'obéissance. Je ne trouverois pas mauvais que vous vous en affranchissiez quelquefois sur le sujet des dispenses, quand ces deux choses concourent ensemble : l'une, que vous vous soyez assurée qu'il n'arrivera aucun accident ou inconvénient à la santé ou autrement, pour s'être tenu à la régularité; l'autre, que vous voyiez clairement qu'on relâche de l'obligation du maigre et du jeûne plutôt par une espèce d'inadvertance qu'avec une attention sérieuse. Dans le doute, prenez le parti de l'obéissance. Pour le reste, le temps viendra; et il vaut mieux avoir patience que de tout pousser à bout en précipitant. Notre-Seigneur soit avec vous.

LETTRE LXXXV.

A MADAME DE LUSANCI.

A Meaux, ce 10 juin 1695.

Il est vrai, ma Fille, que M. l'abbé votre frère m'a prié de la part de toute la famille, d'inviter Madame votre abbesse à vous mener à Lusanci : mais je lui ai répondu fort franchement que c'étoit chose peu convenable que je prévinsse, et que tout ce qu'on pouvoit attendre de moi, c'étoit de permettre. Je sais vos sentimens là-dessus, aussi bien que ceux de Madame votre nièce. Je ne vous dissimulerai pas, à présent que les choses sont faites, que je n'eusse été bien aise de vous voir avec les autres : mais il ne m'arrivera jamais de prévenir là-dessus, et je ne croirois pas obliger celles pour qui je ferois ces avances. Je ne saurois assez louer l'amour que vous avez, et que vous inspirez à Madame votre nièce pour la clôture. Hélas! Dieu nous échappe assez par notre foiblesse, sans que nous allions encore nous échapper davantage. Fuyons, fuyons, cachons-nous; fuyons les saints mêmes que nous ne trouvons pas dans le clos sacré de l'Epoux. Notre-Seigneur soit avec vous.

† J. Bénigne, év. de Meaux.

P. S. J'ai depuis reçu votre lettre par le P. Berard : je n'ajoute rien pour la sortie. Les entretiens utiles sur les choses fâcheuses sont bons : ceux de décharge sont meilleurs étant supprimés.

Quand vous aurez des personnes de naissance à proposer pour Jouarre, j'en ferai très-volontiers la proposition sur votre parole, sans vous y mêler qu'autant que vous voudrez. Pour celle-ci, je ne la connois en aucune sorte; et quelque obligé que je sois à Madame de Jouarre de la bonne réception qu'elle lui a faite, je ne m'y intéresse pas davantage, sans pourtant lui vouloir nuire. J'approuve fort la préférence donnée aux personnes de naissance qui ont de bonnes dispositions, dont l'éducation est meilleure, et souvent les besoins plus grands d'une certaine façon.

LETTRE LXXXVI.

A MADAME DU MANS.

A Meaux, ce 10 juin 1695.

Je n'approuve point du tout que vous avez remis votre obédience. Je vous admire de vouloir qu'on vous règle en tout, et cependant, ma Fille, de faire des choses si importantes sans en dire un mot. Sachez que dans la vie spirituelle il ne faut jamais rien donner à la peine. Si vous alliez un peu mieux votre droit chemin, vous songeriez plutôt à avancer toujours devant vous qu'à tant réfléchir sur vous-même. Je ne dis pas qu'il ne faille examiner ses dispositions, mais ce n'est pas pour abandonner les emplois où Dieu nous a mis. Puisque cela est fait, attendez l'ordre de Madame votre abbesse, et ne répliquez seulement pas.

J'approuve bien que cette bonne Fille fasse la règle le mieux qu'elle pourra, mais non qu'elle s'y astreigne par vœu. Notre-Seigneur soit avec vous, ma Fille.

LETTRE LXXXVII.

A MADAME DU MANS.

A Germigny, ce 17 juin 1695.

J'ai vu à Meaux un moment cette sainte et humble servante de Dieu, qui m'a paru fort pressée : ainsi je n'ai pas compris qu'elle eût rien à demander. C'est au retour, en venant ici, qu'on m'a rendu vos lettres. Je m'en vais demain en visite, et je ne sais, ma Fille, quand je reviendrai précisément. Cette bonne fille vous trouve bien précipitée : cependant toute la vertu consiste à attendre les momens de Dieu, et à porter avec patience ce qu'on ne peut empêcher. Vous avez bien fait de demeurer dans votre obéissance. Agissez en conscience dans le rapport que vous faites des filles, et puis abandonnez tout à la Providence. Notre-Seigneur soit avec vous.

LETTRE LXXXVIII.

A MADAME DU MANS.

A Germigny, ce 1er juillet 1695.

Je suis très-touché de la mort de Madame de la Grange : je la recommande à Notre-Seigneur. Je suis arrivé depuis lundi, et je n'ai eu qu'aujourd'hui le temps d'écrire.

Songez, ma Fille, que la sécheresse est un des moyens dont

Dieu se sert pour nous réunir à lui, en nous faisant perdre toute espérance en nous-mêmes.

Ne réitérez jamais vos confessions : quand vous avez fait un examen sérieux durant un petit quart d'heure, abandonnez tout le reste à la miséricorde de Dieu. Quand dans un doute raisonnable vous vous croyez obligée de recommencer, si la matière est grière, marquez la faute comme oubliée dans la confession précédente. J'appelle doute raisonnable celui où l'on a une espèce de certitude de n'avoir pas confessé un certain péché : le reste doit être à l'abandon. Il n'est pas nécessaire d'en faire la confession au même. Laissez croire au confesseur ce qu'il lui plaira, et ne vous inquiétez pas quand vous ne serez pas connue : il est bon pourtant que vous la soyez.

Je crois qu'en l'absence de Madame l'abbesse vous aurez pu exécuter ce qu'a souhaité de vous Madame de Sainte-Dorothée. Je trouve bon que vous payiez les petites dépenses pour les lettres. Je prie Notre-Seigneur qu'il soit avec vous.

LETTRE LXXXIX.

A MADAME DU MANS.

A Paris, ce 16 juillet 1695.

Jouissez, ma Fille, en paix et en soumission de la grace que Dieu vous a faite à la dernière confession ; mais ne vous y arrêtez pas de manière que vous abandonniez vos communions, si cette onction vient à vous manquer : je m'en charge de bon cœur devant Dieu. Quant à cette bonne personne, je lui aurois donné tout le temps qu'elle eût voulu, si elle n'eût paru si pressée. Notre-Seigneur en a disposé autrement. J'aurai soin de faire rendre à Madame d'Albert l'*Ordonnance* qu'elle vous a donnée pour elle. Je m'offre à Dieu de tout mon cœur, pour prendre tous les soins nécessaires pour établir à Jouarre le règne de Dieu. ie le prie d'être avec vous à jamais.

LETTRE XC.

A MADAME DU MANS.

A Germigny, ces 13 août et 25 septembre 1695.

Je crois, ma Fille, que Dieu vous inspire la prière que vous voulez faire, et je vous l'ordonne de bon cœur. Conformez-vous à l'obéissance, et contentez Madame l'abbesse. Il n'y a guère d'apparence au voyage que je méditois avant la fête. Je ne vous oublierai pas au saint autel au jour du prochain triomphe. Puissiez-vous être une vraie fille de l'Assomption (*a*), élevée au-dessus du monde et toute abîmée dans la gloire de Jésus-Christ par l'espérance, en attendant la jouissance.

Je suis bien aise, ma Fille, de voir dans votre lettre du 22 août les dispositions de Madame votre abbesse pour contenir les Sœurs, et la consolation que vous a donnée le chapitre qu'elle a tenu sur ce sujet. Sur l'observance dont vous me parlez, je m'en rapporte à votre sentiment et à la décision de Madame l'abbesse. Je prie Notre-Seigneur qu'il soit avec vous, et je vous bénis en son saint nom.

LETTRE XCI.

A MADAME DU MANS.

A Germigny, ce 30 septembre 1695.

N'hésitez point, ma Fille, faites votre charge; n'engagez point votre conscience; en vous retirant ou vous taisant, quand il faut que vous parliez, ou parlant contre votre pensée. Il ne faut point pour cela demander votre décharge; demeurez dans l'obéissance : vous pouvez dire seulement avec beaucoup de respect qu'on vous ôte de votre place, si on ne vous laisse point parler librement, et qu'on ne se donne pas à Dieu pour lui manquer. Pour le surplus, j'écris à ma Sœur Cornuau comme vous souhaitez. Notre-Seigneur soit avec vous.

(*a*) Elle s'appeloit *Sœur de l'Assomption.*

LETTRE XCII.

A MADAME DU MANS.

A Germigny, ce 8 octobre 1695.

Je plains Jouarre; et il est vrai, mes Filles, que ce que j'y perds (a) m'y faisoit trouver beaucoup de consolation : mais vous pouvez vous assurer que ma considération ni mes soins ne diminueront pas par cette retraite. Ma conscience et la volonté de Dieu sont mon unique règle. Je suis à vous, mes Filles, comme vous savez, et je ne vous manquerai jamais, ni à pas une de mes Filles : assurez-les-en comme si je les nommois toutes en particulier.

LETTRE XCIII.

A MADAME DE LUYNES

A Germigny, ce 12 octobre 1695.

Je ne crois pas, ma Fille, que vous deviez différer d'envoyer votre procuration. J'avoue que c'est un nouveau pas, et que c'en sera un bien plus grand de partir; car le retour sera presque impossible, et les religieuses de Vilarseaux emploieront tout pour vous retenir. Quelle raison leur pourra-t-on dire qui ne soit très-désobligeante? Je n'en envisage presque point. Cependant je crois qu'il faut partir, et que Dieu le veut. Je n'y sais point autre chose, que de prendre pour marque de sa volonté les conjonctures inévitables selon la prudence et les conseils des gens sages, et surtout de ceux à la conduite de qui Dieu vous a soumise. Allez donc avec le mérite de l'obéissance. Quand il faudroit revenir, Jouarre ne seroit pas pour cela votre pis aller, puisqu'on voit que vous n'en partez que pressée et presque violentée par votre famille, à qui le moins que vous puissiez accorder, c'est de reconnoître et

(a) Les dames de Luynes qui y étoient religieuses, et qui paroissoient devoir bientôt quitter Jouarre pour aller à Vilarseaux. Ce projet n'eut pas lieu; mais deux ans après l'aînée fut faite prieure de Torci, dans le diocèse de Paris, où sa sœur madame d'Albert la suivit. (*Les édit.*)

d'éprouver. Quant à vos nouvelles religieuses, la raison de votre santé, qu'on sait être délicate, sera suffisante et n'aura rien de choquant. Madame de Notre-Dame de Soissons, qui a été, quoique en passant, dans ce monastère, dit qu'il est fort beau et la communauté très-réglée, mais que la situation dans un fond n'est pas agréable : l'air pourroit ne vous être pas bon ; mais le dire sans épreuve, ce seroit montrer trop de répugnance à une chose qui vous est offerte si obligeamment. Enfin donc, ma Fille, il faut disposer toutes choses pour partir, et sacrifier vos répugnances aux ordres de Dieu, qui sait ce qu'il en veut faire. Vous verrez le reste dans la lettre à Madame d'Albert. Ne vous engagez ni pour la Sœur de l'Assomption ni pour Saint-Placide : je ne vois rien de faisable dans leurs projets.

LETTRE XCIV.

A MADAME DE LUYNES.

A Germigny, ce 18 octobre 1695.

Je crois, ma Fille, qu'il n'y a plus à délibérer : l'attrait invincible que Dieu vous rend pour demeurer dans l'humilité d'une vie privée et obéissante, est un grand don de sa grace, et vous devez suivre l'instinct que vous avez d'y persévérer. Dieu n'a permis ce qui est arrivé que pour donner lieu à la réflexion que vous avez faite sur le poids de la supériorité. Vivez donc dans la soumission : prenez une ferme résolution de n'écouter plus rien qui vous en tire : prenez les moyens les plus efficaces pour être plus que jamais retirée et dans le silence ; vous y connoîtrez Dieu mieux que jamais. J'écris à M. le duc de Chevreuse, qui cédera à mes raisons, et fera entrer dans nos sentimens Madame la duchesse de Luynes. Ecrivez-lui vos sentimens en toute simplicité : priez-la de remercier Madame l'abbesse de Saint-Cyr et ces saintes religieuses, qui vous ont tant désirée. Dieu sera avec vous, et vous ferez sa volonté. Je salue Madame votre sœur, et suis à vous dans le saint amour de Notre-Seigneur.

Pardonnez-moi mon brusque départ d'hier : je voyois le temps s'avancer, et je ne voulois pas me mettre comme la dernière fois dans la nuit, où je courus risque de verser : d'ailleurs je n'avois rien à vous dire encore, et il me falloit le peu de temps que j'ai pris pour me déterminer.

LETTRE XCV.
A MADAME DU MANS.
A Germigny, ces 22 octobre et 7 novembre 1695.

On ne doit point retirer un confesseur du confessionnal, ni en quelque manière que ce soit interrompre la confession sans une extrême nécessité.

Si la communion accordée extraordinairement à quelques-unes des Sœurs trouble la paix des autres au point que vous me le dites, il vaut mieux, ma Fille, rendre la chose égale.

Pour vous, allez toujours en simplicité : ne vous défiez point de Dieu : abandonnez-vous à lui. Tout le bien vient de lui, et lui seul peut empêcher le mal qui viendroit de nous naturellement. A lui soit honneur et gloire dans tous ses saints.

LETTRE XCVI.
A MADAME DE LUYNES.
A Meaux, ce 23 octobre 1695.

Vous êtes heureuse, ma Fille, si vous persistez dans le dessein que vous avez pris par un véritable amour d'une vie particulière et très-retirée. Si vous sentez dans votre cœur quelque autre motif, quel qu'il soit, de la répudiation de la supériorité qu'on vous offre, purifiez votre cœur; et cachée en Jésus-Christ le reste de votre vie, songez à ne paroître qu'avec lui. Heureuse, encore une fois, trois et quatre fois heureuse, et plus heureuse que si l'on vous donnoit les plus belles crosses, de posséder votre ame en retraite et en solitude, sans être chargée de celle des autres. C'est ce que Dieu demande de vous, et il me le fait sentir plus que jamais.

LETTRE XCVII.

A MADAME DU MANS

A Meaux, ce 20 décembre 1695.

L'ordre de l'Eglise étoit anciennement de recevoir la confirmation avant la communion : c'est encore aujourd'hui son esprit, puisqu'elle fait donner la confirmation à sept ans, et qu'elle diffère la communion jusqu'à dix ou douze, ou plus. Il n'y a que la nécessité qui dispense de ces règles : vous pouvez là-dessus prendre votre résolution.

LETTRE XCVIII.

AUX RELIGIEUSES DE JOUARRE.

A Meaux, ce 5 janvier 1696.

Tout ce qui part de vos mains, mes Filles, est agréable et béni de Dieu. Je reçois de bon cœur votre agape, comme sortie de la crèche de Bethléem. Je révère l'illustre abbesse qui a bien voulu paroître à la tête de vos signatures. Je répute pour très-présente celle qui a signé sans y être. J'honore la sainte assemblée, et j'assure le secrétaire d'une reconnoissance particulière.

LETTRE XCIX.

A MADAME DU MANS.

A Paris ces 11 et 25 février 1696.

Croyez-moi, ma Fille, rendez-vous à l'obéissance pour l'abstinence et le jeûne du carême : n'hésitez pas, et non-seulement pour cela, mais encore pour le double office. Mesurez vos forces; Dieu ne veut pas que vous vous laissiez accabler. Pour les maladies, il est le maître; mais de son côté il faut faire ce qu'on ordonne pour les éviter. De croire que quand elles viennent on ne les ait pas naturellement en horreur, c'est une erreur : cette horreur en fait souvent le mérite. Je prie Dieu pour votre santé ; mais je prie Dieu en même temps qu'il vous fasse dire : Non ma volonté, mais la vôtre.

On me mande, ma Fille, que vous êtes fort peinée des maladies, et que vous voudriez choisir toute autre croix que celle-là. Mais Jésus-Christ n'a pas eu le choix de la sienne. Il est dans les malades, et c'est à lui à nous crucifier à sa mode : car il a vu toutes nos croix dans son agonie, et il les a toutes bénies. Je le prie pourtant qu'il allége votre fardeau, du moins en le portant avec vous.

LETTRE C.

A MADAME DU MANS.

A Meaux, ce 23 avril 1696.

J'ai cru, ma Fille, que la résolution que j'ai donnée à Madame d'Albert sur les scrupules causés par les sermons du prédicateur, satisferoit à toutes les peines de celles qui en avoient été inquiétées : il n'y a sur tout cela qu'à se tenir en repos. Vous en revenez trop souvent aux peines de vos confessions passées : il les faut entièrement éloigner. S'il falloit raisonner avec un chacun sur le temps qu'on donne aux autres, on ne finiroit jamais : on donne le temps selon les besoins. Soyez en paix.

LETTRE CI.

A MADAME DU MANS.

A Germigny, ce 12 mai 1696.

Pour vous ôter tout scrupule sur le sujet de la remise de votre volonté à Madame de Saint-Michel, en voici, ma Fille, les conditions.

Je ne prétends pas vous tenir toujours dans cette condition, mais tant que le médecin jugera que vous serez au rang des infirmes.

J'oblige Madame de Saint-Michel à prendre l'avis du médecin, quand on en aura le loisir ; et ce n'est que quand on n'a pas un moyen aisé de le consulter, que je vous ordonne de lui obéir.

Cet ordre n'est pas seulement pour les jeûnes et les abstinences de la règle, mais encore pour celles de l'Eglise. Voici bientôt la semaine des Rogations, qui sera presque toute d'abstinence : les vendredis et les samedis peuvent causer de grandes incommodités, et reculer la parfaite guérison. Il n'y a pas moyen de vous entendre tant raisonner : encore un coup, rompez votre volonté et obéissez.

Vous êtes dans le cas de dire avec David : « Si je monte au ciel, vous y êtes; si je descends aux enfers, vous y êtes aussi présent, et votre main me guide partout[1]. » Notre-Seigneur soit avec vous.

LETTRE CII.

A MADAME DU MANS

A Germigny, ce 12 mai 1696.

Il n'est pas besoin, ma Fille, de demander pardon à celui que vous n'avez point offensé. Si je me fâche, c'est pour vous, parce que je vois que par vos raisonnemens vous mettez un obstacle à l'œuvre de Dieu. Je ne vous permettrai jamais de recommencer vos confessions, pas même à l'heure de la mort, si je vous voyois inquiète et angoissée. Il faut finir en cherchant et en mettant son repos dans la miséricorde de Dieu et dans le sang de son Fils : c'est par là qu'on en vient à cette dilatation de cœur où Dieu vous appelle par ma voix. Je ne sais où vous avez pris qu'elle n'est que pour les ames innocentes : vous avez donc oublié toutes les paroles de Jésus-Christ aux pécheurs. Est-ce en vain qu'il a dit de l'enfant prodigue : « Rendez-lui sa première robe[2] ? » Est-ce en vain qu'il met en joie le ciel et la terre à la conversion d'un pécheur? Ce céleste médecin ne dit-il pas qu'il est venu pour les malades? Et de qui est-il Sauveur, si ce n'est des pécheurs[3] ? Entrez donc dans la confiance et dans cette bienheureuse dilatation :

---

[1] *Psal.* CXXXVIII, 7-10. — [2] *Luc.*, XV, 22. — [3] *Ibid.*, V, 31, 32.

je ne puis plus souffrir autre chose en vous ; et sans cela, il faudroit recommencer toujours, et votre conduite deviendroit non-seulement pénible et angoisseuse, ce qu'assurément Dieu ne veut pas, mais encore impossible et impraticable.

Je vous en dis autant pour l'autre point. Rompez votre volonté, et apprenez la pratique de cette parole : « L'obéissance vaut mieux que le sacrifice. »

LETTRE CIII.

A MADAME DU MANS.

A Meaux, ce 7 juin 1698.

Il est certain, ma Fille, que les défenses que je vous ai faites ne sont point du tout une marque de votre réprobation ; et loin de cela, elles sont au contraire des moyens de vous unir davantage à Dieu, si vous êtes fidèle et obéissante. Prenez garde que cette impression de réprobation ne soit un effet de vos mauvais raisonnemens, que je veux détruire. Quoi qu'il en soit, ne quittez aucun de vos exercices, ni la confession ni la communion à votre ordinaire : faites l'oraison comme vous pouvez.

N'hésitez point à faire communier à la Pentecôte vos enfans qui ont communié à Pâques. Je trouve le terme trop long pour des personnes innocentes, de les différer deux mois : je voudrois les accoutumer à la communion les premiers dimanches du mois, en observant néanmoins leur progrès dans la vertu selon leur âge.

Gardez-vous bien de perdre la confiance : savez-vous que Dieu veut de vous un courage qui égale celui des martyrs? L'enfer déchaîné n'est pas moins à craindre que la fureur des tyrans armés. Je vous mets sous la protection de votre saint ange et de saint Michel. Dieu Père, Fils et Saint-Esprit soit avec vous. *Non mea, sed tua voluntas fiat.*

LETTRE CIV.

A MADAME DU MANS.

A Germigny, ces 19 et 29 juin 1696.

Ne craignez point, ma Fille, de faire la confession que je vous ai permise pour une fois seulement : Dieu vous apprendra dans la suite à ne plus tant raisonner.

Je suis très-fâché de votre fièvre : en cet état le mal prie, pourvu qu'on le prenne, sinon avec patience, du moins avec soumission, lors même que l'impatience se soulève le plus. Si tout vous embarrasse, apprenez à mettre votre confiance en la seule bonté de Dieu, et regardez ma condescendance comme venant de cette source infinie. Notre-Seigneur soit avec vous. Communiez sans vous gêner, quand vous le pourrez dans cette octave.

J'ai, ma Fille, reçu votre lettre par ma Sœur Cornuau. Apaisez vous l'esprit, je vous en prie. Vous voyez bien que les confessions répétées ne vous peuvent causer que de l'embarras, étant faites à d'autres personnes : pour moi bien résolument, je n'en veux ni n'en dois écouter aucune de cette sorte.

Pour le maigre, ne voyez-vous pas que je ne puis rien décider sur une chose qui change tous les jours, et dont il n'est pas possible que je juge. Je prie Madame de vous décider ce que vous avez à faire. Ne répliquez pas, n'hésitez pas : puisque vous ne voulez pas de votre infirmière, ce que je croyois plus doux, vous serez conduite par les formes. Ne vous faites point de nouvelles peines, soumettez-vous à celles que Dieu vous envoie. Je prie Dieu de bon cœur de vous soutenir par sa grace.

LETTRE CV.

A MADAME DE SOUBISE, ABBESSE DE JOUARRE.

A Meaux, ce 20 juin 1696.

Je ne puis, Madame, assez louer votre charité et votre sagesse dans le mal de Madame d'Albert. J'approuve fort qu'elle sorte pour Paris, puisqu'il s'agit d'une opération de la main, et que Madame de Luynes l'accompagne avec ma Sœur Cornuau. J'envoie dès aujourd'hui votre lettre à M. de Chevreuse, et je l'accompagne d'une des miennes, où je conclus sans hésiter au voyage de Paris. C'est, Madame, tout ce que la solennité me laisse le temps d'écrire. Vous savez, Madame, mon sincère attachement à vos intérêts.

LETTRE CVI.

A MADAME DU MANS.

A Germigny, ces 12 et 16 août 1696.

Croyez, ma Fille, qu'il ne m'est pas si aisé qu'on pense de faire des voyages, quoique petits, et que c'est avec déplaisir que je ne vais point à Jouarre : le temps viendra et bientôt.

Vous ne savez pas tout le tintamarre qu'a fait ici le tonnerre. Il a frappé deux hauts chênes dans la forêt ; il a grillé et séché un poirier chez mon curé : mais ce qui est déplorable, il a tué un homme et en a blessé si cruellement un autre, qu'on n'en peut apaiser les douleurs. Soyons bien entre les bras de Dieu.

Je suis et serai toujours le même, et pour Jouarre en général, et pour chacune de mes Filles en particulier. Tout ce qui de soi est réservé au jour du Seigneur, se dissipera par la confiance et par un saint abandon. Je ne vous oublie jamais, et mercredi j'aurai de vous un souvenir particulier. La part qui ne vous sera point ôtée, est encore plus celle de Marie Mère de Dieu, que celle de Marie sœur de Marthe et de Lazare. Soyez vraie fille de l'Assomption, et habitez aux lieux hauts et seuls.

Les joies que Dieu envoie en certains momens sont, ma Fille, une voie secrète par laquelle l'Epoux nous appelle. C'est donc bien fait de l'écouter ; et la faute qu'on fait à cette occasion, c'est de se rebuter quand elle cesse. Ainsi, ma Fille, réjouissez-vous en Notre-Seigneur, et vivez en paix.

LETTRE CVII.

A MADAME DU MANS.

A Germigny, ce 22 septembre 1696.

Je vous rends graces, ma Fille, et à toute la sainte communauté : je suis très-persuadé en particulier de la sincérité de vos prières, dont je vous demande la continuation.

Dieu peut jeter en un moment au fond de la mer cet amas qui fait devant vous une montagne.

Les poses dont vous me parlez, seront très-agréables à Dieu, et vous pouvez après cette interruption reprendre où vous en serez demeurée.

Je veux bien que vous lisiez les lettres de M. l'abbé de Saint-Cyran que vous me proposez, à condition que vous me marquerez quelles elles sont, et l'effet que vous en aurez ressenti.

Il ne vous est point permis du tout de faire chanter des chansons d'amour à vos pensionnaires : dites-le à Madame, et priez-la de vous appuyer dans le dessein de vous décharger de ce joug. Du reste obéissez à tous ses ordres, et en autres choses continuez vos soins à vos enfans.

Quand j'aurai un peu de loisir de faire transcrire ces vers (*a*), je le ferai de bon cœur. Notre-Seigneur soit avec vous.

(*a*) Il s'agit évidemment des vers que le prélat avoit composés pour l'édification de ses Sœurs.

LETTRE CVIII.

A MADAME DU MANS.

A Lusanci, lundi matin 1696.

Je prends part, ma Fille, à votre douleur et à la perte de Jouarre : votre consolation doit être que Dieu l'a voulu, et que lui seul fait bien toutes choses. Il n'eût servi de rien de vous dire ce que je savois de cette affaire, ni de vous affliger avant le temps : j'ai laissé aller les choses naturellement. Dites à Madame de Saint-Michel qu'elle est avec celui d'où viennent les consolations. Je vous reçois toutes deux de nouveau dans mon cœur, et je prie Notre-Seigneur qu'il soit avec vous.

LETTRE CIX.

A MADAME DU MANS.

A Germigny, ce 27 octobre 1696.

Je n'espère pas grand profit pour vous des lettres dont vous souhaitez que je vous permette la lecture : vous la pouvez faire, ma Fille; mais par le peu que j'en ai lu elles m'ont paru fort alambiquées : je m'en rapporte pourtant au succès que je prie Dieu d'y donner.

Continuez vos communions; ne vous rebutez pas pour ces désagréables pensées; obéissez à votre confesseur : voilà pour la lettre du 1. Celle du 25 marque seulement la peine où vous êtes, n'ayant point de mes nouvelles : elles sont très-bonnes par vos prières. J'approuve le prosternement après la communion, quand la communauté est retirée : du reste il faut éviter les choses extraordinaires.

Je ne puis plus rien vous dire de Mesdames de Luynes, depuis un grand mal de Madame d'Albert à la jambe. Je prie Dieu, ma Fille, qu'il soit avec vous, et qu'il vous inspire l'humilité et le saint amour. Mon voyage de la Trappe s'est passé avec beaucoup de consolation. Le saint ancien est bien foible; mais j'espère que Dieu le conservera. Notre-Seigneur soit avec vous, encore un coup.

LETTRE CX.

A MADAME DU MANS.

A Meaux, ces 3 et 28 décembre 1696.

Assurez-vous, ma Fille, que la retraite de Mesdames de Luynes ne change rien dans ma conduite pour Jouarre, et que je n'y abandonnerai pas l'œuvre de Dieu. Vous avez pensé et fait tout ce qu'il falloit sur le sujet de ma Sœur Cornuau. Rien ne vous oblige à pénétrer les motifs de Madame de Luynes : ne doutez point de ses bonnes intentions, ni de ses bonnes raisons; mais elle n'a pas besoin de s'en expliquer : mettez tout entre les mains de Dieu.

Quant à M. le curé, c'est assez que vous sachiez que la justice sera mêlée avec la douceur, et que le temps le fera voir.

Je suis bien aise, ma Fille, que les affaires se soient terminées à la satisfaction de Madame votre abbesse. Il faut avouer aussi qu'elle a des intentions admirables : il seroit seulement à souhaiter que sa famille, d'elle-même pleine de piété, prît de meilleurs conseils. Tout le monde se veut faire de fête auprès des grands, et aux dépens de la vérité on veut leur plaire, et se rendre nécessaire auprès d'eux.

Songez plutôt à contenter Dieu qu'à savoir s'il est content : par ce moyen tout ira en simplicité et en confiance. Je le prie d'être avec vous.

LETTRE CXI.

A MADAME DU MANS.

A Meaux, ces 25 mars et 3 avril 1697.

Me voilà arrivé, ma Fille, et en état de vous aller voir incontinent après Pâques, s'il plaît à Dieu. Vous aimez bien à vous tourmenter, quand vous croyez que je songe à vous en parlant de ceux qui s'empressent auprès des grands : c'est de quoi je ne vous ai jamais soupçonnée. Je ne sais non plus pourquoi vous doutez que je n'aie toujours agréable que vous me parliez et des choses et des personnes convenables. Excusez si vous n'avez pas encore de mes livres.

Je ne vois aucune difficulté à dire du Commun, quand le Propre manque. L'affectation de prier entre les deux élévations n'a, que je sache, aucun fondement, et il n'en faut pas beaucoup faire sur de semblables observances.

Je suis, ma Fille, plus fâché que vous de ne pouvoir vous aller voir : il faut céder à la nécessité, qui est le plus certain interprète de la volonté de Dieu.

J'attends de jour en jour de mes livres pour envoyer à Jouarre : celui de M. de Cambray (*a*) n'est bon qu'à tourmenter les cervelles.

Je salue Madame de Sainte-Gertrude dont j'ai reçu la lettre, à laquelle assurément je ferai réponse. Je n'ai de loisir que pour vous assurer de mon souvenir et de mes prières.

LETTRE CXII.

A MADAME DU MANS.

A Paris, ce 22 avril 1697.

J'ai, ma Fille, reçu votre lettre du 18 avril. Ne souffrez point les dévotions qui éloignent de Jésus-Christ sous le prétexte de la pure essence : c'est un moyen d'éteindre la foi chrétienne. Déclarez-vous hautement contre ces fausses spiritualités.

Je vous plains toutes de manquer de confesseurs. Allez votre train, comme vous me marquez; je l'approuve fort. Marchez avec une sainte liberté et confiance : mettez tout sur moi, et moi aussi sur l'immense bonté de Dieu. Notre-Seigneur soit avec vous.

† J. Bénigne, év. de Meaux.

P. S. Il doit en effet y avoir cinq traités dans mon ouvrage (*b*);

(*a*) *L'Explication des Maximes des Saints*, qui venoit de paroître. — (*b*) *Sur les Etats d'oraison*

mais les trois derniers seront très-courts, parce que les principes seront posés; et il n'y aura plus qu'un volume comme celui que vous avez : il faut se donner un peu de repos.

LETTRE CXIII.

CONSULTATIONS FAITES PAR MADAME DU MANS,

AVEC LES RÉPONSES DE BOSSUET.

A Meaux, le 2 de l'an 1698.

Première demande. Est-il permis, Monseigneur, de se dissiper au dehors pour faire passer certaines touches de Dieu, quand on craint d'être aperçu? Car on sent en se dissipant que tout s'en va; mais on est fâché après d'avoir tout perdu.

Réponse. C'est bien fait de cacher le don de Dieu en s'étourdissant, par la crainte d'être aperçu, sans trop de violence.

Seconde demande. J'ai toujours de la peine sur mes communions fréquentes par le peu de profit que j'en fais, et je crains que les grands désirs que je sens d'en approcher ne soient une tromperie du démon. Il y a quelques Pères qui disent qu'il ne faut pas s'arrêter à ces désirs, et que ce sont des abus quand le profit ne s'ensuit pas. Saint Grégoire, saint Bernard, Gennade, et le P. Avila dans le livre de la *Tradition de l'Eglise*, de M. Arnauld, ont ce sentiment; et que quand saint Paul dit de nous éprouver nous-mêmes pour ne pas manger ce pain céleste à notre condamnation, cela ne s'entend point des péchés mortels seulement, mais aussi des véniels; ce qui est confirmé par saint Bonaventure : et que c'est recevoir Jésus-Christ indignement, que de ne s'en pas approcher avec assez d'attention et de révérence; et que c'est de ceux-là que l'Apôtre dit qu'ils boivent et qu'ils mangent leur jugement.

Réponse. Le profit n'est pas toujours aperçu; c'en est un de ne pas tomber plus bas : je ne comprends pas dans ces chutes le péché mortel, et je parle pour ceux qui vivent bien dans la religion.

Je conviens que l'épreuve dont saint Paul parle, comprend même le péché véniel qui se fait avec attache et trop délibérément.

Je conviens de toutes les maximes; mais souvent on les applique mal : l'amour et la confiance sont la meilleure disposition.

Troisième demande. C'est sur cela que je crois être obligée de m'en priver, quand je sens que cette privation m'est sensible, et que je me sens la conscience chargée de fautes auxquelles je retourne toujours, pensant que cette pénitence humiliante me rendra plus vigilante sur moi-même et plus digne d'en approcher.

Réponse. Usez avec discernement de cette pénitence, et par les avis d'un guide éclairé.

Quatrième demande. Je vois de meilleures ames que moi qui communient bien moins, qui sont plus exactes et qui en profitent plus, et que je crois cependant qui prennent conseil de vous.

Réponse. Les comparaisons sont plus dangereuses qu'utiles : il faut communier sans juger des autres.

Cinquième demande. Est-il vrai que ce sont les trop fréquentes absolutions qui font tort à notre salut, et que cela damne les religieuses? C'est l'opinion de M. le curé de, etc.

Réponse. Je n'en crois rien, quoique je conseille aisément à des personnes retirées du monde de ne pas toujours se confesser pour la communion.

Sixième demande. Quand je touche l'orgue les grandes fêtes à tout l'office, peut-on y satisfaire ne le recommençant point? Le sentiment de M. D***, confesseur, est qu'on y satisfait.

Réponse. Je n'en doute point du tout.

Septième demande. Quand on vous a demandé quelque permission, Monseigneur, quoique cela regarde la règle ou les vœux, ne doit-on pas être en sûreté de conscience, sans en rien communiquer à l'abbesse même à la mort?

Réponse. Les supérieurs majeurs doivent bien prendre garde aux permissions qu'ils donnent : mais quand ils les ont données avec connoissance, il n'y a plus de compte à rendre aux abbesses et autres supérieures.

Huitième demande. Est-ce une inspiration qu'il faut suivre, quand il vient dans la pensée de faire un acte de foi, d'adoration, d'amour de Dieu, ou enfin quelque autre, dans le moment que cette pensée-là vient et sur-le-champ : doit-on s'en faire de la peine, si on y a manqué ?

Réponse. On ne sauroit trop faire ces actes, pourvu qu'ils soient simples, et sans scrupule si on y manque : on les a faits souvent sans le remarquer, et ceux-là ne sont pas les moins bons.

Neuvième demande. Puis-je, Monseigneur, vous demander la permission de voir et lire des livres, écrits, cahiers volans, que l'on me prête, quand ils ne sont point mauvais, mais seulement curieux, comme tout ce qui se fait contre M. de Cambray présentement, ou autrefois contre d'autres ?

Réponse. Les choses seulement curieuses dessèchent l'esprit : les livres de M. de Cambray font cet effet, et ceux contre ne sont nécessaires qu'autant qu'on y traite de grandes et utiles vérités.

Dixième demande. Je crains d'avoir tiré les actes que je vous envoie de quelques livres que vous n'approuvez pas. Je vous supplie de les lire, Monseigneur ; je les ai faits dans la bonne foi, et croyant être choses agréables à Dieu : c'est ce petit papier volant.

Réponse. Je ne vois rien de mauvais dans ces actes, mais beaucoup de discours, d'efforts inquiets et de réflexions peu naturelles : Dieu veut quelque chose de plus simple.

Onzième demande. Si c'est mal fait de croire qu'on n'a pas la grace pour avancer plus dans la vertu, et que peut-être Dieu ne nous veut pas plus saintes que nous sommes.

Réponse. C'est très-mal fait d'attribuer notre peu d'avancement au défaut de la grace, et d'ailleurs c'est trop sonder le secret de Dieu : il n'y a qu'à toujours marcher devant soi sans s'arrêter.

Douzième demande. Quand de bonnes ames exposent quelques difficultés, qu'elles croient devoir les empêcher de communier, puis-je les rassurer? Ce sont des doutes contre la foi, des tentations de blasphème, ou bien des dégoûts pour ce sacrement, dont elles se croient bien indignes. Ne rendrai-je point compte à Dieu des communions que je suis cause qu'elles font, n'ayant aucune autorité, mais seulement une liberté comme entre amies? Je l'ai fait quelquefois.

Réponse. Dans le doute, conseillez toujours la communion à celles que vous voyez avoir de bonnes volontés : je prends sur moi, sans hésiter, les conseils que vous donnerez sur cela. La communion est le vrai remède de ces tentations; et si l'on adhère aux peines, on montre au démon ce qu'il a à faire pour nous retirer de Jésus-Christ.

Treizième demande. Quand les consolations intérieures sont sensibles, et que l'on craint qu'il ne s'y mêle du naturel, est-on obligé d'y renoncer et de faire quelque acte pour cela afin de se rassurer?

Réponse. Il faut tâcher de prendre le spirituel, et de laisser là le naturel qui voudroit s'y mêler : une pure intention fait ce discernement.

Quatorzième demande. L'on m'a dit que la règle certaine pour connoître si les larmes venoient de Dieu, étoit de voir l'avancement et le progrès dans la vertu qui s'ensuivoit; et si on se trouvoit sujet aux mêmes défauts et aussi plein d'amour-propre après, qu'on pouvoit croire qu'elles n'étoient que naturelles. Cependant, Monseigneur, il arrive que c'est en entendant la parole de Dieu dont on se sent pénétré, comme à votre sermon d'hier, ou en lisant quelques-uns de vos écrits : que faut-il faire quand cela arrive, et qu'on craint de n'en pas profiter? C'est une décision, Monseigneur, qui servira à bien d'autres qu'à moi, qui ont cette difficulté, et qui par confiance m'ont parlé de ces touches qui leur arrivent.

Réponse. La règle pour toutes les graces, c'est en effet d'en profiter : mais qui sait quel est ce profit?

Pleurer au sermon et dans la lecture des pieux écrits, est une grace qu'il ne faut pas rejeter quand elle vient, ni aussi l'estimer beaucoup, ou s'affliger quand elle ne vient pas : c'est là que je permets une espèce d'indifférence.

Quinzième demande. C'est vous seul, Monseigneur, qui soutenez l'usage fréquent de la sainte communion dans cette maison. Les confesseurs et directeurs en retirent les meilleures ames, qui autrefois en approchoient souvent ; et les ames timides et tremblantes se moulent sur ces modèles : je vous avoue que c'est cela qui contribue beaucoup à me mettre dans la crainte. L'on nous rapporte tous les passages et l'autorité de ces grands saints dont je vous ai parlé dans le second article de cet écrit, qu'il faut bien qu'on n'entende pas comme vous. Que l'esprit de Dieu, Monseigneur, vous fasse mettre ici ce qui sera le plus pour sa gloire et l'avancement des ames à qui j'en pourrai communiquer quelque chose : je vous en supplie très-humblement, et pour l'amour de lui. Vous jugez bien que les personnes dont je veux parler sont Mesdames de Lusanci, de Saint-Paul, Sainte-Madeleine, Sainte-Gertrude, Théodore : c'est avec celles-là qu'on parle le plus confidemment.

Réponse. Je remédierai à ce désordre, et je ne permettrai pas qu'on établisse là-dessus de fausses et excessives rigueurs.

Ceux qui ramassent avec tant de soin les sentences rigoureuses des Pères, seroient bien étonnés en voyant celles où ils disent que la multiplicité des péchés, ce qui s'entend des véniels, loin d'être un obstacle à la communion, est une raison pour s'en approcher; et que qui peut communier une fois l'an, peut communier tous les jours. Si ces passages ont leurs correctifs, les autres plus rigoureux en ont aussi : et moi, sans entrer dans les règles qu'on peut donner aux gens du monde à cause de la multiplicité des occupations et distractions, j'assurerai bien que dans la vie religieuse, c'est presque une règle de faire communier souvent celles qui craignent de le faire trop.

Seizième demande. Le P. Toquet m'a dit autrefois qu'il faudroit demander à Dieu, quand je serois plus avancée, d'être privée des douceurs et consolations spirituelles, et que celles qui ne le faisoient pas manquoient de courage; que c'étoient des récompenses données en ce monde, qui me priveroient de plus grandes dans l'autre. Je ne veux et ne ferai rien là-dessus que ce que vous m'ordonnerez.

Réponse. Je ne vois point dans l'Ecriture, ni dans les anciens Pères, ces sortes de prières : quand le P. Toquet les conseille, un si saint homme a ses raisons. Pour moi, je ne veux point que les ames humbles fassent ainsi les dédaigneuses et les dégoûtées, et rejettent les petits dons : il est bon d'être soumise et sans attache.

———

Comme je sais que votre charité ne se rebute point, je prends encore la liberté, Monseigneur, de vous supplier d'ajouter à la bonté que vous avez eue hier de m'écouter avec tant de patience, celle de vouloir bien me faire seulement un mot de réponse sur ce qui suit.

Dix-septième demande. Premièrement si je puis également croire les confesseurs à qui j'irai à confesse, comme M. Dajou ou autre, lorsque la maladie ou autre raison m'empêcheront d'aller à M. de la Jaille.

Réponse. Vous pouvez et devez croire et obéir à tous vos confesseurs, conformément à l'exposé d'autre part, selon cette parole du Sauveur : *Qui vous écoute, m'écoute.*

Dix-huitième demande. Si je puis m'en tenir si expressément à ce qu'ils me diront, que je puisse même ne me pas servir de la permission que vous avez eu la bonté de me donner de vous consulter dans la suite.

Réponse. Vous n'avez à me consulter que dans certains cas extraordinaires, et quand votre conscience le demandera : du reste, vous n'avez qu'à suivre celui qui vous aura confessée.

Dix-neuvième demande. Si étant sacristine et obligée par là de sortir souvent de l'office pour répondre au tour de la sacristie, je puis dire mon office en y allant et revenant ensuite à l'église, afin de pouvoir rejoindre le chœur sitôt que je serai de retour à ma place, quand même cela iroit à dire plus d'une heure d'office ainsi en marchant.

Réponse. Vous le pouvez.

Vingtième demande. Si je puis prendre des choses qui ont été bénites, comme des chasubles, nappes, et autres choses qui ont servi à l'église, pour d'autres usages, lorsqu'elles ne sont plus en leur entier.

Réponse. Vous le pouvez; mais il faut que ce soit pour des usages honnêtes.

Vingt-unième demande. J'ai oublié encore hier à vous dire que M. de la Jaille ne veut point que je retourne à confesse, lorsque j'y ai été une fois pour communier. Je crois que la raison est que n'étant pas des plus raisonnables, je ne finirois point d'y retourner : sur ce principe apparemment il veut absolument que je communie sans y retourner, ni même sans lui dire ce qui m'inquiète. Je vous supplie, Monseigneur, de me marquer si je dois lui obéir aussi aveuglément en cela qu'en tout le reste.

Réponse. M. de la Jaille a raison : obéissez-lui simplement.

Vingt-deuxième demande. S'il arrivoit que les confesseurs à qui j'irai me parussent en quelque rencontre dans des sentimens opposés à ce que je saurois de vous sur ce que je leur dirois, si je pourrois, à ces choses-là près, m'en tenir à tout ce qu'ils me diroient d'ailleurs.

Réponse. En ce cas, il me faudroit consulter, et en attendant croire le confesseur qui administrera.

Vingt-troisième demande. Je vous supplie, Monseigneur, de me donner un ordre exprès sur tout ce que je viens de vous marquer, afin que je trouve dans ma soumission le mérite de l'obéissance, surtout si vous voulez que je communie toutes les communions générales de la communauté, qui sont, comme vous savez, très-fréquentes.

Réponse. Je vous ordonne de vous conformer aux **réponses** ci-dessus faites à vos demandes; et continuez vos communions comme votre confesseur et moi l'avons ordonné. Fait à Meaux, le 2 de l'an 1698.

Voilà, ma Fille, la réponse à vos demandes : tenez-vous-en là. Je vous donne sur tous ces points le mérite de l'obéissance, et suis à vous de bien bon cœur.

LETTRE CXIV.

A MADAME DE LUYNES.

A Paris, ce 23 août 1698.

Nous avons pris jour pour votre affaire : M. l'archevêque nous a donné mercredi pour la décider. M. l'abbé Dreux est toujours contraire; M. de Ventabrun n'est pas ici : je suis seul à vous défendre; mais j'espère que M. l'archevêque sera pour vous. Instruisez-moi pourtant, ma Fille, sur la clôture du Fresmoy, et dites-moi toutes les difficultés et tous les remèdes.

J'ai obtenu pour les accommodemens de ma Sœur Bénigne treize ou quatorze cents francs, que je pourrai vous faire tenir au retour de Versailles : donnez votre ordre pour les recevoir. Ne parlez point du tout de moi, si ce n'est à Madame d'Albert et à ma Sœur Bénigne, et défendez-lui d'en dire mot : on n'a que faire de dire d'où cela vient. Agissez comme une mère; donnez-lui ses ajustemens comme à une religieuse, c'est-à-dire à une pauvre infirme. C'est assez qu'on sache dans le monastère que c'est en vue de la Sœur Bénigne que cette somme a été donnée. Vous voyez, ma Fille, qu'encore que je sois un peu paresseux à écrire, je n'en suis pas moins attentif à ce qui regarde votre Maison. Notre-Seigneur soit avec vous, ma Fille.

J'attends réponse au plus tôt : j'ai votre lettre pour M. de Ventabrun; mais je ne sais quel usage en faire, faute d'adresse.

Prenez courage en Notre-Seigneur, et croyez qu'il ne vous abandonnera pas, si vous n'abandonnez point son œuvre.

LETTRE CXV.

A MADAME DU MANS.

A Meaux, ce 24 novembre 1698.

Ma santé est parfaite par la grace de Dieu, ma Fille, et par vos bonnes prières.

La cause que je défends est celle de Dieu, et il faut le prier de la soutenir. Quant à M. le curé de Vareddes, il est toujours bien disposé pour Jouarre; mais les temps sont fâcheux.

Pour vos confessions, ma Fille, je vous conseille et je vous ordonne de mettre le repos de votre conscience en la seule bonté de Dieu, en vous soumettant à ses ministres sans résistance, comme à ceux qui vous représentent Jésus-Christ. Notre-Seigneur soit avec vous, ma Fille.

LETTRE CXVI.

A MADAME DE LUYNES.

A Paris, ce 5 février 1699.

Dieu, ma Fille, écoute les affligés pour les affligés, et il a fort agréable qu'ils se consolent les uns les autres, pendant que la douleur encore récente de leurs plaies les rend plus sensibles à celle des autres. Sacrifions à Dieu notre perte. J'ai invité le P. Toquet à vous aller consoler; et pour moi je ne puis vous dire autre chose, sinon que je suis et serai toujours également à vous.

LETTRE CXVII.

A MADAME DU MANS.

A Versailles, ce 21 février 1699

Je vous sais bon gré, ma Fille, de ce que vous avez fait pour Madame d'Albert, et de tous vos bons sentimens. Il la faut mettre parmi les saintes de Jouarre : on ne vit jamais une ame si pure, ni où l'estime de sa profession fût si parfaite. Je vous rends graces aussi de la part que vous avez prise à mon malheur ; je n'attendois rien moins d'une aussi bonne Fille que vous.

LETTRE CXVIII.

A MADAME DE LUYNES.

A Paris, dimanche matin, à la fin de 1699.

Je fus d'autant plus fâché, ma Fille, de ne vous trouver pas hier, que je ne vois aucune assurance à pouvoir retourner chez vous avant votre départ. Je ne perds pas pour cela l'espérance ni le dessein de vous aller voir à Torci, où je suis très-aise de vous voir retourner. Les tentations de quitter ce lieu étant surmontées par l'obéissance, vous ferez l'œuvre de Dieu avec plus de liberté, et l'Eglise en sera édifiée. Vous songerez plus que jamais à vous rendre la mère et l'exemple en toutes choses de votre communauté : vous vous sanctifierez aussi bien qu'elle par ce moyen.

Je vous recommande la Sœur de Saint-Bénigne, qui s'attachera plus que jamais à vous obéir, et même à vous soulager dans ce que vous voudrez lui confier et lui ordonner. Consolez-la, je vous prie, du peu d'espérance que je lui donne de la voir. Notre-Seigneur soit avec vous à jamais.

LETTRE CXIX.

A MADAME DU MANS.

A Meaux ce 12 janvier 1700.

Mon neveu m'a rapporté de vos nouvelles, ma Fille, et votre lettre me fait connoître une partie de vos dispositions et de celles de la Maison. Détachez-vous de vous-mêmes, et remplissez-vous de Jésus-Christ, afin de le faire naître dans ces ames tendres, en sorte qu'il y établisse sa demeure.

Ayez soin de Madame de Rodon, et écrivez-moi de ses nouvelles : donnez-lui ma bénédiction avec ma lettre; et croyez, ma Fille, que je n'oublie aucune de vous, et vous moins que personne.

LETTRE CXX.

AUX RELIGIEUSES DE JOUARRE.

A Meaux, ce 5 janvier 1701.

Il ne se peut rien ajouter, mes Filles, à la beauté de votre présent. Les témoignages de votre amitié si bien exprimés dans votre lettre, sont d'un ouvrage incomparablement au-dessus, puisqu'il est spirituel et immortel. L'illustre et digne abbesse qui a signé à votre tête, relève le prix d'un si riche présent, et fait souvenir d'une naissance que rien ne peut surpasser que sa vertu. N'oublions pas l'autre illustre abbesse, qui fait si bien voir, en continuant de se joindre à vous, qu'on ne peut jamais oublier Jouarre, et que les sociétés qu'on y contracte ont le caractère de l'éternité. Il ne me reste qu'à vous assurer, mes Filles, que si je souhaite avec impatience le renouvellement des belles saisons, ce n'est pas tant pour voir de nouveaux soleils, que pour contempler dans votre célèbre maison des vertus plus éclatantes que les soleils les plus beaux.

LETTRE CXXI.

A MADAME DU MANS.

Meaux, ce 11 janvier 1701.

J'ai peine à croire qu'on ait dit crûment qu'on pèche en entendant la messe en péché mortel. Il y faudroit ajouter, ou avec la volonté actuelle, ou sans aucune volonté de se convertir, ou enfin sans sentiment, sans componction, ni avec un désir de l'exciter.

Quant à la confession, il est vrai que celles qui viennent à ce sacrement avec une présomption qui leur fait regarder l'absolution comme une chose qui leur est due, quelque indignes de cette grace que les juge leur confesseur, et se rendent par ce moyen juges du juge donné de Dieu et choisi par elles, sont bien éloignées de la soumission que demande ce saint ministère. C'est contre de tels gens que se tiennent avec raison les discours que vous me marquez. Il est vrai qu'il faut parler avec circonspection, et prendre garde de faire craindre ni les sacremens ni la messe ; ce qui est le plus grand de tous les maux. Nous en dirons davantage quand nous nous verrons. Demeurez ferme dans les pratiques que je vous ai enseignées pour les sacremens et pour la prière : amour, confiance, crainte en même temps, voilà votre vie. *Amen, amen.* Notre-Seigneur soit avec vous.

LETTRE CXXII.

QUESTIONS DE MADAME DU MANS,

AVEC LES RÉPONSES DE BOSSUET.

Ce 27 mai 1701.

Je vous supplie, Monseigneur, de vouloir bien avoir la bonté de me répondre aux choses que je vais prendre la liberté de vous exposer.

PREMIÈRE DEMANDE. Quelles graces recevroit, par la confession et l'absolution du prêtre, une personne qui s'approcheroit du tribunal de la pénitence après avoir produit un véritable acte de douleur, qui par conséquent lui aurait obtenu le pardon de ses péchés, surtout lorsqu'elle n'est coupable que de péchés véniels.

RÉPONSE. On reçoit avec ces dispositions augmentation de graces, et force pour les conserver. On satisfait, lorsqu'on est coupable de péché mortel, à la condition de confesser ses péchés, sous laquelle on est remis en grace. Il ne faut pas regarder cela comme une chose commune.

SECONDE DEMANDE. Si l'on peut désirer sans aucune condition toutes les vertus dans les degrés les plus éminens, comme une charité parfaite, une humilité profonde, etc., ayant lu qu'on devoit être contente du degré de vertu que Dieu nous accordoit, et que l'on devoit se réjouir que les autres fussent plus vertueux que nous.

Réponse. On le peut, sans jalousie pour celles qui recevront de plus grands dons.

Troisième demande. Je vous supplie aussi de vouloir m'écrire quelque chose sur Notre-Seigneur Jésus-Christ comme médiateur; et si nous devons croire que toutes les graces que nous avons reçues et recevrons dans le temps et dans l'éternité, nous sont accordées par ses mérites, même l'être et la vie que nous possédons; en un mot toutes les graces spirituelles et temporelles, et la préservation des péchés où Dieu nous empêche de tomber.

Réponse. On reçoit par Jésus-Christ Dieu et Homme les biens même temporels, en tant qu'ils ont rapport au salut. Le reste est inutile à demander, et il suffit qu'on reçoive par lui le bon usage de l'être et de la vie, sans songer au reste.

Quatrième demande. Si c'est un mal que de dire les pénitences que les confesseurs imposent pour pénitences de confession.

Réponse. C'est un mal ordinairement, et sans raison particulière.

Cinquième demande. Si l'on peut accepter des pénitences extérieures imposées par le confesseur ou directeur, sans en rien communiquer à la supérieure, quoiqu'elle prétende et dise qu'on ne le peut sans sa permission, et que la règle porte qu'on ne fera rien sans le lui avoir communiqué : cela est marqué au chapitre qui traite du carême.

Réponse. Le confesseur en peut imposer avec discrétion, dont on ne doit aucun compte; mais il faut prendre garde que ce soit avec discrétion.

Sixième demande. Si l'on peut payer l'intérêt de l'argent qu'on doit à des mineurs, quoiqu'il n'y ait point de contrat de constitution ni de sentence obtenue; mais seulement les tuteurs disant qu'ils paient l'intérêt de l'argent qu'ils ont prêté ou qu'ils prêtent, et le demandant pour cette raison.

Réponse. Cela ne se peut qu'en aliénant le fonds.

Septième demande. Si l'on peut faire changer une pénitence de confession, lorsque l'on n'est plus dans le sacrement, quand c'est le même confesseur qui l'a imposée à qui on le demande.

Réponse. Cela se peut, lorsque le confesseur juge qu'il y a des raisons suffisantes pour faire ce changement.

Huitième demande. Si une personne qui iroit à un confesseur qui ne seroit point approuvé, sans le savoir, seroit obligée, l'apprenant dans la suite, de recommencer sa confession.

Réponse. Si on l'a fait de bonne foi, il faut demeurer sans scrupule et en repos.

Neuvième demande. Comment une personne qui ne craint rien tant que de mourir, peut satisfaire à cette obligation qu'un chrétien a de désirer la vie éternelle, et de souhaiter l'avénement de Notre-Seigneur Jésus-Christ; et si ce souhait s'entend du jugement général ou du particulier, ou de tous les deux ensemble.

Réponse. En disant, comme a fait Notre-Seigneur : *Non ma volonté, mais la vôtre.* Toute l'Ecriture est pleine de ces souhaits, aussi bien que l'Oraison dominicale.

Dixième demande. Je vous supplie aussi, Monseigneur, de vouloir bien m'écrire un acte pour quand on reçoit Jésus-Christ comme viatique, et un autre pour unir notre agonie et notre mort à la sienne, afin que je les puisse ajouter à la préparation à la mort que vous avez eu la bonté de donner ici il y a plusieurs années.

Réponse. Je crois que vous êtes la résurrection à la vie. Je m'unis à vous, votre corps au mien, votre ame à la mienne, ma vie, mes souffrances et ma mort à votre vie, à vos souffrances, à votre agonie et à votre mort.

Onzième demande. Si l'on peut satisfaire à deux obligations à la fois, comme de dire un bréviaire durant la messe un jour de fête et dimanche, s'acquitter des pénitences de confession, etc.

Réponse. Je le crois, pourvu que ce soient des obligations de même ordre, et que l'extérieur se puisse observer.

Douzième demande. Comme il m'arrive très-ordinairement lorsque j'assiste au chœur, que je crains d'offenser Dieu en n'en sortant pas pour donner ordre à des affaires qui me viennent successivement dans l'esprit, je vous supplie de me marquer si je puis malgré toutes ces craintes ne rien examiner, et demeurer constamment au chœur ; et quand même la force de mon inquiétude me feroit arrêter volontairement à réfléchir sur ce qui me trouble, si je dois plutôt y céder en sortant pour faire ce qui est le sujet de ma peine, ou bien rester au chœur malgré tout cela, et ne rien recommencer de l'office que j'aurai dit avec ces distractions d'une manière, comme je vous l'explique, volontaire : et afin que vous jugiez de leur nature, je vous dirai que souvent cela regarde des entrées d'ouvriers et gens de journées, que je ne sais pas dans le temps être nécessaires, et qui cependant se feront dans le temps que je serai au chœur, à moins que je ne donne des ordres contraires. Car il faut vous dire que Madame se repose sur moi de la plus grande partie de tout ce qui se trouve à faire à Jouarre, et que par là je me trouve chargée d'une infinité d'affaires qui ne sont pas toujours peu importantes, et qui occupent si fort mon esprit, qui a une vivacité déraisonnable sur les choses temporelles comme sur les spirituelles, que cela me remplit en tout temps et me jette souvent dans des perplexités très-grandes : et voilà le sujet de mes peines durant que j'assiste au chœur, parce que je crains ou d'avoir mal fait par le passé, ou de mal faire même dans ce temps-là par des ordres que j'ai donnés, dont l'exécution ne pourroit se retarder qu'en en donnant promptement de contraires. Cependant je ne vois que trop que si j'écoutois une fois cela, il me faudroit sortir très-souvent du chœur, ou passer la plus grande partie de l'office à examiner si les choses qui m'inquiètent le demandent ; ce qui me jetteroit, comme vous voyez, dans de grands inconvéniens, et me donneroit une conduite peu régulière, surtout dans la place où je suis. Je vous supplie, Monseigneur, de me déterminer dans le parti que je dois prendre sur l'exposé que je vous fais.

Réponse. Ne vous embarrassez point des distractions que vous donnent les affaires : quand vous vous croirez obligée de quitter le chœur, ne recommencez point pour cela ce que vous aurez dit de l'office. On ne vous peut donner d'autre règle, sinon d'aller au plus pressé, et de quitter le chœur seulement quand la nécessité vous semblera le demander. N'ayez point de scrupule de ce que vous aurez fait bonnement. Prenez sur vous ce que vous pouvez pour donner à Madame le repos, la liberté d'esprit, et en un mot le soulagement dont elle a besoin

TREIZIÈME DEMANDE. Voilà, Monseigneur, un commencement de mon peu de raison : mais il passe encore à bien d'autres sujets ; car, comme je me suis donné l'honneur de vous le dire, je n'en ai plus dans les choses les plus essentielles de la religion. Et pour en venir au détail, il faut que je vous dise que je doute presque de tout, non point tant d'un doute d'infidélité que d'un doute d'ignorance, ne sachant plus ce que je dois croire ni espérer, etc. Ce doute s'étend même sur mes péchés, ne sachant plus qu'en général que j'ai offensé Dieu bien des fois en ma vie. Mais d'une confession à l'autre, et même quand je veux en venir à des faits particuliers de ma vie passée, je ne sais plus d'aucun, tant du passé que du présent, si effectivement il y a du péché ; ce qui fait que je ne sais ce que c'est que regret d'avoir offensé Dieu.

Je suis tout de même au sujet de la reconnoissance si nécessaire à la piété. Les bienfaits généraux ne me touchent point par un doute qui se rencontre toujours, et qui me fait penser que n'étant pas assurée d'être du nombre des élus, les mystères que Notre-Seigneur a opérés, son incarnation, sa vie, ses sueurs, sa mort, en un mot, tout ce qu'il a fait pour le salut du genre humain n'est pas opéré pour moi, du moins quant à l'efficacité : et lorsque je veux en venir aux bienfaits particuliers, un doute universel se répand sur tout ; de sorte que je n'ose m'assurer d'aucune grace spirituelle. Si je veux regarder une conduite du moins extérieurement régulière comme un sujet de ma reconnoissance, je pense que n'étant point assurée du motif qui me fait agir, ce n'est peut-être qu'un pur amour-propre qui en est le principe. Si je me regarde exempte de plusieurs péchés grossiers, je pense que je puis être coupable d'un grand nombre de péchés spirituels, comme l'orgueil, etc. Enfin tous ces doutes tarissent en moi la reconnoissance.

Réponse. Vous n'avez pas besoin de tant raisonner : allez de moment à moment ; Dieu vous prêtera de la raison pour chaque chose, pourvu que vous modériez l'empressement. Tous les actes sont compris dans la foi, dans l'espérance et dans l'amour : la reconnoissance des graces et bienfaits particuliers s'y trouve aussi. Tout cela ne manquera pas de revenir en son temps, pourvu, encore une fois, que vous modériez l'inquiétude.

Quatorzième demande. Lorsque je m'approche du saint Sacrement de l'autel, une foule de doutes, aussi peu raisonnables que les précédens, me viennent devant et après la communion. D'entreprendre de vous les expliquer, ce seroit chose d'une trop longue discussion. Les deux plus considérables sont que je pense toujours que l'hostie que je reçois n'est peut-être pas consacrée, ce qui m'empêche encore d'entrer dans les sentimens de reconnoissance que je dois avoir ; et de plus, que n'étant pas assurée d'avoir reçu le sacrement en état de grace, je ne le dois pas peut-être regarder comme un bienfait, mais comme la punition de mes péchés précédens, puisqu'il y a des péchés qui sont la peine des péchés mêmes : et quand même j'espérerois l'avoir reçu en état de grace, ne sachant point les dispositions avec lesquelles je l'ai reçu, je me trouve encore dans un autre doute touchant les graces qui m'auront été communiquées ; ce qui me cause la même insensibilité au sujet de la reconnoissance.

Réponse. Mettez la foi et l'obéissance à la place de la raison ; passez outre sur ma parole, et rendez-moi cette obéissance.

Quinzième demande. Je vous avoue sincèrement que je ne trouve pas de remède au déraisonnement de mon esprit : mais du moins j'espère que lorsque vous l'aurez bien examiné, vos décisions feront mon repos, et votre raison suppléera à la mienne. Car je crains toujours d'approcher des sacremens dans l'état que je vous marque, et qui ne dure pas seulement lorsque je les reçois, mais qui dure toujours.

RÉPONSE. Votre obéissance vous sauvera.

SEIZIÈME DEMANDE. Voilà, Monseigneur, le plus grand sujet de mon inquiétude : car je ne serois pas si surprise de me trouver quelquefois dans des états embrouillés; mais y être toujours, ne savoir ce que c'est que de goûter Dieu, que de le désirer, que de craindre ce qui est à craindre, et d'aimer ce qui doit être uniquement aimé : voilà ce qui m'accable.

RÉPONSE. Dieu sait se faire goûter dans un intérieur où le sens ne pénètre pas.

DIX-SEPTIÈME DEMANDE. Voilà, Monseigneur, le grand sujet de ma peine, et de l'appréhension d'être tombée dans l'endurcissement du cœur. Il faut que je vous dise que ce qui l'augmente est que je me trouve entièrement insensible à l'offense de Dieu, si grande qu'elle puisse être; ce que j'expérimente lorsque j'apprends des choses que je ne puis douter être d'énormes péchés. De plus non-seulement j'aime la vie, mais à consulter mon inclination, mis à part les principes de religion, qui me font encore voir ce qu'il faut que je désire, je serois très-aise de ne mourir jamais. Enfin, Monseigneur, pour finir tout, je vous dirai que la seule chose qui me reste est de voir encore, par un principe de raison éclairée par la foi, ce que je dois craindre, ce que je dois désirer; mais cela se termine là.

En voilà assez pour vous faire connoître combien je suis à plaindre, et pour vous exciter à vous souvenir devant Dieu de mes misères. Je vous supplie, Monseigneur, de me mettre à chaque article à quoi je m'en dois tenir sur l'exposé que je prends la liberté de vous faire, et de me déterminer absolument la conduite que je dois tenir malgré tout ce que je viens de vous marquer.

RÉPONSE. Jésus-Christ est Propitiateur pour les péchés : il lui faut offrir le foible désir de les éviter.

DIX-HUITIÈME DEMANDE. A l'égard de M. de Saint-André, quoique j'aie pour lui une entière confiance, fondée sur le bon témoignage que vous m'en avez rendu et sur son propre mérite, je suis bien aise encore, Monseigneur, de dépendre de lui, et de demeurer sous sa conduite par vos ordres précis. Ainsi je vous supplie de me donner encore en cela le mérite de l'obéissance. Je me suis donné l'honneur de vous dire que j'allais à confesse à lui lorsqu'il venoit à Jouarre, et même c'est moi qui le supplie avec l'agrément de Madame d'y venir. Plusieurs personnes se servent aussi de lui, tant pour la confession que pour la conduite. Comme vous avez à présent nommé le révérend P. Thouront pour extraordinaire, je vous supplie d'accorder cependant que celles qui voudront s'adresser à M. de Saint-André, tant pour la confession que pour la conduite, aient une fois pour toujours là-dessus votre approbation, dont nous ne nous servirons point qu'avec celle de Madame.

Réponse. Je vous mets avec connoissance sous sa conduite : ce que vous me ferez dire par lui de vos peines, trouvera son soulagement par mon ministère : je l'enverrai le plus souvent qu'il sera possible.

Dix-neuvième demande. Je vous supplie de me marquer aussi si l'on peut sans difficulté communier avant que d'entendre la messe, lorsque l'on en entend une dans la matinée, et si l'on est obligé absolument d'en entendre une le jour que l'on communie; ce que je vous demande particulièrement, parce que les troubles qui m'arrivent presque toujours lorsque je dois communier, me mettent hors d'état d'entendre la messe tranquillement; ce qui me fait prendre le parti d'assister à une messe avant ou après, et d'assister comme je peux à celle où je communie, en m'arrêtant à ces troubles.

Réponse. Il faut communier, autant qu'il se peut, à la messe que l'on a eu dessein d'entendre, et non pas avant sans besoin. Laissez aller les distractions leur train, sans vous y arrêter, ni vous fatiguer à les repousser.

Vingtième demande. Si l'on peut prendre des gens à la corvée, ayant trouvé des titres dans les archives, à ce que l'on m'a dit, qui les obligeoient à y venir trois jours chaque année.

Si l'on peut faire entrer les domestiques en dedans le monastère, pour les y faire travailler les jours de fêtes qui se trouvent dans le temps de la moisson, que l'on ne fête plus à présent, et celles qui se trouvent dans d'autres saisons, que l'on ne fête plus, comme aussi les séculières à gages et les pensionnaires qui demeurent au-dedans.

Réponse. Usez de la liberté que l'on donne aux autres fidèles.

Vingt-unième demande. Si l'on peut faire de la pâtisserie les jours de fêtes et dimanches, quand cela n'est point cause que l'on perde beaucoup de la grand'messe, et que l'on assiste aussi à vêpres.

Si les jours qu'il est marqué que l'on ne travaillera point qu'après la messe, cela se doit entendre de la grande tant pour les séculières que pour les religieuses, ou bien si l'on peut travailler aussitôt la messe entendue, quelque matin qu'on la dise.

Réponse. Tout ce qui n'est point nécessaire doit être remis à un autre temps, pour peu qu'il détourne ces jours-là du service divin.

Régulièrement c'est de la grand'messe que s'entend la défense de travailler avant la messe, à moins que le travail ne presse beaucoup.

Vingt-deuxième demande. Si l'on peut dire en carême les psaumes graduels et pénitentiaux, le mardi et jeudi avant complies, cet office étant pour le lendemain, ou si l'on peut du moins les dire après complies.

Réponse. Cela est indifférent, et doit être réglé par les affaires qu'on a ou qu'on prévoit.

Vingt-troisième demande. Si l'on peut dire aussi l'office des Morts avant ou après vêpres, quand c'est pour le lendemain, comme le dimanche en carême pour le lundi; et même avant quatre heures du soir, quand il se trouve quelque raison de commodité pour cela, quoiqu'on puisse le dire en un autre temps.

Réponse. Suivez à cet égard la même règle que je viens de vous donner sur l'autre article.

Vingt-quatrième demande. Si l'on peut dire aussi au chœur

none avant neuf heures du matin, et vêpres en carême avant dix heures, pour des raisons de commodité plutôt que de nécessité.

Réponse. La commodité, à des personnes fort occupées, tient souvent lieu de nécessité : mais il faut, autant qu'il est possible, ne point trop devancer les heures de l'office canonial; c'est là l'esprit de l'Eglise.

Vingt-cinquième demande. Si lorsque l'on fait l'office d'un saint double, et que l'on dit la grand'messe votive, ce qui arrive ici la Vigile de l'Assomption, l'on doit faire chanter une autre messe de l'office, ce qui se peut par nos chanoines; ou se contenter seulement d'en faire dire une basse, ce qui arrive encore lorsque l'on dit la messe de *Requiem* à un enterrement.

Réponse. Faites-moi expliquer le cas par M. de Saint-André, et en attendant conformez-vous à l'usage.

Vingt-sixième demande. Comme je me trouve souvent en perplexité ne sachant quel parti prendre, je vous supplie de me marquer si, malgré le principe que les bonnes intentions ne peuvent justifier une chose qui d'elle-même est mauvaise, je puis me déterminer à tel parti que je voudrai, ayant dans moi, ce me semble, une volonté sincère de prendre celui que l'on me diroit être le plus agréable à Dieu si je le connoissois.

Réponse. Oui sans doute, la bonne intention d'un cœur droit, quoique peiné, vaut mieux que tous les scrupules, tant du passé que de l'avenir.

Vingt-septième demande. Les personnes qui ont commis de grands péchés, doivent-elles dans la suite de leur vie communier aussi fréquemment que celles qui ont mené une vie innocente, supposé qu'il n'en demeure aucun reste; et quand bien même il y en auroit encore, comme par tentation, peuvent-elles user de la fréquente communion?

Réponse. Cela dépend entièrement des dispositions présentes, sans trop s'inquiéter du passé.

La fréquente communion est un remède qu'on peut appliquer

contre les restes du péché, quand on travaille sérieusement à les détruire, et qu'on les voit diminuer.

Vingt-huitième demande. Quand ces sortes de personnes croient être attirées de Dieu à la fréquente communion, n'est-ce point une présomption?

Réponse. Point du tout, et cela dépend du fruit qu'on en tire : il faut savoir distinguer la confiance d'avec la présomption.

Vingt-neuvième demande. Que si elles sont religieuses, peuvent-elles également suivre les règles établies dans leur communauté pour la fréquente communion?

Réponse. Non-seulement elles le peuvent, mais encore régulièrement elles le doivent.

Trentième demande. Si par malheur c'est depuis leur profession qu'elles sont tombées, peuvent-elles, après s'être relevées de leur chute, garder la même conduite?

Réponse. Sans doute, après avoir expié leur faute par une sincère pénitence, elles peuvent rentrer dans l'ordre commun.

Trente-unième demande. N'y a-t-il point de distinction à faire entre les fautes commises dans la jeunesse et celles d'un âge plus avancé? Celles qui y sont tombées et sont parfaitement revenues, peuvent-elles communier aussi fréquemment?

Réponse. La distinction de ces fautes entre religieuses n'est pas assez grande, pour donner lieu à des usages et des pratiques fort différentes.

Il ne faut point gêner sur cela celles qu'on suppose et qu'on voit parfaitement revenues.

Trente-deuxième demande. On dit qu'il est d'obligation, sous peine de péché, de choisir toujours dans la nourriture ce qu'on aime le moins. Si cela est, nous nous croyons toutes en péché sans l'avoir confessé, et il nous paroît très-difficile de s'amender.

Réponse. Il y a une obligation générale de mortifier le goût; mais c'est sans fondement qu'on introduiroit cette obligation.

Trente-troisième demande. La règle n'obligeant point à péché, le mépris est-il dans les fautes de négligence, ou faut-il une volonté de faire le mal pour qu'il y ait du mépris?

Réponse. La trop grande négligence tombe dans le cas du mépris et dans celui du relâchement: c'est ce qu'il faut savoir observer, et distinguer la foiblesse d'avec le relâchement habituel : il faut aussi avoir grand égard au cas du scandale, qui est un des plus dangereux.

Trente-quatrième demande. Les quinze cents livres que l'on prétend avoir payées à M. de la Vallée, ont été mises entre les mains de Madame de Lorraine par les mains de la mère Grenetière, qui les lui a comptées. Elle assure qu'on les a envoyées à Paris par le messager nommé Picard, dans un petit coffre qu'on lui a rendu ensuite rompu; mais on ne lui donna point aussitôt la quittance, dont voici la copie. Ainsi il n'y a nulle apparence que les quinze cents livres aient été remises entre les mains des personnes qui l'ont signée. Celle qui se dit fondée en procuration assure qu'elle n'en a point eu; et lorsqu'on lui objecte d'où vient qu'elle signe une chose qui n'est point, elle répond qu'on lui promit alors ces procurations, et que la crainte de déplaire lui a fait signer comme les ayant en main. L'on vous supplie, Monseigneur, de vouloir bien dire si nous pouvons en conscience, quoiqu'il n'y ait point d'apparence que l'argent ait été mis entre les mains de ceux qui ont signé, mais bien qu'il a été envoyé à Paris; si nous pouvons, dis-je, malgré cela, en cas que ledit sieur de la Vallée ne veuille point reconnoître avoir reçu cette somme, avoir notre recours sur les personnes qui ont signé la quittance, quoique d'ailleurs celui qui se dit fondé en procuration n'ait qu'un fort petit bien, dont il ne peut retirer une somme de quinze cents livres sans que cela ne l'incommode beaucoup, n'ayant, à ce que l'on m'a dit, que quatre cents livres de rente.

Réponse. Le recours est légitime contre celui qui énonce les deux procurations faites en bonne forme par-devant notaires. La réponse qu'on y donne n'est pas suffisante. Si toutefois on sait d'ailleurs que l'énoncé est faux, il ne faut pas pousser à toute outrance celui qui l'énonce, surtout s'il est aussi pauvre qu'on le dit. Vous entendez bien qu'on sera condamné contre la Vallée. Il faudroit chercher dans l'étude des notaires d'Orléans les minutes de ces procurations, et les lever, et après cela on prendra nouveau conseil; c'est par où il faut commencer. Notre-Seigneur soit avec vous, et vous donne sa paix.

LETTRE CXXIII.

A MADAME DE LUSANCI

Ce 3 juin 1701.

Vous direz à ma Sœur de Sainte-Madeleine que j'attendois qu'elle demandât elle-même; et que n'ayant pas trouvé à propos de s'expliquer, j'ai appréhendé de faire quelque contre-temps. Du reste je la blâmerois et la condamnerois, si elle se retiroit de la fréquente communion : c'est un secours qui lui est absolument nécessaire. Je lui réponds qu'elle fera chose agréable à Dieu; et que plus elle sent d'infirmités, plus elle doit approcher de Celui qui dit : « Venez à moi, vous tous qui êtes peinés et chargés, et je vous soulagerai. »

Je la crois obligée de donner quelque temps à quelque conversation douce, familière, libre et innocente, qui se rapporte toujours à Dieu. Si j'ai autrefois donné quelque conseil différent de celui-ci, il étoit accommodé au temps d'alors, et celui-ci l'est au temps présent.

Loin de la tenir telle qu'elle pense, je la crois très-agréable à Dieu, et je me confirme dans les sentimens que j'en ai toujours eus.

LETTRE CXXIV.

A MADAME DU MANS.

A Germigny, ce 4 juin 1701.

J'approuve, ma Fille, ce que vous avez fait et dit de ma part, sur le sujet des sacremens, à celles qui sont de la qualité que vous me marquez, c'est-à-dire vertueuses et édifiantes, mais avec cela scrupuleuses : exhortez-les en mon nom à ne se pas laisser rebuter de la fréquente communion.

Pour l'absolution, voici une règle bien claire : c'est qu'on peut recevoir l'absolution du prêtre, toutes les fois qu'on croit avec un juste fondement être en état de recevoir de Dieu même le pardon qu'on lui demande. Or pour se mettre en cet état à l'égard des péchés qu'on nomme *véniels* et *de tous les jours*, il suffit d'avoir un désir sincère de faire croître l'amour et d'affoiblir la concupiscence. Sur cela l'on peut obtenir le pardon qu'on demande de ses péchés, et de Dieu hors de la confession, et de ses ministres dans la confession même. Aimez et vivez avec confiance.

LETTRE CXXV.

A MADAME DE LUYNES.

A Paris, ce 22 juillet 1701.

Vous savez, ma Fille, la part que je prends à ce qui vous touche. Je ressens la perte que vous faites en la personne de M. le chevalier d'Albert, dont le mérite connu le rend regrettable. La seule consolation est de se soumettre à la volonté de Dieu, toujours bonne et toujours juste : mais afin que cet acte soit de vertu, et non de nécessité, il faut y joindre le désir de plaire à Dieu, et de croître en charité et en bonnes œuvres. C'est la grace que je vous souhaite, et celle, ma Fille, de me croire toujours à vous.

LETTRE CXXVI.

A MADAME DU MANS.

A Germigny, ce 11 août 1701.

Vous pouvez, ma Fille, recevoir les livres ; je n'en dis pas autant de l'argent en cette occasion. Quant à ces petites bagatelles, je vous en permets la disposition.

Il sera agréable à Dieu que vous acquériez la liberté de tout dire à Madame votre abbesse, comme à une bonne mère : le temps achèvera cet ouvrage de simplicité et de soumission. Notre-Seigneur soit avec vous.

LETTRE CXXVII

A MADAME DU MANS.

A Versailles, ce 14 mars 1702.

Pour réponse à votre lettre du 10, je vous dirai, ma Fille, que j'espère me rendre à Jouarre, non à l'ouverture, mais dans les premières semaines de la mission. Il est bon que les choses soient en train, afin que je puisse voir les dispositions, confirmer le bien commencé, et rectifier ce qui pourroit avoir manqué. J'aurai grand soin de la liberté de la confession, et de choisir pour cela ce qu'il y aura de meilleur dans la maison, puisque c'en est là un des plus grands fruits : je n'oublierai rien de ce qui pourra dépendre de mes soins. Vous pouvez faire part de mes sentimens à nos Filles, et en particulier à ma sœur de Saint-Michel. Le reste se dira mieux en présence. Notre-Seigneur soit avec vous, ma Fille.

LETTRE CXXVIII.

A MADAME DU MANS.

A Meaux, ce 21 juin 1702.

Pour répondre à vos deux difficultés, je vous dirai au sujet de celles dont les communions doivent être réglées par vos ordres, que dans la conjoncture présente vous ne pouvez pas les empêcher, parce que, encore qu'elles soient suspectes, elles ne sont pas même accusées dans les formes, loin qu'elles soient convaincues : ainsi il faut les laisser faire, comme Jésus-Christ fit à l'égard de Judas, que non-seulement il connoissoit, lui à qui rien n'étoit inconnu, mais contre qui ses murmures et les paroles de Jésus-Christ même donnoient des soupçons si légitimes.

Pour la charge de cellérière, vous ne devez point la quitter, mais y faire votre devoir comme auparavant, en refusant à l'ordinaire les communions pour d'autres cas que celui qui vient de passer, et abandonnant votre vie à Dieu qui en aura soin, avec une ferme foi que Dieu vous soutiendra, et que sa bonté suprême récompensera la piété et la bonne volonté, et pour conclusion la sagesse d'une abbesse qui fait ce qu'elle peut pour établir le bon ordre. Je ne puis croire que ses pieux désirs soient frustrés de l'effet de leur espérance : au contraire les entreprises si atroces de l'ennemi me font croire qu'il sent que Dieu remue quelque chose pour la désolation de son règne. Notre-Seigneur soit avec vous.

† J. Bénigne, év. de Meaux.

P. S. Il ne faut point craindre de m'écrire, et de m'avertir de ce qui se passe dans les affaires d'importance.

LETTRE CXXIX.

A MADAME DU MANS.

A Germigny, ce 10 août 1702.

Le rétablissement dont il s'agit est une chose trop sérieuse, ma Fille, pour être fait par une espèce de cérémonie et de compliment de votre part envers moi; ainsi ne m'en parlez point : cela dépend d'une longue épreuve, et en attendant il faut laisser les choses comme elles sont.

Allez votre train pour l'exécution de votre obéissance; donnez vos ordres à toutes les Sœurs à l'ordinaire. Quand les fautes seront manifestes, usez également envers toutes de l'autorité de votre charge: quand elles seront plus douteuses, il vous est permis d'user de ménagement et de consulter Madame pour exécuter ses ordres.

Pour ce qui regarde les communions, n'en perdez pas une pour tout ce qu'on vous dira; vous ferez la volonté de Dieu. Répondez à celles qui vous parleront que vous agissez par mon ordre exprès, et vous pouvez montrer ma lettre à quelques-unes de celles qui en douteront, afin que tout le monde le sache. Je voudrois bien pouvoir aller à Jouarre; j'espère le pouvoir dans quelque temps. Notre-Seigneur soit avec vous. Je salue nos chères Filles.

Encore un coup, vos communions ne dépendent pas de quelques cérémonies ; ce n'est point ici une affaire de grimaces : j'y ai une attention particulière sous les yeux de Dieu ; et il s'agit du bon ordre de la Maison, auquel il faut que vous cédiez.

LETTRE CXXX.

A MADAME DE BARADAT

A Germigny, ce 17 octobre 1702

Je trouve le moment, ma Fille, de vous faire la réponse que vous demandez, et je le prends comme donné de Dieu.

Pour seconder, ou plutôt pour soutenir vos bonnes intentions sur le silence, ne vous lassez point : ne cessez de recommander cette observance comme celle d'où dépend la récollection, l'exercice de la présence de Dieu et l'opération de la grace. Dieu ne parle pas à ceux qui aiment mieux parler aux autres que de l'écouter seul. Si Dieu écoute mes vœux, et me fait la grace de pouvoir aller à Jouarre, je tâcherai de trouver quelques paroles fortes pour rendre les ames attentives à Dieu, qui ne demande qu'à parler à ceux qui l'écoutent.

C'est un abus insupportable de s'exempter de l'office, sous prétexte des parens et des amis qu'on aura dans la maison : cela se peut tolérer un jour ou deux à cause de la dureté des cœurs; mais d'en faire une coutume, c'est directement introduire le déssordre dans la maison de Dieu.

Je n'ai rien de nouveau à dire sur le travail : c'est un point de règle dont il n'est pas permis de se dispenser.

Je n'ai nul dessein de rétablir la Sœur Rassicot, quand même sa tante remettroit la charge. Sur ce refus, vous ne sauriez mieux faire que d'obtenir de Madame qu'on mette dans cette obédience quelque jeune Sœur, qui puisse apprendre.

Je ne sais comment on n'est point touché de l'uniformité dans les cellules, qui est à mon avis une des choses qui marque le plus l'unité d'esprit si agréable à Dieu : il faut pourtant s'arrêter au gros, sans trop insister sur ce qui tiendroit trop visiblement de la minutie.

La relaxation du jeûne des fêtes doubles ne doit pas être empêchée, si la coutume en est ancienne.

Au surplus souvenez-vous que mon intention n'est pas de vous obliger à pousser tout à la rigueur, mais à faire bonnement ce que vous pourrez. La douceur, l'insinuation, la répréhension à propos, la déclaration de mes sentimens comme conformes à la règle, à la fin, s'il plaît à Dieu, feront quelque chose, pourvu qu'on n'abandonne pas l'œuvre de Dieu.

Il n'y a rien à dire de ma part sur les collations, que dans l'occasion et en présence.

J'ai vu sur le passé les règles que vous a données M. de Saint-André, et je vous dis que vous devez vous y tenir. Vous pouvez sans empressement et sans scrupule, dire à l'occasion des réceptions ce qui vous paroîtra utile et convenable.

Souvenez-vous de dilater votre cœur, et d'y entretenir une sainte liberté. Notre-Seigneur soit avec vous.

LETTRE CXXXI.

A MADAME DE LUSANCI,

ET A PLUSIEURS RELIGIEUSES ATTACHÉES AU PRÉLAT.

A Paris, ce 10 février 1703.

Je n'ai, mes Filles, aucune bonne raison à vous dire de mon long silence. Il est vrai, beaucoup d'affaires : mais il falloit trouver du temps pour m'acquitter de mon devoir, surtout au sujet de la sainte agape, qui par toutes ses excellentes qualités méritoit tant de remercîmens. Ma reconnoissance a été sincère et mon cœur plein d'affection; mais la parole et l'écriture ne devoit pas manquer. Pardon, mes Filles, et assurez-vous que vous ne verrez plus de telles fautes.

LETTRE CXXXII.

A MADAME DU MANS.

Lundi, 14

Vous serez toujours raisonnante. Ne croyez pas que je vous permette de raisonner autant que vous voudriez avec le médecin : dites simplement vos pensées ; contentez-vous du oui et du non, sans répliquer ; autrement je ne serai pas content : du reste marchez sans crainte. Que vouloit dire David : « Si je marche au milieu de l'ombre de la mort, je ne craindrai rien, parce que vous êtes avec moi ? » Quand je vous verrai bien obéissante et peu raisonnante, je vous reconnoîtrai pour ma Fille.

LETTRE CXXXIII.

A MADAME DU MANS.

A Versailles, mardi 29 mai.

Agissez, ma Fille, avec simplicité, gardez-vous bien de vous troubler en m'écrivant : ce n'est que le raisonnement contredisant que je ne veux plus souffrir en vous. Quand on vous a une fois bien entendue, et qu'on vous a donné une décision, il n'y faut plus revenir ; Dieu l'a ainsi agréable : si vous faites l'impossible, tant mieux. Je ne veux en vous de raisonnement que pour vous soumettre : je permets le raisonnement des doigts très-volontiers, surtout quand ce sera pour chanter le Cantique de la confiance. Vous voyez bien que j'ai lu votre épigramme. J'ai lu aussi le sonnet, dont le sens est bon : les règles ne sont pas tout à fait gardées ; mais il n'importe pas beaucoup, puisque vous vous déclarez contre les occupations poétiques. Je prie, ma Fille, Notre-Seigneur qu'il soit avec vous.

LETTRE CXXXIV.

EXTRAITS DE PLUSIEURS LETTRES.

A MADAME DU MANS.

A Meaux, ce 30 décembre 1693.

Votre double troupeau soit béni de Dieu. Ne songez pas tellement à vos novices, que vous ne disiez encore au Sauveur : « J'ai d'autres brebis qu'il faut que j'amène : » priez Jésus de les amener à lui. Je suis bien aise qu'elles commencent à se rendre plus dociles.

A MESDAMES DU MANS ET DE RODON.

A Meaux, ce 12 avril 1694.

Voilà, mes Filles, ma Sœur Cornuau que je remets entre vos mains : conduisez-la bien, et ne lui laissez pas faire sa volonté : ce n'est pas aussi ce qu'elle cherche; mais sans qu'on la cherche elle ne revient que trop.

A Meaux, ce 14 avril 1695.

J'étois bien aise, ma Fille, à la dernière réception, de faciliter toutes choses : je n'agirai pas toujours de même. Dites franchement au chapitre ce que votre conscience vous dictera. Si ma Sœur Barbier demeure toujours incertaine, et qu'elle ne s'affermisse pas, je doute qu'on la puisse recevoir.

Ne quittez point la communion; abandonnez-vous à la divine miséricorde. Quand communierez-vous, si vous attendez que vous en soyez digne? Prenez courage.

Une autre fois n'acceptez plus d'être marraine : pour cette fois j'accorde tout.

A Meaux, ce 24 avril 1702.

Je vous adresse cette lettre pour les trois dont vous m'envoyez les remercîmens, dont je suis très-édifié.

Je n'en ai pas trop dit sur les fréquentes visites inutiles des ecclésiastiques : je n'ai parlé qu'en général, et je ne descendrai au particulier qu'avec circonspection. Je vous loue de la charité que vous avez pour Mademoiselle Nacart. J'exhorte toujours vos novices à aimer l'humiliation et la correction.

A Germigny, ce 11 juin 1702.

Je prie Dieu, ma Fille, qu'il vous protége contre les fureurs de l'enfer. Je commence plus que jamais à espérer quelque grand bien, puisque le démon déploie tout ce qu'il a de plus malin. J'envoie M. le prieur du séminaire, à qui vous pouvez parler avec confiance, comme j'ai fait sur les personnes dont je me défie. En de telles occasions il faut être soupçonneuse, pour empêcher le mal qu'on est obligé de chercher. Je suis assuré que vous tiendrez le cœur pur par la charité.

A Germigny, ce 17 octobre 1702.

Je prie Notre-Seigneur qu'il soit avec vous, qu'il vous donne sa paix, qu'il vous rende toujours attentive à ses momens, qu'il vous tienne dans le silence intérieur et extérieur, qu'il vous le fasse aimer dans vous-même et dans les autres, et qu'il vous fasse porter à l'exemple de saint Luc la mortification de Jésus.

A Germigny, ce 21 octobre 1702.

Recevez sans hésiter les bons sujets : il les faudra précautionner contre les mauvais exemples, et leur montrer les bons. On dit que des deux converses qui se présentent, il y en a une dont il n'y a rien de bon à espérer. Je voudrois qu'on ne la proposât pas : en tout cas, il n'y a pas lieu de la recevoir.

FIN DES LETTRES A L'ABBESSE ET AUX RELIGIEUSES DE L'ABBAYE DE JOUARRE.

LETTRES
A DES RELIGIEUSES
DE DIFFÉRENS MONASTÈRES (a).

LETTRE PREMIÈRE.
A LA SUPÉRIEURE ET COMMUNAUTÉ
DE LA CONGRÉGATION A COULOMMIERS.
A Versailles, ce 6 juin 1681.

Dieu, en qui vous mettez votre espérance, me donnera par vos saintes prières la même vigilance qu'avoit feu Monseigneur de Meaux, comme j'aurai pour vous le même cœur et la même affection : c'est ce que j'espère de sa bonté, et je vous assure en même temps que je suis sincèrement en son saint amour, etc.

LETTRE II.
A UNE SUPERIEURE DE RELIGIEUSES.
A Germigny, ce 15 novembre 1682.

J'ai reçu, ma chère Fille, votre lettre du 13, et j'entre dans vos sentimens et dans vos raisons. J'ai lu les *Ordonnances* de visite que vous m'avez envoyées, tant de feu Monseigneur que de M. Pastel. J'ai été très-aise de les voir, et je ne me départirai jamais de ces saints règlemens par lesquels le bon ordre et la paix règneront dans votre maison. Conservez ce précieux dépôt, plus encore dans vos cœurs que dans vos archives. Je vous renvoie le tout ; et je vous aurois fait réponse dès le matin, si on m'avoit dit que votre messager l'attendoit ici. Je serai, s'il plaît à Dieu,

---

(a) N'ayant point retrouvé les manuscrits, nous avons publié ces lettres d'après les premières éditions.

mercredi à Meaux : je ne tarderai pas à vous voir, et je déclarerai à la communauté mes sentimens conformes aux vôtres. L'unité de la conduite m'a toujours paru un des plus grands biens dans les monastères.

Je parlerai aussi à ma Sœur de Sainte-Agathe : je suis bien aise du témoignage que vous me rendez de sa soumission.

Pour ce qui est de M. Pastel, vous ne sauriez mieux faire, ni rien qui me soit plus agréable, que de persister toutes dans sa conduite, parce que tous les jours je le reconnois de plus en plus très-propre au gouvernement des ames, et à élever les religieuses à la perfection de leur saint état. Je suis de tout mon cœur, ma chère Fille, etc.

LETTRE III.

A MADAME DE BERINGHEN, ABBESSE DE FARMOUTIERS.

A Meaux, ce 8 janvier 1683.

Je vous avoue, Madame, que je suis revenu le cœur affligé, de voir que ces préventions qu'on a mises contre vous dans les esprits avant votre arrivée, n'aient pu encore être dissipées. Il ne faut pourtant pas perdre l'espérance de ramener les esprits ; c'est ce que vous devez vous proposer pour but. Car la supériorité ecclésiastique étant un ministère de charité, il faut tâcher de rendre l'obéissance volontaire, afin que le sacrifice en soit agréable ; et se faire tout à tous, avec saint Paul[1], afin de gagner tout le monde. En attendant que cette confiance soit parfaitement établie, il faut avoir une autre fin subordonnée à celle-là, qui est de faire toujours les affaires tout le mieux qu'il se pourra, sans s'émouvoir des murmures qu'on n'aura pas pu empêcher, mais en réprimant aussi tout ce qui les peut exciter.

Le jour de mon départ je recommandai à la mère prieure, à la sous-prieure et aux religieuses qui étoient avec elles, de n'insulter, ni triompher, ni faire aucun reproche amer à personne sur tout ce qui s'étoit passé. Rien n'est plus indigne d'un bon

[1] I *Cor.*, IX, 22.

parti, qui s'unit non point par cabale, mais par l'obéissance et par la règle, que de se servir de telles manières : il les faut laisser à celles qui s'unissent par des préventions, ou pour contenter leur humeur : mais celles qui n'ont que le bien commun pour objet, ne doivent donner aucun lieu à la contradiction par la raillerie ou par l'aigreur : rien aussi ne gâte plus les affaires. Nous n'en sommes pas encore au bout ; il s'en faut bien. La procuration est l'essentiel, et il ne faut point y susciter d'obstacles en aigrissant les esprits, ni faire des partages où le consentement est nécessaire.

Contenez donc, Madame, les discours, surtout ceux qui peuvent être rapportés. J'en ai entendu quelques-uns, et des manières de raillerie assez innocentes en elles-mêmes, qui étant rapportés, porteroient les choses à des aigreurs irrémédiables. Ce n'est rien d'avoir de l'esprit et de bien parler ; tout cela sans la prudence et la charité, ne fait que nuire. Vous parlez et vous agissez avec tant de modération, que tout le monde doit vous imiter. Vous savez comme les choses se changent et s'aigrissent par les rapports. On n'est attentif dans la maison qu'à ce qui se passe chez vous : non-seulement ce que vous dites, Madame, mais encore ce qui se dit en votre présence est tourné en cent façons différentes ; et c'est ce qu'il faut arrêter dans la source, en réprimant tout ce qui peut causer de mauvaises dispositions. Cette contrainte est une partie de la servitude que la charité impose aux supérieurs. Je vous prie, Madame, accommodons-nous aux infirmes que nous voulons gagner ; ne changeons rien que ce qui est absolument mal : viendra le temps, s'il plaît à Dieu, où vous aurez le moyen de faire la plénitude du bien. Cette liberté est le fruit de la patience ; c'est par la condescendance qu'on établit l'autorité : vous ferez tout, pourvu que vous commenciez tout à propos, et chaque chose en son temps.

Il n'est pas temps de contraindre ces filles sur les communions, et c'est pourquoi je n'en parle pas encore : nous ferons en son temps ce qu'il faudra. Je crois, Madame, qu'il est à propos de laisser aller les choses à l'ordinaire. Avertissez, instruisez, persuadez, n'usez d'autorité que pour empêcher ce qui sera absolument mal. Vous savez aussi bien que moi tout ce que je vous dis : mais Dieu attache de si grandes bénédictions à ses vérités, quand elles sont portées par les canaux ordinaires et par la bouche de ceux qu'il en a chargés, que je crois même pour cette raison vous devoir dire ce que vous savez, afin qu'il fructifie davantage dans votre cœur, et qu'il se répande dans toute votre conduite.

Je vous envoie l'obédience de Madame du Mastelle ; M. le promoteur me l'a présentée de votre part et de la sienne. J'ai mis une petite clause aux entrées, que je crois nécessaire surtout dans la conjoncture présente. Tout cela est remis à votre prudence. Trouvez bon que j'efface les couchées, qui feroient présentement trop de bruit, et qui au fond doivent être réservées pour les personnes d'une certaine considération, dont l'amitié est utile, dont la présence est fort rare, dont le respect impose une espèce de nécessité. Tout cela est entre nous ; et si le mémoire des entrées devoit être vu, on n'y verroit pas une rature faite de ma main, dans une chose qui a dû passer par les vôtres. Au surplus, dans les occasions extraordinaires, vous êtes la maîtresse et vous pouvez, sans attendre aucune permission, faire ce que votre prudence vous inspirera.

Surtout, Madame, mettons notre confiance en celui qui tourne les cœurs comme il lui plaît, par des voies aussi douces que sûres. J'ai souvent éprouvé que cette confiance en Dieu, Moteur des cœurs, fait trouver des facilités dans des choses qui paroissoient impossibles : mais cette dévotion doit être accompagnée de douceur, de charité, de patience et de persévérance.

J'espère être aujourd'hui à Paris, où je recevrai dorénavant les avis que vous voudrez me donner. Je n'ai pas besoin de vous recommander de ne procéder à l'emprunt qu'à mesure qu'il sera nécessaire : c'est vous-même qui m'avez dit que vous en vouliez user ainsi. Ce seroit un bon moyen de calmer les esprits, que de ne consommer pas d'abord tout le pouvoir que vous avez. Mais vous savez mieux tout cela que moi ; et je finis en vous assurant, Madame, que je n'oublierai rien pour vous procurer toute la satisfaction possible, et tout le repos que vous méritez. Je vous envoie la lettre que j'écris à vos religieuses toute ouverte, et il n'y aura, s'il vous plait, qu'à la leur rendre dans le même état.

LETTRE IV.

AUX RELIGIEUSES DE FARMOUTIERS.

Ce 8 janvier 1683.

Je ne veux point sortir du diocèse sans vous assurer qu'en quelque lieu que je sois, je vous porte toutes dans le cœur. Soyez persuadées invinciblement que je n'ai rien qui me touche plus que le désir de conserver dans votre sainte communauté tout le bien que vos vénérables abbesses, dont la mémoire m'est chère autant qu'à vous, ont établi parmi vous. Par la grace de Dieu, je vous assure que celle que Dieu vous a donnée ne songe qu'à maintenir la régularité et l'observance qu'elle a trouvée dans la maison, et que je me crois obligé en conscience de ne me départir jamais de la résolution que Dieu m'inspire d'employer à un si grand bien toute l'autorité qu'il m'a donnée. Ce fondement étant posé, voilà bien des craintes, bien des soupçons, bien des défiances dissipées. Il faut après cela que peu à peu la confiance s'établisse entre Madame votre abbesse et vous, et par la confiance l'union parfaite des esprits et la consommation de l'obéissance.

Vous n'ignorez pas, mes Filles, que l'obéissance à la supérieure ne soit ce qu'il y a de plus essentiel à la vie religieuse : c'est proprement ce qui en fait le fond. L'obéissance aux supérieurs majeurs est l'obligation commune de tous les fidèles de Jésus-Christ envers les pasteurs qu'il a établis, et qu'il ne cesse de substituer à la place de ses apôtres : mais l'obéissance du dedans, j'entends celle qu'on doit à la supérieure, c'est celle qui fait proprement les religieuses. Sur ce fondement, mes Filles, je me sens obligé de vous déclarer que l'empressement du temps, et peut-être d'autres raisons ayant retardé la publication de l'*Ordonnance* de visite, vous devez en attendant obéir à votre abbesse.

Je loue le pieux désir que vous ayez de conserver jusqu'aux moindres observances. Il faut aimer jusqu'aux moindres choses de sa profession, quand on veut soigneusement conserver les grandes, et baiser pour ainsi dire avec respect jusqu'à la frange de l'habit de l'Epouse [1] : mais en même temps il faut entendre que tout n'est pas d'une égale importance, et que dans celles qui de leur nature sont indifférentes, l'obéissance doit être la règle. Par exemple, j'en vois parmi vous qui sont émues, je le dirai franchement, plus que de raison sur l'ordre des Antiennes : je ne les condamne pas, parce qu'elles croient que c'est la règle ; mais je dois vous assurer que la règle n'est pas si expresse qu'elles pensent, et que la pratique des monastères les plus réformés de l'ordre, tant d'hommes que de filles, est conforme à ce qu'a réglé Madame l'abbesse. Au fond ce qu'il y a ici d'essentiel, c'est d'éviter la confusion, de s'entendre, de garder l'uniformité, et d'exercer l'obéissance. Il ne faut donc pas se laisser tellement choquer de ce qui est nouveau, qu'on ne regarde le fond des choses, et qu'on n'apprenne à mettre la perfection où elle est. Au surplus je ne détermine encore rien ; j'aime mieux persuader qu'ordonner. Madame l'abbesse cédera toujours contre ses propres pensées à ce qui sera raisonnable ; mais il ne faut point s'opiniâtrer sur les choses peu essentielles.

Assurez-vous, encore une fois, que l'intention est de maintenir l'observance dans Farmoutiers avec autant de vigueur et de pureté que jamais. Vivez dans cette assurance ; et ne croyez pas que les divisions soient jamais irrémédiables, où la charité domine au fond.

Priez sans relâche ; je prierai avec vous. Si mes péchés empêchent que mes bonnes intentions aient d'abord tout leur effet, je crois fermement qu'en me purifiant tous les jours devant Dieu, et en mettant ma confiance comme je le fais de tout mon cœur en sa seule grace, il ne tardera pas à me donner l'accomplissement de mes désirs. Vous les savez, je vous les ai dits en entrant chez vous ; c'est que la paix que j'étois venu vous annoncer ne revint pas à moi. Coopérez à mes soins, et à mes prières par les

[1] *Psal.*, XLIV, 14.

vôtres. Soyez attachées à Dieu; conversez beaucoup avec lui, et peu avec les créatures : songez à la compagnie que vous trouverez toujours dans vos cellules, pourvu que vous n'y cherchiez que celle-là : Dieu vous y attend à chaque moment; Jésus-Christ votre Epoux vous y appelle. Si vous êtes véritablement avec lui, chacune de vous sera douce, modeste, charitable envers ses Sœurs: nulle parole d'aigreur ni de raillerie ne s'entendra parmi vous : la charité sera seule victorieuse, et l'on ne se glorifiera jamais que de cette seule victoire.

Faites tout selon l'ordre, et chaque chose à l'heure marquée; songez à la manière admirable dont la règle exprime cette ponctualité : que tout autre ouvrage cesse à l'instant, quand il s'agit d'accomplir celui de l'obéissance.

Ainsi vous serez ma consolation et ma joie en Notre-Seigneur Jésus-Christ; et moi, en son saint amour, votre serviteur très-acquis, et vraiment un père commun, qui ne sera ni pour Apollo, ni pour Céphas, ni pour Paul, mais pour Jésus-Christ; et toujours avide de faire cesser tous les noms de partialité, afin que celui de Jésus-Christ soit seul entendu parmi vous.

Ne soyez point en peine des entrées; on les modérera de telle sorte qu'en écoutant les désirs des particuliers, le repos commun n'en sera pas troublé. Ecrivez-moi avec confiance tout ce qui méritera de m'être écrit. Soyez persuadées que votre abbesse a le temporel à cœur comme un fondement nécessaire du bon ordre. Je suis dans le même sentiment, n'en doutez pas; et me croyez, encore une fois, en la charité de Notre-Seigneur.

LETTRE V.

A MADAME DE BERINGHEN.

A Germigny, ce 6 octobre 1684.

Me voilà donc, Madame, bien multiplié : si on m'avoit encore donné la parole, vous étiez perdue, et vous ne reviendriez jamais de l'étourdissement où vous jetteroient tous mes beaux propos. Jouissez du moins, Madame, de mon silence : mais soyez bien persuadée que je ne le voudrois rompre que pour vous dire combien je suis sensible à vos bontés. Je salue de tout mon cœur Mesdames vos Sœurs. J'userai de votre mémoire selon vos désirs, et, puisque vous le voulez, je ménagerai surtout le chagrin d'un père que vous aimez tant.

LETTRE VI.

A MADAME DE TANQUEUX,

SUPÉRIEURE DES FILLES CHARITABLES DE LA FERTÉ.

A Germigny, ce 20 octobre 1684.

Il m'a été impossible, Madame, quelque volonté que j'en eusse, de trouver le temps d'aller à la Ferté. Je pars lundi pour Crécy, où j'achèverai le mois : s'il reste quelque beau temps après la Toussaint, je ferai ce que j'avois projeté, sinon je pourvoirai d'ailleurs à votre satisfaction.

J'ai revu très-soigneusement vos règlemens, où j'ai réformé quelque chose; rien dans la substance. J'aurai quelque chose à considérer avec vous sur le règlement de la journée : je ferai après cela mettre le tout au net, et vous le donnerai revêtu de toutes les formalités requises. Soyez persuadée, Madame, que j'affectionne cette œuvre, et que j'en prendrai un soin particulier, surtout quand j'y verrai une supérieure dont vous serez parfaitement contente, et sur laquelle je pourrai m'assurer.

Il faudra chercher un prêtre pour vous faire avoir deux messes à Chamigny. Nous sommes dans une grande disette de prêtres, et si vous en connoissez quelqu'un, vous me ferez plaisir de me l'adresser : mais les paysans, qui s'obstinent à ne vouloir pas qu'il serve de maître d'école, en se chargeant d'avoir un garçon pour le service, nous font de la peine, parce qu'un prêtre ne saura que faire quand il aura dit sa messe : vous savez ce qui en arrive. Je suis, Madame, de tout mon cœur, etc.

LETTRE VII.

AUX RELIGIEUSES DE COULOMMIERS.

A Meaux, ce 17 janvier 1685.

Je vous envoie la *Vie de la vénérable Mère d'Arbouze*, abbesse et réformatrice du Val-de-Grace, qu'un saint prêtre (*a*) a écrite avec grand soin, sur de bons mémoires. Les exemples de piété et de régularité que Dieu produit dans nos jours ont quelque chose de plus touchant pour nous, que ce que l'on peut recueillir des siècles passés; et Dieu ne manque pas de susciter de temps en temps dans son Eglise des personnes d'une vertu éminente, afin que tout le siècle en soit échauffé. Profitez donc de cette vie; car encore que la sainte abbesse dont il s'agit soit d'un autre ordre et d'une observance plus rigide, vous y trouverez dans un haut degré les pratiques communes de la piété chrétienne et de la perfection religieuse, et vous tirerez un grand profit de cette lecture, si vous la faites dans l'esprit que je vous ai marqué dans mon *Ordonnance* de visite. Ecoutez sur toutes choses ce que vous verrez sur l'obéissance.

Je ne dois point vous dissimuler, mes Filles, que c'est à cette vertu qu'on manque principalement dans votre Maison. Je vous ai rendu ce témoignage, que je trouvois parmi vous beaucoup de commencement de piété et une grande espérance d'une moisson abondante; mais ce sera par l'obéissance que ces fruits viendront à maturité. Il ne faut plus que chacune de vous veuille faire en tout à sa volonté, et que votre soin soit de faire entrer les supérieurs dans vos sentimens, mais d'entrer dans les leurs. C'est là que réside la perfection aussi bien que le repos, et tout le reste n'est qu'illusion et vaine agitation d'esprit.

Cette multiplicité de directeurs que l'on recherche est un effet de l'attachement que l'on a à soi-même. Je souffre beaucoup de ce qu'il faut condescendre à vous en donner tant, quoiqu'ils soient très-honnêtes gens. Mais quand je vois qu'on ne se contente pas

(*a*) M. l'abbé Fleury, auteur de l'*Histoire ecclésiastique*.

d'avoir des directeurs capables de donner de bons avis dans le besoin, et qu'on est si difficile dans les confesseurs ordinaires, je reconnois qu'on est bien éloigné de l'esprit des saints. Si l'on regardoit en eux Jésus-Christ qui nous absout, on n'auroit pas tant de vains raffinemens. Sans vouloir faire le panégyrique de votre confesseur, que j'estime beaucoup plus qu'une partie de vous ne peut faire, il en sait plus qu'il n'en faut pour vous appliquer le sang de Jésus-Christ. Je le trouve judicieux et d'une saine doctrine; et si vous avez ou croyez avoir des besoins extraordinaires, il devroit vous suffire d'avoir des directeurs que vous pouvez consulter de temps en temps. Prenez garde attentivement au chapitre où il est parlé de ce sujet, et à ce qu'en disoit la Mère d'Arbouze. Mais enfin puisque vous n'êtes pas encore parvenues à la perfection de l'unité, soyez du moins soumises à l'ordre de Dieu; et sans vouloir censurer les autres, obéissez à celui que vous avez vous-mêmes demandé.

Souvenez-vous de ce que je vous ai dit sur la communion. Méditez sur cette parole de Notre-Seigneur : « Ne jugez point, et vous ne serez point jugés[1]; » et celle de saint Paul : « Pourquoi jugez-vous le serviteur d'autrui[2]? » On se trompe quand on croit qu'un directeur ne peut priver de la communion que pour des crimes; et ce n'est pas une moindre erreur de croire que toutes les religieuses soient exemptes de grands péchés. Laissez le jugement à ceux auxquels Jésus-Christ l'a donné, et que chacune pratique ce que dit saint Paul: « Pensez à ceux qui doivent rendre compte de vos ames[3]. »

Au surplus je vous déclare encore une fois, que celles à qui la privation de la communion est une occasion de relâchement, sont dans une erreur manifeste. Celle qui n'est pas jugée digne de communier avec les Sœurs, doit se tenir ce jour-là plus que tous les autres dans la récollection et dans l'esprit d'humilité et de pénitence. Il faut que privée du pain de vie, elle se nourrisse de ses larmes, et se garde bien d'être plus gaie ou plus libre dans un temps où l'Eglise exerce sur elle un si sévère jugement. Si vous vous mettez en cet état les jours que vous serez privées de

[1] *Matth.*, VII, 1; *Luc.* VI, 37. — [2] *Rom.*, XIV, 4. — [3] *Hebr.* XIII, 17.

la communion, vous en viendrez bientôt à la communion fréquente, où vous trouverez en Jésus-Christ le repos de vos ames. Les inquiétudes trop vives, les violentes agitations seront dissipées; Dieu fera couler sur vous un fleuve de paix, dont les eaux rejailliront à la vie éternelle.

Lisez et relisez cette lettre; ce que Dieu dicte aux supérieurs est le vrai remède des maladies d'une maison, surtout quand ils sont instruits, comme je le suis, de ce qui se passe, et que vous les voyez occupés du soin de votre salut. Leurs soins et leur vigilance vous doivent faire sentir combien vos ames leur sont chères et précieuses; et celle pour qui son évêque veille a le cœur bien dur, si elle n'est sollicitée de veiller sur elle-même.

« Veillez donc et priez, parce que vous ne savez pas ni le jour ni l'heure à laquelle l'Epoux viendra [1]; » et malheureuses les vierges qui trouveront les portes fermées, et auxquelles il dira : « Je ne vous connois point [2], » et enfin qu'il exclura éternellement des délices nuptiales. Ah! que mes Filles de Coulommiers ne soient point de ces vierges folles, que l'huile ne leur manque pas, que leurs lampes soient allumées, que leurs vertus et leurs bonnes œuvres soient exposées devant Dieu et devant les hommes, afin qu'on y glorifie en elles le Père céleste. C'est la grace que je vous souhaite en vous donnant ma bénédiction à toutes et à chacune en particulier, et je suis en la charité de Notre-Seigneur, etc.

LETTRE VIII.

A DES RELIGIEUSES DE LA VILLE DE MEAUX.

A Germigny, ce jour de Saint-Jacques et de Saint-Philippe, 1685.

La paix et l'amour de Notre-Seigneur soit avec vous.

Je reçois votre présent avec joie et reconnoissance : tout y est bénignité, tout y est paix, tout y est douceur; voyez ce que Dieu fait par le chétif ministère de ses serviteurs. Mais si c'est ici une œuvre de Dieu, il faut qu'elle soit durable; car l'esprit pacifique

[1] *Matth.*, xxv, 13. — [2] *Ibid.*, 12.

que vous avez, selon l'Evangile, représenté par la colombe, vient dans les cœurs non-seulement pour y être, mais pour y demeurer: « Il y demeurera, vous dit Jésus-Christ, et il y sera [1]. »

Que je suis ravi, mes Filles, que vous goûtiez ce silence où Dieu seul se fait entendre! Qu'il parle puissamment quand la créature se tait devant lui, et s'occupe du seul nécessaire! Si vous continuez, vous serez vraiment ma joie, ma consolation et ma couronne au jour de Notre-Seigneur. Vos prières m'obtiendront la miséricorde dont j'ai tant de besoin, et Dieu ne me jugera pas dans ses rigueurs.

Je vous envoie l'*Ordonnance,* que je vous prie de relire et d'observer soigneusement : elle est écrite d'une main qui vous est connue et qui vous est chère. Abandonnez-vous à Dieu; vous aurez toutes en général et toutes en particulier ce que vous avez demandé. Car au fond que demandez-vous, sinon la paix dans l'obéissance? Dieu pourvoira à tout, Dieu fera tout.

Je retournerai demain à Meaux, s'il plaît à Dieu, et jeudi j'irai célébrer la messe chez vous, et y honorer les mystères incompréhensibles de la croix, source d'éternelle concorde et de paix entre Dieu et les hommes. Je suis en la charité de Notre-Seigneur, etc.

LETTRE IX.

A MADAME DE BERINGHEN, RELIGIEUSE A FARMOUTIERS.

A Germigny, ce 30 mai 1685.

Votre lettre d'hier, Madame, m'avoit donné un peu de repos sur le sujet de Madame votre tante : mais j'apprends aujourd'hui que les choses ne vont pas mieux, et qu'elle a reçu le saint Viatique. J'ai cru qu'il étoit nécessaire que le P. visiteur se rendît aussitôt à Farmoutiers. Il ne faut pas l'exciter à vous procurer, à Mesdames vos Sœurs et à tout le couvent, toutes les consolations possibles. Je n'ai pas laissé de l'en charger ; et sans la visite que j'ai indiquée, j'aurois été moi-même pour vous soulager. Je vous prie d'être persuadée qu'on ne peut être plus touché que je le suis

[1] *Joan.,* XIV, 17.

du triste état où vous êtes. Dieu n'envoie de tels fléaux qu'avec des desseins de miséricorde, pour attirer à lui les cœurs qu'il afflige. Je suis, Madame, comme vous savez, très-cordialement à vous.

LETTRE X.
AUX RELIGIEUSES DE FARMOUTIERS.

A Germigny, ce 1ᵉʳ juin 1685.

Quand Dieu frappe de cette sorte (*a*), mes Filles, il avertit de prendre garde à soi, et de songer non-seulement à son salut, mais encore à la perfection. Je puis dire que votre perte m'a fait sentir que j'étois père : mais ce n'est pas assez de l'être en ressentant votre affliction, il faut l'être encore en vous exhortant à profiter de ces momens précieux. C'est assurément dans les grandes douleurs que Dieu se plaît à travailler dans les cœurs. Il y applique avec la croix de son Fils les graces qui l'accompagnent ; et en nous ôtant les personnes chères, il veut que nous apprenions à réunir nos affections en lui seul.

Je m'en vais offrir à Dieu le saint sacrifice pour la défunte. Je rendrai graces à ses bontés de lui avoir donné une fin si sainte et si exemplaire, si digne des saintes abbesses qui l'ont précédée, et de la sainteté du monastère de Farmoutiers. J'espère que la gloire s'en relèvera de plus en plus, et que Dieu saura donner à cette abbaye une abbesse digne de sainte Fare. Je ne vous dis point mes vœux ; je les ai exposés ailleurs, et ne cesse de les répandre devant Dieu. Reposez vous, mes Filles, sous les ailes de sa Providence paternelle : mettez en lui seul votre espérance, et considérez que tout ce qui passe ne mérite point l'attention de celles qui sont nées pour l'éternité. Je suis à vous de tout mon cœur en la charité de Notre-Seigneur.

(*a*) Dieu venoit d'enlever presque subitement Madame de Beringhen abbesse de Farmoutiers.

LETTRE XI.

A MADAME DE BERINGHEN,

NOMMÉE ABBESSE DE FARMOUTIERS.

A la Ferté-sous-Jouarre, dimanche 3 juin.

La nouvelle que je viens d'apprendre de votre nomination, étoit la seule qui pouvoit diminuer la peine que me donnoit la perte d'une abbesse aussi illustre que feu Madame de Farmoutiers. Ce qu'on me mande des sentimens de la communauté, me fait espérer que votre gouvernement sera heureux. Je suis confirmé dans cette pensée par la grace que Dieu vous fait de ressentir le poids de la charge qui vous est imposée : une charité sincère vous le rendra léger. Songez, ma Fille, qu'il faut cesser d'être à soi, quand on est aux autres ; et que quand on est appelé à la conduite des ames, on est appelé plus que jamais à l'humilité et à l'anéantissement de tout ce qu'il y a d'humain.

Je n'ai pas le loisir d'écrire à Madame d'Arminvilliers, ni à la communauté, pas même au P. prieur. Commencez à prendre soin du monastère ; et assurez toutes vos Sœurs, qui seront bientôt vos Filles, qu'ayant pris une part extrême à leur juste douleur, j'en prends aussi beaucoup à la consolation que Dieu leur envoie. Soyons-nous les uns aux autres un exemple de sainteté. Je ferai l'oraison funèbre de Madame votre tante, puisque vous le souhaitez, et que vous voulez bien que je prenne le temps qui me sera le plus commode.

LETTRE XII.

A MADAME DE BERINGHEN,

NOMMÉE ABBESSE DE FARMOUTIERS.

A Germigny, ce 15 juin 1685.

J'ai de la peine à croire, Madame, que vos bulles puissent être retardées par le défaut d'agrégation, puisque, comme vous le remarquez, vous êtes dans la maison depuis tant d'années : mais comme cette agrégation ne peut nuire, vous pouvez la prendre et l'envoyer à M. le Premier, en lui marquant l'avis qu'on vous a donné de Paris. M. l'archevêque de Reims saura bien choisir ce qui sera nécessaire, et en tout cas cet acte ne peut que faciliter du côté de Rome. Votre information est signée, et doit être envoyée aujourd'hui chez M. le Premier.

Au reste souvenez-vous, ma Fille, de l'obligation où vous êtes de résister à votre douleur. La douleur a je ne sais quelle trompeuse douceur, à laquelle il faut s'opposer comme aux autres : mais elle abat à la fin et rend l'ame paresseuse. Dieu veut qu'on soit vigilant, surtout quand on se prépare à entrer dans un état où l'on doit rendre compte de soi et des autres. Je prie Dieu qu'il vous remplisse de son Esprit consolateur.

LETTRE XIII.

A MADAME DE BERINGHEN,

NOMMÉE ABBESSE DE FARMOUTIERS.

A Meaux, ce 2 août 1685.

Je ne puis quitter le diocèse, pour peu de temps que ce soit, sans vous dire adieu, ma chère Fille. J'espère être ici sur la fin du mois, et nous ferons le service avec l'oraison funèbre de cette chère tante dans le mois de septembre, s'il plaît à Dieu. Il sera bientôt temps de m'envoyer ce que vous saurez, pour le joindre à l'imprimé que j'ai reçu, et il sera bon de m'instruire de quelque chose de la famille : car encore qu'il ne faille pas dans l'éloge d'une religieuse appuyer beaucoup là-dessus, il ne faut pas tout à fait l'omettre. Je m'en vais pour l'oraison funèbre de Madame la princesse Palatine (a), où Farmoutiers aura beaucoup de part. Je vous prie de me mander si vous comptez parmi les abbesses qui qui vous ont précédée, quelques princesses ou de France ou de

---

(a) Elle avoit été élevée à Farmoutiers, où dans ses premières années elle paroissoit vouloir se consacrer à Dieu.

quelque autre Maison souveraine. Je salue de tout mon cœur Madame votre sœur, et suis à vous.

LETTRE XIV.
A MADAME DE BERINGHEN.
NOMMÉE ABBESSE DE FARMOUTIERS.

A Meaux, ce 2 août 1685.

Je suis fâché du mal de la Mère de Sainte-Agnès, dont M. Morin m'avoit déjà informé, et j'avois déjà résolu sur son rapport de lui accorder son obédience pour aller aux eaux, puisque c'est le seul remède par lequel on peut espérer de la secourir. Je vous envoie la permission pour elle et pour la Mère de Saint-Alexis. Celle-ci servira, s'il vous plaît, pour vous et pour la Mère prieure. Vous recevrez, outre celle-ci, une lettre qui n'attendoit que la première commodité (a). J'ai toujours beaucoup de joie quand je reçois de vos nouvelles, et suis, ma chère Fille, très-cordialement à vous.

LETTRE XV.
A LA SUPÉRIEURE DES URSULINES DE MEAUX.

A Paris, ce 20 août 1685.

Je me réjouis, ma chère Fille, du témoignage que vous rendez à la manière sincère dont toutes vos Sœurs me témoignent leur obéissance : je vous prie de les assurer que plus elle sera grande et sincère, plus je me sens engagé à prendre un soin particulier de leur avancement et de leur repos. Pour vous, je ne puis vous dire combien je suis content de votre conduite, et combien je la trouve digne d'une bonne religieuse et d'une bonne supérieure. Je suis de tout mon cœur, ma chère Fille, votre très-affectionné serviteur.

(a) La lettre précédente

LETTRE XVI.

AUX URSULINES DE MEAUX.

A Paris, ce 20 août 1685.

Je reçois, mes chères Filles, avec une joie sensible le témoignage sincère de votre obéissance, que vous me donnez en commun : rien ne me pouvoit donner plus de joie, puisque rien ne marque tant le progrès que vous faites dans la vertu et dans le chemin de la perfection, dont l'obéissance est le fondement. D'ailleurs rien ne peut toucher davantage un Père que l'obéissance, qui marque le vrai caractère de Fille, et lui donne une favorable ouverture pour avancer dans la perfection les enfans que Dieu lui a donnés. Priez Dieu que dans le désir immense qu'il m'inspire de vous avancer à la perfection de votre état, je travaille aussi à la mienne sans relâche, et que nous nous soyons les uns aux autres un motif de plaire à Notre-Seigneur, dans l'amour duquel je suis cordialement, mes chères Filles, votre très-affectionné serviteur.

LETTRE XVII.

A MADAME DE BERINGHEN.

ABBESSE DE FARMOUTIERS.

A Meaux, ce 6 septembre 1685.

Je suis ravi, ma Fille, d'apprendre de vos nouvelles, et de voir que votre santé paroisse bonne. Je vous irai voir le plus tôt qu'il se pourra ; mais je ne puis encore marquer le temps précis. M. le curé de Mauregard a raison de croire que votre recommandation lui sera utile auprès de moi. M. le prieur et curé de la Ferté-Gaucher, ici présent, me prie de vous parler d'une lettre qu'il vous a écrite, et de vous demander réponse de sa part. Je consens à l'entrée dont vous m'écrivez ; je me réjouis de vous voir en possession, et j'ai beaucoup d'espérance que Dieu bénira votre gouvernement. Je suis à vous, Madame, de tout mon cœur.

LETTRE XVIII.

A MADAME DE TANQUEUX,

SUPÉRIEURE DES FILLES CHARITABLES DE LA FERTÉ.

A Germigny, ce 30 septembre 1685.

Comme vous m'avez demandé à deux différentes fois la permission de communier, vous et les Sœurs, les jours ouvriers dans la chapelle, la première pour les infirmes, la seconde en général pour toutes les Sœurs, à cause des classes : hier en dictant ma lettre je ne me souvins que de la première concession que j'avois faite; mais je me suis souvenu depuis, et j'ai trouvé dans les mémoires que j'avois faits pour la visite, que j'avois aussi accordé la communion pour toutes les Sœurs. Ainsi mon intention est de vous continuer ce que j'ai accordé pour bonne raison. Vous pouvez dire à M. Rousseau qu'il peut continuer à vous communier comme auparavant, selon l'ordre qu'il en avoit reçu de moi. Je dis le même pour la confession ; et afin que cela soit fixé sans qu'il y arrive de difficulté, renvoyez-moi ma lettre, afin que je fasse une ordonnance en forme, qui établira les choses comme elles doivent demeurer. Il est bon aussi de m'envoyer copie de ce que feu M. de Meaux a accordé pour la fête de sainte Anne.

Je suis fâché que M. de Fortias s'en soit allé sans que j'aie eu le bien de le voir. Je vous prie d'être persuadée que l'affection que j'ai pour la communauté ne peut être ralentie ; et que j'ai une estime très-particulière pour votre personne, et suis très-cordialement, etc.

LETTRE XIX.

A MADAME DE SAINTE-AGNÈS

SUPÉRIEURE DES URSULINES DE MEAUX.

Janvier 1686.

Je croyois, ma Fille, pouvoir vous voir avant mon départ, et dire à la communauté ce que Dieu demande d'elle en cette occurrence : c'est de se dépouiller de toute vue particulière sous les yeux de Dieu ; en sorte qu'on ait dans le cœur ce sentiment. Si cela est, Dieu donnera ses lumières, et le Saint-Esprit présidera à vos élections : ainsi soit-il. Je ne puis pas dire précisément quand je les ferai faire ; des affaires peuvent me retenir plus ou moins : tout ce que je vous puis dire, c'est que mon cœur me rappelle continuellement ici, et que votre communauté a beaucoup de part à l'attrait que je ressens.

J'apprends avec déplaisir qu'il y en a qui ne se confessent pas à M. de l'Isle : je vous prie de déclarer de ma part à la communauté que je désire absolument que tout le monde s'y confesse à l'ordinaire, ne pouvant en aucune sorte souffrir cette diversité qui vous rejetteroit dans de nouveaux troubles. Déclarez donc à vos Sœurs que c'est un ordre général et irrévocable, et lisez-leur cette lettre.

Plus je connois ce prêtre, plus je le trouve saint et éclairé ; et Dieu m'a fait ressentir qu'il fera un grand bien à la communauté. Je lui ai parlé de certaines choses qui pouvoient faire de la peine : c'étoient de bonnes pratiques en elles-mêmes ; mais que je ne croyois pas bonnes pour votre communauté. Il en connoît les raisons ; et il n'aura pas encore été trois mois dans cet exercice, que vous ressentirez que la grace de Dieu est en lui.

Mais je suis bien aise de vous dire (vous voyez, ma Fille, que c'est à la communauté que je parle), qu'il y a un manquement essentiel parmi vous ; c'est que chacune rapporte à sa compagne ce qu'on lui dit et ce qu'on lui ordonne dans la confession, tant par conseil que par pénitence : c'est une mauvaise et très-injuste pratique : mauvaise, parce qu'elle est contre la révérence due au sacrement et à son ministre; injuste et très-injuste, parce qu'elle expose au blâme un confesseur à qui il n'est pas permis de se défendre. Il est juste que l'Eglise, qui lui ferme la bouche, la ferme aussi à celles qui pourroient parler contre lui. Qu'on ne le fasse plus par considération de mon juste désir, et qu'on ne m'oblige pas à des défenses absolues. Ne souffrez pas, ma Fille, que vos Sœurs aient de fréquentes et longues conversations avec les directeurs que je tolère. Si je n'apprends à mon retour qu'on est sur ce point dans la modération nécessaire, je serai contraint à révoquer tous les pouvoirs.

Pour vous, ma Fille, qui, Dieu merci, êtes exempte de toutes les choses qui font le sujet de cette lettre, rendez-en graces à Dieu, vous et celles qui sont aussi dans la même pratique que vous, et inspirez ce sentiment aux autres. En votre particulier suivez sans crainte votre attrait, qui est bon. J'ai fait beaucoup de réflexions sur tout ce que vous m'avez dit de votre état : et très-content de ce récit, je n'ai qu'à vous exciter à vous perfectionner dans cette voie, qui est simple et droite.

Je remercie la communauté du présent que M. Morin m'a apporté de sa part, et suis, ma Fille, bien persuadé que mon portrait est dans les cœurs, gravé par les saints sentimens que Dieu m'a fait la grace d'y porter selon mon ministère. A vous de bon cœur.

P. S. J'oubliois de vous dire que je parlerai à toute la communauté avant les élections.

LETTRE XX.

A MADAME DE BERINGHEN, ABBESSE DE FARMOUTIERS,

A Meaux, ce 5 de l'an 1686.

Je prie Dieu, ma Fille, qu'il vous renouvelle à ce renouvellement d'année, et de mon côté je suis bien aise de vous renouveler les assurances d'une fidèle et constante amitié.

J'apprends avec joie de M. Morin votre médecin, que votre santé est bonne, et que le repos est extrêmement propre à rétablir votre poitrine affoiblie. Je vous prie donc de vous ménager, et de croire qu'en le faisant dans l'esprit d'obéissance et de charité pour vos Filles, vous offrirez à Dieu un sacrifice agréable.

On me propose il y a longtemps de faire à Farmoutiers un établissement d'une école de filles, et d'y envoyer la Sœur Berin, qui est capable d'enseigner la jeunesse. On me fait entendre que vous voulez bien donner un logement, quelques pains toutes les semaines, et du bois. Je vous prie de me mander ce que vous pouvez faire : et comme on me dit en même temps que la nièce de M. Vaillant peut contribuer à cette bonne œuvre, je vous serai obligé de parler avec M. le curé, afin que je sache de quoi on peut faire état. Véritablement ce sera un bien inestimable de pouvoir procurer une école aux filles, qui sont très-mal instruites : mais je serai bien aise de savoir au vrai ce qu'on peut faire sur les lieux, afin que je prenne mes mesures là-dessus. Je vous prie donc de mander toutes les personnes qui peuvent savoir ce qu'il y auroit à faire, M. le curé, M. Vaillant, sa nièce et la mère de cette nièce, qu'on m'a dit qui prêteroit des meubles, et de m'instruire de tout, afin que je prenne une résolution avant mon départ. Je me recommande de tout mon cœur à la sainte communauté, et en particulier à Madame votre sœur. De tout mon cœur à vous.

LETTRE XXI.

A LA SUPÉRIEURE ET COMMUNAUTÉ

DES FILLES CHARITABLES DE LA FERTÉ.

A Meaux, ce 13 janvier 1686.

Mes Filles, je n'ai point douté que vous n'eussiez de la joie d'instruire les nouvelles Catholiques. Ce n'est pas assez de les recevoir quand elles viendront; il faut que la charité vous fasse trouver le moyen de les attirer, et que vous les alliez chercher dans leurs maisons. C'est là ce que Dieu demande de vous, d'aller au-devant de la foi encore infirme, et de travailler à la soutenir : il faut beaucoup de douceur et de patience.

Inspirez-leur les dévotions communes et solennelles de l'Eglise; les particulières doivent être réservées à un autre temps: surtout qu'elles connoissent que nous savons goûter Dieu et Jésus-Christ, et qu'elles ressentent que parmi nous on s'unit à Dieu par Jésus-Christ et ses saints mystères, et surtout par celui de la communion, plus intimement et par des voies plus pénétrantes qu'elles ne l'ont appris dans leur première religion. Apprenez-leur l'humilité et la docilité d'esprit, sans laquelle on ne connoît jamais Dieu ni ses vérités : celles qui seront jugées capables de lire le Nouveau Testament, et particulièrement l'Evangile, doivent apprendre de vous que l'humilité est celle qui introduit au secret, et qui apprend à goûter la parole de l'Epoux. Enfin, mes Filles, contentez mon cœur dans le désir qu'il a que ces nouvelles plantes prennent tout à fait racine, et portent des fruits agréables à Dieu et dignes de sa sainte Eglise. *Amen; amen.* Dieu soit avec vous, mes Filles.

LETTRE XXII.

A MADAME DE BERINGHEN.

A Paris, ce 27 janvier 1686.

Vous pouvez croire, Madame, que je n'ai nul dessein de vous faire tort. Je n'ai pas même conçu que les comptes de la paroisse se rendissent devant vous, et j'avois commis seulement à la place du curé, parce que les curés sont bien aises quelquefois de n'avoir rien à démêler avec leurs paroissiens dans le temporel. Il n'y aura qu'à faire les choses à la coutume; et mon dessein, non plus que le vôtre, n'est pas d'innover. Surtout rien ne changera jamais dans l'attachement que j'ai à votre service.

LETTRE XXIII.

A LA SUPÉRIEURE DES URSULINES DE MEAUX.

A Paris, ce 20 février 1686.

Il est vrai, ma Fille, que je ne puis être à Meaux au commencement du carême; je ne tarderai pourtant pas : voyez ce que vous avez à faire, et ne manquez pas de me l'écrire.

L'attrait que je vous exhorte de suivre, regarde principalement l'occupation envers les perfections divines : j'approuve aussi tout le reste que vous m'avez exposé de vos dispositions. Je ne crois pas qu'il faille tant éplucher si on a commis dans toute sa vie des péchés mortels, ou non : il faut toujours supposer qu'on n'a que trop mérité l'enfer, si Dieu nous traitoit à la rigueur, et mettre son appui sur son infinie miséricorde et sur les mérites du Sauveur : c'est le vrai soutien du chrétien.

Exhortez ma Sœur de N*** à faire effort sur elle-même, et à ne désespérer jamais de la grace de Dieu, puisqu'il ne la conserve que pour lui donner le temps de se convertir tout à fait. Je suis bien aise de ce que vous me mandez des dispositions de vos Sœurs. A mon retour, je m'appliquerai à mettre M. de l'Isle au point où il faut qu'il soit, afin que la maison tire le profit qu'on peut espérer de ses talens. Je suis à vous, ma Fille, de tout mon cœur.

LETTRE XXIV.

A MADAME DE BERINGHEN.

A Meaux, ce 4 avril 1686.

Voilà, Madame, la sœur Berin qui va commencer l'école de Farmoutiers dont vous m'avez parlé. Je vous supplie de lui accorder votre protection, et ce que vous m'avez promis pour elle dans votre lettre. Nous tâcherons de faire le reste, et de pourvoir le mieux qu'il sera possible à l'instruction des enfans. C'est un très-bon sujet, et très-exercé en cette pratique.

Je suis, Madame, de tout mon cœur à vous.

LETTRE XXV.

A MADAME DE BERINGHEN.

A Meaux, ce 16 juin 1686.

Vous pouvez, Madame, remettre la triste cérémonie jusqu'au temps qui sera commode à M. votre frère. Cela ne me fait aucune peine; et dès à présent, si vous le voulez, je tiens l'affaire pour remise au mois de juillet. Je ne laisserai pas, en attendant, de vous aller voir; et il y a si longtemps que j'en ai envie, que je ne puis pas différer davantage. Je suis à vous de tout mon cœur.

LETTRE XXVI.

A MADAME DE BERINGHEN.

A Germigny, ce 18 juin 1686.

J'ai, Madame, une proposition à vous faire, mais à vous seule, afin que vous me disiez avec une entière liberté votre pensée. Madame de Chevri, fausse convertie de ce diocèse, me donne de l'inquiétude, et il est nécessaire de la renfermer. J'ai de la peine à vous proposer de la recevoir, du moins pour quelques jours; mais deux raisons m'y obligent : l'une, que votre maison est la plus voisine de chez elle; et l'autre, qu'apparemment elle aura moins de répugnance à y être que dans toute autre, et que j'aurai plus de moyen de la voir là qu'ailleurs.

Je fais état, et c'est indépendamment de tout ceci, de me rendre chez vous lundi soir. J'y demeurerai, si vous l'agréez, mardi tout le long du jour jusqu'au soir, que j'irai à Coulommiers. Je vois tous les inconvéniens; mais je vois aussi ce que la charité de Jésus-Christ peut demander. Pour manier ces esprits, il faut de la dextérité et de la charité; et sans flatterie je ne vois que vous et Madame votre sœur, où je puisse espérer ces deux qualités si nécessaires. Au surplus quand vous aurez un peu essayé ce que vous pourrez gagner sur cet esprit, et que je lui aurai parlé moi-même, vous serez libre ; et n'ayant aucun engagement que volontaire avec moi, vous vous en déferez quand il vous plaira. Mais il importe que je puisse lui parler en lieu sûr et commode; et je vous en délivrerai aussitôt que vous le voudrez, la chose étant nuement entre vous et moi. Si vous pouvez la recevoir à ces conditions, vous me délivrerez d'une grande inquiétude. S'il y a quelque difficulté, vous me le direz franchement comme à un ami, qui au fond ne veut autre chose que ce que vous voulez vous-même. M. de Chevri, qui va lui-même vous porter ce billet, saura de vous vos intentions, et vous instruira de ce qu'il faudra que vous sachiez. Tout à vous, ma Fille, de tout mon cœur.

LETTRE XXVII.

A MADAME DE BERINGHEN.

A Coulommiers, mardi 26 (juin 1686).

Je serai, Madame, le 15 de juillet à Farmoutiers, et il ne tiendra pas à moi que ce ne soit pour le 16, qui doit être un mardi. J'arrivai hier vers les dix heures. Je dois être demain à la conférence des ecclésiastiques, à Meaux, comme j'ai été aujourd'hui à celle de Coulommiers. Pour éviter le chaud, je prétends être en carrosse avant quatre heures du matin. J'espère que Madame de Chevri verra et sentira enfin la vérité qu'elle cherche. Je lui enverrai chez vous mon carrosse, samedi soir, pour l'amener le lendemain à Germigny, avec son mari. Pour moi, j'y serai dès demain. Vous voilà bien instruite de ma marche. Si j'en étois toujours le maître, je vous prie de croire que je donnerois, ou plutôt que je prendrois volontiers plus que des quarts d'heure.

LETTRE XXVIII.

A UNE SUPÉRIEURE DE RELIGIEUSES.

A Meaux, ce 28 juin 1686.

Vous pouvez sans hésiter, ma Fille, procéder à la conclusion par suffrages de la novice; et si elle est reçue, j'en louerai Dieu. Quant......, je ne vois aucune apparence de le faire, ni même de le lui permettre. Je crois, et je dois croire selon ses lettres, qu'il attendra mes ordres sur cela; et s'il les prévenoit, je n'aurois pas sujet d'être content. Ces manières...... ne me plaisent guère; et le compte que vous m'en avez rendu étoit assez nécessaire pour me faire connoître le personnage. Je vous verrai peut-être plutôt que vous ne pensez.

Quant aux vérités dont je vous parlai dernièrement, je vous réitère encore que je ne vois ni joie, ni repos, ni adoration véritable, ni sincère amour, ni rien en un mot que dans ce haut abandon à la divine, suprême et inaltérable bonté, à laquelle seule il se faut fier, et non-seulement plus qu'aux autres, mais incomparablement plus qu'à soi-même. Voilà tout ce que je connois dans le mystère de la piété : une grande attention et une grande vigilance quand Dieu commande, et par-dessus toute activité naturelle et surnaturelle, un repos inébranlable dans l'abandon à celui qui seul est bon. Il n'y a de bon que Dieu, dit Jésus-Christ, et par conséquent il n'y a que lui à qui on se doive pleinement fier pour le temps et pour l'éternité. Dieu vous donne cette confiance, ma Fille.

LETTRE XXIX.

A MADAME DE BERINGHEN.

A Germigny, ce 1ᵉʳ juillet 1686.

Il n'y a pas moyen, Madame, de refuser à Madame de Chevri l'entrée qu'elle désire tant dans votre maison, où j'espère qu'elle aura trouvé le commencement de son salut. Elle a fait sa confession aussi bien qu'on le pouvoit désirer d'une personne qui jusqu'ici n'a rien su ni jamais pensé à une si importante action. Continuez-lui votre charité, et croyez, Madame, que je suis à vous de tout mon cœur.

LETTRE XXX.

A LA SUPÉRIEURE DES URSULINES DE MEAUX.

A Meaux, ce 18 juillet 1686.

J'ai lu, ma Fille, avec beaucoup d'attention votre lettre, celle de la Mère dépositaire, et les deux de M. André. Après y avoir fait devant Dieu une sérieuse réflexion, je ne trouve point à propos ce voyage de M. André, qui ne pourra que réveiller le trouble des esprits, et sera trop court pour l'apaiser. C'est peu pour celles qui se persuadent d'avoir besoin de son secours, de ne le voir qu'en passant : les autres qui auroient le même désir, se feront mille sujets de plainte de l'impossibilité ou du refus ; en un mot, c'est occasionner de nouvelles affaires. Je suis satisfait au dernier point des dispositions que je vois dans la Mère dépositaire : elles sont selon Dieu et selon mon cœur, qui en cela, j'ose le dire, est selon Dieu.

Je parlerai, s'il est nécessaire, à M. André ; mais comme ce qu'il témoigne le plus désirer, c'est un témoignage de sa conduite, le mien sur ce point lui doit tenir lieu de tout : et afin qu'il l'ait aussi authentique qu'il le pourra désirer, je vous envoie cette lettre ouverte que vous ou la Mère dépositaire pouvez lui envoyer.

Vous pouvez dire aussi à la Sœur de la ***, que le désir qu'a M. André de la mettre en repos une bonne fois est très-louable, mais impossible : on ne finit pas en une fois de telles peines. Je prendrai soin d'elle ; et si elle a à recevoir quelque soulagement dans les angoisses où Dieu permet qu'elle tombe, ce ne peut être par ce qui passe ; c'est un secours permanent dont elle a besoin.

Ceci sera commun, s'il vous plaît, à vous et à la Mère dépositaire; le surplus sera pour la Mère assistante. J'aurois fort désiré de la voir avant mon départ, et d'entendre d'elle-même ce qu'elle vous a dit, qui est l'abrégé pour elle de ce qu'elle doit présentement à Dieu. L'abandon à la Providence et à la conduite des supérieurs pour l'avenir, et à l'égard des choses passées faire tout nouveau, selon la parole de l'Epoux dans l'*Apocalypse*[1] : voilà ce que Dieu veut. Tout à vous en la charité de Notre-Seigneur.

LETTRE XXXI.

A MADAME DE BERINGHEN.

A Meaux, ce 19 septembre 1686.

Je reçois, Madame, avec joie les continuels témoignages de vos bontés. M. Rueil se ressentira dans l'occasion de l'affection que vous avez pour son avancement, et du bon témoignage que vous donnez à sa vertu. Je consens que vous receviez Madame le Boussi, prieure de Bray. Quant au balcon sur lequel vous souhaitez que je vous fasse réponse, je vous dirai franchement que ces ornemens mondains ne conviennent pas à la simplicité d'un monastère, et que vous ne les devez pas souffrir. Tout à vous de tout mon cœur, Madame et très-chère Fille.

LETTRE XXXII.

A MADAME DE BERINGHEN,

A Germigny, ce 17 octobre 1686.

Je me proposois, Madame, d'avoir bientôt l'honneur et la joie de vous voir. Cela se différant un peu par les affaires qui arrivent, j'envoie savoir de vos nouvelles.

J'avois à vous parler de ma sœur Berin, que les Ursulines n'avoient pu garder; je l'avois bien prévu, et je ne trouve rien de meilleur que de la renvoyer reprendre son école, si cela vous

[1] *Apoc.*, XXI, 5.

plaît et si vous voulez lui continuer les mêmes graces comme je ferai de mon côté. J'aurai beaucoup de joie d'apprendre votre parfaite disposition et j'en attends, Madame, la nouvelle avec impatience.

† J. Bénigne, év. de Meaux.

Sœur Bénigne m'écrit de la solitude, qu'elle y est accablée de maux et de travail, en sorte qu'elle ne peut vous écrire comme elle le souhaiteroit et elle espère qu'un mot de ma part en son nom vous obligera à lui pardonner. Elle demande la même grace à Madame votre sœur, que je salue de tout mon cœur.

LETTRE XXXIII.

A MADAME DE BERINGHEN.

A Germigny, ce 19 octobre 1686.

Il n'y a, Madame, rien qui me presse à disposer de la cure de Planoy, puisque même le curé de cette paroisse n'a pas encore accepté Maisoncelles. J'aurai l'honneur de vous voir avant que de prendre aucun dessein sur cela, et vous jugerez vous-même du crédit que vous voudrez avoir. Voilà une énigme que nous développerons en présence : ce sera, s'il plaît à Dieu lundi ; et malgré vos plaintes, vous me donnerez, s'il vous plaît, un dîner frugal. A vous, Madame, de tout mon cœur.

LETTRE XXXIV.

A MADAME DE BERINGHEN.

A Versailles, ce 13 novembre 1686.

Je suis prié, Madame, par Madame de Bonneval, de vous témoigner la crainte qu'elle a, que fâchée d'un arrêt qu'elle a obtenu, vous ne vous portiez à quelque chose contre elle, et que vous ne travailliez à la faire déposséder du bail judiciaire. Je sais que ce ne sont pas là vos manières, et que vous voulez bien que chacun défende son droit avec charité, par les bonnes voies.

Mais enfin je lui ai promis de vous recommander ses intérêts, comme étant une Dame d'une grande vertu, qui est même mon alliée, et dont le mari étoit en considération dans mon esprit. Au surplus vous croyez bien que je ne veux rien contre vos intérêts, et seulement que je serois bien aise qu'ils se pussent concilier avec les nôtres. On attend le roi vendredi. Il a voulu demeurer pour voir la suite du mal de Madame de Bourbon (*a*). Il a envoyé cependant Monseigneur et Madame la Dauphine, qui arrivèrent hier. Je salue Madame d'Arminvilliers, et les deux petites poupées (*b*).

LETTRE XXXV.

A MADAME DE BERINGHEN.

A Meaux, ce 21 mars 1687.

J'envoie, ma Fille, pour apprendre des nouvelles de votre santé. Je vous prie aussi de m'en mander de la communauté. Je me suis souvenu de ce que nous avions dit autrefois ; et je destine à M. Jametz une cure dont il aura lieu d'être content ; je lui mande de venir ici lundi, si vous l'avez agréable. Madame de Notre-Dame, à qui j'ai dit tous les bons sentimens que vous aviez pour elle, vous en est très-obligée ; et si elle quitte son abbaye, ce que j'empêcherai de tout mon pouvoir, la retraite de Farmoutiers lui sera très-agréable. Pour moi, j'opine fort à cela, et je suis très-assuré que deux esprits aussi bien faits que vous êtes toutes deux, trouveront l'une avec l'autre beaucoup de douceur. Je salue de tout mon cœur Madame d'Arminvilliers : je souhaite, ma chère Fille, que votre santé soit aussi bonne que la mienne.

(*a*) Cette princesse étoit à Fontainebleau, malade de la petite vérole. — (*b*) C'étoient la sœur et les nièces de l'abbesse.

LETTRE XXXVI.

A MADAME DE BERINGHEN.

A Meaux, 3 avril 1687.

M. de Chevri est ici, Madame, qui m'apporte un blanc seing de Madame de Bonneval, sur une difficulté qu'il dit rester encore entre vous et elle. C'est à vous à voir ce que vous voulez que j'en fasse ; et tout ce que je puis vous dire, c'est que je serai bien aise que vous ne plaidiez pas ensemble. Je suis à vous, Madame, de tout mon cœur.

LETTRE XXXVII.

A MADAME DE BERINGHEN.

A Meaux, ce lundi de la Pentecôte.

Vous pouvez dire, Madame, à la sœur Berin, qu'elle ne doit point hésiter de donner la quittance en la forme qu'on lui demande, parce que sa réception dans une des maisons ne dépend point de la réserve qu'elle fera de ses droits, mais de moi uniquement. Je lui donnerai sur cela toutes les sûretés qu'elle pourra désirer : elle n'a qu'à bien travailler et demeurer en repos. Je suis plus en peine de ce qu'on m'a dit qu'elle avoit rebuté Madame Vaillant sa compagne, en la voulant astreindre à son directeur. Ce n'est pas mon intention qu'on entre dans de telles contraintes ; et quoique je ne prétende pas obliger les Sœurs à se confesser au curé, je serai toujours plus aise, tout le reste égal, qu'on le préfère a tout autre ; et l'esprit de ces maisons est toujours d'être attaché à la hiérarchie.

Je ne sais plus où en sont les affaires avec Madame de Bonneval : il me semble qu'elles étoient en assez bon train, et qu'en l'état où M. de Chevri avoit porté les choses de part et d'autre, c'étoit assez l'intérêt commun qu'elles se terminassent selon son projet. Au retour du petit voyage que je m'en vais faire à la Cour de Madame la Dauphine, je vous en demanderai des nouvelles. Il sera temps aussi de parler de Madame de Notre-Dame, qui a enfin donné sa démission, sans qu'on ait pu la faire changer de dessein, quelques délais qu'on apportât à l'exécution de ses anciennes résolutions.

Je ne sais si mademoiselle de Mauléon se sera acquittée du présent qu'elle s'étoit chargée de vous faire de l'oraison funèbre de M. le Prince : c'étoit bien son intention de le faire quand je suis parti de Paris. Soyez, s'il vous plaît, toujours bien persuadées vous et Madame votre sœur de mon amitié très-sincère.

LETTRE XXXVIII.

A MADAME DE BERINGHEN.

A Paris, 8 juin 1687.

Je viens, Madame, de recevoir votre billet du 5. Je consens que le P. ministre de la Trinité, soit que ce soit celui de Meaux, soit que ce soit celui de Coupevray, confesse chez vous. En de semblables occasions, quand je ne suis pas dans le diocèse, il pourroit arriver du retardement à la réponse. Ainsi il faut que nous convenions d'une adresse, si vous n'aimez mieux vous adresser au P. visiteur, à qui je donne en ce cas tout mon pouvoir.

LETTRE XXXIX.

A MADAME DE BERINGHEN.

A Germigny, 25 juin 1687.

Il me tarde bien, ma Fille, que j'aie la joie de vous voir, et d'apprendre de vous et de Madame de Notre-Dame, je l'appelle encore ainsi, comment vous vous trouvez l'une de l'autre. Je ne doute pas que vous ne vous donniez une mutuelle satisfaction. Quelques affaires m'empêchent de vous aller voir de cette semaine, mais je ne tarderai pas, s'il plaît à Dieu. Je salue Madame d'Arminvilliers de tout mon cœur.

LETTRE XL.

A MADAME DE BERINGHEN.

A Germigny, ce 5 juillet 1687.

Il est vrai, Madame, qu'au retour de Farmoutiers nous eûmes tout loisir de dire : *A fulgure et tempestate libera nos, Domine.* Tout le ciel étoit en feu de toutes parts : la pluie tomboit à verse ; la nuit survint bientôt, et on n'avoit de lumière que par les éclairs ; mais enfin par les prières de sainte Fare et de ses Filles, nous arrivâmes heureusement à l'Hermitage. Le lendemain on s'y reposa : on va aujourd'hui à Nanteuil conclure une mission. Lundi on reviendra faire sa volonté à Germigny un jour ou deux : ensuite on ira aux conférences voisines, et samedi on pourra faire un tour à Versailles pour revenir à la Saint-Etienne. Voilà, Madame, tout le projet.

Madame de Notre-Dam", au lieu de se faire saigner, feroit mieux de s'épargner davantage, jusqu'à ce que sa santé soit parfaitement rétablie. Mais en cela je me plains de son peu d'obéissance, et vous n'aurez pas peu gagné si vous emportez sur son esprit de se laisser conduire sur ce point plus qu'elle n'a fait. Je suis bien obligé aux inquiétudes des grandes et des petites, et enfin tout va selon leurs vœux.

LETTRE XLI.

A MADAME DE BERINGHE

A Meaux, ce 23 août 1687.

J'accorde la permission que vous demandez pour le P. de la Tour. Vous pouvez aussi, ma Fille, en pareil cas la tenir pour donnée aux gens que vous saurez bien approuvés, quand on n'aura pas le temps de recourir à moi. Vous voyez que je suis bien aise de ce recours, qui me donne des occasions de vous assurer de mon amitié et de mon estime.

Je ne manquerai pas de vous recommander aux prières du saint homme dont vous me parlez. A ce que je vois, vous m'observez de près; je ne suis pas en humeur de m'en fâcher : de telles prières nous peuvent tous sanctifier; mais il faut nous-mêmes prier beaucoup, afin que les prières des saints nous profitent.

LETTRE XLII.

AUX RELIGIEUSES DE LA CONGRÉGATION DE COULOMMIERS.

A Germigny, ce 10 septembre 1687.

Mes chères Filles, la paix et la charité de Notre-Seigneur soient avec vous à jamais, et qu'elles y soient en particulier dans l'action qui se présente à faire, qui est la réception ou le refus des postulantes. Après avoir lu les lettres des Mères conseillères et maîtresses, et de quelques autres de vous, je n'ai qu'à laisser agir chacune des Sœurs selon les mouvemens de sa conscience : prenez garde seulement de ne laisser entrer dans vos cœurs aucun esprit de parti, ni aucune pique ; car l'action étant de telle importance, je vous déclare encore une fois qu'on ne peut agir par ces motifs sans péché mortel. Je défends étroitement à toutes les Sœurs, et même sous peine de désobéissance, d'user de reproches ou de censures les unes envers les autres, voulant que chacune demeure tranquille pour donner lieu au Saint-Esprit, et lui laisser gouverner son cœur. Surtout qu'on se garde bien de faire dépendre le refus ou la réception de l'une de celle de l'autre ; vu même que les qualités des sujets sont si différentes, qu'il ne paroît nulle conséquence à tirer de l'un à l'autre, et que si on le faisoit, ce ne pourroit être que par pique.

Je suis obligé de vous dire par l'amour que j'ai pour la maison, qu'elle doit beaucoup aux soins de M. Chibert et de sa famille : à la vérité ce n'est pas là une raison décisive pour conclure en faveur de sa fille, si elle avoit des exclusions essentielles ; mais ce peut être un motif pour supporter certaines choses dont on peut espérer la correction. Pour ce qui est de ma Sœur Grassot, je lui souhaite une entière satisfaction sans la connoître. J'estime tant le bonheur d'être retiré du monde et de vivre dans la maison du Seigneur, que j'aurois peine à en exclure personne par mon inclination. C'est à vous à examiner sous les yeux de Dieu ce qui convient aux sujets et à la maison, et à donner votre suffrage par le seul motif de la conscience, en vue de la révision qui en sera faite un jour devant le tribunal de Jésus-Christ. Tous les jours jusqu'à vendredi que l'affaire se consommera, si tout y est disposé d'ailleurs, je vous offrirai toutes à Dieu au saint autel, afin qu'il vous inspire ce qui lui est agréable.

Je ne toucherai en aucune sorte aux constitutions ni à la délibération que vous ferez, à moins que je ne reconnoisse que les constitutions aient été violées; ce que je ne présume pas, et ne croirai point aisément. Suivez-les en toutes choses avec une pleine liberté d'esprit et de cœur; et gouvernez-vous de telle manière que j'aie sujet de rendre graces à Dieu de votre conduite, et de vous en donner à toutes de justes louanges. Je prie, mes Filles, Notre-Seigneur qu'il soit avec vous.

LETTRE XLIII.

A MADAME DE TANQUEUX.

A Lusanci, ce 3 novembre 1687.

On a trouvé bon, Madame, qu'on rendît les filles de Sacy à leurs parens, sous la promesse qu'ils m'ont faite de les envoyer aux instructions. Vous prendrez, s'il vous plaît, le soin de faire payer aux Sœurs, en les rendant, la pension réglée par M. l'intendant, ou convenue avec eux. Pour celle qui s'est sauvée, M. l'intendant a ordonné qu'elle seroit ramenée chez vous pour l'exemple, et que vous la retiendriez jusqu'à nouvel ordre.

On se plaint à la Ferté que les Sœurs mettent des bâillons et des cornes aux petites filles : ces châtimens sont bons quelquefois pour leur éviter le fouet; mais le bâillon paroît un peu rude, et en un mot il faut épargner aux filles des convertis ce qui leur donne prétexte de plainte. La douceur et la patience sont ici le seul moyen qui nous reste. Je suis, Madame, de tout mon cœur, etc.

LETTRE XLIV.

A LA SŒUR JEANNE GUYEUX.

RELIGIEUSE DE LA CONGRÉGATION A COULOMMIERS.

A Meaux, ce 25 juin 1688.

J'approuve fort, ma Fille, que les religieuses cherchent à entendre ce qu'on dit, et ce qu'elles disent dans le service divin, parce que c'est un moyen très-utile pour faciliter l'attention et exciter la piété. Je ne vois rien qui vous empêche de vous servir de la version dont vous m'écrivez, et je vous en donne la permission, jusqu'à ce qu'étant sur les lieux, je traite avec vous plus à fond de cette affaire.

Je loue votre soumission et vos sentimens sur la révérence qui est due au saint Siége; mais je ne sache pas qu'il se soit rien publié en France sur ces matières depuis fort longtemps : vivez donc en repos et sans scrupule. Je prie Notre-Seigneur qu'il soit avec vous.

LETTRE XLV.

AUX RELIGIEUSES URSULINES DE MEAUX,

Jeudi matin 1688.

Dans le déplaisir où je suis, mes Filles, de l'interruption de la visite, et dans le dessein que j'ai de la reprendre le plus tôt qu'il me sera possible, Dieu me met dans le cœur de vous avertir sur quoi elle roulera principalement. Les choses sur quoi je désire que chacune de vous s'examine, et dont je veux qu'on me rende compte, sont premièrement sur le silence; si on le garde, si on l'aime, si on est bien persuadé que c'est le gardien de l'ame et la mortification de la langue, le moyen le plus nécessaire pour désarmer l'ennemi dont elle est l'instrument, selon saint Jacques, puisque c'est l'enfer qui l'anime et qui l'enflamme : sur l'office divin et sur l'oraison; si on y est ponctuel, si on craint de perdre les précieux momens que l'on doit passer avec Dieu, et si on les emploie utilement sous ses yeux : sur la charité qui doit être entre les Sœurs ; si on sait se supporter mutuellement comme on veut que Dieu nous supporte, et si loin de se provoquer les unes les autres à la colère, on se prévient mutuellement en honneur ; si on rend bénédiction pour emportement ou pour outrage, lorsqu'il arrive à quelqu'une de s'oublier assez pour s'y laisser aller : sur la pauvreté ; si l'on est véritablement dépouillé de tout et délivré à fond du désir de recevoir ou de donner, si ce n'est avec permission et sans jamais se fâcher d'être refusé : sur les directions ; si on entre véritablement dans l'esprit d'unité, ne désirant de communiquer avec des hommes spirituels que dans les cas marqués dans les constitutions, c'est-à-dire lorsque les besoins sont véritablement extraordinaires et connus des supérieurs, sans s'abandonner au découragement, et encore moins, ce qui seroit détestable, au murmure, lorsqu'on nous refuse ou qu'on nous diffère, pour entretenir l'ordre et éviter les mauvais exemples : sur l'obéissance ; si on obéit de cœur, comme dit l'Apôtre [1], comme à Dieu, et non pas aux hommes ; si on accepte sans répliquer et sans murmurer les obédiences, souhaitant de suivre les ordres de la supérieure, et non pas de la faire céder à nos désirs et à nos plaintes ; et en général si on pratique ce que dit saint Paul : « Tout ce que vous avez à faire, faites-le de tout votre cœur, comme ayant à en rendre compte à Dieu, et non pas aux hommes [2]. »

Mes Filles, évitez l'oisiveté et les entretiens du monde : craignez les parloirs, où l'on se dissipe quand d'autres raisons que le devoir indispensable vous y conduisent. Dieu soit en vous et avec vous toutes.

LETTRE XLVI.

MADAME DE BERINGHEN.

A Meaux, ce 20 août 1688.

Vous avez eu la bonté de souhaiter, Madame, que Madame la présidente Chalet eût l'honneur de vous présenter Mademoiselle

[1] *Coloss.*, III, 22. — [2] *Ibid.*, 23.

de Chavigny. Elle l'a autant souhaité que vous ; et dans le désir extrême d'être connue de vous et de vous connoître, elle ne pouvoit avoir une occasion plus favorable. J'espère que vous voudrez bien la recevoir dans la maison, et l'y garder quelques jours. Je voudrois bien être de la partie, mais un court voyage, que j'ai à faire à la Cour, m'en empêche pour maintenant. La première chose que je ferai à mon retour, ce sera d'avoir l'honneur de vous voir pour vous recommander de vive voix une parente qui m'est chère.

LETTRE XLVII

A MADAME DE TANQUEUX.

A Germigny, ce 5 mai 1689.

J'ai revu les règlemens ; il n'y aura qu'à les faire mettre au net, prendre garde à l'orthographe, et en faire deux copies, dont l'une demeurera dans les archives de l'évêché. Ma Sœur Cornuau vous témoignera combien j'en suis satisfait, et le soin avec lequel j'ai tout examiné. Je vous envoie aussi mon ordonnance, dont il faudra donner copie à M. le curé, aussi bien que des précédentes, tant de celles de feu Monseigneur (*a*) d'heureuse mémoire que de la mienne.

Vous, Madame, et toutes les Sœurs verront par là combien je désire les favoriser et assurer, afin qu'elles puissent tranquillement vaquer avec vous, et sous votre conduite au grand ouvrage de leur perfection, et de la parfaite glorification de Dieu en elles; en sorte qu'elles soient partout la bonne odeur de Jésus-Christ à la vie et à la mort. *Amen, amen.* Je vous prie de les assurer de mon affection, et de me croire, Madame, avec une estime particulière, etc.

(*a*) De Ligny, prédécesseur de Bossuet.

LETTRE XLVIII.

A MADAME DE BERINGHEN.

A Meaux, ce 24 juin 1689.

Je ne pouvois pas trouver, Madame, une occasion plus favorable pour faire réponse à votre lettre, que celle du P. Gardeau, curé de Saint-Etienne-du-Mont à Paris. Vous connoissez son mérite, et comme il est aussi bien persuadé du vôtre, votre entrevue ne peut être que très-agréable. Il n'y a nulle difficulté de faire entrer M. l'évêque d'Eli : c'est un homme dont je connois le rare mérite, et nous ne pouvons lui marquer assez de considération dans le diocèse. Je vous prie que le P. Gardeau lui tienne compagnie : je voudrois bien pouvoir moi-même vous aider à faire les honneurs. J'espère vous voir lundi sans manquer, et il y a même beaucoup d'apparence que j'irai dîner à Farmoutiers.

Il ne faut pas oublier la permission de confesser que demande cette Dame angloise pour ce Père anglois, autant de fois et autant de temps qu'elle le souhaitera. Pour Madame de Jouarre, je n'ai point d'autre raison que celle ou de m'acquitter du devoir de ma conscience, ou de connoître avec certitude que je suis déchargé : cela se passera avec toutes sortes d'honnêtetés de ma part.

LETTRE XLIX.

A MADAME DE TANQUEUX.

A Germigny, ce 7 août 1689.

Je crois, Madame, être obligé de vous dire que je ne pourrai aller à la Ferté-sous-Jouarre que vers la fin d'août. En attendant, je vous prie de dire à nos Sœurs qu'elles prient Dieu pour l'heureux succès de la visite, qui doit être un fondement du bonheur de la maison par les principes de bonne conduite que je tâcherai d'y affermir.

Entre nous et dans le dernier secret, il est nécessaire d'insinuer à nos Sœurs qu'elles ne doivent point aller à Rueil ni recevoir dans la maison d'autres religieux que le P. prieur. Ce n'est rien qui regarde les Filles ; mais une précaution générale très-nécessaire pour les raisons que je vous dirai. Je pars demain pour Soissons, et espère être samedi à Meaux. Je suis, Madame, de tout mon cœur, et avec l'estime que vous savez, etc.

LETTRE L.

A MADAME DE TANQUEUX.

A Germigny, ce 25 août 1689.

Je vous renvoie, Madame, les règlemens et les constitutions approuvées de moi : il en faudra faire une copie qui demeure dans les archives de l'évêché.

Pour l'avis que je vous ai donné, vous ne devez pas croire que ce soit l'effet d'aucune plainte qu'on m'ait faite de la maison ; mais une précaution causée par des connoissances que vous et vos Filles pourriez n'avoir pas. La visite sera remise au mois de septembre : je la veux faire avec loisir et attention. Je prie Dieu qu'il envoie son ange à la garde de M. votre fils, et qu'il écoute vos prières.

LETTRE LI.

MADAME DE TANQUEUX.

A Germigny, ce 30 août 1689.

J'ai reçu, Madame, avec ma Sœur Cornuau, les règles avec les constitutions. Les petites diversités qui étoient entre la copie et l'original corrigé de ma main sont venues, principalement sur les règles, de ce qu'on avoit pris un livre pour un autre. J'ai réformé toutes choses suivant que je l'avois agréé d'abord. L'article du curé est absolument nécessaire, et j'y ai mis les tempéramens qu'il faut. Au surplus je ne veux pas lui donner plus d'autorité que ne portent mes règlemens, ni qu'il se mêle plus avant des affaires de la maison sans mon ordre exprès. J'ai trouvé en relisant les constitutions, qu'on auroit pu éviter un si grand détail : il y a beaucoup de choses qu'il semble mieux de laisser à l'usage que de les écrire ; et quand on écrit tant, cela est cause qu'on ne relit point, ou qu'on relit précipitamment et par manière d'acquit. C'est pourquoi je croirois, en écrivant moins, qu'on donneroit lieu à plus penser : je m'en remets néanmoins à vous ; car il n'y a là rien de mauvais. Que si vous jugez à propos de décharger quelque chose de l'écrit, il ne faudra que marquer les endroits qui seroient les moins nécessaires et les plus aisés à suppléer par la pratique : encore un coup, je remets le tout à votre prudence. J'espère que ma visite donnera la dernière forme à la maison, du moins pour le fond. Je suis, Madame, de tout mon cœur, etc.

LETTRE LII.

A MADAME DE TANQUEUX.

A Meaux, ce 31 août 1689.

Je fus, Madame, hier fort alarmé d'avoir vu dans une lettre d'un de mes amis que M. votre fils a été blessé : mes lettres d'aujourd'hui m'ont rassuré, en le mettant au rang de ceux qui sont blessés légèrement. Je le souhaite, et je vous prie de m'en faire écrire des nouvelles. Je prierai cependant Notre-Seigneur qu'il vous le conserve et qu'il vous fasse la grace de porter ce malheur en chrétienne : c'est tout dire ; et vous savez bien que toutes les vertus sont renfermées dans ce nom. Souvenez-vous de la sainte Vierge et de toutes ses dispositions, lorsqu'elle vit les blessures de ce cher et de ce divin Fils unique, qui étoit en même temps le Fils de Dieu comme le sien. Je vous mets de tout mon cœur entre ses mains maternelles, et je la prie de vous obtenir une imitation de sa résignation. Croyez, Madame, que personne ne prend plus de part que moi à vos peines. Je suis de tout mon cœur, etc.

LETTRE LIII.

A MADAME DE TANQUEUX.

A Meaux, dimanche 25 septembre 1689.

J'entre, Madame, dans toutes les peines que vous me marquez dans votre lettre; et dans ce sentiment je redoublerai les prières que je vous ai promises pour M. votre fils, afin que Dieu lui apprenne à faire sa volonté, et qu'il ait le même cœur pour son service que pour celui de son prince. Je serai, s'il plaît à Dieu, à la Ferté dans la semaine prochaine, pour y faire la visite de la maison. Je suis de tout mon cœur, Madame, votre très-humble serviteur.

LETTRE LIV.

EXTRAITS DE LETTRES A LA SŒUR ANDRÉ,

DE LA COMMUNAUTÉ DES FILLES CHARITABLES DE LA FERTÉ.

A Meaux, ce 3 novembre 1689.

Quand la paix sera dans la maison, Dieu y sera, et c'est de quoi je le prie. On voit par expérience que la grace de la visite épiscopale est grande; mais il faut y être fidèle, autrement elle se perd; et il faut joindre le soin du pasteur avec l'obéissance et la docilité du troupeau; c'est ce que j'espère. Tenez-y la main, ma Fille; et pour vous, allez toujours dans votre voie. J'approuve votre conduite avec ma Sœur Cornuau. Je prie Notre-Seigneur qu'il bénisse ma Sœur Chevri: la simplicité et la vérité doivent être son partage.

A Paris, ce 17 janvier 1690.

Ce que vous me mandez de la communauté et de quelques Sœurs en particulier me réjouit. Il sera utile à la maison que je l'aie bien connue, s'il plaît à Dieu. Je n'ai rien à vous répondre présentement sur les messes. Je ne partirai pas de cette ville sans avoir vu ce qu'il y aura à faire pour la supériorité. Je salue nos chères Sœurs. Il faut tâcher dans les distractions qu'il n'y en ait point dans le cœur; et que l'amour qui se sert de tout et même de ses foiblesses, demeure sans interruption.

A Paris, ce 26 janvier 1690.

Madame votre mère m'a écrit souvent qu'elle souhaitoit de me parler de son affaire. Je n'ai vu nulle utilité dans cette entrevue, parce qu'elle m'a toujours paru fort entêtée de sa prétention. Quand je verrai ouverture à quelque bien, je ne la négligerai pas, surtout après ce que vous me marquez du péril de son salut, qui en effet est fort grand, lorsqu'on s'emporte, comme elle fait, à dire des choses aigres contre le prochain, et qui sans servir aux affaires, ne font que lui nuire. Je profiterai des choses que vous me faites connoître pour en traiter où il faudra et en chercher les remèdes.

Il faut tâcher de se faire quelques heures libres et seules, où l'on puisse converser avec Dieu : mais c'est ordinairement une tentation que de vouloir pousser à bout la solitude, puisqu'il y a si peu d'ames qui puissent porter cet état. J'ai peine à rien décider sur les austérités, et je m'en rapporte volontiers à un confesseur discret, qui voit le fond et la suite : ainsi je n'accorde rien là-dessus.

Je ne vous dis rien sur le désir d'avoir le saint Sacrement; vous savez ce que j'ai dit là-dessus. Ce seroit une tentation que cela se tournât en dégoût de votre vocation. Le diable se sert de tout pour nous détourner de Dieu et de notre vocation : servons-nous aussi de tout et même des privations pour nous y attacher.....

Il entre beaucoup de tentation dans les peines de ma Sœur André, il n'est pas besoin qu'elle me spécifie rien davantage; mais que plus l'obscurité est grande, plus elle marche en foi et en soumission; plus l'agitation est violente, plus elle s'abandonne à Dieu avec courage sans rien céder à la tentation, ni se laisser détourner de la vocation à laquelle Dieu a attaché son salut. Quand on fait ces actes d'abandon que je demande, je ne prétends pas qu'on doive sentir qu'on les fait, ni même qu'on le puisse savoir; mais qu'on fasse ce que l'on peut dans le moment, en demandant pardon à Dieu de n'en pas faire davantage. C'est à l'espérance qu'elle se doit abandonner plutôt qu'à la crainte.

LETTRE LV.

A MADAME DE BERINGHEN.

A Germigny, ce 18 mai 1690.

Il y a trop longtemps que je suis en ce pays, Madame, sans y avoir de vos nouvelles. J'envoie en apprendre et vous dire des miennes.

Hier j'eus le bonheur d'avoir ici Monseigneur : il y arriva à cinq heures, et il voulut bien partir de Versailles de fort bonne heure pour me donner plus de temps. Il est parti ce matin à sept heures, et me voilà bien honoré.

Vous aurez su la mort de M. Pastel : c'est un redoublement de soin pour moi. Quoique j'aie mis M. Phelippeaux à sa place, et qu'il soit très-capable de cet emploi, il faut quelque temps pour acquérir la croyance et l'expérience nécessaires à un si grand emploi. M. le curé de Doui m'a dit qu'on vous avoit envoyé son mémoire. Voyez, s'il vous plaît, Madame, ce que vous avez à dire. Je salue de tout mon cœur Madame d'Arminvilliers. J'espère vous voir bientôt, et je ne veux pas que Jouarre ait à reprocher à mes anciennes Filles qu'elles m'obligent à le négliger. Mais aussi comment négliger Farmoutiers? Mon cœur y sera toujours.

LETTRE LVI.

AUX FILLES CHARITABLES DE LA FERTÉ-SOUS-JOUARRE.

A Paris, ce 16 juillet 1690.

J'ai reçu, mes Filles, la lettre que vous m'avez écrite, pour me prier de vous donner comme supérieure ma Sœur des Noyers, que les Sœurs de l'Union nous ont donnée. Je consens à vos désirs; et sans conséquence pour les autres élections, où j'observerai les formes prescrites par vos règlemens, je vous ordonne de lui obéir comme à votre supérieure. Je n'entends pas qu'elle change rien aux règlemens et constitutions que j'ai approuvés, comme aussi n'en a-t-elle pas le dessein : s'il y a quelque chose à faire de conséquence, elle m'en rendra compte. J'espère vous voir dans le mois prochain. Les affaires de Jouarre m'arrêtent encore ici pour quelques jours : j'aurai une singulière consolation de trouver l'ordre et l'obéissance, qui est la source de l'union, bien établie. Je prie, mes Filles, Notre-Seigneur qu'il soit avec vous.

LETTRE LVII.

A UNE RELIGIEUSE DE LA CONGRÉGATION, A COULOMMIERS.

A Germigny, ce 7 septembre 1690.

Il y a longtemps, ma Fille, que je devrois avoir répondu à votre lettre. Vous avez dû entendre que j'accordois les permissions que vous me demandiez, puisque vous ne receviez point de défenses contraires ni de refus. C'est mon intention d'en user ainsi dans ces sortes de choses : il n'en seroit pas de même pour de plus importantes, où il faudroit attendre un ordre exprès.

Vous êtes bien heureuse d'avoir été choisie de Dieu pour concourir à la conversion d'une ame : priez-le qu'un reflux de grace vous convertisse vous-même. C'est un bonheur d'avoir à souffrir des contradictions pour de tels sujets, et c'est là le sceau de la croix qui marque l'œuvre de Dieu.

Les conseils qu'on vous a donnés sur les résolutions de votre retraite sont très-saints : faites votre exercice le plus ordinaire de ces mots sacrés du *Pater : Fiat voluntas tua.* Goûtez Jésus-Christ, méditez-en nuit et jour les actions, les paroles et les souffrances; tout y est esprit de vie. Songez bien à ce qu'il a dit : « Venez à moi; » et surtout à ce qui suit : « Apprenez de moi que je suis doux et humble de cœur. » Pour vous fonder dans l'humilité, qui est le grand remède, non-seulement contre l'enflure du cœur, mais encore contre la dissipation, pénétrez cette parole de saint Paul : « Celui qui pense qu'il est quelque chose, quoiqu'il ne soit rien, se trompe lui-même [1]. »

J'ai besoin de prendre ici un peu de repos, après quoi je songerai à vous aller voir, et j'en ai grand désir. Je suis fâché de la peine de ma Sœur du Saint-Esprit : je lui ai offert tout le secours qu'elle pouvoit attendre de moi; mais ni moi, ni M. le grand-vicaire n'avons pu pour certaines raisons nous rendre à Coulommiers pour cela; et je me sens encore obligé, comme je viens de vous le dire, à prendre un peu de repos.

Ma Sœur de Saint-Antoine pourra vous instruire de ce qui regarde les novices et votre lettre du 3. Vous pouvez communiquer par lettres avec la pensionnaire qui souhaite tant d'être au nombre des postulantes, et l'assurer de ma protection. Je prie Notre-Seigneur qu'il soit avec vous.

† J. Bénigne, év. de Meaux.

P. S. Je vous permets le jeûne des samedis jusqu'à la visite.

LETTRE LVIII.

A MADAME DE TANQUEUX.

A Germigny, ce 14 octobre 1690.

Voilà, Madame, le règlement de visite pour votre chère maison : vous suppléerez à ce qui y manque par votre prudence. J'ai grande espérance que Dieu y sera servi, pourvu qu'avec l'exercice de la charité on y cultive l'esprit de silence et de recueillement.

Ma Sœur André revient bien, et j'espère que Dieu lui continuera ses regards. Ma Sœur Cornuau se réduit de plus en plus à l'obéissance. N'oubliez pas de dire à ma Sœur Mabillon que je suis bien content d'elle, et que la première fois que j'irai à la Ferté, elle sera la première que j'écouterai en plein loisir.

Faites, s'il vous plaît, entendre aux confesseurs l'endroit qui les touche. Je ne vous dis que de petits mots, parce que Dieu vous

---

[1] *Galat.*, VI, 3.

dit le reste. Je prie Dieu qu'il vous bénisse et votre famille, qui m'est très-considérable et très-chère.

LETTRE LIX.

A LA SŒUR ANDRÉ.

A Germigny, ce 14 octobre 1690.

Dieu soit béni à jamais, ma Fille, Dieu soit béni à jamais pour les miséricordes qu'il commence à exercer envers vous : il vous rendra tout. Ce n'est pas à nous à songer à réparer le temps perdu : à notre égard il est irréparable; mais celui dont il est écrit que « où le péché a abondé la grace a surabondé [1], » peut non-seulement réparer tout le passé qu'on a perdu, mais encore le faire servir à notre perfection. Quant à nous, tout le moyen qui nous reste de profiter de nos égaremens passés, c'est de nous en humilier souvent jusqu'au centre de la terre et jusqu'au néant : mais du fond de ce néant et du fond même de ces ténèbres infernales où sont les ames encore éloignées de Dieu, mais repentantes, il doit sortir un rayon de bonne confiance qui relève le courage et fasse marcher gaiement dans la voie de Dieu, sans se laisser accabler par ses péchés, ni engloutir par la tristesse de les avoir commis. Cette douleur doit nous piquer jusqu'au vif, et non nous abattre, mais nous faire doubler le pas vers la vertu. Vivez entièrement séquestrée du monde et des affaires : vaquez à la seule affaire nécessaire en simplicité et en silence.

Le vœu de ne jamais accepter la supériorité a dû être subordonné à celui de l'obéissance, et je ne l'accepte qu'à cette condition : mais mon esprit est de vous tenir fort soumise, fort intérieure, fort dans le silence, hors les emplois nécessaires. Domptez votre volonté, rompez-la en toutes rencontres, laissez-la rompre, fouler aux pieds et mettre en pièces à qui voudra : c'est votre ennemie, et il ne doit vous importer par quel coup elle périsse : c'est un serpent tortueux qui se glisse d'un côté pendant qu'on le chasse de l'autre ; c'est ce serpent dont nous devons tous écraser la tête.

[1] *Rom.* v, 20.

Ne vous informez pas si vous avez offensé Dieu, et combien, dans beaucoup d'états que vous me marquez : jetez tout à l'aveugle dans le sein immense de la divine bonté et dans le sang du Sauveur; il s'y peut noyer plus de péchés que vous n'en avez commis et pu commettre. Ne vous hâtez pas, pour cause, de faire des confessions générales, même depuis le temps que vous savez; je vous la ferai faire, s'il le faut : en attendant, vivez en repos, puisque vous avez pourvu à ce qui étoit nécessaire. Dieu est si bon, si bon encore un coup, si bon pour la dernière fois à ceux qui retournent à lui, qu'on n'ose presque le leur dire, de peur pour ainsi parler de relâcher les sentimens de la pénitence. Il est vrai que d'autre part il est jaloux, attentif à tout, sévère observateur de nos moindres démarches : il faut le servir en crainte, et se réjouir devant lui avec tremblement, comme chantoit le Psalmiste [1] : mais si la consolation et la joie de l'esprit veut dominer, laissez-la faire. Jésus est toujours Jésus : je le prie qu'il soit avec vous.

LETTRE LX.

A MADAME DE TANQUEUX.

A Germigny, ce 29 octobre 1690.

Ma Sœur André m'a écrit, et je vous puis dire, Madame, que loin qu'elle ait aucune peine de la saisie que nous avions résolue, elle me prie de vous obliger à la faire faire comme on en étoit convenu, et au surplus à ne lui plus parler du tout de ces affaires, qui renouvellent ses tentations et ses peines toutes les fois qu'elle est obligée à y songer. Elle me mande cela, autant qu'il me paroît, de fort bonne foi. Je ne vous dissimulerai point qu'elle ne me paroisse peinée d'une lettre qu'elle craignoit que vous ne vissiez, d'elle à sa sœur, et d'autres papiers de confiance qu'on lui envoyoit : je suis bien persuadé que vous aurez tout fait avec votre prudence ordinaire. La grande affaire est de leur trouver une supérieure : la maison n'ira qu'à demi tant que cette conduite

[1] *Psal.*, II, 11.

lui manquera. Je suis bien résolu de m'appliquer à remédier à ce mal : jusqu'à ce que cela soit, il nous faudra supporter beaucoup de choses, et n'exiger pas la perfection toute entière d'une communauté qui n'est pas encore tout à fait formée. Cependant ce qui doit vous consoler, c'est, Madame, que vous trouveriez très-difficilement des Filles particulières mieux disposées que celles-là. Ainsi il faut attendre le moment, et ne les pas tant presser sur certaines choses de la dernière régularité, qu'elles ne peuvent pas encore porter. Je finis, Madame, en vous assurant que je suis avec toute l'estime et la confiance possible, votre très-humble serviteur.

LETTRE LXI.

A LA SŒUR ANDRÉ.

A Germigny, ce 29 octobre 1690.

Je souhaite fort, ma Fille, qu'on ne vous parle jamais des affaires qui renouvellent vos peines, et j'écris sur cela ce que je crois nécessaire à Madame de Tanqueux. Je lui parle aussi des autres parties de votre lettre, et surtout de la peine que vous avez touchant celles que vous envoyez à votre sœur. Au surplus prenez bien garde à la fidélité que Dieu vous demande, et souvenez-vous des inconvéniens où vous avez pensé tomber et ou vous étiez tombée en partie : mais Dieu vous a soutenue et rappelée sur ce penchant. Epanchez donc votre cœur en actions de graces envers son infinie bonté, et soyez attentive à sa volonté, à l'ordre de sa providence et à votre vocation, de peur qu'il ne vous arrive quelque chose de pis. Je pourvoirai toujours, autant que je pourrai, à vos peines, et je tâcherai de les prévenir. Je prie Notre-Seigneur qu'il soit avec vous.

LETTRE LXII.

A LA SŒUR CHEVRI

FILLE CHARITABLE DE LA FERTÉ-SOUS-JOUARRE.

A Meaux, ce 4 novembre 1690.

Vous faites bien, ma Fille, de laisser passer avec indifférence les peines que vous m'avez expliquées : la tentation a gagné ce qu'elle vouloit quand on s'en embarrasse, et qu'on se détourne de la voie où Dieu nous appelle.

Il n'y a rien de suspect dans la voie de l'oraison à laquelle vous êtes attirée, ou plutôt dans laquelle vous êtes jetée. Ce qu'il y auroit à craindre seroit d'adhérer à ces vues des ames privées de Dieu, si elles sont particulières ; car il y auroit du péril d'être jetée par là dans des jugemens trompeurs et préjudiciables au prochain et à la gloire de Dieu : mais ces vues venant comme par force et par nécessité, il n'y a qu'à les laisser passer. Il ne faut pas se laisser plonger dans les tristesses accablantes qui en résultent ; mais il y faut apporter une certaine résistance, douce pourtant, quoique forte, et toujours soumise à l'ordre de Dieu. La règle dans ces occasions est de résister doucement, en cette sorte, à ce qui peut jeter dans l'accablement ou dans le danger : que si on y est jeté par une force supérieure et inévitable, il n'y a qu'à se laisser aller, avec une ferme confiance que Dieu qui y pousse d'un côté saura soutenir de l'autre, et que tout aura sa juste mesure. Suivez donc cette lumière intérieure qui vous guide, et priez celui qui l'envoie de vous conduire intérieurement et secrètement dans les pas les plus ténébreux.

Dieu donne souvent des désirs dont il ne veut pas donner l'accomplissement. Cette vérité est constante : il montre des voies de perfection qu'il ne veut pas toujours qu'on suive : il a ses raisons pour cela. Les ames sont exercées par ces vues et par ces désirs ; cependant Dieu se réserve son secret.

Il y a beaucoup d'apparence que ces désirs et ces vues d'être religieuse sont de ce genre ; j'ose presque vous en assurer :

mais néanmoins pour écouter Dieu, j'entrerai volontiers avec vous plus à fond sur cette matière. Tout ce qu'il faut éviter en cette occasion, c'est l'agitation et l'inquiétude. Car partout où Dieu a un dessein, la tentation en a un autre; et si elle ne peut jeter les ames dans des infidélités grossières et manifestes, elle tâche de les jeter dans le trouble, afin d'y resserrer le cœur, et d'en dissiper les désirs qui doivent tous être réunis au seul nécessaire. Ecoutez donc cette parole du Sauveur : « Marthe, Marthe, très-inquiète, il n'y a qu'une seule chose qui soit nécessaire : Marie a choisi la meilleure part [1]. »

Cette lettre a été écrite à Meaux; mais vous la recevrez de Jouarre, ou vous pouvez m'écrire dimanche, lundi, et mardi jusqu'à deux heures. Tout à vous en Notre-Seigneur.

LETTRE LXIII.

A LA SŒUR CHEVRI.

A Meaux, ce 7 novembre 1690.

Il n'y a pas eu moyen, ma Fille, de vous parler à Jouarre, ni même de vous y voir dans le mauvais temps qu'il faisoit : je vous donnerai volontiers une paisible et une longue audience sur la difficulté et les désirs dont vous me parlez. Ce ne pourra être que dans l'Avent, puisque je pars samedi pour aller faire un tour à Paris, s'il plaît à Dieu. Il n'y a rien qui presse sur cette affaire, surtout Dieu vous faisant la grace d'attendre sans inquiétude la déclaration de sa volonté. Si vous trouvez à propos de m'écrire sur ce sujet, vous le pouvez; mais il est bien pénible de s'expliquer par écrit suffisamment sur des choses de cette nature. Faites ce que Dieu vous inspirera : s'il vous donne le mouvement de m'écrire, j'espère qu'en même temps il me donnera la grace de vous bien entendre. Je n'ai garde de rien dire de tout ceci.

[1] *Luc.*, x, 41.

LETTRE LXIV.

A LA SŒUR ANDRÉ.

A Meaux, ce 10 novembre 1690.

Soyez donc pauvre à jamais comme Jésus-Christ ; j'y consens, ma Fille, et j'en accepte le vœu. Ne craignez jamais ni de m'écrire, ni de me parler : je prendrai le temps convenable pour vous répondre, ou plutôt pour écouter Dieu qui vous répondra en moi. Dites souvent sans rien dire, dans cet intime silence et secret de l'ame : « Tirez-moi, nous courrons après l'odeur de vos parfums[1] ; » et encore : « Venez, Seigneur Jésus, venez[2] : » c'est la parole que l'esprit dit dans l'Epouse, selon le témoignage de saint Jean. Laissez les affaires du monde, et répétez souvent aux pieds de Jésus ce que Jésus dit de Marie étant à ses pieds : « Il n'y a qu'une seule chose qui soit nécessaire[3]. » Fondez-vous en douleur, fondez-vous en larmes, arrosez les pieds de Jésus, et mêlez-y la consolation avec la tristesse. Ce composé est le doux parfum des pieds du Sauveur : essuyez-les de vos cheveux, sacrifiez-lui tous les désirs inutiles. Vous ferez la confession que vous souhaitiez, quand Dieu le permettra. Puisse Jésus vous dire encore : « Plusieurs péchés lui seront remis, parce qu'elle a beaucoup aimé[4]. » Vous voyez bien que j'ai reçu votre lettre. Cachez-vous en Dieu avec Jésus-Christ ; entendez cette parole. Dieu soit avec vous.

LETTRE LXV.

A MADAME DE BERINGHEN.

A Meaux, ce 18 décembre 1690.

J'arrive, et à ce moment je reçois, Madame, votre billet du 14. Vous pouvez vous servir du prédicateur à confesser vos religieuses. Quant à la paroisse, M. le curé a tort d'avoir si mal pourvu à son service. J'avois donné les permissions ; mais il étoit

[1] *Cant.*, I, 3. — [2] *Apoc.* XXII, 20. — [3] *Luc.* X, 42. — [4] *Ibid.*, VII, 47.

chargé du reste. Je vous prie, Madame, en attendant qu'on y ait pourvu, de charger le prédicateur de ce soin, de ma part, et de l'assurer que je lui donne tous les pouvoirs nécessaires. On ne tardera pas à y donner ordre. Je suis, Madame, très-parfaitement à vous.

LETTRE LXVI.

A MADAME DE BERINGHEN.

A Meaux, ce 3 janvier 1691.

Je suis bien aise, Madame, que M. de Gondon, que j'envoie desservir la cure de Farmoutiers, se présente à vous avec ce billet, et de vous assurer en même temps de la continuation de mes services durant cette année et toute ma vie. C'est un homme qui a du talent, au-dessus de ce qu'ont accoutumé d'en avoir les gens de cette sorte. On m'assure qu'il prêche très-bien, et vous pouvez, Madame, en essayer, si vous le trouvez à propos. Je salue de tout mon cœur Madame d'Arminvilliers.

LETTRE LXVII.

A MADAME DE BERINGHEN.

A Paris, ce 14 mars 1691.

Il y a longtemps que j'ai donné l'ordre pour envoyer au P. de la Forge les pouvoirs que vous souhaitez pour le P. de la Forge. S'il ne les a pas encore reçus, cette lettre lui suffira pour lui permettre, non-seulement de prêcher, mais encore de confesser la communauté, et même les habitans de Farmoutiers et des lieux voisins, du consentement des curés, jusqu'à la Quasimodo inclusivement. Voilà, Madame, ce que vous souhaitez; et il ne me reste plus qu'à vous assurer du plaisir que j'ai à vous contenter.

LETTRE LXVIII.

A MADAME DE SAINT-ÉTIENNE, RELIGIEUSE URSULINE DE MEAUX.

A Meaux, ce 19 mai 1691.

Le compte que vous me rendez, ma Fille, de la disposition de vos prétendantes et de vos novices, m'a donné beaucoup de consolation. Menez-les efficacement et doucement par la voie de l'obéissance, dont le fruit principal est de tenir l'ame en repos dans une parfaite conformité au gouvernement établi par les supérieurs.

Je suis bien aise qu'on sache profiter de la sage conduite de M. le grand-vicaire. L'obligation de me suivre ne le distraira guère du diocèse, où je suis toujours en esprit, et d'où je ne m'absente que le moins que je puis selon le corps : ainsi il n'y a point à douter que je ne le conserve à votre sainte communauté pour supérieur.

Pour vous, ma Fille, je n'ai à vous proposer que cette mort spirituelle qui, vous rendant semblable à ce mystérieux grain de froment dont la chute jusqu'au tombeau a été le salut du genre humain, vous rendra en vous-même féconde en vertus, et féconde à engendrer en Notre-Seigneur un nouveau peuple pour la sainte maison où vous êtes. Il faut tomber, il faut mourir, il faut être humble et renoncer à soi-même, non-seulement jusqu'à s'oublier, mais encore jusqu'à se haïr. Car sans cela on ne peut aimer comme il faut celui qui veut avoir tout notre cœur. Je le prie, ma Fille, qu'il soit avec vous.

LETTRE LXIX.

AUX RELIGIEUSES DE LA CONGRÉGATION A COULOMMIERS.

A Germigny, ce 26 juin 1691.

Plusieurs de vous, mes Filles, m'ont demandé la permission de communier plus ou moins que ne portent vos constitutions.

D'autres m'ont fait quelques plaintes de ce que M. votre confesseur les privoit des communions extraordinaires que la Mère supérieure leur permettoit, et les obligeoit à prendre sa permission expresse. Il n'est pas possible, mes Filles, que j'entre dans les raisons particulières de priver de la communion, ou d'y admettre. Ainsi sans faire réponse sur ce sujet aux lettres particulières, je vous donnerai des règles que chacune pourra s'appliquer facilement.

Pour cela il faut distinguer le cas d'indignité, qui est l'état de péché mortel, où l'on mange sa condamnation, où l'on ne discerne pas le corps du Seigneur, où enfin on s'en rend coupable, d'avec les autres cas où sans cette indignité on peut être privé de la communion ou s'en priver soi-même.

Je n'ai rien à vous dire sur le cas d'indignité : tout le monde sait qu'en ce cas on ne peut approcher de la sainte table sans l'absolution du prêtre. Si l'on doutoit qu'un péché fût mortel ou véniel, il faudroit encore recourir à lui, parce qu'il est préposé pour discerner la lèpre d'avec la lèpre, et se reposer sur son avis.

Pour venir maintenant aux autres cas où cette indignité ne se trouve pas, le confesseur ne peut refuser la communion à celles qu'il a absoutes ; mais il peut la différer quelque peu de temps, s'il trouve qu'on ne s'y soit pas assez préparé.

Je n'approuverois pas régulièrement qu'on usât dans les grandes fêtes de cette sorte de délai, à cause du scandale; et parce que, absolument parlant, la disposition essentiellement requise se trouve dans ceux qui étant sincèrement convertis et suffisamment purifiés par la pénitence, sont hors du péché mortel par l'absolution.

Pour venir maintenant au cas de fréquenter plus ou moins la communion en état de grace, il est certain que le confesseur étant, comme prêtre, le dispensateur établi de Dieu pour l'administration des sacremens, c'est principalement par son avis qu'il se faut régler, et ne point multiplier les communions contre sa défense au delà des jours marqués par les constitutions.

Il peut même, pour de bonnes raisons, diminuer aux particulières les communions ordinaires selon l'exigence des cas, et pour exciter davantage l'appétit de cette viande céleste en la différant : mais à moins de fortes raisons cela doit être rare, parce que les constitutions ayant pour ainsi dire arbitré le temps qu'on peut communier en religion, communément il s'en faut tenir à cette règle.

Le confesseur peut aussi imposer pour pénitence la privation de certaines communions plus fréquentes, s'il connoît par expérience que les ames soient retenues du péché par la crainte d'être privées du don céleste, et qu'ensuite elles y reviennent avec une nouvelle ferveur.

Il paroît, mes Filles, par toutes ces choses qui ne souffrent aucun doute, qu'on ne doit point communier contre la défense du confesseur. S'il abusoit de cette défense, et qu'il privât trop longtemps ou trop souvent des communions ordinaires celles qu'il auroit reçues à l'absolution, on s'en pourroit plaindre à l'évêque, qui est préposé pour donner, tant au confesseur qu'aux pénitentes, les règles qu'il faut suivre. Pour ce qui regarde le détail, on voit bien que le secret de la confession ne permet pas à l'évêque d'y entrer, et qu'il doit seulement instruire le confesseur, en cas qu'il eût des maximes qui tendissent à éloigner trop légèrement de la fréquentation des sacremens, non-seulement les religieuses que leur vocation met en état d'en approcher plus souvent, mais encore le reste des fidèles.

Quand il n'y a point de défense du côté du confesseur, on est libre de demander à la Mère des communions de dévotion, et il n'est nullement nécessaire de demander pour cela le consentement du confesseur, puisque d'un côté il ne s'agit que de la liberté naturelle que Dieu donne à ses enfans, et que de l'autre la constitution suppose que la supérieure connoît assez ses religieuses, pour juger s'il est à propos de leur accorder ou refuser des communions extraordinaires. Elle peut aussi priver des communions ordinaires celles qu'elle jugera à propos, pour punir certaines désobéissances ou certaines dissensions entre les Sœurs, et enfin les autres fautes qui auront mal édifié la communauté.

Il faut sur toutes choses que le confesseur et la supérieure agissent avec concert, et conviennent des maximes de conduite dont ils useront envers les Sœurs pour les porter à la perfection de leur état, et déraciner leurs défauts et imperfections.

Je ne parle point des cas auxquels le confesseur peut suspendre l'absolution, même pour des péchés véniels dont on ne prend aucun soin de se corriger, parce qu'encore que le péché véniel ne rende pas les communions indignes ni sacriléges, c'est la pratique ordinaire des Sœurs de s'abstenir par révérence de la communion, lorsque l'absolution leur a été différée.

Voilà, mes Filles, les règles que vous devez suivre, et la conciliation de vos constitutions avec l'autorité des confesseurs. Il ne faut rien craindre en suivant les constitutions, parce qu'elles ont été approuvées par les évêques.

Il ne me reste qu'à renouveler les défenses que j'ai faites si souvent de se juger les unes les autres sur le délai ou la fréquence des communions, et de faire la matière des conversations de ce qui se passe dans le tribunal, qui doit être enveloppé dans un mystérieux secret par respect pour un sacrement où le secret est si nécessaire, et pour ne point exposer le jugement prononcé par le prêtre, qui est celui de Jésus-Christ même, à la censure des Sœurs qui ne peut être que téméraire, puisque même le confesseur ne peut point rendre raison de ce qu'il fait, et ne la doit qu'à Dieu seul.

Au surplus, mes chères Filles, vivez en paix, ne laissez point troubler votre repos par celles qui semblent mettre la perfection à communier, sans se mettre en peine de profiter de la communion. Car je suis obligé de vous dire, et je le dis en gémissant, que celles qui crient le plus haut qu'on les excommunie, sont souvent les plus imparfaites, les plus immortifiées, les moins régulières. Ne faites pas ainsi, mes Filles, et qu'on voie croître en vous avec le désir de la communion, celui de mortifier vos passions et de vous avancer à la perfection de votre état.

Croyez-moi tout à vous, mes chères Filles, dans le saint amour de Notre-Seigneur. Je vous verrai sans manquer, s'il plaît à Dieu, au premier temps de loisir, et je réglerai en vous écoutant, autant qu'il sera possible, ce que je ne puis régler à présent qu'en général, mais toutefois suffisamment pour mettre fin à vos peines, si vous apportez un esprit de paix à la lecture de cette lettre, et que vous en pesiez les paroles.

LETTRE LXX.

A MADAME DE TANQUEUX.

A Germigny, ce 1ᵉʳ juillet 1691.

Je vous envoie, Madame, la minute de l'acte d'établissement de Madame de Beauvau, vous priant de faire remplir de son nom et du nombre des chapitres et articles des constitutions le blanc que j'ai fait laisser : aussitôt je renverrai l'acte signé et scellé pour être gardé dans vos archives.

Au reste il y a beaucoup à louer Dieu de nous avoir envoyé Madame de Beauvau, sous laquelle et par votre sainte et parfaite correspondance, la piété fleurit et la grace fructifie dans notre chère maison.

Je n'ai pas encore bien examiné les livres des Sœurs, et je le ferai, s'il plaît à Dieu, au premier jour : en gros je n'y vois rien de suspect ; mais comme je n'ai fait que parcourir le mémoire, il faut attendre une dernière résolution après un examen exact. S'il y a quelque règlement pressant à faire, je vous prie de me le mander ; sinon il faudra remettre à la visite que je ferai dans le mois d'août, s'il plaît à Dieu. Cette lettre vous sera commune avec Madame de Beauvau, et il ne me reste qu'à vous assurer l'une et l'autre de mon estime et de ma confiance. Je suis, Madame, comme vous savez, etc.

LETTRE LXXI.

AUX SŒURS CHARITABLES

DE LA COMMUNAUTÉ DE LA FERTÉ-SOUS-JOUARRE.

A Germigny, ce 1ᵉʳ août 1691.

Je vous envoie, mes Filles, l'acte d'établissement de Madame de Beauvau pour votre supérieure, mis en bonne forme. J'ai sujet de rendre graces à Dieu du choix qu'il m'a inspiré, puisque la paix, le bon ordre et le service de Dieu, avec le soin d'acquérir la perfection chrétienne, s'augmente visiblement dans votre maison, depuis qu'elle en a pris en main la conduite. Vous savez que mon intention est que vous conserviez toujours à Madame de Tanqueux, votre chère Mère, le respect et la reconnoissance que vous lui devez en cette qualité : j'en ai dit ce qui convenoit dans l'acte que vous recevez, et autant que la brièveté de ces sortes d'actes le pouvoit souffrir. Je vous dirai en même temps qu'ayant appris qu'on reparloit de la Sœur Saint-Mars, je me suis très-bien souvenu qu'elle m'avoit elle-même demandé de se retirer de la maison, et que je l'avois accordé pour le bien commun ; en sorte qu'il ne reste plus qu'à procéder à la résolution du contrat, à quoi je consens. Au surplus, mes chères Filles, croissez en humilité et en douceur, et vivez en paix ; c'est le bien que je vous souhaite.

ACTE D'ÉTABLISSEMENT DE MADAME DE BEAUVAU,

Pour supérieure dans la communauté des Sœurs charitables de la Ferté-sous-Jouarre.

Nous, évêque de Meaux, désirant pourvoir autant qu'en nous est à l'avancement de nos chères Filles, les Filles charitables de Sainte-Anne de la Ferté-sous-Jouarre, ce que nous avons toujours cru dépendre de l'établissement d'une supérieure actuellement résidente avec elles, qui leur fît observer les règles et constitutions que nous leur avons données, et les unît ensemble plus étroitement sous le doux joug de l'obéissance : bien informés d'ailleurs de la piété, discrétion et capacité de notre chère Fille en Jésus-Christ, Dame Marie de Beauvau, nous l'avons appelée en cette maison ; et après avoir ouï la Dame de Tanqueux, ci-devant par nous préposée à la conduite de cette maison, établie et soutenue par ses soins, laquelle nous auroit déclaré que les soins qu'elle doit à sa famille ne lui permettoient pas de vaquer autant qu'elle désireroit au bien spirituel et temporel de ladite maison de Sainte-Anne, et nous a requis pour ce sujet d'y établir ladite

Dame de Beauvau, qu'elle juge la plus capable d'y accomplir l'œuvre et la volonté de Dieu : ouïes aussi en particulier nosdites Filles de la communauté de Sainte-Anne, avons ladite Dame de Beauvau ordonné et établi, l'ordonnons et l'établissons pour supérieure de cette communauté, tant qu'il nous plaira ; lui enjoignons par l'autorité du Saint-Esprit, qui nous a établi évêque pour régir l'Eglise de Dieu, de leur faire exactement observer lesdites règles et constitutions, sans y rien changer ni altérer que de notre permission et ordre exprès ; et à elles de lui obéir comme à leur légitime supérieure établie de notre autorité, sans préjudice de l'élection que nous avons accordée à nosdites Filles et communauté, par le chapitre xx, articles 53, 54 et 55 de leursdites constitutions, et pareillement sans préjudice des honneurs et préséances, que ladite Dame de Beauvau et nosdites Filles nous ont requis vouloir conserver à ladite Dame de Tanqueux ; ce que nous aurions accordé à la commune satisfaction de ladite communauté. Donné à la Ferté-sous-Jouarre, en visite, le vendredi huitième jour de juin 1691.

LETTRE LXXII.

EXTRAITS DE DIFFÉRENTES LETTRES A MADAME DE TANQUEUX.

A Meaux, ce 10 novembre 1690.

Comme je ne doute pas que la peine de M. de Fortia ne soit venue ou ne vienne jusqu'à nos Sœurs, je vous prie, Madame, de leur dire que l'humilité de ce saint prêtre a cédé à mes raisons et à mes prières : aidez-moi, Madame, à l'en remercier.

A Germigny, ce 1er juin 1691.

Je me réjouis, Madame, de l'heureuse arrivée de Madame de Beauvau. J'ai divers engagemens qui ne me permettent pas de l'aller installer jusqu'à jeudi ; mais ce sera ce jour-là sans manquer, et je tâcherai d'arriver de bonne heure à la Ferté, après avoir néanmoins dîné ici.

A Meaux, ce 17 juin 1691.

Je me réjouis avec vous, Madame, des heureux commencemens de notre nouvelle supérieure : je ne doute point que ce ne soit Dieu qui nous l'ait adressée. Elle vous communiquera ce que je lui mande sur les communions.

A Germigny, ce 29 septembre 1692.

Je suis bien persuadé que vous serez toujours la Mère de vos Filles de la Ferté-sous-Jouarre, et une bonne Mère ; et je serois bien fâché que cela fût autrement. Rien ne peut altérer l'affection que j'ai pour cette communauté : j'espère y aller bientôt, et avoir l'honneur de vous y voir.

A Germigny, ce 8 novembre 1692.

M. l'abbé de Fortia me paroît assez content de la disposition de la visite : quand vous la serez, je le serai aussi. C'est toujours sur vos bontés que je compte pour ce qui touche cette communauté, dont j'espère toujours beaucoup, et que je favoriserai de tout mon pouvoir : je souhaite principalement d'y voir l'obéissance bien rétablie.

A Jouarre, mardi matin.

Je suis fâché, Madame, d'être si près de vous sans avoir la consolation de vous aller voir et la chère communauté ; les affaires de deçà m'en empêchent : pour vous, j'espère vous voir à Paris. Il faut que vous m'appreniez l'état où vous laisserez la communauté, et le profit qu'on y fait de la supérieure que vous lui avez procurée : il faudra aussi me dire comment elle s'y prend dans le gouvernement, s'il y a à l'avertir de quelque chose, et comment. Au fond tout roule sur vous et sur la confiance que j'ai à votre prudence et à votre bonté maternelle pour la maison. J'écris à Madame de Beauvau que s'il y a quelque chose à me dire de plus pressé, elle m'envoie quelqu'une des Sœurs avec ma Sœur Cornuau que je mande ici. Je suis à vous, Madame, comme vous savez et avec toute l'estime possible.

LETTRE LXXIII.

A MADAME D'ÉPERNON,

PRIEURE DES CARMÉLITES DU FAUBOURG SAINT-JACQUES, A PARIS.

Sur la fin de septembre 1691.

Nous ne la verrons donc plus cette chère Mère (a) ; nous n'entendrons plus de sa bouche ces paroles que la charité, que la douceur, que la foi, que la prudence dictoient toutes, et rendoient si dignes d'être écoutées ! C'étoit cette personne sensée qui croyoit à la loi de Dieu, et à qui la loi étoit fidèle: la prudence étoit sa compagne, et la sagesse étoit sa sœur ; la joie du Saint-Esprit ne la quittoit pas ; sa balance étoit toujours juste et ses jugemens toujours droits. On ne s'égaroit point en suivant ses conseils ; ils étoient précédés par ses exemples. Sa mort a été tranquille, comme sa vie, et elle s'est réjouie au dernier jour. Je vous rends graces du souvenir que vous avez eu de moi en cette triste occasion. J'assiste avec vous en esprit aux prières et aux sacrifices qui se feront pour cette ame bénie de Dieu et des hommes. Je me joins aux pieuses larmes que vous versez sur son tombeau, et je prends part aux consolations que la foi vous inspire.

LETTRE LXXIV.

A MADAME DE BERINGHEN.

A Paris, 5 décembre 1691.

C'est, Madame, un effet de votre bonté dont j'ai beaucoup de reconnaissance, que d'avoir été attentive au gain du procès. La petite augmentation de mes soins qui me viendra de ce côté-là ne m'embarrassera guère, et ne m'empêchera pas d'avoir une attention particulière à Farmoutiers plus que jamais.

J'ai parlé et fait parler à la reine d'Angleterre ; mais il ne paroit pas encore de dénoûment.

(a) La mère de Bellefonds, ancienne prieure du couvent désigné dans le titre de la lettre.

LETTRE LXXV.

A MADAME DE BERINGHEN.

A Meaux, ce 9 décembre 1691.

J'avoue, Madame, que j'aurai beaucoup de joie de toutes les mesures que vous pourrez prendre pour rétablir à Farmoutiers la beauté du chant, qui est la seule chose qui manque au service, tout plein d'ailleurs de piété.

LETTRE LXXVI.

A MADAME DE BERINGHEN.

A Versailles, 17 janvier 1692.

Je le vois bien, Madame, on ne vous fera jamais trop de bien à votre gré : vous voulez bien appeler justice ce qui n'est assurément qu'une pure grace envers un ancien domestique devenu fort inutile. Je voudrois bien du moins ne l'être pas pour vous ni pour Farmoutiers.

M. Barrière peut confesser qui vous trouverez à propos, un an durant, dans votre maison.

Je suis bien aise d'entendre parler Madame de Menou ; et tout ce qui parlera par vos instructions, parlera toujours très-agréablement pour moi.

LETTRE LXXVII.

A MADAME DE BERINGHEN.

A Paris, 7 février 1692.

La proposition de la religieuse dont vous m'écrivez, Madame, en elle-même est très-bonne ; le tout est de bien connoître la personne. Il n'y a point de meilleur moyen que celui que vous proposez, de la tenir un an comme pensionnaire avant que de parler d'association. Je crois qu'il faudra un noviciat ; et c'est l'opinion commune, et l'usage des monastères, quand on passe à une observance étroite d'une mitigée ; mais c'est à quoi on avisera à loisir, et il faudroit commencer par où vous dites.

J'approuve le P. Irénée pour prédicateur et pour confesseur.

Vous ne devez point douter que votre recommandation n'ait tout pouvoir sur l'esprit de mon neveu, qui sait ce que mérite votre approbation.

Je salue de tout mon cœur Madame d'Arminvilliers et Mesdames de la Vieuville.

LETTRE LXXVIII.

A MADAME DE BERINGHEN.

A Paris, ce 6 mars 1692.

Vous pouvez, Madame, dans les vêtures et professions, faire entrer les personnes que vous croirez ne pouvoir honnêtement refuser. Vous pourrez, quand il vous plaira, faire le petit voyage que vous deviez faire l'an passé, et aussi aller visiter votre nouvelle acquisition, où je ne doute pas que votre présence ne produise beaucoup de bien. J'espère m'approcher de vous, Madame, dans les premiers jours de la semaine prochaine.

LETTRE LXXIX.

A UNE COMMUNAUTÉ DE RELIGIEUSES.

A Meaux, ce 29 mars 1692

Mes Filles, j'ai invité Monsieur votre confesseur à venir ici par le désir que j'avois de conférer avec lui du progrès spirituel de la communauté. Le compte qu'il m'en a rendu me donne beaucoup de sujets de louer Dieu ; et il me paroît qu'à l'extérieur il n'y a plus rien à désirer, sinon que toutes se rendent à l'ordre commun ; ce qui est même déjà accompli dans la plupart. Je vois quelques difficultés sur la communion : mais d'abord il n'y a nul doute que les prêtres étant par leur caractère les dispensateurs des sacremens, le confesseur, qui est le prêtre de la maison, ne puisse ordonner la communion ou la suspendre. Lequel des deux qu'il ait fait, une religieuse qui s'adresse à la Mère le lui doit auparavant déclarer ; et comme elle ne la peut accorder au préjudice de la défense du confesseur, elle ne la peut refuser au préjudice de son commandement, si ce n'est qu'il fût arrivé depuis la confession quelque chose qui y obligeât, ou que le cas qui donneroit lieu au refus de la supérieure fût si grief, qu'elle eût sujet de présumer que la religieuse ne l'auroit pas exposé au confesseur. En ce cas elle devra lui en parler et céder à son autorité, se réservant d'avertir les supérieurs majeurs, si la chose étoit d'une assez grande importance pour cela. Il faut grièvement châtier une religieuse qui s'adresseroit à la Mère, sans lui dire l'ordre qu'elle auroit reçu du confesseur ; ou au confesseur, sans lui dire celui qu'elle pourroit avoir reçu de la Mère. Il en doit être de même pour les novices à l'égard de leur maîtresse ; et je me suis expliqué avec M. le confesseur de ce qu'il peut y avoir ici de particulier à observer : c'est qu'on doit leur accorder peu de communions extraordinaires, et que leur maîtresse étant appliquée à les observer de plus près, le confesseur doit avoir plus d'égard aux ordres qu'elle donnera, et ne les contrarier jamais ; mais toujours inspirer à la novice l'humilité et l'obéissance envers sa maîtresse, sauf à remontrer secrètement à la maîtresse elle-même ce qu'il trouvera convenable ; auquel cas la maîtresse doit céder.

Au surplus il n'y a nul doute que le confesseur ne puisse ordonner des communions extraordinaires, non point tant à mon avis par pénitence, ce qui me paroît peu convenable à la perfection d'un sacrement si désirable, mais par des raisons particulières du bien spirituel des ames, dont le confesseur est le juge. Pour la communion journalière, il est vrai que c'est l'objet des vœux de l'Eglise dans le concile de Trente, et un des fruits de la demande que nous faisons dans l'Oraison dominicale, en demandant notre pain de tous les jours : mais en même temps il est certain que ce n'est pas une grace qu'il faille rendre commune dans l'état où sont les choses, même dans les communautés les plus réglées ; et il n'en faut venir là qu'après de longues précautions et préparations, et lorsqu'on voit que la chose tourne si manifestement à l'édification commune, qu'il y a sujet de croire que Dieu en sera loué. Comme il faut être sobre sur ce point, il faut d'autre part combattre celles qui mettent la perfection à se priver de la communion d'elles-mêmes, ou à chercher des directeurs qui les en privent sans des raisons suffisantes, puisqu'au contraire il est certain que c'est un des plus grands sujets de gémissement qu'une ame chrétienne puisse avoir, et que se priver de la communion sans en même temps se mettre en peine de se rendre digne d'une communion fréquente, c'est une illusion grossière, comme je vous l'ai dit souvent.

Voilà les maximes de Monsieur votre confesseur comme les miennes, et si on en a pensé autre chose, on ne l'aura pas entendu. Je suis obligé de vous dire aussi que lui ayant fait expliquer ses sentimens sur les dispositions nécessaires au sacrement de la pénitence, et en particulier sur les péchés d'habitude et les occasions prochaines, je l'ai trouvé dans les sentimens communs et droits que j'ai établis dans mon catéchisme; de quoi il a fallu vous avertir, parce qu'on n'avoit pas bien entendu ses sentimens sur ce sujet-là.

Il reste encore à vous dire que, loin de croire que les contraventions aux règles et constitutions ne puissent pas être matière de confession, il est d'avis au contraire avec tous les docteurs qu'elles le sont ordinairement à raison du scandale, ou du mépris, ou de la négligence tendante au mépris, qui les accompagne : ainsi tous les obstacles qu'on pouvoit trouver au profit que vous tirerez de sa capacité et de ses instructions étant levés, il reste que vous jouissiez des lumières que Dieu lui donne, et du zèle qu'il lui inspire pour votre perfection.

Je prie Notre-Seigneur qu'il soit avec vous.

LETTRE LXXX.

A MADAME DE BERINGHEN.

A Meaux, ce 2 avril 1692.

Il n'y a, Madame, que les saints jours qui m'empêchent d'aller mêler mes douleurs avec les vôtres, et offrir à Dieu vos larmes. Toute la France regrette Monsieur votre père, et on ne se lasse non plus de louer sa belle vie et sa belle mort, que lui à faire paroître dans une carrière si glorieuse tout ce qu'on pouvoit attendre de rares vertus d'une sagesse aussi consommée que la sienne. J'ai des raisons particulières de le regretter, par les extrêmes bontés dont il m'a toujours honoré : vous le savez, Madame ; et vous savez que quand je ne le regretterois pas au dernier point, je serois touché de sa perte jusqu'au vif pour l'amour de vous.

LETTRE LXXXI.

A MADAME D'ARMINVILLIERS,

RELIGIEUSE A FARMOUTIERS, ET SŒUR DE L'ABBESSE.

A Meaux, ce 2 avril 1692.

Dieu vous donne une terrible occasion, Madame, de lui offrir durant ces saints jours un grand et douloureux sacrifice. Je le prie qu'il vous soutienne de ses grâces, et de faire que la profonde blessure d'un cœur aussi tendre que le vôtre, vous donne la part que vous souhaitez de prendre à la croix et aux plaies de Jésus-Christ. Je ressens, Madame, votre juste affliction, et je conserverai une éternelle vénération pour un homme qui a terminé la plus belle vie et la vieillesse la plus révérée qui fût jamais, par la mort la plus chrétienne et la plus sainte.

LETTRE LXXXII.

A MADAME DE BERINGHEN.

A Meaux, ce 7 mai 1692.

Je me sers, Madame, de la commodité de M. le Chantre et de M. Baubé, pour vous remercier de toute votre amitié, et vous renvoyer la lettre de Madame des Clairets. Vous m'avez fait grand plaisir de m'en faire part. Que nous serions heureux, si nous pouvions trouver cet unique confesseur qui sût prendre l'ascendant qu'il faut sur les esprits, pour les porter à la perfection chrétienne! Elle a raison d'admirer le dernier livre de M. l'abbé de la Trappe, et de dire que le vrai moine, c'est-à-dire le parfait chrétien, y est caractérisé d'une manière incomparable. Si jamais elle vous envoie les exhortations dont elle vous parle, je vous aurai une extrême obligation de me les communiquer.

Je serai ravi d'apprendre de vos nouvelles par ces Messieurs et rien ne me peut jamais être plus agréable. Je voudrois bien pouvoir imiter M. de la Trappe, et vous aider à sanctifier de plus en plus la sainte maison de Farmoutiers. Je salue de tout mon cœur Madame votre sœur.

LETTRE LXXXIII.

A MADAME DE BERINGHEN

A Meaux, 22 mai 1692.

Je me souviens très-bien, Madame, du P. de l'Espinasse, et je suis bien aise que vous l'ayez pour confesseur : je consens aussi au P. gardien de Coulommiers. Au reste, Madame, vous avez un trésor en M. le théologal ; ce qu'il fera ou permettra sera bien fait et bien permis. Je satisferai au premier jour à l'acte que vous m'avez envoyé. Je me réjouis de l'espérance de vous voir bientôt. Ce n'est jamais, Madame, sans beaucoup d'édification de ma part.

LETTRE LXXXIV.

A LA SŒUR ANDRÉ.

A Meaux, ce 27 mai 1692.

Les dispenses que vous demandez, ma Fille, n'ont aucune difficulté, parce que tous vos vœux, à la réserve de celui de la chasteté perpétuelle, dont aussi vous ne voulez point être déchargée, sont absolument remis à ma discrétion, et ont eu leur rapport à l'état où vous étiez dans notre maison. Ainsi Monseigneur de Troyes peut vous dispenser ou faire dispenser de tous ces vœux, sans les commuer en quoi que ce soit; et cette lettre vous donne tout pouvoir de vous en faire relever par qui il voudra. Le vœu d'obéissance que vous m'avez fait ne peut pas plus subsister que les autres, parce qu'il étoit relatif à votre stabilité dans la maison, qui n'a été que conditionnelle; et je n'aurois accepté aucun de ces vœux, sans la réserve que je me faisois de vous en dispenser toutes fois et quantes que je le trouverois à propos. Le vœu de pauvreté, le vœu de renoncement à toute liaison avec vos parens, avoit le même rapport et la même condition, aussi bien que celui d'obéissance aux supérieurs et supérieures, et aux règlemens et constitutions de la maison. Si la divine Providence permet que vous retourniez dans ce diocèse, et qu'il soit utile que vous rentriez dans l'obéissance que vous m'avez vouée, pour vous déterminer davantage à la perfection de la vocation où vous étiez, nous pourrons faire alors ce qui sera le plus agréable à Dieu.

Demeurez donc, ma Fille, entièrement libre : aimez le silence et la retraite : ne vous attachez à aucune créature, et qu'aucune créature ne s'attache à vous : vivez dans un esprit d'humilité et de pauvreté. Ne faites jamais de vœux que de la manière de ceux que j'ai reçus, dont il ne puisse vous rester aucun scrupule; car il faut éviter ces angoisses intérieures qui empêchent qu'on ne dilate son cœur par la confiance envers Dieu. N'oubliez pas l'oraison, et faites-la sans trop vous gêner. Il y a tout sujet de croire que la vie contrainte d'une communauté ne convient pas à votre santé. Souvenez-vous de moi dans vos prières, et croyez que je vous offrirai de bon cœur à Dieu. Je salue de tout mon cœur M. André : vous êtes heureuse de l'avoir trouvé. Tout à vous, ma Fille, en la charité de Notre-Seigneur.

LETTRE LXXXV

A MADAME DE BERINGHEN.

A Paris, 4 Juillet 1697.

Peut-on douter de vos bontés, quand on en a tant et de si sincères témoignages? Je n'ai qu'à vous en demander la continuation et à vous assurer, Madame, qu'il n'y a rien que je ne fasse pour le mériter par mes services.

LETTRE LXXXVI.

A MADAME DE BERINGHEN.

A Paris, 19 juillet 1692.

Je cède, Madame, à vos obligeans reproches, et j'ai envie tout de bon de me corriger. Les méditations de nos missionnaires sur le *Pater* assurément ne seront pas aussi belles que celles de sainte Thérèse. Je trouve très-à-propos les entrées que vous souhaitez pour votre maître de musique. Rien ne manquera à Farmoutiers, si vous pouvez y établir ce chant. J'ai oublié de vous apporter ici votre nomination et vous prie d'attendre que je sois de retour pour vous continuer selon votre désir. Le P. Chassereau laisse cela. Que je suis touché de cet admirable et unique confesseur et que je plains Madame des Clairets! Vous pouvez joindre, Madame, aux permissions d'entrer, celle de Madame de Molac et de Mesdames Delagnette et Chapel Chastelain. Je salue de tout mon cœur Madame d'Arminvilliers. Madame de la Vieuville, Madame, vous souhaite une parfaite santé.

† J. Bénigne, év. de Meaux.

LETTRE LXXXVII.

A UNE RELIGIEUSE.

A Germigny, ce 10 août 1692.

J'ai retrouvé, ma Fille, parmi mes papiers votre lettre du 22 juillet, que je craignois d'avoir laissée à Paris : elle étoit dans un porte-feuille que je n'avois pas encore bien visité. Quand il me viendra quelque chose sur l'endroit de saint Matthieu que vous me marquez, je vous en ferai part avec joie.

Vous faites bien de le choisir pour votre directeur; vous avez en effet bien besoin de cette douceur et de cette humilité de Jésus-Christ. Vous ne sauriez vous trop dompter sur cela : vous faites bien de le faire principalement à l'égard de la personne dont je vous ai parlé et de ses nièces, et je suis bien aise de ce que vous me mandez là-dessus. J'ai toujours un peu sur le cœur ce que vous me dites sur celle que vous avez appelée d'un nom expressément défendu par l'Evangile : vous ne m'en paroissez pas assez touchée. Plus les personnes sont infirmes, plus on est obligé de les ménager. Je ne vous dis pas ceci pour vous donner du scrupule du passé, sur quoi vous m'avez dit que vous aviez fait votre devoir; encore moins pour vous obliger à me dire des raisons, car cela ne sert de rien; mais pour vous rendre plus attentive sur vous-même et sur vos paroles : ce que je fais de moi-même, sans que personne m'ait parlé de vous, et par le soin particulier que votre confiance m'oblige à prendre de votre ame.

J'ai déjà répondu que je voulois bien dispenser ces deux religieuses de la discipline, supposé que leur confesseur jugeât qu'elle pût leur nuire en l'état où elles sont; mais que je ne pouvois entrer dans ce détail, encore moins changer pour des cas ou sentimens de particulières ce qui est établi par une coutume universelle. Vous leur pouvez lire cet article, et leur en laisser prendre un extrait si elles veulent.

Domptez-vous, n'écoutez aucune excuse qui flatte votre hauteur; aplanissez les voies, si vous voulez que le Seigneur vienne à vous. Je le prie d'être avec vous à jamais.

LETTRE LXXXVIII.
A MADAME DE BERINGHEN.
A Germigny, 24 septembre 1692.

Je vous dirai, Madame, par M. Daniel, que vous pouvez faire entrer la Demoiselle dont il m'a parlé de votre part, et qu'il m'a dit être votre filleule. Il m'a donné de la peine, en me disant que vous étiez indisposée. Je me rendrai à Farmoutiers le plus tôt qu'il me sera possible pour l'affaire que vous savez. Il faudra prendre une voie plus courte pour la terminer que celle d'ouïr de nouveaux témoins, et de recoler et confronter ceux qui ont été ouïs. Je suis, Madame, très-parfaitement à vous.

LETTRE LXXXIX.
A MADAME DE BERINGHEN
A Meaux, ce 22 décembre 1692.

Vous pouvez, Madame, faire confesser la communauté par le P. vicaire des Capucins de Coulommiers. A l'égard des confesseurs que demande ma Sœur de Saint-Bernard, je les lui accorde avec peine. Car une personne qui a été si longtemps sans s'approcher des sacremens, devroit être mise en d'autres mains que celles d'un vieillard si occupé, et d'un Cordelier qu'on ne connoît pas. Cependant, Madame, comme tout le monde est occupé en ce saint temps, et que je serois fâché de le lui voir passer sans faire son devoir, je lui accorde ce qu'elle souhaite, et je lui conseille le Cordelier qui aura plus de loisir, plutôt que le curé qui n'en a point. Je loue, Madame, votre obéissance, et je vous assure qu'elle sera bénie de Dieu.

LETTRE XC.

A MADAME DE BERINGHEN.

A Meaux, ce 30 décembre 1692.

Je vous prie, Madame, de vouloir bien me mander ce qu'aura fait Madame de Saint-Bernard à ces fêtes, et ce qu'elle aura dit sur ma lettre, si vous lui avez montré l'article qui la regarde. Je vous prie aussi de m'écrire si j'ai quelque chose de plus à faire à ce sujet.

Voilà, Madame, une lettre que M. le curé de Bannots a remise à ma discrétion de vous envoyer; et je crois meilleur de le faire, parce que vous saurez bien que me dire sur cela, si vous trouvez à propos et qu'il soit utile que j'y entre.

Je vous enverrai bientôt quelque personne de créance sur les affaires de chez vous. Pour moi, je trouve à propos d'attendre encore une certaine conjoncture, qui facilitera la décision. Assurez-vous du moins, Madame, que je fais tout pour le mieux.

LETTRE XCI.

A MADAME DE BERINGHEN.

A Paris, 15 février 1693.

Je suis dans mon tort, Madame, et je vous en demande pardon. Je croyois déjà avoir approuvé votre prédicateur pendant le temps de la station. Vous pouvez, Madame, le faire confesser, et M. Daniel aussi. Il faut tâcher de remettre Madame de Saint-Louis dans le train ordinaire. Vous pouvez aussi sortir, quand il vous plaira, pour voir cette maison. J'ai mis ce matin votre lettre dans la place qui fait faire les réponses. Pour à présent, je suis environné de monde. Vous avez, Madame, raison de vous plaindre de moi, et je vous promets de vous faire bonne justice.

LETTRE XCII.

A MADAME DE BERINGHEN.

A Meaux, ce 12 mars 1693

Je vous assure, Madame, que je mettois la main à la plume pour vous faire voir que je n'ai pas besoin d'être sollicité pour penser à vous. Vous avez la permission de M. Daniel; vous avez celle du prédicateur, dont vous pouvez user; je vous envoie celle de M. Lemarquant, dont j'ai bonne opinion : je souhaite qu'il vous contente.

Je songe beaucoup à vous, et je suis à vous de tout mon cœur.

LETTRE XCIII.

A MADAME DE BERINGHEN.

A Paris, ce 3 avril 1693.

Vous voulez bien, Madame, que je vous dise que j'ai pourvu M. le curé de Farmoutiers d'une autre cure que la vôtre. Il m'a prié que cela n'empêchât pas que je ne lui fisse justice sur l'affaire qu'il a avec M. Raoul. Je lui ai dit que M. Raoul me demandoit aussi la même chose et que je donnerois satisfaction à l'un et à l'autre, mais qu'il falloit attendre mon temps; au reste que je le prendrois le plus court qu'il seroit possible, et que je ferois raison en même temps audit sieur Raoul de la dernière insulte qu'il prétendoit lui avoir été faite. Sur cela, Madame, il s'en est retourné pour donner ordre à ses affaires. Il a résigné la cure de Farmoutiers à celui que j'y avois destiné, qui est assurément un des meilleurs prêtres et des plus paisibles du diocèse. Je crois, Madame, en tout cela avoir fait ce qu'il y avoit de plus important pour votre maison, et ce que vous souhaitiez le plus : et il ne me reste plus qu'à vous demander pardon si je n'ai pas eu le loisir de vous écrire ces deux choses plus tôt, à cause, Madame, qu'elles se firent la veille de mon départ de Meaux, où j'étois fort occupé.

LETTRE XCIV

A MADAME DE BERINGHEN.

A Paris, 19 avril 1693.

Vous pouvez, Madame, faire examiner votre novice par M. Lemarquant, votre confesseur, à qui vous prescrirez, s'il vous plaît, qu'il me rende compte de cet examen. Je n'hésite point, Madame, à vous donner le pouvoir de vous servir dans l'occasion des confesseurs approuvés dans le diocèse pour les religieuses; et je suis bien persuadé que vous en userez avec la réserve nécessaire. Vous pouvez continuer à vous servir du vicaire des capucins. Quant à votre nouveau curé, il demande en grace qu'on ne l'oblige point à voir le parloir, si ce n'est pour vous rendre ses devoirs. Ainsi, Madame, vous jugez bien qu'il n'y a pas à craindre que son prédécesseur lui résigne ses amies. Je reçois toujours avec joie, Madame, les témoignages de votre amitié, et personne ne souhaite plus de la conserver que je fais.

LETTRE XCV.

A MADAME DE BERINGHEN.

A Meaux, ce 29 mai 1693.

Nous devons, Madame, commencer samedi, des prières publiques où l'on descendra la châsse de saint Fiacre, pour la porter en procession générale dimanche après vêpres. On fera une octave solennelle : tous les jours on viendra en procession à la cathédrale. Je voudrois bien faire quelque chose d'approchant pour sainte Fare, et faire moi-même l'ouverture de la cérémonie : mais avant que de rien déclarer, je vous prie, Madame, de me mander ce qui aura pu être fait en cas pareils, et ce que vous croyez qu'on pourra faire avec les communautés et paroisses du voisinage. J'attends cela de votre piété, et suis, Madame, comme vous savez, très-parfaitement à vous.

Il faudra laisser passer la dévotion de la cathédrale; après cela nous prendrons le temps qui sera plus convenable aux uns et aux autres.

LETTRE XCVI.

EXTRAITS DE PLUSIEURS LETTRES A MADAME DE TANQUEUX.

A Meaux, ce 27 juin 1693.

J'apprends, Madame, en arrivant ici, que vous êtes à la Ferté, et que Madame de Miramion doit venir bientôt. J'espère que vous me donnerez part de son arrivée, et me marquerez ce qu'elle et vous souhaiterez que je fasse pour l'affaire de l'union, à laquelle je concourrai de tout mon pouvoir. Je me rendrai à la Ferté quand vous le jugerez nécessaire, et je vous prie d'inviter Madame de Miramion de passer à Germigny auparavant, pour disposer toutes choses.

Ma Sœur Cornuau vous aura mandé selon l'ordre qu'elle en avoit de moi, la permission que je lui ai donnée de faire une retraite à Jouarre. L'exemple de ma Sœur Crespoil lui a inspiré cette pensée, à laquelle je n'ai pas cru devoir m'opposer. Du reste vous êtes maîtresse de la mander quand il vous plaira : elle vous rendra, comme elle doit, toute obéissance.

A Germigny, ce 5 août 1693.

Vous aurez su, Madame, de Madame de Miramion, qu'elle a été ici ce matin en allant à la Ferté-sous-Jouarre. Je ne vous répéterai pas ce que nous nous sommes dit l'un à l'autre, puisque vous le saurez d'elle, et je vous dirai seulement que j'ai été fort content de ses projets. Elle ne paroît pas disposée à conclure d'abord, mais seulement après que nos chères Filles auront passé quelques mois l'une après l'autre à sa communauté de Paris. Exhortez-les à se conformer à ses intentions. Je ne vous dis rien de ma Sœur Cornuau. Prescrivez-lui ce qu'elle aura à faire ; elle vous obéira.

J'ai reçu une lettre de Mademoiselle de Croze, qui se plaint que nous entrions dans une nouvelle union, au préjudice de celle que nous avions faite avec elle. Je me souviens de quelque chose, mais non pas de tout : ainsi je n'ai point encore fait de réponse. Il me semble que cette union n'a été suivie d'aucun effet. J'approuverai ce que vous ferez avec Madame de Miramion ; et si vous jugez nécessaire que je fasse un tour à la Ferté avant qu'elle en parte, je le ferai : mais je trouve qu'il sera meilleur que vous arrêtiez ensemble toutes choses.

Voici apparemment le moment d'accomplir l'œuvre que Dieu a commencée par vous. Donnez-vous à lui, afin qu'il vous inspire ce qui sera le plus avantageux à sa gloire.

A Versailles, mardi soir.

J'apprends, Madame, avec déplaisir, que Madame de Beauvau, qui m'avoit comme promis qu'elle ne quitteroit la maison que pour la remettre entre les mains de Madame de Miramion, n'avoit pu exécuter ce projet, et que ses affaires l'avoient obligée de venir à Paris. J'ai peur que son départ ne cause quelque dérangement parmi nos Filles. Je vous prie de me mander ce que vous croyez qu'il y ait à faire ; à quoi je ne puis aussi bien pourvoir, qu'étant instruit de l'état où l'on en est avec Madame de Miramion. Pressez-la, Madame, si elle ne peut aller selon son premier dessein, d'envoyer quelque personne de confiance. Je vous prie, Madame, de dire à M. Ledieu ce qui regarde ces affaires, afin qu'il vienne ici m'en rendre compte. Je suis, comme vous savez, avec toute la confiance possible, Madame, votre très-humble serviteur.

LETTRE XCVII.

AUX SOEURS DE LA COMMUNAUTÉ DE SAINTE-ANNE,

A LA FERTÉ-SOUS-JOUARRE.

A Germigny, ce 5 août 1693.

Mes Filles, je me réjouis avec vous de la charité que Madame de Miramion va témoigner à votre communauté, en la visitant elle-même et en disposant les choses à cette union tant désirée.

Je la crois très-nécessaire pour soutenir l'œuvre que Dieu a commencée en vous : tout se fera parfaitement bien et avec une commune satisfaction. Faites de votre côté, mes Filles, ce qu'il faudra pour cela, et conformez-vous aux bons sentimens de Madame de Tanqueux. Je prie Notre-Seigneur qu'il soit avec vous.

LETTRE XCVIII.

A MADAME DE BERINGHEN.

A Meaux, ce 2 septembre 1693.

J'ai reçu, Madame, la lettre que M. le curé de Joui m'a rendue. Je ne doute pas que la demoiselle n'ait un peu de peine à se réduire : tout ce que j'ai dit là-dessus, c'est que, si quelqu'un étoit capable de la contenir et de la conduire, c'étoit vous. J'espère avoir bientôt l'honneur de vous voir. Voilà deux lettres de vieille date qui ont fait deux fois le voyage de Paris à Meaux, avec celui de Meaux à Paris. On a, comme de raison, beaucoup de reconnoissance de vos bontés.

LETTRE XCIX.

A MADAME DE BERINGHEN.

A Germigny, ce 29 septembre 1693.

Vous voulez bien, Madame, que j'aie l'honneur de vous dire que Madame la duchesse de Choiseul ayant souhaité une permission d'entrer chez vous, je n'ai pas trouvé à propos de l'accorder. Je vous dirai entre nous que Madame de la Vallière la Carmélite m'a prié d'en user ainsi; et vous pouvez, Madame, après cela mettre tout sur moi. Je dispose mes affaires à vous aller voir le plus tôt qu'il sera possible, et je sens que je me le promets comme quelque chose de bon depuis bien du temps.

LETTRE C.
A MADAME DE BERINGHEN.
Germigny, 2 octobre 1693.

Je n'hésite point, Madame, à accorder la permission pour Madame de Montargis. Votre architecte est privilégié; et il n'y a point de duchesse qui puisse contrebalancer vos intentions. Je manderai vos peines à Madame de la Vallière; j'y entre sincèrement, et j'espère que bientôt nous en parlerons.

LETTRE CI.
A UNE RELIGIEUSE.
A Coulommiers, ce 20 novembre 1693.

Je loue, ma Fille, le désir que vous avez de vous vaincre à quelque prix que ce soit. Vous n'êtes pas de caractère à être chef de parti : mais comme vos vivacités y donnent lieu, il faut les amortir jusqu'à la dernière étincelle.

J'approuve fort le désir de faire en tout la volonté de Dieu; mais le vœu pourroit causer beaucoup d'embarras. Vous ferez bien d'aller au confesseur, je lui donnerai les ordres qu'il faut : mais comme votre obéissance ne doit pas dépendre de ses dispositions, souffrez tout pour vous conformer à l'ordre commun; prévenez ces personnes en toute douceur et humilité, et tâchez de les gagner, quoi qu'il vous en coûte. Ne dites jamais : J'ai fait ce que j'ai pu; car c'est chercher sa propre justification; mais : Je ferai ce que je pourrai et tout ce que je croirai utile pour ramener les esprits à la paix. Ne songez à vous justifier qu'aux yeux de Dieu qui voit le fond des cœurs, et qui vous jugera selon les règles de l'Evangile que je vous ai expliquées. Je prie Dieu, ma Fille, qu'il soit avec vous.

LETTRE CII.

A MADAME DE BERINGHEN.

A Meaux, ce 1er décembre 1693.

Si vos malades savent profiter, Madame, du remède que je leur ai présenté, leur santé est indubitable. Il est à souhaiter qu'elles aient vivement senti la piqûre, et que l'orgueil crève et s'exhale par là : mais je ne les crois pas assez heureuses pour cela. N'oubliez rien cependant pour les ramener : mais je pense qu'il leur sera bon d'être un peu laissées à elles-mêmes, pour leur donner le loisir de revenir de leur propre mouvement : après tout il en faudra venir à leur faire garder l'*Ordonnance*. Leur erreur et celle des autres sur les grands couvens est pitoyable : le caractère des grands couvens est d'être fermes dans les observances, par un esprit ancien qui s'y soutient par l'antiquité même, et auquel on est porté à revenir. Je vous renvoie l'*Ordonnance* avec les petites additions que vous avez souhaitées : vous n'avez qu'à renvoyer à moi pour les dispenses ; je ne crois pas qu'on ose m'en demander.

Vous pouvez faire entrer Madame de Roquepine et Madame de Maupertuis à l'ordinaire : elles entreront aisément dans l'esprit de l'*Ordonnance* ; et il importe qu'on voie que vous y veillez, pour ôter tout prétexte à celles qui en cherchent. Chargez-moi de tout ce que vous voudrez, je suis fait pour tout porter.

M. Fouquet par humilité a eu un peu de peine à se rendre : il a cédé par obéissance, et je lui ai fait regarder votre nomination comme un ouvrage du Saint-Esprit : c'est un très-saint prêtre.

Je garderai quelques jours votre *Ordonnance* : je vous verrai assurément, s'il plaît à Dieu, quand j'irai à Créci. Ma Sœur vous assure de ses respects : vous êtes présentement sa seule abbesse, après la perte qu'elle vient de faire de Madame de Notre-Dame de Soissons.

† J. Bénigne, év. de Meaux.

P. S. Je crois qu'on se moque avec la distinction des collations ; et pour donner l'exemple, dès à présent je me prive du café.

LETTRE CIII.

A MADAME DE BERINGHEN.

A Meaux, ce 2 décembre 1693.

Je crois, Madame, comme vous que dans l'occasion de la maladie, vous ne pouvez refuser l'entrée et la demeure au-dedans à Madame de la Vallière ni à Madame de Choiseul. Je souhaite à vos malades de meilleurs conseils, ce seroit la guérison de leur vrai mal : l'humiliation leur est bonne ; si elles pouvoient revenir de bonne foi, il leur faudroit l'huile et le baume.

M. Dubois ne vous fait-il point de réponse? Les plaintes volent assurément beaucoup contre moi ; mais il étoit nécessaire de marquer à la communauté que les rebelles ne sont soutenues par aucun endroit. C'est, Madame, M. Morin le médecin qui m'a rendu votre lettre ; et il me fait souvenir qu'une des choses par où vous pouvez le plus gagner votre communauté, c'est en leur donnant le secours d'un médecin dans les maladies. Elles trouvent M. Morin fort éloigné : si Saint-Victor n'étoit pas un peu ami du vin, il seroit bon de l'appeler quelquefois : on dit pourtant qu'il se corrige, et il m'a paru fort sobre à Coulommiers pendant que j'y ai été.

LETTRE CIV.

A MADAME DE BERINGHEN.

Ce 23 décembre 1693.

Je ne croyois rien de plus certain, Madame, que mon voyage à Farmoutiers, et je me faisois même un honneur de vous mener votre visiteur : il n'y a pas eu moyen, quoique j'aie été à Créci ; et les affaires, plutôt que le mauvais temps, m'ont rappelé ici.

Je suis bien aise qu'on entre en raison sur le sujet de Madame de Saint-Louis. Je n'ai jamais douté de M. Dubois : quant à moi, vous jugez bien que je n'étois pas en peine de ce qui me touche. Vous avez parlé dignement à Madame Saint-Bernard : Mesdames de Luynes ont fait ce qu'elles pouvoient pour l'apaiser, et plus même que je n'eusse voulu. Quand on m'a entretenu de cette affaire à Jouarre, j'ai répondu en trois mots que les choses en étoient venues à un point, que c'eût été autoriser la désobéissance que de la dissimuler dans une visite, qui arrivoit dans ce temps-là même.

M. Fouquet, dont on se plaint sans le connoître, est assurément un des plus saints prêtres, des plus sages et des plus modérés qu'on puisse voir. Vous pouvez, Madame, essayer pour la confession, de ce prêtre dont vous me parlez.

Madame de la Vallière la Carmélite me mande que Madame la marquise de la Vallière pourra bien aller voir Mademoiselle sa fille, qu'elle me fait encore fort malade : en tout cas vous ne pouvez lui refuser l'entrée.

Je ne doute point, Madame, que cherchant Dieu et la pureté de la règle, comme vous faites, vous ne receviez de grands secours : je me joindrai de tout mon cœur à vous pour les demander.

Je tarderai le moins que je pourrai à vous aller voir.

LETTRE CV.

A MADAME DE BERINGHEN.

A Paris, ce 27 décembre 1693.

Je vous supplie, Madame, de vouloir bien prendre connoissance de l'affaire de la maîtresse d'école. Je ne comprends pas pourquoi on l'oblige à payer le loyer d'une maison, pendant qu'elle est obligée d'en louer et d'en payer une autre. Il me semble qu'une personne qui sert le public doit être plus considérée. J'ai promis de payer pour elle le loyer de la maison, mais c'est à condition qu'elle n'en payera pas deux. Je vous supplie donc, Madame, de vouloir bien lui faire faire justice.

LETTRE CVI.

A MADAME DE BERINGHEN.

A Paris, ce 5 janvier 1694.

Je suis ici, Madame, d'hier au soir, et je n'ai encore vu ni Madame de la Vallière la Carmélite, ni personne. Sur les dispositions que vous me marquez de Mademoiselle de la Vallière (*a*) vous lui pourrez dire, quand vous le trouverez à propos, que je vous ai demandé compte d'un article de visite qui concernoit les grandes pensionnaires, où je l'avois eue en vue comme les autres, ne croyant pas utile à la maison qu'elle y fasse un plus long séjour. C'est de quoi elle peut tenir pour assuré que je ne me départirai jamais; et vous l'en devez avertir de bonne heure, afin qu'elle s'y prépare. Je vais aujourd'hui à Versailles, où je parlerai à Madame de la Roche et à M. Bontemps. Vous pouvez croire que ce sera selon les bons principes. Je vous rendrai compte de l'entretien. J'ai vu leurs lettres, dont je vous renverrai les copies quand elles me retomberont sous la main, ou plutôt je les brûlerai, si vous ne souhaitez autre chose.

C'eût été un beau discours à répéter que celui de Mademoiselle de la Vallière. Je n'ai pas seulement songé à en dire un mot; et si l'on a su que la Demoiselle avoit tenu de tels propos, c'est apparemment qu'elle en aura fait part à d'autres personnes, qui n'auront pas eu la même discrétion.

Je suppose que M. de la Vallière sera parti à présent hors de chez vous.

Il ne nous faut plus de gens qui disent qu'ils se veulent tuer, et donnent lieu de craindre, non pas cela, mais une suite d'emportemens dont on se passe fort bien dans une maison réglée comme la vôtre.

Si Mademoiselle de Pons ne sait pas la mort de Madame de Cha-

---

(*a*) Madame de la Vallière la Carmélite, celle-là même qui donnoit dans le cloître d'aussi beaux exemples, après avoir été dans la cour de Louis XIV un objet de scandale. — Mademoiselle de la Vallière, la nièce de la précédente.

vigny, sa grand'mère ; je vous prie de la lui apprendre avec vos bontés ordinaires, et de lui donner en même temps vos consotations.

LETTRE CVII.

A MADAME DE BERINGHEN.

A Versailles, ce 10 janvier 1694.

Il faut, Madame, vous avertir que sans y penser je vous ai fait une petite affaire avec M. Bontemps. Je crus bien faire de lui louer sa lettre qui en effet est excellente, et de lui dire que vous m'en aviez envoyé copie. En effet il parut très-content d'abord de ce que je lui en dis. J'ai vu aujourd'hui qu'il étoit un peu fâché, non pas que j'en eusse eu connoissance, mais que j'en eusse vu une copie. Je raccommoderai cela le mieux qu'il me sera possible, et je tâcherai de changer la copie en extrait. Quoi qu'il en soit, je vous donne avis de tout. Je verrai à Paris Madame de la Vallière la Carmélite, et je ferai ce que je pourrai pour vous délivrer, le plus tôt qu'il sera possible, de Mademoiselle sa nièce.

LETTRE CVIII.

A MADAME DE BERINGHEN.

A Paris, ce 15 février 1694.

Je vous plains, Madame, d'avoir à essuyer l'embarras que vous causera Mademoiselle de la Vallière, si elle contraint Madame la princesse de Conti à en venir à la violence. Elle y est entièrement résolue ; et si cette Demoiselle ne se laisse vaincre à la raison, il en faudra nécessairement venir à la force. Ce sera un grand point à délibérer entre nous, savoir s'il faudra permettre les entrées des pères et mères ou autres proches parens aux vêtures et professions. En attendant que nous nous soyons bien résolus sur ce point, vous pourrez recevoir à cette occasion qui il vous plaira.

J'espère vous voir dans les premières semaines du carême. Je prie Dieu sans cesse qu'il vous comble de ses graces : elles vous sont bien nécessaires pour détruire cet esprit de raillerie que Madame Saint-Bernard excite dans votre maison : c'est le pire de tous les esprits, et il faudra plus que toutes choses chercher les moyens de le déraciner.

LETTRE CIX.

A MADAME DE BERINGHEN.

A Meaux, ce 16 mars 1694.

Voilà, Madame, les permissions que vous souhaitez. Elles seront consommées par la première entrée. Comme bien assurément je vous irai voir, et s'il se peut dans ce carême, nous réglerons les permissions générales et celles de Madame de Roquepine. Si Madame de Maupertuis souhaite beaucoup coucher au dedans, et que vous croyiez l'offenser ou la contrister en la refusant, vous pouvez faire ce qu'il vous plaira. Je vous assure, Madame, que je désire beaucoup de vous entretenir sur tout ce qui s'est passé, et sur toutes choses. Croyez-moi à vous plus que jamais.

LETTRE CX.

A MADAME DE BERINGHEN.

A Meaux, ce 21 mars 1694.

Je vous prie, Madame, de donner entrée à Madame de Montal dans votre monastère. C'est sur moi que roulera cette entrée; elle ne roulera pas moins sur vous, puisque vous savez que je ne veux rien que de votre consentement.

LETTRE CXI.

A MADAME DE BERINGHEN.

A Meaux, ce 29 avril 1694.

Je n'ai pu refuser, Madame, à Madame de Notre-Dame la consolation qu'elle souhaitoit de voir Mademoiselle de Pons. J'ai été bien aise aussi de mon côté de la voir ici avant qu'elle s'éloigne de vous. J'espère, Madame, que vous y donnerez votre agrément, et je vous le demande.

LETTRE CXII.

A MADAME DE BERINGHEN.

A Germigny, ce 5 mai 1694.

Enfin, Madame, ce sera moi qui frapperai le dernier coup, et qui vous arracherai Madame de la Vieuville : ma consolation est qu'elle fait la volonté de Dieu qu'elle a cherchée. J'espère que sa retraite loin de nuire à votre maison, y donnera peut-être des vues plus approchantes des vôtres; et si ce n'est d'abord, ce sera, s'il plaît à Dieu, avec le temps. Je ne puis cependant assez louer, ni votre bon cœur, ni la soumission que vous avez aux ordres de Dieu : votre vertu et votre modération sont en cela d'un grand exemple.

J'irai vers la Pentecôte prendre part à votre douleur, et vous consoler. Nous ferons, si vous l'avez agréable, les cérémonies du baptême de Mademoiselle votre nièce le mardi ou le mercredi, et je serai avec vous tout le temps que je pourrai. Si le jour de la Trinité étoit plus commode, j'arrangerois mes affaires pour cela; et je m'avise que ce seroit ce qui me contraindroit le moins à cause de l'ordination. Je ne vous parle point de Mademoiselle de Pons, que Madame de Notre-Dame a retenue.

LETTRE CXIII.

A MADAME DE BERINGHEN.

A Germigny, ce 7 mai 1694.

Elles sont parties. Madame de la Vieuville est allée prendre Mademoiselle de Pons. Je n'ai plus rien à vous dire sur ce triste sujet : il n'y a que Dieu qui puisse vous consoler, et sa seule volonté qui puisse être votre règle. Le P. Le Roi ne gagnera rien;

je me souviens trop de ses lettres. Si je vais à la Cour, je presserai la reine d'Angleterre sur le sujet de Mademoiselle de Kynouille. Je suis à vous, Madame, de tout mon cœur.

LETTRE CXIV.

A MADAME DE BERINGHEN.

A Germigny, ce 9 mai 1694.

Il est vrai, Madame, j'ai oublié; je vous en demande pardon. Vous pouvez vous servir de M. le curé de Bannots, et du confesseur qu'il vous adresse; cette épreuve sera utile. Je n'ai point encore de nouvelles de nos voyageuses. Vous allez à la vraie et à la seule raison, qui est la volonté de Dieu : tout est bon de ce côté-là.

LETTRE CXV.

A MADAME DE BERINGHEN.

A Paris, ce 26 mai 1694.

Comme je serai, s'il plait à Dieu, à Farmoutiers le samedi de la Trinité, pour y faire en ce saint jour les cérémonies du baptême de Mademoiselle votre nièce; il sera, Madame, agréable à Dieu et aux hommes que le public profite de mon séjour, et que nous fassions, si vous l'avez agréable, la descente de la châsse de sainte Fare avec une procession solennelle. Je ne manquerai pas d'envoyer les mandemens nécessaires pour cela; et comme il faudra quelque temps pour disposer les choses, je vous prie de trouver bon que je suppose votre agrément.

J'ai nouvelle de l'arrivée de Madame de la Vieuville à la Trappe. Mademoiselle de Pons partit hier pour aller aux Clairets, dans un équipage que lui donne Madame sa mère.

LETTRE CXVI.

A MADAME DE BERINGHEN.

A Meaux, ce 31 mai 1694.

Je ne doute point, Madame, que vous n'ayez reçu à présent la résolution de vos doutes par le mandement qui a dû vous être rendu dès avant-hier. Vous aurez bien vu la raison pourquoi il a dû être adressé aux doyens qui y sont nommés, et à M. le curé de Farmoutiers. C'étoit par eux qu'il falloit faire savoir au peuple ce qui est supposé résolu entre vous et moi. Nous expliquerons le reste de vive voix samedi, s'il plaît à Dieu.

Je n'ai reçu aucune lettre de Madame de la Vieuville, mais seulement l'avis de son arrivée à la Trappe, dont j'ai eu l'honneur de vous faire part. Mademoiselle de Pons l'a rejointe à présent, et s'est expliquée de ses intentions à Madame sa mère, plus qu'elle ne l'avoit fait à moi-même; en sorte qu'il n'y a presque plus à douter qu'elle ne demeure.

LETTRE CXVII.

A MADAME DE BERINGHEN.

A Meaux 13 juin 1694.

Le moyen, Madame, de se porter mal après tous les soins que vous avez eus de ma réception. Comment se porte ma filleule? Elle nous fit un beau régal le jour de son baptême. Je vous envoie la lettre pour M. le curé de Joui. Vous pouvez continuer les entrées à Madame de Roquepine, comme auparavant. Je rends un million de graces à Madame votre sœur.

LETTRE CXVIII.

A MADAME DE BERINGHEN.

A Meaux, 14 juin 1694.

Voilà Madame de Pons, Madame, qui va vous rendre ce qu'elle vous doit, et vous marquer sa reconnoissance pour toutes les bontés que vous avez pour Mademoiselle sa fille. J'entre en part des obligations qu'elle vous a. Elle vous mène Madame de Fercourt sa sœur, et toutes deux souhaitant avec passion d'avoir l'honneur de vous voir au dedans, je vous prie de leur en accorder la grace.

LETTRE CXIX.

A MADAME DE BERINGHEN.

A Marli, 24 juillet 1694.

A peu près en même temps, Madame, que j'ai reçu votre lettre du 23 juin, j'en reçus une en forme de justification de Madame de Saint-Bernard. Elle déguise un peu le fait; mais il y en a assez dans ce qu'elle dit pour lui donner un grand tort. Je ne lui ai point encore fait de réponse, et je n'en ferai point que je n'aie parlé à M. de Louville. Il faut tâcher de vous en défaire, et j'espère dans peu que tout s'y disposera doucement.

Je vous rendrai dans le commencement de la semaine prochaine une réponse précise sur le sujet du P. Séraphin.

Vous pouvez, Madame, faire examiner par M. le curé de Bannots les deux converses dont vous me parlez dans votre lettre du 5. Je serai, s'il plaît à Dieu, de lundi en huit jours à Meaux. Si cet ecclésiastique dont vous m'écrivez y passe, il sera le bien venu; et je me remets à votre prudence de le faire servir, en attendant que nous le voyions. Je ressens, Madame, très-vivement les peines que vous donne ce pernicieux esprit de raillerie. Il faut chercher le moyen de le déraciner. Je vous offre à Dieu de tout mon cœur.

† J. Bénigne, év. de Meaux.

P. S. J'ai donné la permission à Madame de Besmaux pour un an sans coucher, sous la promesse qu'elle n'abandonnera pas. Je vous prie de me procurer une copie de la lettre écrite de Madame des Clairets (*a*) à Madame votre sœur, sur la mort d'une religieuse.

LETTRE CXX.

A MADAME DE BERINGHEN.

A Versailles, ce 30 juillet 1695.

J'ai, Madame, entretenu M. de Louville, et il me paroît que tout se dispose à consentir à la retraite, pour un temps, de Madame de Saint-Bernard. On la propose pour deux ans : il faut l'accepter pour cela, parce qu'après nous ne manquerons pas de raisons pour proroger l'obédience. Je lui dis qu'elle comptoit sur deux cents livres de pension de sa famille, et qu'il faudroit tâcher de porter le monastère à faire le reste. Il répliqua que c'étoit bien peu, de ne faire à Farmoutiers que cent livres pour une fille qui avoit porté huit mille livres. Je ne poussai pas plus avant. Afin de vous tout dire en une fois, elle propose le monastère de Mondenis, où est Mademoiselle Nisard, en s'expliquant bien fortement que ce n'est pas pour l'amour d'elle, mais par la facilité qu'elle a trouvée du côté de Madame de Richelieu. Régulièrement il faudroit un monastère de même observance : mais comme on seroit longtemps à en chercher, je ne m'éloignerois pas de celui-là : je

---

(*a*) Les Clairets, abbaye de Filles de l'ordre de Cîteaux, au diocèse de Chartres. Elle fut mise dès sa fondation, en 1213, sous la dépendance et la conduite des abbés de la Trappe, et y demeura jusqu'à ce que cette dernière abbaye fût tombée en commende, sous le règne de François Ier. M. de Rancé étant devenu abbé régulier, le chapitre général de Cîteaux, tenu en 1686, le remit dans son droit sur les Clairets, et l'engagea à prendre la direction de cette maison. L'abbé de la Trappe s'y refusa longtemps, ne voulant point sortir de son monastère. Mais enfin il ne put résister aux instances de l'abbesse et des religieuses. Il alla donc en 1690 faire une première visite aux Clairets. Le 4 juillet de la même année, ayant reçu une commission expresse de l'abbé de Cîteaux, il bénit l'abbesse qui étoit alors Françoise-Angélique d'Estampes de Valençay. Il y fit encore deux visites en 1691 et 1692 ; et l'abbesse, du consentement des religieuses, établit dans son monastère la réforme de la Trappe. Elle donna sa démission en 1708, et mourut le 21 avril de l'année suivante. Voyez la *Vie de Rancé*, par Marsollier, liv. IV, chap. 17 ; et *Gallia Christ.*, tom. VIII, col. 1324 et suiv.

le puis permettre à cause des infirmités de Madame de Saint-Bernard, ne s'agissant de le faire que pour un temps. Notre véritable motif, qui est de nous défaire au plus tôt d'un esprit très-dangereux, est très-légitime. Je n'ai pourtant voulu m'engager à rien sans savoir votre sentiment : ainsi je ne m'explique de rien qu'en général dans la lettre que j'écris à Madame de Saint-Bernard. Vous lui pourrez dire ce que vous voudrez sur ce que j'ai l'honneur de vous écrire. Je pourrai recevoir de vos nouvelles à Meaux, où je serai lundi, s'il plaît à Dieu, pour dîner.

LETTRE CXXI.

A MADAME DE BERINGHEN.

A Germigny, 6 août 1694.

J'aurois souhaité comme vous, Madame, que Madame de Saint-Bernard eût choisi un autre monastère que celui de Mont-Denis ; mais j'ai été au plus court, et votre décharge m'a plus occupé que tout le reste. Ainsi comme le reste feroit traîner la négociation, je persiste de mon côté ; mais je vous laisse votre liberté toute entière. Si vous consentez à Mont-Denis, vous n'aurez qu'à rendre ma lettre, et lui dire que depuis j'ai donné mon consentement, à condition du vôtre, selon ma coutume. Je prendrai les meilleures mesures qu'il se pourra du côté de Mont-Denis. Quoi qu'il en soit, elle sera hors de chez vous, et sa famille prendra des mesures pour l'établir ailleurs, que je favoriserai de tout mon pouvoir. Je ne vois à présent rien de meilleur. Ce que m'a dit le P. prieur de l'hôpital m'a fait frayeur. Il faut songer aux moyens de donner un autre esprit à votre maison ; je gémis de tout mon cœur avec vous de celui qui y est.

LETTRE CXXII.

A MADAME DE BERINGHEN.

A Germigny, ce 12 août 1694.

Je ne doute point, Madame, que la famille de Madame de Saint-Bernard n'ait des vues pour lui procurer quelque bénéfice; mais ces choses durent bien longtemps avant que d'éclore : ainsi le remède est bien long. Pour moi, je souhaite qu'elle pense à une autre maison plus éloignée et plus régulière, mais s'il ne s'en trouve point d'autre je persiste à croire qu'il est mieux de la voir dehors que dedans. Il est plus aisé d'empêcher les lettres que les discours et les exemples; et on peut prendre des mesures pour rendre l'écriture plus rare et plus difficile. Après cela, Madame, vous ferez par prudence ce que vous trouverez de plus à propos. Je ne me souviens point que M. le prieur de Chaage m'ait donné aucune lettre. Je salue de tout mon cœur Madame d'Arminvilliers. Je pourrai vous rendre réponse du P. Séraphin dans la semaine prochaine, mais je doute qu'on puisse l'avoir.

LETTRE CXXIII.

A MADAME DE LA VIEUVILLE, RELIGIEUSE DE FARMOUTIERS.

A Germigny, ce 27 octobre 1694.

Je vous suis, Madame, très-obligé de la bonté que vous avez de me donner de vos nouvelles et de celles de Mademoiselle de Pons. Vous verrez par la lettre ci-jointe, que je vous prie de lui rendre, que j'assisterai en esprit au commencement de son sacrifice. On ne peut assez louer sa circonspection à considérer ce qu'elle alloit faire, ni sa fidélité à l'exécuter, quand elle a vu par une première épreuve les marques de l'appel de Dieu. Le P. Touron est un digne prédicateur, et je n'ai qu'à me réjouir qu'il soit échu en partage à cette chère cousine, pour lui annoncer les voies de Dieu. Il n'y a qu'à louer Dieu en toutes manières des graces qu'il donne à la conduite de votre sainte abbesse. Madame d'Ablois paroît toujours si déterminée à vous suivre, que je ne pense plus à la retenir, et que je commence à trouver son épreuve suffisante. Je prie Dieu, Madame, qu'il bénisse vos intentions et les siennes, et je vous prie de vous assurer pour tout le reste de mes jours d'une entière fidélité à me souvenir de vous devant Dieu.

LETTRE CXXIV.

A MADAME DE BERINGHEN.

A Meaux, ce 5 novembre 1694.

Je suis obligé, Madame, contre mon intention, de partir d'ici sans vous voir. J'espère que mon audience étant marquée, le procès s'expédiera bientôt, et que je ne serai pas longtemps absent : ainsi j'aurai l'honneur de vous voir. Madame de Saint-Bernard m'écrit sur le refus de Mont-Denis, dont elle se plaint beaucoup. Je lui fais connoître nos raisons, et je l'exhorte à penser à une autre retraite. Je salue de tout mon cœur Madame d'Arminvilliers.

LETTRE CXXV.

A MADAME DE BERINGHEN.

A Paris, ce 15 janvier 1695.

J'ai, Madame, fait connoître vos sentimens, qui sont aussi les miens, à la reine d'Angleterre, qui vous demande encore un mois tout au plus pour prendre le temps de se dégager en quelque manière que ce soit de la Demoiselle.

Si Madame de Saint-Bernard vouloit sérieusement se donner à Dieu, elle choisiroit un confesseur plus vigoureux qu'un vieillard de cent ans, qui n'a pas assez de fermeté pour conduire sa famille, et réprimer les brutaux emportemens d'un neveu qu'il a fait curé. Le curé de Dammartin nous accommoderoit mieux;

ou enfin quelqu'un qui sût un peu prendre d'autorité, et lui faire connoître le mal de l'esprit railleur qui la possède.

Vous savez, Madame, combien je suis à vous.

P. S. Depuis tout ceci écrit, j'ai cru qu'il seroit bon d'écrire ce que vous verrez à Madame de Saint-Bernard.

LETTRE CXXVI.

A MADAME DE BERINGHEN.

A Versailles, 31 janvier 1695.

Je ne connois point du tout encore M. le curé de Saint-Denis, mais j'approuve ce qu'il a fait avec votre consentement. Je ne sais ce que vous pensez de lui; je vous prie de me le mander. J'ai fait écrire à M. Doré conformément au désir de cette méchante fille, mais c'est à condition qu'elle deviendra meilleure. Je ferai, Madame, les derniers efforts pour vous délivrer de cette Demoiselle. Il me tarde que j'aie la joie de vous voir.

LETTRE CXXVII.

A MADAME DE BERINGHEN.

A Versailles, ce 2 mars 1695.

Je vous avoue, Madame, que j'ai beaucoup de peine à remettre la conscience de Madame de Saint-Bernard à ce vieillard; et c'est parce que je ne puis me déterminer à cela que j'ai tant tardé à faire réponse. Où va-t-on chercher ce bon homme pour lui faire une confession générale? Je ne puis, Madame, y consentir, et je vous prie qu'on me demande tout autre confesseur. Je n'ai pu encore voir la reine d'Angleterre : ce sera avant mon retour, et je la déterminerai absolument à vous défaire de cette Fille.

Madame d'Ablois n'a rien à demander à son abbesse, si ce n'est quand elle accomplira son grand dessein.

Je salue Madame d'Arminvilliers de tout mon cœur.

LETTRE CXXVIII.
A MADAME DE BERINGHEN.
A Versailles, ce 2 mars 1695.

Je vous prie encore, Madame, de faire tout votre possible pour faire choisir un autre confesseur à Madame de Saint-Bernard. Il n'y a qu'un seul cas qui puisse mettre ma conscience en repos sur cela ; c'est, Madame, si l'on ne pouvoit absolument en venir à bout : auquel cas il vaudroit mieux se confesser à ce bon homme que ne se confesser point du tout ; et je vous envoie une permission dont je vous prie de n'user qu'en cas que vous ne puissiez faire autrement ; car en vérité il nous faut une autre tête que celle-là.

LETTRE CXXIX.
A MADAME DE BERINGHEN.
A Paris, 16 mars 1695.

Je serai bien aise, comme vous, Madame, de faire plaisir à M. le curé de Dammartin, votre voisin, que j'estime beaucoup. Si sa nièce a quelque inclination à se faire religieuse, il n'y a rien de contraire à nos règlemens de la recevoir ; sinon, il faut lui faire trouver bon que nous demeurions dans nos règles, et je vous en prie. Je vous envoie la permission pour ces deux Dames, sœur et belle-sœur de Madame de Saint-Alexis.

LETTRE CXXX.
A MADAME DE BERINGHEN.
A Meaux, ce 27 mars 1695.

Vous voulez bien, Madame, que j'aie l'honneur de vous dire que je ne me suis jamais mêlé de ces septièmes garçons, que pour les empêcher de tromper le monde, en exerçant leur prétendue prérogative qui n'a aucun fondement. Le roi ne touche plus de ces sortes de gens que dans le ca qu'il touche les autres, c'est-à-dire dans le cas des écrouelles. Ainsi tournez, Madame, la charité que vous avez pour ce jeune homme, qui paroît un fort bon enfant, au soin de le consoler, et de le rendre capable de renoncer à une prétention qui n'est que superstition.

Je n'ai aucune réponse de ma Sœur de Saint-Bernard sur la lettre où je lui représentois fort sincèrement et fort charitablement, et je puis dire paternellement, ses besoins. Voici pourtant les jours salutaires et les temps de propitiation.

LETTRE CXXXI.

A MADAME DE BERINGHEN.

A Meaux, 29 mars 1695.

J'ai, Madame, reçu votre lettre, où vous me donnez avis du bon succès des confessions de M. le curé de Bannots. J'en témoigne ma joie à Madame de Saint-Bernard, par rapport à ce qui la touche, et je l'exhorte à profiter de cette grace. Il me semble que Madame la prieure eût édifié la maison en allant à lui, puisque c'est un homme si parfait; néanmoins il faut laisser la liberté.

Je salue Madame votre sœur, et Madame d'Ablois.

P. S. Votre confesseur peut venir dans toute cette quinzaine, et toujours confesser en attendant.

LETTRE CXXXII.

A MADAME DE BERINGHEN.

A Germigny, ce 13 mai 1695.

Je suis, Madame, très-content du P. Cordelier, et je le reconnois digne de la recommandation dont vous l'honorez. J'y aurai égard pour une autre fois; car pour celle-ci il a pu voir que la chose étoit engagée. J'ai reçu une lettre de vous du 27 avril. Quelque inutile qu'on soit, on ne doit pas prodiguer sa santé, ni faire à Dieu des sacrifices qu'il ne demande pas. Il me semble, quand je partis, que M. le Premier étoit disposé à laisser venir M. le curé de Tournan; mais il me semble que vous n'y êtes pas fort déterminée. Vous pouvez faire entrer Mademoiselle de Chéri, et la retenir à coucher. Pour Madame de Nemours, il n'y a nulle difficulté, ni pour elle, ni pour ses femmes. La reine d'Angleterre vous demande encore trois semaines. Je ne vous ai engagée à rien. J'espère vous voir dans la semaine de la Pentecôte. Je ne sais si Madame d'Ablois est comprise dans le décret capitulaire des Clairets, de ne recevoir des religieuses de dehors qu'après trois ans de séjour dans cette abbaye. Je salue Madame d'Arminvilliers, et suis à vous, comme vous savez.

LETTRE CXXXIII.

A MADAME DE BERINGHEN.

A Meaux, 15 mai 1695.

Il n'y a point à hésiter, Madame, sur la réception de cet ecclésiastique chez vous, après les témoignages qu'il nous apporte. Ainsi vous pouvez en faire l'épreuve durant un temps, et lui de même de son côté : je lui donne pour cela mon approbation. Je suis très-aise, Madame, de l'arrivée de M. le curé de Bannots. J'espère toujours avoir l'honneur de vous voir la semaine de la Pentecôte. A l'égard de l'*exeat* de M. de Paris, il n'y a point d'autre expédient, sinon que vous et moi nous lui écrivions, et que vous engagiez M. le Premier à lui en parler dans le temps, qui sera après celui que vous destinerez pour l'épreuve. Je suis, Madame, à vous, comme vous savez.

Si la reine d'Angleterre ne finit pas, vous serez en droit d'agir comme vous voudrez.

† J. Bénigne, év. de Meaux.

P. S. L'ordonnance contre les inquiètes seroit peut-être plus difficile à exécuter que l'autre. J'espère beaucoup dans la retraite, et dans la bénédiction que Dieu donnera aux travaux de M. le curé de Bannots.

LETTRE CXXXIV.
A MADAME DE BERINGHEN.
A Meaux, 24 mai 1695.

Il faut, Madame, me dédire malgré moi. Je devois aujourd'hui arriver chez vous, et je m'en faisois une joie. La famille de M. le chancelier me fait l'honneur de se prier demain chez moi, et Madame de Jouarre, qui va visiter ses terres, jeudi. Ce ne sera, s'il plaît à Dieu, qu'un court délai; et je vous assure, Madame, que je suis avec vous en esprit et de tout mon cœur.

† J. Bénigne, év. de Meaux.

P. S. Je salue Madame votre sœur, et vous prie toutes deux de prier pour moi.

LETTRE CXXXV.
A MADAME DE BERINGHEN.
A Germigny, 26 mai 1695.

J'ai, Madame, donné à M. le curé de Pomeuse l'audience qu'il souhaitoit. Je vous prie de l'encourager à faire juger son affaire avec le curé de Saint-Augustin, et à n'écouter aucun accommodement avec cet homme, qu'absolument je ne veux point à Pomeuse, et qui n'aura jamais à lui proposer que des barbouilleries; il me déplaira tout à fait, s'il n'écoute rien. J'attends de moment à autre Madame de Jouarre; et il ne tiendra pas à moi qu'elle n'aille faire ma paix à Farmoutiers : mais bien constamment, Madame, je l'irai faire moi-même.

LETTRE CXXXVI.

A MADAME DE BERINGHEN.

A Meaux, 4 septembre 1695.

J'espère bientôt, Madame, d'avoir l'honneur de vous voir, et je m'en réjouis. Vous pouvez faire entrer les Dames dont vous me parlez, et Madame Robert, si elle revient. Après tout, il n'est pas mauvais que les abords de Farmoutiers se trouvent un peu difficiles. Il est vrai que Madame des Clairets me parla des eaux de Belesme comme utiles à votre santé, et que je fis la réponse qu'elle vous a mandée : c'est la matière d'un sérieux entretien. J'ai vu M. le curé de Bannots, qui m'a donné de la joie dans le récit qu'il m'a fait de si heureux commencemens de ses soins. On m'a dit que vous souhaitiez de savoir quand Madame de Montespan et Madame de Fontevrault seroient en ce pays. On m'a mandé de Paris qu'elles devoient aujourd'hui arriver à Fresnes ; je crois qu'elles me donneront avis de leur arrivée. Je salue de tout mon cœur Madame d'Arminvilliers, et je vous rends graces à toutes deux de vos extrêmes bontés.

LETTRE CXXXVII.

A MADAME DE BERINGHEN.

A Coulommiers, ce 27 octobre 1695.

Le P. de Riberolles vous sera, Madame, un bon témoin du déplaisir où je suis de m'en retourner d'un lieu si proche de vous sans avoir l'honneur de vous voir : il vous en fera mes justes et nécessaires excuses.

M. le curé est venu ici me représenter de la part des habitans, que la mission que nous avions résolu de leur donner incontinent après la Toussaint leur sera plus utile durant le carême, et j'ai cédé à leurs désirs. Ainsi je remettrai à ce temps la visite que je vous dois, et je vous promets aussi de la faire plus longue : je trouverai même, s'il plaît à Dieu, le loisir de vous voir auparavant, et je vous assure de n'en perdre aucun. Je trouve partout des marques de vos bontés et de celles de Madame d'Arminvilliers, dont Madame de Sainté-Avoye m'a fait les très-obligeantes recommandations. Nous allons donner une supérieure à ce monastère, et je prie Dieu que ce soit lui-même qui la choisisse.

Je vous envoie la permission d'entrer pour Madame de Besmana. Cette lettre vue de vous lui suffira pour cela : c'est pourquoi je vous l'envoie toute ouverte. Cette Dame me pardonnera si j'accorde trop tard ce que je voudrais pouvoir n'accorder jamais à qui que ce soit. Ce me seroit une grande consolation de voir la maison de sainte Fare redevenir sous votre gouvernement, selon vos souhaits, inaccessible comme elle devroit être aux personnes séculières, même pieuses et modestes. Je ne puis m'empêcher pourtant, malgré la généralité de cette expression, d'y faire secrètement quelques exceptions, et surtout en faveur d'une personne aussi exemplaire et aussi retirée que Madame de Caumartin.

LETTRE CXXXVIII.

A MADAME DE BERINGHEN.

A Meaux, 2 de l'an 1696.

Je reçois, Madame, avec reconnoissance, la continuation de vos bontés. L'affaire que vos frères me vouloient faire ne m'incommodera guère, et retombera sur eux. Madame de Druy peut entrer. Je vous souhaite une sainte et heureuse année.

LETTRE CXXXIX.

A MADAME DE BERINGHEN.

A Paris, ce 19 mars 1696.

Je me rends, Madame, à toutes les raisons que M. le curé me mande, et que vous approuvez, de remettre le jubilé à la quinzaine de Pâques à Farmoutiers, et dans les lieux du voisinage qui sont à portée de profiter de la mission ; et je mande à M. le curé de le faire savoir à sa paroisse, comme je vous prie, Madame, de le déclarer à votre sainte communauté.

L'abbaye de la Trappe ne perdra rien à la mort de dom Zozime, puisque le roi a nommé dom Armand (a), qui a été vingt ans et plus carme déchaux, professeur en philosophie et en théologie dans son ordre à Meaux, prieur dans son ordre plusieurs fois, et dans le fond un excellent homme.

Tout le monde veut que j'aie des affaires à Rome, et il ne tient pas à certains moines qu'on ne le croie dans tout le royaume : cependant je n'en ai aucune, ni petite ni grande ; et le voyage de mon neveu n'est qu'un voyage comme celui de cent autres jeunes abbés, résolu il y avoit déjà longtemps, et déterminé en ce temps par l'occasion du passage de M. le cardinal Cavallerini, sur les galères du grand duc. On n'a pas seulement parlé à Rome de l'affaire de Rebais, et M. le cardinal de Janson me le mande positivement : cependant on n'en veut rien croire, et je vous supplie, Madame, de n'en pas douter. Ce n'est pas à vous que je voudrois donner du galimatias ; mais il n'y a rien, rien du tout, vous le pouvez croire. Le nonce même n'a rien trouvé à redire dans mon procédé : il s'est expliqué hautement sur la bulle du bénédictin de Rebais, comme d'une chose surprise. Si on savoit le soin que je prends de vous expliquer tout cela, on croiroit qu'il y a quelque chose : à tout autre qu'à vous je ne répondrois qu'en riant ; mais à vous, il faut vous mettre l'esprit en repos, puisque votre bonté vous fait prendre tant d'intérêt à ce qui nous touche.

Je me réjouis d'avoir l'honneur et la consolation de vous voir.

(a) Ce dom Armand est le fameux P. François Gervaise, né à Paris en 1660 ; d'abord carme déchaussé, puis religieux et enfin abbé de la Trappe. Il donna sa démission en 1698, et mourut exilé à l'abbaye de Reclus, au diocèse de Troyes, le 21 septembre 1751. (*Les édit.*)

LETTRE CXL.

A MADAME DE BERINGHEN.

A Meaux, 16 avril 1696.

Je vous dis adieu, Madame, en partant pour Rebais, d'où j'espère être de retour mardi. J'arrêterai aujourd'hui à Jouarre : j'attends pour vous le lundi de Pâques.

J'ai oublié, Madame, de vous écrire du compromis qu'on avoit passé entre vous et M. le curé de Doui, que ce curé vous prie de ratifier ; à quoi je m'attends, et suis à vous, Madame, comme vous savez.

LETTRE CXLI.

A MADAME DE BERINGHEN.

Ce 25 juin 1696.

Vous voulez bien, Madame, qu'en vous demandant de vos nouvelles je vous en dise des nôtres. Vous serez bien aise d'apprendre que mon neveu a eu l'honneur de baiser les pieds au Pape, et que Sa Sainteté a témoigné toute sorte de bonté pour lui et pour moi : ce que je suis bien aise de faire savoir à des amis tels que vous, principalement à cause des bruits impertinens que les moines ont fait courir, que j'étois très-mal avec Rome. Tout le contraire paroît par la réception qu'on lui fait dans toute cette Cour, et il n'y a pas eu seulement le moindre nuage.

Le curé de Doui dit que son affaire, mise en compromis entre mes mains, demeure indécise par le défaut de la ratification des religieuses, qui en effet est nécessaire.

LETTRE CXLII.

A MADAME DE BERINGHEN.

A Paris, 16 juillet 1696.

Je vous envoie, Madame, l'approbation de l'indulgence que vous souhaitez, et je souhaite en tout favoriser et accroître la dévotion de votre sainte maison. Je n'ai jamais eu un moment de doute sur les bonnes intentions de Madame de la Vieuville. Je plains son sort dans la dureté de M. son frère, et je chercherai tous les moyens de lui procurer plus de repos. Vous m'avez mandé, Madame, votre retraite entre les mains du P. de Morets, et j'attendois, je vous l'avoue, de trouver un autre nom après le mot de retraite; mais c'est toujours en me reposant sur votre choix. Je salue de tout mon cœur Madame d'Arminvilliers.

La Sœur Bénigne [1], qui vous honore toujours à son ordinaire, est attaquée d'un mal d'yeux qui lui a donné le mouvement de faire faire une neuvaine à sainte Fare. Je vous prie de l'avoir pour agréable, et de me mander le prêtre que j'en pourrai charger.

LETTRE CXLIII.

A MADAME DE BERINGHEN.

A Germigny, 16 août 1696

Vous pouvez, Madame, faire entrer et coucher les personnes dont vous me parlez dans votre lettre.

J'ai mandé à Sœur Bénigne ce que vous avez fait pour elle : elle vous fait mille remerciemens, et en effet se trouve mieux. La sainte ne refusera pas des vœux aussi agréables que les vôtres, unis aux saints sacrifices d'un si digne prêtre.

Le P. Séraphin a fait selon sa coutume, une homélie excellente : il a une méthode admirable à partager son évangile, et en tire

(a) Madame Cornuau, qui avoit suivi Madame de Luynes à Torci.

une fructueuse morale. J'ai vu dans une lettre du P. de Ribe-
roles quelque chose qui m'a fait peur, et qui en même temps m'a
consolé. Vous me ferez beaucoup de plaisir de me donner part de
vos nouvelles, et j'envoie exprès pour cela. Je salue Madame
d'Arminvilliers, et suis à vous comme vous savez.

LETTRE CXLIV.

A MADAME DE BERINGHEN.

A Meaux, ce 21 septembre 1696.

J'ai reçu ici, Madame, par les mains de M. Morin, la lettre que
vous m'aviez annoncée par celle que j'ai reçue à Paris. Je vous
dirai franchement que je trouve le sujet de la sortie fort léger,
pour aller voir le médecin de Chaudrez. S'il falloit à tous les nouveaux, ou médecins, ou charlatans qui s'élèvent, faire sortir les
religieuses, la conséquence en seroit trop grande. On peut exposer le mal, et recevoir les avis nécessaires sur cet exposé. Quant
à l'inspection de la personne, c'est là un de ces soulagemens
d'imagination auxquels on renonce quand on s'est consacré à
Dieu. Je suis à vous, Madame, comme vous savez.

LETTRE CXLV.

A MADAME DE BERINGHEN.

A La Fortelle, 30 septembre 1696.

J'ai reçu, Madame, le récit du mal de Madame de Saint-Me-
noux; et vous pouvez l'assurer que la première chose que je ferai à Paris sera la consultation du médecin de Chaudrez et des autres. On m'a dit que vous souhaitiez exposer le saint Sacrement
pour la Saint-Placide, et j'y consens. Je serois bien fâché, Madame, que vous comptassiez mon passage ; et j'espère bien vous
rendre à mon retour de la Trappe une plus longue visite.

LETTRE CXLVI.

A MADAME DE BERINGHEN.

A La Ronse près Evreux, ce 6 octobre 1696.

J'ai été à Mantes à deux lieues du médecin de Chaudrez, et résolu, Madame, d'y aller moi-même le consulter pour notre religieuse, si je n'eusse appris que pour aucune considération il n'écoutoit aucune consultation, et vouloit voir la personne; ce qui m'a enfin fait résoudre par une indulgence peut-être excessive, d'accorder le congé à cette religieuse et à la compagne que vous voudrez lui donner, plutôt pour la satisfaire que par aucune espérance de soulagement, cet homme étant incapable, autant que j'en puis juger, de lui en donner aucun. Je lui conseille donc de renoncer pour l'amour de Dieu à cette frivole satisfaction : si elle ne peut s'y résoudre, déterminez-lui vous-même, si vous l'avez agréable, un terme fort court; et prions Dieu tous ensemble qu'il ne m'impute pas ma facilité à péché. J'espère être lundi à la Trappe, et quatre jours après aux Clairets. Je prie Dieu, Madame, qu'il soit avec vous.

Cette lettre servira d'obédience avec la vôtre à Madame de Sainte-Menoux et à sa compagne.

LETTRE CXLVII.

A MADAME DE BERINGHEN.

A Versailles, ce 14 janvier 1697.

Je prends part, Madame, à la sainte résolution que Mademoiselle votre nièce a prise, et je prie Dieu qu'elle continue à vous donner une entière satisfaction.

Je vous donnerai satisfaction sur le sujet de la dignité de votre église, mais il est bon d'être ensemble pour concerter tous les termes avec une commune satisfaction.

J'ai reçu la ratification du compromis avec M. le curé de Doui.

Il faudroit voir dans le compromis si les termes n'en sont point expirés, ou s'il y a quelque chose qui lui ôte sa validité ; c'est de quoi je me ferai rendre compte, et je tâcherai ensuite de vous tirer d'affaire. Je suis, Madame, autant à vous cette année que les précédentes, et cela ne durera pas moins que ma vie.

LETTRE CXLVIII.
A MADAME DE BERINGHEN.
A Meaux, ce 28 mars 1697.

J'envoie, Madame, pour vous assurer de la continuation de mon estime, et vous demander de vos nouvelles. M. le curé de Doui attend votre production. On me presse aussi du côté de la Ferté-Gaucher, au sujet de la chapelle dont nous avons parlé. Je ne ferai rien précipitamment ni sans un grand concours avec vous. Je tâcherai de vous voir après Pâques, et j'en ai un grand désir. Je salue Madame d'Arminvilliers et la postulante, sans oublier ses chères Sœurs, et en particulier ma filleule. Je suis à vous, Madame, comme vous savez.

LETTRE CXLIX.
A MADAME DE BERINGHEN.
A Paris, 24 avril 1697.

Je vous envoie, Madame, la permission pour Mademoiselle Pynondel, que vous demandiez par votre lettre du 13. Par celle du 28 mars, vous m'assuriez que vous produiriez pour l'affaire du curé de Doui incontinent après les fêtes. Il est ici, et fort pressé pour ses décimes, en sorte qu'il est nécessaire de lui pourvoir. Cependant je n'entends rien de votre part, et je ne vois rien dans votre lettre du 18. Je vous prie d'exciter ceux que vous avez chargés de cette affaire, et me délivrer des pressantes et justes poursuites de ce curé. Il n'y a nulle autre difficulté pour les autres permissions, et je ne doute pas que vous n'ayez suppléé à ma réponse, surtout pour Madame de Saint-Alexis.

LETTRE CL.

A MADAME DE BERINGHEN.

Paris, 17 juin 1697.

Je me porte très-bien, Madame, de Farmoutiers et d'Arminvilliers. C'est un lieu charmant, et la compagnie l'est encore davantage. Je ne puis encore vous dire quand je pourrai vous aller voir ; mais je vous assure que je le désire beaucoup. Je salue de tout mon cœur Madame votre sœur et Mesdemoiselles vos nièces, surtout la novice, dont j'espère que vous aurez beaucoup de satisfaction.

LETTRE CLI.

A MADAME DE BERINGHEN.

A Paris, 1er août 1697.

Je n'ai point du tout ouï parler, Madame, qu'on ait demandé les sacs, et votre procureur n'a point paru. Le curé a été ici durant trois semaines de suite, pressant le jugement et mourant de faim, ses revenus étant saisis par vos ordres. S'il vous plaît de lui donner main-levée, je vous donnerai tout le temps que vous souhaiterez.

Il a été un temps que Madame de Notre-Dame ne se seroit point éloignée de recevoir Madame de la Vieuville. Ce qui s'est passé aux Clairets ne la fait pas désirer, et je ne sais quel parti prendre. Je suis à vous, Madame, de tout mon cœur.

LETTRE CLII.

A MADAME DE BERINGHEN.

A Meaux, 15 août 1697.

J'ai reçu, Madame, hier seulement votre lettre du 6. Le fait est que le curé meurt de faim, et qu'il presse le jugement avec raison. Que puis-je faire, si votre avocat nous tient aussi longtemps qu'il en a la mine? Faites en ce cas, je vous prie, travailler un autre, et en diligence; car ce pauvre curé n'en peut plus. Je le connois; mais enfin il a raison de vouloir finir. J'ai écrit à Madame de la Vieuville. Je prévois que la fin sera de venir languir et peut-être mourir bientôt en son couvent, où l'on ne craint rien tant que son retour.

Je salue Madame d'Arminvilliers de tout mon cœur.

LETTRE CLIII.

A MADAME DE BERINGHEN.

A Paris, ce 10 juillet 1698.

Je vous supplie, Madame, que nous ne changions rien du tout au temps que nous avons arrêté pour votre bénédiction. Ma conscience ne me permet pas de reculer davantage; et je vous avoue que je fus un peu étonné du délai que vous me proposâtes. La raison tirée de la grille me parut si légère, que naturellement tout autre que moi l'auroit prise pour un prétexte. D'autres croiroient que vous ne faites pas l'état que vous devez d'une si sainte et si nécessaire cérémonie, ou même que vous reculez à faire la profession d'obéissance. Pour moi je vous connois trop pour adhérer à ces pensées, qui pourtant ne peuvent pas ne point passer dans l'esprit.

Pour le sermon de Mademoiselle votre nièce, vous savez bien que nous avions arrêté le P. de la Pause, pour joindre ensemble l'une et l'autre cérémonie. Mais de cela, Madame, vous en serez la maîtresse, et je serai de ma part très-aise de vous contenter sur le P. de la Ferté. Je ne vous oblige à aucune célébrité, mais seulement à ce que l'Eglise commande. Pardonnez-moi, Madame, si je vous dis si franchement toutes choses; croyez que c'est un effet de ma sincère amitié. Je serai samedi à Meaux, où j'attendrai de vos nouvelles : je m'attends à un oui formel; car pour moi il n'y aura point dans mon discours de oui ou non, ni aucun doute.

LETTRE CLIV.

A MADAME DE BERINGHEN.

A Meaux, ce 13 août 1698.

Je n'ai, Madame, qu'à louer Dieu de la déclaration de votre obéissance pour votre bénédiction. Vos excuses m'avoient fait beaucoup de peine, parce que je les trouvois, à ne rien dissimuler, peu dignes de vous, aussi bien que peu convenables aux obligations de ma conscience. Vous ordonnerez comme il vous plaira des prédicateurs, et je m'en repose sur vous.

Quand Madame de Roquepine vous mènera Madame sa belle-fille, je serai très-aise que vous la traitiez comme Madame sa mère.

Je suis bien aise que la *Relation* vous ait contentée. Je vois de tous côtés qu'elle a ouvert les yeux à tout le monde. Dieu soit loué de ce bon effet et du triomphe manifeste de la vérité. Nous le verrons, s'il plaît à Dieu, bientôt déclaré à Rome, où la *Relation* paroît avoir produit le même effet qu'à Paris et dans toute la France. Madame d'Arminvilliers me fait plaisir de me dire par vous ses sentimens, et je vous salue, Madame, toutes deux de tout mon cœur.

LETTRE CLV.

A MADAME DE BERINGHEN.

A Meaux, 7 septembre 1698.

Avant que de partir d'ici, Madame, je suis obligé de vous avertir que je vois, par les visites, qu'il y a de vos églises où l'on me rapporte qu'il faut faire des réparations considérables. Vous voyez bien, Madame, qu'il est de votre intérêt d'en être avertie, afin qu'il y soit pourvu avant l'hiver. Je suis aussi fort pressé par le curé de Doui. Nous sommes en vacation, et vous ne jouirez pas de vos avocats, si vous ne les pressez fortement. Je pars pour Dammartin, et de là, lundi pour Paris, pour être ici incontinent après le départ du roi pour Fontainebleau, où je compte d'aller vers octobre, et, en allant ou venant, d'avoir l'honneur de vous voir. Je vous conjure, Madame, de me mettre en état de finir avec le curé de Doui. Vous savez, sans rien ajouter, ce que je vous suis.

LETTRE CLVI.

A MADAME DE BERINGHEN.

A Compiègne, ce 13 septembre 1698.

Ce n'est pas une raison canonique pour dispenser de la clôture que l'assistance à une bénédiction. Vous savez bien, Madame, que c'est là mon sentiment, et qu'il faut s'en tenir aux termes du *Pontifical*. Le saint abbé de la Trappe, à qui vous déférez tant, s'est expliqué là-dessus. Le diocèse ne fait rien à cela. Quand je permis à Madame de la Vieuville de venir à la bénédiction de feu Madame de Berci qui lui avoit succédé, c'étoit la ramener dans son monastère d'où j'eusse bien voulu qu'elle ne fût jamais sortie. Madame de Jouarre prendra bien cette excuse. Au lieu de me permettre le délai de la sainte cérémonie de cette bénédiction, ma conscience me reproche de l'avoir trop différée, et de ne m'être pas assez opposé à l'indifférence qu'on a à la recevoir. Ainsi, Madame, nous nous fixerons, si vous l'avez agréable, au 19 octobre, qui est le jour le plus commode à M. le Premier, aussi bien qu'à moi. Il ne me reste qu'à vous assurer vous et Madame votre sœur de mes très-humbles services.

LETTRE CLVII.

A MADAME DE BERINGHEN.

A Paris, 20 janvier 1699.

Le soin que vous avez des pauvres est digne, Madame, de votre charité. J'ai écrit de Meaux à M. de Villacerf pour les terres de Madame de Besmaux, et il m'a mandé qu'il en prenoit soin. Je ne puis, Madame, vous témoigner assez ma reconnoissance de toutes vos bontés et je n'ai rien qui soit plus intimement dans mon cœur que l'estime et, je le puis dire, la vénération que j'ai pour vous. Madame votre sœur y entre en part et je souhaite bénédiction à la chère famille et en particulier à ma filleule.

LETTRE CLVIII.

A MADAME DE BERINGHEN.

A Versailles, 26 mai 1699.

Je vous prie, Madame, de faire examiner votre novice par M. Culambourg, en qui vous et moi nous nous fions.

Je ne refuserai point le dimissoire qu'on demande pour le sieur Gabriel Drouet, qui doit entrer à l'Institution.

Je me repose, Madame, selon vos souhaits, pour me mettre le plus tôt qu'il sera possible en état de visiter la plus noble partie du troupeau.

LETTRE CLIX.

A MADAME DE BERINGHEN.

A Meaux, jeudi 8 juillet 1699.

M. de Pontas peut examiner votre troisième novice. Les PP. Barbier et de Latour peuvent confesser, et les parens entrer dans le monastère. Le pouvoir de confesser est donné aux gens de savoir et de mérite, que la rencontre adressera à Farmoutiers sans qu'on puisse m'en avertir. Voilà une réponse laconique : la conclusion ne sera pas moins courte : c'est que personne au monde ne désire plus votre satisfaction que moi. Je pars demain pour Paris, jusqu'à la Saint-Etienne.

LETTRE CLX.

A MADAME DE BERINGHEN.

A Germigny, 9 août 1699.

Je ne puis voir partir ce messager sans vous faire, Madame, mille remercîmens pour Mademoiselle de Pons et sa compagnie que vos bontés ont charmées. C'est un effet ordinaire dans ceux qui ont la joie de vous approcher. J'espère, Madame, l'avoir bientôt.

LETTRE CLXI.

A MADAME DE BERINGHEN.

A Germigny, 12 octobre 1699.

Votre lettre m'a trouvé, Madame, prêt à monter à cheval, c'est-à-dire en carosse, pour aller coucher à Jouarre après un an et demi d'absence. L'abbé et le président sont à Paris, où ils apprendront avec joie l'honneur de votre souvenir ; vous pourrez faire entrer Madame de la Marchère, et faire confesser M. l'abbé Prion autant que vous le jugerez à propos pour celles qui le désirent. J'espère bien entonner la Messe pontificale. J'irai à Lusanci et à la Ferté-sous-Jouarre, et me rendrai ici mercredi. Je salue de tout mon cœur Madame d'Arminvilliers et toute la religieuse et sainte jeunesse.

† J. Bénigne, év. de Meaux.

LETTRE CLXII.

A MADAME DE BERINGHEN.

A Versailles, 29 novembre 1699.

Je suis très-aise, Madame, que M. de la Roque, notre ancien théologal, prêche l'Avent et le Carême chez vous. Il est approuvé pour cela et pour les confessions même des religieuses. C'est un homme de piété et de doctrine. Je ne puis, Madame, vous remercier assez de toutes vos bontés, ni vous témoigner combien je vous suis acquis, et à la sainte maison.

LETTRE CLXIII.

A MADAME DE BERINGHEN.

A Versailles, 4 décembre 1699.

Je serois fâché, Madame, que vous sussiez d'autre que de moi la disposition que je fais de la personne de votre curé pour la cure de Tancrou. Nous aurons le loisir de penser à son successeur. Je suis, Madame, comme vous savez, plein d'estime et de confiance pour vous. Je ne crois pas pouvoir confier cette paroisse à un plus capable d'y mettre l'instruction en vigueur.

LETTRE CLXIV.

A MADAME DE BERINGHEN.

A Meaux, ce 19 décembre 1699.

Il est vrai, Madame, que je vous ai ôté un bon curé; mais il m'étoit nécessaire au lieu où je l'appelle. Nous aurons tout loisir de conférer ensemble sur le sujet de son successeur.

Il vaque à votre nomination une cure considérable. et qui a bien besoin d'un bon pasteur : c'est celle de Moron dans votre voisinage. Comme je sais vos intentions très-pures pour fournir l'Eglise de bons pasteurs, je vous indique les sieurs l'Enfant et Folien vicaires de Coulommiers, et les sieurs Landis vicaires de Saint-Nicolas de cette ville, comme les meilleurs sujets du diocèse. Vous ne sauriez trop prendre garde à ce bénéfice, dont le dernier possesseur n'a pas été de grande édification. Je salue Madame votre sœur de tout mon cœur.

LETTRE CLXV.

A MADAME DE BERINGHEN.

A Paris, ce 2 octobre 1700.

Comme j'espère, Madame, être dans peu de jours dans le diocèse, où je verrai moi-même les présentations et provisions de la cure de Farmoutiers, je vous rendrai compte de cette affaire, et je vous prie seulement de charger quelque homme de créance de voir avec moi ce qui sera dans nos registres, afin de vous en instruire.

Quant aux pensionnaires qu'on vous propose, dont l'une vous convient et l'autre non, je m'accommoderai toujours à vos sentimens, sans que vous y paroissiez qu'autant que vous le jugerez à propos; et pour cela il faudra que vous me mandiez les qualités de l'une et de l'autre et les circonstances qui peuvent déterminer, pour fonder mon consentement ou mon refus là-dessus. Je ne doute point, Madame, que vous et Madame d'Arminvilliers n'entriez dans nos sentimens sur la perte que nous avons faite de M. le procureur-général, et je vous en rends graces très-humbles.

LETTRE CLXVI.

A MADAME DE BERINGHEN

A Germigny, ce 18 octobre 1700.

Je viens, Madame, de recevoir votre lettre du 15 octobre; je vous envoie la confirmation de votre élection, et je retiens M. Fouquet selon votre intention.

Quant à la pensionnaire que vous agréez, j'y consens. Je me tiendrois honoré de donner l'habit de novice à Mademoiselle d'Helicour; mais je me réserverai plus volontiers pour la profession, si Madame la comtesse de Cayeux l'a agréable. J'entendrois avec joie le révérend Père général : je lui envoie tout pouvoir.

Quant à la démission, on a peine à trouver des provisions, le cas n'étant arrivé de longtemps : on cherche pourtant; et si vous envoyez à Meaux de mardi en huit, on vous donnera connoissance de tout : mais vous voulez bien que je vous dise que c'es à vous à prouver; et que faute de preuve de votre part, non-seulement la présomption, mais le droit même est tout entier et incontestablement à l'évêque. Néanmoins je veux bien encore faire rechercher tous les éclaircissemens qui vous peuvent être favorables, s'il s'en trouve, voulant toujours prendre avec vous les partis les plus honnêtes.

Je salue toute la bonne compagnie, et suis comme vous savez très-sincèrement attaché à ce qui vous touche.

LETTRE CLXVII.

A MADAME DE BERINGHEN.

A Paris, ce 26 novembre 1700.

Je suis bien aise, Madame, que vous ayez agréé l'expédient que j'ai pris. Il falloit finir cette affaire, et ne pas laisser plus longtemps un si grand troupeau sans pasteur : si les pièces qu'on a montrées à Meaux à M. Loyseau sont telles qu'on me les a rapportées, elles sont plus que suffisantes. Quoi qu'il en soit, c'est assez que vous ayez un bon sujet, et celui que vous avez désiré. Vos protestations vaudront ce qu'elles pourront à l'avenir : elles n'empêchent pas l'effet présent que nous souhaitions tous deux : je ne crois pas au surplus, que vous trouviez rien que vous puissiez opposer au titre d'évêque qui se soutient seul. Je salue Madame votre sœur, et suis toujours ce que vous savez.

LETTRE CLXVIII.

A MADAME DE BERINGHEN.

A Meaux, ce 20 décembre 1700.

M. le curé de Farmoutiers est fort satisfait de vos bontés. Je vous prie de les continuer et de lui faire justice sur l'affaire des menues dîmes. Je lui ai expressément ordonné de ne rien entreprendre sans me rapporter auparavant une bonne consultation. Vous voulez bien que je vous dise franchement que le bruit de tout le pays est que le troupeau est au sieur Raoul. En ce cas, votre conscience seroit chargée seule de la prétendue exemption de la dîme. Je finis, Madame, en vous assurant très-sincèrement de mes services.

LETTRE CLXIX.

A MADAME DE BERINGHEN.

A Paris, ce 15 février 1701.

J'enverrai, Madame, au premier jour l'obédience pour Madame de Saint-Bernard et ma Sœur de Saint-Augustin, limitée à trois jours de séjour à Paris.

Je n'ai donné aucun ordre à M. le curé que de n'entreprendre aucun procès qu'avec bonne consultation dont il m'aura rendu compte. Pour dire autre chose, il faudroit que je fusse instruit d'un droit certain, ce que je ne sais pas; et en ce cas je ne ferois rien qui vous regardât sans vous en parler auparavant, cela étant du devoir paternel, de la satisfaction que j'ai toute entière de vous et de l'amitié qui est entre nous de tout temps.

LETTRE CLXX.

A MADAME DE BERINGHEN.

A Paris, ce 25 février 1701.

Vous voyez bien, Madame, que je ne me presse pas d'envoyer mon obédience, et que j'ai attendu de votre part les éclaircissemens que j'ai reçus par votre lettre du 8. Je suis donc déjà déterminé à ne point donner d'obédience pour la Sœur de Saint-Augustin. La grande difficulté est de savoir si l'on peut passer à une moindre observance. Jusqu'ici je ne le crois pas : j'y aviserai pourtant. Je ne sais pas aussi quel secours on attend de vous pour le temporel, et je vous prie de vous expliquer sur ce sujet un peu davantage; car la Sœur de Saint-Bernard m'en écrit aussi. Vous verrez la réponse que je lui fais. Pour le choix de la religieuse qui pourra l'accompagner, je m'en rapporte à vous, et serai toujours disposé, Madame, à ne rien faire qui ne vous contente.

LETTRE CLXXI.

A MADAME DE BERINGHEN.

A Versailles, ce 3 juillet 1701.

Pour répondre, quoique trop tard, Madame, à vos lettres du 12 et du 24 juin, dont la dernière m'a été rendue un peu tard, vous ne doutez point que je n'aie beaucoup de joie de l'entrée que vous donnerez à Madame votre nièce et à Madame de Surville. Vous y pouvez joindre Madame des Goths et Mademoiselle Burel, à condition qu'elles ne coucheront point au dedans.

Mon conseil ecclésiastique trouve quelque difficulté à ce que je ratifie les pensions de Mesdames vos nièces. Je reverrai les écrits que j'ai sur cela, quoiqu'ils ne soient pas dans la dernière régularité. Il ne s'agit pas du fond, mais de la manière dont j'entrerai dans la chose, qui pourroit tirer à conséquence.

Je m'en vais dans le moment donner l'obédience pour la Sœur Louise Molin de Saint-Antoine, converse : peut-être ne pourra-t-on pas l'envoyer aujourd'hui. La religieuse peut partir en attendant et sur la foi de l'obédience, où je mettrai expressément que c'est sans la dispenser de la grande règle.

Je joins à la permission les deux personnes dont vous me parlez dans votre lettre du 24, aux mêmes conditions de ne point coucher en dedans. Je retournerai pour le mois d'août, et reprendrai avec joie le dessein de vous aller voir. Je salue Madame votre sœur et vos chères nièces.

LETTRE CLXXII.

A MADAME DE BERINGHEN.

A Meaux, ce 5 septembre 1701.

C'est par mon ordre, Madame, que M. Culambourg est venu ici : c'est qu'en rappelant plusieurs choses que vous m'avez dites et que j'ai apprises d'ailleurs, j'ai cru qu'il avoit de l'éloignement de servir dans les couvens, et qu'il songeoit à se retirer : c'est pourquoi ne voulant pas que le diocèse le perdît, je l'ai destiné à être ici avec nous dans l'Hôtel-Dieu. J'ai voulu savoir ses sentimens ; et comme il a témoigné que cet emploi étoit de son goût, je vous supplie, Madame, de vous y accorder : vous me ferez beaucoup de plaisir. Il pourra rester à Farmoutiers huit ou quinze jours, si vous l'avez agréable, et cependant on disposera tout ici pour le placer. Vous savez, Madame, ce que je vous suis.

LETTRE CLXXIII.

A MADAME DE BERINGHEN.

A Meaux, ce 15 janvier 1702.

Je vous rend graces, Madame, du renouvellement des assurances de vos bontés, et je vous assure que j'y réponds fidèlement. Quant à la pension de Mesdames vos nièces, la difficulté de mon côté est que j'entre là-dedans en les approuvant ; ce qui est de conséquence pour l'exemple. J'ai revu depuis peu les papiers de cette affaire, et il est certain que l'expédient de M. Nouet n'étoit pas bon. Je prendrai nouveau conseil à Paris, et j'assemblerai quelques docteurs pour faire ce qui sera le plus favorable à votre maison, autant que la conscience le pourra permettre. Je salue Madame votre sœur et Mesdames vos nièces de tout mon cœur.

LETTRE CLXXIV.
AUX SŒURS DE LA COMMUNAUTÉ DE SAINTE-ANNE,
DE LA FERTÉ-SOUS-JOUARRE.

A Meaux, ce 3 juin 1702.

Il est venu à ma connoissance, mes Filles, que quelques-unes de vous prenoient des mesures pour avoir une supérieure des Filles de Sainte-Geneviève de Paris : c'est ce qu'on n'a pas dû faire sans permission. Avertissez donc celles qui se sont mêlées de cette affaire, de demeurer en repos jusqu'à ce que Monsieur votre supérieur étant arrivé, j'aie concerté avec lui ce que le bien de la maison demandera. Notre-Seigneur soit avec vous, mes Filles.

LETTRE CLXXV.
A MADAME DE BERINGHEN.

A Germigny, ce 30 septembre 1702.

Je vous recommande, Madame, Mademoiselle Croyer, qui est digne de votre protection par sa foi et par son courage. Sa piété ne peut être mieux cultivée que par des mains comme les vôtres, ni avoir un meilleur guide que vos instructions et vos exemples. Depuis le temps qu'elle est entrée dans l'Eglise, je ne l'ai vue ni vaciller ni varier, et je n'ai point encore connu dans une si jeune personne une plus sûre vocation. Je voudrois bien que celle de votre novice pour la vie religieuse fût aussi bonne. On me parle diversement du succès de la nouvelle épreuve, et c'est de vous, Madame, que j'attends la vérité,

Puisque M. Culambourg ne peut, à ce qu'on me dit, se résoudre pour Farmoutiers, je ne veux point que le diocèse le perde : je le placerai bien, et je vous prie de m'aider à le conserver.

LETTRE CLXXVI.

QUESTIONS FAITES A BOSSUET

PAR LES RELIGIEUSES DE LA VISITATION,

AVEC LES RÉPONSES.

Première question. Comment se défaire de soi-même, puisque nous sommes toujours avec nous ?

Réponse. Saint François de Sales dit que l'amour-propre ne meurt jamais qu'avec nous, c'est-à-dire avec nos corps : il faut toujours que nous sentions ses attaques sensibles et ses pratiques secrètes ; mais nous devons nous beaucoup humilier, nous défier de nous-mêmes, et sans nous décourager, nous confier pleinement à Dieu, en tâchant de rendre involontaires ces mouvemens qui nous sont si propres et si naturels durant cette misérable vie.

Seconde question. Qu'est-ce que porter devant Dieu à l'oraison, non-seulement un fond soumis, mais un laisser faire ? Qu'est-ce que ce laisser faire ?

Réponse. Ce mot signifie deux choses, le faire de Dieu et le laisser faire de la créature. Quand l'âme cesse de vouloir agir par elle-même, et qu'elle s'offre à Dieu avec des dispositions propres à recevoir l'opération de sa grâce, alors elle est dans l'état que Dieu désire d'elle.

Troisième question. N'est-ce point une oisiveté que de demeurer sans rien faire, sous prétexte de laisser faire Dieu ?

Réponse. Ce n'est pas ne rien faire que d'être soumis à Dieu ; au contraire c'est alors que l'on fait davantage ce qu'il veut de nous. Un arbre l'hiver ne produit rien ; il est couvert de neige, tant mieux : la gelée, les vents, les frimas le couvrent tout : pensez-vous donc qu'il ne fasse rien pendant qu'il est ainsi tout sec au dehors ? Sa racine s'étend, se fortifie et s'échauffe par la neige même : et quand il s'est étendu dans ses racines, il est en état de produire de plus excellens fruits dans la saison. L'ame sèche, désolée, aride et en angoisse devant Dieu, croit ne rien faire ; mais elle se fonde en humilité, et elle s'abîme dans son néant : alors elle jette de profondes racines pour porter les fruits des vertus et de toutes sortes de bonnes œuvres, au goût de son Dieu.

QUATRIÈME QUESTION. Quel est le moyen le plus court et le plus sûr, pour parvenir à la vraie humilité, si difficile à acquérir ?

RÉPONSE. Saint Bernard y répond admirablement, lorsqu'il dit que le chemin à l'humilité c'est l'humiliation. Quand on se sert de tout ce qu'il y a dans la vie chrétienne de contraire à l'orgueil de l'homme pour avancer dans la vertu, c'est assurément le chemin le plus court. Porter le fardeau de la loi de Dieu, le poids de sa divine conduite et tout ce qu'il lui plaît de nous envoyer par sa providence; s'anéantir sous sa main puissante; marcher et avancer toujours ainsi dans le chemin de la vertu, et ne s'arrêter jamais, c'est le vrai moyen pour parvenir à l'humilité.

CINQUIÈME QUESTION. L'Ecriture dit dans un endroit : « Je ferai que vous fassiez ce qui est de mes ordonnances[1] : » comment cela doit-il s'entendre ?

RÉPONSE. Il faut demander à Dieu qu'il fasse que nous marchions toujours dans ses voies par l'opération de son esprit, avec la plus humble dépendance des mouvemens de sa grace, et marcher ainsi sans discontinuer un seul moment.

SIXIÈME QUESTION. Il est dit encore ailleurs : « Soutenez les attentes du Seigneur[2]. »

RÉPONSE. C'est qu'il y a des temps où Dieu veut envoyer des secours particuliers : mais il en faut attendre les momens; et l'ame doit être ferme, constante et patiente pour soutenir cette longue attente avec la soumission et l'abandon qu'il demande d'elle.

[1] *Ezech.*, XXXVI, 27. — [2] *Eccli.*, II, 3.

LETTRE CLXXVII.

AUTRES QUESTIONS PROPOSÉES A BOSSUET

AVEC LES RÉPONSES.

Première demande. Comment peuvent s'accorder ces paroles : « Dieu veut que tous les hommes soient sauvés[1], » avec le mystère de la prédestination?

Réponse. La bonté générale et paternelle de Dieu pour tous les hommes, n'empêche pas le choix particulier et spécial qu'il fait de certains au-dessus des autres, pour les appeler à son royaume, et en faire les membres vivans et inséparables de Jésus-Christ.

Seconde demande. De quoi sert-il de demander dans ses prières d'être du nombre des élus, puisque si nous n'en sommes pas de toute éternité, nous ne pouvons changer notre sort?

Réponse. Quand nous demandons à Dieu ce qu'il veut de toute éternité, ce n'est pas pour le changer, mais pour nous y conformer : autrement il ne faudroit jamais prier, puisque Dieu sait bien ce qu'il veut faire pour toutes choses, et qu'il ne le sait et ne le veut pas d'aujourd'hui, mais de toute éternité.

Troisième demande. Comment s'accordent ces paroles de Notre-Seigneur en saint Matthieu et en saint Marc : « Ceci est mon sang, le sang du Nouveau Testament, qui est répandu pour plusieurs[2], » avec celles de saint Paul aux Romains, chapitre v: « Comme c'est par le péché d'un seul que tous les hommes sont tombés dans la condamnation, ainsi c'est par la justice d'un seul que tous les hommes reçoivent la justification de la vie : » et ces autres de saint Jean, chapitre II : « C'est lui qui est la victime de propitiation pour nos péchés, et non-seulement pour les nôtres, mais pour ceux de tout le monde? »

Réponse. Saint Paul nous apprend que « Dieu est le Sauveur de tous, mais principalement des fidèles[3]; » et on peut ajouter par d'autres passages, principalement des élus. Jésus-Christ est

---

[1] I Tim., II, 4. — [2] Matth., XXVI, 28; Marc., XIV, 24. — [3] I Tim. IV, 10.

donc le prix de tous, parce qu'il n'y a personne qui ne puisse jouir du bénéfice de sa rédemption : mais il y en a plusieurs pour qui il s'offre par une prédilection particulière et avec effet; et ce sont ceux-là qu'il appelle *plusieurs*. En un mot, il s'offre pour tous, mais principalement pour ceux qui par une foi sincère reçoivent le fruit de sa mort; et cette foi, c'est lui qui la donne.

Quatrième demande. Si Jésus-Christ n'a répandu son sang efficacement que pour les élus, personne n'étant assuré d'être de ce fortuné nombre, comment peut-on croire et dire qu'il est mort pour soi en particulier?

Réponse. Tous ceux qui sont baptisés, tous ceux qui reçoivent les sacremens, et qui tâchent de les bien recevoir, sont assurés dès là que Jésus-Christ est mort pour eux, puisque tout cela n'est qu'un effet et une application de sa mort : mais la vraie marque qu'on a en soi-même que Jésus-Christ est mort pour soi en particulier, c'est de faire ce qu'il lui plaît, d'attendre tout de sa grace, et de s'abandonner entièrement à son infinie bonté.

Cinquième demande. Les raisonnemens que j'ai faits malgré moi, ont produit un très-grand trouble dans mon esprit : car d'après ceux que je viens de marquer, je me suis trouvée dans l'impossibilité de m'occuper d'aucun mystère, à cause des réflexions qui me viennent; et même je me suis trouvée insensible à tous les mystères par ce principe, que si je n'étois pas du nombre heureux des élus, Jésus-Christ ne les avoit pas opérés pour moi. Vous voyez que tout cela conduit à de grandes inquiétudes, et empêche entièrement les sentimens de reconnoissance et d'amour.

Réponse. Ces pensées, quand elles viennent dans l'esprit, et qu'on ne fait que de vains efforts pour les dissiper, doivent se terminer à un abandon total de soi-même à Dieu, assuré que notre salut est infiniment mieux entre ses mains qu'entre les nôtres; et c'est là seulement qu'on trouve la paix. C'est là que doit aboutir toute la doctrine de la prédestination, et ce que doit produire le secret du souverain Maître qu'il faut adorer, et non pas prétendre le sonder. Il faut se perdre dans cette hauteur et dans cette profondeur impénétrable de la sagesse de Dieu, et se jeter comme à corps perdu dans son immense bonté, en attendant tout de lui, sans néanmoins se décharger du soin qu'il nous demande pour notre salut.

Sixième demande. Il y a longtemps que je suis tourmentée de ces réflexions, que j'ai tâché de dissiper, en croyant en général tout ce que l'Eglise croit : mais je trouve que cela me cause tant de peines dans le temps où je devrois être toute occupée de Dieu, que je me suis crue obligée de vous exposer toutes mes difficultés, et de vous supplier de me les résoudre.

Réponse. La fin de ce tourment doit être de vous abandonner à Dieu, qui par ce moyen sera obligé par sa bonté et par ses promesses de veiller sur vous. Voilà le vrai dénouement pour nous, durant le temps de cette vie, de toutes les pensées qui viennent sur la prédestination : après cela il se faut reposer, non sur soi, mais uniquement sur Dieu et sur sa bonté paternelle.

Septième demande. Comment s'accordent ces paroles de saint Paul aux Romains : « Je trouve en moi la volonté de faire le bien; mais je ne trouve pas le moyen de l'accomplir[1]; » avec ces autres : « C'est Dieu qui inspire le vouloir et le faire[2]. »

Réponse. On trouve dans la grace de Dieu le moyen d'accomplir le bien, mais non pas dans toute la perfection, parce qu'on ne l'accomplit qu'imparfaitement dans cette vie, où l'on est toujours combattu, et où l'on a par conséquent toujours à combattre; et parce que la grace ne nous est donnée qu'avec mesure et n'agit en nous que par degré, pour nous mieux faire sentir notre dépendance et nos besoins, et nous fonder dans l'humilité. Il faut donc uniquement espérer en celui qui seul nous donne la victoire. Ainsi lorsqu'on trouve le bien en soi, quelque petit qu'il soit, on doit croire que ce commencement, tel quel, vient de Dieu; et il le faut prier d'achever son œuvre, en se donnant à lui de tout son cœur et à l'opération de sa grace.

Huitième demande. Comment une personne qui ne connoît point en elle de grands crimes, peut-elle se dire et se croire la plus

---

[1] *Rom.*, VII, 18. — [2] *Philip.*, II, 13.

méchante des créatures, et demander à Dieu dans ses prières qu'il la retire de l'état de mort où elle est, qu'il lui rende la vie, et les autres demandes de cette nature?

RÉPONSE. Nous portons dans notre fond le principe, la source de tous les désordres et la disposition à tous les péchés, auxquels nous serions livrés et précipités de l'un à l'autre, si Dieu ne nous en préservoit malgré notre pente naturelle. Ceux donc que Dieu a préservés ont reçu un grand don, mais qui les rend plus ingrats, plus infidèles et plus coupables que les autres qui n'en ont pas reçu de si grands, si leur vie, leur reconnoissance et tous leurs sentimens ne répondent à une si grande miséricorde. Et oseroient-ils le dire et se le persuader? Ainsi ils se doivent regarder comme les plus grands pécheurs, parce que Dieu juge de l'ingratitude d'une ame par les graces qu'elle a reçues. On se doit aussi regarder comme coupable devant Dieu de tous les péchés dans lesquels nous tomberions, si nous n'étions soutenus : on se doit regarder comme mort devant lui, parce que s'il nous laissoit un moment à nous-mêmes, notre perte seroit inévitable. Mais il est bon, et il ne nous abandonne point que nous ne l'abandonnions les premiers. Enfin le salut est dans la confiance en la bonté de Dieu : « Qui espère en lui n'est point confondu [1], » et on ne sauroit trop y espérer, pourvu qu'en même temps on tâche de travailler, en s'appuyant uniquement sur sa grace qu'il nous donne abondamment, en proportion de nos désirs et de notre confiance.

LETTRE CLXXVIII.

SUR L'ÉTAT DE SÉCHERESSE.

Je vous dirai d'abord que dans cet état de sécheresse, vous ne devez pas faire plus qu'une terre sèche et aride. Que fait-elle, toute épuisée qu'elle est d'humeur et pleine de crevasses? Elle demeure toujours exposée simplement au même soleil qui la dessèche. Pensez ainsi dans les sécheresses, que votre ame est une misérable terre. Ne faites donc qu'exposer en l'oraison cette terre

---

[1] *Rom.*, IX, 33 ; X, 11.

à son divin soleil, qui a causé ses aridités, non par son ardeur, mais par son absence : croyez-moi, n'en faites pas davantage. Car cette soif de votre pauvre ame dit toutes choses à Dieu par son humble exposition : comme c'est lui qui vous a retiré toute l'humeur et l'onction pour les choses divines, il sait bien aussi qu'il ne faut que la divine rosée pour contenter votre soif. Je voudrois que vous aimassiez cet état plus qu'aucun autre, parce que nous apprenons du Prophète que l'ame aride et desséchée de toutes les douceurs des consolations, est plus capable de voir la vertu et la gloire de Dieu. Ne fut-ce pas dans le désert que Dieu fit éclater ses miracles, tirant l'eau d'une roche ? Et n'est-ce pas dans les aridités de l'ame que Dieu se fait mieux connaître, en l'arrosant de cette divine eau quand elle n'en attend rien?

Je vous déclarerai ici deux sentimens bien opposés ; c'est que quand vous êtes dans la sécheresse, j'aime l'état où vous êtes, et que je le crains : je l'aime, parce que vous tombez dans cette heureuse pauvreté d'esprit laquelle nous rend dignes d'être remplis de Dieu, puisque alors la place est toute pour lui ; mais aussi je crains cet état, parce qu'il est facile dans cette disposition de se laisser aller en cent actions à une manière d'agir fort naturelle, ou de donner au moins quelque peu à ses sens : l'esprit peut être touché raisonnablement de cette crainte, considérant sa faiblesse et la légèreté.

Vous devez donc penser que vous n'êtes que comme un enfant, qui a été porté jusqu'ici par la force de la grace, n'étant pas capable de marcher de lui-même : si bien que cette tendresse de vertu naissante venant à être tentée par ce genre d'épreuve intérieure, elle vous doit faire appréhender quelque relâchement. Car il n'est pas croyable combien d'une part, il est facile en cette disposition d'aridité d'agir humainement, et de perdre cette délicatesse de conscience si nécessaire pour conserver la pureté de l'ame ; et de l'autre, combien Dieu se retire pour une petite liberté : et par une même suite, il n'est pas croyable combien alors l'ame est digne de compassion dans les efforts qu'elle fait pour se remettre dans la voie, sans y pouvoir réussir.

Soyez donc en cet état de votre ame, plus rigoureuse à vous-même que jamais, plus proche de vous pour conduire vos sens, et plus ennemie des moindres satisfactions. Car il n'est guère de tentation plus dangereuse que celle des aridités intérieures, parce qu'elles viennent pour l'ordinaire de l'épuisement et du dessèchement du cœur, causé par les images des créatures et l'attache qu'on leur porte. Il en est comme d'un parterre sec et aride, qui n'est pas capable de pousser aucune belle fleur par le défaut d'humeur nécessaire pour être fécond. Ainsi l'ame dans cet état d'aridité, venant à perdre l'onction dont elle a besoin pour agir, que peut-elle produire? Le cœur étant desséché, elle est réduite à un état de langueur qui lui ôte ses fonctions, et il ne lui reste presque plus de moyens de produire les belles fleurs des vertus.

Au reste ne vous lassez point dans cet état et dans ces épreuves, de vous défaire de toutes ces images inutiles et de ces fantômes qui se présentent à l'esprit et qu'on appréhende trop peu, parce que de leur nature ils sont indifférens et qu'ils n'ont rien qui fasse peur. Cependant il n'est que trop vrai qu'ils sont les sources malheureuses de ces sécheresses déplorables, et que semblables à une éponge ils tirent du cœur toute l'onction et l'humeur qui pourroit y nourrir et y entretenir la piété. C'est pourquoi dans ces états de sécheresse on ne sauroit trop parmi les autres soins avoir celui d'écarter, autant qu'il est possible, les pensées vaines que l'imagination ne cesse de présenter à l'esprit. Faites donc votre étude particulière et votre propre occupation de vous dégager doucement l'esprit de tous ces fantômes de distraction. C'est la plus nécessaire application que vous puissiez avoir, parce que le défaut le plus dangereux pour ceux qui veulent s'avancer dans la vertu, c'est de donner une trop grande liberté à leur imagination, qui pour cela est toujours grosse de cent images extravagantes qui accablent l'ame et l'épuisent. Ces peintures ridicules laissent après elles de si vives impressions, que le cœur en est tout desséché, et perd tout goût et tout sentiment pour les choses divines. Est-on ensuite fondé à se plaindre qu'on souffre de si grandes aridités? Seroit-il possible qu'avec cette espèce de libertinage d'esprit, que se permettent si fréquemment ces ames si peu mortifiées, elles fussent capables de sentir de l'attrait et du goût pour l'oraison?

Le meilleur avis qu'on puisse donc vous donner, c'est de ne souffrir jamais volontairement ces pensées inutiles qui vous assiégent; et quand vous ne feriez pas plus tous les jours que celui qui écarte incessamment des mouches qui l'importunent, vous travailleriez toujours beaucoup, et votre temps seroit utilement employé. Vous pourriez dire alors à qui vous demanderoit : Que faites-vous tous les jours? Je ne travaille qu'à me défaire de toutes les extravagances de mon imagination, et qu'à m'en éloigner doucement pour me tenir proche de mon Dieu. Que cette occupation est efficace pour conserver l'onction de l'ame, et qu'elle attire puissamment les douces influences de la grace !

Mais, me direz-vous, si ces mouches me poursuivent avec une importunité opiniâtre? Hé bien, souffrez humblement l'importunité, sans vous plaindre et sans vous lasser pour cela de les chasser, vous tenant toujours bien renfermé dans votre fond. Nous sommes toujours en cette vie comme dans un désert et au temps de la tentation : il faut donc demeurer dans le désert de son cœur, lors même qu'il ne s'y trouve rien de bon et de doux, sans que la tentation et les peines des sécheresses puissent jamais nous en faire sortir. Du reste, priez avec persévérance, avec soumission, avec confiance; et les secours de la manne et des eaux du rocher ne vous seront pas refusés, pour vous soutenir au milieu de la disette et des aridités de ce désert

LETTRE CLXXIX.

SUR L'EXCELLENCE DE L'AME.

L'ame est si admirablement élevée au-dessus de la condition du corps, que vous diriez qu'elle approche plus de Dieu qui l'a créée que du corps auquel il l'a attachée. A vrai dire, il n'y a qu'elle seule, de toutes les créatures qui sont dans ce bas monde, dans laquelle on peut remarquer quelques traits ou quelques linéamens visibles des perfections de Dieu. Elle est spirituelle comme

Dieu, incorruptible et éternelle comme Dieu : elle est libre, elle a une providence, elle a sa volonté dont elle dispose. Ne semble-t-il pas qu'elle jouisse des priviléges de l'éternité, lorsqu'elle anticipe sur le futur, qu'elle fait revivre le passé, qu'elle dispose du présent, etc. ?

Mais jamais elle ne paroît plus semblable à Dieu que lorsque s'élevant au-dessus de tout ce qui est créé, elle va se perdre dans le vaste abîme de ses perfections infinies ; et que voyant qu'elle ne les peut comprendre, elle les admire et les adore, et consent d'y demeurer perdue pour jamais, sans s'en vouloir plus retirer. Car qui la verroit dans cet état, diroit que ce seroit plutôt un Dieu qu'une créature : quand elle revient de là, il lui semble qu'elle est perdue, parce qu'elle n'est plus dans son aimable centre ; elle ne cherche plus rien que Dieu. Enfin cette ame est quelque chose de si grand et de si admirable, qu'elle ne se connoît pas elle-même ; et saint Augustin s'écrioit là-dessus, comme ravi hors de lui-même : Je ne sais pas moi-même ce que vous m'avez donné, ô mon Dieu, mon créateur, en me donnant une ame de cette nature : c'est un prodige que vous seul connoissez; personne ne le peut comprendre; et si je le pouvois concevoir, je verrois clairement qu'après vous il n'y a rien de plus grand que mon ame.

Jamais nous n'eussions pu connaître la nature de ce précieux don de Dieu, ni jamais nous n'eussions remarqué la grande estime qu'il en fait, si l'Ecriture sainte, pour s'accommoder à notre façon d'entendre n'eût usé d'une métaphore où sous le voile de six paroles, elle nous cache et nous laisse entrevoir six grandes merveilles dans la création de notre ame : *Inspiravit in faciem ejus spiraculum vitæ* [1] : « Il souffla sur sa face l'esprit de la vie. » Pesez toutes ces paroles. Premièrement elle nous dit que notre ame a été produite avec le souffle de Dieu : ce n'est pas qu'il ait en effet une bouche pour souffler à la façon des hommes, mais c'est pour nous faire entendre qu'il estime cette ame et la tient chère comme une respiration de sa propre vie. Il est bien vrai qu'il l'a tirée du néant comme le reste des créatures; mais l'Ecri-

[1] *Gen.*, II, 7.

ture, en nous disant que c'est un souffle de sa poitrine, nous veut exprimer qu'il l'a produite avec une affection si particulière et si tendre, que c'est comme s'il l'avoit tirée de la région de son cœur : *Inspiravit.* De plus l'Ecriture sainte ne nous dit pas que Dieu a produit notre ame de ses mains comme notre corps, ni qu'il l'ait créée en parlant, comme le reste des êtres, mais en respirant ou soupirant : pour nous faire entendre que c'est comme s'il eût enfanté une très-chère conception, qu'il avoit portée dans ses entrailles durant toute l'éternité : c'est comme si elle disoit qu'elle procède de l'intérieur de Dieu ainsi que la respiration ; et que comme le souffle ou la respiration n'est qu'une sortie ou une rentrée continuelle de l'air qui s'en va visiter le cœur, qui ne le quitte qu'un seul moment, et puis y retourne aussitôt pour le rafraîchir et pour lui conserver la vie : de même notre ame n'est sortie de Dieu que pour y rentrer, il ne l'a respirée que pour l'aspirer de nouveau. Que si elle a comme soulagé son cœur quand elle en est sortie, il semble qu'elle le rafraîchisse en quelque manière, et qu'elle le console quand elle retourne à lui par quelque aspiration amoureuse. O si nous savions ce que notre ame est au cœur de Dieu ! Elle ne sauroit vivre sans lui, et il n'est pas content sans elle. C'est plus incomparablement que la respiration n'est à notre cœur. Qui m'empêcheroit la respiration feroit étouffer mon cœur : ne puis-je pas croire que je fais violence au cœur de Dieu, quand mon ame ne suit pas les divines inspirations qui l'attirent amoureusement à lui pour se reposer dans son sein ?

Après tout cela nous n'arriverons pas à la profondeur des mystères qui sont cachés sous l'intelligence de ces paroles : *Il souffla sur sa face une respiration de vie.* Je conçois bien que ces paroles sont grosses de quelques grandes vérités qu'elles voudroient enfanter dans nos esprits, si nous étions capables de les concevoir : car elles semblent nous dire que notre ame est un esprit que Dieu met en nous, et qu'il produit par voie de spiration. Quelle merveille est-ce ici ? Souvenez-vous que Dieu n'a que deux voies pour produire tout en lui-même : en l'une il parle, et il produit son Fils unique, que nous appelons son Verbe : en l'autre il ne parle pas ; mais il soupire, et il produit de son cœur, c'est-à-dire de sa volonté, son divin amour, que nous appelons son Saint-Esprit ; et cet Esprit adorable est la clôture et l'accomplissement de tout ce qu'il fait en lui-même. Et considérant si Dieu ne fait pas quelque chose de semblable au dehors de lui, il semble qu'il a produit toutes les créatures par deux voies, en parlant et en soupirant. Premièrement, il créa tous les êtres qui composent ce grand univers ; mais c'est en parlant : *Fiat lux, fiat firmamentum* [1] *:* et quand il vient après tout cela à produire notre ame, ce n'est pas en parlant, mais c'est en soupirant. C'est ainsi que l'Ecriture sainte nous en parle ; puis elle ajoute que cette dernière production de l'esprit fut la clôture et l'accomplissement de toutes les œuvres de Dieu au dehors de lui-même, et qu'il se reposa comme dans une divine complaisance d'un si bel ouvrage.

Où est une ame tant soit peu éclairée, qui ne soit pas transportée de joie, si elle considère ici la convenance et la liaison admirable que Dieu a voulu mettre entre son esprit et notre esprit? Le Saint-Esprit est un sacré soupir du cœur de Dieu, qui le comble d'une joie infinie en lui-même ; et notre ame est un souffle de la poitrine de Dieu, qui lui donne de la complaisance au dehors de lui-même. Le Saint-Esprit est la dernière des ineffables productions de Dieu en lui-même, et notre ame est la dernière de toutes les admirables productions de Dieu en dehors de lui-même. O Dieu d'amour, à quel ravissement nous emporteroit cette vérité, si elle nous entroit bien dans l'esprit, et si nous la pouvions comprendre ! Qui est-ce qui ne diroit pas avec saint Augustin et saint Bernard : O mon ame, qui as la gloire de porter l'image de Dieu, ô mon ame, qui as reçu ce grand honneur d'être un esprit de son esprit, d'être sortie comme de sa poitrine, d'être un soupir de son cœur amoureux et tout plein de bonté pour toi ! Aime donc ce Dieu de bonté qui t'a tant aimée ; aime uniquement, aime ardemment, et te consume dans les flammes de son divin amour. *Amen,* ainsi soit-il.

[1] *Gen.,* 1, 36.

LETTRES
SUR L'AFFAIRE DU QUIÉTISME (a).

DE QUIETISMO IN GALLIIS REFUTATO.

De his quæ à me per totum ferè quinquennium in refutando apud nos quietismo gesta sint, multa sparguntur in vulgus; et ea quidem ab adversariis, non studio veritatis, sed aulicis artibus tribui multi me monent : his aulam, his urbem, his provincias, his Romam ipsam caput orbis oppleri rumoribus : et hic quidem, ubi res notæ sint, liquidò confutari; Romanis autem longè positis faciliùs obrepi : periculumque esse ne ea quæ in meum nomen centum occultis divulgentur oribus, in causam transferantur : his occurri posse simplici narratione rerum; ac si conticescam, non jam modestiæ, sed inertiæ imputandum. Hæc igitur summa gestorum est.

Quinque ferè anni sunt, ex quo vir illustrissimus summâque dignitate præditus, à Meldensi episcopo postulabat ut Guyoniæ libros, doctrinam, totumque, ut vocant, orandi ac supplicandi genus examinare vellet : id illam flagitare, atque omninò in ejus antistitis potestate se futuram polliceri. Recusare Meldensis : ille urgere, ac pro amicitiæ jure reposcere ut rem aggrederetur : Deo id gratum futurum; pertinere deniquè ad obsequium veritatis, nec integrum episcopo suum officium denegare, cùm ei ultrò omnia deferrentur.

His victus episcopus dat manus : afferuntur cum aliquot libellis

---

(a) Nous ferons peut-être connoître, dans le prochain volume, comment Déforis et ses collaborateurs ont imprimé ces lettres, et nous disons seulement aujourd'hui que celles de ce volume-ci, le manque des autographes nous a forcé de les reproduire d'après les éditions.

La première lettre qu'on va lire ouvre comme une vue générale sur l'histoire et les erreurs du quiétisme moderne; voilà pourquoi nous la donnons dès le commencement, avant la place indiquée par sa date. Elle fut envoyée à Rome en 1697.

editis manuscripti, grandes feminæ commentarii in Scripturas, ingens quoque scriptum de vitâ suâ, quod jussu directoris elaboratum videbatur. Hæc omnia gesta esse auctore Fenelono, jam tum Principum studiis præposito, et ipse fatebatur. Viri amicissimi auctoritate motus antistes, eò diligentiùs omnia pertractabat.

Sex ferè mensibus in librorum lectione et examinatione consumptis, gravi longoque colloquio cum feminâ habito rebusque perpensis, satis sibi visus est episcopus omnia explorasse ut sententiam promeret. Prompsit, certissimisque argumentis commonstravit id genus orationis, quod femina frequentabat, erroneum esse, pertinere ad quietismum ; ipsam miris inauditisque, imò etiam insanis laudibus seque et sua prædicantem summo in periculo versari, nisi quamprimùm à cæcis illusionibus revocata, melioribus quàm anteà ducibus uteretur. Facilè persensit non haberi sibi fidem ; Fenelono feminam esse miraculo : quo in stuporem actus, ac tam clari ingenii miseratus errorem, id apud se noctes diesque versabat episcopus, ut illum, sed paulatim ac per vias mollissimas inde deduceret.

Jam si commemorare incipiam ea quæ tunc reprehendebat episcopus, incredibilia videbuntur. Narrabat enim mulier in eâdem *Vitâ suâ*, se gratiarum copiâ prægravante pressam, mirum, toto corpore turgescentem, dirupturamque vestes, nisi continuò vincula solverentur. Itaque assidere ipsi solitos, tacitosque capere gratiam effluentem ; nec aliter levari eam, nisi subjectis velut exundanti ac rupto dolio vasculis. Quid quod eadem eodem in libro memorabat : se esse mulierem illam Joanni apostolo in *Apocalypsi* visam, sole amictam ac primogenitum parituram, spiritum orationis scilicet, persecutione victâ, toto orbe regnaturum ; quo de regno mira et inaudita jactabat : esse se lapidem angularem Prophetæ memoratum : eam esse se de quâ esset dictum : Quæcumque ligaveris, quæcumque solveris, ea ligata, ea soluta sunto. Et quid non?

Quin etiam rogata ab episcopo de postulationibus, quas ipsa cum quietistis omninò respuebat, quippe quæ ad illud quod interest pertinerent : Tune, mulier, negas à te postulari posse quidquam? — Sanè. — Tu non potes dominicum illud petere: *Dimitte nobis debita nostra?* Fatebatur. Atqui ego, cui te tuaque submisisti, pro potestate jubeo, imò per me Dominus, ut id petas. At illa : Possum, inquiebat, verba recitare memoriter; rem animo infigi vetat is in quo sum orationis puræ et amoris gratuiti status.

Quæ cùm episcopus memoraret, quâ est dexteritate, mollire, excusare Fenelonus; magnanimitatem sinceræ mentis extollere; memorare Paulum qui se et sua tam magnificè commendasset; probari oportere spiritus, non statim condemnari : spiritus sanè, non aperta deliria. Quid plura? Pudebat episcopum infirmitatis humanæ, sperabat, admonebat, omnia occultabat.

Dùm hæc agebantur, illustris femina, parique pietatis ac modestiæ laude conspicua, accersit episcopum nihil cogitantem. Jam pridem Guyonia aulam penetraverat, Versaliæ occultos conventus egerat, in inclyto et regio sancti Cyri monasterio miras turbas dederat : à vigilantissimo episcopo Carnotensi eodem monasterio prohibita erat unà cum Fenelono, clam cujus præcipuâ operâ mulier utebatur; divulgatâ etiam illâ erga assidentes gratiæ effusione, quam diximus. Exindè inter episcopum et illustrissimam feminam de quietismi technis retegendis, deque Fenelono utrisque amicissimo ab errore revocando communicata consilia : quâ simplicitate, quo utrinquè candore, Deus testis est.

Id autem imprimis cavere oportebat, ne res ad regem permanaret; qui quidem, quâ pietate est, et quo in novatores odio, quietismi artium gnarus à pessimâ sectâ vehementissimè abhorrebat. Franciscus autem Harlæus, archiepiscopus Parisiensis, pessimè in Guyoniam affectus, et eam arctissimâ custodiâ in quodam monasterio tenuerat, et relaxatam infensissimo animo observabat : neque Feneleno favebat; et si qua pateret nocendi via, eam initurus facilè videbatur.

Neque ita multò post Guyonia, ab archiépiscopo malè sibi metuens, præsidia conquirebat; amicorumque operâ à rege impetravit, ut darentur consultores quorum judicio staret, Catalaunensis episcopus, nunc archiepiscopus Parisiensis, et Tronsonius presbyter, Sulpicianæ congregationis præpositus generalis:

hos Meldensi additos voluere. In eorum potestate se futuros, et Guyonia et ipse Fenelonus testabantur. Scripta commeabant : grandi se volumine Guyonia tuebatur; nec pauciora Fenelonus congerebat. Mira et inaudita promebat : Guyoniæ artificiosissimas excusationes conquirebat : eam magistram facilè agnoscebat, à quâ nempè se plura majoraque quàm à quibuscumque doctoribus didicisse profitebatur et vivâ voce et scriptis : quietismum utcumquè coloratum mirâ verborum elegantiâ inducebat.

Certum consultoribus, si eum statim à sententiâ revocare, et ad Guyoniam condemnandam adducere non possent, arctis tamen finibus coercere virum, ne quidquid collibuisset efferret in vulgus : ejusque rei gratiâ triginta quatuor Issiacenses articulos concinnabant : Molinosi, Guyoniæ dogmata proscribebant; multa Feneloni aliis intacta damnabant. Ipse nonnihil tergiversatus, subscribebat tamen, ne pollicita penitùs inficiari videretur, cùm ad consultores, et privatim ad Meldensem datis litteris, testaretur se, quidquid judicaret, dicto audientem futurum, nec ab ejus doctrinâ discessurum unquàm. Id etiam verebatur ne, si subscriptionem denegaret, quietismi deprehensus, non modò omni gratiâ excideret, verùm etiam gravi apud plebem et aulam invidiâ laboraret.

Nam à decem ferè annis, eo vel maximè tempore quo in Molinosum decreta fervebant, ipsum Fenelonum inter Guyoniæ amicos et sectæ fautores variis rumusculis recensebant; et Molinoso studentes angli protestantes, edito in Hollandiâ libro de ejusdem Molinosi rebus et scriptis. Fenelonum ipsum ejus occultum defensorem prædicabant. His itaque motus, Articulis subscribebat; ac ne illa subscriptio in retractationis suspicionem traheretur, consultoribus visum ultrò eum quartum adciscere, qui secum de re maximâ disceptaret : adeò ejus nomini famæque parcebant; eumque emendatum, non perditum, quod absit, ac dehonestatum volebant.

Hæc igitur agebantur unâ consciâ eâ, quam memoravimus, illustri feminâ, quâ amicissimâ atque, ut aiunt, patronâ Fenelonus utebatur. Ea autem assiduè hortabatur virum, ut à pessimæ sectæ pravæque mulieris defensione desisteret : ipse se modestissimum et obedientissimum præferebat; tantoque silentio peractæ res sunt, ut eum interim rex maximus Cameracensem archiepiscopum designaret.

Intereà Guyoniam, ultrò postulantem, Meldensi episcopo curandam tradidere. Translata ad moniales Meldenses egregias, triginta quatuor Articulis, censurisque episcoporum Meldensis et Catalaunensis in libros suos latis subscribebat : ipsos etiam libros, ut qui pravam doctrinam continerent, manu propriâ proscribebat. Omnia pollicebatur : ab episcopo deniquè ferebat obedientiæ testimonium his conditionibus, ut à docendo et scribendo abstineret; ne quemquam susciperet in viis spiritualibus dirigendum ; ipsa frequentaret postulationes aliosque actus christianis imperatos. Hæc illa est commendatio, quam ab episcopo se tulisse gloriatur. Hæc jussa suscepit, his etiam subscripsit, ut acta demonstrant : à quibus exequendis quàm posteà abhorruerit, non est hujus loci dicere.

Eò deventum est ut novus archiepiscopus consecrationis munus acciperet : delectus ab ipso Meldensis episcopus, qui, assistente etiam Catalaunensi episcopo, sacro officio fungeretur. Uno alterove circiter ante consecrationem die, ipse archiepiscopus flexis genibus episcopi dexteram osculatus : Per hanc ego, inquit, dexteram, quâ me consecratum volo, polliceor me à tuâ doctrinâ nunquàm recessurum. Quod, uti prædiximus, multis jam litteris significaverat, nec unquàm omnibus modis significare cessabat : cujus rei testes eædem epistolæ fidem facient. Hæc autem episcopus suscipiebat libens, satis sibi conscius quàm nihil novi, nihil suspecti traderet, doctrinamque omnem suam à Patribus mutuaret.

Unus hærebat scrupulus, de Guyoniâ nondùm ab àrchiepiscopo apertis vocibus improbatâ : id autem ut præstaret, quantùm poterat agebat episcopus. Itaque cùm in eo esset ut librum ederet de *Statibus orationis*, in quo artificiosissimæ feminæ dogmata et libros confutaret, eum archiepiscopo examinandum approbandumque tradidit; in eam spem adductus, ut per hanc occasionem, libri lectione, mulieris imperitiam erroresque detegeret, approbatione proscriberet, et proscribi à se palàm testaretur; quod et ipsi decori, et toti Ecclesiæ ædificationi foret.

Librum archiepiscopus accepit legendum : approbandum promisit more solito, facto scilicet examine. Neque clàm tulerat Meldensis episcopus quæsitam Cameracensis approbationem, cum Parisiensis et Carnotensis approbationibus conjungendam. Sed frustrà fuit. Tribus enim elapsis integris hebdomadibus, adest vir illustrissimus, idem quo auctore examinandam Guyoniam episcopus susceperat, cum archiepiscopi litteris, quas vocant fiduciariis, clarâ voce testatus non posse ab archiepiscopo approbari librum.

Quid autem causæ erat ? An libri doctrinam improbabat ? An aliquos loco molliendos, explicandos, eradendos postulabat ? Neutiquàm. Approbationem denegabat eo tantùm nomine, quòd episcopus in libro Guyoniam proscriberet, quam idem archiepiscopus improbatam nollet. Quæ quàm episcopo, non sibi, sed ipsi Fenelono gravia futura visa sint; quàm adversa Ecclesiæ rebus, ipsiusque archiepiscopi gloriæ, quam in fide episcopos habere oportet maximam ; quàmque gravibus verbis indè secutura incommoda prænuntiaverit, hîc quidem commemorare non est animus.

Quò sinceriùs atque libentiùs Cameracensi Meldensis communicabat sua, eò ille omnia dissimulantiùs occultabat. Itaque cùm librum adornaret, unus erat Meldensis cui rem impenetrabilem et inaccessam vellet. Factum. Vix ad eum mox prodituri libri fama pervenerat : quo allato nuntio, pro rei gravitate commotus adit Carnotensem, adit Parisiensem, Fenelono amicissimos. Quid de libro resciverit, memorat : quæ mala, quæ dissidia, quæ scandala secutura sint, promit. Quid enim tam latenter ac velut obductis tenebris librum Cameracensis involveret, tantoque studio caveret ne Meldensi fieret notus, nisi suspecta et adversa cogitaret ? Quid deindè futurum ? Taceret episcopus ? contradiceret ? Utrinquè vel proditæ veritatis, vel læsæ charitatis metus. Ageret ergò Parisiensis cum amicis Cameracensis, ipse enim aberat, cum ipso rege, ne prodiret liber nisi communi consilio ? Sed frustrà. Cameracensis amici, ne quid Parisiensis tentaret ampliùs, postridiè librum evulgant, ipsi regi tradunt; salubre consilium, ac tanta mala prohibiturum eludunt.

Quæ deindè secuta sint, omnibus nota. Motus undiquè ingentes, in urbe, in aulâ, in provinciis : Romam usque pervadunt. Simul omnia commoventur tanto impetu, celeritate tantâ, ut non citiùs silvam flamma corriperet. Hærere amici Cameracensis, et, quod unum poterant, uni Meldensi tam præcipitem imputare motum; tanquàm urbs, aula, docti indoctique omnes ejus nutibus agerentur; ipse Cameracensis invidiâ, tantique ingenii fulgore præstrictus cæcâ factione omnia conturbaret.

Quid autem? quo tempore, quo loco, quibuscum grandis inita factio est? Cum amicissimis, cum iis quorum vel maximè operâ ipse Cameracensis ad summa quæque provectus est? Quo deindè tempore? An cùm idem Fenelonus episcopo omnia permittebat? An cùm episcopus toto triennio id agebat, ne novæ prophetidi, ne nocentissimæ doctrinæ Fenelonus addictus esse videretur? An cùm tot datis litteris idem profitebatur se à Meldensis sententiâ nunquàm recessurum? Extant litteræ testes. An cùm consecrandus ejusdem Meldensis deposcebat manus, eademque obtestatus, ei probatum se tanto studio cupiebat? An posteà cùm episcopus librum suum eidem Cameracensi approbandum traderet?

Hactenùs Cameracensi tuta omnia : alto omnia sepulta silentio; nec ejus errorum, absit à verbo injuria, ad regem vel tenuis fama perlabitur. Ipse se archiepiscopus libello edito publicavit; in se commovit omnes : liceat verum dicere ipsâ rerum serie confirmatum. Anteà à Meldensi sic omnia occupata benefactis, ut nullus pateat locus in quo insidias collocare potuerit. Ex libello Cameracensis orta pericula : hic malorum fons et caput; hinc retecta omnia quæ in Feneloni gratiam Meldensis, nonnullo suo periculo, occulta voluerat.

Quid quod episcopus omni operâ id egerat, ut liber premeretur? Quid quod publicato libro usque adeò diù tacuit, ut per eam occasionem amici Cameracensis efferrent in vulgus, Meldensem episcopum nec multa conatum in libro Cameracensis quidquam omninò noxæ invenire potuisse? Ille conticescebat, donec omnibus erratis liquidò exploratis et inter se collatis, jam nefas videretur veritati denegare episcopalis vocis obsequium.

At enim archiepiscopo prodi errata oportebat. Factum luculentissimis scriptis, alibi recensitis : tamque omnia objecta constat ei in manus tradita, ut etiam ejus ad omnia responsa teneamus. Quid clarius? Si quid defuisset, ne res per scripta mutua in infinitum tenderet, collatione habitâ omnia explicari Parisiensis, Carnotensis, ipse vel maximè Meldensis flagitabant. Ne illa iniretur elucidationis via, etiam suadente apostolico Nuntio hujus rei teste, etiam adhortante rege, Feneloni animus obstinatissimè repugnabat. Meldensis factioni scilicet serviebat : ipsius livori, piget commemorare, tam æquam excusationem comparabat.

Quid autem erat, per Deum immortalem, quòd episcopus anteà prono animo favens, tandem post librum editum invidere cœperit? Quid enim archiepiscopo invideret? Inanes argutias, vacuam et infrugiferam theologiam, sublime ingenium ad ima et vana depressum, sermonis elegantiam vano cultui servientem, Guyoniæ magisterium, quietismi defensionem specie pietatis adumbratam? Me miserum, qui hæc enarrare cogar quorum piget pudetque!

Demùm in testimonium vocati episcopi, cùm animadverterent archiepiscopum totis viribus incumbere, ut libri doctrinam erroneam mordicùs defenderet, scriptâ etiam hâc de re ad summum Pontificem epistolâ, omnia in vanum conati et experti, ut fraternum animum flecterent, necessitati cesserunt, et *Declarationem* de doctrinâ libri in manus apostolici Nuntii tradidere.

Hæc igitur gesta rerum evincit series. Quàm autem quietismo, quàm novæ prophetidi faveret Fenelonus, etiam ipse prodidit. Quid enim recensitis, quod in episcoporum *Declaratione* est positum, falsis spiritualibus semel et bis, in hispaniensibus Illuminatis constitit : Molinosum, Guyoniam, nostri ævi quietistas omninò prætermisit? Cur in *Epistolâ ad Innocentium XII* Guyoniam tacuit, quietistarum censuras elevavit, Molinosi librum reliquit integrum? Nunc eodem spiritu actus, sæpè licèt pollicitus futurum ut apertis verbis Guyoniam condemnaret, amplissimo Mandato edito, Molinosum ejusque propositiones LXVIII carpit;

non verò librum ipsum ab apostolicâ quoque Sede damnatum tacitam Guyoniam voluit, quippe cui toto libello suo occultam excusationem præparasset. Quæ omnia facilè probaremus : sed jam de Meldensis innocuis gestis, deque Cameracensis prono in Guyoniam animo satìs superque dictum est.

Hæc pro veritatis testimonio quæsitus scripsi.

† J. Benignus, episcopus Meldensis.

DE LA RÉFUTATION DU QUIÉTISME EN FRANCE.

On répand dans le public bien des discours sur ce que j'ai fait pendant l'espace de près de cinq années pour combattre le quiétisme ; et beaucoup de personnes m'avertissent que mes adversaires attribuent mes efforts, non au zèle pour la vérité, mais à une politique toute mondaine. La Cour, ajoute-t-on, la ville, les provinces, Rome même, la capitale de l'univers, sont remplies de tous ces bruits, qui se détruisent d'eux-mêmes ici où les choses sont connues, mais que les Romains dans un si grand éloignement écouteroient avec plus de facilité : en sorte qu'il est à craindre que les mauvais propos que cent bouches débitent en secret contre moi, ne retombent sur la cause que je soutiens. Or, observe-t-on, un simple exposé des faits suffit pour prévenir les suites de ces complots ; et si je me taisois on imputeroit avec raison mon silence, non à modestie, mais à une lâche insensibilité. Voici donc en abrégé le récit de ce qui s'est passé.

Il y a près de cinq ans qu'un homme très-illustre (a), décoré d'une grande dignité, pria l'évêque de Meaux d'examiner les livres de la Dame Guyon, sa doctrine et toute sa manière, comme l'on dit, de faire l'oraison. Il ajouta que cette Dame le demandoit elle-même, et promettoit de s'abandonner entièrement à la disposition de cet évêque. Le prélat refusant, ce seigneur le pressa de consentir, et le sollicita par tous les droits de l'amitié

(a) Le duc de Chevreuse.

d'entreprendre cet examen. Il ajoutoit, pour l'y déterminer, que ce travail seroit agréable à Dieu, qu'enfin c'étoit un service qu'il devoit à la vérité, et qu'un évêque n'étoit pas maître de dénier son ministère, lorsque de plein gré tout étoit soumis à son jugement.

L'évêque de Meaux déterminé par ces considérations, se rendit à ce qu'on désiroit de lui. On lui apporta en conséquence, avec quelques livres imprimés, plusieurs manuscrits, de longs commentaires de la Dame Guyon sur l'Ecriture, un grand ouvrage concernant sa vie, qui paroissoit avoir été composé par l'ordre de son directeur (a). C'étoit l'abbé de Fénelon, dès lors instituteur des princes, qui portoit à toutes ces démarches, et il l'avouoit lui-même. Le prélat excité par les sentimens qu'il avoit pour un ami très-intime, apportoit d'autant plus de soin à cette discussion.

Six mois presque entiers ayant été employés à lire et à examiner les livres qui lui avoient été confiés, après une longue et sérieuse conférence avec la Dame Guyon, toutes choses bien considérées, l'évêque de Meaux crut être suffisamment instruit pour porter son jugement. Il prononça donc, et par des raisons indubitables il démontra que le genre d'oraison que cette Dame pratiquoit étoit erroné, appartenoit au quiétisme ; qu'en se donnant à elle-même, et à tout ce qui la concernoit des louanges excessives, inouïes et même extravagantes, elle couroit les plus grands risques de se perdre, à moins que désabusée bientôt d'illusions si grossières elle ne suivît de meilleurs guides. L'évêque de Meaux s'aperçut aisément qu'on ne le croyoit pas, et que l'abbé de Fénelon révéroit la Dame Guyon comme une femme fort extraordinaire. Surpris de cet étrange aveuglement, et déplorant l'erreur d'un si beau génie, jour et nuit il s'occupoit des moyens de l'en retirer peu à peu et de la manière la plus douce.

Si déjà je commençois à rapporter ce que l'évêque de Meaux reprenoit dans les écrits et la conduite de cette femme, on auroit peine à le croire. En effet elle racontoit elle-même dans sa *Vie*, que suffoquée par l'abondance des graces dont elle étoit remplie, son corps s'enfloit d'une manière si prodigieuse, qu'elle eût

(a) Le P. La Combe.

rompu ses habits si on ne l'eût promptement délacée. Ainsi ceux qui avoient coutume dans ces états de s'asseoir auprès d'elle, recueilloient en silence la grace qui découloit de sa plénitude, et elle ne pouvoit être soulagée qu'en se déchargeant dans ces vases, comme le fait un tonneau qui se rompt et répand la liqueur qu'il contient. Que dirai-je de ce qu'elle déclare elle-même dans ce livre, qu'elle est cette femme que saint Jean vit dans l'*Apocalypse* revêtue du soleil ; qu'elle enfanteroit un premier né, qui est l'esprit d'oraison, qui devoit régner dans tout l'univers après avoir surmonté tous les efforts de la persécution? Et sur ce règne elle débitoit des choses étranges et inouïes, qu'elle étoit cette pierre angulaire représentée au Prophète; qu'elle étoit celle dont il est dit : Tout ce que vous lierez, tout ce que vous délierez, sera lié et délié. Et quelles folies, quelles impertinences ne soutenoit-elle pas ?

Bien plus interrogée par l'évêque de Meaux sur les demandes qu'elle rejetoit entièrement avec les quiétistes, comme appartenantes à notre intérêt propre : Quoi, Madame, lui dis-je, niez-vous que vous puissiez demander quelque chose à Dieu? — Oui, répondit elle. — Vous ne pouvez donc lui faire cette demande de l'Oraison dominicale : *Remettez-nous nos dettes?* Elle en convenoit. Et moi, repris-je, à qui vous avez soumis votre personne et tout ce qui la regarde, selon le pouvoir que j'en ai, je vous ordonne, et bien plus le Seigneur vous commande par moi de lui demander cette grace. Quelle fut sa réponse? Je puis, dit-elle, réciter les paroles de mémoire ; mais pour imprimer dans mon cœur la chose qu'elles signifient, l'état d'oraison pure et d'un amour gratuit où je suis élevée ne me le permet pas.

Lorsque l'évêque de Meaux exposoit toutes ces erreurs, l'abbé de Fénelon s'étudioit avec tout l'art dont il est capable à adoucir et à excuser les discours de cette femme. Tantôt il relevoit la franchise d'une ame droite et sincère ; tantôt il alléguoit saint Paul, qui avoit loué sa personne et ses actions si pompeusement. Il falloit, ajoutoit-il, éprouver les esprits et ne les pas condamner avec précipitation. Oui, sans doute, les esprits, et non des rêveries extravagantes et manifestes. Que dirai-je encore? L'évêque de Meaux étoit confus des tristes suites de l'infirmité humaine ; mais espérant toujours dissiper l'illusion, il ne cessoit d'avertir, il tenoit secrets tous ces égaremens.

Pendant que ces faits se passoient, une Dame illustre (*a*) aussi recommandable par sa piété que par sa modestie, fit appeler l'évêque de Meaux, qui ne se doutoit pas du sujet de cette invitation. Depuis un temps Madame Guyon s'étoit introduite à la Cour : elle avoit tenu à Versailles des assemblées secrètes, et causé de grands troubles dans le célèbre et royal monastère de Saint-Cyr, d'où le très-vigilant évêque de Chartres (*b*) l'avoit éloignée, ainsi que l'abbé de Fénelon, qui la secondoit principalement en cachette. On étoit également instruit de cette effusion de la grace, dont j'ai parlé, qu'elle répandoit sur ceux qui étoient auprès d'elle. L'évêque de Meaux et l'illustre Dame se communiquèrent leurs vues mutuelles sur les moyens de découvrir les tromperies du quiétisme, et de retirer de l'erreur l'abbé de Fénelon leur ami commun. Avec quelle simplicité, quelle candeur ils le firent l'un et l'autre, Dieu le sait.

Avant tout, on vouloit éviter que l'affaire ne vînt aux oreilles du roi, qui certes selon sa piété et l'aversion qu'il a pour les novateurs, très-instruit des artifices du quiétisme, avoit une extrême horreur de cette secte détestable. François de Harlay archevêque de Paris, fort indisposé contre la Dame Guyon, l'avoit retenue très-étroitement captive dans un monastère ; et après lui avoir rendu sa liberté, il observoit d'un regard sévère toutes ses démarches. Loin de se montrer favorable à Fénelon, il faisoit bien voir que s'il eût trouvé quelque occasion de lui nuire, il l'eût saisie avec empressement.

Peu de temps après, Madame Guyon craignant les effets du mécontentement de l'archevêque de Paris, cherchoit de tous côtés du secours pour s'en garantir. Par la protection de ses amis, elle obtint du roi des examinateurs, au jugement desquels elle devoit s'en rapporter. L'évêque de Châlons aujourd'hui archevêque de Paris, M. Tronson supérieur général de la congrégation de Saint-

---

(*a*) **Madame de Maintenon.** — (*b*) **Versailles et Saint-Cyr étoient sous la juridiction de l'évêque de Chartres.**

Sulpice, étoient ceux que l'on choisit et que l'on voulut joindre à l'évêque de Meaux. La Dame Guyon et l'abbé de Fénelon même, déclaroient qu'ils se remettoient entièrement à la disposition de ces juges. Les écrits se répandoient : Madame Guyon avoit composé un gros volume pour sa défense, et les productions de l'abbé de Fénelon n'étoient pas moins considérables. Il avançoit des choses étonnantes et inouïes, et employoit des excuses très-artificieuses pour justifier la Dame Guyon. Sans peine il la reconnoissoit pour un maître de qui il avouoit avoir appris, soit de vive voix ou par écrit, plus de choses et de plus grandes que de quelque docteur que ce soit. Avec des paroles fort élégantes, il insinuoit un quiétisme tant soit peu coloré.

Les trois examinateurs avoient dessein, s'ils ne pouvoient encore le faire renoncer à ses sentimens et l'engager à condamner madame Guyon, de le resserrer au moins dans des bornes si étroites, qu'il ne fût pas maître de débiter dans le public ce qu'il lui plairoit. Pour cet effet ils préparèrent les trente-quatre Articles d'Issy, où les dogmes de Molinos et de la Dame Guyon furent proscrits avec beaucoup d'opinions particulières à l'abbé de Fénelon. Après avoir un peu tergiversé, il souscrivit cependant à ces articles, pour ne pas paroître manquer à toutes ses promesses; car il avoit protesté par lettres aux examinateurs de sa soumission, et écrit spécialement à l'évêque de Meaux qu'il acquiesceroit à tout ce qu'il décideroit, et que jamais il ne s'écarteroit de sa doctrine. Il craignoit en outre que s'il refusoit de souscrire aux articles, convaincu d'être fauteur du quiétisme, non-seulement il ne se privât de toutes les graces auxquelles il pouvoit prétendre, mais qu'il ne s'attirât encore l'indignation de la ville et de la Cour.

Et en effet depuis environ dix ans, dans le temps surtout où les décrets contre Molinos étoient encore récens, ses partisans répandoient à petit bruit que l'abbé de Fénelon lui-même étoit des amis de Madame Guyon et attaché à la secte. Les protestans anglois dévoués à Molinos, dans un livre imprimé en Hollande sur la conduite et les écrits de ce chef des quiétistes, publioient que cet abbé étoit un de ses défenseurs cachés. Déterminé par toutes ces considérations, l'abbé de Fénelon signa les Articles d'Issy. Mais de peur que cette signature ne passât pour une rétractation, les examinateurs résolurent d'eux-mêmes de se l'associer comme un quatrième juge, qui discuteroit avec eux cette matière importante : tant ils ménageoient son nom et sa réputation, et tant ils désiroient de le corriger et non de le perdre, ce qu'à Dieu ne plaise, ou de le déshonorer.

L'illustre Dame dont j'ai fait mention, très-amie et grande protectrice de l'abbé de Fénelon, étoit la seule qui fût instruite de ces conférences. Elle ne cessoit de l'exhorter à abandonner la défense d'une secte si perverse et d'une femme si dangereuse. Pour lui il se déclaroit alors avec beaucoup de modestie, très-soumis à ce qui avoit été décidé. Toutes ces choses se traitèrent dans un si grand secret, que sur ces entrefaites le roi nomma l'abbé de Fénelon à l'archevêché de Cambray.

Cependant la Dame Guyon, à sa propre réquisition, fut confiée à l'évêque de Meaux pour en prendre soin. On la transféra dans un monastère distingué de son diocèse : elle souscrivit aux trente-quatre articles et à la condamnation que les évêques de Meaux et de Châlons avoient faite de ses livres, les proscrivant elle-même de sa propre main comme contenant une mauvaise doctrine. Enfin elle promettoit tout ce qu'on exigeoit d'elle : l'évêque de Meaux lui donna une attestation de sa soumission, à ces conditions : qu'elle s'abstiendroit désormais d'enseigner et d'écrire; qu'elle ne se chargeroit plus de diriger personne dans les voies spirituelles; qu'elle feroit les prières et les autres actes commandés aux chrétiens. Telles sont les clauses de cette attestation, qu'elle se glorifie d'avoir reçue de l'évêque de Meaux; tels sont les ordres qu'elle reçut, auxquels elle souscrivit, comme les actes le prouvent. Mais ce n'est pas ici le lieu de dire combien elle témoigna dans la suite d'opposition à s'y conformer.

Le moment arriva où le nouvel archevêque devoit être consacré. Il choisit pour son ordination l'évêque de Meaux, lequel assisté de l'évêque de Châlons en fit la cérémonie. Un jour ou deux avant son sacre, cet archevêque à genoux devant l'évêque de Meaux, lui baisa la main droite, et lui dit : Par cette main dont je veux être sacré, je vous promets de ne jamais m'écarter de votre doctrine. C'étoit la même protestation qu'il avoit déjà faite dans plusieurs de ses lettres, et qu'il ne cessoit de renouveler en toutes les manières possibles : ces mêmes lettres font foi de ce que j'avance. L'évêque de Meaux recevoit sans peine ces témoignages de soumission, bien assuré que pour lui il n'enseignoit rien de nouveau, rien de suspect, et qu'il avoit puisé toute sa doctrine dans les Pères.

Cependant il lui restoit encore quelque sujet de défiance, attendu que cet archevêque n'avoit pas expressément condamné la Dame Guyon. L'évêque de Meaux faisoit tout ce qu'il pouvoit pour l'y engager. Dans cette vue, comme il devoit bientôt publier un livre sur les Etats d'oraison, où il réfutoit les principes et les écrits de cette femme artificieuse, il le donna à examiner à l'archevêque de Cambray pour qu'il l'approuvât. Il espéroit que la lecture de ce livre lui ouvriroit les yeux sur l'ignorance et les erreurs de cette femme; qu'en approuvant l'ouvrage, il la condamneroit et déclareroit ouvertement qu'il la rejetoit; ce qui lui feroit honneur et édifieroit toute l'Eglise,

L'archevêque de Cambray prit le livre, promit de l'approuver après l'avoir examiné selon l'usage; car l'évêque de Meaux n'avoit pas cherché à lui dérober son approbation, pour la joindre à celles de l'archevêque de Paris et de l'évêque de Chartres : mais son attente fut vaine. Trois semaines entières s'étoient écoulées, lorsque l'illustre personnage (a) qui avoit engagé l'évêque de Meaux à examiner la doctrine de Madame Guyon, vint le trouver avec des lettres de créance de l'archevêque de Cambray, et lui déclara nettement que ce prélat ne pouvoit approuver son ouvrage.

Mais quel étoit le motif de ce refus? Est-ce qu'il improuvoit la doctrine du livre? Vouloit-il qu'on en adoucît quelques endroits, qu'on en expliquât certaines propositions, ou qu'on en retranchât d'autres? Point du tout. Il refusoit son approbation uniquement parce que l'évêque de Meaux condamnoit dans son *Instruction* la Dame Guyon, que cet archevêque ne vouloit pas blâmer. Je n'ai

(a) Le duc de Chevreuse.

pas dessein de rapporter ici avec quelle force je représentai combien cette conduite de M. de Fénelon feroit de tort, non à l'évêque de Meaux, mais à lui-même ; combien elle seroit nuisible à l'Eglise, préjudicieroit à la gloire de cet archevêque, parce que c'est dans la pureté de la foi que les évêques la doivent faire consister, et enfin combien d'autres inconvéniens résulteroient d'un pareil procédé.

Plus l'évêque de Meaux communiquoit franchement et facilement ses écrits à l'archevêque de Cambray, plus celui-ci usoit de dissimulation pour lui cacher les siens. Ainsi pendant qu'il préparoit son livre des *Maximes*, l'évêque de Meaux étoit le seul à qui il voulût en faire un mystère impénétrable et inaccessible. C'est en effet ce qui est arrivé. Car quoique ce livre dût bientôt paroître, à peine le prélat en avoit-il entendu parler. Dès qu'il en fut informé, affecté de cette nouvelle autant que l'importance du fait le demandoit, il vint trouver l'évêque de Chartres et l'archevêque de Paris, amis particuliers de Fénelon. Il leur rapporta ce qu'il avoit appris de ce livre, leur exposa les maux, les dissensions, les scandales que produiroit la publication d'un tel ouvrage. Pourquoi, en effet, l'archevêque de Cambray le composoit-il dans un si grand secret, et l'enveloppoit-il pour ainsi dire de ténèbres épaisses ? Pourquoi prenoit-il tant de précautions, afin qu'il ne vînt pas à la connoissance de l'évêque de Meaux, si ce n'est qu'il avoit dessein d'y établir une doctrine suspecte et opposée à la sienne ? Qu'en résulteroit-il ? L'évêque de Meaux se tairoit-il, ou réclameroit-il ? Dans les deux partis on devoit craindre ou de trahir la vérité, ou de blesser la charité. Il falloit donc que l'archevêque de Paris agît auprès des amis de l'archevêque de Cambray, qui étoit alors absent, auprès du roi même, pour que le livre de ce prélat ne parût que d'un commun accord : mais en vain. Les amis de M. de Cambray, pour que M. de Paris ne pût les traverser, publièrent le livre dès le lendemain, le présentèrent au roi, et éludèrent ainsi un avis salutaire qui devoit empêcher de si grands maux.

Tout le monde sait quelles furent les suites de cette conduite. On vit de tous côtés une grande commotion, à la ville, à la Cour, dans les provinces, et qui s'étendit jusqu'à Rome. Tous les esprits furent émus en même temps avec une si grande vivacité et tant de promptitude, que la flamme n'embraseroit pas plus vite une forêt. Les amis de l'archevêque de Cambray furent saisis de cet événement, et ils firent ce qu'ils pouvoient, qui étoit d'attribuer à l'évêque de Meaux un mouvement si subit ; comme si la ville et la Cour, les savans et les ignorans se remuoient à ses ordres. Ils disoient qu'offusqué par l'éclat d'un si beau génie, l'envie qu'il portoit à M. de Cambray l'engageoit à exciter tous ces troubles à l'aide d'une aveugle cabale.

Mais quoi ! qu'on nous dise en quel temps, dans quel lieu, avec quelles personnes cette grande faction s'est formée. Est-ce donc avec ceux qui étoient le plus attachés à cet archevêque, avec ceux dont la protection l'a élevé aux plus grandes dignités ? En quel temps ces complots ont-ils été tramés ? Etoit-ce lorsque Fénelon remettoit tout entre les mains de l'évêque de Meaux ? Seroit-ce dans le cours des trois années où cet évêque travailloit avec tant de soin, pour que Fénelon ne parût pas être attaché à la nouvelle prophétesse, ni approuver une doctrine très-pernicieuse ? Soupçonnera-t-on que ce fut dans les circonstances où il protestoit par une multitude de lettres, qu'il ne s'écarteroit jamais des sentimens de l'évêque de Meaux ? Les lettres qui le déclarent existent. Dira-t-on que cet évêque préparoit les traits de sa jalousie contre Fénelon, au moment où il le prioit de le consacrer, et où lui renouvelant toutes ses promesses, il témoignoit tant de désir de le convaincre de ses dispositions ? Enfin sera-ce lorsque l'évêque de Meaux confia son livre à cet archevêque, pour qu'il l'approuvât ?

Jusqu'ici nul sujet de crainte pour M. de Cambray : tout ce qui concernoit cette affaire étoit enseveli dans un profond silence ; et le plus petit bruit de ses erreurs, que personne ne s'offense de cette expression, n'étoit pas encore parvenu aux oreilles du roi. C'est cet archevêque lui-même qui s'est manifesté par la publication de son livre, et qui a ému contre lui tous les esprits. La suite des faits confirme cette vérité, et l'on me permettra de la dire. Toute la conduite de l'évêque de Meaux à l'égard de M. de Cambray, avant cet époque, est remplie de tant de marques de bienveillance, qu'il ne s'y trouve aucun espace où il ait pu lui tendre des embûches. Tous les périls qu'il a courus ont été causés par son livre : c'est là la source et le principe de tous les maux : de là la divulgation des faits que l'évêque de Meaux, par affection pour M. de Fénelon, avoit voulu tenir cachés, en s'exposant lui-même à quelque disgrace.

Si l'évêque de Meaux n'avoit été bien disposé en faveur de M. de Cambray, pourquoi auroit-il travaillé de tout son pouvoir à empêcher que son livre ne parût? Pourquoi, après qu'il eut été publié, garda-t-il le silence si longtemps, que les amis de M. de Cambray en prirent occasion de répandre que l'évêque de Meaux, malgré tous ses efforts, n'avoit rien pu trouver de répréhensible dans cet ouvrage? Il se taisoit en effet, jusqu'à ce que après avoir clairement reconnu toutes les erreurs du livre et les avoir comparées entre elles, il fût manifeste qu'un évêque ne pouvoit dans cette occasion se dispenser sans crime de parler en faveur de la vérité.

Mais avant tout, il convenoit de mettre sous les yeux de cet archevêque les fautes de son livre. C'est ce qui a été exécuté par des écrits très-lumineux, dont on a parlé ailleurs. Il est si constant que toutes les objections qu'on formoit contre ce livre lui ont été communiquées, que nous avons les réponses qu'il fit à chacune. Quoi de plus évident? S'il manquoit encore quelque chose pour que l'affaire traitée par des écrits réciproques n'allât pas à l'infini, l'archevêque de Paris, l'évêque de Chartres et surtout celui de Meaux, demandoient avec instance que les questions fussent discutées dans une conférence. M. de Fénelon s'opposoit fortement à ce qu'on prît cette voie pour éclaircir les difficultés, quoique le nonce apostolique, témoin de ce que je rapporte, voulût l'y engager, quoique le roi même l'y exhortât. Sans doute il avoit dessein de servir la faction de l'évêque de Meaux ; il vouloit fournir à sa jalousie, j'ai honte de le dire, une excuse si raisonnable.

Et par quel motif, grand Dieu, l'évêque de Meaux auparavant si porté à favoriser M. de Cambray, seroit-il devenu jaloux de ce prélat, après la publication de son livre? Que pouvoit-il donc lui envier? Quoi? De vaines subtilités, une théologie vide de choses et sans utilité, un génie sublime rabaissé à des spéculations basses et futiles, une élégance de style employée à décorer un faux culte, les leçons de la Dame Guyon, la défense du quiétisme couverte des apparences de la piété? Ah! que je suis à plaindre d'être obligé de raconter des choses que je déplore et dont je rougis !

Les évêques que M. de Cambray avoient appelés en témoignage, voyoient avec douleur son obstination à défendre les erreurs de son livre : ils savoient qu'il avoit écrit pour cet objet une lettre au souverain Pontife. Leurs efforts et leurs démarches pour fléchir l'esprit de leur frère ayant été inutiles, il leur fallut céder à la nécessité, et ils remirent au nonce apostolique leur *Déclaration* sur la doctrine du livre.

La suite des événemens démontre donc la vérité de ces faits. Fénelon lui-même a publié combien il étoit attaché au quiétisme et dévoué à la nouvelle prophétesse. Et pourquoi, tandis qu'il fait plusieurs fois une énumération des faux mystiques, ce qu'on remarque avec raison dans la *Déclaration des évêques*, s'arrête-t-il aux illuminés d'Espagne, et passe-t-il entièrement sous silence Molinos, la Dame Guyon, et tous les quiétistes de notre siècle? Pourquoi dans sa lettre à Innocent XII ne parle-t-il point de cette femme, affoiblit-il les censures portées contre les quiétistes, et laisse-t-il intact le livre de Molinos? Maintenant animé du même esprit, quoiqu'il eût souvent promis qu'il condamneroit en termes clairs Madame Guyon, il s'est contenté dans un très-gros *Mandement* qu'il a publié, de noter Molinos et les LXVIII propositions de cet auteur, que Rome a flétries; mais il n'a dit mot de son livre également proscrit par le Siége apostolique, et il a gardé un grand silence sur la Dame Guyon comme ayant destiné tout son écrit à la justifier secrètement. Il nous seroit aisé de prouver toutes ces allégations; mais nous en avons assez dit pour montrer la droiture des procédés de l'évêque de Meaux, et la force de l'attachement de l'archevêque de Cambray pour Madame Guyon.

Sur la demande qu'on m'en a faite, j'ai écrit ceci pour rendre témoignage à la vérité.

† J. Bénigne, évêque de Meaux.

LETTRE PREMIERE.

MADAME GUYON AU PÈRE LA COMBE, BARNABITE.

Ce 28 février 1683.

Il y aura quantité de croix qui nous seront communes (*a*); mais vous remarquerez qu'elles nous uniront davantage en Dieu, par une fermeté invariable à soutenir toutes sortes de maux. Il me semble que Dieu veut me donner une génération spirituelle et bien des enfans de grace, que Dieu me rendra féconde en ce monde. Vous aurez des croix, et des prisons nous sépareront corporellement; mais l'union en Dieu sera inviolable. L'on sent la division, quoiqu'on ne sente pas l'union.

J'ai fait cette nuit un songe qui marque d'étranges renversemens, si l'on pouvoit s'y arrêter : à mon réveil mes sens en étoient tout émus. Il n'arrive rien que ce que le monde peut produire : il menace bien, et la tempête gronde longtemps. Je ne sais quel sera la foudre ; mais il me semble que tout l'enfer se bandera pour empêcher le progrès de l'intérieur, et la formation de Jésus-Christ dans les ames. Cette tempête sera si forte, qu'à moins d'une grande protection et fidélité, on aura peine à la soutenir. Il me semble qu'elle vous causera agitations et doutes, parce que votre état ne vous ôtant pas toute réflexion, la tempête sera telle qu'il ne restera pierre sur pierre. Tous vos amis seront dissipés ; et ceux qui vous resteront vous renonceront et auront honte de vous, en sorte qu'à peine vous restera-t-il une seule personne. Ceci sera très-long, et il y aura une suite et un enchaînement de croix si étranges, tant d'objections et de confusions, que vous en serez surpris. Et comme avant la fin du monde, qui est proprement le second avénement de Jésus-Christ, il se passera d'étranges choses, à proportion de cet avénement-ci en arrivera-t-il ; et il semble même que dans toute la terre il y aura trouble, guerre et renversement. Et comme le Fils de Dieu,

---

(*a*) Voyez la *Relation sur le quiétisme*, sect. II, n. 16 ; ci-dessus, vol. XX, p. 97. Et *Vie de Madame Guyon, écrite par elle-même*, p. 46, 49, 489.

ou plutôt ses enfans, indivisiblement avec lui, seront répandus par toute la terre, il faut que le prince de ce monde remue toute la terre de divers signes et misères : plus elles seront fortes, plus la fin sera proche. Et comme Jésus-Christ naquit dans la paix de tout le monde, il ne naîtra pour ainsi dire spirituellement que dans la paix générale, qui sera durable pour du temps. L'Evangile sera prêché par toute la terre : mais comme les Vertus du ciel seront ébranlées, croyez que vous le serez vous-même pour des momens, et que le démon attaquant le ciel de votre esprit, vous portera à vouloir tout quitter ; mais Dieu, qui vous a destiné pour lui, vous fera voir la tromperie. Je vous avertis de n'écouter votre raisonnement et vos réflexions que le moins que vous le pourrez ; et j'ai un fort instinct de vous dire de garder cette lettre, même de la cacheter de votre main, afin que vous voyiez que les choses vous ont été prédites, lorsqu'elles arriveront. Ne dites pas que vous ne voulez pas d'assurance ; car il ne s'agit pas de cela, mais de la gloire de Dieu. Rien ne pourra vous en donner alors.

Je ne sais ce que j'écris. Allons, il n'est plus temps, ni pour vous ni pour moi, d'être malade : levons-nous ; car le prince de ce monde approche. De même qu'à la venue de Jésus-Christ il s'était fait quantité de meurtres des prophètes, il y avoit eu tant de guerres que le peuple Juif avoit été comme anéanti : ainsi la véritable piété, qui est le culte intérieur, sera presque détruite ; et ce culte sera persécuté en la personne des prophètes, c'est-à-dire de ceux qui l'ont enseigné, et la désolation sera grande sur la terre. Durant ce temps, la femme (a) sera enceinte, c'est-à-dire pleine de cet esprit intérieur, et le dragon se tiendra debout

(a) Dans sa *Vie*, p. 503, elle vit qu'elle étoit cette femme. Cela arriva en 1683. La *Lettre au P. La Combe* est rapportée à la page 469 : elle ne suit pas les jours, mais les années. Elle parle de ce qui lui arriva le jour de la Purification, le P. La Combe étant alors avec elle : elle avoit eu vingt-deux jours de fièvre continue, et le jour de la Purification elle étoit retombée plus dangereusement que jamais. Lui lisant cette lettre et lui parlant de cette femme délaissée, elle n'hésita point de dire qu'elle l'étoit : elle détermina le temps de l'accomplissement de sa prédiction au siècle qui court, sans déterminer si ce seroit à la fin de celui-ci, ou au commencement de l'autre. Madame la duchesse de Chevreuse m'a dit que la paix et le commencement du changement arriveroit en 1695. M. de Chevreuse n'en est pas disconvenu. (*Note de Bossuet.*)

devant elle sans pourtant lui nuire, parce qu'elle est environnée du soleil de justice, qu'elle a la lune sous les pieds qui est la malice et l'inconstance, et que les vertus de Dieu lui serviront de couronne. Mais il ne laissera pas de se tenir toujours debout devant elle, et de la persécuter de cette manière. Mais quoiqu'elle souffre longtemps par de terribles douleurs de l'enfantement spirituel, qu'elle crie même par la violence, Dieu protégera son fruit ; et lorsqu'il sera véritablement produit et non connu, il sera caché en Dieu jusqu'au jour de la manifestation, jusqu'à ce que la paix soit sur la terre. La femme sera dans le désert sans soutien humain, cachée et inconnue : on vomira contre elle des fleuves de la calomnie et de la persécution : mais elle sera aidée des ailes de la colombe ; et ne touchant pas à la terre, le fleuve sera englouti durant qu'elle demeurera intérieurement libre, qu'elle volera comme la colombe, et qu'elle se reposera véritablement sans crainte, sans soins et sans souci. Il est dit qu'elle y sera nourrie, et non qu'elle s'y nourrira. Sa perte ne lui permettant pas de faire réflexion sur ce qu'elle deviendra, et de penser pour peu que ce soit à elle ; Dieu en aura soin. Je prie Dieu, si c'est sa gloire, de vous donner l'intelligence de ceci.

LETTRE II.

MADAME GUYON A DOM GRÉGOIRE BOUVIER, CHARTREUX, SON FRÈRE.

Ce 12 décembre 1689.

Vous ne devez pas douter, mon très-cher Frère, que ce ne soit avec beaucoup de plaisir que je reçois de vos nouvelles ; mais je vous dirai simplement que votre dernière m'en a donné plus que nulle autre : elle a le goût du cœur ; vous êtes le seul de ma famille qui goûtiez la conduite de Dieu sur moi. Elle est en effet trop impénétrable pour être comprise par la raison : le cœur la goûte, et la raison s'y perd. Vous ne sauriez dire le bien que Notre-Seigneur fait faire à Grenoble pour l'intérieur. Ah ! qu'il fait bon s'abandonner à lui, et qu'il récompense bien pour un moment de perte en lui, ce qu'il a fallu souffrir pour y arriver !

Mais quand il n'y auroit point d'autre récompense que celle de faire sa volonté sans réserve et sans résistance, ho! qu'on seroit très-bien récompensé! Il faut que je verse mon cœur dans le vôtre, et que je vous dise que je trouve partout cette volonté essentielle de Dieu, non hors de lui, mais en lui-même ; en sorte qu'il m'a mise dans l'impossibilité de faire autre chose que ce qu'il veut de moment en moment, sans que je puisse me regarder moi-même, ni aucune créature; mais tout se fait en Dieu (*a*). Si je voulois me regarder, je ne puis plus me trouver, et ne sais plus ce que c'est de moi ni de mien : tout est à Dieu, et tout est Dieu. C'est ce qui fait que n'ayant rien de propre, il veut bien se servir de ce néant où il habite, pour s'attirer une quantité d'ames de toutes conditions et états dans l'intérieur ; et vous ne sauriez croire le nombre des personnes de mérite, d'âge, prêtres, religieux, qui veulent bien chercher Dieu de tout leur cœur dans leur intérieur où il habite, et agréer ce que Dieu leur fait dire par une petite femmelette. Ils ne l'ont pas plutôt fait avec docilité que Dieu, pour confirmer ce qu'elle leur dit, leur fait expérimenter sa présence d'une manière très-intime. Notre-Seigneur me fait parler le jour et écrire la nuit ; et quoique je n'aie point de santé, il fournit à tout.

Je vous dis ceci dans le secret, ne sachant pas pourquoi le Maître me le fait dire. Il m'a fait écrire le sens mystique de la Bible, sans autre livre que cette même Bible. En moins de six mois, l'Ancien Testament a été achevé, qui est un ouvrage de plus d'une rame de papier, et en des maladies continuelles, sans que l'interruption interrompît le sens et sans qu'il me fût nécessaire de le relire. Où j'en suis demeurée, je continue ; et tout s'est trouvé dans une suite admirable, sans rature que quelques mots mal écrits, mais dans un sens si propre et si beau, qu'il ne se peut rien de plus. Je n'avois point d'autre part à cet ouvrage que le mouvement de la main ; ce qui est aisé à voir, étant des choses si sublimes, que je n'aurois pas pu les apprendre. Je vous dis ceci sous le sceau de la confession. Il a fallu obéir à Dieu selon tout

---

(*a*) Ainsi plus d'erreur, plus de péché, plus de défaillance possible ; mais l'indéfectible perfection, l'union béatifique dès cette vie.

ce qu'il a voulu, sans que nul intérêt de famille, de biens, d'enfans, ni quoi que ce puisse être me puisse détourner.

Je n'ai parlé de ceci à personne. J'ai voulu quelquefois écrire mes dispositions d'abandon à Dieu, au P. de la Motte (*a*) ; il n'y est point entré : il prend tout du côté de la tromperie. Je demeure abandonnée à Dieu, aussi contente d'être trompée que de ne l'être pas, parce que je n'ai point d'intérêt qui me soit propre : et quand je serois assurée d'être damnée, je ne me voudrois désister un moment de faire la volonté de Dieu, parce que je voudrois le servir pour lui-même, par cet esprit d'abandon à sa divine conduite intérieure et extérieure. Oh, que si nous savions bien cesser d'agir pour laisser agir Dieu en nous, que nous serions heureux ! et nous abandonner pour l'extérieur à tous les mouvemens de la Providence. Toutes nos peines ne viennent que de ce que nous voulons pour l'intérieur ou l'extérieur, quelque chose que nous n'avons pas, ou que nous ne voulons pas quelque chose que nous avons. Mais celui qui ne veut rien que ce qu'il a, tel qu'il soit ; qui est aussi content de sa pauvreté intérieure que des plus grandes richesses ; qui n'a pas de volonté, de penchant, de désir, d'inclination pour quoi que ce soit, quelque relevées pussent-elles être, celui-là est parfaitement heureux (*b*). C'est, mon très-cher Frère, l'état où je vous souhaite. La mort et la vie est égale à une telle ame. Je vous porterois envie, si je pouvois vouloir autre chose que la volonté de Dieu, de ce que votre âge et votre infirmité vous disposent à vous aller unir encore plus étroitement à votre Dieu, et que vous allez voir celui qui est plus aimable que toutes les vies. Pour moi, qui suis indigne d'un si grand bien, je me contente de la volonté de mon Dieu, qui est plus pour moi que tout le paradis.

(*a*) Son beau-frère, qui étoit supérieur des Barnabites de Paris. — (*b*) Celui-là est moins ou plus qu'un idiot.

LETTRE III.

MADAME GUYON A BOSSUET.

Ce ..... septembre 1693.

Je ferai exactement, Monseigneur, tout ce que vous me marquez (a); et je ne verrai personne, ni n'écrirai point de lettre, comme j'ai commencé de faire depuis six semaines. Je n'aurai nulle peine à croire que je suis trompée, ayant bien mérité que Dieu me laissât à l'esprit d'illusion : mais il me semble que mon cœur me rend témoignage qu'il ne me laisse point à celui d'erreur ; car il me semble qu'il me donne une telle démission d'esprit pour tout, et une si grande foi pour tout ce qui est de l'Eglise, que je condamnerois au feu ma personne, aussi bien que mes écrits, si je trouvois en moi le moindre arrêt à aucune pensée particulière.

Lorsque j'appelle un *consentement passif,* je veux dire un consentement que le même Dieu qui le demande fait faire. J'avois cru jusqu'à présent, que Dieu étoit également auteur d'un certain silence qu'il opère dans l'ame et de certains actes qu'il fait faire ; où il paroît à la créature qu'elle n'a d'autre part que celle de se laisser mouvoir au gré de Dieu. Ils sont si simples, que l'ame qui les fait ne les distingue pas. Mais si je me suis trompée, ce n'est pas une chose fort extraordinaire qu'une femme ignorante se soit trompée. S'il y a quelque chose de bon dans mes écrits, il vient de Dieu seul : s'il y a du défaut, de la méprise et de l'erreur, il est de moi ; et je ne suis pas fâchée que cela ait servi à vous faire voir, Monseigneur, de quoi je suis capable. Dieu n'en est pas moins saint, et ses voies n'en sont pas moins admirables, pour avoir été écrites par une personne qui se trompe dans ses expressions. Mon dessein ne fut jamais d'imprimer ; et je vous promets de ne plus ni écrire, ni parler de ces matières, ayant bien plus de penchant pour la solitude que pour toute autre chose. Comme ma *Vie* avoit été écrite avec une grande simpli-

(a) Voyez la *Relation sur le quiétisme,* sect. II, n. 9. Ci-dessus, vol. XX, p. 94.

cité, j'y avois mis tout ce que je croyois avoir senti : mais puisque je me suis trompée, il n'y a, Monseigneur, qu'à tout brûler. Si Dieu veut faire écrire sur ces matières dans la suite, il se servira de personnes moins mauvaises, et qui ne mêleront pas leur propre esprit avec sa vérité. J'ai moi-même horreur de ce mélange. Ainsi, Monseigneur, il n'y a qu'à tout brûler : je n'en aurai, ce me semble, aucune peine, ni même de ma condamnation, pourvu que Dieu soit glorifié, connu et aimé.

Je ressens, comme je dois, Monseigneur, les obligations que je vous ai de la peine que vous voulez bien prendre de me redresser dans mes égaremens, vous assurant qu'avec la grace de Dieu, vous trouverez toujours en moi un profond respect et une entière soumission.

Il n'est pas parlé, ce me semble, du corps dans ces douleurs exprimées dans ma *Vie*, mais bien du cœur. Si cela est écrit autrement, c'est une faute de la copie.

LETTRE IV.

MADAME GUYON A BOSSUET.

Ce 5 octobre 1693.

La confiance que Dieu m'a donnée en votre lumière et en votre discernement, me fait prendre celle de vous demander que Dieu soit votre seul conseiller dans l'examen que vous voulez bien vous donner la peine de faire (*a*). Qu'il se fasse entre Dieu et vous, Monseigneur ; que ce soit sa pure lumière qui vous donne le discernement du vrai et du faux ; que son onction vous enseigne les effets de cette même onction dans les ames. Ce qui me fait vous parler de la sorte, Monseigneur, c'est que j'ai toujours trouvé mon compte avec mon Dieu et avec ceux qui se sont laissé guider par son esprit. Je vous avoue ingénument que j'aime fort que mon sort soit entre ses mains. Les personnes que vous pourriez consulter sur cela, n'auroient peut-être pas l'expérience et

(*a*) Voyez la *Relation sur le quiétisme*, sect. II, n. 1 et 8. Ci-dessus, vol. XX, p. 89 et 94.

la lumière des états intérieurs ; joint à ce que n'étant employés par aucun caractère à cette recherche, Dieu ne leur manifesteroit peut-être pas sa vérité. Pour vous, Monseigneur, entre les mains duquel après Dieu j'ai remis toutes choses, j'espère de la bonté de Dieu qu'elle ne vous laissera pas prendre le change. Je n'ai point sollicité votre piété à m'approuver, puisque je ne désire que la vérité. Je ne prétends pas qu'aucunes considérations humaines rendent ma cause bonne : c'est celle de Dieu. S'il a permis que je me sois méprise, je n'ai jamais prétendu soutenir mes sentimens, mais condamner moi-même en moi ce que vous y condamneriez.

Je vous prie seulement, Monseigneur, de faire attention que je n'ai jamais mis la piété dans les choses extraordinaires; que ce sont celles dont je fais le moins de cas, selon ce que j'ai eu l'honneur de vous dire. Si je les ai marquées dans ma *Vie*, ce n'a été que pour obéir, sans vouloir qu'on s'y arrêtât le moins du monde. Ce n'est donc point par là qu'on doit juger d'une ame, mais sur son état intérieur très-détaché de tout cela, sur l'uniformité de sa vie et sur ses écrits.

Il y a de trois sortes de choses extraordinaires que vous avez pu remarquer, Monseigneur : la première qui regarde les communications intérieures en silence : celle-là est très-aisée à justifier par le grand nombre de personnes de mérite et de probité qui en ont fait l'expérience. Ces personnes, que j'aurai l'honneur de vous nommer lorsque j'aurai celui de vous voir, le peuvent justifier. Pour les choses à venir, c'est une matière sur laquelle j'ai quelque peine qu'on fasse attention : ce n'est point là l'essentiel; mais j'ai été obligée de tout écrire. Nos amis pourroient facilement vous justifier cela, soit par des lettres qu'ils ont en main, écrites il y a dix ans, soit par quantité de choses qu'ils ont remarquées, et dont je perds facilement l'idée. Pour les choses miraculeuses, je les ai mises dans la même simplicité que le reste. J'ai écrit la vérité, telle qu'elle a paru aux autres et à moi; mais je n'en ai jamais jugé, n'y faisant pas même d'attention. Judas a fait des miracles; ainsi je suis bien éloignée de fonder sur cela.

Toute la grace que je vous demande, Monseigneur, est de suspendre votre jugement jusqu'à ce que vous m'ayez examinée à fond. Pour le faire avec succès, il faut, s'il vous plaît, que vous ayez la charité de me voir plusieurs fois et de m'entendre. Si vous voulez bien me permettre d'aller dans votre diocèse d'une manière inconnue, cela se feroit plus facilement et sans bruit. Je me mettrai dans un couvent ou dans une maison particulière, telle qu'il vous plairoit de me l'ordonner, vous assurant que vous verrez en toute occasion des preuves de ma docilité, de ma soumission et du profond respect avec lequel je suis, Monseigneur, votre très-humble et très-obéissante servante. DE LA MOTTE GUYON.

Si vous voulez bien, Monseigneur, me dire vos difficultés, et ce qui vous fait peine dans les écrits et dans la *Vie*, j'espère que Dieu me fera la grace de vous les éclaircir. Je vous assure déjà par avance que je consens que vous les brûliez tous, si Notre-Seigneur vous l'inspire. Je vous prie aussi de lire le *Moyen court et facile de faire l'oraison*.

ÉCRIT DE MADAME GUYON,
QUI ACCOMPAGNOIT SA LETTRE.

La main du Seigneur n'est pas accourcie.

Il me semble qu'il n'y aura pas de peine à concevoir les communications intérieures des purs esprits, si nous concevons ce que c'est que la céleste hiérarchie, où Dieu pénètre tous les anges et ces esprits bienheureux se pénètrent les uns les autres. C'est la même lumière divine qui les pénètre, et qui, faisant une réflexion des uns sur les autres, se communique de cette sorte. Si nos esprits étoient purs et simples, ils seroient illuminés; et cette illustration est telle, à cause de la pureté et simplicité du sujet, que les cœurs bien disposés qui en approchent ressentent cette pénétration. Combien de saints qui s'entendoient sans se parler ? Ce n'est point une conversation de paroles successives, mais une communication d'onction, de lumière et d'amour. Le fer frotté d'aimant, attire comme l'aimant même. Une ame désappropriée, dénuée, simple et pleine de Dieu, attire les autres ames à lui, comme les hommes déréglés communiquent un certain esprit de déréglement. C'est que sa simplicité et pureté est telle, que Dieu attire par elle les autres cœurs.

Saint Augustin parle de ce silence dans ses *Confessions*, où il dit que parlant avec sainte Monique, ils furent enlevés dans ce silence ineffable; mais qu'à cause de la foiblesse il en faut revenir aux paroles. Plût à Dieu que nos cœurs fussent assez purs, pour n'avoir point d'autre communication avec les créatures. Lorsqu'on est deux ou trois assemblés au nom du Seigneur, on éprouve si fort qu'il y est, qu'il faut avouer que s'il y a de la tromperie, Dieu s'en mêle ; car il est certain que le diable ne peut entrer ici. Il peut bien contrefaire tout ce qui a quelque forme et figure expresse, ou discours, mais non pas une chose qui n'a rien de tout cela, et qui est d'une simplicité, pureté et netteté admirable.

LETTRE V.

MADAME GUYON A BOSSUET.

Ce 22 octobre, 1693.

Comme je n'ai point d'autre désir, Monseigneur, que celui de vous obéir très-exactement, je vous prie de m'ordonner ce qu'il vous plaît que je fasse. Je me retirai le 13 du mois de septembre à la campagne, dans un lieu où je n'ai de commerce qu'avec les filles qui me servent. J'en ai laissé une à Paris chez moi, qui sait seule où je suis, et qui m'envoie les lettres qu'on m'écrit. J'en ai usé de la sorte, pour éviter de donner des conseils à ceux qui m'en demandoient dans leurs besoins, jusqu'à ce que vous ayez connu, Monseigneur, si je suis trompée ou non. Ce n'est pas que je puisse me défier de mon Dieu, non assurément; mais j'ai un si grand respect pour ce qu'il vous plaira de juger, ou plutôt pour ce que Dieu vous inspirera de juger de moi, que j'en croirai ce que vous m'en direz, sans néanmoins que je puisse me donner aucun mouvement par moi-même. Je suis donc prête à m'exiler moi-même pour toujours, prête aussi à revenir chez moi pour y souffrir toutes les confusions imaginables, prête encore à subir la prison et même la mort.

Mais, Monseigneur, je vous demande d'avoir pitié d'une infinité d'ames qui gémissent : les enfans demandent du pain, et personne ne leur en rompt. Le diable se sert de la malice de quelques-uns qui abusent de tout et qui, se disant intérieurs et ne l'étant point, causent beaucoup de mal et par le scandale qu'ils donnent nuisent extrêmement à la vérité.

De tout temps il y a eu une voie active et une contemplative; c'étoient deux sœurs qui vivoient d'intelligence. A présent, malgré le témoignage de Jésus-Christ, Marthe l'emporte sur Marie. L'on veut même établir celle-là sur la ruine de l'autre; l'on travaille à détruire la vérité croyant l'établir.

C'est cette vérité, Monseigneur, qui a recours à vous. Vous l'avez si bien défendue contre les ennemis de la religion catholique; defendez-la encore, sitôt que Dieu vous la fera sentir; je dis sentir, car cette vérité n'est pas de simple spéculation comme bien d'autres, elle est d'expérience. Que je la souhaite pour vous, Monseigneur, cette heureuse expérience, qui rend l'amertume douce, qui change la douleur en félicité, qui fait d'heureux misérables, qui leur apprend qu'il n'y a de solide plaisir que dans la perte de tout ce que les hommes peu éclairés appellent de ce nom !

Je ne désire point, Monseigneur, être justifiée personnellement; mais je désire que quelqu'un fasse connoître que les sentiers de l'intérieur ne sont ni faux, ni chimériques, ni pleins d'erreurs. J'ose dire que l'ouvrage de l'intérieur est celui de Dieu : s'il n'étoit point son ouvrage, il se détruiroit de lui-même; mais comme c'est le sien, il se multiplie comme les Israélites par l'oppression et la persécution. Les personnes les plus grossières que Dieu instruit lui-même, sont conduites par là. Il y en a qui souffrent des tourmens inexplicables faute de secours. Vous en gémiriez, Monseigneur, si vous le voyiez : car plus ces pauvres ames sont combattues par les doutes et les incertitudes où l'on les met, plus Dieu les exerce d'une manière surprenante, se servant même souvent des démons pour cela. Que je périsse, Monseigneur, comme une victime de la justice de mon divin Maître; mais ayez pitié de ces pauvres ames; cela est digne de vous.

Qu'il sera glorieux à un prélat si plein de science, de zèle et de piété, de démêler le faux du vrai ! Vous verrez par la lettre ci-jointe (*a*), que je vous prie de brûler après l'avoir lue, la peine de

(*a*) Nous avons de cette lettre un fragment que ne donnent pas les éditions. Le feuillet qui le renferme a été déchiré, sans doute pour soustraire aux yeux de la postérité de nouvelles fureurs du calme quiétiste, à l'endroit où nous le terminons. Voici ce fragment.

Ma chère Mère, m'étant toujours flattée que votre absence ne seroit pas longue, je suis demeurée en paix au milieu de mes rages et de mes furies, en faisant un sacrifice à Dieu de tous les moyens qu'il me donne pour aller à lui, en m'abandonnant sans réserve, quoique le plus souvent sans aucun sentiment. Mais à présent, ma chère Mère, je n'ai plus toutes ces vues ; je n'éprouve que des sentimens tout contraires aux mouvemens d'abandon et de soumission à la volonté du Seigneur, que vous m'avez inspirés tant de fois par votre silence qui m'a toujours parlé avec tant de force, qu'il m'est impossible de ne le pas entendre étant auprès de vous. Mais, ma chère Mère, j'en suis trop éloignée pour l'entendre. Le Seigneur me veut dans un plus grand dénuement, en me privant de tout secours ; et m'ôtant les moyens, il veut que j'aille à lui par une voie de ténèbres et d'abandon, dans une foi nue. C'est ce qu'il demande certaines ames : il y en a de cette sorte bien plus qu'on ne pense. Je n'ose plus répondre à personne sur ces matières : il me semble que je serois prête de mourir pour une seule ame, et prête aussi de ne parler jamais à aucune. Condamnez mes méprises, Monseigneur, si vous en trouvez dans mes écrits : je les condamne dès à présent moi-même; mais démêlez la vérité de mes mauvaises expressions, et devenez son défenseur après m'avoir jugée sévèrement. J'espère, Monseigneur, que vous ne désagréerez pas ma liberté, puisqu'elle est produite par la confiance que Notre-Seigneur me donne en vous, et que vous vous laisserez persuader de mon profond respect et de ma parfaite soumission.

DE LA MOTTE GUYON.

Je ne vous importunerai plus (a), si vous avez la bonté de me faire savoir votre volonté.

LETTRE VI.

MADAME GUYON A BOSSUET.

Ce 25 janvier 1694.

J'attends vos ordres, Monseigneur, pour me rendre où il vous plaira (b), vous assurant que je n'ai point d'autre désir que de vous obéir, non-seulement comme à un évêque pour lequel j'ai un fort grand respect, mais comme à une personne pour laquelle Notre-Seigneur me donne une entière confiance. Je conserve dans

---

de moi que cet abandon total ; mais il y trouve tant d'opposition, qu'il ne peut achever son ouvrage.

Je suis aussi, ma chère Mère, privée du R. P. Alcaume (a). Cela m'apprend bien qu'il faut tout perdre, et demeurer sacrifiée aux pieds du Seigneur tant qu'il lui plaira. Mais je suis bien éloignée de tout cela, ne sentant que des révoltes et des rages contre Dieu et nos mystères. Ma peine sur la communion est toujours de même : je n'ai que des pensées de blasphème et de désespoir quand il la faut faire. Je suis quelquefois dans de si grandes furies contre moi, que je suis prête à me donner le coup de la mort plutôt que de....

(a) Indice certain qu'elle n'en finira point. — (b) Voyez la *Relation*, sect. I, n. 4; sect. II, n. 20. Ci-dessus, volume XX, p. 87 et p. 99.

(a) Jésuite qui donnoit tête baissée dans toutes les folies du quiétisme. Comme on le voit dans la *Relation* de l'abbé Phelippeaux, le roi le chassa de Paris.

mon cœur toute la reconnoissance que je dois de la peine que vous prenez pour éclaircir la vérité sans prévention. J'ose vous assurer, Monseigneur, que Dieu vous en récompensera dès cette vie par l'abondance de ses graces. Jésus-Christ et Bélial ne sont jamais en même lieu ; il faut que l'un cède la place à l'autre. Où Jésus-Christ se fait sentir, il est aisé de conclure que le démon n'y a pas de part : cependant Dieu permet qu'on ne puisse le discerner en moi. J'attends de vous, Monseigneur, la connoissance de la vérité, résolue de croire de moi ce que votre cœur vous en dira. C'est ce cœur vide que je prends pour mon juge, espérant que Dieu le fera sortir de cet équilibre où vous l'avez tenu avec tant de droiture et de fidélité ; ce que je vous proteste n'avoir point encore trouvé, jusqu'à ce que Notre-Seigneur m'ait adressée à vous, Monseigneur, pour lequel je conserverai toute ma vie un respect inviolable et une soumission entière.

DE LA MOTTE GUYON.

Ayez la bonté de me faire savoir le lieu et le temps où il vous plaît que j'aie l'honneur de vous voir (*a*), afin de m'y rendre : il faut que je sois avertie quelques jours devant, à cause d'une voiture. Si vous avez cette bonté, et que M. de Chevreuse ne soit pas à Paris, vous aurez, s'il vous plaît, celle d'envoyer chez Madame la duchesse de Charost qui me le fera savoir.

LETTRE VII.

MADAME GUYON A BOSSUET.

Ce 29 janvier 1694.

Permettez-moi (*b*), Monseigneur, avant d'être examinée, que je vous proteste que je ne viens point ici, ni pour me justifier, ni pour me défendre (*c*), ni même pour expliquer des termes qui pourroient avoir une interprétation favorable, si je les expliquois

---

a) L'entrevue se fit à Paris, chez M. l'abbé Janon, rue Cassette, après que Bossuet eut célébré la messe dans l'église des religieuses du Saint-Sacrement de la même rue. (*Les édit.*) — (*b*) Voyez la *Relation*, sect. II, n. 1. Ci-dessus, vol. XX, p. 89. — (*c*) Cette lettre fut écrite la veille du jour où Bossuet vit pour la première fois madame Guyon.

comme je les entends, et qui pourroient faire peine étant pris à la lettre. Je ne viens point, dis-je, pour cela, mais pour vous obéir, pour me condamner moi-même sans qu'il soit besoin d'examen, à moins que vous ne le jugiez nécessaire ; vous protestant que je condamne de tout mon cœur, sans aucune restriction, en présence de mon Dieu, tout ce que vous condamnez, ou en ma conduite, ou en mes écrits. Mon cœur me rend ce témoignage, que je ne tiens à rien du tout. J'ai désiré, j'ai demandé qu'on m'éclairât dans mes égaremens ; mais l'on s'est toujours contenté de crier contre moi que j'étois hérétique, méchante et abominable, sans vouloir me montrer mes égaremens et me prêter une main secourable pour m'en tirer. Mon cœur m'a adressée à vous, Monseigneur, il y a longtemps ; mais ma timidité me retenoit. Nos amis me proposèrent d'être examinée par trois personnes : j'y consentis par soumission ; et je pris la liberté de leur mander que je me ferois examiner par qui il leur plairoit, mais que mon cœur n'avait de penchant que pour vous. Dieu a fait voir que je ne me suis point trompée. Aucun des autres n'a voulu ni me voir ni m'entendre. Vous seul, Monseigneur, avez eu cette charité, sans faire attention au décri dans lequel je suis. Je ne doute point que Dieu ne récompense votre charité : aussi ma soumission et ma confiance est-elle entière. Ordonnez de moi ce qu'il vous plaira. Quoique je n'aie point un jour de santé, je suis prête à faire tout ce qu'il vous plaira de m'ordonner, espérant que Dieu me donnera la force de vous obéir.

Il y a deux choses à regarder dans mes écrits, ce qui regarde l'avenir et le sens de la doctrine. Pour les choses extraordinaires, outre que je n'en ai jamais fait de cas, que je ne les ai écrites que par simplicité et obéissance, l'événement en fera voir la vérité. Dans le sens de la doctrine, il y a ce qui est essentiel et ce qui n'est que d'expression. Pour l'essentiel, comme j'ai écrit sans savoir ce que j'écrivois, j'ai pu être trompée en tout : pour l'expression, je n'y ai jamais fait attention, non plus qu'à la diction, Notre-Seigneur m'ayant fait comprendre alors qu'il me susciteroit une personne qui les mettroit comme ils doivent être, et pour l'un et pour l'autre.

Je suis donc toute prête, Monseigneur, à vous éclaircir sur toutes mes pensées, et du sens auquel j'entends les choses ; prête à tout condamner sans nul examen, contente que vous mettiez tout au feu. Faites-vous remettre en main les originaux et les copies : je vous les résigne si absolument que, quoi que vous en puissiez faire, je ne m'en informerai jamais. J'ai une reconnoissance que je ne vous puis exprimer de toutes vos bontés, Monseigneur. Je serai demain à huit heures, s'il plaît à Dieu, aux filles du Saint-Sacrement ; offrez-moi, s'il vous plaît, à mon divin Maître, comme une victime consacrée à toutes ses volontés, et faites-moi la grace de me regarder comme la personne du monde qui est avec le plus de respect et de sincérité, etc.

LETTRE VIII.

MADAME GUYON A BOSSUET.

Ce 30 janvier 1694.

Je prends encore la liberté, Monseigneur, d'écrire à Votre Grandeur, pour lui dire qu'il est impossible qu'une ame aussi droite que la sienne ne soit pas éclairée de la vérité de l'intérieur. Car pour moi, Monseigneur, je me regarde comme un chien mort. Quand je serois la plus misérable du monde, il n'en seroit pas moins vrai que Dieu veut établir son règne dans le cœur des hommes, qu'il le veut faire par l'intérieur et l'oraison, et qu'il le fera malgré toutes sortes d'oppositions. J'ose même vous assurer que vous sentirez la force de cet esprit, tout d'une autre manière que vous ne l'avez sentie ; et malgré le mépris que j'ai pour moi-même, je ne puis m'empêcher de m'intéresser infiniment auprès de Dieu pour vous, Monseigneur. J'espère que ma liberté ne vous offensera pas, et que vous la regarderez comme un effet de ma reconnoissance et de l'entière confiance que Notre-Seigneur me donne en vous, qui ne diminue point le profond respect avec lequel je serai toute ma vie, etc.

De la Motte Guyon.

Comme M. le duc de Chevreuse n'est pas toujours à Paris, si

vous voulez bien me faire savoir votre volonté, lorsque tout sera préparé : il n'y a qu'à m'envoyer vos ordres chez Madame la duchesse de Charost. Ce samedi au soir, 30 janvier.

LETTRE IX.

MADAME GUYON A BOSSUET.

Ce 10 février 1694.

Je vous avois prié, Monseigneur, de m'aider de vos conseils pour me tirer de mes égaremens : mais ce seroit abuser de votre bonté, ce seroit vous tromper que de feindre ce qui n'est pas en ma puissance ; et j'aimerois mieux mourir de la misère la plus honteuse, que de vous tromper un moment. Lorsque vous m'avez dit, Monseigneur, de demander et désirer, j'ai voulu essayer de le faire, et je n'ai eu qu'un plus grand témoignage de mon impuissance. Je me suis trouvée comme un paralytique, à qui l'on dit de marcher parce qu'il a des jambes : les efforts qu'il veut faire pour cela, ne servent qu'à lui faire sentir son impuissance. L'on dit dans les règles ordinaires : Tout homme qui a des jambes doit marcher. Je le crois, je le sais : cependant j'en ai, et je sens bien que je ne m'en puis servir ; et ce seroit abuser de votre charité que de promettre ce que je ne puis tenir. Il y a des impuissances spirituelles comme des corporelles. Je ne condamne point les actes ni les bonnes pratiques, à Dieu ne plaise : je ne donne point de remède à ceux qui marchent ; mais j'en donne pour beaucoup qui ne peuvent faire ces actes distincts. Vous dites, Monseigneur : Ces remèdes sont dangereux et l'on en abuse : il n'y a qu'à les ôter ; mais ceux qui en ont besoin, ne trouvent personne qui leur en donne. Vous dites, Monseigneur, qu'il n'y a que quatre ou cinq personnes en tout au monde qui aient ces manières d'oraison, et qui soient dans cette difficulté de faire des actes : et je vous dis qu'il y en a plus de cent mille dans le monde. Ainsi l'on a écrit pour ceux qui étoient en cet état. J'ai tâché d'ôter un abus, et c'est ce qui a fait l'excès de mes termes, qui est que des ames qui commencent à sentir certaines impuissances, ce qui est fort commun, croient être au sommet ; et j'ai voulu, en relevant ce dernier état, leur faire comprendre leur éloignement.

Pour ce qui regarde le sens de la doctrine, je suis une ignorante. J'ai cru que mon directeur ôteroit les termes mauvais, qu'il corrigeroit la doctrine. Je crois, Monseigneur, tout ce que vous me faites l'honneur de me dire ; j'aimerois mieux mourir mille fois que de m'écarter des sentimens de l'Eglise. Je rétracte donc, désavoue, condamne tout ce que j'ai dit et écrit qui y peut être contraire. Je m'accuse de témérité, d'illusion, de folie.

Je dois dire à Votre Grandeur que lorsque j'ai parlé de cette concupiscence ou propriété, je n'ai entendu parler que d'une dissemblance qui empêche l'ame d'être unie à Dieu, d'un rapport à soi très-subtil, d'un propre intérêt spirituel, d'une répugnance que la nature a de se laisser détruire au point qu'il faut pour être unie à Dieu. J'ai cru éprouver tout cela. J'accuse ma tromperie, et vous demande, Monseigneur, de brûler tous mes écrits, et qu'il soit fait défense d'imprimer davantage des livres défendus. Ceux qui le sont, je les abjure et déteste comme de moi : c'est tout ce que je puis.

Du reste je suis indigne des peines que vous avez prises ; et je vous proteste, Monseigneur, que j'en aurai une reconnoissance éternelle. Je vous promets devant Dieu de ne jamais écrire que pour mes affaires temporelles, et de ne parler jamais à personne. Je crois, Monseigneur, que cela est suffisant pour réparer tous les maux que j'ai faits. Agréez donc que ne pouvant faire ce que vous croyez que je dois faire, qui sont des demandes, des prières pour moi, et me trouvant impuissante de vous obéir, je me regarde comme un monstre qui doit être effacé du commerce des hommes, et qui ne doit plus abuser un prélat si plein de charité, et pour lequel j'aurai toute ma vie un profond respect et une extrême reconnoissance, etc.

DE LA MOTTE GUYON.

J'ai une si grande fièvre, que j'ai peine à écrire. Excusez mes expressions, Monseigneur, et agréez la sincérité de mon cœur.

LETTRE X.

MADAME GUYON A BOSSUET.

Février 1694.

Lorsque je pris la liberté de vous demander de m'examiner, c'étoit avec une disposition sincère de vous obéir aveuglément; et de suivre ce que vous m'ordonneriez comme Dieu même (a). J'ai tâché de le faire jusqu'à présent, vous ayant obéi avec une extrême ponctualité, ainsi que nos amis pourront vous en assurer. Ce fut par excès de confiance que je vous donnai la *Vie*, que j'étois prête à brûler comme le reste, si Votre Grandeur me l'avoit ordonné. Vous voyez bien que cette *Vie* ne se peut montrer que par excès de confiance. Je l'ai écrite, ainsi que mon Dieu est témoin que je ne mens point, avec une telle abstraction d'esprit, qu'il ne m'a jamais été permis de faire un retour sur moi en l'écrivant. Quoique cela soit de la sorte, peu de personnes sont capables de comprendre jusqu'où vont les secrètes et amoureuses communications de Dieu et de l'ame. La confiance que Notre-Seigneur m'a donnée en Votre Grandeur, m'a fait croire que vous les sentiriez si elles étaient incompréhensibles, et que le cœur seroit frappé des mêmes choses qui répugnoient à l'esprit. Quand cela ne seroit pas, cela ne diminueroit rien de ma confiance et du désir de vous obéir. C'est à vous, Monseigneur, à voir vous-même, si cette *Vie* peut être communiquée à d'autres qu'à Votre Grandeur. Je la dépose de nouveau en vos mains pour en faire tout ce qu'il vous plaira, vous protestant que de quelque manière que les choses tournent, je ne me désisterai jamais du respect, de la soumission et du désir sincère que j'ai de vous obéir singulièrement, et que vous faisiez tout l'usage qu'il vous plaira de mon obéissance: c'est, Monseigneur, votre très-humble et très-obéissante servante,

DE LA MOTTE GUYON.

Je vous prie, Monseigneur, de faire attention que j'ai écrit par

---

(a) Voyez la *Relation sur le quiétisme*, sect. II, n. 3, 4, et suiv.

obéissance, sans réflexion ; que, quoique cette obéissance m'ait coûté bien des traverses, je serois encore prête à écrire les mêmes choses si l'on me l'ordonnoit, quand il m'en devroit arriver plus de maux.

LETTRE XI.

MADAME GUYON A BOSSUET.

A la fin de février 1694.

J'éprouve, Monseigneur, depuis quelques jours, une union très-réelle avec votre ame. Comme cela ne m'arrive jamais sans quelque dessein particulier de Dieu, je vous conjure de vous exposer à ses yeux divins l'esprit et le cœur vide, afin que Dieu y mette ce qu'il lui plaira. Livrez-vous à ses desseins éternels sur votre ame ; et consentez, s'il vous plaît, à tous les moyens dont il voudra se servir, pour régner plus absolument en vous qu'il n'a encore fait.

Je ne sais, Monseigneur, si je fais bien ou mal de vous écrire comme je fais; mais j'ai cru qu'il valoit mieux faillir par un excès de simplicité à votre égard, assurée que vous me redresserez lorsque je m'égarerai, que de risquer de désobéir à Dieu. Je me suis offerte à sa divine majesté, pour souffrir tout ce qui lui plairoit pour votre ame. Je ne vous fais point d'excuse de ma liberté ; car j'ai cette confiance en la bonté de Dieu, que si c'est lui qui me fait vous écrire, il mettra dans votre cœur les dispositions nécessaires pour connoître et goûter le motif qui me fait agir; sinon cela servira du moins à vous faire comprendre mes égaremens, à exercer votre charité, et à vous faire voir ma confiance, qui ne diminue point le profond respect avec lequel je suis, etc.

LETTRE XII.

BOSSUET A MADAME GUYON.

J'ai reçu (a), Madame, la lettre que M. de Chevreuse m'a rendue de votre part. Je n'ai pas eu besoin de changer de situation, pour me mettre en celle que vous souhaitiez. Comme je sens le besoin extrême que j'ai de la grace de Dieu, je demeure naturellement exposé à la recevoir, de quelque côté qu'il me l'envoie. Je suis très-reconnoissant de la charité que vous avez pour mon ame; et je ne puis mieux vous en marquer ma reconnoissance, qu'en vous disant en toute simplicité et sincérité ce que je crois que vous avez à faire; en quoi je satisferai également, et à votre désir et à mon obligation. Je ne dois pas aussi vous taire que je ressens en vous quelque chose dont je suis fort touché : c'est cette insatiable avidité de croix et d'opprobres, et le choix que Dieu fait pour vous de certaines humiliations et de certaines croix, où son doigt et sa volonté semblent marqués. Il me semble qu'on doit être excité par là à vous montrer, autant qu'on peut, ce qu'on croit que Dieu demande de vous, et à vous purifier de certaines choses dont peut-être il vous veut purger par la coopération de ses ministres. Les graces qu'il fait aux ames par leur ministère, quelque pauvres qu'ils soient d'ailleurs, sont inénarrables.

Pour commencer donc, je vous dirai que la première chose dont il me paroît que vous devez vous purifier, c'est de ces grands sentimens que vous marquez de vous-même. Ce n'est pas que j'aie peine à croire qu'on puisse dire de soi, comme d'un autre, certaines choses avantageuses, surtout des choses de fait, quand il y a raison de les dire et qu'on y est obligé par l'obéissance. Mais celles que je vous ai montrées sont sans exemple, et outrées au delà de toute mesure et de tout excès. Ce qui me rassure un peu, c'est que j'ai vu dans une de vos lettres à M. de Chevreuse que

(a) Cette réponse de Bossuet, non datée dans les éditions, est du 4 mars 1694 — Voyez *Relation sur le quiétisme*, sect. II, n. 21.

vous êtes vous-même étonnée d'avoir écrit de telles choses, étant très-éloignée d'avoir de vous ces sentimens. Apparemment Dieu vous fait sentir que telles manières de parler de soi, et une si grande idée de sa perfection, seroit une vraie pâture de l'amour-propre. Déposez donc tout cela, et suivez le mouvement que Dieu vous en donne; d'autant plus que l'endroit où vous dites : « Ce que je lierai sera lié, ce que je délierai sera délié, » et le reste, est d'un excès insupportable, surtout quand on considère que celle qui parle ainsi se croit dans un état apostolique, c'est-à-dire se croit un apôtre par état. Je ne crois pas qu'il vous soit permis de retenir de telles choses. Déposez-les donc, et exécutez la résolution que Dieu vous inspire, de vous séquestrer, de ne plus écrire, de ne plus exercer ni recevoir ces communications de graces, que vous expliquez d'une manière qui n'a point d'exemple dans l'Eglise; surtout quand vous les comparez à la communication qu'ont entre eux les saints anges et les autres bienheureux esprits; et quand vous marquez en vous une plénitude que vous appelez infinie pour toutes les ames, qui cause un regorgement dont je n'ai jamais ouï parler qu'à vous, quelque soin que j'aie pris d'en chercher ailleurs des exemples. Vous remédierez à tout cela en vous retranchant toute communication, comme vous m'avez témoigné que vous y étiez résolue.

Je ne prétends pas vous exclure d'écrire pour vos affaires, ni pour entretenir avec vos amis une correspondance de charité; ce que je prétends, c'est l'exclusion de tout air de dogmatiser, ou d'enseigner, ou de répandre les graces par cette si extraordinaire communication qu'on pourroit avoir avec vous.

Je mets encore dans le rang des choses que vous devez déposer toutes prédictions, visions, miracles et, en un mot, toutes choses extraordinaires, quelque ordinaires que vous vous les figuriez dans certains états. Car tout cela est au rang des pâtures de l'amour-propre, si l'on n'y prend beaucoup garde. Dieu est indépendamment de tout cela : c'est à quoi vous devez vous attacher, même selon les principes de votre oraison. Que s'il vous vient des choses de cette nature, que vous ne croyiez pas pouvoir empêcher, laissez-les écouler, autant qu'il est en vous, et ne vous y attachez pas. En voilà assez sur ce point, et je n'ai point de peine sur cela, parce que vous m'avez dit et écrit, que vous étiez disposée à vous conformer au conseil que je vous donne en Notre-Seigneur.

Il y auroit beaucoup de choses à vous dire sur vos écrits. Je puis vous assurer qu'ils sont pleins de choses insupportables et insoutenables, ou selon les termes, ou même selon les choses et dans le fond. Mais je ne m'y arrêterai pas quant à présent, puisque vous consentez qu'on les brûle tous; ce qu'on fera, s'il le faut. A l'égard de ceux qui sont imprimés et qu'on ne sauroit brûler, comme je vous vois soumise à consentir et à vous soumettre à toute censure, correction et explication qu'on y pourroit faire, aimant mieux mourir mille fois et souffrir toutes sortes de confusions que de scandaliser un des petits de l'Eglise, ou donner le moindre lieu à l'altération de la saine doctrine : vous n'avez qu'à persister dans ce sentiment, et vous soumettre à tout ce qu'il plaira à Dieu d'inspirer aux évêques et aux docteurs, approuvés pour réduire vos expressions et vos sentimens à la règle de la foi et aux justes bornes des traditions et des dogmes catholiques.

Ma seule difficulté est sur la voie, et dans la déclaration que vous faites que vous ne pouvez rien demander pour vous, pas même de ne pécher pas, et de persévérer dans le bien jusqu'à la fin de votre vie, qui est pourtant une chose qui manque aux états les plus parfaits, et que selon saint Augustin Dieu ne donne qu'à ceux qui la demandent. Voilà ce qui me fait une peine que jusqu'ici je n'ai pu vaincre, quelque effort que j'aie fait pour entrer s'il se pouvoit dans vos sentimens et dans les explications des personnes spirituelles que vous connoissez, avec qui j'ai traité à fond de cette disposition. La raison qui m'en empêche, c'est qu'elle paroît directement contraire aux commandemens que Jésus-Christ nous fait tant de fois de prier et de veiller sur nous : ce qui regarde tous les chrétiens et tous les états. Quand vous me dites que cela vous est impossible, c'est ce qui augmente ma peine : car Dieu, qui assurément ne commande rien d'impossible, ne rend pas ses commandemens impossibles à ceux qu'il aime ; et la prière est ce qui leur est le moins impossible, puisque c'est par elle, selon le concile de Trente, sess. VI, chap. XI, que ce qui étoit impossible cesse de l'être.

Je n'ignore pas certaines impuissances, que des personnes très-saintes ont observées et approuvées en certains degrés d'oraison; mais ce n'est pas là ma difficulté. On sait que des préceptes affirmatifs, tels que celui de prier, ne sont pas obligatoires à chaque moment : mais qu'il y ait un degré où permanemment et par état on ne puisse pas prier pour soi, c'est ce qui me paroît opposé au commandement de Dieu, et de quoi aussi je ne vois aucun exemple dans toute l'Eglise. La raison de cette impossibilité me paroît encore plus insupportable que la chose en elle-même. A l'endroit où vous vous objectez à vous-même qu'on a du moins besoin de prier pour soi, afin de ne pécher pas, vous faites deux principales réponses : l'une, que c'est quelque chose d'intéressé, où une ame de ce degré ne peut s'appliquer, que de prier qu'on ne pèche pas : l'autre, que c'est l'affaire de Dieu, et non pas la nôtre. Ces deux réponses répugnent à la règle de la foi autant l'une que l'autre.

Que ce soit quelque chose d'intéressé de prier Dieu qu'on ne pèche pas, c'est de même que si on disoit que c'est quelque chose d'intéressé de demander à Dieu son amour. Car c'est la même chose de demander à Dieu de l'aimer toujours, et de lui demander de ne l'offenser jamais. Or Jésus-Christ ne prétend pas nous ordonner un acte de propriété et d'intérêt, quand il commande tant de fois de telles prières, qui au contraire font une partie très-essentielle de la perfection chrétienne.

On dit que l'ame, attirée à quelque chose de plus parfait et de plus intime, deviendroit propriétaire et intéressée, si elle se détournoit à de tels actes; et que sans les faire, elle est assez éloignée du péché. Mais c'est précisément où je trouve le mal, de croire qu'on en vienne dans cette vie à un degré où, par état, l'on n'ait pas besoin d'un moyen aussi nécessaire à tous les fidèles, que celui de prier pour eux-mêmes comme pour les autres, jusqu'à la fin de leur vie. Ce qui rend la chose encore plus difficile et plus étrange, c'est que ce n'est pas seulement par une impuissance particulière à un certain état et à certaines personnes, qu'on attribue cette cessation de toutes demandes pour soi : ce qui du moins sembleroit marquer que ce seroit une chose extraordinaire ; mais au contraire on éloigne cette idée : on veut que ce soit une chose ordinaire et comme naturelle au dernier état de la perfection chrétienne : on donne des méthodes pour y arriver : on commence dès les premiers degrés à se mettre dans cet état : on regarde comme le terme de sa course d'en venir à cette entière cessation ; et c'est là qu'on met la perfection du christianisme. On regarde comme une grace de n'avoir plus rien à demander dans un temps où l'on a encore de si grands besoins ; et la demande devient une chose si étrangère à la prière, qu'elle n'en fait plus aucune partie, encore que Jésus-Christ ait dit si souvent : « Vous ne demandez rien en mon nom ; demandez et vous obtiendrez ; veillez et priez ; cherchez, demandez, frappez [1] ; » et saint Jacques : « Quiconque a besoin, qu'il demande à Dieu [2] : » de sorte que cesser de demander, c'est dire en d'autres termes qu'on n'a plus aucun besoin.

L'autre réponse, qui est de dire qu'on n'a point à se mettre en peine de ne plus pécher, ni à faire à Dieu cette demande, parce que c'est l'affaire de Dieu, ne me paroît pas moins étrange. En effet, quoique ce soit véritablement l'affaire de Dieu, c'est aussi tellement la nôtre, que si nous nous allions mettre dans l'esprit que Dieu fera en nous tout ce qu'il faudra, sans que nous nous disposions à coopérer avec lui et même à exciter notre diligence à le faire, ce seroit tenter Dieu autant et plus que si l'on disoit qu'à cause que Dieu veut que nous abandonnions à sa providence le soin de notre vie, il ne faudroit, ni labourer, ni semer, ni apprêter à manger : et je dis que s'il y a quelque différence entre ces deux sortes de soins, c'est que celui qui regarde les actes intérieurs est d'autant plus nécessaire, que ces actes sont plus parfaits, plus importans, plus commandés et voulus de Dieu plus que que tous les autres. La nature du libre arbitre est d'être instruit, conduit, exhorté ; et non-seulement il doit être exhorté et excité par les autres, mais encore il le doit être par lui-même : et tout

[1] *Joan.*, VI, 24 ; *Matth.*, XXVI, 41 ; *Luc.*, XI, 9. — [2] *Jacob.*, I, 5.

ce qu'il y a à observer en cela, c'est que, lorsqu'il s'excite et s'exhorte ainsi, il est prévenu, et que Dieu lui inspire ces exhortations qu'il se fait ainsi à lui-même. Mais il ne s'en doit pas moins exciter et exhorter au dedans, selon la manière naturelle et ordinaire du libre arbitre, parce que la grace ne se propose pas de changer en tout cette manière, mais seulement de l'élever à des actes dont on est incapable de soi-même. Ce sont ces actes qu'on voit perpétuellement dans la bouche de David; et non-seulement de David, mais encore de tous les prophètes. C'est pourquoi ce saint prophète se dit à lui-même : « Espère en Dieu : élève-toi, mon esprit, » et le reste.

Que si l'on dit qu'il le fait étant appliqué, j'en conviens. Car aussi ne prétends-je pas qu'on puisse faire ces actes de soi-même, sans être prévenu de la grace. Mais comme il faut s'exciter avec David, il faut aussi, en s'excitant, dire avec lui : « Mon ame ne sera-t-elle pas soumise à Dieu, parce que c'est de lui que vient mon salut? » Et encore : « Que mon ame soit soumise à Dieu, parce que c'est de lui que vient ma patience [1]. » Par de tels actes l'ame, en s'excitant, reconnoît que Dieu agit en elle, et lui inspire non-seulement cette sujétion, mais encore l'acte par lequel elle s'y excite. Et si Dieu, en faisant parler David et tous les prophètes, aussi bien que les apôtres, selon la manière naturelle d'agir du libre arbitre, n'avoit pas prétendu nous insinuer cette manière d'agir, dont nous voyons en tous ces endroits une si vive et si parfaite représentation, il nous auroit tendu un piége pour nous rendre propriétaires. Mais au contraire il est clair qu'il a voulu donner dans un homme aussi parfait que David, un modèle de prier aux ames les plus parfaites. On se trompe donc manifestement, quand on imagine un état où tout cela est détruit, et qu'on met dans cet état la perfection du culte chrétien, sans qu'il y ait aucun endroit de l'Ecriture où on le puisse trouver, et y ayant tant d'endroits où le contraire paroît.

On ne se trompe pas moins, quand on regarde comme imperfection de réfléchir et se recourber sur soi-même. C'est imperfection de se recourber sur soi-même par complaisance pour soi;

[1] *Psal.* LXI, 2, 6.

mais au contraire c'est un don de Dieu de réfléchir sur soi-même pour s'humilier comme faisoit saint Paul lorsqu'il disoit : « Je ne me sens coupable de rien; mais je ne suis pas pour cela justifié [1]; » ou pour connoître les dons qu'on a reçus, comme quand le même saint Paul dit que « nous avons reçu l'esprit de Dieu pour connoître ce qui nous a été donné [2]; » et cent autres choses semblables. C'est encore, sans difficulté, un acte réflexe et recourbé sur soi-même que de dire : « Pardonnez-nous nos péchés, comme nous pardonnons à ceux qui nous ont offensés [3]. » Mais l'Eglise a défini dans le concile de Carthage qu'un acte qui est réfléchi en tant de manières, peut convenir aux plus parfaits, comme à l'apôtre saint Jean, comme à l'apôtre saint Jacques, comme à Job, comme à Daniel, qui sont nommés avec Noé par Ezéchiel comme les plus dignes intercesseurs qu'on peut employer auprès de Dieu : et néanmoins ces actes réfléchis ne sont pas au-dessous de leur perfection. Mais celui qui fait cet acte réfléchi : « Pardonnez-nous, » peut bien faire celui-ci : « Ne nous induisez pas en tentation, mais délivrez-nous du mal; » et ces demandes ne sont pas plus répugnantes à la perfection que cette autre : « Pardonnez-nous. »

Voilà donc des actes réfléchis et très-parfaits : ce qui me fait conclure encore, que les actes les plus exprès et les plus connus ne répugnent en aucune sorte à la perfection, pourvu qu'ils soient véritables. Car il est vrai qu'il y a des actes qu'on appelle exprès, qui ne sont qu'une formule dans l'esprit ou dans la mémoire; mais pour ceux qui sont en vérité dans le cœur et se produisent dans son fond, ils sont très-bons, et n'en seront pas moins parfaits pour être connus de nous, pourvu qu'ils viennent véritablement de la foi qui nous fait attribuer à Dieu, et reconnoître venir de lui tout le bien qui est en nous. Il ne faut donc pas rejeter les actes exprès ; et c'est le faire que de mettre la perfection à les faire cesser : ce qui fait dans le fond qu'on exclut tout acte, puisqu'on n'ose en produire aucun, et qu'on feroit cesser les moins aperçus, si on pouvoit les apercevoir en soi. Mais cela ne peut pas être bon, puisque par un tel sentiment on exclut l'action de graces tant

[1] 1 *Cor.*, IV, 4. — [2] *Ibid.*, II, 12. — [3] *Matth.*, VI, 12.

commandée par saint Paul, cet acte n'étant ni plus ni moins intéressé que la demande.

De là suit encore, qu'il ne faut pas tant louer la simplicité, ni porter le blâme qu'on fait de la multiplicité, jusqu'à nier la distinction des trois actes dont l'oraison, comme toute la vie chrétienne, est nécessairement composée, qui sont les actes de foi, d'espérance et de charité. Car puisque ce sont trois choses selon saint Paul, et trois choses qui peuvent être l'une sans l'autre, leurs actes ne peuvent pas n'être pas distincts : et encore qu'à les regarder dans leur perfection ils soient inséparables dans l'ame du juste, il n'y aura rien d'imparfait de les voir comme distincts, puisque ce n'est que connoître une vérité ; non plus que de les exercer comme tels, puisque ce n'est que les exercer selon la vérité même. Il ne faut donc pas mettre l'imperfection ou la propriété à faire volontairement des actes exprès et multipliés, mais à les faire comme venant de nous.

Tout cela me fait dire que l'abandon ne peut pas être un acte si simple qu'on voudroit le représenter. Car il ne peut pas être sans la foi et l'espérance ou la confiance, étant impossible de s'abandonner à celui à qui on ne se fie pas, ou de se fier absolument à quelqu'un sans s'y abandonner autant qu'on veut s'y fier, c'est-à-dire jusqu'à l'infini. Ainsi il ne faut pas séparer l'abandon, qu'on donne et avec raison pour la perfection de l'amour, d'avec la foi et la confiance : ce sont assurément trois actes distincts, quoique unis ; et c'est aussi ce qui en fait la simplicité.

Il ne faut donc point se persuader qu'on y déroge, ni qu'on fasse un acte imparfait et propriétaire, quand on demande pardon à Dieu, ou la grace de ne pécher plus : et la proposition contraire, si elle étoit mise par écrit, seroit universellement condamnée comme contraire à un commandement exprès, et par conséquent à une vérité très-expressément révélée dans l'Evangile.

Ce qu'on dit de plus apparent contre une vérité si constante, c'est qu'il y a des instincts et des mouvemens divins certainement tels, qui sont clairement contre des commandemens de Dieu, tel que l'instinct qui fut donné à Abraham d'immoler son fils. On ne peut douter que Dieu ne puisse inspirer de tels mouvemens, et en même temps une certitude évidente que c'est lui qui les inspire ; et ces certitudes se justifient par elles-mêmes dans l'esprit du juste qui les reçoit. Il ne faut donc pas les rejeter sous prétexte qu'elles seroient contraires au commandement de Dieu, puisque celle qui fut donnée à Abraham, qu'il falloit immoler son fils et que Dieu le vouloit ainsi, étoit contraire au commandement de ne tuer pas, et encore contraire en apparence à la promesse que Dieu avoit faite de multiplier la postérité d'Abraham par Isaac. Il n'y a donc plus qu'à examiner si elles sont de Dieu ou de nous ; ou en d'autres termes, si ceux qui reçoivent de semblables impressions sont de ceux que Dieu meut spécialement, ou qu'on appelle mus de Dieu.

Voilà, Madame, ce qu'on pourroit dire de plus apparent pour soutenir cet état, qui fait dire qu'on ne peut rien demander à Dieu. Mais cela ne résout pas la difficulté ; car c'est autre chose de recevoir une fois un pareil instinct, comme Abraham, autre chose d'être toujours dans un état où l'on ne puisse observer les commandemens de Dieu. D'ailleurs cet état qui vous fait dire en cette occasion : « Je ne puis, » selon vous n'est pas un état extraordinaire, mais un état où l'on vient naturellement avec une certaine méthode et de certains moyens, qui sont même qualifiés courts et faciles. C'est donc dire qu'on doit travailler à se mettre dans un état dont la fin est de ne pouvoir rien demander à Dieu, et que c'est la perfection du christianisme. Or c'est là ce que je dis qu'on n'exposera jamais au jour sans encourir une censure inévitable.

Et si l'on demande en quel rang je mets donc ceux qui douteroient de mon sentiment, ou qui en auroient de contraires, je répondrois que je demeure non-seulement en union, mais encore en union particulière avec eux, conformément à ce que dit saint Paul : « Demeurons dans les choses auxquelles nous sommes parvenus ensemble ; et s'il y a quelque vérité où vous ne soyez pas encore parvenus, Dieu vous le révélera un jour[1]. » C'est, Madame, ce que je vous dis. Vous avez pris certaines idées sur l'o-

[1] *Philip.*, III, 15 et 16.

raison : vous croiriez être propriétaire et intéressée en faisant de certains actes, quoique commandés de Dieu : vous croyez y suppléer par d'autres choses plus intimement commandées, soit foiblesse, ou habitude, ou ignorance, ou aheurtement dans votre esprit ; je n'en demeure pas moins uni avec vous, espérant que Dieu vous révélera ce qui reste, d'autant plus que vous demandez avec instance qu'on vous redresse de vos égaremens ; et c'est ce que je tâche de faire avec une sincère charité.

Déposez donc, Madame, peu à peu ces impuissances prétendues, qui ne sont point selon l'Evangile. Croyez-moi, la demande que vous ferez pour vous-même, que Dieu vous délivre de tout mal, c'est-à-dire, en d'autres termes, qu'il vous fasse persévérer dans son amour, n'est pas l'Isaac qu'il faut immoler. Que voyez-vous dans cet acte qui en rende le sacrifice si parfait ? Quand Abraham entreprit, contre la défense générale de tuer, de donner la mort à son fils, Dieu lui fit voir ce qui est très-vrai, qu'il étoit le maître de la vie des hommes, que c'étoit lui qui lui avoit donné cet Isaac, qui avoit droit de le lui redemander, et qui pouvoit le lui rendre par une résurrection, comme saint Paul le remarque [1]. Dieu par là ne faisoit point cesser en Abraham des actes saints ; mais il en faisoit exercer un plus saint encore, qui néanmoins, après tout, n'eut point son effet.

Mais quelle perfection espérez-vous dans la cessation de tant d'excellens actes de la demande, de la confiance, de l'action de graces ? C'est de demeurer défaite d'actes intéressés. Mais c'est l'erreur, de prendre pour intéressés des actes commandés de Dieu comme une partie essentielle de la piété, tels que sont ceux qu'on vient de marquer, ou d'attendre à les faire que Dieu vous y meuve par une impression extraordinaire ; comme si ce n'étoit pas un motif suffisant de s'exciter à les faire, qu'ils soient non-seulement approuvés, mais encore expressément commandés. L'excuse de l'impuissance n'est pas recevable, pour les raisons qu'on a rapportées : celle du rassasiement poussé jusqu'au point de le trouver assez grand en cette vie pour n'avoir plus rien à demander, s'il devient universel pour tout un état, c'est-à-dire pour

[1] *Hebr.*, xi, 19

toute la vie, est une erreur : on ne voit rien de semblable dans l'Ecriture, ni dans la tradition, ni dans les exemples approuvés. Quelques mystiques, quelque ame pieuse, qui dans l'ardeur de son amour ou de sa joie aura dit qu'il n'y a plus de désir, en l'entendant des désirs vulgaires, ou en tout cas des bons désirs pour certains momens, ne feront pas une loi, et plutôt il les faut entendre avec un correctif. Mais en général, je maintiens que mettre cela comme un état, ou comme le degré suprême de la perfection et de la pureté du culte, c'est une pratique insoutenable.

Quand on n'attaque que ces endroits de l'intérieur, ce n'est point l'intérieur qu'on attaque, et c'est en vain qu'on s'en plaint ; car les personnes intérieures n'ont point eu cela. Sœur Marguerite du Saint-Sacrement étoit intérieure ; mais après qu'elle eut été choisie pour épouse, comblée de graces proportionnées, et élevée à une si haute contemplation, elle disoit : « Sans la grace de Dieu je tomberois en toutes sortes de péchés ; et je la lui dois demander à toute heure, et lui rendre graces de la protection qu'il me donne. » (Dans sa *Vie*, liv. vi, chap. viii, n° 2, p. 244). Sainte Thérèse étoit intérieure ; mais elle finit son dernier degré d'oraison où elle est absorbée en Dieu, en disant : « Bienheureux l'homme qui craint Dieu : notre plus grande confiance doit être dans la prière, que nous sommes obligés de faire continuellement à Dieu, de vouloir nous soutenir de sa main toute-puissante, afin que nous ne l'offensions point. » (*Château de l'ame*, septième demeure, ch. iv, p. 822.) On n'a qu'à lire ses Lettres, on trouvera que l'état d'oraison où elle fait cette prière, est celui où elle étoit après quarante ans de profession, et vingt-deux années de sécheresse portées avec une foi sans pareille parmi des persécutions inouies.

Si on veut remonter aux premiers siècles, saint Augustin étoit intérieur ; mais on n'a qu'à lire ses *Confessions*, qui sont une perpétuelle contemplation : on y trouvera partout des demandes qu'il fait pour lui-même, sans qu'on y puisse remarquer le moindre vestige de la perfection d'aujourd'hui. Saint Paul étoit intérieur ; mais non-seulement il prie pour lui-même, mais il invite les autres à prier pour lui : « Priez pour moi, dit-il, mes frères¹. » Sans doute qu'il faisoit lui-même la prière qu'il faisoit faire pour lui.

    Je me souviens à ce propos de l'endroit où il est dit que vous ne pouvez invoquer les Saints en aucune sorte. Cela déjà est assez étrange; mais la raison est encore pire : « Il me vient, dit-on, dans l'esprit que les domestiques ont besoin d'intercesseurs, mais les Epouses non. » Sur quoi se fonde cette doctrine? Sur rien, si ce n'est seulement sur le mot d'*Epouse*. Mais toute ame chrétienne et juste est Epouse, selon saint Paul; nul ne doit donc invoquer les Saints, et Luther gagne sa cause : et l'ame de saint Paul étoit Epouse dans le degré le plus sublime, sans cesser de se procurer des intercesseurs. Enfin qu'on me montre dans toute la suite des siècles un exemple semblable à celui dont il s'agit, je dis un exemple approuvé : je commencerai à examiner la matière de nouveau, et je tiendrai mon sentiment en suspens; mais s'il ne s'en trouve aucun, il faut qu'on cède.

    Je n'ai jamais hésité un seul moment sur les états de sainte Thérèse, parce que je n'y ai rien trouvé que je ne retrouvasse aussi dans l'Ecriture, comme elle dit elle-même que les docteurs de son temps le reconnoissoient. C'est ce qui m'a fait estimer il y a trente ans, sans hésiter, sa doctrine, qui aussi est louée par toute l'Eglise; et à présent que je viens encore de relire la plus grande partie de ses ouvrages, j'en porte le même jugement toujours sur le fondement de l'Ecriture : mais ici je ne sais où me prendre; tout est contre et rien n'est pour.

    On dit : « L'Esprit prie pour nous²; » il faut donc le laisser faire; mais cette parole regarde tous les états de grace et de sainteté. D'ailleurs la conséquence n'est pas bonne. Au lieu de dire : Il prie en nous, donc il le faut laisser faire, il faut dire : Il prie en nous, donc il faut coopérer à son mouvement, et s'exciter pour le suivre, comme la suite le démontre. On dit que selon le même saint Paul, « le chrétien est poussé par l'Esprit de Dieu³; » que Jésus-Christ dit que « le chrétien est enseigné de Dieu⁴. » Cela est vrai, non

---

¹ 1 *Thess.*, v, 25; *Hebr.*, xiii, 18. — ² *Rom.*, viii. 26. — ³ *Ibid.*, viii, 14. — ⁴ *Joan.*, vi, 45.

d'un état particulier, mais de tous les justes; et Jésus-Christ dit expressément: « Tous seront enseignés de Dieu. » On ne prouve donc point par ces paroles, cette surprenante singularité qu'on veut attribuer à un état particulier. On dit: Il est écrit: «Qu'on se renonce soi-même[1]. » Est-ce à dire qu'il faut renoncer à demander ses besoins à Dieu par rapport à son salut? Ce seroit trop visiblement abuser de la parole de Jésus-Christ. On dit : « Dieu est amour, et qui demeure dans l'amour de Dieu demeure en Dieu et Dieu en lui[2] : » donc il n'y a qu'à demeurer, et il n'y a rien à demander. Mais cela seroit contre Jésus-Christ même, qui après avoir dit à ses apôtres : « Nous viendrons à lui, et nous ferons en lui notre demeure[3] ; » et encore : « Demeurez en moi et moi en vous[4]; » et encore : « Le Saint-Esprit viendra en vous, et il y demeurera[5], » inculque plus que jamais le commandement de la prière.

Je ne sais donc, encore un coup, à quoi recourir : je n'ai trouvé ni Ecriture, ni tradition, ni exemple, ni personne qui pût ou qui osât dire ouvertement : En cet état ce seroit une demande propriétaire et intéressée, de demander pour soi quelque chose, si bonne qu'elle fût, à moins d'y être poussé par un mouvement particulier ; et la commune révélation, le commandement commun fait à tous les chrétiens ne suffit pas. Une telle proposition est de celles où il n'y a rien à examiner, et qui portent leur condamnation dans les termes.

J'écris ceci sous les yeux de Dieu, mot à mot comme je crois l'entendre de lui par la voix de la tradition et de l'Ecriture, avec une entière confiance que je dis la vérité. Je vous permets néanmoins de vous expliquer encore : peut-être se trouvera-t-il dans vos sentimens quelque chose qui n'est point assez débrouillé; et je serai toujours prêt à l'entendre. Pour moi, j'ai voulu exprès m'expliquer au long, et ne point épargner ma peine, pour satisfaire au désir que vous avez d'être instruite.

Je vous déclare cependant que je loue votre docilité, que je compatis à vos croix, et que j'espère que Dieu vous révélera ce

---

[1] *Matth.*, XVI, 44. — [2] I *Joan.*, VI, 16. — [3] *Joan.*, XIV, 23. — [4] *Ibid.*, XV, 4. — [5] *Ibid.*, XIV, 17.

qui reste, comme je l'ai dit après saint Paul. J'aurai encore beaucoup de choses à vous dire sur vos écrits ; et je le ferai quand Dieu m'en donnera le mouvement, comme il me semble qu'il me l'a donné à cette fois. Au reste sans m'attendre trop à des mouvemens particuliers, je prendrai pour un mouvement du Saint-Esprit tout ce que m'inspirera pour votre ame la charité qui me presse, et la prudence chrétienne. Je suis dans le saint amour de Notre-Seigneur très-parfaitement à vous, et toujours prêt à vous éclaircir sur toutes les difficultés que pourra produire cette lettre dans votre esprit.

ADDITION.

Pendant que je ferme ce paquet, Dieu me remet dans l'esprit le commencement de l'action du sacrifice, qui se fait par ces paroles du pontife : *Sursùm corda :* « Le cœur en haut ; » par où le prêtre excite le peuple, et s'excite lui-même le premier à sortir saintement de lui-même pour s'élever où est Jésus-Christ. C'est là sans doute un acte réfléchi, mais très-excellent, et qui peut être d'une très-haute et très-simple contemplation. A quoi le peuple répond avec un sentiment aussi sublime : « Nous l'avons (notre cœur) à Notre-Seigneur ; » c'est-à-dire : Nous l'y avons élevé, nous l'y tenons uni ; ce qui emporte sans difficulté une réflexion sur soi-même, mais une réflexion qui en effet nous fait consentir à l'exhortation du prêtre, qui en s'excitant soi-même à ce grand acte, y excite en même temps tout le peuple pour lequel il parle, et dont il tient tous les sentimens dans le sien pour les offrir à Dieu par Jésus-Christ. Le prêtre donc, ou plutôt toute l'Eglise et Jésus-Christ même en sa personne, après avoir ouï de la bouche de tout le peuple cette humble et sincère reconnoissance de ses sentimens : « Nous avons le cœur élevé au Seigneur, » la regarde comme un don de Dieu ; et afin que les assistans entrent dans la même disposition, il élève de nouveau sa voix en ces termes : « Rendons graces au Seigneur notre Dieu, » c'est-à-dire : Rendons-lui graces universellement de tous ses bienfaits, et rendons-lui graces en particulier de cette sainte disposition où il nous a mis, d'avoir le cœur en haut ; et tout le peuple y consent par ces paroles : « Il est raisonnable, il est juste. » Après quoi il ne reste plus qu'à s'épancher en actions de graces, et commencer saintement et humblement tout ensemble par cette action le sacrifice de l'Eucharistie.

Voilà sans doute des actes parfaits, des actes très-simples, des actes très-purs, qui peuvent être, comme je l'ai dit, d'une très-haute contemplation, et qui sont très-assurément des actes d'une foi très-vive, d'une espérance très-pure, d'un amour sincère; car il est bien aisé d'entendre que tout cela y est renfermé : ce sont pourtant des actes de réflexion sur soi-même et sur ses actes propres. Et si le retour qu'on fait sur soi-même pour y connoître les dons de Dieu, étoit un acte intéressé, il n'y en auroit point qui le fût davantage que l'action de graces. Mais ce seroit une erreur manifeste de le qualifier de cette sorte, et encore plus d'accuser l'Eglise d'induire ses enfans à de tels actes, quand elle les induit à l'action de graces. Il en faut dire autant de la demande, qui, comme nous l'avons dit, n'est ni plus ni moins intéressée que l'action de graces.

Toutes ces actions sont donc pures, sont simples, sont saintes, sont parfaites, quoique réfléchies et ayant toutes un rapport à nous. Il faut que tous les fidèles se conforment au désir de l'Eglise, qui leur inspire ces sentimens dans son sacrifice : ce qu'on ne fera jamais; mais plutôt on fera tout le contraire, si on regarde ces actes comme intéressés ; car c'est leur donner une manifeste exclusion.

Il faut donc entrer dans ces actes : il faut qu'il y ait dans nos oraisons une secrète intention de les faire tous ; intention qui se développe plus ou moins, suivant les dispositions où Dieu nous met; mais qui ne peut pas n'être pas dans le fond du chrétien, quoiqu'elle y puisse être plus ou moins cachée, et quelquefois tellement qu'on ne l'y aperçoit pas distinctement. Ce sera là peut-être un dénouement de la difficulté : mais pour cela il faut changer, non-seulement de langage, mais de principes, en reconnoissant que ces actes sont très-parfaits en eux-mêmes, soit qu'ils soient aperçus ou non, excités ou non par notre attention et par notre vigilance, pourvu qu'on croie et qu'on sache qu'on ne les fait comme il faut qu'autant qu'on les fait par le Saint-Esprit : ce qui n'est pas d'une oraison particulière, mais commun à tous les états du christianisme, quoique non toujours exercé avec une égale simplicité et pureté. Si on entre véritablement dans ces sentimens, la doctrine en sera irrépréhensible.

AUTRE ADDITION.

Pour m'expliquer mieux sur les actes réfléchis, en voici un de saint Jean : « Mes petits enfans, n'aimons pas de parole ni de la langue, mais par œuvres et en vérité. C'est par là que nous connoissons que nous sommes de la vérité (ses enfans et animés par elle), et que nous en persuaderons notre cœur en la présence de Dieu, parce que si notre cœur nous reprend, Dieu est plus grand que notre cœur, et il connoît tout. Mes bien-aimés, si notre cœur ne nous reprend pas, nous avons de l'assurance devant Dieu; et quoi que ce soit que nous lui demandions, nous l'obtiendrons de lui [1]. » Voilà des actes manifestement réfléchis sur soi-même, et un fondement de confiance établi sur la disposition qu'on sent en son cœur. Je demande si ce sont là des sentimens des parfaits ou des imparfaits. S'ils sont des parfaits, ils ne sont donc ni intéressés ni propriétaires. On ne peut pas dire qu'ils n'en soient pas, puisque saint Jean les connoît en lui comme dans les autres. D'ailleurs on les voit expressément dans saint Paul, lorsqu'il dit prêt à consommer son sacrifice, et dans l'état le plus parfait de sa vie : *J'ai bien combattu* [2], et le reste. On voit qu'il s'appuie sur ses œuvres; mais comment? Il est sans doute que c'est en tant qu'elles sont de Dieu, et un effet comme une marque de son amour.

Il ne faut donc point tant blâmer ces actes réfléchis, qui sont, comme on voit, des plus parfaits, et en même temps des plus humbles, et qui néanmoins, bien loin d'étouffer en nous l'esprit de demande, sont selon saint Jean un des fondemens qui nous fait demander avec confiance.

Au reste je ne veux pas dire que toutes les ames saintes doi-

[1] I *Joan.*, III, 18. — [2] II *Timoth.*, IV, 7.

vent toujours être expressément dans la pratique de ces actes : ce que je veux dire, c'est que ces dispositions sont saintes et parfaites, et que c'est combattre directement le Saint-Esprit que de les traiter, non-seulement d'imparfaites, mais encore de propriétaires et d'impures, ou de faire comme une espèce de règle pour les parfaits des dispositions différentes.

LETTRE XIII.

MADAME GUYON A BOSSUET (a).

Je n'ai nulle peine, Monseigneur, à croire que je suis trompée; mais je ne puis ni m'en affliger ni m'en plaindre (b). Quand je me suis donnée à Notre-Seigneur, ç'a été sans réserve et sans exception; et quand j'ai écrit, je l'ai fait par obéissance, aussi contente d'écrire des extravagances que d'écrire de bonnes choses. Ma consolation est que Dieu n'en est ni moins grand, ni moins parfait, ni moins heureux pour tous mes égaremens. Je croirai, Monseigneur, de moi tout ce que vous m'ordonnerez d'en croire; et je dois vous dire, pour obéir à l'ordre que vous me donnez de vous mander simplement mes pensées, que je ne sais pas comme j'ai écrit cela, qu'il ne m'en est rien resté dans la tête, et que je n'ai nulle idée de moi, n'y pensant pas même. Lorsque je puis y réfléchir, il me paroît que je me trouve au-dessous de toutes les créatures et un vrai néant. J'ai donc l'esprit vide de toute idée de moi. J'avois cru que Dieu, en voulant se servir de moi, n'avoit regardé que mon infinie misère; et qu'il avoit choisi un instrument destitué de tout, afin qu'il ne lui dérobât pas sa gloire. Mais puisque je me suis trompée, j'accuse mon orgueil,

(a) Cette réponse suivit de près la lettre précédente. Car Bossuet dit : « ... J'écrivis une longue lettre à Madame Guyon, où je m'expliquois sur les difficultés qu'on vient d'entendre; j'en réservois quelques autres à un plus grand examen; je marquois tous mes sentimens, tels que je les viens de représenter; ces prodigieuses communications n'étoient pas oubliées, non plus que l'autorité de lier et de délier... La lettre est du 4 de mars 1694 : la réponse, qui *suivit de près*, est très-soumise, et justifie tous les faits que j'ai avancés sur le contenu de ses livres. » — (b) Voyez la *Relation*, sect. II, n. 21 ; ci-dessus, vol. XX, p. 101. Voyez aussi *Remarques sur la réponse à la relation*, art. II, § VII, n. 29; *ibid.*, p. 200.

ma témérité et ma folie ; et je remercie Dieu, Monseigneur, qui vous a inspiré la charité de me retirer de mon égarement.

Le mot de *délier* et de *lier* ne doit pas être pris au sens qu'il est dit à l'Eglise : c'étoit une certaine autorité que Dieu sembloit m'avoir donnée, pour tirer les ames de leurs peines et les y replonger. Mais, Monseigneur, c'est ma folie qui m'a fait croire toutes ces choses, et Dieu a permis que cela se trouvoit vrai dans les ames ; en sorte que Dieu, en me livrant à l'illusion, a permis que tout concourût pour me faire croire ces choses, non en manière réfléchie sur moi, ce que Dieu n'a jamais permis, ni que j'aie cru en être meilleure ; mais j'ai mis simplement et sans retour ce que je m'imaginois. Je renonce de tout mon cœur à cela. Je ne puis m'ôter les idées, car je n'en ai aucune : ce que je puis est de les désavouer.

C'est de tout mon cœur que je prends le parti de me retirer, de ne voir ni n'écrire à personne sans exception. Il y a six mois que je commence à le pratiquer : j'espère que Dieu me fera la grace de l'achever jusqu'à la mort.

Je consens tout de nouveau qu'on brûle les écrits, et qu'on censure les livres, n'y prenant nul intérêt : je l'ai toujours demandé de la sorte.

Il me semble, Monseigneur, que l'exercice de la charité contient toutes demandes et toutes prières ; et comme il y a un amour sans réflexion, il y a aussi une prière sans réflexion ; et celui qui a cette prière substantielle, satisfait à toutes les autres, puisqu'elle les renferme toutes. Elle ne les détaille pas, à cause de sa simplicité. Le cœur qui veille sans cesse à Dieu, attire la vigilance de Dieu sur lui. Mais je veux bien croire encore que je me trompe en ce point.

Il y a deux sortes d'ames : les unes auxquelles Dieu laisse la liberté de penser à elles, et d'autres que Dieu invite à se donner à lui par un oubli si entier d'elles-mêmes, qu'il leur reproche les moindres retours. Ces ames sont comme des petits enfans qui se laissent porter à leurs pères, qui n'ont aucun soin de ce qui les regarde. Cela ne condamne pas celles qui agissent ; mais pour celles-là, Dieu veut d'elles cet oubli et cette perte d'elles-mêmes, du moins je le crois de la sorte : mais puisque cela ne vaut rien, je le désavoue comme le reste.

Il me paroît, Monseigneur, par tout ce que vous dites, que vous croyez que j'ai travaillé à étouffer les actes distincts, comme les croyant imparfaits. Je ne l'ai jamais fait ; et quand je fus mise intérieurement dans l'impuissance d'en faire, que mes puissances furent liées, je m'en défendis de toutes mes forces, et je n'ai cédé au fort et puissant Dieu que par foiblesse. Il me semble même que cette impuissance de faire des actes réfléchis ne m'ôtoit point la réalité de l'acte ; au contraire je trouvois que ma foi, ma confiance, mon abandon ne furent jamais plus vifs, et mon amour plus ardent. Cela me fit comprendre qu'il y avoit une manière d'acte direct et sans réflexion, et je le connoissois par un exercice continuel d'amour et de foi, qui rendoit l'ame soumise à tous les événemens de la Providence, qui la portoit à une véritable haine d'elle-même, n'aimant que les croix, les opprobres, les ignominies. Il me semble que tous les caractères chrétiens et évangéliques lui sont donnés. J'avoue que sa confiance est pleine de repos, exempte de souci et d'inquiétude : elle ne peut faire autre chose que d'aimer, et se reposer en son amour. Ce n'est pas qu'elle se croie bonne, elle n'y pense pas : elle est comme une personne ivre, qui est incapable de toute autre chose que de son ivresse. Il me semble que la différence de ces personnes et des autres est que les premiers mangent la viande pour se nourrir, la mâchent avec soin, et que les autres en avalent la substance. Si je dis des sottises, vous me les pardonnerez, Monseigneur, ne devant jamais plus écrire.

Je n'ai garde, Monseigneur, de vous faire des difficultés sur votre lettre ; je crois tout sans raisonner, et je vous obéirai avec tant d'exactitude, que je pars demain dès le matin. Je n'aurai plus de commerce qu'avec les filles qui me servent ; et afin de ne plus écrire à personne sans exception, personne ne saura où je suis. J'enverrai de six en six mois querir ma pension ; si je meurs, l'on le saura. Si Dieu vous inspire, Monseigneur, de le prier pour ma conversion, j'espère que vous aurez la charité de le faire. Je ne perdrai jamais le souvenir de votre charité et des obligations que je vous ai, étant avec beaucoup de respect et de soumission, votre très-humble et très-obéissante servante.

Je pourrois vous faire remarquer, Monseigneur, qu'il y a eu en beaucoup d'endroits de mes écrits, des expressions qui sont des actes très-distincts. Il seroit facile de faire voir qu'ils coulent alors de source, et pourquoi l'on exprime alors son amour, son abandon et sa foi d'une manière très-distincte ; qu'on le fait de même dans les cantiques ou chansons spirituelles, et qu'on ne le peut faire à l'oraison. Il y a bien des raisons de cela ; mais il ne s'agit plus d'éclaircissement, il ne faut que se soumettre : c'est ce que je fais de tout mon cœur.

LETTRE XIV.

MADAME GUYON A MADAME DE MAINTENON (a).

Juin 1694.

Tant qu'on ne m'a accusée que d'enseigner à faire l'oraison, je me suis contentée de demeurer cachée ; et j'ai cru que ne par-

(a) La première édition, celle des Bénédictins des *Blancs-Manteaux*, renferme la note suivante : « Pendant que M. de Meaux, comme il le marque dans sa *Relation*, sect. III, n. 1, étoit occupé à désabuser Madame Guyon de ses erreurs pour détourner l'attention à d'autres objets, elle se mit dans l'esprit de faire examiner les accusations intentées contre ses mœurs. Dans cette vue, elle écrivit à cette future protectrice qui lui avoit été montrée en vision, pour la supplier de demander au roi des commissaires qui fussent chargés d'informer et de prononcer sur sa vie. »
Madame Guyon envoya à Bossuet, non-seulement sa lettre à Madame de Maintenon, mais un long mémoire qui fait voir bien avant dans son cœur.

MÉMOIRE DE MADAME GUYON.

« Quoique j'eusse formé le dessein de me laisser accabler sans me justifier ni me défendre, la gloire de Dieu et l'intérêt de la vérité m'obligent aujourd'hui de rompre cette résolution. J'ai écrit à la vérité deux livres, l'un intitulé : *Le moyen court et facile de faire oraison*, et le second *Exposition du Cantique des cantiques*. Je n'eus jamais le dessein de faire imprimer ni l'un ni l'autre, que je n'avois écrits que pour mon édification particulière. Les copistes les ayant donnés pleins de fautes à des libraires, l'on fut obligé de les corriger, voyant qu'on les imprimoit de la sorte. L'on m'a recherchée, il y a près de sept ans pour ces livres. L'on me mit au couvent des religieuses de Sainte-Marie, rue Saint-Antoine : l'on m'examina avec toute la rigueur que peuvent faire des gens fort animés : l'on ne trouva rien à reprendre à mes mœurs, quelque recherche qu'on en pût faire avec un zèle plein d'amertume. Pour mes livres, je les soumis à l'Eglise, que je révère, à laquelle je suis et serai soumise jusqu'au

lant ni n'écrivant à personne, je satisferois tout le monde ; que je tranquilliserois le zèle de certaines personnes de probité, qui n'ont de la peine que parce que la calomnie les indispose ; et que

tombeau. Je déclarai même que s'il y avoit quelque chose qui ne fût pas dans le pur esprit de l'Eglise, je priois qu'on le condamnât ; et que j'aimerois mieux être brûlée que d'altérer le moins du monde, par mon ignorance, même avec bonne intention, sa pure et chaste doctrine. C'étoit tout ce que je pouvois faire, étant femme ignorante et mes mœurs se trouvant sans corruption.

» Cependant l'on ne se contenta pas de cela, l'on me voulut obliger d'écrire que j'avois eu des erreurs. Je dis qu'il n'y avoit qu'à condamner les livres et marquer les endroits erronés, que je les condamnois de tout mon cœur ; mais que je ne pouvois pas écrire que j'avois été dans l'erreur, parce que cela supposoit quelque chose de caché ; que je détestois les erreurs qui s'étoient glissées par mon ignorance dans mes livres et dans mes écrits, si l'on en trouvoit ; que je priois même qu'on les censurât en toute rigueur.

» Cela ne satisfit point, l'on me fit de grandes menaces de m'opprimer ; mais e crus qu'il falloit plutôt souffrir la mort que de trahir la vérité. Madame de Maintenon, alors convaincue de mon innocence, obtint qu'on me remît en liberté. Ma liberté ne fit qu'aigrir l'ulcère, loin de le fermer : l'on a indisposé tous les esprits avec plus de violence.

» Lorsque j'étois à Sainte-Marie, l'on voulut obliger les religieuses à dire du mal de moi : elles le refusèrent, n'en connoissant point, à ce qu'elles disoient ouvertement. Il se trouva dans mes interrogations une lettre fausse, reconnue telle, sur laquelle M. l'official me dit qu'on m'avoit fait arrêter. J'en demandai justice : l'on ne voulut pas me la faire ; cela auroit empêché ces mêmes gens de faire d'autres faussetés. Ce sont ces mêmes personnes, reconnues faussaires, qui m'imposent aujourd'hui de nouveaux crimes.

» Si l'on n'attaquoit que ma personne, je souffrirois sans me plaindre toute sorte de calomnies, ainsi que je les ai souffertes jusqu'à présent. Mais comme on se sert des crimes qu'on m'impose pour condamner la vérité, et pour tirer une fausse conclusion que tous ceux qui font oraison sont criminels, je suis obligée à la vérité de faire voir que si j'aime l'oraison, je ne suis point coupable, l'oraison et le crime étant incompatibles. Quoi, l'amour de Dieu, l'assiduité à se tenir en sa présence, pourroient rendre mauvais ? Il est odieux de le penser. Ceux qui font des crimes doivent avouer, ou qu'ils n'ont pas fait oraison, ou qu'ils l'ont quittée après l'avoir faite ; et c'est leur infidélité qui les la fait tomber dans le crime. Si j'avois fait les crimes dont on m'accuse, j'avouerois de bonne foi que je ne les aurois commis que parce que je me serois éloignée de mon Dieu, source de pureté, en m'éloignant de l'oraison ; mais ne les ayant point commis et n'ayant point quitté l'oraison, je dois faire voir mon innocence.

» Sitôt que je sus qu'on m'accusoit d'apprendre à faire l'oraison et que bien des gens étoient en rumeur de ce qu'une femme faisoit aimer Dieu, et portoit les jeunes dames au mépris de la vanité et au désir de leur salut : quoique ce crime me parût assez pardonnable, je voulus, à cause de la foiblesse, et pour ne point scandaliser les petits, cesser de le commettre. Je me retirai, et j'ai vécu depuis ce temps séparée du monde, sans nul commerce même avec ma propre famille ni avec mes amis, ayant toujours agi avec une extrême bonne foi en tout cela. J'écrivis en me retirant, les raisons que j'avois de me retirer. Je protestai que j'étois toujours prête de venir rendre raison de ma foi, sitôt qu'on le voudroit ; que si mon exil volontaire ne satisfaisoit pas, et que Sa

j'arrêterois par là cette même calomnie. Mais à présent que j'apprends qu'on m'accuse de crimes, je crois devoir à l'Eglise, aux gens de bien, à mes amis, à ma famille et à moi-même la con-

Majesté voulût de moi un exil et une prison forcée, je m'y rendrois d'abord; qu'elle ne seroit jamais forcée pour moi, puisque je faisois toujours mon plaisir d'obéir, même dans les choses les plus dures.

» Depuis ce temps, ma retraite ni mon silence n'ayant point tranquillisé le zèle des personnes qui veulent ma perte, l'on m'a supposé, selon le bruit public, des crimes. Sitôt que je l'ai su, j'ai écrit pour prier instamment qu'on me donnât des commissaires laïques, gens d'une probité reconnue, sans passion ni prévention. J'ai offert de me rendre en quelle prison l'on voudroit, pour me faire juger dans toute la rigueur possible, ne demandant sur cela nulle grace : l'on me l'a refusé.

» Je déclare de nouveau que je soumets tous mes écrits, que je renonce et déteste tout ce que mon ignorance m'y a fait mettre, qui ne se trouvera pas conforme à la pure doctrine de l'Eglise, que j'aime, que je révère et dont je ne me veux jamais écarter. Mais je soutiens en même temps que, si on les examinoit sans prévention et qu'il me fût permis d'y répondre, il ne s'y trouveroit rien que de très-catholique selon le sens que je pense. Il n'y a rien dans l'Ecriture sainte même, où la critique et la malice des hommes ne puissent donner un mauvais sens. Y a-t-il rien qui indispose plus, et qui en fasse donner un plus mauvais, que de supposer des crimes? Car enfin si j'ai fait les crimes dont on m'accuse, il les faut condamner sans examen : et avec quelle disposition peut-on lire des livres de piété d'une personne à laquelle l'on suppose des crimes? Parce que j'ai été mise à Sainte-Marie, chacun s'est donné un droit de me calomnier, étant sûr d'être bien avoué.

» Ces crimes ont été inventés d'abord par la malice d'une femme à qui j'ai refusé une aumône considérable ; d'une femme qui a quitté son pays après avoir été convaincue du vol d'une église, d'une femme chassée d'ailleurs pour sa dissolution et son hypocrisie ; d'une femme qui a déjà dit contre moi des calomnies reconnues fausses. C'est sur ce fondement, et sur les discours d'autres créatures qui se disent elles-mêmes abominables, que j'ai chassées et indiquées commes telles, et pour lesquelles je n'ai que de l'horreur ; c'est, dis-je, sur de pareils témoignages qu'on me suppose des crimes. Qu'on examine ma vie à fond, c'est ce que je demande ; et s'il se trouve un seul témoin de probité qui m'ait vue commettre quelque crime, je passe condamnation.

» Je ne me plains point de ceux qui me poursuivent à présent, parce qu'ils le font par zèle : mais ce zèle n'est point établi sur la connoissance de la vérité, mais bien sur des suppositions fausses et des calomnies punissables. S'ils sont coupables, c'est en ce qu'ils ne veulent point éclaircir la vérité, et qu'on me refuse une justice qu'on n'a jamais refusée à personne.

» Les raisons que j'ai eues de demander des juges laïques, gens de probité et sans prévention, sont parce que je sais ue les juges ecclésiastiques n'approfondissent pas sur les crimes; et que lorsque je demandai justice de la fausse lettre, feu M. l'official me dit qu'il falloit pardonner cela pour l'amour de Dieu. Je le fis, et c'est ce qui a donné la hardiesse à ces personnes de recommencer. J'ai raison de demander des gens de probité, puisque je sais qu'on fait ce qu'on peut pour suborner les témoins, jusqu'à promettre et donner des pensions pour cela. Il ne se trouvera dans ce siècle que trop de faux témoins pour de l'argent.

» J'ai besoin de gens sans prévention, puisqu'on tâche de prévenir tous es es-

noissance de la vérité. C'est pourquoi, Madame, je vous demande une justice qu'on n'a jamais refusée à personne, qui est de me faire donner des commissaires, moitié ecclésiastiques et moitié prits. Pour moi, je ne préviens personne : j'abandonne à Dieu ce qui me regarde; je n'écris que pour rendre témoignage à la vérité ; je ne me soucie point de ma vie. Si c'est elle qui fait de la peine, au moindre signal j'apporterai ma tête sur un échafaud, et ce me sera un avantage de mourir de la sorte. Mais je n'avouerai jamais que j'aie commis des crimes que j'abhorre, que je déteste, et dont Dieu, par son infinie miséricorde, m'a toujours préservée. Je n'ai point été élevée dans le crime : mon éducation en a été aussi éloignée que la vie que j'ai menée. J'ai été trop criminelle de ne pas assez aimer Dieu, et de n'avoir point correspondu aux graces qu'il m'a faites.

» Qu'on n'impute donc point à la vie intérieure des crimes que le démon ne vomit que pour la ternir. C'est dire que le soleil est impur et sans lumière ; c'est vouloir mettre l'abomination dans le lieu saint. Il y a des gens exécrables qui le font; mais ce sont des gens sans intérieur et sans oraison, qui se vantent de leurs crimes, que le diable a suscités dans ce siècle pour obscurcir la vérité : c'est le dragon qui vomit la fumée infernale contre le soleil ; mais cette vapeur maligne retombera sur lui-même, et la vérité paroîtra au jour.

» Qu'on examine mes écrits, qu'on le fasse avec exactitude et en rigueur, qu'on voie s'il n'y a rien qui ne porte à l'amour de Dieu, à l'éloignement du péché, à suivre les conseils évangéliques, pourvu qu'on ne leur donne pas un mauvais tour. Que s'il y a quelque chose de trop fort dans les expressions, si je me suis mal expliquée, si je me suis servie de termes outrés, je suis toujours prête d'expliquer sincèrement la vérité de ce que j'ai pensé. Qui connoît mon cœur mieux que moi ? qui veut juger de ma foi ? Lorsque je dis : J'entends cela de cette sorte, pourquoi dire : Vous l'entendez autrement ? Je déclare que cela n'est pas, que je condamne et déteste tout mauvais sens qu'on leur peut donner, que je suis toujours prête à expliquer le bon sens dans lequel je les ai écrits, à rendre raison de ma foi et à confirmer cette même foi de mon sang.

» Je sais que des gens ont falsifié de mes écrits, qu'ils y ont ajouté des choses mauvaises ; mais il est aisé de voir qu'ils sont différens des originaux, et fort éloignés de l'esprit de tout le reste. Je ne me plains point de ceux qui se lient pour les décrier, s'ils croient ce qu'on leur dit de moi : mais qu'ils prennent garde, que dans tous les siècles le diable a fait le singe de Dieu; qu'il y a des gens abominables qui affectent une fausse piété, afin de faire décrier par là la vraie piété, et de confondre le faux et le vrai : c'est ce que j'ai prié qu'on examinât. Les prélats ont raison de se déchaîner ; mais il faut voir s'ils ne confondent point l'agneau avec le loup : ils font plus, ils crient au loup contre l'agneau, et laissent vivre le loup en paix. Je prie le Seigneur qu'il leur donne l'esprit de discernement : ils ne le peuvent avoir qu'en se dépouillant de l'esprit de prévention, afin d'examiner dans un esprit pur, simple et droit (a). Il seroit aisé de voir la vérité, de la séparer de l'erreur et du mensonge.

» Si l'on veut bien me donner les juges que je demande, faire examiner les crimes avant les écrits, je suis toujours prête à reparoître, afin de faire voir la vérité de ce qui me regarde. Qu'on n'effraie point les ames, les empêchant d'embrasser l'oraison, qui est la voie pure et sainte où l'ame est éclairée de la grandeur de Dieu et de son néant, où elle est échauffée de son amour, où elle

---

(a) Voilà la soumission qu'on nous a promis tant de fois. Ceux-là sont les plus rebelles, qui parlent le plus de leur docilité.

laïques, tous gens d'une probité reconnue et sans aucune prévention : car la seule probité ne suffit pas dans une affaire où la calomnie a prévenu une infinité de gens.

Si l'on veut bien m'accorder cette grace, je me rendrai dans telle prison qu'il plaira à Sa Majesté et à vous, Madame, de m'indiquer. J'irai avec la fille qui me sert depuis quatorze ans : l'on nous séparera, et l'on me donnera pour me servir dans mes infirmités qui l'on voudra.

Si Dieu veut bien que la vérité soit connue, vous verrez, Madame, que je n'étois pas indigne des bontés dont vous m'honoriez autrefois. Si Dieu veut que je succombe sous l'effort de la calomnie, j'adore sa justice et m'y soumets de tout mon cœur, demandant même la punition que ces crimes méritent.

apprend à mépriser tout ce qui n'est point Dieu, pour ne s'attacher qu'à lui seul ; et non pas une école de crimes, comme on la veut faire passer. Si quelqu'un m'accuse, qu'il se présente, qu'il soit confronté, comme l'on fait dans toutes les justices réglées ; mais qu'on ne se contente pas de donner des Mémoires où l'on met ce qu'on veut, parce qu'on est sûr qu'on ne sera pas obligé à le soutenir. Si ce que je demande est injuste, je me condamne moi-même ; mais s'il est selon l'équité, qu'on ait la bonté de me l'accorder. Je prie Dieu, seule et souveraine Vérité, de faire connoître que je ne mens point.

» Une des causes de ce que je souffre aujourd'hui, vient de ce que les mêmes personnes qui m'ont toujours poursuivie et persécutée ont indisposé Monseigneur l'archevêque contre moi, lui faisant comprendre que je manquois de soumission à ses ordres, quoiqu'il soit vrai que je ne me suis jamais écartée, pour peu que ce soit, du respect et de la soumission que je lui dois, ayant un respect infini pour son caractère, étant prête à me soumettre de nouveau à ce qu'il ordonneroit de moi, après avoir connu la vérité par lui-même ou par des personnes sans prévention. »

Tel est le mémoire de Madame Guyon. Les Bénédictins des *Blancs-Manteaux* disent à la suite de cet écrit, dans une note : « Madame Guyon tourne autant qu'elle peut les choses à son avantage. Quand on parle seul, sans contradicteur, on peut dire tout ce qu'on veut, et paroître fort innocent, quelles que soient les fautes qu'on ait commises. Cependant Madame Guyon en dit trop pour se faire croire ; et nulle part on ne voit qu'on ait voulu suborner des témoins, pour les engager à l'attaquer sur ses mœurs. Elle cherchoit visiblement à donner le change, et à faire abandonner l'examen de sa doctrine, pour passer à celui de sa vie. Mais une preuve qu'on n'a point songé à inculper ses mœurs, c'est qu'on a toujours refusé de l'examiner sur ce point, et qu'on s'est mis peu en peine d'approfondir les bruits répandus à cet égard contre elle. La doctrine de ses livres étoit le seul objet qui paroissoit aux Pasteurs mériter leur attention. Du reste on verra dans la déclaration du P. La Combe et dans la lettre qu'il écrivit à Madame Guyon, si elle pouvoit se prétendre aussi innocente sur les mœurs qu'elle l'affecte dans ce mémoire. » L'édition de Versailles, à laquelle ont présidé deux prêtres de la Congrégation de Saint-Sulpice, ne donne pas la note qu'on vient de lire.

Des graces de cette nature ne se refusent jamais, Madame. Si vous avez la bonté de me l'accorder, j'enverrai dans huit jours chez M. le duc de Beauvilliers querir la réponse ou l'ordre qu'il vous plaira de me donner; et je me rendrai incessamment dans la prison qu'il vous plaira de m'indiquer, étant toujours avec le même respect et la même soumission, Madame, votre, etc.

LETTRE XV.

MADAME GUYON A MM. BOSSUET,

ÉVÊQUE DE MEAUX,

DE NOAILLES, ÉVÊQUE DE CHALONS,

ET TRONSON,

SUPÉRIEUR DU SÉMINAIRE DE SAINT-SULPICE;

Choisis pour examiner les livres et les états de madame Guyon (a).

Juin 1694.

Comment pourrai-je, Messeigneurs, paroître devant vous, si vous me croyez coupable des crimes dont on m'accuse ? Comment pourrez-vous examiner, sans horreur, des livres qui viennent d'une personne qu'on veut faire passer pour exécrable ? Mais aussi comment n'y paroîtrai-je pas, puisqu'ayant pris la liberté de vous demander à Sa Majesté pour examiner ma foi et ayant été assez heureuse d'avoir obtenu ce que je désire, ce seroit me priver de l'unique ressource qui me reste en cette vie, de pouvoir faire connoître la pureté de ma foi, la droiture de mes intentions et la sincérité de mon cœur devant des personnes qui,

---

(a) Madame Guyon n'ayant pas réussi à obtenir des commissaires pour examiner ses mœurs, et voyant qu'on étoit résolu de poursuivre l'examen de sa doctrine, fit demander par ses amis qu'on joignît M. de Noailles et M. Tronson à M. de Meaux; ce qui lui fut accordé. Ce fait est rapporté par Bossuet dans sa *Relation*, sect. III, n. 1, et il est constaté par une lettre de Madame de Maintenon au duc de Beauvilliers, auquel elle dit : « Quant à M. de Châlons et à M. le supérieur de Saint-Sulpice, qu'elle veut associer à M. de Meaux, je ne crois pas que cette demande lui soit refusée. » — Cette note est aussi supprimée dans l'édition de Versailles.

quoique prévenues, ne me sont nullement suspectes à cause de leurs lumières, de leur droiture et de leur extrême probité.

J'avois pris la liberté de demander à Sa Majesté de joindre des juges laïques, afin qu'ils approfondissent ce qui regarde mes mœurs, parce que je croyois qu'il étoit impossible qu'on pût juger favorablement des écrits d'une personne qui passe pour coupable. Je me suis offerte d'entrer en prison, ainsi que vous le verrez, Messeigneurs, par la lettre ci-jointe (a), si vous voulez bien vous donner la peine de la lire. J'offre plus ; c'est de faire voir que je n'ai point fait les choses dont on m'accuse. Je n'attends pas que ceux qui m'accusent prouvent ce qu'ils avancent, quoique ce soit l'ordinaire ; mais je m'offre de prouver que cela n'est pas. Si vous voulez bien, Messeigneurs, avoir la charité d'examiner ce qui regarde le criminel avant l'examen des livres, je vous en aurai une obligation infinie. Il est aisé d'informer, à charge et à décharge, de toute ma vie. Je vous dirai, Messeigneurs, avec une entière ingénuité, les choses dont on m'accuse et le caractère des personnes qui m'accusent. Je suis toute prête de soutenir toutes sortes de confrontations, et je crois qu'il vous sera aisé avec la grace de Dieu de démêler une malignité peu commune. Vous verrez, Messeigneurs, le caractère des personnes qui m'accusent ; et peut-être sera-ce un grand bien pour l'Eglise qu'on examine qui sont les coupables, de ceux qui accusent et de celle qui est accusée.

Trois personnes de probité sont animées contre moi : Monseigneur l'évêque de Chartres (b), parce que son zèle est trompé : il me sera aisé de faire voir par qui et comment.

M. le curé de Versailles, qui n'a pas toujours été aussi déchaîné contre moi qu'il l'est, puisqu'il m'écrivit lorsque je sortis de Sainte-Marie, après avoir lu les livres dont il s'agit et les plus forts de mes écrits, qu'il étoit dans mes mêmes sentimens : j'en ai la lettre. Depuis ce temps, il me faisoit l'honneur de se dire de mes amis, me venoit voir plus assidûment qu'aucun autre : il

---

(a) La lettre à Madame de Maintenon. — (b) M. Godet des Marais, évêque de Chartres, qui le premier avoit découvert le nouveau quiétisme introduit à Saint-Cyr par Madame Guyon et quelques-unes de ses disciples, comme M. de Meaux a soin de l'observer dans l'endroit déjà cité de sa *Relation*.

a témoigné à beaucoup de mes amis l'estime qu'il faisoit de moi; même depuis la dernière fois qu'il m'est venu voir, il a dit mille biens de moi à Saint-Cyr et ensuite beaucoup de mal.

La raison de cette conduite, c'est que M. le curé de Versailles s'est imaginé que j'avois retiré Madame la comtesse de Guiche et Madame la duchesse de Mortemart de sa conduite, pour les mettre sous celle du P. Alleaume, jésuite.

Il est de fait que Madame la comtesse de Guiche étoit sous la conduite du R. P. Alleaume, avant que j'eusse l'honneur de la connoître : ce n'est donc pas moi qui l'y ai mise. Pour Madame la duchesse de Mortemart, comme elle se croyoit obligée, en se donnant à Dieu, de quitter la Cour qui lui étoit un écueil, pour se donner à l'éducation de messieurs ses enfans et au soin de sa famille, qu'elle avoit négligés jusqu'alors ; en quittant Versailles et demeurant à Paris, il lui falloit un directeur à Paris. Cependant M. le curé de Versailles, qui dit avoir présentement l'oreille de Madame de Maintenon et qui l'a en effet, se plaint de deux choses opposées : l'une, de ce que j'ai ôté ces Dames de la direction de leur légitime pasteur pour les mettre sous la conduite d'un P. jésuite ; et l'autre, que je les dirigeois. Comment, si je les dirigeois, leur ai-je donné un directeur ? Et si je leur ai donné un directeur, je ne les dirigeois donc pas. Dieu ne m'a pas abandonnée au point de me mêler de diriger, quoique je crusse alors qu'il donnoit quelquefois des expériences pour en aider les autres. Mais toutes les personnes que j'ai connues avoient leurs directeurs. Lorsque ces Dames aimoient la vanité, qu'elles portoient des mouches, qu'elles mettoient du rouge, que quelques-unes d'elles ruinoient leurs familles par le jeu et la dépense des habits, l'on n'y trouvoit point à redire et l'on les laissoit faire. Dès qu'elles ont eu quitté tout cela, l'on a crié, comme si je les eusse perdues. Si je leur avois fait quitter la piété pour le luxe, l'on ne feroit pas tant de bruit. J'ai des témoins, des lettres écrites à M. le curé de Versailles, qui feront voir ma justification, si l'on me veut bien faire la grace de m'écouter.

La troisième personne est M. Boileau (*a*), suscité par une dé-

(*a*) Jean Jacques Boileau, frère de Nicolas Boileau, le législateur du Parnasse,

vote (*a*), qui l'assure que Dieu lui a fait connoître que je suis fort mauvaise. Cela est accompagné de choses manifestement fausses, qu'il est aisé d'avérer. Ce sont ces personnes qui par zèle animent tout le monde contre moi. Le reste des accusateurs sont tous gens avec lesquels je n'ai eu de commerce que pour leur donner l'aumône, ou les chasser et indiquer pour ce qu'ils sont.

Je dirai les choses dont on m'accuse. Je ne prétends pas, Messeigneurs, vous cacher la moindre chose, parce que, grace à Dieu, je ne veux ni tromper les autres, ni me tromper moi même. Sitôt que je sus qu'on m'accusoit de diriger, je me retirai et ne vis plus personne, ainsi que vous le verrez, Messeigneurs, par cette autre lettre.

J'ai toujours cru qu'il falloit être éclairé sur le criminel avant toutes choses. C'est pourquoi je vous conjure, Messeigneurs, par la charité de Notre-Seigneur Jésus-Christ, dont vous êtes pleins, de recevoir les Mémoires qui vous seront donnés contre moi, d'obliger les personnes à donner leurs noms et à vous parler à vous-mêmes. Si je suis coupable, je dois être plus punie qu'une autre, puisque Dieu m'a fait la grace de le connoître et de l'aimer; et que je ne suis point assez ignorante pour être excusée, puisque je suis assurée que Jésus-Christ et Bélial ne sont point en même lieu.

J'ai pris la liberté de demander Monseigneur de Meaux dès l'année passée, parce que j'ai toujours eu un très-grand fond de respect pour lui, que je suis persuadée de son zèle pour l'Eglise, de ses lumières et de sa droiture, et que j'ai toujours porté en moi la disposition d'y condamner ce qu'il y condamnera.

J'ai désiré Monseigneur de Châlons, quoique M. l'abbé de Noailles (*b*) soit le plus zélé de ceux qui me décrient; tant parce

étoit docteur de Sorbonne et chanoine de Saint-Honoré. Le cardinal de Noailles, archevêque de Paris, lui confia la supériorité de plusieurs Maisons religieuses. Ses lettres spirituelles, deux volumes in-12, prouvent également sa science et sa profonde piété.

(*a*) La Sœur Rose très-célèbre dans ce temps par les choses extraordinaires qui se passoient en elle, et par les prodiges de graces dont Dieu la rendit l'instrument. Elle fut une des premières qui connut les égaremens des nouveaux quiétistes. (*Les Bénéd. des Blancs-Manteaux.*)

(*b*) Frère de l'évêque de Châlons, et depuis son successeur dans ce siège.

qu'il y a longtemps que je sais quel est son discernement et sa piété, que parce qu'y ayant intérêt à cause de Madame sa nièce, j'ai été bien aise qu'il connût la vérité par lui-même.

J'ai souhaité M. Tronson, quoique je susse tous les soins qu'on a pris de me décrier auprès de lui, parce que je sais quelle est sa droiture, sa piété, sa lumière, et qu'il est nécessaire qu'il connoisse par lui-même le sujet que Monseigneur de Chartres a d'animer son zèle contre moi.

Je vous conjure, Messeigneurs, par toute la charité qui règne dans votre cœur, de ne point précipiter cette affaire, d'y mettre tout le temps qu'il est nécessaire pour l'approfondir, et pour me faire la grace de m'entendre sur les articles qui peuvent vous faire peine. Je vous conjure aussi d'être persuadés que je vous parle sincèrement. Ayez la bonté, s'il vous plaît, de vous informer, non à ceux qui ne me connoissent pas, mais à ceux qui me connoissent, quelle est ma sincérité. Pour ce qui regarde l'article des livres et des écrits, je déclare que je les soumets de tout mon cœur, comme j'ai déjà fait, ainsi que je le déclare au papier ci-joint.

Voilà un chapitre de l'*Imitation de Jésus-Christ* qui est l'abrégé de tout ce que j'ai écrit : je prends la liberté de l'attacher ici.

Chapitre xxxvii du livre iii de *l'Imitation de Jésus-Christ*, de l'édition in-12, chez Desprez, libraire à Paris. *S'abandonner tout à Dieu, sans vouloir reprendre le soin de soi-même.*

Jésus-Christ. Mon fils, quittez-vous vous-même, et vous me trouverez, etc.

LETTRE XVI.

MADAME GUYON A BOSSUET.

1694.

J'ai bien de l'obligation à M. de Meaux, de vouloir bien prêter l'oreille à la justification des écrits : mais que je serois contente, s'il vouloit bien ouvrir celle du cœur; et que je serois sûre du gain de la cause de l'oraison ! Pourvu que les droits de celle-ci soient conservés dans toute leur étendue, sans altération ni adoucissement, il ne m'importe ce que je devienne. Je conjure ce saint prélat que tout tombe sur moi. Je suis sûre qu'en me jetant dans la mer, ou m'enfermant dans une prison perpétuelle, la tempête contre l'oraison finira. C'est plutôt moi qu'on veut perdre; et je le mérite assez par tant d'infidélités et de propriétés secrètes que j'ai commises, si peu de pur amour et de pure souffrance. La seule grace que je vous demande, est que vous employiez tout votre crédit pour cela auprès de ces Messieurs (a). Que la compassion ne vous arrête point, ni eux aussi ; ces sentimens naturels sont indignes de Dieu : que je sois la victime sacrifiée à sa justice. Mais, hélas ! peut-être rejettera-t-il cette victime à cause de son impureté. Quoi qu'il en soit, je trouverai dans son sang ce grand lavoir qui nettoiera toutes mes taches, et me rendra une victime agréable à ses yeux. Ce sont-là mes sentimens. Je vous prie d'avoir la bonté de leur dire ceci ; car peut-être y va-t-il de la gloire de Dieu. J'achèverai, s'il plaît à Dieu, dans dix ou douze jours.

LETTRE XVII.

MADAME GUYON A BOSSUET

1694.

J'ai écrit les justifications des écrits avec une entière liberté, parce que M. le duc de Chevreuse me l'a ordonné de votre part. Dieu est témoin de la volonté sincère qu'il m'a lui-même donnée de vous obéir, et de penser sur moi et sur ce qui me regarde tout ce que vous m'ordonnerez d'en penser. Toutes les personnes qui m'ont connue dès mon enfance, et celles qui m'ont conduite dans tous les âges, pourroient vous assurer qu'entre toutes les graces que Notre-Seigneur m'a faites, celle de la simplicité et de l'ingénuité à ne leur pas cacher une pensée que j'eusse connue et en

(a) M. de Noailles et M. Tronson, chargés d'examiner avec Bossuet la doctrine de Madame Guyon.

la manière que je la connoissois, est ce qui les a toujours le plus frappées en moi.

Souffrez donc, Monseigneur, qu'en continuant mes manières simples et peu usitées parmi le monde, je prenne la liberté de vous dire que le cœur seul peut juger des écrits auxquels le cœur seul a part. Ce que j'écris, ne passant point par la tête, ne peut être bien jugé par la tête. Je vous conjure, Monseigneur, par le sang de Jésus-Christ mon cher Maître, que la prévention qu'on vous a donnée contre moi ne vous empêche pas de pénétrer la moelle du cèdre; que les mauvais habits dont mes expressions peu correctes et mal digérées ont couvert la vérité, ne vous la fassent pas méconnoître. C'est moi, Monseigneur, qu'il faut punir; c'est ma témérité qu'il faut châtier : mais il ne faut rien ôter à la vérité, de l'intérieur, de son tout indivisible; au contraire il la faut tirer dans sa nudité et dans son éclat. Cela sera, en l'expliquant nettement, comme je crois avoir fait ici. Que si quelque chose vous fait encore de la peine, j'espère de l'expliquer si nettement avec la grace de Dieu, que votre cœur entrera dans ce que votre esprit même paroît ne pas pénétrer, parce qu'il y a de certaines choses où l'expérience est au-dessus de la raison, sans être contraire à la raison. Pour connoître un ouvrage à fond, il faut entrer en quelque manière dans l'esprit de celui qui l'a fait.

Je vous proteste, comme il est vrai, que je n'écris point par l'esprit et qu'il me semble, lorsque j'écris, que cela vient d'une autre source, qui est le cœur, parce que la foi, par laquelle le Seigneur m'a conduite, semble aveugler l'esprit, afin de donner plus de liberté au cœur ou à la volonté d'aimer et de goûter Dieu (a).

Souffrez, Monseigneur, que pour des momens je récuse votre esprit, et que j'implore la faveur de votre cœur, pour être juge des écrits que le cœur a produits. Pour ma personne, je la livre volontiers à la peine et au châtiment; et sur cela vous ne sauriez

---

(a) La croyance qui est dans le cœur sans pouvoir entrer dans la tête, cette *foi* qui *aveugle l'esprit* afin de donner plus de liberté à la volonté, c'est tout simplement du fanatisme grossier.

jamais vous méprendre, quelque rigueur que vous exerciez envers elle. Mais pour l'intérieur, ô Monseigneur, c'est un tout auquel toutes les parties sont si nécessaires, qu'on ne peut en retrancher aucune sans le détruire. Il n'en est pas des choses de l'esprit comme de celles du corps, auquel on peut ôter certains membres sans le détruire tout à fait. Songez, Monseigneur, que toutes les parties de l'intérieur sont des parties essentielles, des parties nobles; et que c'est le détruire, que de l'altérer.

Je vous écris, Monseigneur, avec cette liberté qui ne craint rien, parce qu'elle n'a rien à perdre; mais je vous écris néanmoins avec toute la soumission possible. Démêlez, je vous conjure, en ma faveur la liberté qui naît de la foi et de l'amour, d'avec l'audace qui naît de la présomption. Laissez pour quelque temps toutes les impressions qu'on vous a voulu donner de moi, soit bonnes, soit mauvaises. Je ne suis rien; mais voyez la possibilité et la vérité de l'intérieur dans tous ces saints que j'expose devant vos yeux (a). Ne jetez point la vue sur moi, de peur que l'horreur que vous en auriez ne vous donnât du dégoût. C'est la même eau pure et nette, qui a passé par le canal pur et très-pur de tant de saints, et qui passe aussi par un canal tout sale et impur par lui-même. Remontez à la source, Monseigneur, et

---

(a) Bossuet, dans sa *Relation*, section III, n. 1, parle des écrits que Madame Guyon composa pendant la durée de l'examen, « pour faire le parallèle de ses livres avec les saints Pères, les théologiens et les auteurs spirituels. » Il est clair qu'elle avoit envoyé au prélat, avec cette lettre, un écrit dans lequel elle entreprenoit de prouver que ses expériences et toute sa doctrine étoient conformes à celles des saints, et qu'au fond elle avoit raison sur tous les points, quoique peut-être elle ne s'exprimât pas en termes assez exacts. C'est aussi ce que M. de Cambray a toujours dit, pour la défense de cette Dame. Delà l'idée que ce prélat conçut de composer son livre des *Maximes des Saints*, dans lequel il prétendit tout à la fois, et justifier le fond des sentiments de Madame Guyon, et rectifier les expressions exagérées et peu correctes, dont elle avoit pu se servir avec d'autres mystiques. Et combien Fénelon n'étoit-il pas inexcusable, puisque après avoir promis dans sa préface du livre des *Maximes* l'exactitude la plus scrupuleuse dans les termes même, non-seulement il se permettoit un langage plus outré que celui des mystiques les moins éclairés, mais encore il avançoit quantité de propositions intolérables?

Cette note est encore des Bénédictins des *Blancs-Manteaux*. L'édition de Versailles en reproduit la première partie; mais elle a supprimé la dernière, qui se rapporte à Fénelon : pourquoi cela? On sait que Fénelon fit ses études théologiques à Saint-Sulpice, et nous disions tout à l'heure que l'édition de Versailles a été dirigée par deux prêtres de cette Maison.

vous verrez que c'est le même principe et la même eau. Brisez le canal, il n'importe; mais que l'eau ne soit pas répandue sur la poussière. Recueillez-la cette eau, faites-la rentrer dans sa source, ou souffrez qu'elle coule par le canal de tant de saints. Dieu qui veut se servir de vous afin de rassembler ce qui étoit dispersé, ne le peut qu'autant que vous perdrez toute prévention. Faites donc voir, Monseigneur, que l'intérieur est de lui-même pur et sans tache, que c'est l'ame du christianisme; et qu'on punisse cette téméraire qui, par son ignorance, a avili ce qu'il y a de plus précieux sur la terre. C'est la grace que vous demande au nom de Dieu la personne du monde qui vous honore le plus, et qui est avec plus de respect et de soumission, etc.

DE LA MOTTE GUYON.

Permettez-moi d'en dire autant à M. de Châlons.

LETTRE XVIII.
L'ABBÉ DE FÉNELON A BOSSUET.

Du mercredi, 14 juillet 1694.

Je suppose, Monseigneur, que vous partez pour Paris aujourd'hui (a). Ce qui m'en console est l'espérance que vous reviendrez bientôt, et que je pourrai à votre retour vous entretenir de mon travail. Je crois qu'il est nécessaire que je vous le montre, et que je m'explique avec vous sur toutes les circonstances du système, avant que je le donne aux autres. Je ne puis douter que vous n'ayez la charité et la patience d'écouter tout. Pour moi, je ne souhaite que de régler par vos décisions tout ce que je dois dire aux autres. Je vous dirai tout; et tout ce que vous ne croirez pas bon, ne sera jamais mon sentiment.

(a) Bossuet parle des écrits multipliés que Fénelon composa pour justifier Madame Guyon devant ses examinateurs. Voyez *Relation sur le quiétisme*, sect. III, n. 1, 8 et 12; dans cette édition vol. XX, p. 101 et suiv.

LETTRE XIX.

L'ABBÉ DE FÉNELON A BOSSUET.

A Versailles, ce 28 juillet 1694.

Je vous envoie, Monseigneur, une partie de mon travail, en attendant que le reste soit achevé : il le sera demain, ou après demain au plus tard. Je fais des extraits des livres, et des espèces d'analyses sur les passages, pour vous éviter de la peine et pour ramasser les preuves.

Ne soyez point en peine de moi : je suis dans vos mains comme un petit enfant. Je puis vous assurer que ma doctrine n'est pas ma doctrine : elle passe par moi, sans être à moi et sans rien y laisser. Je ne tiens à rien, et tout cela m'est comme étranger. Je vous expose simplement, et sans y prendre part, ce que je crois avoir lu dans les ouvrages de plusieurs saints. C'est à vous à bien examiner le fait, et à me dire si je me trompe. J'aime autant croire d'une façon que d'une autre. Dès que vous aurez parlé, tout sera effacé chez moi. Comptez, Monseigneur, qu'il ne s'agit que de la chose en elle-même, et nullement de moi.

Vous avez la charité de me dire que vous souhaitez que nous soyons d'accord ; et moi je dois vous dire bien davantage : Nous sommes par avance d'accord, de quelque manière que vous décidiez. Ce ne sera point une soumission extérieure ; ce sera une sincère conviction (a). Quand même ce que je crois avoir lu me paroîtroit plus clair que deux et deux font quatre, je le croirois encore moins clair que mon obligation de me défier de mes lumières, et de leur préférer celles d'un évêque tel que vous (b). Ne prenez point ceci pour un compliment : c'est une chose aussi sérieuse et aussi vraie à la lettre qu'un serment.

Au reste je ne vous demande en tout ceci aucune des marques de cette bonté paternelle que j'ai si souvent éprouvée en vous. Je

---

(a) La décision d'un homme faillible n'a jamais produit une *conviction* sincère.

(b) Aimer autant croire d'une manière que d'une autre, croire plus à la parole d'un homme qu'à la vérité d'une proposition mathématique : cela est absurde, ou cela n'est pas sérieux.

vous demande par l'amour que vous avez pour l'Eglise, la rigueur d'un juge et l'autorité d'un évêque jaloux de conserver l'intégrité du dépôt. Je tiens trop à la tradition, pour vouloir en arracher celui qui en doit être la principale colonne en nos jours.

Ce qu'il y a de bon dans le fond de la matière, c'est qu'elle se réduit toute à trois chefs. Le premier est la question de ce qu'on nomme l'amour pur et sans intérêt propre. Quoiqu'il ne soit pas conforme à votre opinion particulière, vous ne laissez pas de permettre un sentiment qui est devenu le plus commun dans toutes les écoles, et qui est manifestement celui des auteurs que je cite. La seconde question regarde la contemplation ou oraison passive par état. Vous verrez si je me suis trompé, en croyant que plusieurs saints en ont fait tout un système très-bien suivi et très-beau. Pour la troisième question, qui regarde les tentations et les épreuves de l'état passif, je crois être sûr d'une entière conformité de mes sentimens aux vôtres. Il ne reste donc que la seule difficulté de la contemplation par état : c'est un fait bien facile à éclaircir.

Quand vous serez revenu ici, j'achèverai de vous donner mes extraits et mes notes. Je ne vous demande qu'un peu d'attention et de patience. Je suis infiniment édifié des dispositions où Dieu vous a mis pour cet examen.

LETTRE XX.

L'ABBÉ DE FÉNELON A BOSSUET.

A Versailles, ce 12 décembre 1694.

J'ai oublié, Monseigneur, de vous demander si vous avez parlé de M. le Blanc pour M. le comte de Toulouse (*a*).

J'ai oublié aussi de vous dire que M. de la Salle convient qu'il ne m'a jamais parlé pour vous parler, ni pour me faire entrer dans l'affaire (*b*). Si vous continuez, Monseigneur, à vouloir,

---

(*a*) Bossuet a inséré une partie de cette lettre dans la *Relation sur le quiétisme*, sect. III, n. 6, pag. 103.

(*b*) Il s'agit ici de l'affaire de la juridiction sur les paroisses de Rebais, dont jouissoit l'abbaye de ce lieu, possédée par M. de la Salle, évêque de Tournay,

comme vous me l'avez fait entendre, rentrer dans le commerce ordinaire d'honnêteté avec lui, j'aurai l'honneur de vous donner un petit dîner, où il sera fort aise de se trouver, et je crois que vous serez content de lui dans ce repas. Il faudra attendre votre retour au commencement de l'année prochaine.

Je ne puis m'empêcher de vous demander avec une pleine soumission, si vous avez dès à présent quelque chose à exiger de moi. Je vous conjure, au nom de Dieu, de ne me ménager en rien; et sans attendre les conversations que vous me promettez, si vous croyez maintenant que je doive quelque chose à la vérité et à l'Eglise dans laquelle je suis prêtre, un mot sans raisonnement me suffira. Je ne tiens qu'à une seule chose, qui est l'obéissance simple. Ma conscience est donc dans la vôtre. Si je manque, c'est vous qui me faites manquer, faute de m'avertir. C'est à vous à répondre de moi, si je suis un moment dans l'erreur. Je suis prêt à me taire, à me rétracter, à m'accuser, et même à me retirer, si j'ai manqué à ce que je dois à l'Eglise. En un mot, réglez-moi tout ce que vous voudrez; et si vous ne me croyez pas, prenez-moi au mot pour m'embarrasser. Après une telle déclaration, je ne crois pas, Monseigneur, devoir finir par des complimens.

LETTRE XXI.

L'ABBÉ DE FÉNELON A BOSSUET.

A Versailles, ce 16 décembre 1694.

Je reçois, Monseigneur, avec beaucoup de reconnoissance les bontés que vous me témoignez (*a*). Je vois bien même que vous voulez charitablement mettre mon cœur en paix. Mais j'avoue qu'il me paroît que vous craignez un peu de me donner une vraie et entière sûreté dans mon état. Quand vous le voudrez, je vous dirai comme à un confesseur tout ce qui peut être compris dans

---

et que M. l'évêque de Meaux vouloit finir à l'amiable. C'est pourquoi l'abbé de Fénelon s'offroit d'aboucher chez lui M. l'évêque de Meaux avec le marquis de la Salle, frère de M. de Tournay. (*Les édit.*)

(*a*) Bossuet a fait imprimer cette lettre dans sa *Relation*, sect. III, n. 4, Vol. XX, p. 103.

une confession générale de toute ma vie et tout ce qui regarde mon intérieur (a). Quand je vous ai supplié de me dire la vérité sans m'épargner, ce n'a été ni un langage de cérémonie, ni un art pour vous faire expliquer. Si je voulois avoir de l'art, je le tournerois à d'autres choses, et nous n'en serions pas où nous sommes. Je n'ai voulu que ce que je voudrai toujours, s'il plaît à Dieu, qui est de connoître la vérité. Je suis prêtre; je dois tout à l'Eglise, et rien à moi, ni à ma réputation personnelle.

Je vous déclare encore, Monseigneur, que je ne veux pas demeurer un seul instant dans l'erreur par ma faute. Si je n'en sors point au plus tôt, je vous déclare que c'est vous qui en êtes cause, en ne me décidant rien. Je ne tiens point à ma place ; et je suis prêt à la quitter, si je m'en suis rendu indigne par mes erreurs. Je vous somme au nom de Dieu, et par l'amour que vous avez pour la vérité, de me la dire en toute rigueur. J'irai me cacher et faire pénitence le reste de mes jours, après avoir abjuré et rétracté publiquement la doctrine égarée qui m'a séduit : mais si ma doctrine est innocente, ne me tenez point en suspens par des respects humains. C'est à vous à instruire avec autorité ceux qui se scandalisent, faute de connoître les opérations de Dieu dans les ames.

Vous savez avec quelle confiance je me suis livré à vous, et appliqué sans relâche à ne vous laisser rien ignorer de mes sentimens les plus forts. Il ne me reste toujours qu'à obéir. Car ce n'est pas l'homme ou le très-grand docteur que je regarde en vous, c'est Dieu. Quand même vous vous tromperiez, mon obéissance simple et droite ne se tromperoit pas; et je compte pour rien de me tromper, en le faisant avec droiture et petitesse sous la main de ceux qui ont l'autorité dans l'Eglise. Encore une fois, Monseigneur, si peu que vous doutiez de ma docilité sans réserve, essayez-la sans m'épargner. Quoique vous ayez l'esprit plus

(a) Quant à la confession générale que Fénelon offroit ici de faire à Bossuet, le prélat n'y consentit jamais, et il le déclare formellement dans sa *Relation*, sect. III, n. 13. « On a vu, dit-il dans une de ses lettres (c'est celle-ci), qu'il s'étoit offert à me faire une confession générale ; il sait bien que je n'ai jamais accepté cette offre. » Voilà ce que remarquent tous les éditeurs. Cependant Fénelon s'est servi de cette proposition faite, mais non acceptée, pour accuser Bossuet d'avoir violé le secret de la confession.

éclairé qu'un autre, je prie Dieu qu'il vous ôte tout votre propre esprit, et qu'il ne vous laisse que le sien. Je serai toute ma vie, Monseigneur, plein du respect que je vous dois.

LETTRE XXII.

MADAME GUYON A BOSSUET.

Ce 23 décembre 1694.

Je n'ai garde de partir, Monseigneur, devant le temps que vous m'avez prescrit : j'ai laissé les places retenues. Je veux vous obéir en tout, Monseigneur; mais dans les choses qui ne seront pas en mon pouvoir, je vous les dirai simplement, pour ne pas tromper Votre Grandeur. Je prends la liberté de vous envoyer la *Vie de sainte Catherine de Gênes*. Il y a bien des choses qui ont rapport à certaines difficultés : j'ai cru que vous seriez bien aise de les voir.

Je vous ai dit, Monseigneur, que je ne priois point pour moi, et il est vrai : mais je suis souvent portée à prier pour les autres; et lorsque l'instinct m'en est donné, la facilité m'en est aussi donnée. Je n'ai cessé depuis hier de prier pour Votre Grandeur ; et je sens dans mon sens quelque chose qui fait que je donnerois mille vies, si je les avois, pour l'entier accomplissement des desseins de Dieu sur Votre Grandeur. J'attendrai vos ordres pour toutes choses, Monseigneur, ne voulant que vous obéir, et vous donner des marques du profond respect avec lequel je veux être toute ma vie, etc.

LETTRE XXIII.

MADAME GUYON A BOSSUET.

A la fin de décembre 1694.

Je ne saurois assez vous exprimer et ma joie et ma reconnoissance sur la bonté que vous avez d'accepter la demande que j'ai pris la liberté de vous faire : je vous obéirai, Monseigneur, avec une extrême exactitude. J'accepte les conditions ; et j'espère avec la grace de Dieu que vous serez content, Monseigneur, de mon obéissance, s'il plaît à Dieu. Si j'osois, je vous demanderois une grace, pour éviter toutes sortes d'inconvéniens ; qui seroit, Monseigneur, que vous eussiez la bonté de me confesser lorsque vous serez à Meaux (a) : vous verriez par là tout mon cœur, et je ne serois point exposée à un confesseur qui peut être gagné. C'est une pensée qui m'est venue, que je soumets néanmoins à tout ce qu'il vous plaira d'en ordonner. Pour le nom, ce sera, s'il vous plaît, celui de la Houssaye. J'attends l'obédience incessamment, et je partirai sans retarder sitôt que je l'aurai reçue (b) ; n'ayant point de plus forte inclination que de vous marquer et mon profond respect et ma parfaite soumission. Je suis, de Votre Grandeur, la très-humble et très-obéissante servante.

De la Motte Guyon.

J'attendrai aussi vos ordres, Monseigneur, pour la communion : je ne communierai qu'autant qu'il vous plaira.

LETTRE XXIV.

L'ABBÉ DE FÉNELON A BOSSUET.

Ce 26 janvier 1695

Je vous ai déjà supplié très-humblement (c), Monseigneur, de ne retarder pas d'un seul moment, par considération pour moi, la décision qu'on vous demande. Si vous êtes déterminé à con-

---

(a) Bossuet ne voulut pas plus confesser la prophétesse que le disciple. « Je ne me suis, dit-il, jamais voulu charger ni de confesser, ni de diriger cette Dame, quoiqu'elle me l'ait proposé, mais seulement de lui déclarer mon sentiment sur son oraison et sur la doctrine de ses livres. » *Relat.* sect. II, n. 2 ; dans cette édition, Vol. XX, p. 91

(b) Cette lettre, comme on voit, fut écrite vers le temps où Madame Guyon partit de Paris pour Meaux. Elle entra aux Filles de la Visitation de cette ville, le 13 de janvier 1695, et elle en sortit le 12 de juillet suivant. Elle ne fut connue dans ce couvent que sous le nom de Madame de la Houssaye. Voyez la *Relation*, sect. III, n. 18, pag. 113.

(c) Bossuet a inséré dans sa *Relation*, sect. III, n. 7 et 8, pag. 106, la majeure partie de cette lettre.

damner quelque partie de la doctrine que je vous ai exposée par obéissance, je vous conjure de le faire aussi promptement qu'on vous en priera. J'aime autant me rétracter aujourd'hui que demain, et même beaucoup mieux ; car le plus tôt reconnoître la vérité et obéir, est le meilleur. Je prends même la liberté de vous supplier de ne retarder point à me corriger, par une trop grande précaution. Je n'ai point besoin de longue discussion pour me convaincre. Vous n'avez qu'à me donner ma leçon par écrit : pourvu que vous m'écriviez précisément ce qui est la doctrine de l'Eglise et les articles dans lesquels je m'en suis écarté, je me tiendrai inviolablement à cette règle.

Pour les difficultés sur l'intelligence exacte des passages des auteurs, épargnez-vous la peine d'entrer dans cette discussion. Prenez la chose par le gros, et commencez par supposer que je me suis trompé dans mes citations. Je les abandonne toutes. Je ne me pique ni de savoir le grec, ni de bien raisonner sur les passages : je ne m'arrête qu'à ceux qui vous paroîtront mériter quelque attention. Jugez-moi sur ceux-là ; et décidez sur les points essentiels, après lesquels tout le reste n'est presque plus rien, et ne mérite pas l'inquiétude où l'on se trouve. Si vous étiez capable de quelque égard humain (ce que je n'ai garde de vous imputer), ce ne seroit pas de vouloir me flatter contre le penchant de ceux qui ont la plus grande autorité. Au contraire il seroit naturel de craindre que vous auriez quelque peine à me justifier contre la prévention de tout ce qu'il y a en ce monde de plus considérable. Bien loin de craindre cet inconvénient, je crains celui de votre charité pour moi. Au nom de Dieu, ne m'épargnez point traitez-moi comme un petit écolier, sans penser ni à ma place, ni à vos anciennes bontés pour moi. Je serai toute ma vie plein de reconnoissance et de docilité, si vous me tirez au plus tôt de l'erreur. Je n'ai garde de vous proposer tout ceci pour vous engager à une décision précipitée aux dépens de la vérité. A Dieu ne plaise : je souhaite seulement que vous ne retardiez rien pour me ménager.

LETTRE XXV.

L'ABBÉ DE FÉNELON A BOSSUET.

Dimanche, 6 mars 1695.

Je prends la liberté, Monseigneur, de vous supplier de ne mettre point dans les copies ce que vous aviez mis d'abord sur un état où l'on ne s'excite plus, qui est que les auteurs de la vie spirituelle n'en ont jamais parlé. Je me soumettrai là-dessus comme sur tout le reste; mais je vous supplie de considérer que je ne puis, dans ma situation présente, souscrire par persuasion à cet endroit (a). Car je me souviens trop bien que Madame de Chantal consultant saint François de Sales sur tous les actes les plus essentiels à la religion chrétienne et au salut, qu'elle assure ne pouvoir faire en la manière dont on les fait dans la grace commune, il lui répond décisivement de ne les plus faire « qu'à mesure que Dieu l'y excitera, et de se tenir active ou passive suivant que Dieu la fera être. » Il est, ce me semble, évident que ces dernières paroles ne peuvent signifier qu'elle soit tantôt dans l'état passif et tantôt dans l'actif; mais seulement qu'elle fasse des actes distincts ou n'en fasse pas, et demeure en quiétude, suivant que Dieu l'y portera. Voilà sa dernière décision, *pour elle et pour ses semblables;* il finit en disant : « Ne vous en divertissez jamais. » Vous jugez peut-être, Monseigneur, que cette règle ne regarde que l'oraison : c'est ce qui me paroît se réduire à une question de nom.

Pour le bienheureux Jean de la Croix, il me semble clair qu'il ne veut point qu'on mélange la voie active avec la passive, quoiqu'il admette des actes distincts en tout état. Voilà ce qui me fait penser que vous ne devez pas dire positivement, que les saints n'ont jamais rien dit d'un état où l'on ne s'excite plus. Qui dit une excitation, dit un effort pour se vaincre, et pour entrer dans

---

(a) Fénelon disoit plus haut dans la lettre XIX : « Nous sommes par avance d'accord, de quelque manière que vous décidiez. Ce ne sera point une soumission intérieure ; ce sera une sincère conviction. »

une disposition dont on est éloigné. L'ame habituellement unie à Dieu, et détachée de tout ce qui résiste à la grace, doit avoir de plus en plus une facilité ou à demeurer unie, ou à se réunir sans effort. La grace est plus forte, l'habitude plus grande, les obstacles bien moindres dans toute ame qui avance. Que sera-ce de celles qui sont en petit nombre dans un état si éminent? Je ne demande pas qu'on décide pour cet état, ni qu'on explique l'oraison passive, puisque vous ne le voulez pas. Je conviens même que Dieu peut obliger en quelque occasion une belle ame à s'exciter, pour la tenir plus dépendante; car je ne donne point de règles à Dieu. Mais je voudrois qu'on ne décidât rien là-dessus. Je veux encore plus que tout le reste, me soumettre.

LETTRE XXVI.

L'ABBÉ DE FÉNELON A BOSSUET.

Mardi 8 mars 1695.

Je croyois, Monseigneur, aller hier au soir chez vous, et recevoir vos ordres pour aujourd'hui; mais je ne fus pas libre. Je comprends par votre dernier billet, que vous ne comptez pas que j'aille aujourd'hui à Issy, et que vous ne souhaitez que j'y aille que jeudi pour la conclusion. Mandez-moi, s'il vous plaît, si j'ai bien compris. Je ferai tout ce que vous voudrez, sans réserve à l'extérieur et à l'intérieur. Pour le bienheureux Jean de la Croix et pour saint François de Sales, j'écouterai avec docilité les endroits dont vous me voulez instruire; mais il faut observer bien des circonstances. Si vous aviez la bonté de m'indiquer ces endroits par avance, je les examinerois à loisir, sans envie de les éluder ni de disputer.

Pour l'excitation que j'exclus, elle ne regarde qu'un nombre d'ames, plus petit qu'on ne sauroit s'imaginer. Je n'exclus qu'un effort qui interromproit l'occupation paisible. Je ne l'exclus qu'en supposant dans l'entière passiveté une inclination presque imperceptible de la grace, qui est seulement plus parfaite que celle que vous admettez à tout moment dans la grace commune. Je ne l'exclus qu'en supposant que cette libre quiétude est accompagnée de fréquens actes distincts qui sont non excités; c'est-à-dire auxquels l'ame se sent doucement inclinée, sans avoir besoin d'effort contre elle-même. Faute de ces signes, la quiétude me seroit d'abord suspecte d'oisiveté et d'illusion. Quand ces signes y sont, ne font-ils pas la sûreté? Et que demandez-vous davantage? Pourvu que les actes distincts se fassent toujours par la pente du cœur, qui est celle d'une habitude très-forte de grace, à quoi serviroit de s'exciter et de troubler cet état? Enfin il ne faut, ni donner pour règle à l'ame de ne s'exciter jamais, ni supposer absolument qu'elle ne le doit pas. Je crois bien que Dieu ne manquant jamais le premier, il ne cesse point d'agir de plus en plus, à mesure que l'ame se délaisse plus purement à lui, et s'enfonce davantage dans l'habitude de son amour. Mais la moindre hésitation, qui est une infidélité dans cet état, peut suspendre l'opération divine; et réduire l'ame à s'exciter. De plus Dieu, pour l'éprouver, ou pour elle ou pour les autres, peut la mettre dans la nécessité de quelque excitation passagère. Ainsi je ne voudrois jamais faire une règle absolue d'exclure toute excitation : mais aussi je ne voudrois pas rejeter un état où l'ame, dans sa situation ordinaire, n'a plus besoin de s'exciter, les actes distincts venant sans excitation. Donnez-moi une meilleure idée de l'état passif, j'en serai ravi. Quoi qu'il en soit, j'obéirai de la plénitude du cœur.

LETTRE XXVII.

L'ABBÉ DE FÉNELON A BOSSUET.

A Versailles, ce 27 mars 1695.

Je profiterai, Monseigneur, des derniers avis que vous avez la bonté de me donner sur mon Mémoire (*a*). Ma docilité et ma re-

---

(*a*) Cette lettre fut écrite après la signature des XXXIV articles dressés à Issy ; et la profession de foi dont il y est parlé, est relative aux bulles pour l'archevêché de Cambray, auquel M. l'abbé de Fénelon avoit été nommé dans le commencement du mois de février de cette année. Il fut sacré à Saint-Cyr par Bossuet, assisté des évêques de Châlons et d'Amiens, le 10 juin de la même année. (*Les premiers Edit.*)

connoissance à votre égard, s'étendront toujours à d'autres choses plus importantes. J'ai été obligé de demeurer ici pour mon affaire (a) ; et j'ai cru même devoir suspendre ma profession de foi, jusqu'à ce que toutes choses fussent bien démêlées : c'est ce qui m'a empêché d'aller à Paris, et de vous demander votre témoignage chez M. le nonce. J'entrevois qu'on prend le chemin de terminer promptement l'affaire, sans aller à Rome. Je serai ravi que M. l'archevêque de Reims soit content, et qu'il fasse le bien de son Eglise.

Il n'y a rien de nouveau ici, sinon que vous n'y êtes plus, et que ce changement se fait sentir aux philosophes. Je m'imagine qu'après les fêtes, s'il vient de beaux jours, vous irez revoir Germigny paré de toutes les graces du printemps. Dites-lui, je vous supplie, que je ne saurois l'oublier, et que j'espère me retrouver dans ses bocages avant que d'aller chez nos Belges, qui sont *extremi hominum.*

DÉCLARATION DE MADAME GUYON.

Je supplie Monseigneur l'évêque de Meaux (b), qui a bien voulu me recevoir dans son diocèse et dans un si saint monastère, de recevoir pareillement la déclaration sincère que je lui fais, que je n'ai dit ou fait aucune des choses qu'on m'impute sur les abominations qu'on m'accuse d'approuver comme innocentes à titre d'épreuves. Si je ne me suis pas autant expliquée contre ces horribles excès que la chose le demandoit, dans mes deux petits livres, c'est que dans le temps qu'ils ont été écrits on ne parloit point de ces détestables choses, et que je ne savois pas qu'on eût enseigné ou enseignât de si damnables doctrines. Je n'ai non plus jamais cru que Dieu pût être directement ou indirectement auteur d'aucun péché ou défaut vicieux : à Dieu ne plaise qu'un tel blasphème me fût jamais entré dans l'esprit. Je

(a) Il parle de celle qu'il avoit à traiter avec l'archevêque de Reims, qui demandoit qu'on remît Cambray sous sa métropole, d'où cette église avoit été tirée par l'autorité des rois d'Espagne pour être érigée en archevêché, malgré l'opposition de nos rois et des archevêques de Reims. (*Les premiers Edit.*)

(b) Voyez la *Relation* de Bossuet, sect III, n. 18.

déclare en particulier que les lettres qui courent sous le nom d'un grand prélat (*a*), ne peuvent être vraies, puisque je ne l'ai jamais vu avec le prieur de Saint-Robert qui y est nommé ; et je suis prête de jurer sur le saint Evangile que je ne les ai jamais vus en un même lieu, et d'affirmer sous pareil serment les autres choses contenues dans la présente déclaration. Fait à Meaux, audit monastère de Sainte-Marie.

Ce 15 avril 1695.

J. M. B. DE LA MOTTE-GUYON.

LETTRE XXVIII.

EXTRAIT D'UNE LETTRE DU CARDINAL LE CAMUS.

M. l'évêque de Genève (*b*) avoit mis Madame Guyon chez les nouvelles catholiques de Gex, espérant qu'elle leur feroit du bien dans leurs affaires temporelles. Mais ayant appris qu'elle et son P. La Combe dogmatisoient, il les obligea de quitter son diocèse. Ils vinrent à Grenoble, où ils ne furent pas plutôt arrivés, que le P. La Combe employa tous mes amis pour obtenir la permission de confesser, de diriger et de faire des conférences ; mais cela lui fut refusé.

En ce temps j'allai faire ma visite, qui dura quatre mois. Madame Guyon profita de mon absence ; elle dogmatisa, elle fit des conférences de jour et de nuit, où bien des gens de piété se trouvoient ; et surtout les novices des Capucins, à qui elle faisoit des aumônes, y assistoient conduits par un frère quêteur. Par son éloquence naturelle et par le talent qu'elle a de parler de la piété d'une manière à gagner les cœurs, elle avoit effectivement fait beaucoup de progrès, elle s'étoit attiré beaucoup de gens de distinction, des ecclésiastiques, des religieux, des conseillers du

---

(*a*) Le cardinal Le Camus, évêque de Grenoble.
(*b*) Nous ignorons à qui cette lettre fut adressée. Dom Déforis a publié cet extrait, sans date, parmi les lettres de l'année 1696. Elle est certainement antérieure ; c'est pourquoi nous la plaçons après la *Déclaration de Madame Guyon* où il en est fait mention. (*Édit. de Vers.*)

parlement : elle fit même imprimer sa méthode d'oraison. A mon retour, ce progrès me surprit, et je m'appliquai à y remédier. La Dame me demanda la permission de continuer ses conférences : je la lui refusai, et lui fis dire qu'il lui seroit avantageux de se retirer du diocèse. De là elle s'en alla dans des monastères de Chartreuses, où elle se fit des disciples.

Elle étoit toujours accompagnée d'une jeune fille qu'elle avoit gagnée, et qu'elle faisoit coucher avec elle : cette fille est très-bien faite et pleine d'esprit. Elle l'a menée à Turin, à Gênes, à Marseille et ailleurs. Ses parens s'étant venus plaindre à moi de l'enlèvement de leur fille, j'écrivis qu'on la renvoyât ; et cela fut exécuté. Par cette fille on a découvert d'affreux mystères ; on s'est convaincu que Madame Guyon a deux manières de s'expliquer. Aux uns elle ne débite que des maximes d'une piété solide ; mais aux autres elle dit tout ce qu'il y a de plus pernicieux dans son livre des *Torrens*, ainsi qu'elle en a usé à l'égard de Cateau-Barbe ; c'est le nom de cette fille, dont l'esprit et l'agrément lui plaisoient.

Repassant par Grenoble elle me fit tant solliciter, que je ne pus lui refuser une lettre de recommandation, qu'elle me demandoit pour M. le lieutenant civil, sous prétexte d'un procès par-devant ce magistrat. Il n'y avoit rien que de commun dans cette lettre : je disois seulement que c'étoit une Dame qui faisoit profession de piété. J'ai su depuis qu'elle n'avoit aucun procès, et qu'elle n'avoit pas rendu la lettre à M. le lieutenant civil : mais elle prit grand soin de la montrer, croyant que cela pourroit lui donner quelque réputation et quelque appui.....

Si le P. Bénédictin (*a*) ne s'étoit pas rétracté, c'eût été une nou-

---

(*a*) Ce religieux se nommoit dom Richebraque, et avoit été prieur de Saint-Robert de Cornillon, monastère de Bénédictins situé près de Grenoble. Il étoit résident à Blois, quand Madame Guyon lui écrivit au mois d'avril 1695, pour le prier « de rendre témoignage à la vérité sur ce qu'il savait d'elle, au sujet d'une maxime détestable (touchant l'impureté) qu'on prétendoit qu'il soutenoit qu'elle avoit dite, et en le faisant souvenir d'une ancienne fausse accusation contre elle dont il avoit eu connoissance, aussi bien que de la rétractation publique de la personne qui l'avoit calomniée. » C'est ce que nous trouvons écrit de la propre main du duc de Chevreuse, à qui Madame Guyon avoit remis sa lettre toute ouverte, pour la faire passer à ce religieux. « J'accompagnai, ajoute-t-il, la lettre de Madame Guyon au R. P. Richebraque, d'un billet où je ne m'expliquois

velle preuve contre cette Dame : mais ce Père se trouva engagé à se dédire par une personne de grande qualité dont il faut taire le nom. Il y avoit déjà de quoi se convaincre assez des erreurs et de la conduite de cette femme, qu'on voyoit courir de province en province avec son directeur, au lieu de s'appliquer à sa famille et à ses devoirs. L'inquisition de Verceil vouloit faire des informations contre elle et le P. La Combe; mais son Altesse Royale les fit sortir de ses Etats sans beaucoup de cérémonie.

Le général des Chartreux a écrit une très-grande lettre à M.... sur tout ce qu'il a découvert de la conduite de cette Dame et de Cateau-Barbe. Ce général, homme très-savant et très-sage, a été obligé de sortir de sa solitude, pour réparer les désordres que cette Dame avoit faits dans quelques couvents de Chartreuses, où elle avoit fait la prophétesse comme partout ailleurs.

LETTRE XXIX.

DOM RICHEBRAQUE, BÉNÉDICTIN, AU DUC DE CHEVREUSE.

Blois, 14 avril 1695.

Je réponds autant précisément que je puis à la lettre (a); en voici la réponse, que je ne prendrois pas la liberté de vous faire remettre, Monseigneur, sans l'ordre exprès que vous m'en donnez. Dans la disposition où la miséricorde de Dieu me conserve encore, je ne me trouve pas capable de parler de la manière qu'on veut que j'aie fait; et j'ose dire que c'est me faire justice, de me croire sincère et entièrement éloigné de ce qui s'appelle fausseté, et beaucoup plus de ce qui s'appelle calomnie. C'en seroit une insigne si j'avois parlé de la sorte. Je déclare au contraire, Monseigneur, que je n'ai jamais rien entendu de la bouche

ni pour ni contre, et lui demandois seulement (sans le connoître) une réponse prompte et précise à celle de cette Dame. Voici mot à mot ce qu'il me manda en m'envoyant cette réponse. » Ce sont les lettres XXIX et XXX, qui suivent immédiatement. Nous les transcrivons fidèlement sur les originaux, ainsi que les deux qui viennent après, et qui achèvent d'éclaircir les faits dont parle le cardinal le Camus. Toutes ces pièces paroissent pour la première fois. (*Edit de Vers*.)

(*a*) La lettre de madame Guyon, que le duc lui avoit envoyée, comme on l'a vu dans la note précédente. (*Edit de Vers*.)

de cette Dame que de très-chrétien et de très-honnête. C'est un témoignage que j'ai déjà rendu plusieurs fois, que je rendrai encore toutes les fois que j'en serai requis, parce que je le dois tel à la vérité, et que je m'estime heureux de rendre à présent, puisque c'est en exécution de vos ordres, et en vous y marquant la respectueuse soumission avec laquelle je suis, etc.

LETTRE XXX.

DOM RICHEBRAQUE A MADAME GUYON.

Blois, 14 avril 1695.

Est-il possible qu'il faille me chercher dans ma solitude pour fabriquer une calomnie contre vous, et qu'on m'en fasse l'instrument? Je ne pensai jamais à ce qu'on me fait dire, ni à faire ces plaintes dont on veut que je sois auteur. Je déclare au contraire, et je l'ai déjà déclaré plusieurs fois, que je n'ai jamais rien entendu de vous que de très-chrétien et de très-honnête. Je me serois bien gardé de vous voir, Madame, si je vous avois crue capable de dire ce que je n'oserois pas écrire et que l'Apôtre défend de nommer. S'il est pourtant nécessaire que je le nomme à votre décharge, je le ferai au premier avis, et je dirai nettement qu'il n'en est absolument rien; c'est-à-dire que je ne vous ai jamais ouï dire rien de semblable, ni rien qui en approche le moins du monde, et que de ma part je n'ai rien dit qui puisse faire croire que je l'aie entendu de vous. On m'a déjà écrit là-dessus, et j'ai déjà répondu de même. Je le ferois encore mille fois si j'en étois mille fois requis. On confond deux histoires qu'il ne faudroit pas confondre. Je sais celle de la fille qui se rétracta; et vous savez de votre part, Madame, le personnage que j'y fis auprès du prélat par le seul zèle de la vérité, et pour ne pas blesser ma conscience en me taisant lâchement. Je parlai pour lors librement, et je suis prêt à le faire de même, si Dieu le demande à présent de moi, comme pour lors. Je croirai qu'il le demande si j'en suis requis. Mais que dirois-je de plus précis que ce que je dis ici? S'il faut néanmoins quelque chose de plus, prenez la peine de me le mander, et je rendrai témoignage à la vérité. C'est dans cette disposition que je suis très-sincèrement en Notre-Seigneur, en vous demandant auprès de lui vos prières, Madame, votre, etc.

LETTRE XXXI.
LE DUC DE CHEVREUSE A DOM RICHEBRAQUE.

A Versailles, le 18 avril 1695.

J'ai reçu, mon R. P., l'éclaircissement que je vous avois demandé, avec la lettre pour Madame Guyon. Je vous rends graces de votre exactitude. Mais il me reste encore quelque chose à savoir sur cette matière : ce seroit 1° si vous étiez prieur de Saint-Robert en 1686 et 1687, et si cette maison de votre congrégation n'est pas dans Grenoble ou auprès ; 2° si (laissant désormais à part la calomnie contre cette Dame, qu'on vous avoit faussement attribuée) vous avez reconnu quelque chose dans sa doctrine touchant l'intérieur, qui ne soit pas orthodoxe et conforme aux sentimens des saints et des auteurs mystiques approuvés ; 3° s'il s'est fait chez elle ou ailleurs par elle, pendant son séjour à Grenoble, quelques assemblées scandaleuses dont vous ayez eu connoissance ; 4° enfin ce que vous savez de la fille qui se rétracta, et s'il ne vous est rien revenu de certain d'ailleurs sur les mœurs de cette Dame qui soit mauvais. Je vous demande sur cela, mon R. P., le témoignage que la vérité vous obligera de rendre sans acception de personnes, et ne puis trop louer votre droiture, aussi bien que le zèle pour cette même vérité, que vous marquez dans votre lettre d'une manière si chrétienne et si éloignée de tout intérêt humain. Accordez-moi, s'il vous plaît, quelque part à vos prières devant le Seigneur, que vous servez si purement ; et me croyez toujours, mon R. P., très-sincèrement à vous.

Le duc de Chevreuse.

LETTRE XXXII.

DOM RICHEBRAQUE AU DUC DE CHEVREUSE

A Blois, 23 avril 1695.

Un petit voyage que j'ai été obligé de faire, m'a empêché de répondre plus tôt à la lettre que vous m'avez fait l'honneur de m'écrire. Je le fais, quoique je ne connoisse pas de quelle utilité puisse être ma réponse, ni pourquoi vous m'ordonnez de la faire. Je ne le veux savoir qu'autant qu'il vous plaira, Monseigneur. Vous le voulez : j'obéis, et je réponds à chaque chef en particulier.

Au premier, qu'en 1686 et 1687, j'étois prieur de Saint-Robert, et que ce monastère n'est pas dans Grenoble, mais à trois grands quarts de lieue de ce pays-là.

Au deuxième, que je n'ai ni assez de lumière ni assez d'expérience pour juger de la doctrine de la Dame; mais elle a écrit, et il paroît naturel que sur ses écrits, elle soit ou condamnée ou justifiée par des personnes plus éclairées et plus expérimentées que moi.

Au troisième, qu'il ne m'est jamais revenu qu'il se soit tenu chez la Dame ou en sa présence des assemblées nocturnes. Il s'en tint une (et c'est peut-être ce qui fait l'équivoque), non pas dans Grenoble, mais dans le petit bourg où notre monastère est situé, de laquelle je me crus pour lors obligé de donner avis à Monseigneur l'évêque, et sur laquelle je ne pourrois pas ici m'expliquer. Mais Madame Guyon n'y avoit nulle part, et je ne crois pas même qu'elle fût actuellement à Grenoble. Cette assemblée n'eut aucune suite, et peut-être le hasard y eut-il sa part, au moins à l'égard de certaines personnes qui s'y rencontrèrent.

Au quatrième enfin, que j'ai su en effet l'histoire de la fille qui se rétracta, mais que ce n'a été que sur des ouï-dire et par des bruits publics. Ces bruits étoient, autant que ma mémoire peut encore fournir, que cette fille (a), après le départ pour Verceil de Madame Guyon, avec laquelle elle avoit demeuré, avoit dit de a

(a) Cateau-Barbe, dont il est parlé dans la lettre du cardinal le Camus.

Dame à un P. Siméon, augustin déchaussé, bien des choses qui ressentoient la turpitude, et desquelles on crut devoir avertir le Seigneur évêque ; ce qui fit grand bruit dans Grenoble, et principalement au palais épiscopal où je l'appris ; mais le bruit s'apaisa bientôt, parce, disoit-on, que la fille s'étoit rétractée, ayant par les remords de sa conscience reconnu que le seul dépit de n'avoir pas fait le voyage l'avoit fait parler si mal à propos. On disoit aussi que cette fille avoit eu quelque temps l'esprit égaré. C'est ce qu'on disoit.

Vous voulez, Monseigneur, que j'ajoute s'il ne m'est rien revenu d'ailleurs de mauvais des mœurs de la dame. Je le fais, en vous assurant que non. On disoit au contraire beaucoup de bien de sa grande retraite, de ses charités, de son édifiante conversation, etc. Un M. Giraud entre les autres, conseiller et, si j'ose le dire d'un si saint homme, mon ami, homme d'une probité reconnue, et que l'on m'a mandé être mort depuis quelques mois en odeur de sainteté, ne pouvoit s'en taire, et prenoit généreusement son parti quand la prudence ou la charité l'exigeoient de lui. Un P. Odile, récollet, ne parloit pas si favorablement d'elle ; mais, c'étoit contre sa doctrine, et non pas contre ses mœurs qu'il parloit. Je ne me souviendrois pas aisément de ce qu'il disoit.

C'est devant Dieu, en la présence duquel j'ai la confiance que je suis en écrivant cette lettre, tout ce que je crois pouvoir dire sur ces quatre ou cinq chefs. Vous me ferez mander quand il vous plaira, Monseigneur (si pourtant il n'y a pas d'inconvénient que je le sache), pourquoi vous avez voulu que je me sois expliqué là-dessus. Je ne le saurois deviner ; mais j'ai obéi simplement. Je suis dans la même simplicité et avec le plus profond respect, etc.

LETTRE XXXIII.

BOSSUET A M. TRONSON,

SUPÉRIEUR DU SÉMINAIRE DE SAINT-SULPICE.

A Paris, lundi soir (mai 1695).

Je m'acquitte, Monsieur, de ce que je dois en vous envoyant cette *Ordonnance*, qui fut seulement publiée hier à Meaux. Je vous supplie de la voir. Elle est faite selon les règles dont nous sommes convenus. Vous trouverez trois mots ajoutés dans nos Articles, dans le xii, dans le xx et dans le xxxiv ; ils ne sont d'aucune conséquence, et rendent seulement le discours plus net. Je n'ai rien encore conclu avec la Dame qui est à Meaux, à cause de sa maladie. Elle paroît fort soumise. Je m'en retourne samedi. Je souhaiterois avoir l'honneur de vous voir auparavant. Je doute que j'en puisse trouver le loisir. Conservez-moi l'honneur de votre précieuse amitié, et soyez persuadé de l'estime et de la vénération avec laquelle, je suis, Monsieur, etc.

† J. Bénigne, év. de Meaux.

Je me recommande de tout mon cœur aux prières de M. Bourbon (*a*).

LETTRE XXXIV.

BOSSUET A M. DE LA BROUE,

ÉVÊQUE DE MIREPOIX.

A Meaux, le 24 mai 1695.

Je me suis fort réjoui, Monseigneur, de votre heureuse arrivée : c'est beaucoup se déclarer à M. de Paris (*b*), que de vous avoir parlé comme il a fait. Je crois malgré tout cela, et jusqu'à ce qu'il éclate davantage, qu'il n'y a qu'à le laisser faire, sans se soucier

(*a*) Secrétaire de M. Tronson. (*Edit. de Vers.*) — (*b*) M. de Harlay.

ni de lui ni de ses mémoires. J'ai bien voulu lui rendre compte de ma conduite dans cette affaire, et il avoit hautement témoigné qu'il en étoit content. J'ai bien prévu qu'il seroit fâché qu'on osât mieux faire que lui, et condamner les propositions fondamentales du quiétisme, qu'il n'a pas seulement connues. Après tout il en sera, s'il plaît à Dieu, comme de l'*Exposition*, qu'il a voulu condamner et qu'après il a approuvée.

Je continue cependant à travailler à mon *Instruction*. Une grande partie de vos remarques viendront mieux là, ce me semble, que dans une ordonnance, où l'on ne pourroit s'expliquer que sommairement et substantiellement.

J'ai bien pensé à l'article xxxiii, et je le trouve en tant de livres approuvés que je n'ai pas cru qu'on le pût révoquer en doute. L'exemple de faire des actes sur des suppositions fausses, est venu de Moïse et de saint Paul. Les interprétations de saint Chrysostome et de Théodoret sont formelles pour ce genre d'actes; et il m'a paru que la chose n'a besoin que de limitation, comme j'ai fait; mais c'est de quoi nous parlerons plus amplement. Pour ce qui est du P. Valois, jésuite, puisqu'il s'explique à vous si franchement, je voudrois bien dans l'occasion que vous lui demandassiez s'il improuve cet acte, ou par l'abus qu'on en peut faire et par les illusions qu'on y peut mêler, ou en soi-même. Si c'est en la première manière, il ne dit que ce que je dis, et ce que je dirai plus amplement dans mon *Instruction*. Si c'est en la seconde, je voudrois lui demander premièrement, s'il n'est pas vrai que cet acte est de plusieurs auteurs très-approuvés, et notamment de saint François de Sales en plusieurs endroits, mais en particulier marqué comme un acte d'une grande perfection dans sa *Vie* par M. d'Evreux, Henri de Maupas, pag. 26.

Secondement je demande en quoi cette proposition diffère de celle-ci : Il vaudroit mieux souffrir toutes les peines d'enfer dans toute l'éternité, que de faire un péché mortel ou véniel : celle-ci est pourtant incontestable; donc l'autre, qui ne fait que s'y conformer, le doit être aussi.

Je voudrois en troisième lieu demander à ce Père ce qu'il pense de la doctrine qu'on introduit dans l'Ecole, et qui fait consister la charité dans la volonté d'aimer Dieu, quand on ne devroit jamais parvenir par là à aucune sorte de béatitude. Or celle-là visiblement enferme l'autre; donc, etc.

J'espère rendre cette matière si claire, qu'il n'y restera aucune difficulté, ni aucun moyen de rejeter mon article *ut jacet*. Faites-en l'analyse, et vous en serez convaincu.

Pour ce qui est de la perfection, il n'est pas nécessaire de s'en expliquer davantage après les articles vi et vii.

Quant à l'indifférence, c'est tout le contraire : car dès qu'on regarde la supposition comme fausse, il n'y a plus de moyen de soutenir l'indifférence; outre que n'y ayant point d'indifférence pour aimer dans la supposition, il n'y a point d'indifférence pour le salut ni pour la béatitude, qui est essentiellement dans l'amour même.

Au surplus je répète que j'y ai bien pensé et que j'y pense encore, et que jusqu'ici je ne puis apercevoir aucune raison de douter. Tout ce qu'on pourroit dire, c'est que ces actes sont très-inutiles, et que les esprits les plus solides, comme saint Augustin, ont atteint la perfection sans les faire; mais comme d'autres saints les ont faits, il faut les réduire à une explication légitime, qui n'est autre que d'exprimer que l'amour de Dieu est désirable de soi, plus que tous les tourmens possibles ne sont à haïr.

M. de Châlons m'a répondu sur ce passage de saint Bernard, qu'il ne l'entend qu'en supposant que les mouvemens intérieurs qu'on donne pour divins, soient conformes à la tradition, desquels les évêques sont juges.

Pour le bienheureux Jean de la Croix, je n'ai rien à dire, sinon que je ne le crois pas assez autorisé, pour faire de ses sentimens un motif pour approuver une doctrine dans une ordonnance.

Je suis après à conclure avec Madame Guyon : elle a souscrit les Articles avec toutes les soumissions que l'on pouvoit exiger; elle est prête à se soumettre à nos *Ordonnances* et à la condamnation de ses livres y contenue, s'y conformant en tous points. Mon sentiment est que cela suffit : d'autres voudroient qu'on entrât dans le détail, ce qui seroit infini et pourroit tomber dans des altercations sur les explications, indignes de nous. Je suis donc assez porté à me contenter de ce que j'ai dit le premier, en lui défendant d'écrire et dogmatiser, etc., et de plus de débiter des livres si justement flétris. Il faut remarquer que jusqu'à présent il n'a paru que soumission, et qu'on n'a aucune preuve de révolte ou de désobéissance dans sa conduite.

LETTRE XXXV.

BOSSUET A M. DE LA BROUE.

A Germigny, ce 29 mai 1695.

Je voudrois bien, Monseigneur, avoir une heure de conversation avec vous, et au plus tôt; et je crois que l'affaire est assez importante pour vous inviter à un petit tour. Car pour moi, je ne puis quitter pendant cette octave, ni de quelque temps après; cependant la chose presse. Il n'est pas question d'absoudre Madame Guyon : elle est toute absoute, puisque je l'ai trouvée communiant, et que je la laisse communier sur sa soumission. Il est donc question de savoir de quelle soumission l'on peut et l'on doit se contenter, pour lui continuer l'usage des sacremens; s'il faut descendre aux minuties avec une femme, ou exiger seulement avec la profession dans le détail d'une bonne et saine doctrine, la condamnation en termes généraux, mais précis, de ses livres. Je ne doute pas que ses partisans ne soient toujours également entêtés d'elle; et rien ne peut les désabuser ou leur fermer la bouche sur leur bonne opinion. Tant qu'en effet elle sera soumise il faut laisser à part tout ce qu'on dit de part et d'autre de M. le cardinal le Camus, ou pour ou contre. Venons au fait : que doit-on faire pour la mettre en voie de salut et édifier l'Eglise, sans avoir égard à autre chose qu'à la vérité et à la charité?

Pour la proposition (*a*), j'ai cru deux choses : l'une, qu'elle étoit incontestable; l'autre, que je ne devois pas la dissimuler.

(*a*) C'est la proposition, qu'on peut désirer ou demander d'être éternellement séparé de Dieu par excès de charité. M. de la Broue rejetoit cette proposition parce qu'elle est impossible; car on ne peut être séparé de Dieu par charité, et l'homme ne sauroit désirer le plus grand des maux : Bossuet combattoit la même proposition, parce que les nouveaux mystiques en abusoient.

Car voulant parler à fond, je ne devois pas éviter la difficulté, ce que j'eusse fait en me taisant d'une chose qu'on trouve dans tous les livres de dévotion, et dans les plus approuvés depuis plusieurs siècles, et à remonter jusqu'aux sources, dans saint Chrysostome, etc. Les nouveaux mystiques en abusent; c'est pour cela qu'il falloit marquer l'abus qu'ils en font. J'ai bien cru qu'on y trouveroit de la difficulté; mais j'ai cru en même temps qu'elle tomberoit quand la matière seroit éclaircie, et je le crois encore. Au surplus pour l'indifférence, j'avouerai ce que vous voudrez, quand vous voudrez aussi qu'on compare ensemble une velléité et encore une velléité de choses impossibles et connues pour telles, avec une volonté efficace et absolue. C'est ce que j'aurai à dire aux faux mystiques, qui concluent leur indifférence, que je crois hérétique, d'une proposition qui bien assurément ne l'est pas, puisqu'elle passe dans tous les livres sans être reprise.

Ne croyez pas que je parle ainsi par attachement à mon sens; mais c'est qu'ayant bien pensé et repensé à cette affaire et à cette proposition plus qu'à toute autre, je ne crois pas devoir aisément céder, qu'à des raisons claires ou à des autorités plus grandes que celles qui m'ont déterminé. J'aurois pu éviter la difficulté, et j'en ai été tenté; mais en même temps il falloit abandonner le dessein que Dieu me mettoit, ce me sembloit, dans le cœur, de démêler le bon d'avec le mauvais dans les mystiques. J'éclaircirai tout cela dans mon *Instruction*, à laquelle je travaille sans relâche. Mais comme il ne faut rien précipiter, la question est de savoir s'il ne faudroit point prévenir sur cette difficulté ceux qui pourroient en mal juger. Car pour la proposition en elle-même, je vous prie de n'en être pas en peine. Dérobez-vous donc un jour ou deux pendant cette octave; nous viderons cette affaire ensemble en très-peu de temps. Donnez-moi du moins de vos nouvelles, et de celles de l'assemblée (*a*). Je suis, etc.

(*a*) De l'assemblée du clergé.

LETTRE XXXVI.

BOSSUET A M. DE LA BROUE.

A Meaux, le 3 juin 1695.

Vous savez, Monseigneur, que je n'ai nul dessein de favoriser Madame Guyon. Je ne me presserai pas de la renvoyer, tant qu'elle me sera obéissante. Au surplus je recevrai les preuves; mais j'ai à vous dire que, selon mes connoissances, elles sont fort foibles : elle nie qu'on lui ait fait aucunes défenses à l'archevêché de Paris. M. l'archevêque, qui m'avoit dit qu'il m'enverroit ce qui avoit été fait, ne m'a rien envoyé du tout : on ne lui a fait souscrire tout au plus qu'un désaveu général et conditionnel de toute erreur; et moi je ne crois pas cela suffisant.

Quant à la déclaration d'un certain prélat éloigné, que vous avez vue, c'est moins que rien. Je vois dans certaines gens, et je vous nomme sans hésiter M. B., un grand zèle, mais faux, et une très-grande ignorance de la matière.

Je n'accorderai jamais au P. de la Tour la tolérance pour un sentiment que saint Chrysostome, sur de très-solides fondemens, a trouvé et admiré dans saint Paul. Il est suivi de Théodoret, de saint Isidore de Damiette, d'Ecuménius; et dans nos jours d'Estius et de Fromont, sans avoir encore examiné les autres : saint François de Sales, sainte Thérèse et beaucoup d'autres ames saintes, dont je ne dois point souffrir qu'on condamne les sentimens, sont de même avis. Quand je dis qu'on peut inspirer, j'explique assez que ce n'est pas à tout venant, *positis ponendis;* et en tout cas il faudra expliquer ou déterminer un terme général, dont je ne me suis servi que faute d'en avoir un plus propre. Au surplus c'est à moi à m'humilier, si Dieu le veut; mais non pas à mollir ni à condamner, sans qu'on me produise aucune autorité, ce que j'ai avancé sur les autorités que je viens de dire, et sur beaucoup d'autres que je n'ai pas encore eu le temps de rappeler en ma mémoire. Dieu, que je regarde seul, me donnera ses lumières, si les miennes sont trop courtes.

LETTRE XXXVII.

MADAME GUYON A BOSSUET.

Juillet 1695.

Je prends la liberté de vous offrir ce tableau (*a*), qui passe parmi ceux qui s'y connoissent pour être assez bon. Il y a long-temps que j'aurois pris la confiance de le présenter à Votre Grandeur; mais je voulois que toutes ces affaires fussent terminées auparavant. Faites-moi la grace de l'agréer comme un témoignage de mon respect et de ma reconnoissance : je vous envoie aussi deux petites boîtes pour vous récréer par leur nouveauté. La plus petite est l'emblème de la confiance que je veux avoir toute ma vie en Votre Grandeur; étant avec une parfaite soumission, Monseigneur, de Votre Grandeur, très-humble et très-obéissante servante,

De la Motte-Guyon.

LETTRE XXXVIII.

BOSSUET A MADAME GUYON.

A Paris, ce 16 juillet 1695.

Vous pouvez, Madame, aller aux eaux. Vous ferez fort bien d'éviter Paris, ou en tout cas de n'y point paroître. Ne faites de bruit nulle part. Donnez-nous une adresse pour vous écrire ce qui sera nécessaire. On dit ici que Madame de Mortemart et Madame de Morstein (*b*) sont allées vous voir à Meaux. On les a trouvées toutes deux sur ce chemin vendredi que j'arrivai ici; et je crois même avoir vu leur livrée et leur équipage en passant. Cela vous fera des affaires, s'il est véritable; et on ne trouvera

---

(*a*) L'abbé Ledieu nous apprend que ce tableau représentoit une Vierge tenant l'Enfant Jésus dans ses bras.

(*b*) Marie Thérèse d'Albert, fille du duc de Luynes, fut mariée, le 12 avril 1693, à Michel Adelbert, comte de Morstein et de Château-Villain, colonel du régiment de Hainaut, qui mourut au siége de Namur le 18 juillet 1695.

pas bon que vous ramassiez autour de vous des personnes qu'on croit que vous dirigez. Si vous voulez hors du monastère être en sûreté, vous devez agir avec beaucoup de précaution et demeurer partout fort retirée. Donnez-nous une adresse pour vous écrire ce qui sera nécessaire. Je suis très-sincèrement, etc.

† J. Bénigne, évêque de Meaux.

Je suis un peu étonné de n'apprendre aucune nouvelle de Madame la duchesse de Charost sur ce que vous m'avez promis.

LETTRE XXXIX.

MADAME GUYON A BOSSUET.

Juillet 1695.

J'ai satisfait durant six mois à la parole que j'avois donnée de me mettre quelque temps entre vos mains, afin qu'on pût juger de ma conduite; et je ne suis sortie ensuite de Sainte-Marie de Meaux (a) que sur ce que vous me fîtes l'honneur de me dire que je pouvois (b) me retirer. Vous me demandâtes seulement que je fisse peu de séjour à Paris, et qu'ensuite j'allasse à Bourbon le plus secrètement que je pourrois; et vous ne me donnâtes, Monseigneur, pour raison de cette demande que celle de Monseigneur l'archevêque de Paris, qui pourroit me faire de la peine à cause de vous. J'ai exécuté exactement ces choses : je n'ai vu qu'un moment, en passant, ma famille à Paris. Je me suis retirée à la campagne (c), afin d'aller à Bourbon avec le plus de secret que

---

(a) Elle étoit entrée aux Filles de Sainte-Marie de Meaux, le 13 janvier 1695, et elle en sortit le 12 juillet suivant. Madame la duchesse de Mortemart la vint prendre à Meaux dans son carrosse, et la conduisit à Paris.

(b) « Je ne raconterai pas, dit Bossuet dans sa *Relation*, section III, n. 18, comment elle prévint le jour que j'avois arrêté pour son départ, ni comme depuis elle se cacha, comment elle fut reprise et convaincue de beaucoup de contraventions aux choses qu'elle avoit signées. Ce que je ne puis dissimuler, c'est qu'elle fait toujours la prophétesse. » Elle voulut si bien se cacher qu'elle ne donna ni à Bossuet, ni à la supérieure du monastère qu'elle venoit de quitter, aucune adresse pour lui faire parvenir la réponse à ses lettres. Toute sa conduite montra clairement que ses protestations n'avoient pas été sincères, et qu'elle persistoit dans ses erreurs.

(c) Elle ne s'étoit pas retirée à la campagne, comme elle dit ici, mais dans une petite maison du faubourg Saint-Germain.

je pourrois. J'ai même caché à tout le monde le lieu où je me retire, afin de n'avoir commerce avec personne; et cependant aujourd'hui j'apprends d'une fille que j'avois laissée à Paris pour quelques commissions, que vous publiez, Monseigneur, que je me cache, que vous voulez me poursuivre avec rigueur, et que vous avez pris criminellement et tourné de même à la Cour le voyage de deux Dames qui me sont venues querir à Meaux. La révérende Mère supérieure vous a pu dire sur ce voyage, que ces Dames ayant appris que j'avois demandé une voiture pour me ramener, et sachant que Madame de Vaux étoit à Vaux et Madame de Charost à Forges, non-seulement elles voulurent à leur défaut m'envoyer un carrosse, mais venir elles-mêmes : comptant tout ce qui me regarde fini, après le certificat et la permission de sortir que vous m'aviez donnée. Comment pouvois-je, Monseigneur, les refuser dans cette conjoncture, où je ne devois être que cinq heures avec elles et me retirer ensuite?

En vérité, Monseigneur, permettez-moi de vous le dire avec respect, et en vous demandant pardon de ma liberté : il me semble qu'avant de faire aucun bruit, vous pouviez avoir la bonté d'examiner la conduite que je tiendrois à Bourbon ; et au retour des eaux, si je verrois en effet ces Dames, ou si je me retirois dans mon ancienne solitude.

Vous savez, Monseigneur, quelle a été ma bonne foi; et que je vous demandai, après que vous m'eûtes permis de me retirer, si vous agréiez que je retournasse passer l'hiver à Sainte-Marie, en cas que l'envie m'en prît; sur quoi vous me fîtes la grace de me répondre que je vous ferois plaisir. Je l'eusse fait sans doute, et je le ferois encore, si la calomnie, que vous m'avez dit souvent que vous n'écoutiez pas et dont vous avez tant de preuves, ne paroissoit pas faire néanmoins beaucoup d'impression sur votre esprit. Vous ne pouvez ignorer ma franchise, ma soumission, mes sentimens : qui ont toujours été et sont véritablement conformes à la foi catholique et aux trente-quatre articles de votre *Lettre pastorale*, mon attachement pour l'Eglise d'une manière particulière, mon désir sincère de vivre retirée et sans me mêler de ce qui ne me regarde pas. Vous le savez, Monseigneur, je vous l'ai assez dit, et ne vous ai jamais parlé autrement : je l'ai même signé entre vos mains; et, si je l'ose dire, vous en devez témoignage à la vérité, quand il en sera question. Combien de fois me l'avez-vous promis, Monseigneur? La bonne foi et la confiance avec laquelle je me suis livrée à vous, ne me le doivent-elles pas faire attendre de votre droiture? Souffrez, s'il vous plaît, qu'après mes plaintes respectueuses et soumises, je vous demande ici votre bénédiction et vos prières devant le Seigneur, et que je vous assure du profond respect avec lequel je suis et serai toute ma vie, etc.

LETTRE XL.

LA MÈRE LE PICART, SUPÉRIEURE DE LA VISITATION DE MEAUX,

A BOSSUET.

Vive Jésus!

Juillet 1695.

Venant de recevoir cette lettre de Madame Guyon toute ouverte, je vous l'envoie, Monseigneur. Elle me prie de vous la faire tenir, sans me dire où elle est ni par où je lui pourrai récrire : ainsi je ne suis pas plus savante de son séjour que quand nous eûmes l'honneur de vous voir.

Madame de Pont-Saint-Pierre de Lyon, sœur d'une de nos Sœurs, me prie de vous demander permission qu'elle puisse entrer dimanche. Il y a longtemps que nous ne l'avons vue, et elle s'en retourne à Lyon; ce sera encore pour du temps. Je supplie Votre Grandeur, Monseigneur, de nous mander si vous le trouverez bon : c'est une Dame fort sage, et que nous avons eue pour pensionnaire. Après vous avoir demandé votre sainte bénédiction, je me dis d'un profond respect de Votre Grandeur illustrissime, Monseigneur, votre très-humble et obéissante Fille et servante en Notre-Seigneur,

Sœur Franç.-Elisab. Le Picart, de la Visit.
Sainte-Marie.

LETTRE XLI.

BOSSUET A M. TRONSON.

A Germigny, 30 septembre 1695.

On m'a mandé qu'on avoit vu entre vos mains une attestation de moi où je déchargeois Madame Guyon de toutes choses, et pour la doctrine et pour les mœurs. Je vous prie, si cela est, de vouloir bien me l'envoyer, parce qu'apparemment elle sera fausse. Pour la doctrine, 1° elle a souscrit nos Articles, où nous avons compris la condamnation de toute la sienne; 2° elle a souscrit la censure de M. de Châlons et la mienne, et a condamné elle-même ses propres livres au sens que nous les avons condamnés, c'est-à-dire comme contenant une mauvaise doctrine; 3° je lui ai ordonné de faire les actes intérieurs marqués dans nos Articles, à quoi elle s'est soumise; 4° elle a pareillement souscrit à la défense que je lui ai faite de dogmatiser, écrire, répandre ses livres imprimés ou manuscrits, diriger, etc. Par tout cela vous voyez bien que la doctrine est flétrie; et je me réserve à publier ces actes souscrits par elle, quand on le trouvera à propos. En attendant, je lui ai donné une attestation relative à ces actes, où à raison de sa soumission je lui continue les sacremens dans la réception desquels je l'ai trouvée. Pour ses mœurs, je déclare que je n'ai rien trouvé contre elle sur les abominations de Molinos, qu'elle m'a toujours paru détester. Au reste elle s'est mal séparée d'avec moi, puisque m'ayant demandé une permission seulement d'aller aux eaux avec parole de revenir, 1° elle a prévenu mon congé, en supposant à la supérieure de Sainte-Marie que je l'avois accordé; et secondement aussitôt qu'elle a été sortie, elle m'a cherché une querelle pour ne revenir plus. Tout cela est un procédé où je ne veux point entrer, et qui n'en vaut pas la peine avec une femme. Je n'ai point promis de la garder, ni de l'empêcher de sortir; et on ne me l'a jamais proposé. Mais elle ne peut pas soutenir que s'étant d'elle-même engagée à revenir au couvent où elle étoit, aussitôt qu'elle en est sortie elle ait rompu tout commerce sans aucune raison. Quant à moi, j'ai fait à son égard tout ce qui dépendoit de mon ministère; et si elle veut me désobéir et manquer à ses paroles, elle se trompera elle-même, et non pas moi. Je l'ai très-bien connue; mais autre chose est de connoître, autre chose de convaincre par actes. Je suis de tout mon cœur et avec l'estime que vous savez, etc.

LETTRE XLII.

M. TRONSON A BOSSUET.

Octobre 1695.

Voici la copie de l'attestation (a) que vous me demandez, et qui m'est tombée il y a quelques jours entre les mains. On avoit écrit

(a) Nous allons donner ici, d'après l'ordre des faits, non-seulement cette attestation, mais encore toutes les pièces qui s'y rapportent.

Acte de soumission de Madame Guyon, écrit au bas des trente-quatre Articles.

Je soussignée reconnois qu'illustrissime et révérendissime Père et Seigneur en Jésus-Christ Messire Jacques-Bénigne Bossuet, évêque de Meaux, au jugement duquel je me suis soumise il y a près de deux ans, m'a remis en main ces XXXIV Articles signés de lui, et de ceux au jugement desquels je m'étois pareillement soumise. Je reçois non-seulement sans répugnance, mais encore avec une pleine et entière soumission, ces Articles. Je promets, avec la grace de Dieu, de m'y conformer, tant en croyance qu'en pratique, et condamne de cœur et de bouche tout ce qui y est ou peut y être contraire directement ou indirectement, comme toutes autres erreurs, en quelques livres qu'elles soient, même dans les miens. Je ne reconnois et n'avoue que deux livres, dont l'un est intitulé : *Moyen court et très-facile de faire oraison, que tous peuvent pratiquer très-aisément et arriver par là, dans peu de temps, à une haute perfection* ; et l'autre : *le Cantique des Cantiques de Salomon, interprété selon le sens mystique, et la vraie représentation des états intérieurs,* désavouant tous autres livres qui me seroient ou pourroient être attribués. Je n'ai nulle part à l'impression de ces deux livres ; et j'ai supposé que ceux qui les feroient imprimer y changeroient et corrigeroient tout ce qui seroit nécessaire, tant au sens qu'aux expressions, autant que besoin seroit ; ainsi je déclare très-sincèrement que je n'y suis nullement attachée, ni n'y prends aucune part qu'autant qu'ils sont conformes à la foi catholique, apostolique et romaine, de laquelle, par la grace de Dieu, je n'ai jamais voulu ni entendu me départir un seul instant sur quelques articles que ce soit. Je me soumets sans peine, de cœur et de bouche, à toute condamnation qu'ont faite ou peuvent faire de ces livres ceux à qui Dieu en a donné la puissance, notamment à celles de Messeigneurs les évêques de Meaux et de Châlons, au jugement desquels je les ai particulièrement soumis, et par-dessus tout à nos saints Pères les Papes et au saint Siége apostolique, en la communion et obéissance duquel par la grace de Dieu, j'ai toujours vécu et veux vivre et mourir. Je déclare en

au dos d'une autre main, je ne sais si c'est de la main de la Dame, les paroles suivantes : *Copie de la première justification que M. de Meaux m'a donnée, et qu'il redemande. Celle-là m'est d'une*

outre que j'ai obéi et obéirai sincèrement à l'ordre qui m'a été donné par ledit Seigneur évêque de Meaux, de n'écrire aucun livre, ni enseigner ou dogmatiser dans l'Eglise, ni de conduire les ames dans les voies de l'oraison ou autrement, ne désirant autre chose que de vivre séparée de tout commerce du monde, autant qu'il est possible, et de demeurer cachée avec Jésus-Christ, en quelque lieu que la Providence me destine, le reste de mes jours. Fait au monastère de la Visitation de Sainte-Marie de Meaux, le 15 avril 1695.

Signé J. M. B. DE LA MOTTE-GUYON.

*Acte de soumission de Madame Guyon, écrit au bas de l'*Ordonnance *ou* Lettre pastorale *de Monseigneur l'Evéque de Meaux.*

Je reconnois que Monseigneur l'évêque de Meaux m'a remis en main son *Ordonnance et Instruction pastorale sur les Etats d'oraison* en date du samedi 16 avril 1695, et celle de Monseigneur de Châlons sur le même sujet en date du 25 avril de la même année ; dans lesquelles *Ordonnances* sont contenus les XXXIV Articles souscrits par moi ci-dessus, et en conséquence d'iceux la condamnation de certains livres, notamment du livre intitulé : *Moyen court*, etc., et du livre intitulé : *le Cantique des Cantiques*, etc. J'ai lu lesdites *Ordonnances* ; et avec un cœur humble et sincère je me soumets et conforme aux condamnations y portées desdits livres, y condamnant de cœur et de bouche toutes propositions à ce contraires, de même que si elles étoient expressément énoncées. Je déclare néanmoins, avec tout respect, et sans préjudice de la présente soumission et déclaration, que je n'ai jamais eu intention de rien avancer qui fût contraire à la foi et à l'esprit de l'Eglise catholique, apostolique et romaine, à laquelle j'ai toujours été et serai soumise, aidant Dieu, jusqu'au dernier soupir. Ce que je ne dis pas pour me chercher une excuse, mais dans l'obligation où je crois être de déclarer en simplicité mes intentions. Je déclare en outre que je n'ai jamais eu aucun commerce avec Molinos, ni avec aucun qui en ait eu avec lui ; que je ne me souviens pas d'avoir lu le livre de Malaval, que je n'ai pas lu le livre intitulé *Analysis*, qui est latin, ni celui de Molinos, que longtemps après avoir écrit mes deux petits livres, et en passant ; et je regarde lesdits livres comme bien et légitimement censurés.

Je supplie ledit Seigneur évêque de Meaux, qui a bien voulu me recevoir dans son diocèse et dans un si saint monastère, de recevoir pareillement la déclaration sincère que je lui fais sur le serment que je dois à Dieu et à sa sainte vérité, que je n'ai dit ni fait aucune des choses qu'on m'impute, sur les abominations qu'on m'accuse d'approuver comme innocentes à titre d'épreuves ou d'exercices. Si je ne me suis pas autant expliquée contre ces horribles excès que la chose le demandoit dans mes deux petits livres, c'est que dans le temps qu'ils ont été écrits on ne parloit point de ces sortes d'épreuves, et que je ne savois pas qu'on eût enseigné ou qu'on enseignât de si damnables pratiques. Je n'ai non plus jamais cru que Dieu pût être directement ou indirectement auteur d'aucun péché ou défaut vicieux. Un tel blasphème ne m'est jamais entré dans l'esprit ; et je renonce à toute expression d'où l'on pourroit, en quelque manière que ce fût, induire cette impiété. Quant aux manuscrits qu'on répand sous mon nom, notamment celui qu'on nomme *des Torrens*, et autres semblables, je n'en puis avouer aucun à cause des altérations qu'on a faites

extrême conséquence à garder. Elles sont datées du même jour.

Je joins à cette attestation la copie de celle que vos religieuses lui ont donnée, que vous n'aurez pas peut-être vue. Ceux qui

dans les copies, et aussi que je n'ai jamais prétendu qu'on les publiât que par ordre et avec bon examen. Ainsi Dieu me soit en aide et ses saints évangiles. Fait au monastère de la Visitation Sainte-Marie de Meaux, le 1er juillet 1695. *Signé* J. M. B. DE LA MOTTE-GUYON.

Acceptation de l'Acte précédent par Monseigneur l'Evêque de Meaux.

Nous évêque de Meaux, avons reçu les présentes soumissions et déclarations de ladite Dame Guyon, tant celle du 15 avril 1695 que celle du 1er juillet de la même année, et lui en avons donné acte pour lui valoir ce que de raison; déclarant que nous l'avons toujours reçue et la recevons sans difficulté à la participation des sacremens dans laquelle nous l'avons trouvée; ainsi que la soumission et protestation de sincère obéissance et avant et depuis le temps qu'elle est dans notre diocèse, y joint la déclaration authentique de sa foi avec le témoignage qu'on nous a rendu et qu'on nous rend de sa bonne conduite depuis six mois qu'elle est audit monastère, le requéroient. Nous lui avons enjoint de faire en temps convenable les demandes et autres actes que nous avons marqués dans lesdits Articles par elle souscrits, comme essentiels à la piété et expressément commandés de Dieu, sans qu'aucun fidèle s'en puisse dispenser sous prétexte d'autres actes prétendus plus parfaits ou éminens, ni autres prétextes quels qu'ils soient; et lui avons fait itératives défenses, tant comme évêque diocésain qu'en vertu de l'obéissance qu'elle nous a promise volontairement comme dessus, d'écrire, enseigner ou dogmatiser dans l'Eglise, ou d'y répandre ses livres imprimés ou manuscrits, ou de conduire les ames dans les voies de l'oraison ou autrement; à quoi elle s'est soumise de nouveau, nous déclarant qu'elle faisoit lesdits actes. Donné à Meaux audit monastère, les jour et an que dessus. *Signé* J. BÉNIGNE, Ev. de Meaux.
J. M. B DE LA MOTTE-GUYON.

Certificat donné à madame Guyon, par M. l'évêque de Meaux, lorsqu'elle quitta son diocèse.

Nous évêque de Meaux, certifions à qui il appartiendra qu'au moyen des déclarations et soumissions de Madame Guyon, que nous avons par devers nous, souscrites de sa main, et des défenses par elle acceptées avec soumission, d'écrire, enseigner, dogmatiser dans l'Eglise, ou de répandre ses livres imprimés ou manuscrits, ou de conduire les ames dans les voies de l'oraison ou autrement: ensemble des bons témoignages qu'on nous a rendus depuis six mois qu'elle est dans notre diocèse et dans le monastère de Sainte-Marie, nous sommes demeurés satisfaits de sa conduite, et lui avons continué la participation des saints sacremens dans laquelle nous l'avons trouvée; déclarons en outre qu'elle a toujours détesté en notre présence les abominations de Molinos et autres condamnés ailleurs, dans lesquelles aussi il ne nous a point paru qu'elle fût impliquée; et nous n'avons entendu la comprendre dans la mention qui en a été par nous faite dans notre *Ordonnance* du 16 avril 1695. Donné à Meaux le 1er juillet 1695. *Signé* J. BÉNIGNE, év. de Meaux.

Et plus bas :

Par mondit Seigneur,
Signé LEDIEU.

connoissent votre exactitude jugeront aisément qu'une justification si entière n'aura été que la suite d'un désaveu formel et d'une condamnation précise qu'elle aura faite de ses premiers sentimens et de ses livres. Mais il peut y avoir quelque sujet de craindre que quelques-uns de ses amis n'en jugent autrement, ne voyant pas la manière dont elle s'est soumise. Comme les copies de ces attestations ne manqueront pas de se multiplier et par là de se rendre publiques, peut-être jugerez-vous aussi à propos de rendre ses soumissions publiques, afin que la vérité soit reconnue par ceux même à qui elle ne plairoit pas.

J'espère, Monseigneur, que vous excuserez la liberté avec laquelle je vous écris, ne le faisant que pour vous faire connoître avec combien de sincérité et d'attachement je suis, etc.

Attestation donnée à Madame Guyon par les religieuses de la Visitation de Meaux, lorsqu'elle sortit de ce monastère.

Nous soussignées supérieure et religieuses de la Visitation Sainte-Marie de Meaux, certifions que Madame Guyon ayant demeuré dans notre maison par l'ordre et la permission de Monseigneur l'évêque de Meaux, notre illustre prélat et supérieur, l'espace de six mois, elle ne nous a donné aucun sujet de trouble ni de peine, mais bien de grande édification ; n'ayant jamais parlé à aucune personne du dedans et du dehors qu'avec une permission particulière, n'ayant en outre rien reçu ni écrit que selon que mondit Seigneur lui a permis ; ayant remarqué en toute sa conduite et dans toutes ses paroles une grande régularité, simplicité, sincérité, humilité, mortification, douceur et patience chrétienne, et une vraie dévotion et estime de tout ce qui est de la foi, surtout au mystère de l'Incarnation et de la sainte enfance de Notre-Seigneur Jésus-Christ ; que si ladite Dame nous vouloit faire l'honneur de choisir notre maison pour y vivre le reste de ses jours dans la retraite, notre communauté le tiendroit à faveur et satisfaction. Cette protestation est simple et sincère, sans autre vue ni pensée que de rendre témoignage à la vérité. Fait ce septième juillet mil six cent quatre vingt-quinze.

Signé Sr Françoise-Elisabeth LE PICART, supérieure. Sr Madeleine-Aimée GUESTON. — Sr Claude-Marie AMAURY. — Sr Geneviève-Angélique RUFFIN. — Sr Marie-Eugénie de LIGNY.

LETTRE XLIII.

LES RELIGIEUSES DE LA VISITATION DE MEAUX A MADAME GUYON.

De notre monastère de Meaux, ce 9 juillet 1695.

Vous avez si puissamment gagné les cœurs de cette communauté par vos bontés et les exemples de votre vertu, qu'il nous est impossible de laisser partir Mademoiselle Marc sans la charger de ces foibles témoignages, qui ne vous prouveront jamais assez la juste estime dont nous sommes prévenues en votre faveur. La connoissance que nous avons de la générosité et de la tendresse de votre cœur, nous fait espérer que vous nous ferez l'honneur de nous aimer toujours un peu. Ne croyant pas, Madame, avoir jamais mérité les honnêtetés que chacune a reçues de vous, il nous est pourtant si avantageux d'être aidées du secours de vos saintes prières, que malgré notre indignité nous vous demandons la grace de vous en souvenir devant le Seigneur. Si nos vœux sont exaucés, vous aurez une meilleure santé; et si nous sommes assez heureuses pour vous assurer de vive voix de la continuation de notre parfaite amitié, vous serez persuadée, Madame, des respects et du sincère et parfait attachement de vos très-humbles et obéissantes servantes en Notre-Seigneur,

LES SŒURS DE LA COMMUNAUTÉ DE LA VISITATION SAINTE-MARIE. *Dieu soit béni.*

LETTRE XLIV.

LE P. LA COMBE A MADAME GUYON.

Ce 10 octobre 1695.

Je n'ai reçu la vôtre du 22 du mois passé, que le 8 du présent: un retardement si considérable me faisoit craindre que vous ne fussiez plus en état de nous donner de vos chères nouvelles. La divine Providence ne nous en veut pas encore priver. Qu'elle nous seroit favorable, si elle nous accordoit le bien et le plaisir de vous voir! Si c'est elle qui vous en a inspiré la pensée, elle saura bien en procurer l'exécution. C'est à ses soins par-dessus tout que j'en abandonne le succès, vous en disant ici naïvement ma pensée. Je tiendrois cette entrevue pour une faveur du ciel, si précieuse, si consolante pour moi, qu'après le bonheur de plaire à Dieu et de suivre en tout sa volonté, il n'en est point que j'estimasse plus en ce monde. Toute la petite église de ce lieu en seroit ravie.

La chose ne me paroît point impossible, ni même trop hardie en prenant, comme vous feriez sans doute, les meilleures précautions : changeant de nom, marchant avec petit train comme une petite demoiselle, on ne soupçonneroit jamais que ce fût la personne que l'on cherche; et quand vous seriez ici, nous concerterions les choses avec le plus de sûreté qu'il nous seroit possible pour n'être pas découverts. Il vous en coûteroit un peu plus de voyager; mais à cela près, puisque vous êtes obligée de demeurer sans commerce, il seroit mieux, ce me semble, que vous fussiez éloignée et que vous changeassiez de temps en temps de demeure dans des provinces reculées; vrai moyen de n'être pas reconnue.

Votre état intérieur et extérieur est conduit de Dieu, d'une manière à ne laisser guère de lieu à la consultation et à la prévoyance. Si néanmoins le cœur vous dit de partir, partez avec le même abandon dont vous faites profession pour toutes choses: Dieu sera le protecteur de l'entreprise qu'il aura lui-même excitée, et il n'en arrivera que ce que nous souhaitons uniquement pour tout succès, l'accomplissement de sa très-juste et plus qu'aimable volonté. Vous prendrez le carrosse de Bordeaux; de là vous viendrez à Pau, d'où il n'y a que six lieues jusqu'ici (a). Si la saison étoit propre, le prétexte de prendre les eaux aux fameux bains de Bagnères, qui est à trois lieues d'ici, seroit fort plausible. En tout cas, en attendant le temps des eaux, vous viendriez faire un tour en cette ville, puis vous retourneriez à Pau ou à

(a) C'est-à-dire à Lourde, petite ville dans le Béarn, du diocèse de Tarbes. Le P. La Combe étoit alors renfermé, par ordre du roi, dans le château de cette ville.

Bagnères, et ainsi à diverses reprises, selon que l'on jugeroit plus à propos.

De vous faire passer ici pour parente de M. de Lasherons (a), il n'y a pas d'apparence; toute sa parenté étant si connue dans ces quartiers, qu'on n'en ignore aucune personne. Vous pourriez bien mieux passer pour ma parente du côté de ma mère, qui étoit de Lons-le-Saunier, en Franche-Comté, vous faisant appeler N. Chevalier, tel qu'étoit son nom de maison. Je crois que nous sommes encore plus unis et plus proches dans la vérité, que ne le sont les parens et alliés selon la chair. Enfin dès que nous vous aurions sur les lieux, nous étudierions mieux tous les moyens de vous tenir cachée; et le secret n'étant confié qu'à peu de personnes et d'une intime confidence, il y auroit tout à espérer. Voyez donc devant Dieu ce que le cœur vous dira là-dessus. Si vous venez, écrivez-nous en partant de Paris, en arrivant à Bordeaux et à Pau. Nous prierons Dieu cependant de vous faire suivre courageusement son dessein, selon qu'il vous sera suggéré par son esprit et secondé par sa providence; et nous défendrons à Jeannette de mourir avant qu'elle vous ait vue. Quelle joie n'auroit-elle point de vous embrasser avant que de sortir de ce monde, vous étant si étroitement unie et pénétrant vivement votre état! Votre billet, quoique si court, l'a extrêmement réjouie : elle vous est toujours plus acquise, si l'on peut dire qu'elle puisse l'être davantage. Pour des salutations et des embrassemens, elle vous en envoie une infinité des plus tendres. Elle s'est sentie inspirée de vous demander un anneau d'or pour elle, et deux d'argent pour ses deux confidentes. Pour moi, vous me donnerez ce que le cœur vous dira; mais je voudrois avoir le portrait que je vous rendis à Passy, et je vous prie de ne pas me le refuser. Venez vous-même, s'il se peut; et nous aurons tout en votre personne.

Si je vous écris quelque chose touchant votre état, ce n'est pas pour vous rassurer : l'homme est trop incapable de donner des assurances à une ame à qui Dieu les ôte toutes, et qu'il veut dans une affreuse apparence et même conviction de perte et de désespoir. Une ruine et destruction entière n'est pas compatible

(a) Aumônier du château de Lourde.

avec la sécurité. Je vous en dis seulement ma pensée, sans la faire valoir et sans prétendre qu'elle serve à autre chose.

J'ai reçu la lettre de change, mais non encore le paquet des livres. Il est vrai que vous m'avez plus fait tenir d'argent depuis environ un an que les autres années : je le sens fort bien par l'abondance où vous m'avez mis, et je ne puis que me louer infiniment de vos charités. Ce que je vous ai touché du retranchement de ma pension, se doit entendre de la moitié de celle que le roi me donne, que l'on retient encore, comme je vous l'ai mandé autrefois.

Je ne suis point avide des nouvelles du siècle, moins encore voudrois-je que vous prissiez la peine de m'en écrire. J'aurois souhaité de savoir qui l'on a fait évêque de Genève, ne l'ayant pu apprendre par la gazette. Ici tout va d'un même train. J'aurois bien des choses à vous raconter, si Dieu vouloit que je le pusse faire un jour de bouche : qu'il accomplisse en cela, comme dans tout le reste, son adorable volonté. Les amis et amies de ce lieu vous honorent et vous aiment constamment, principalement ceux qui sont comme les colonnes de la petite église.

Si vous veniez, vous ne prendriez qu'une fille, et vous lui changeriez son nom. Je ne serois pas fâché de revoir Camille : je salue aussi l'autre de bon cœur. O Dieu, faites éclore dans le temps convenable ce qui est caché depuis l'éternité dans votre dessein : c'est là, ma très-chère, que je vous suis parfaitement acquis.

O illustre persécutée, femme forte, mère des enfans de la petite église, servante du petit Maître (a), qui suivez la lumière dont il vous éclaire et le consultez dans toutes vos entreprises, et qui n'avez d'autre désir que de lui plaire, ni d'amour que pour sa sainte et adorable volonté, quelle grande et favorable nouvelle nous avez-vous annoncée! Qu'elle s'exécute, si elle est dans le dessein du Ciel. Les ames de confidence de ce lieu en attendent le succès, comme une grace et une faveur du Ciel. Jeannette aussi bien qu'elles, dans les ordres de la soumission au bon plaisir de Dieu, la préféreroit à tout ce que Paris et l'univers a de plus beau,

(a) C'est ainsi qu'il appelle, dans son langage douceâtre et patelin, l'Enfant Jésus.

de plus rare et de plus charmant; et comme elle ne fait avec l'illustre et incomparable Père (a) qu'un même cœur, qu'un même esprit et une même volonté, elle ratifie et souscrit tout ce qu'il vous en écrit : elle m'a chargé de vous l'assurer et marquer.

Permettez-moi de vous dire, Madame, et il est vrai, qu'il y a deux mois j'ai songé la nuit que j'avois été à Toulouse, pour vous y prendre et vous conduire dans ce canton. Que je m'estimerois heureux, Madame, d'avoir l'honneur de vous aller prendre à Paris, ou en tel endroit qu'il vous plairoit me prescrire, pour vous conduire ici ou ailleurs ! C'est la grace que je vous demande. O illustre persécutée, si vous le jugez à propos, pour le présent que votre main plus que libérale me fait l'honneur de m'offrir, tout ce que je vous demande dans les ordres de la Providence, c'est que je puisse avoir l'honneur et le plaisir de vous voir, que je préfère à toute autre chose. Nous avons recommandé la chose à Dieu dans nos saints sacrifices, et nous continuerons, si le Maître de la vie et de la mort n'en dispose autrement; et y avons engagé toutes les bonnes ames de ce lieu, et singulièrement celles de l'étroite confidence. Tout est entre les mains de la puissance souveraine : que tout soit pour sa gloire et son honneur. Je finis, Madame, en vous protestant que je vous honore, vous estime et vous aime en Notre-Seigneur Jésus-Christ plus que je ne saurois vous l'exprimer.

LETTRE XLV.

LE P. LA COMBE A MADAME GUYON.

Ce 11 novembre 1695.

Je reçois la vôtre du 28 octobre, à laquelle je réponds le même jour: je le fis de même l'autre fois avec diligence, et encore par l'ordinaire suivant. Vous avez de trop bonnes raisons de ne pas vous mettre en voyage devant l'hiver, pour que nous y apportions la moindre contradiction. Quelque désir que nous ayons de vous voir, nous préférons votre conservation à la joie que nous

(a) Le P. La Combe lui-même.

causeroit un si grand bien, remettant de plus tous nos souhaits entre les mains de Dieu.

Il y a en ce pays des eaux de toutes sortes pour différens maux : il y en a pour boire et pour le bain, et en trois ou quatre lieux différens. Celles de Bagnères sont les plus renommées : on y vient de toutes parts, et je crois qu'elles vous seroient utiles, si Dieu vous donne le mouvement d'y venir. O quelle satisfaction pour nous tous! Je ne l'espère presque plus, voyant un délai considérable pendant lequel il peut arriver quelque changement considérable, sinon par notre élargissement, du moins par notre mort. Vos infirmités sont extrêmes, et par leur excès et par leur durée : bonnes et fortes croix pour l'assaisonnement des autres dispositions. La même toute-puissante main qui nous frappe, vous soutienne et vous conserve jusqu'au comble des souffrances et des épreuves qu'elle vous a destinées.

Ce comble semble approcher pour notre chère Jeannette, qui s'use et s'affoiblit de plus en plus : nous n'osons presque plus lui donner de remèdes, crainte qu'elle ne puisse pas les supporter. Elle vous embrasse de tout son cœur, sensible à vos maux et tendrement compatissante. Vous courez grande fortune de ne vous voir l'une et l'autre qu'en l'autre monde : j'en dis de même de vous et de moi. Les autres filles vous saluent avec une estime et un amour très-particulier. L'affection et le zèle de M. Lasherons sont très-grands assurément : il n'épargneroit ni sa bourse ni sa personne pour vous rendre service : mais comme sa présence est trop nécessaire et trop remarquée dans ce lieu, une longue absence causeroit une admiration plus propre à éventer le mystère qu'à le bien ménager. Pour moi, je vous suis toujours également acquis en Notre-Seigneur. Votre explication de l'*Apocalypse* me paroît très-belle, très-solide et très-utile. Je ne m'étends pas davantage, jusqu'à ce que nous sachions si notre nouvelle adresse réussira.

Que nous dites-vous? qu'on vous a empoisonnée (*a*)? Est-il possible que la malice soit allée jusqu'à un tel excès ? Mais com-

(*a*) On ne voit pas sur quel fondement Madame Guyon auroit pu mander au P. La Combe, qu'on l'avoit empoisonnée. (*Les Edit.*)

ment votre corps, si délicat et si foible, a-t-il pu résister à la violence du poison ? Avez-vous su par quelles mains ce crime a été commis ? Pauvre victime, il faut bien que vous souffriez toute sorte de maux : la gloire de Dieu paroîtra hautement en vous. Nous saluons tous cordialement ces bonnes filles qui sont avec vous : Dieu fait aux nôtres de très-sensibles miséricordes.

La joie de la petite société, Madame, dans le désir ardent qu'elle avoit d'avoir l'honneur de vous voir, et de la consolation qu'elle attendoit d'un bien si précieux, a été bien courte. Mais comme uniquement la volonté de Dieu est tout le bien de la petite église, elle seule lui suffit pour toute prétention. Plaise au petit Maître de nous y rendre souples et parfaitement soumis. Je le serai toujours, Madame, à votre égard ; et s'il est dans le dessein de Dieu que vous veniez dans ce canton, je me rendrai ponctuellement dans l'endroit que vous me ferez l'honneur de me marquer, n'en déplaise au très-révérend et très-vénérable Père. Je ne rougirai jamais, Madame, en présence de qui que ce soit, de confesser la pureté de votre doctrine, discipline et mœurs, comme je l'ai fait en présence de notre prélat, à son retour de Paris, au sujet de l'illustre et plus qu'aimable Père. Il ne manque point ici d'Égyptiens, qui cherchent les petits premiers nés des Israélites pour les submerger.

J'ai consulté un fameux médecin au sujet de vos incommodités ; il m'a assuré que les eaux de Cauterets se boivent pour vos maux. Elles sont à quatre lieues de cette ville ; et pour y aller, il y faut passer nécessairement. Ces eaux font des effets merveilleux. Il m'a demandé si je savois de quel poison vous aviez été empoisonnée : je lui ai dit que non. Il m'a prié de vous le demander ; que si vous l'ignoriez, du moins de savoir les symptômes que le poison vous a causés dans le commencement, parce que par les symptômes il connoîtra le poison. Il m'a protesté qu'il avoit des remèdes admirables, singulièrement pour cela.

La petite société m'a recommandé par exprès de vous assurer de leurs respects très-humbles : toute vous honore parfaitement, et vous salue de toute la force de leurs cœurs. Je vous suis invariablement acquis et attaché avec la grace de mon Dieu.

LETTRE XLVI.

LE P. LA COMBE A MADAME GUYON

Ce 7 décembre 1695.

Je reçus hier votre lettre, où étoient les anneaux : la joie en a été grande dans notre petite église. Vous pouvez bien croire que j'en ai eu ma bonne part, d'autant plus que le temps me paroissoit long depuis la réception de la précédente. Ce me sera toujours non moins un plaisir qu'un devoir de répondre à vos bontés vraiment excessives envers moi, du moins par le commerce de lettres, autant que la divine Providence m'en fournira les moyens, comme elle l'a fait jusqu'à présent d'une manière admirable.

Il faut qu'on soit bien acharné contre vous pour ne vous laisser point de repos, après qu'on vous a tant tourmentée, et que vous avez donné une ample satisfaction à ce qu'on a exigé de vous (a). C'est que le tout petit et très-grand Maître n'a pas encore achevé son œuvre en vous, ni comblé la mesure de vos souffrances. Cependant il vous protége sensiblement, vous tenant cachée avec lui dans le sein de son Père, malgré toutes les poursuites de vos adversaires.

Songez donc à faire le grand voyage vers le printemps, afin que nous ayons la satisfaction de vous voir et de vous rendre quelques services. Vous ne trouverez pas ailleurs une société qui vous soit plus acquise que la nôtre. Personne ne pourrait aller d'ici pour vous conduire, sans que cela fît trop d'éclat. Il faut que vous preniez quelqu'un où vous êtes : encore craindrois-je que vous n'en fussiez plutôt embarrassée et surchargée que bien servie, comme il vous arriva autrefois. Une femme intelligente et fidèle vous suffiroit, avec un garçon sur qui l'on pût s'assurer,

(a) Le très-Révérend Père fait allusion aux actes de soumission signés par Madame Guyon. Quant à Madame Guyon, elle souffroit avec bonheur sans doute pour la gloire de Dieu ; mais elle étoit de celles qui s'en vont jouer le rôle de martyr et faire parade de leur crucifiement sur tous les théâtres.

tel qu'étoit Champagne. Dieu veuille vous inspirer ce qui est dans son dessein, et vous en faciliter l'exécution.

Je ne conçois pas comment vous pouvez vivre avec les glaires que vous avez dans le corps. C'est la pituite ou l'humeur aqueuse mêlée avec le sang, qui se glace dans vos veines; et cela empêchant la circulation du sang, il est inconcevable que vous n'en mouriez pas dans peu d'heures. Je me figure que cette glaire tient à la surface des vaisseaux, et que le sang a encore quelque passage libre par le milieu, sans quoi vous ne vivriez pas. Les eaux fort minérales et détersives, telles qu'il y en a en ce pays, pourroient y être un fort bon remède. Vous devriez, ce me semble, user de liqueurs fort agissantes et cordiales, du meilleur vin, d'eau clairette, de rossolis, d'eau de canelle et de tout ce qui peut le plus donner de mouvement au sang et le réchauffer, afin qu'il ne se fige pas dans les vaisseaux. Votre vie trop sédentaire contribue beaucoup à ce mal; l'exercice, le changement d'air, l'agitation du voyage vous seroient utiles; venez à l'air des montagnes, qui est vif et pénétrant.

Les jansénistes vont remonter, leurs adversaires seront rabaissés. Peut-être se prépare-t-on déjà à un nouveau combat : Port-Royal ressuscitera. O vicissitude des choses! Mais qui pourra arrêter les desseins d'un Dieu, ou empêcher qu'il ne tire sa gloire de tout ce qu'il a résolu de faire ou de permettre? C'est là ce souverain plaisir et l'unique prétention des cœurs qui lui sont bien soumis; et c'est pour cette raison que leur abandon leur suffit pour tout : abandon sacré et très-sùr, qui est la plus tranquille, la plus parfaite et la plus heureuse disposition de l'ame.

J'ai lu votre *Apocalypse* avec beaucoup de satisfaction : nul autre de vos livres sur l'Ecriture ne m'avoit tant plu : il y a moins à retoucher que dans les autres. Les états intérieurs y sont fort bien décrits, et tirés non sans merveille du texte sacré, où rien ne paroissoit moins être compris. Si toute votre explication de l'Ecriture étoit assemblée en un volume, on pourroit l'appeler la *Bible des ames intérieures* : et plût au ciel que l'on pût tout ramasser et en faire plusieurs copies, afin qu'un si grand ouvrage ne pérît pas! Les vérités mystiques ne sont point expliquées ailleurs avec autant de clarté et d'abondance et, ce qui importe le plus, avec autant de rapport aux saintes Ecritures. Mais hélas! nous sommes dans un temps, où tout ce que nous penserions entreprendre pour la vérité est renversé et abîmé : on ne veut de nous qu'inutilité, destruction et perte. N'avez-vous point pu recouvrer le *Pentateuque?*

Pour moi, dans le grand loisir que j'aurois, je ne puis rien faire, quoique je l'aie essayé souvent. Il m'est impossible de m'appliquer à aucun ouvrage de l'esprit, du moins de continuer, m'étant fait violence pour m'y appliquer : ce qui me fait traîner une languissante et misérable vie, ne pouvant ni lire, ni écrire, ni travailler des mains, qu'avec répugnance et amertume de cœur : et vous savez que notre état ne porte pas de nous faire violence ; on tireroit aussitôt de l'eau d'un rocher.

L'ouvrage de M. Nicole (a) me fait dire de lui, ce qui est dans Job : Il a parlé indiscrètement de choses qui surpassent excessivement toute sa science. Il seroit aisé de le réfuter, et de faire voir que son raisonnement fait pitié à ceux qui s'entendent un peu aux choses mystiques. Il ne comprend pas même, en certains endroits, l'état de la question et le sens des termes. Il prend pour des péchés ce que l'on ne blâme que comme des imperfections, et sur cette supposition il tire d'absurdes conséquences dont il triomphe. Il s'imagine qu'à cause qu'on pratique l'oraison de simple regard, on ne fait jamais aucun acte distinct, comme si le Saint-Esprit, à qui l'on tâche de se soumettre, ne portoit pas l'ame à faire bien chaque chose en son temps. Il combat les mystiques par des raisonnemens contraires à l'expérience intérieure, auxquels on a répondu si souvent. Il accuse de nouveauté une spiritualité qui a le témoignage de tous les siècles, et que l'Eglise même a autorisée en recevant avec estime les écrits des saints, comme de sainte Thérèse et de saint François de Sales, qui dans un de ses *Entretiens* déclare qu'il a remarqué que l'oraison de la plupart des filles de la Visitation se termine à une oraison de

(a) Cet écrit a pour titre : *Réfutation des principales erreurs des quiétistes contenues dans les livres censurés par l'ordonnance de Monseigneur l'archevêque de Paris* (de Harlay) *du* 16 octobre 1694. C'est le dernier ouvrage que composa cet écrivain.

simple remise en Dieu. Qu'est-ce autre chose que le simple regard? Il n'allègue ni ne réfute pas un seul passage de mon *Analysis* : cependant on le met au rang des livres qui contiennent, dit-on, les principales erreurs des quiétistes. S'il y en eût remarqué quelqu'une, il ne me l'auroit pas pardonnée. Avec cela il sera applaudi par la foule; mais Dieu prendra la défense de la vérité, et étendra son règne intérieur malgré la contradiction des hommes. Il y a certaines opinions de Malaval que je n'ai pu approuver, et contre lesquelles j'ai écrit expressément.

Il s'est fait une augmentation de notre église. Trois religieuses d'un monastère assez proche de ce lieu étant venues aux eaux, on a eu occasion de leur parler, et de voir de quelle manière est faite l'oraison que Dieu enseigne lui-même aux ames, et l'obstacle qu'y met la méditation méthodique et gênante que les hommes suggèrent, voulant que leur étude soit une bonne règle de prier et de traiter avec Dieu. L'une de ces trois filles a été mise par le Saint-Esprit même dans son oraison; l'autre y étant appelée, combattoit son attrait en s'attachant obstinément aux livres sans goût et sans succès ; la troisième tourmentée de scrupules, n'est pas encore en état d'y être introduite.

Jeannette me grondera de ce que je remplis mon papier sans vous parler d'elle : et que vous en dirai-je? Que toujours il semble que Dieu nous l'enlève, et toujours elle nous est laissée ; qu'elle vous honore et vous aime parfaitement, et ses compagnes de même : elles sont toutes en fête pour leurs anneaux. Songez à m'apporter aussi quelques bijoux. Tous les amis vous saluent tant et tant. O ma très-chère, pourrois-je encore vous revoir! Si Dieu m'accordoit un si grand bien, je chanterois de bon cœur le *Nunc dimittis :* nous raconterions à loisir toutes nos aventures, qui sont étranges et dont pas une ne seroit cachée à votre cœur.

LETTRE XLVII.

FÉNELON A BOSSUET.

A Paris, ce 7 décembre 1695.

J'ai fait, Monseigneur, bien des réflexions sur ce que vous m'avez fait l'honneur de me dire : plus j'y pense, plus je trouve que j'ai parlé de la manière la plus capable d'éviter les équivoques. J'ai dit en termes propres : « Sous prétexte d'instruction, on entretient le goût de l'esprit et la curiosité. Il faut lire pour se nourrir et pour s'édifier, et non pour s'instruire des choses à décider, ni pour vouloir jamais trouver dans ses lectures la règle de sa conduite. » (a) C'étoit dans mon second point, où il ne

(a) La voix publique rapportoit que Fénelon, prêchant aux Carmélites, avoit avancé des propositions téméraires, favorables aux nouveaux quiétistes. Il donna, sur les observations de Bossuet, l'explication qu'on vient de lire. Le commentaire ne valoit guère mieux que le texte : « On sent, dit une note, que ces propositions, telles même que les rapporte M. de Cambray, ne sont ni exactes ni bien raisonnées, car s'il faut lire pour se nourrir et pour s'édifier, comment ne lira-t-on pas pour s'instruire des choses à décider ? Comment lire, sans vouloir jamais trouver dans ses lectures la règle de sa conduite ? Rien n'est capable de nous nourrir, de nous édifier que la vérité ; et la vérité ne peut nous éclairer, ne peut nous toucher qu'en nous montrant ce que nous devons faire, qu'en nous excitant à le pratiquer, et par conséquent qu'en nous décidant et nous réglant. Une ame qui dans ses lectures ne trouverait rien qui la déterminât, qui la fixât, loin de se nourrir resteroit vuide, ou ne se remplirait que de spéculations chimériques, qui n'iroient pas au cœur ; et au lieu de s'édifier, elle se perdroit dans des contemplations purement passives, qui ne serviroient qu'à la repaître d'elle-même, et qui la laisseroient froide, pauvre et misérable.

» Et peut-on entendre qu'il faille lire, par exemple, l'Evangile, le Nouveau Testament, les saintes Ecritures, sans s'y instruire des choses à décider, sans vouloir y trouver la règle de sa conduite ? Toutes les paroles de l'Evangile, tous les exemples de Jésus-Christ ne sont-ils pas autant de règles de conduite ? Toutes les leçons des apôtres n'ont-elles pas pour but de fixer nos doutes sur tous les points à décider ? Que chercher enfin dans les livres saints, qui ne commandent que la charité et ne défendent que la cupidité, si ce n'est des instructions pour s'affermir dans l'une et se garantir des impressions de l'autre ? Enfin la lecture des saints Pères peut-elle avoir un autre objet, que d'éclairer l'ame sur toutes les vérités qu'il lui importe de connoître ? A qui appartient-il mieux de nous régler et de nous décider qu'à ces hommes animés de l'Esprit-Saint, que Dieu nous a donnés pour docteurs dans toute la conduite de la vie chrétienne ?

» En vain diroit-on que des religieuses à qui le prédicateur parloit, ne devoient prétendre avoir d'autre règle pour arriver à la perfection, que l'obéissance et les commandemens de leurs supérieurs. Eh quoi ! des religieuses doivent elles donc à quelque mortel que ce puisse être une obéissance aveugle ?

s'agissoit que d'une carmélite déjà instruite et dans la voie de la perfection, qui trouve dans sa règle et dans ses supérieurs toutes les décisions dont elle a besoin.

Vous observerez, s'il vous plaît, Monseigneur, qu'après avoir posé dans mon premier point la nécessité de l'amour de Dieu et du détachement, sans entrer dans aucune question et me retranchant dans les principes les plus universellement reconnus, je n'employai mon second point tout entier qu'à précautionner l'auditeur contre toutes les sources d'illusion qui peuvent altérer cet amour. Pour cela je tâchai de faire craindre les lectures curieuses, la science qui enfle, les voies extraordinaires et toutes les questions. Je ne recommandai que la fidélité aux règles, la sincérité, la défiance de son propre sens et l'obéissance dans l'usage même des meilleures choses. Ainsi tout mon discours, à le bien prendre, comme je le donnois de tout mon cœur, étoit une déclaration perpétuelle contre les illusions qui font tant de bruit; et je croyois, tant je suis mal habile homme, avoir dit les choses les plus précises et les plus fortes pour précautionner l'auditeur contre tous les excès de la fausse spiritualité.

J'ai demandé aux Carmélites, c'est-à-dire à la Mère prieure et à la Sœur Charlotte de Saint-Cyprien, ce qui leur avoit paru de ce discours : elles m'ont assuré avoir entendu ce que je vous rapporte. La Sœur Charlotte, pour qui je parlois principalement et qui en avoit besoin, a été ravie de l'entendre et veut en profiter.

J'ai appris d'un autre côté que quelques personnes prétendoient que j'avois dit ces paroles : Il faut lire pour lire, et non pour

Ne leur est-il pas permis de faire usage de leur foi et de leur raison, pour s'assurer par une sage comparaison des avis que leur donnent les Livres saints et les maîtres de la vie spirituelle avec ceux qu'elles reçoivent de leurs guides, s'ils les conduisent dans la voie droite, si tout ce qu'ils exigent d'elles ou leur permettent est vraiment autorisé par les lois divines ? Nous voyons dans les Actes (*Act.*, XVII, II) que les Juifs de Bérées, qui, à la prédication de saint Paul, reçurent la parole avec toute l'avidité possible, examinoient tous les jours, pour se confirmer dans la foi, les divines Ecritures, afin de voir si ce qu'on leur disoit étoit véritable : *Quotidiè scrutantes Scripturas, si hæc itâ se haberent.* Et l'on refuseroit à des âmes chrétiennes et religieuses le droit de se convaincre, par leurs lectures, de la bonté des décisions que des hommes si inférieurs leur donnent de la vérité des règles qu'ils leur prescrivent ? »

Cette note est des Bénédictins des *Blancs-Manteaux*. Les éditeurs de Versailles l'ont supprimée.

s'instruire. Si j'ai parlé ainsi, j'ai dit des paroles qui n'ont aucun sens, et qui ne signifient qu'une extravagance. Il me semble que les personnes équitables qui ont assisté à ce sermon, n'ont pas trouvé que j'y fusse entièrement égaré : il faudroit être ivre ou fou pour tenir ce langage. Pour moi, je vous rendrai toujours avec joie et docilité un compte exact de ma conduite. Il n'y a correction que vous ne me puissiez faire sans ménagement, et que je ne reçoive avec soumission et avec reconnoissance comme une marque de la continuation de vos anciennes bontés. Je ferai profession toute ma vie d'être votre disciple, et de vous devoir la meilleure partie du peu que je sais. Je vous conjure de m'aimer toujours, et de ne douter jamais de mon zèle, de mon respect et de mon attachement.

† Fr. archevêque, duc de Cambray.

LETTRE XLVIII.

FÉNELON A BOSSUET.

A Cambray, ce 18 décembre 1695.

Je reçois dans ce moment, Monseigneur, la lettre pleine de bonté que vous me faites l'honneur de m'écrire ; et je me hâte de vous dire à quel point j'en suis pénétré. Je sais assez quels sont vos sentimens sur la matière dont vous me parlez ; et je puis vous assurer que si vous m'eussiez entendu parler aux Carmélites, vous auriez trouvé que je ne pouvois me déclarer plus fortement et plus précisément contre tout ce qui peut favoriser l'illusion.

Quand j'aurai l'honneur de vous voir un peu à loisir, je vous dirai quelque chose qui n'est rien moins qu'essentiel, et sur quoi je ne croirois peut-être pas entièrement ce que je m'imagine que vous croyez : mais je déférerai toujours avec joie à tous vos sentimens, après vous avoir exposé les miens.

Quand vous voudrez, je me rendrai et à Meaux et à Germigny, pour passer quelques jours auprès de vous, et pour prendre à votre ouvrage (a) toute la part que vous voudrez bien m'y don-

(a) L'ouvrage dont il s'agit ici est l'*Instruction sur les états d'oraison*, que

ner. Je serai ravi, non pas d'en augmenter l'autorité, mais de témoigner publiquement combien je révère votre doctrine. Ce que je vous demande en attendant, au nom de Notre-Seigneur qui vous a donné tant de lumières, c'est de l'écouter intérieurement, de souffrir que les petits vous parlent, et de vous défier de tout préjugé. Lui seul sait comment vous êtes dans mon cœur. Je me réjouis sur ce qu'on me mande que vous êtes nommé conservateur des priviléges de l'Université (a). Ces sortes de titres dorment sur certaines têtes, et sur d'autres ils peuvent servir à redresser les lettres. Je vous conjure, Monseigneur, de ne douter jamais de mon attachement tendre et fidèle à vous respecter.

LETTRE XLIX.

BOSSUET A M. DE LA BROUE.

A Paris, ce 18 février 1696.

Les remarques, Monseigneur, de votre dernière lettre sont justes. On a ouï au parlement le *Religieux particulier*, qui n'a répondu que sur son fait, et a déchargé ses supérieurs. On a ouï aussi le général de Saint-Maur et le prieur de Rebais, qui ont désavoué. Le procureur général écrit de Rome, *in verbo sacerdotis*, qu'il n'a rien sujet on a commencé à le croire. Il est certain, en tout cas, qu'on ne les peut pousser plus loin que le désaveu. Pour le remède qu'on apportera à ces entreprises, il faut s'en reposer sur le parlement, et je ne m'en mêle pas.

Quant à la défense de la doctrine de France, je vois, Monseigneur, tout ce que vous voyez ; mais Dieu m'a de tout temps mis dans le cœur qu'il falloit en toute occasion convenable défendre la vérité pour elle-même, sans aucune vue de récompense sur la terre ; et que cela même valoit mieux que toutes les récompenses. Jésus-Christ me met maintenant à cette épreuve, et même encore

M. de Cambray devoit approuver ; ce qu'il refusa pour les raisons qui sont marquées dans la *Relation* de M. de Meaux. (*Les édit.*)

(a) Bossuet fut nommé conservateur des priviléges de l'Université le 14 décembre 1695, à la place de M. de Harlay, archevêque de Paris, mort le 6 août précédent. (*Les édit.*)

à une plus rude, puisqu'il faut même s'exposer à un abandon parfait à la Providence contre tout ce qui pourra venir de Rome. Voilà ce que je ressens que Dieu me demande ; et tout résolu que je suis, j'avoue que la foiblesse humaine a besoin d'être fortifiée dans cet état. Dans le fond je suis heureux qu'il n'y ait pour moi que l'attente de cette promesse : « Il vous sera rendu dans la résurrection[1]. »

J'aurois seulement à souhaiter que la défense de saint Augustin et de la grace eût précédé cet ouvrage (a), pour ne pas attirer sur l'un la haine qu'on aura pour l'autre ; mais il faut suivre les conjonctures, et en cela même tout abandonner à la Providence.

Pour ce qui regarde Madame Guyon, s'il faut encore qu'on dise qu'elle m'a trompé parce qu'elle m'a menti, j'y consens ; et il me suffit d'avoir agi selon la règle. A présent qu'on voit son mensonge, on doit agir autrement. Mais quand je l'ai crue, il n'y avoit aucun acte contre sa personne et l'extérieur de la soumission étoit entier. Je crois qu'à ce coup on ne songera qu'à la renfermer, et je ne sais pas comment.

L'ouvrage contre les quiétistes ne m'arrêtera que fort peu : outre la partie que vous avez vue, qui n'a dû être que la seconde, j'en ai fait une autre aussi grande depuis votre départ.

LETTRE L.

BOSSUET A M. TRONSON.

A Paris, 21 mars 1696.

Je vous envoie, Monsieur, cette petite *Méditation sur les Indulgences*. Elle est faite principalement pour mon diocèse, et ainsi j'en donne très-peu ; mais, Monsieur, je ne puis oublier la sainte société que Dieu a mise entre nous pour l'ouvrage où nous avons travaillé sous ses ordres dans une si parfaite union, et je ne veux rien faire sans vous en donner part.

On m'objecte souvent l'autorité de M. Olier, et entre autres

---

[1] *Luc.*, XIV, 14.

(a) La *Défense des quatre Articles du clergé de France.*

deux de ses lettres : la LXXIII et la XC. Je vous prie de les faire examiner, ou de m'en expliquer par vous-même, à votre loisir, l'esprit et la doctrine.

Dans toute cette matière, il faut, Monsieur, sur toutes choses se rendre attentif aux équivoques des nouveaux auteurs, qui en faisant semblant de tout accorder, réservent tout le venin dans de petits mots ambigus. J'ai bien envie de vous entretenir sur cela, et ce sera au premier loisir. Prions pour les périls de l'Eglise, attaquée plus finement que jamais sous prétexte de piété. Je suis, Monsieur, très-sincèrement, etc.

LETTRE LI.

FÉNELON A BOSSUET.

A Valenciennes, ce 9 mai 1696.

Si vous avez, Monseigneur, quelque chose à m'envoyer, je vous supplie de ne me l'envoyer pas sitôt. J'ai attendu à Cambray le plus longtemps qu'il m'a été possible, ce que vous m'aviez fait l'honneur de me promettre. Mais enfin je n'ai pu m'empêcher d'aller à Tournay faire mes visites dans la partie de la ville qui est de ce diocèse. De là je suis venu ici, où j'ai beaucoup d'affaires; ensuite j'irai à Condé, à Mons et à Maubeuge, où j'en trouverai encore davantage. Ainsi, Monseigneur, je ne puis retourner à Cambray que pour le concours, pendant lequel je n'aurai point de temps libre. Quand il sera fini, j'irai faire un tour à Versailles; et je crois qu'il vaut mieux remettre jusqu'à ce temps-là ce que vous souhaitez que je fasse. Je compte demeurer en ce pays jusqu'au commencement de juillet. La multitude innombrable des troupes et le mouvement où elles sont, agitent beaucoup toute cette frontière. Jugez quelle discipline il peut y avoir dans un pays si désolé. Rien n'est plus sincère que le zèle et le respect avec lequel je vous serai dévoué, Monseigneur, jusqu'au dernier soupir.

LETTRE LII.

BOSSUET A L'ABBÉ BOSSUET, SON NEVEU

A Paris, ce 20 mai 1696.

Soyez le très-bien arrivé à Pise, vous et votre compagnie (*a*). Nous attendons la suite de vos relations, afin de les faire imprimer, comme celles de M. l'abbé de Choisi sur le voyage de Siam. Nous venons du sacre de M. de Châlons (*b*), par M. l'archevêque à Notre-Dame, assisté de MM. de Chartres et de Laon.

La Faculté a nommé des commissaires, pour examiner le livre de la Mère d'Agreda. Les gens de bien et les vrais savans sont terriblement soulevés. Il a été censuré à Rome par décret des cardinaux de l'Inquisition, confirmé par le pape Innocent XI, le jeudi 26 juin 1681, et la censure affichée à l'ordinaire, le 4 août 1681 (*c*). Tâchez de nous envoyer l'imprimé de cette censure de la même année à Rome.

J'attends aujourd'hui l'Apologie (*d*) de M. le cardinal Noris, dont il m'a honoré par le P. Estiennot (*e*). J'ai impatience

---

(*a*) Cette lettre a été revue sur l'original, qui se trouve à la bibliothèque du séminaire de Meaux. — *La compagnie* dont parle Bossuet, c'étoit M. Phelippeaux.

(*b*) Gaston de Noailles, qui succédoit à son frère, devenu archevêque de Paris.

(*c*) Le décret renferme ces paroles : « Après avoir entendu les avis des éminentissimes cardinaux, le saint Père le Pape Innocent XI a condamné ce livre (la *Cité mystique*) dans toutes ses parties et dans tous ses volumes; si bien qu'il est défendu à tous, de quelque rang et condition qu'ils soient, de le lire, de le retenir, de l'imprimer ou faire imprimer, sous les peines portées par le concile de Trente et contenues dans l'INDEX *des livres défendus*. »

Les Cordeliers d'Espagne, appuyés par le roi, obtinrent la suspension du décret; l'inquisition de ce pays s'arrogea le droit de revoir l'ouvrage condamné par l'autorité suprême, et déclara qu'il ne renfermoit ni hérésie, ni erreur, ni scandale, ni mauvaise doctrine. Mécontent de ce procédé, le souverain Pontife soumit l'affaire au Saint-Office. Le procès de Molinos vint provoquer toute l'attention des consulteurs, et l'on ne parla plus à Rome du livre de Marie d'Agreda.

En 1697, la Faculté de théologie de Paris censura plusieurs propositions de ce livre, et l'on peut voir la condamnation de Bossuet dans cette édition, vol. XX, p. 620.

(*d*) C'est l'apologie de cette proposition soutenue par des moines de Scythie : « Un de la Trinité a souffert dans sa chair. »

(*e*) Il étoit Bénédictin, procureur-général de la congrégation de Saint-Maur en Cour de Rome, très-estimable par ses vertus, ses talens, son application, qui

de la voir. Je salue M. Phelippeaux, sans oublier M. l'abbé de Gomer.

LETTRE LIII.

FÉNELON A BOSSUET.

A Mons, ce 24 mai 1696.

Je reçois, Monseigneur, avec beaucoup de reconnoissance les marques de votre bonté. Me voici dans une visite pénible, que je n'ai pu retarder. Quand elle sera finie, j'aurai l'embarras du concours et de l'ordination. Si j'avois reçu ce que vous voulez que je voie pendant le carême, j'aurois été diligent à vous en rendre compte. Dès que je serai débarrassé, je partirai pour aller à Versailles recevoir vos ordres. En attendant, je vous supplie de croire, Monseigneur, que je n'ai besoin de rien pour vous respecter avec un attachement inviolable. Je serai toujours plein de sincérité pour vous rendre compte de mes pensées, et plein de déférence pour les soumettre aux vôtres. Mais ne soyez point en peine de moi, Dieu en aura soin : le lien de la foi nous tient étroitement unis pour la doctrine: et pour le cœur je n'y ai que respect, zèle et tendresse pour vous. Dieu m'est témoin que je ne mens pas. La métaphysique ne peut marcher dans les embarras où je me trouve. Je n'entends parler que des maux de la guerre et de ceux de l'Eglise sur cette frontière. J'en ai le cœur en amertume, et ma tête n'est guère libre pour les choses que j'ai le plus aimées (a). Encore une fois, Monseigneur, je vous suis dévoué avec tous les sentimens respectueux que je vous dois.

Fr., arch. duc de Cambray.

Avez-vous vu, Monseigneur, l'ouvrage du P. Lami contre Spinosa (b)? Auriez-vous la bonté de me mander ce que vous en pensez?

le rendoient infiniment cher à dom Mabillon et à tous ses confrères occupés de travaux littéraires. Il les a beaucoup aidés par ses recherches et ses recueils immenses, et il sera fait bien des fois mention de lui dans toute la suite de cette correspondance. (*Les édit.*)

(a) Fénelon avoit promis d'approuver un ouvrage que venoit d'achever Bossuet, l'*Instruction sur les états d'oraison*; on voit qu'il s'efforce par tous les moyens d'en retarder l'envoi. — (b) L'archevêque de Cambray approuva cet ouvrage bientôt après, dans le mois de juin 1696.

LETTRE LIV.

M. PIROT, DOCTEUR DE SORBONNE, A MADAME GUYON.

En Sorbonne, ce 9 juin 1696.

Vous ne devez pas être surprise (a), Madame, si jusqu'à cette heure je n'ai pas voulu entrer en matière avec vous pour vous entendre en confession, comme vous me témoignâtes le souhaiter, dès la première visite que j'eus l'honneur de vous rendre où vous êtes : ce fut le mercredi saint ; vous en ayant rendu deux depuis, le vendredi saint et le vendredi de la semaine de Pâques. Vous voulûtes d'abord commencer par vous mettre à genoux, comme pour vous confesser; et je vous témoignai qu'il falloit qu'avant que de parler de sacrement avec vous, j'eusse l'honneur de vous entretenir en conversation sur ce qui étoit connu dans le monde de votre affaire, pour reconnoître votre disposition présente à cet égard, et juger par là si vous étiez en état qu'on pût à coup sûr vous recevoir aux sacremens. Je vous proposai dans ces trois visites le préalable, qui me paroissoit nécessaire avant que d'en venir à la confession, qu'il ne convenoit pas de faire de votre part, ni de recevoir de la mienne, que vous ne fussiez résolue de faire ce que je croyois pour vous, après tout ce qui s'est passé à votre sujet, d'une obligation indispensable. J'eus l'honneur de vous l'expliquer au long dans ces visites; je le fis le plus nettement que je pus, gardant autant qu'il me fut possible, toutes les mesures du respect que je vous dois; et je crois vous en devoir faire ici l'abrégé, pour vous les remettre en mémoire.

Comme vous avez eu le malheur de prendre sur le sujet de l'oraison de fausses idées, soit que le guide que vous avez consulté sur cela n'ait fait que les entretenir, ou qu'il vous les ait

---

(a) Cette lettre confirmant et développant plusieurs points de celles de Bossuet, et ayant sûrement été écrite de concert avec lui, nous la donnons sous sa date, selon l'intention du prélat, qui l'avoit conservée parmi les siennes et cotée de sa main.

Voilà ce que disent les premiers éditeurs; mais si Bossuet a concerté cette lettre avec le docteur Pirot, il n'en a certainement pas revu le style.

inspirées, et que vous les ayez reçues de lui; en un mot, que la conduite que vous avez suivie en cela vous a engagée à écrire des livres qui ont scandalisé l'Eglise par les erreurs qu'ils contiennent, et vous ont attiré une condamnation solennelle de quelques évêques, et particulièrement de feu Monseigneur l'archevêque dans le diocèse duquel vous viviez le plus, faisant votre séjour ordinaire à Paris, et de deux autres évêques, au jugement de qui vous avez bien voulu vous en rapporter, dont l'un est présentement Monseigneur l'archevêque, votre supérieur naturel et légitime : vous ne pouvez, Madame, être admise à la participation des sacremens que vous ne rétractiez vos erreurs qu'ils ont condamnées. C'est l'obligation de tous ceux dont les ouvrages ont été condamnés par l'Eglise, de les rétracter : c'est la première démarche qu'ils doivent faire pour demeurer dans la communion de l'Eglise, quand ils n'en sont pas sortis. Vous faites profession de vous y être toujours conservée; vous regardez l'Eglise comme votre Mère. Vous protestez, dites-vous dans une déclaration que vous avez vous-même écrite à Vincennes, entre ma première et ma seconde visite, « de croire tout ce qu'elle croit, de condamner tout ce qu'elle condamne, sans exception. » Vous dites que « ce sont les sentimens dans lesquels vous avez toujours vécu, et dans lesquels vous voulez vivre et mourir, étant prête avec la grace de Dieu de répandre votre sang pour la vérité que l'Eglise enseigne. » Vous ajoutez dans ce même papier, « que vous vous soumettez de tout votre cœur à la condamnation que Monseigneur l'archevêque de Paris a faite de vos livres, lorsqu'il étoit encore évêque de Châlons.

C'est tout ce que porte l'acte que vous me montrâtes le jour du vendredi saint, tout écrit de votre main à la faveur d'une plume et d'une sorte d'encre que votre industrie vous fournit, daté de la veille, le jeudi saint 19 avril à Vincennes; c'est comme vous vous exprimez : *Fait dans la tour de Vincennes, le 19 avril 1696.* Si ce papier qui demeura entre vos mains, et que je ne doute pas que vous ne voulussiez bien signer, étoit bien sincère; et que vous y donnassiez sans équivoque et sans aucune réserve à la condamnation que vous y dites que vous faites de vos livres, toute l'interprétation qu'on y devroit donner naturellement, et aussi étendue que portent ces termes dans l'usage qu'on en fait ordinairement, et la signification qu'on a coutume de leur attacher : je ne demanderois rien de plus ; et cela bien entendu renfermeroit tout ce qu'on pourroit désirer de vous. Mais permettez-moi, Madame, de vous dire que ce que je sais de votre affaire m'empêche d'être content de ce papier, et me fait exiger de vous une plus ample explication.

J'ai lu vos livres imprimés, et celui qui porte pour titre *les Torrens*, qui n'est encore que manuscrit ; et j'eus l'honneur de vous porter l'extrait que j'ai fait, il y a longtemps, du *Moyen court*, que je vous parcourus le vendredi saint, pour vous en faire remarquer les erreurs, en vous représentant une feuille imprimée à Rome, où le *Moyen court*, et la *Règle des associés* sont condamnés, non pas, comme vous me dites que vous le croyiez, « depuis que vous êtes de retour de Meaux et à la sollicitation de M. de Meaux, » mais longtemps avant les *Ordonnances* de Paris, de Châlons et de Meaux, *le 29 novembre 1689, sous Alexandre VIII*: comme le livre latin de l'*Analyse du P. La Combe* y avoit été aussi condamné l'année précédente, *le 9 septembre 1688, sous le pontificat d'Innocent XI;* de laquelle condamnation je vous fis encore en même temps voir la feuille imprimée à Rome, pour répondre à ce que vous m'avanciez, que cette *Analyse* avoit été approuvée à Rome par une Congrégation. Vous croyez bien que je suis instruit des *Ordonnances* qui ont été faites en France sur vos livres et sur celui du P. La Combe.

Je sais que vous avez donné deux actes de soumission à Monseigneur de Meaux, dont le premier étoit pour les xxxiv Articles, et l'autre pour son *Ordonnance* et pour celle de Monseigneur de Châlons, présentement archevêque de Paris, et qu'après il vous donna un témoignage que vous souhaitâtes, aux conditions qui y sont marquées. Nous lûmes tout cela dans la chambre où vous êtes, et je vous en fis voir des copies de bonne main. J'ai cru aussi devoir lire tous vos interrogatoires, sans parler de ceux d'autres personnes qui ont été faits à votre occasion, et que j'ai aussi vus. J'ai lu les pièces qui ont donné ouverture à faire vos interrogatoires, qui sont les trois lettres que vous a écrites le P. La Combe (a), depuis le mois d'octobre dernier, dont vous aviez vous-même reçu les deux premières, qui ont été trouvées dans vos papiers; et la dernière vous a été représentée et reconnue par vous, et les autres papiers que vous aviez dans votre maison. J'ai eu l'honneur de vous dire que j'avois pris communication de toutes ces choses; et à raisonner de tout cela, en le rapportant l'un à l'autre, je ne puis m'empêcher de prendre la liberté de vous dire qu'on doit à votre égard prendre plus de sûretés pour compter sur la promesse que vous ferez, et exiger de vous des paroles plus positives et plus précises.

Qui n'auroit cru, comme M. de Meaux, que de vous soumettre aux deux *Ordonnances* qui condamnent nommément vos deux livres, du *Moyen court* et du *Cantique*, c'étoit vous condamner vous-même et vous rétracter? Rien ne paroit avoir plus l'air d'une rétractation qu'une souscription à la condamnation de vos livres, et une soumission aux mandemens des évêques qui les condamnent. Vous avez signé ces ordonnances qui condamnent vos livres; et cependant, Madame, je lis dans votre septième interrogatoire : « Qu'on n'a rien trouvé dans vos écrits contre la foi, et que vous en avez une bonne décharge ; que s'il y a quelques termes que vous ayez employés mal à propos, et sur lesquels vous vous soyez trompée, c'est un effet de votre ignorance; que vous les détestez et les désavouez de tout votre cœur, que vous êtes bien assurée qu'il ne se trouvera aucune erreur dans aucuns de vos écrits et que vous n'avez point eu aussi à faire aucune rétractation. » Pouvez-vous accorder cela avec la soumission aux *Ordonnances* des évêques? Pouvez-vous dire, Madame, qu'on n'a rien trouvé dans vos écrits contre *la foi*, et que vous en avez *une bonne décharge?* M. de Meaux, dans son *Ordonnance* donnée à Meaux le 16 avril 1695, dit que « vos livres contiennent une mauvaise doctrine, et toutes ou les principales propositions condamnées dans les XXXIV Articles qui sont insérés » dans cette *Ordonnance*. Celle de Monseigneur l'archevêque, pour

(a) Ce sont les lettres qu'on a lues plus haut

lors évêque de Châlons, donnée à Châlons le 25 avril, condamne vos livres comme contenant *la doctrine nouvelle* qu'il condamne, et pour la condamnation de laquelle il établit aussi dans son *Ordonnance* les mêmes xxxiv Articles.

Vous appelez *une bonne décharge,* pour la doctrine de vos livres, une déclaration de M. de Meaux, qu'il ne vous a donnée que parce que vous vous êtes soumise aux deux *Ordonnances,* exprimant cette soumission comme une condition sans quoi il ne vous l'auroit pas donnée, aussi bien que les défenses qu'il vous avoit faites, et qu'il marque dans cet écrit que vous aviez acceptées, de ne vous plus mêler de conduire personne, d'écrire et de *répandre* vos livres, soit imprimés, soit manuscrits. Etoit-ce là vous décharger sur la doctrine de vos livres ? Pouvez-vous dire « qu'il ne se trouvera nulle erreur dans aucun de vos écrits, et que pour cette raison vous n'avez eu nulle rétractation à faire? » Ne paroissiez-vous pas vous être rétractée authentiquement, si vous aviez voulu, comme on le devoit présumer, agir de bonne foi? Et quelle marque nouvelle donnez-vous encore d'un retour entier par le papier de Vincennes, que vous m'avez présenté le vendredi saint, et qui est demeuré entre vos mains ? Vous y dites, à la vérité, « que vous vous soumettez de tout votre cœur à la condamnation que Monseigneur l'archevêque a faite de vos livres, lorsqu'il étoit encore évêque de Châlons. » Mais n'en aviez-vous pas déjà dit et signé autant à Meaux? et on vous voit depuis assurer que vous *n'avez point eu de rétractation à faire.*

Cela marque, Madame, qu'il faut avec vous bien peser toutes les syllabes ; et que, comme vous croyez jusqu'à cette heure n'avoir donné *aucune rétractation, n'y ayant nulle erreur dans vos écrits,* quand on vous feroit encore signer votre papier de Vincennes, vous prétendriez toujours que vous n'auriez fait nulle rétractation, que vous n'auriez eu nulle erreur dans vos écrits, et qu'il n'y auroit rien de mauvais qu'un usage inconsidéré que vous y auriez fait de quelques termes dont vous n'auriez pas assez entendu la force. Cela va, Madame, à éluder, ce qu'on arrêtera avec vous, à moins qu'on n'y fasse entrer les paroles qui signifieront le plus clairement votre rétractation.

C'est, Madame, le premier pas que vous devez faire : vous devez rétracter vos livres et vos autres écrits qui ne sont pas imprimés, au moins celui que vous appelez *les Torrens*. Il est entre les mains de bien du monde : la doctrine en est aussi mauvaise; il y a même des manières de parler qui sont plus outrées, et qui portent un caractère plus pernicieux.

Vous devez donner une parole bien formelle sur cela, qui porte dans un acte que vous écrirez de votre main, que vous rétractez la doctrine contenue dans vos livres, de la manière qu'elle est condamnée par Messeigneurs les évêques, feu Monseigneur l'archevêque, Monseigneur l'archevêque étant encore évêque de Châlons, et M. de Meaux.

La seconde parole qu'on doit tirer de vous, Madame, est que vous supprimiez tout ce que vous avez fait, soit qu'il soit imprimé, soit qu'il ne le soit pas, soit commentaire sur l'Ecriture, soit autre ouvrage de spiritualité. Vous aviez accepté la défense que vous avoit faite M. de Meaux, de répandre aucun de vos écrits. Dans l'usage de parler communément reçu, cela signifioit que vous les supprimeriez tous, et que vous n'en communiqueriez aucun à personne. Cependant (pour ne rien dire du P. Alleaume, voulant bien supposer ici que votre mémoire vous a trompée d'abord, et s'est remise ensuite) on voit par vos interrogatoires que vous avez, depuis votre retour de Meaux, donné à l'abbé Couturier trois cahiers sur la justification de votre doctrine par les sentimens des Pères, auxquels vous prétendez qu'elle est conforme : on y voit, aussi bien que dans les lettres du P. La Combe, sur lesquelles vous avez été interrogée, que vous avez depuis envoyé votre *Apocalypse* au P. La Combe. Etoit-ce, Madame, tenir votre parole que d'en user ainsi ? Apparemment vous avez pris ces mots : *De répandre vos livres et vos écrits*, comme si ce n'étoit pas les répandre que d'en donner quelqu'un à une personne, et quelqu'autre à une autre, et que vous vous fussiez seulement engagée à ne les pas semer partout; et c'est ce qui oblige à vous demander un engagement nouveau, où vous promettiez de jeter au feu tout ce qui pourroit vous retomber sous la main de vos ouvrages, soit imprimés, soit manuscrits.

La troisième condition que je crois qu'on vous doit proposer, c'est de n'entrer dans la direction de personne, pour la conduire dans la voie de l'oraison ; et c'est, Madame, une suite de votre rétractation, puisque vous y reconnoîtrez, si vous la faites sérieusement, et dans une pleine persuasion que vous avez été dans l'égarement sur cette matière et que vous y êtes tombée dans l'erreur, que vous devez vous défier de vous-même et regarder ce ministère, de donner conseil sur le fait de l'oraison, comme au-dessus de vous, vous humiliant de votre chute et vous en relevant par le silence et par la retraite. M. de Meaux vous avoit interdit cette fonction, et c'est ce qu'il entend dans sa déclaration, dont vous vous faites honneur, *comme d'une bonne décharge* : c'est ainsi que vous la nommez. Il y dit que vous aviez accepté la défense qu'il vous avoit faite, « d'écrire, enseigner, dogmatiser dans l'Eglise sur les voies de l'oraison. » Cette défense *d'enseigner dans l'Eglise,* va à quelque chose de plus qu'à s'abstenir de prêcher ou de publier en plein temple des maximes sur l'oraison. On entend assez que c'est se renfermer en soi ; et dans la confusion d'avoir erré et engagé les autres dans l'erreur, par la créance qu'ils ont avec trop de facilité donnée aux livres qu'on a imprimés, ou aux conseils qu'on leur a inspirés, se contenter de se redresser soi-même, et ne plus prendre de part à conduire personne.

La quatrième, qui me paroît, Madame, un grand sacrifice pour vous, mais sur quoi il n'y a pas à composer ni à rien relâcher, c'est absolument de rompre tout commerce avec le P. La Combe, et de le regarder comme un guide aveugle, et qui ne pourroit être que très-dangereux pour vous. Vous l'avez dû regarder ainsi, au moment que vous l'avez vu, condamné comme vous par les *Ordonnances,* ne se pas rétracter et demeurer toujours dans ses premiers sentimens. Vous savez que sa doctrine est la vôtre, vous avez tous deux les mêmes principes : il vous a proposée dans la préface qu'il a faite sur votre *Explication du Cantique,* et dont vous le reconnoissez auteur dans vos interrogatoires, comme la Sulamite qui possède l'esprit de l'Epoux, et qui en peut découvrir le sens le plus caché et les mystères les plus inconnus : il s'est fait de vous l'idée la plus noble et la plus élevée qu'on se puisse faire d'une Dame chrétienne ; il l'a inspirée à ceux qui ont eu pour lui quelque crédulité ; et il ne faut pour le reconnoître que voir les trois lettres qu'il vous a écrites. Dans les deux premières, un aumônier du château de Lourde vous écrit avec lui ; il met sa lettre après celle de ce Père dans le même papier ; il vous traite d'illustre persécutée, de femme forte, de mère des enfans de la petite église.

Le Père écrit seul dans la troisième lettre, et l'aumônier n'y met rien de lui : mais cette lettre qu'on vous a représentée dans votre septième et votre huitième interrogatoire, datée du 7 décembre 1695, suffiroit seule pour vous faire revenir de l'estime que vous avez eue pour lui, si vous revenez de bonne foi de vos égaremens condamnés par les ordonnances des évêques ; et il ne paroît nullement qu'elle ait fait sur vous cette impression. Il n'y a rien d'approchant à ce que je lis dans ces deux interrogatoires : cette lettre vous flatte comme les autres. Il y dit qu'il « faut qu'on soit bien acharné contre vous de ne vous point laisser en repos : » il loue votre livre sur l'*Apocalypse* comme le meilleur de vos commentaires sur l'Écriture, *et il le met même* au-dessus des commentaires des autres auteurs. Il dit que le recueil de ce que vous avez fait sur l'Écriture sainte, si on le pouvait tout ramasser, pourroit être appelé *la Bible des ames intérieures*. Tout cela seroit capable de vous donner de la vanité, si vous étiez assez foible pour en pouvoir prendre ; mais si fort qu'on se sente sur cela, il faut toujours se défier de ce qui va à entretenir l'orgueil qui nous est naturel.

Je ne vous dirai rien, Madame, du portrait qu'il marque dans sa seconde lettre vous avoir rendu à Passy, et qu'il souhaite encore avoir, en vous faisant instance pour cela et vous priant de ne le lui pas refuser. Si cela fait compassion de sa part en découvrant du foible dans un homme d'une spiritualité qu'il croit fort élevée, le dénouement que vous en donnez dans la réponse que vous y faites en votre troisième interrogatoire, marque en vous un trait de sagesse.

Mais pour ne vous rien dire que sur la troisième lettre, ce Père vous y dit à la fin que s'il vous voyoit, comme vous lui aviez fait espérer que vous feriez pour cela un voyage à Lourde, il chanteroit de bon cœur le *Nunc dimittis*. Je ne sais si cette application est de votre goût; mais je ne crois pas que le *Cantique de Siméon* soit fait pour cela, et j'ai trop bonne opinion de vous pour ne pas supposer que vous le désavouez. Mais vous le voyez dans cette lettre toujours attaché à ses premières idées sur l'oraison : il vous y répond sur le livre de M. Nicole, que vous lui aviez envoyé, et on ne peut en parler avec plus de mépris. Il met une demi-page à le tourner en ridicule; et comme s'il ne savoit pas l'état de la question, il tire avantage de ce qu'il ne rapporte rien de son *Analyse*, qu'il relève : comme si c'étoit une marque que cet auteur, qui déclare qu'il ne veut traiter que de livres françois, *Malaval*, votre *Moyen court*, votre *Cantique*, vos *Torrens* et *l'abbé d'Ertival*, ne rapportant rien de l'*Analyse*, n'y eût rien pu trouver à reprendre.

Enfin je ne sais comme vous pouvez vous accommoder de ces termes, que je veux bien encore vous représenter : « Pour moi, dit-il au milieu de cette troisième lettre qu'il vous écrit, dans le grand loisir que j'aurois, je ne puis rien faire, quoique je l'aie essayé souvent. Il m'est impossible de m'appliquer à aucun ouvrage de l'esprit, du moins de continuer, m'étant fait violence pour m'y appliquer ; ce qui me fait traîner une languissante et misérable vie, ne pouvant ni lire, ni écrire, ni travailler des mains qu'avec répugnance et amertume de cœur; et vous savez que notre état ne porte pas de nous faire violence; on tireroit aussitôt de l'eau d'un rocher. » Est-ce là votre état, Madame ? Il seroit à plaindre, et je n'en connois guère de semblable dans le pur christianisme : Jésus-Christ veut qu'on s'y fasse violence.

Vous n'avez pas oublié que j'eus l'honneur de vous témoigner sur cela ma peine dans ma troisième visite; et pour m'en donner l'explication, vous me fîtes entendre que ce Père faisoit sept ou huit heures d'oraison par jour. Mais pour faire tant d'oraisons, est-on hors d'état de s'appliquer, ni aux ouvrages d'esprit, ni au travail des mains ? Saint Paul, si élevé qu'il fût à Dieu et si grandes que fussent ses communications avec lui, appliquoit son esprit, et occupoit ses mains de son métier. Mais trouvez-vous qu'il ait raison de dire qu'avec ses sept ou huit heures d'oraison par jour, *il traîne une languissante et misérable vie?* Cette expression offenseroit bien des gens. Une vie toute occupée de Dieu peut-elle s'appeler languissante et misérable? et pouvez-vous approuver, qu'en décrivant un état incompatible avec la violence qu'on se devroit faire pour s'élever au-dessus de la paresse naturelle, il l'appelle le vôtre comme le sien? Notre état, dit-il en vous parlant, ne porte pas de nous faire violence. Il veut, Madame, vous intéresser en vous mettant de son côté et vous faisant partager avec lui son état.

Si vous n'aviez point oublié le renoncement que vous aviez fait de votre doctrine, en vous soumettant à la condamnation qui en a été faite à Châlons et à Meaux, vous auriez, au moment que vous vîtes cette lettre, quitté toute l'estime que vous aviez pour ce Père. Vous voyez sa doctrine condamnée comme la vôtre : pouvez-vous condamner la vôtre, sans condamner la sienne? Et s'il persiste dans la sienne, ne devez-vous pas, en quittant la vôtre, le quitter lui-même? Vous ne vous êtes pas sans doute souvenue de cet engagement dans votre septième interrogatoire, quand vous y dites « que la doctrine de ce Père n'a point été condamnée, qu'au contraire elle a été approuvée par l'Inquisition de Verceil et par la Congrégation des rits. »

Il ne s'agit pas de vous faire voir ici que son *Analyse* n'a pas été approuvée par l'Inquisition de Verceil, l'Inquisition n'approuvant pas, mais par deux particuliers, consulteurs de l'Inquisition, qui à la vérité avoient examiné le livre par ordre de l'inquisiteur, mais qui ne sont pas à mettre en comparaison avec des évêques qui censurent ici ; et que la Congrégation des rits n'est point entrée dans l'approbation du livre, qui même a été depuis censuré par l'Inquisition de Rome en 1688, sous Innocent XI, comme j'ai eu l'honneur de vous l'observer déjà. Mais il paroît bien par l'apologie que vous faites de cette *Analyse*, que vous continuez à être attachée à l'auteur; et c'est ce que vous marquez encore bien plus expressément dans votre huitième interrogatoire, où vous dites que ce Père vous ayant été donné par un évêque (c'est M. de Genève) pour votre directeur, et vous-même l'ayant depuis choisi pour cela (cette clause est bien ajoutée et elle étoit nécessaire, puisque M. de Genève vous marqua bientôt qu'il ne vous convenoit pas; il falloit votre choix pour y suppléer) : « vous n'auriez jamais cessé de lui obéir et de suivre sa conduite, si vous aviez été à portée de le pouvoir faire ; que vous lui obéiriez encore, si vous pouviez lui demander ses avis, à moins qu'il ne vous fût défendu. » Il vous l'étoit assez, Madame, n'ayant point changé de vues sur l'oraison depuis une condamnation si solennelle de son *Analyse*.

Il faut donc vous le défendre, Madame, et ne s'en pas tenir à supposer que vous verrez bien qu'il ne peut vous être permis, comme il semble qu'a supposé M. de Meaux, qui sûrement n'auroit jamais approuvé que vous eussiez écrit à ce Père, comme vous marquez que vous lui avez écrit une fois de Meaux, « en donnant votre lettre ouverte à une religieuse de Sainte-Marie, qui avoit soin de cacheter les lettres ; » c'est ce que vous dites dans votre troisième interrogatoire. Mais il ne faut pas de votre part en demeurer à vous abstenir de ce commerce, parce qu'on vous l'aura défendu. On ne vous le défend que parce qu'il est mauvais : vous en voyez le danger, si vous êtes dans un grand repentir de vos erreurs, sans quoi vous ne devez pas penser aux sacremens, et personne ne vous y peut recevoir. C'est un prétexte, Madame, de dire que vous voulez assister ce Père dans ses besoins : on y peut pourvoir d'ailleurs, et vous ne devez plus du tout entrer en rien dans ce qui le regarde. Cela vous coûtera, Madame ; mais il faut nous arracher nous-mêmes l'œil et la main, s'il y a quelque scandale à en craindre, soit pour nous, soit pour les autres : et après avoir tant marqué votre envie pour le revoir, comme il paroît dans les trois lettres qu'il vous écrit depuis le mois d'octobre, il est bien juste que vous en quittiez jusqu'au souvenir autant qu'il sera en vous, et que vous ne pensiez plus à lui que comme à un écueil dans votre conduite spirituelle.

La cinquième obligation où je crois que vous êtes avant toutes choses, c'est d'édifier autant le public que vous l'avez mal édifié, ou qu'on l'a mal édifié à votre occasion. Vous savez que ces termes de *petite église*, dont vous êtes appelée *la mère*, de *colonnes de la petite église*, d'augmentation *de la petite église*, ne peuvent qu'offenser ; et vous n'avez pas pu vous-même soutenir cela dans vos interrogatoires : vous n'y avez pu donner un bon sens, et vous en avez renvoyé l'explication au Père, que vous dites dans votre second interrogatoire « avoir accoutumé de se servir de cette manière de parler, dont vous ne vous servez pas vous-même : » c'est ce que vous marquez encore dans votre septième interrogatoire. Vous avez souvent dit dans vos interrogatoires que vous abhorriez les sectes, et rien n'est plus digne d'une Dame chrétienne ; mais il faut éviter de donner lieu à un soupçon contraire.

Mais, Madame, ce n'est pas la seule chose qui ait offensé à votre occasion. Car enfin, que les autres vous fassent passer comme une prophétesse, qu'ils vous regardent comme la mère de la petite église, si vous désapprouvez cela (ce qui à la vérité ne paroît pas et qu'il est malaisé de justifier de votre part, puisqu'au lieu de désavouer tout cela vous l'avez laissé dire), vous n'en serez pas responsable. Mais ce qu'on a trouvé de misérables livres chez vous a fort déplu à tout le public, et rien ne convenoit moins à une Dame d'oraison. Vous n'y reconnoissez pour être à vous *que Griselidis, Peau d'âne* et *Don Quichotte ;* mais (pour ne rien dire de *la belle Hélène*, que l'abbé Couturier dit que vous lui avez donnée, en lui disant que *prenant cette pièce dans le sens spirituel, elle étoit bonne et instructive*) quand vous n'auriez pris plaisir qu'à ces livres de *Peau d'âne, Don Quichotte* et autres semblables, cela même n'étoit pas aussi sérieux que devoit être votre lecture familière. Vos dix-neuf *Opéra* spirituels et les comédies de Molière marquent un amusement d'oisiveté, et n'étoient pas une occupation digne de vous, Madame.

Je ne crois pas que votre *Vie* faite par vous-même soit connue de beaucoup de monde ; mais je sais que d'autres que M. de Meaux l'ont vue : et le degré où vous vous y élevez vous-même, la familiarité que vous vous y donnez avec Dieu, la comparaison que vous faites de vous-même avec la femme de l'*Apocalypse* qui s'enfuit dans le désert, environnée du soleil, la lune sous ses pieds, et couronnée d'étoiles; mais surtout les deux lits (vous entendez, Madame, ce que je dis de votre songe : nous en avons parlé) ne peuvent que choquer les ames pieuses. Il faut sur tout cela, Madame, quelque réparation; et comme il y a en cela bien des faits connus comme notoires, il faut que la réparation soit publique. La prudence doit régler cela, en vous ménageant autant que la charité et l'édification de l'Eglise le pourront permettre; mais n'omettant rien de ce qu'elles demanderont. Il faut un acte de votre part, qui convainque le public de votre soumission parfaite; cela ne peut être trop humble : mais il faut commencer par changer de cœur; il ne faut pas se presser avec précipitation pour recevoir les sacremens.

On tremble quand on lit dans vos *Torrens* que vous faites aller vos ames du premier ordre à la communion comme à table, tout naturellement; et se confesser, comme feroient des enfans, des lèvres, sans douleur ni repentir. Il faut prendre du temps, Madame, pour vous persuader de toutes les obligations que je viens de marquer; et j'en ajoute une dernière.

Je la fais consister en ce que vous devez vous remettre à Monseigneur l'archevêque, ou à celui qu'il vous enverra pour le représenter, de tout ce que vous aurez à faire pour satisfaire le public, et de la manière que vous aurez à suivre pour cela, le faisant juge de tout et vous soumettant de votre part aveuglément à tout ce qu'il vous marquera. Il ne s'agit pas ici de faire la loi à l'Eglise, c'est d'elle qu'il la faut recevoir; et toutes les personnes dont elle a condamné les erreurs ne sont rentrées en grace avec elle, ou ne s'y sont maintenues, qu'en s'abandonnant à elle et la regardant comme leur guide. C'est, Madame, la conduite que vous avez à tenir, sans quoi on ne peut du tout vous donner les sacremens. Il faut vous y préparer comme je vous le marque; et si vous entrez dans ces dispositions que je vous propose, et que l'Eglise voie en vous les marques d'un vrai changement, ne doutez pas qu'elle ne vous tende les bras, et qu'elle ne vous y reçoive avec joie. J'en aurai une très-sensible, si je puis contribuer à ce succès, que je souhaite avec autant de passion que je suis avec respect, Madame, votre très-humble et très-obéissant serviteur.

Pirot.

Je n'ai pas voulu, Madame, rien toucher dans ma lettre de tout ce que vous me dites dans les visites que j'ai eu l'honneur de vous rendre, de l'*Ordonnance* de Monseigneur l'évêque de Chartres : vous vous en souviendrez aisément. Vous me témoignâtes sur cela tant d'indignation, que par deux fois vous m'assurâtes que vous ne pourriez jamais vous résoudre à vous y soumettre ; et qu'il n'y a point de *feux, de roues, de chevalets* que vous ne souffrissiez plutôt que de le faire. C'est ce que vous me dites dans la première visite, en me montrant le feu allumé dans votre chambre ; et que vous me répétâtes dans la troisième, d'un air dont l'idée me fait encore peur. Ce n'est pas que je vous propose de signer sa censure ; mais l'éloignement que vous en témoignez n'est pas supportable. Ce prélat marque dans la page 43 de son *Ordonnance*, qu'il a conféré avec Monseigneur l'archevêque et Monseigneur de Meaux ; et se roidir comme vous faites contre elle, c'est ne vous pas soumettre à Monseigneur l'archevêque. Monseigneur de Meaux dit dans un écrit particulier, en parlant de cette *Ordonnance*, « qu'il peut rendre témoignage de la vérité des extraits qui sont contenus dans cette censure, et qu'ils sont conformes à un exemplaire qui lui a été mis en main par votre ordre. » Je voudrois, Madame, que vous eussiez vu dans l'histoire ecclésiastique les exemples d'humilité qui s'y trouvent marqués dans des rétractations de personnes à qui il avoit échappé quelque erreur, lorsque leur changement s'est fait de bonne foi : vous ne vous élèveriez pas si fort contre cette *Ordonnance*, et vous ne feriez pas tant de difficultés de vous y soumettre. Votre retour, pour être tel que je le souhaite, doit être approuvé de tout le monde, mais surtout des évêques et particulièrement de ceux de la province. Quand saint Augustin et quelques autres évêques d'Afrique, reçurent la rétractation que fit un nommé *Leporius* des erreurs qui l'avoient fait condamner par les évêques de France, il en donna avis aux prélats françois, et voulut qu'ils ratifiassent l'absolution que les Africains avoient donnée à ce François. La lettre de ce Père sur ce sujet est la deux cent dix-neuvième dans l'impression nouvelle; elle est très-belle, et mériteroit bien que vous eussiez la curiosité de la lire; il seroit aisé, Madame, de la satisfaire. Vous seriez édifiée en la lisant; et quand vous aurez bien pensé à ce que vous devez à l'Eglise pour réparer le bruit qu'y a fait votre doctrine sur l'oraison, il ne tiendra pas à cette soumission que vous reconnoîtrez aisément ne pas devoir refuser.

Mais pour cela, Madame, il faut que vous soyez convaincue du mal qu'ont fait vos livres, si innocentes que fussent vos intentions; et même du mauvais effet qu'a produit votre conduite, où il a moins paru de simplicité et de candeur qu'il n'auroit été à désirer : pardonnez-moi ces termes. Je pris la liberté de vous dire à Vincennes, que ce qui me paroissoit de plus terrible dans l'état où je vous voyois, c'étoit que vous ne sentissiez pas assez ce mal, puisque peut-être ne vous reprochiez-vous pas une faute vénielle dans toute votre affaire. Vous ne me répondîtes rien; et cela me donna lieu de vous faire encore depuis ce même reproche, et vous ne me répondîtes pas plus. Cette confiance, Madame, permettez-moi de le dire, me paroît présomptueuse, et je vous avoue qu'elle m'épouvanta.

Il est vrai que vous me dîtes une autre fois, en vous défendant d'être coupable de péchés, *que vous n'étiez pas à confesse;* et que si vous y étiez, vous sauriez ne vous y pas excuser. Et cela me fait souvenir de ce que j'ai lu dans vos *Torrens*, que des ames que vous regardez comme des plus parfaites se confessent quelquefois, « parce qu'on leur dit de le faire, sans pouvoir s'accuser de rien; parce qu'elles sont soumises comme un petit enfant à qui on diroit : Il faut vous confesser de cela. Mais lorsqu'on leur dit : Vous avez fait cette faute, elles ne trouvent rien en elles qui l'ait faite; et si l'on dit : Dites que vous l'avez faite, elles le diront des lèvres sans douleur ni repentir. » Est-ce là votre portrait, Madame? Si cela étoit, je craindrois pour vous; et je ne tiens pas cette situation d'ame, bonne : quand on médite une confession, il faut se reconnoître coupable et s'exciter à la contrition. C'est la disposition que demande le concile de Trente, et c'est la doctrine de l'Eglise marquée dans tous les catéchismes. Il faut, Madame, commencer par vous défaire de tous vos préjugés pour entrer dans ces sentiments. En un mot il faut avec une humilité exemplaire, faire tout ce qu'on vous marquera.

FIN DU VINGT-HUITIÈME VOLUME.

TABLE

DES MATIÈRES CONTENUES DANS LE VINGT-HUITIÈME VOLUME.

LETTRES DE PIÉTÉ ET DE DIRECTION.

LETTRES A MADAME D'ALBERT DE LUYNES,
RELIGIEUSE DE L'ABBAYE DE JOUARRE.

Remarques historiques.	Page 1
LETTRE PREMIÈRE. Sur la manière dont Dieu avoit préparé les liaisons qu'elle avoit avec lui; et sur les démarches de l'abbesse de Jouarre, pour se soustraire à son obéissance.	1
LETTRE II. Sur les affaires du prélat avec l'abbesse de Jouarre.	2
LETTRE III. Il la prémunit contre les discours qu'on tenoit sur lui : et lui donne des règles pour vivre en paix au milieu des troubles excités par la désobéissance de l'abbesse.	3
LETTRE IV. Il la relève des défenses de l'abbesse; et lui marque le cas où l'on peut révéler un secret	4
LETTRE V. Il lui témoigne sa peine des désagrémens qu'éprouvoient de la part de l'abbesse les religieuses qui lui étoient fidèles.	5
LETTRE VI. Il la console de la mort de son père.	6
LETTRE VII. Sur les affaires de Jouarre.	6
LETTRE VIII. Résolution où il est de faire exécuter son ordonnance contre l'abbesse de Jouarre ; il exhorte cette religieuse à montrer beaucoup de douceur et de modestie.	7
LETTRE IX. Sur les affaires de Jouarre, et sur les priviléges des vierges à l'égard des reliques.	8
LETTRE X. Il lui apprend la soumission de l'abbesse de Jouarre à son ordonnance ; et la rassure sur ses craintes.	8
LETTRE XI. Sur une affaire particulière, et sur l'abbesse de Jouarre.	10
LETTRE XII. Sur la conduite à tenir par un confesseur à l'égard de personnes dont les dispositions pouvoient être suspectes.	11
LETTRE XIII. Sur les dispositions où doit être une épouse de Jésus-Christ.	12
LETTRE XIV. Sur l'abstinence des samedis d'entre Noël et la Chandeleur.	12
LETTRE XV. Sur les avantages que Dieu nous fait retirer de la tentation et de la maladie.	13
LETTRE XVI. Sur la tentation qui se mêle aux maux du corps ; ses répugnances dans les exercices de piété ; et l'efficace des paroles de Jésus-Christ, pour guérir l'ame.	13
LETTRE XVII. Sur la conduite à tenir à l'égard de quelques Sœurs ; et les remèdes qu'elle devoit appliquer à ses maux.	15

TABLE.

Lettre XVIII. Sur ses peines, et la manière dont elle devoit les porter. 16
Lettre XIX. Sur l'auteur de la guérison de son ame. 17
Lettre XX. Psaumes qu'elle peut lire en mémoire de sa délivrance. 18
Lettre XXI. Sur la grace que Dieu lui avoit faite en la mettant sous la conduite de son évêque; et la manière dont il désiroit qu'on en usât à l'égard des Capucins pour la confession. 19
Lettre XXII. Sur le droit qu'a un évêque d'approuver un confesseur pour une maison, malgré l'abbesse, et sur l'utilité de la tentation et des souffrances. 20
Lettre XXIII. Sur la manière dont l'œuvre de Dieu doit être conduite dans les ames. 20
Lettre XXIV. Quelle sera la source de la joie des bienheureux, et quel est le principe de celle qui nous est ordonnée; et sur la confession annuelle. 20
Lettre XXV. Il lui envoie quelques paroles de consolation. 22
Lettre XXVI. Sur la joie du Saint-Esprit. 22
Lettre XXVII. Sur l'entrée des séculiers dans les monastères; et les consultations réitérées par inquiétude. 23
Lettre XXVIII. En quelles occasions la foi explicite de certains articles suffit; sur les soins qu'il donne à la direction des ames; et la soumission à la volonté de Dieu. 24
Lettre XXIX. Il l'exhorte à ne point s'inquiéter des péchés oubliés dans ses confessions. 26
Lettre XXX. Sur ses maux; qu'ils ne sont qu'une épreuve de Dieu; sur la manière dont il instruit les ames; et sur la liaison de la confiance avec l'amour. 27
Lettre XXXI. Sur le trop grand nombre de confesseurs demandés à Jouarre. 28
Lettre XXXII. Sur diverses matières touchant la confession. 29
Lettre XXXIII. Sur l'amour de préférence qu'on doit à Dieu. 30
Lettre XXXIV. Sur les affaires de Jouarre. 32
Lettre XXXV. Sur la conduite de l'abbesse, et les mesures qu'il prenoit pour la réduire à l'obéissance. 33
Lettre XXXVI. Il la console dans ses peines. 34
Lettre XXXVII. Sur l'inquiétude qu'elle avoit de ses confessions passées; qu'il n'y a de paix à espérer que dans la confiance. 35
Lettre XXXVIII. Sur la manière dont on doit recevoir les accueils que le monde nous fait. 36
Lettre XXXIX. Sur ses peines; sur la coutume de dire matines le soir, et la séparation des différentes heures de l'office; sur les œuvres d'Origène; et l'intention appelée virtuelle. 37
Lettre XL. Sur les actes qui viennent du cœur. 41
Lettre XLI. Sur les pouvoirs donnés aux confesseurs des religieuses, et sur les avantages qu'elle pouvoit retirer de ses peines. 42
Lettre XLII. Sur la nécessité des souffrances, les scrupules mal fondés, et la compatibilité d'une certaine tristesse avec la joie chrétienne. 44
Lettre XLIII. Il s'applique à dissiper ses craintes, et l'excite à la confiance. 45
Lettre XLIV. Sur les confessions faites à des prêtres qui n'auroient pas les cas réservés; et sur l'abandon à la divine bonté. 46
Lettre XLV. Sur un écrit pour la retraite. Il lui conseille de ne plus consulter sur ses peines. 48
Lettre XLVI. Sur un écrit qu'il avoit composé pour l'instruction de ses Filles. 49

Lettre XLVII. Il lui ordonne de lui faire part d'une pensée qu'elle ne lui avoit pas déclarée. 49
Lettre XLVIII. Il lui défend de consulter dans ses doutes d'autres que lui; et veut qu'elle cesse de revenir aux choses qui ont été décidées. 50
Lettre XLIX. Il lui montre la cause de ses peines, et lui en propose les véritables remèdes. 51
Lettre L. Il l'assure qu'elle a satisfait à tout dans sa dernière revue, et l'instruit des dispositions qu'il ressentoit dans la conduite des ames. 52
Lettre LI. Il approuve la conduite qu'elle a tenue à l'égard de ses peines. 53
Lettre LII. Sur les conditions que demande l'acte de contrition nécessaire au sacrement de pénitence, et sur la manière dont les sacremens opèrent. 54
Lettre LIII. Sur ses peines, et sur les cas où elle devoit recommencer le Bréviaire. 55
Lettre LIV. Sur l'usage qu'elle devoit faire de ses peines. 57
Lettre LV. Sur ses souffrances; et sur quelques passages de l'Ecriture relatifs à la crainte et à la confiance. 57
Lettre LVI. Il lui défend de se confesser de ses peines, et lui marque quel est le parti le plus sûr pour elle. 58
Lettre LVII. Sur les raisons de nous soumettre à la volonté de Dieu. 59
Lettre LVIII. Il lui apprend ce qu'il a voulu conclure des passages qu'il lui a laissés à concilier; en quelles occasions elle peut répéter son Bréviaire. Formule de prière pour s'unir à Jésus-Christ dans ses souffrances. 59
Lettre LIX. Ses sentimens pour son troupeau, et en particulier pour ses Filles de Jouarre. 61
Lettre LX. Sur ses sermons; les attributs donnés à Marie; le sens de certains passages; le plaisir que l'on trouve dans l'usage des choses nécessaires, les rechutes dans le péché véniel; le mépris des règles, le silence et les distractions. 62
Lettre LXI. Désir qu'il a de voir bientôt finir les affaires de Jouarre: qu'on ne peut en conscience faire des excuses à l'abbesse de l'obéissance qu'on a rendue à son évêque. 64
Lettre LXII. Sur les tentations qui assiégent à l'heure de la mort, et la confiance qui est alors nécessaire. 65
Lettre LXIII. Ses sentimens à l'égard de ceux qui goûtoient ses écrits. Il renvoie une Sœur à l'évangile de la Pécheresse, pour la guérir. Sur les épreuves nécessaires pour s'assurer si l'on est en état de faire le carême. 66
Lettre LXIV. Sur sa bonne volonté pour les personnes qu'il conduit; son *Traité sur l'adoration de la Croix*; et sur la crainte qu'avoit cette religieuse, d'adorer des objets sensibles. 67
Lettre LXV. Sur la confiance qu'il a en sa sincérité; et le remède à ses scrupules. 68
Lettre LXVI. Sur l'abbesse de Jouarre, et sur les règles qu'il lui avoit prescrites touchant ses peines. 68
Lettre LXVII. Sur ses agitations; sur la jalousie de l'ame pour son Dieu; et la facilité qu'elle avoit de tout demander au prélat. 69
Lettre LXVIII. Sur le changement de l'heure de matines. 70
Lettre LXIX. Il l'exhorte à souffrir chrétiennement, et à s'adresser à Dieu en qualité de moteur des cœurs. 71
Lettre LXX. Il souhaite de la voir tirée de sa mélancolie, et l'exhorte à monter au ciel avec Jésus-Christ. 71
Lettre LXXI. Comment elle doit se conduire à l'égard des actes que

l'abbesse pourroit exiger : quelle est la force des ordonnances de visite, etc. 72

Lettre LXXII. Sur la nouvelle abbesse. Exhortation à la confiance. Son désintéressement dans l'affaire de la redevance. 75

Lettre LXXIII. Sur la conduite qu'elle devoit tenir dans les différens actes que la communauté pourroit faire contre lui; et sur la paix que Dieu donne. 76

Lettre LXXIV. Il lui prouve les droits de son église à l'égard de la redevance que l'abbesse lui contestoit; l'excite à la confiance dans les états de tristesse; et sur le livre intitulé : *l'Esprit de Gerson*.. 78

Lettre LXXV. Sur les intervalles dans lesquels on peut réitérer l'administration du saint viatique. 83

Lettre LXXVI. Sur les motifs de confiance en Dieu; le bonheur de souffrir pour la justice; et les suites des démarches de l'abbesse. 83

Lettre LXXVII. Sur la solidité de l'amitié qui les unissoit, la discrétion dans les réprimandes, et les actes qu'elle pouvoit signer. 85

Lettre LXXVIII. Ses sentimens sur la perte de son procès; et les conséquences qui en résultent contre l'exemption de Jouarre. 85

Lettre LXXIX. Sur une prière pour le jubilé; et la soumission à la volonté de Dieu. 86

Lettre LXXX. Il lui envoie la prière pour le jubilé; lui demande que ce qu'il fait pour elle, soit commun à d'autres par charité. 87

Lettre LXXXI. Sur les excommunications portées contre celles qui entrent dans les monastères de Filles. 88

Lettre LXXXII. Sur ses peines, les doutes contre la foi; le jeûne et l'abstinence. 88

Lettre LXXXIII. Sur ses impatiences dans ses peines, et la manière de traiter ces sortes d'infirmités; sur l'impuissance de l'homme sans la grace; et sur les présens qu'on lui faisoit. 89

Lettre LXXXIV. Il n'aime pas à donner des sentences de sa façon. Qu'on ne doit prier en public pour personne sans ordre : et sur les caractères que doit avoir une décision du Pape, pour être infaillible. 90

Lettre LXXXV. Sur quelques-uns de ses écrits; et sur le ministre du sacrement de Confirmation. 91

Lettre LXXXVI. Sur la conduite de l'épouse des Cantiques; sur la pénitence, et les maux que Dieu nous envoie. 92

Lettre LXXXVII. Sur les confesseurs, sur des sentences, et sur la familiarité avec Dieu. 93

Lettre LXXXVIII. Sur le silence qu'il lui avait prescrit; ses répugnances dans ses peines; et la manière dont on doit juger de la vérité qui nous est présentée. 94

Lettre LXXXIX. Sur la reconnoissance qu'on devoit à Dieu pour les instructions du prélat. 95

Lettre XC. Réponse à des questions sur la manière d'entendre la messe. 96

Lettre XCI. Sur un tremblement de terre, et sur le pur amour. 96

Lettre XCII. Sur l'apostolat de saint Remi; qu'on peut désirer de goûter dans la communion combien le Seigneur est doux; et sur le pur amour. 98

Lettre XCIII. Sur les raisons qui peuvent porter quelquefois les directeurs à garder le silence avec les personnes qu'ils conduisent: et qu'elle n'a point à craindre les illusions de la dévotion sensible. 66

Lettre XCIV. Sur le temps qu'il lui donnoit; la manière dont elle devoit porter ses peines, et recevoir l'attrait de Dieu. 100

LETTRE XCV. Comment on doit tourner une histoire, pour la rendre plus croyable. 101

LETTRE XCVI. Il l'exhorte à marcher dans la voie où elle étoit entrée. Ce qu'il pense sur l'article de la Clémentine, qui concerne la confession. 102

LETTRE XCVII. Il la blâme de n'avoir point suivi, à l'égard de ses peines, les règles qu'il lui avoit prescrites. 103

LETTRE XCVIII. Sur la nécessité de s'abandonner à la divine Providence dans les affaires. 103

LETTRE XCIX. Sur la dépravation de la nature humaine. 104

LETTRE C. Sur l'attention aux jugemens de Dieu; les peines de cette religieuse; et l'utilité des afflictions. 104

LETTRE CI. Il lui marque les raisons qu'il a de ne pas donner des pouvoirs à des personnes qui passent, et lui envoie un exercice pour la fête de Noël. 105

LETTRE CII. Sur les trois messes du jour de Noël et la manière de s'occuper les jours de dimanche et de fêtes. 107

LETTRE CIII. Sur la prudence et les ménagemens dont elle devoit user; et sur le bonheur de faire le bien sans paroître. 107

LETTRE CIV. Sur la confession, l'oraison, le sacrifice, la liberté avec laquelle elle doit dire son avis; et sur un endroit du Cantique des Cantiques. 108

LETTRE CV. Sur la confession pour gagner les indulgences; et la méprise dans la récitation de l'office, etc. 109

LETTRE CVI. Ce que doit faire une religieuse, lorsque le médecin et la supérieure lui ordonnent le gras; manière dont Dieu distribue ses graces et dont on doit les recevoir. 110

LETTRE CVII. Sur la bénédiction de la nouvelle abbesse; la résistance à la grace et à la communion. 111

LETTRE CVIII. Sur la communion, l'oraison, l'obéissance, et la nouvelle abbesse. 112

LETTRE CIX. Sur la prise de possession de la nouvelle abbesse; sur l'obligation de s'humilier des fautes qu'il n'est pas nécessaire de confesser, et sur la résurrection de Jésus-Christ. 113

LETTRE CX. Sur quelques affaires, et sur le renouvellement des vœux de cette religieuse. 114

LETTRE CXI. Sur les dispositions de cette religieuse; le bonheur de la vie cachée; le désir de la vue de Dieu en cette vie. 115

LETTRE CXII. Il l'exhorte à adorer l'Esprit-Saint sous le titre d'esprit de vérité; et lui permet de sortir avec l'abbesse, si elle le désire. 116

LETTRE CXIII. Sur le danger qu'il y a de vouloir être assurée du fond de son état; la nécessité de se faire connoître au confesseur; et sur la communion. 117

LETTRE CXIV. Sur la conduite à tenir au milieu des incertitudes de son état; sur la soustraction des graces sensibles: avec quelle réserve il faut parler de ses dispositions particulières. 119

LETTRE CXV. Sur la voie la plus sûre; et les différens états par lesquels Dieu fait passer les ames. 120

LETTRE CXVI. Il lui donne différents avis sur ses peines et ses lectures, et l'exhorte à vivre dans une dépendance perpétuelle de la grace. 121

LETTRE CXVII. Sur l'obligation de chercher Dieu sans retour vers soi même; et les peines de cette religieuse. 121

LETTRE CXVIII. Sur les raisons qui obligent Dieu à cacher aux ames le goût qu'elles ont pour lui; sur la fidélité au divin attrait; et l'humilité. 123

Lettre CXIX. Sur une espèce de séquestration qu'elle méditoit; une manière d'honorer la vérité; et le détachement. 123
Lettre CXX. Sur un sermon du prélat; les peines de cette religieuse; et les différentes naissances de Jésus-Christ. 124
Lettre CXXI. Sur sa confession générale; sur la simplicité avec laquelle il faut agir devant Dieu. 125
Lettre CXXII. Il l'exhorte à recevoir l'attrait qu'elle sentoit. 126
Lettre CXXIII. Sur son obéissance, et les moyens de se délivrer du péché. 127
Lettre CXXIV. Sur la lettre qu'avoient écrite au Pape les abbés de l'assemblée de 1682, nommés à des évêchés; et sur la meilleure manière de faire l'oraison. 128
Lettre CXXV. Sur la conduite qu'il se proposoit de tenir à l'égard de Jouarre; et sur la manière dont elle doit agir. 129
Lettre CXXVI. Sur l'attrait qui la pressoit: qu'elle ne doit point changer de conduite, sous prétexte des mépris qu'elle éprouvoit. 131
Lettre CXXVII. Sur une retraite, et les vérités dont elle doit s'y occuper. 132
Lettre CXXVIII. Il lui donne des règles sur certaines fautes; blâme les raffinemens des directeurs; et approuve qu'elle se livre aux larmes. 133
Lettre CXXIX. Sur les attraits de cette religieuse pour Dieu, et sur ses dispositions par rapport au prélat. 134
Lettre CXXX. Sur ses confessions; et les règles qu'elle y devoit suivre. 134
Lettre CXXXI. Sur une retraite. 135
Lettre CXXXII. Sur la dépendance où Dieu met les ames à l'égard du ministère; et l'entier abandon à Dieu. 136
Lettre CXXXIII. Sur la foi nue; les nouveaux spirituels; la véritable oraison; la pureté de l'ame; et l'extension de la confiance. 137
Lettre CXXXIV. Il lui donne un règlement pour sa retraite. 141
Lettre CXXXV. Il conseille de ne point lire Malaval: dans quel esprit il faut communier; quelle doit être la présence de Dieu dans l'oraison. 142
Lettre CXXXVI. Quelle est la présence de Dieu la moins touchante; s'il y a du péché à n'être pas toujours occupé de Dieu; sur le véritable dégagement; les distractions, et la charité fraternelle. 144
Lettre CXXXVII. Sur la lecture des auteurs mystiques; sur les jalousies spirituelles; et la réception des Filles à Jouarre. 146
Lettre CXXXVIII. Règles de conduite propres à son état; sur les différentes sortes de prophéties qui concernent Jésus-Christ, les degrés par lesquels le Verbe descend jusqu'à nous, et le don des larmes. 147
Lettre CXXXIX. Sur les spiritualités modernes. 149
Lettre CXL. Sur le sentiment des bienfaits de Dieu, l'abandon à sa volonté, les attraits, les défiances qu'on veut inspirer de Dieu, les sensibilités, la liaison de l'amour avec la connoissance. 150
Lettre CXLI. Il l'exhorte à ne point se tourmenter à chasser ses réflexions; lui apprend comment Dieu nous communique de plus en plus ses graces; réprime ses craintes, et condamne ses inquiétudes pour l'avenir. 151
Lettre CXLII. Sur l'utilité de ses peines; l'opération de Dieu dans ses saints; la disposition pour bien prier. 153
Lettre CXLIII. Sur l'oraison, et les défauts de la dévotion d'aujourd'hui. 154
Lettre CXLIV. Sur plusieurs faits particuliers; sur les actes qu'on appelle formés, et le simple retour vers Dieu. 155
Lettre CXLV. Sur la nouvelle abbesse de Notre-Dame de Soissons; et sur la joie qu'on doit avoir dans les occasions d'humiliation. 156
Lettre CXLVI. Sur les sorties du monastère; l'humeur noire qui l'assiége;

les jalousies et la résolution où elle étoit de refuser toutes les abbayes qu'on pourroit lui offrir. 156

Lettre CXLVII. Sur les jalousies qu'elle éprouvoit, la découverte de son intérieur, et les discours du monde à son sujet. 159

Lettre CXLVIII. Sur la mort de l'ancienne abbesse de Jouarre, et les inquiétudes de cette religieuse, au sujet de quelques fautes de sa vie passée. 160

Lettre CXLIX. Sur les dots des religieuses; qu'on peut prendre garde à la condition de celles qu'on reçoit; et sur la résolution du prélat d'établir l'usage des fèves dans les délibérations capitulaires. 160

Lettre CL. Sur le jeûne et les attraits. 162

Lettre CLI. Il l'encourage à recevoir les graces de Dieu, quoiqu'elle n'en retire pas tout le fruit possible. 162

Lettre CLII. Sur les tentations de jalousie, et sur l'onction du Saint-Esprit. 163

Lettre CLIII. Sur le désir des graces extraordinaires, et celles que l'on doit souhaiter préférablement. 164

Lettre CLIV. Raisons qui l'obligeoient à prescrire à Jouarre l'usage des fèves dans la réception des Filles. 165

Lettre CLV. Sur les vues qui le font agir dans les affaires de Jouarre. 167

Lettre CLVI. Sur le jubilé: raisons qui l'empêchent d'écrire sur l'oraison; et sur les affaires de Jouarre. 168

Lettre CLVII. Sur ses peines, et ses réflexions sur la nature des graces qu'elle reçoit; sur la dévotion au divin Sauveur; le silence; les affaires de Jouarre, et la prière. 169

Lettre CLVIII. Sur la nature des péchés d'orgueil, de colère, et d'envie; la manière de repousser la tentation; et l'acceptation des croix. 171

Lettre CLIX. Sur l'obligation de faire entendre la messe aux enfans, et l'assistance à l'office du Vendredi saint. 172

Lettre CLX. Sur ses dispositions pour madame de Luynes, et sur l'abbesse de Jouarre. 173

Lettre CLXI. Il l'exhorte à ne point tant réfléchir sur la nature des graces; lui parle des réceptions des Filles, et déclare qu'il ne permet jamais la séparation des cérémonies d'avec le baptême. 174

Lettre CLXII. Sur des impatiences, des sujets de méditations, et la communion. 176

Lettre CLXIII. Sur les affaires de Jouarre; la récitation du Bréviaire; les bons désirs; et les moyens de profiter de ses misères. 176

Lettre CLXIV. Sur ses retours continuels à ses doutes et à ses scrupules. 178

Lettre CLXV. Sur le mystère de l'Ascension; l'attachement aux directeurs; et les émotions contre le prochain. 179

Lettre CLXVI. Sur les lectures qu'elle peut faire; sur la conduite qu'elle a tenue à l'égard d'une sœur; et sur les ecclésiastiques qui n'étoient pas exacts à porter leur habit. 180

Lettre CLXVII. Sur l'occupation de l'ame, jusqu'à ce qu'elle voie la vérité à découvert; et la sagesse de la conduite de Dieu, en laissant sa créature à elle-même. 181

Lettre CLXVIII. Il l'exhorte à continuer tous ses exercices. 182

Lettre CLXIX. Sur le repos en Dieu, l'abandon, les larmes, la réception des dons de Dieu, les fausses spiritualités à l'égard de l'oraison, les goûts sensibles, et le mélange du bien et du mal. 182

Lettre CLXX. Sur une somme qu'on devoit prêter à la communauté, et sur les peines de cette religieuse. 184

Lettre CLXXI. Il se rend garant pour elle auprès de Dieu; lui parle de l'abbesse de Jouarre, et de la divine société qui se forme à l'autel. 185

LETTRE CLXXII. Il lui recommande de lui faire connoître ses différentes vues, et ses dispositions. 186

LETTRE CLXXIII. Sur ses peines, et sur la conduite qu'elle doit tenir dans l'affaire de la réception des Filles. 186

LETTRE CLXXIV. Il l'exhorte à s'abandonner à Dieu. 187

LETTRE CLXXV. Sur un remède aux tentations de jalousie; et la manière dont les supérieurs doivent se conduire pour bien juger. 188

LETTRE CLXXVI. Sur la réception d'une Fille qui ne pouvoit accomplir toute la règle, les égaremens de l'imagination, l'obligation d'écouter le céleste Epoux, et un endroit du Cantique des Cantiques. 189

LETTRE CLXXVII. Part qu'il prend à la perte qu'avoit faite une religieuse; et combien le saint Epoux aime qu'on lui offre un cœur percé de douleur. 190

LETTRE CLXXVIII. Sur les observances et particulièrement l'assistance à l'office, et le sentiment de l'abbé de la Trappe, touchant la réception des Filles. 190

LETTRE CLXXIX. Sur les besoins de la nature; sur les traductions de M. du Bois; et sur les mouvemens d'impatience. 191

LETTRE CLXXX. Sur un sermon du père Bourdaloue; la charge de la conduite des converses; les moyens d'éviter l'illusion; la mortification, et les prédicateurs qui débitent des antithèses. 192

LETTRE CLXXXI. Sur les manières de rabaisser qui rebutent; l'attrait pour la solitude; la douleur de ne point aimer assez l'Epoux céleste; le remède sûr contre les illusions; et l'affaire qu'il avoit avec l'abbaye de Rebais. 193

LETTRE CLXXXII. Sur une novice de Jouarre, et sur l'acte d'abandon. 194

LETTRE CLXXXIII. Sur plusieurs difficultés que cette religieuse lui avoit proposées. 195

LETTRE CLXXXIV. Sur les attraits, et l'abandon à Dieu pour faire et recevoir tout ce qu'il lui plaira. 196

LETTRE CLXXXV. Sur les chansons de l'Opéra; sur les lumières qu'elle avoit reçues pour lui; la foi nue, et la soumission à la volonté de Dieu. 197

LETTRE CLXXXVI. Sur les grands effets de l'obéissance. 197

LETTRE CLXXXVII. Sur la nécessité de s'abandonner aveuglément à la volonté de Dieu; et sur les goûts dont il ne veut pas l'accomplissement. 198

LETTRE CLXXXVIII. Il s'excuse d'avoir oublié les papiers dont il avoit besoin pour lui répondre en détail; l'instruit sur la manière dont elle doit regarder les chagrins qui l'affligent. 199

LETTRE CLXXXIX. Sur la soumission aux ordres de Dieu, le mérite des actes que sa grace nous fait faire, notre coopération sous sa main, l'amour dont le cœur doit être embrasé, et l'usage qu'on doit faire des dispositions qui passent. 201

LETTRE CXC. Il demande les prières de ses Filles pour l'anniversaire de son sacre. 202

LETTRE CXCI. Sur madame de Fiesque, abbesse de Soissons: affection qu'il porte à ses Filles de Jouarre. 202

LETTRE CXCII. Sur le néant des grandeurs du monde; l'aveuglement des religieuses qui ne cherchent qu'à s'agrandir; et les caractères de l'amour divin. 202

LETTRE CXCIII. Sur la pensée qu'il a eue, en s'offrant à Dieu pour elle; sur la manière dont il faut porter le chagrin et les croix; les sentimens des mystiques touchant la foi nue; sur ses larmes, etc.; et les affaires de Jouarre. 204

TABLE.

Lettre CXCIV. Il l'exhorte à plonger toutes ses lumières et toutes ses vues dans l'obscurité de la foi. 207

Lettre CXCV. Sur la foi à laquelle toutes les lumières doivent céder, et sur les saintes délectations. 208

Lettre CXCVI. Il lui fait voir que toute espèce d'oraison doit être fondée sur la foi, et combat à ce sujet plusieurs idées des nouveaux mystiques. 208

Lettre CXCVII. Sur les moyens de se purifier de ses péchés ; les effets de la foi ; les défauts à éviter à l'égard de l'oraison ; et l'illusion de l'élévation aux emplois relevés. 211

Lettre CXCVIII. Sur l'absolution qu'il lui avoit donnée dans sa dernière confession ; et sur sa trop grande facilité à raisonner. 214

Lettre CXCIX. Que la patience et la soumission sont le vrai remède à tous les maux ; excès de la bonté de Dieu, et manière dont il faut profiter de ses infidélités. Humilité du prélat ; il parle de ses notes sur le Cantique des Cantiques. 215

Lettre CC. Sur la promotion de madame de Fiesque ; les dispositions où l'on étoit en Cour à l'égard de madame de Luynes, à cause de son éducation à Port-Royal ; les vues que la foi devoit lui présenter dans ces circonstances. 217

Lettre CCI. Sur les fins pour lesquelles il devoit examiner les graces qu'elle recevoit ; les sources où il puisoit les règles qu'il suivoit. 218

Lettre CCII. Il la console de la répugnance qu'elle avoit à souffrir ; et veut que dans ses peines, elle s'en tienne à sa décision. 219

Lettre CCIII. Sur des traductions que faisoit cette religieuse ; et les motifs qui portoient le prélat à ne pas entrer davantage dans la discussion de ses peines. 221

Lettre CCIV. Sur sa conduite dans ses peines, et ce qu'elle avoit à faire pour ses péchés. 222

Lettre CCV. Sur la jouissance de la vie future ; le danger des unions de cette vie ; les raisons pour lesquelles Dieu retire quelquefois ses dons ; le mystère de la croix, et la force de l'amour divin. 223

Lettre CCVI. Il l'excite à la foi et à la confiance comme au seul remède de ses peines ; et lui donne des avis sur ses sécheresses. 225

Lettre CCVII. Ce qu'elle doit penser des choses qu'il n'a pas improuvées ; il l'exhorte à moins raisonner sur la conduite de Dieu. 226

Lettre CCVIII. Sur les visites, les peines, les conversations inutiles, la vie d'espérance, etc. 227

Lettre CCIX. Sur la manière de s'appliquer les conseils des saints. 228

Lettre CCX. Dans quel sens il s'étoit servi du mot d'*indifférence* à l'égard des dons de Dieu. 229

Lettre CCXI. Avis pour la maîtresse des novices ; ce que les novices pouvoient demander à leurs parens avant leur profession. 229

Lettre CCXII. Sur la bénédiction que Dieu donnoit aux paroles du prélat, et la droiture du cœur. 230

Lettre CCXIII. Sur la grace qu'on doit principalement désirer en cette vie, et les cœurs droits qui aiment l'Epoux. 231

Lettre CCXIV. Combien il est nécessaire qu'elle lui rende un compte exact : quelle est la plus grande perfection dans cette vie. 231

Lettre CCXV. Sur la meilleure voie pour aller à Dieu ; dans quelle disposition il faut recevoir ses attraits et les suivre. 232

Lettre CCXVI. Il témoigne sa sensibilité aux maux que souffroient plusieurs religieuses de Jouarre ; il lui montre que la conformité à la volonté divine est la meilleure voie. 233

Lettre CCXVII. Sur le désir d'être conforme à Jésus-Christ; le pur amour, et la prise d'habit d'une postulante. 235
Lettre CCXVIII. Il la console et l'encourage dans ses peines. 235
Lettre CCXIX. Sur le bonheur d'aller à Dieu. 236
Lettre CCXX. Sur ses peines. Pourquoi il ne lui parle pas le même langage qu'à la sœur Cornuau. 237
Lettre CCXXI. Sur un écrit censuré; et sur ce qu'elle vouloit toujours s'expliquer davantage. 237
Lettre CCXXII. Il lui marque la manière d'agir à l'égard des états des personnes qu'il conduisoit; n'approuve point qu'elle interroge les autres pour connoître leurs dispositions. 238
Lettre CCXXIII. Sur les erreurs de Malaval; le danger de l'amour-propre; plusieurs livres mystiques, et quelques actes d'oraison. 239
Lettre CCXXIV. Il désapprouve la prétendue mortification des mystiques à l'égard du bien éternel; et l'assure qu'elle n'a point à craindre d'illusion dans son oraison. 240
Lettre CCXXV. Il l'exhorte à vivre tranquille dans son état. Sur un voyage de l'abbesse à Paris. et un édit concernant les Réguliers. 241
Lettre CCXXVI. Sur l'union avec le divin Epoux, la tristesse que portoit cette religieuse dans son cœur, et ce que Dieu demandoit d'elle. 242
Lettre CCXXVII. Il l'exhorte à établir sa confiance sur Dieu seul, et à dilater son cœur pour lui; et reprend les excès des nouveaux spirituels. 243
Lettre CCXXVIII. Sur un voyage de l'abbesse de Jouarre; sur le principe du mérite, et l'amour que nous devons à Dieu. 244
Lettre CCXXIX. Sur les visites du prélat dans son diocèse, et ses dispositions dans ses travaux. 245
Lettre CCXXX. Sur des passages de saint Jean Climaque et de Cassien, concernant l'oraison de quiétude. 246
Lettre CCXXXI. Sur les voyages de l'abbesse de Jouarre, le silence du prélat à l'égard des questions de madame d'Albert, une prière qu'elle lui avoit demandée; sur les lettres de M. de Bernières; madame Guyon; et la manière dont on peut être trompé en jugeant des personnes. 246
Lettre CCXXXII. Sur l'oraison de quiétude. 249
Lettre CCXXXIII. Sa vénération pour saint Bernard; et sur les véritables caractères de l'humilité. 249
Lettre CCXXXIV. Sur la mort de M. de Morstein; sur une retraite; sur Jésus-Christ transfiguré, et sur l'abbé de la Trappe. 250
Lettre CCXXXV. Il lui donne différens avis sur son état et ses peines, et l'excite à la confiance en Dieu. 251
Lettre CCXXXVI. Sur l'usage qu'elle doit faire de ses peines; sur le désir qu'elle avoit qu'on offrît au prélat le siège de Paris qui étoit vacant; et sur madame Guyon. 252
Lettre CCXXXVII. Sur la réception d'une novice : qu'il faut faire le bien sans en attendre des hommes aucune récompense : avis propres à son état. 254
Lettre CCXXXVIII. Sur la nomination de M. de Noailles à l'archevêché de Paris; l'Instruction de Bossuet sur l'Oraison : la supériorité de Navarre, les qualités nécessaires pour trouver devant Dieu la paix. 255
Lettre CCXXXIX. Sur ses attraits; le mérite de l'amour et ses différens états. 256
Lettre CCXL. Sur les études des demoiselles dont elle étoit chargée; sur les chansons d'amour, et sur les jeux de hasard. 257
Lettre CCXLI. Il lui promet de lui continuer ses soins, et l'encourage dans ses bonnes résolutions. 258

Lettre CCXLII. Sur les dispositions de Jésus-Christ dans l'Eucharistie, et la vertu qui en découle; sur l'erreur des mystiques à l'égard des saintes délectations; et la cause des souffrances de l'ame dans l'opération où Dieu la délecte. 259

Lettre CCXLIII. Sur les désirs dont Dieu ne veut pas l'accomplissement; sur la vie de sainte Catherine de Gênes, et le bonheur de la vie cachée. 264

Lettre CCXLIV. Sur la fête de Noël; quelques affaires de Jouarre, et la communion. 264

Lettre CCXLV. Sur les attraits de cette religieuse, et la meilleure disposition pour recevoir la Confirmation. 265

Lettre CCXLVI. Que son état est bien différent de celui qu'il réprouve dans les quiétistes. 266

Lettre CCXLVII. Sur l'amour de la retraite; les entretiens touchant le prochain; les artifices de l'amour-propre; l'usage qu'on peut faire de certaines ruses innocentes; sur sainte Catherine de Gênes, et les goûts purement sensibles. 267

Lettre CCXLVIII. Sur les conversations qui ont pour objet les défauts du prochain; et sur la réception des novices. 270

Lettre CCXLIX. Sur la soumission, l'amour de Dieu et la confiance. 271

Lettre CCL. Sur les souffrances; le principe de l'amour de Dieu en nous; la récitation du Bréviaire; l'affaire du prélat avec l'abbaye de Rebais. 272

Lettre CCLI. Sur les infirmités de cette religieuse, et les faux bruits qu'on répandoit du mécontentement de Rome à l'égard du prélat. 273

Lettre CCLII. Sur certains états par lesquels Dieu fait passer les ames, pour les porter à s'abandonner entièrement à lui; et sur un commandement qu'elle désiroit qu'il fît au mauvais air. 274

Lettre CCLIII. Sur les distractions, la sécheresse, les bontés de Dieu sur les ames, la réitération du saint Viatique; et sur les visites. 275

Lettre CCLIV. Qu'on n'est pas obligé de spécifier certaines circonstances dans la confession; quelle est la gloire de Dieu que nous devons désirer : comment le prélat a été reçu à Rebais. 276

Lettre CCLV. Sur le sacrifice de sa vue, la récitation du Bréviaire, etc. 278

Lettre CCLVI. Que la maladie n'est point un obstacle à la perfection de l'oraison. 279

Lettre CCLVII. Sur les souffrances, les règles que cette religieuse devoit suivre pour ses communions, et des vers que le prélat faisoit pour se délasser. 279

Lettre CCLVIII. Sur ses impatiences, et ses foiblesses. 281

Lettre CCLIX. Sur quelque éblouissement passager qu'avoit eu cette religieuse. 281

Lettre CCLX. Sur la translation de cette religieuse, de Jouarre à Torci, où elle accompagnoit sa sœur, qui en étoit nommée prieure. 282

Lettre CCLXI. Sur le reproche que cette religieuse lui avoit fait de ne pas lire ses lettres; sur les soupçons, et sur quelques affaires. 283

Lettre CCLXII. Sur le don des larmes, et différens faits. 283

Lettre CCLXIII. Sur la paix dont elle jouissoit, les dispositions de madame de Luynes, et la nouvelle spiritualité. 284

Lettre CCLXIV. Sur l'Instruction qu'il avoit publiée contre le quiétisme, et les dangers de cette erreur. 285

Lettre CCLXV. Sur le mérite qu'on acquiert en recevant la grace; l'effet de l'attrait; la suspension des puissances; les dispositions à l'égard des voies de Dieu. 285

Lettre CCLXVI. Sur la communion; les consolations et les graces de Dieu et l'égarement de Fénelon. 286

LETTRE CCLXVII. Sur le reproche qu'on lui faisoit d'être ignorant dans les voies intérieures, et sur la *Déclaration* des trois évêques contre M. de Cambray. 287

LETTRE CCLXVIII. Sur les lettres de cette religieuse, ses attraits, les précautions que les circonstances exigeoient. 288

LETTRE CCLXIX. Sur les célestes délectations; les raffinemens des mystiques, et les reproches que lui faisoient les quiétistes. 288

LETTRE CCLXX. Sur le changement de M. de Chevreuse à son égard; la définition de l'espérance chrétienne, et le caractère de la charité. 289

LETTRE CCLXXI. Il approuve ses attraits, et la console de ce qu'il ne pouvoit lui donner par lettres tous les secours qu'elle désireroit. 290

LETTRE CCLXXII. Il lui témoigne la confiance qu'il a que la vérité triomphera à Rome, et l'assure qu'il n'abandonnera jamais ses chères brebis. 291

LETTRE CCLXXIII. Il lui annonce son arrivée prochaine à Torci, et lui donne différens avis. 292

LETTRE CCLXXIV. Sur une affaire de la maison de Torci; et une visite que M. l'archevêque de Paris devoit y faire. 292

LETTRE CCLXXV. Sur M. de Cambray, et les affaires de Torci. 293

LETTRE CCLXXVI. Il l'encourage et la console dans ses peines, et lui parle de la sœur Cornuau. 294

LETTRE CCLXXVII. Sur la réponse et les trois Lettres de M. de Cambray; et le caractère de son éloquence. 294

LETTRE CCLXXVIII. Sur la conduite de M. de Chevreuse envers lui, et sur ses dispositions à l'égard de ses adversaires dans l'affaire du quiétisme. 295

LETTRE CCLXXIX. Sur ses peines, et leur utilité; et sur la manière de combattre certains fantômes qui se forment dans l'esprit. 296

LETTRE CCLXXX. Sur la meilleure manière de répondre pour consoler les ames dans leurs peines. 296

LETTRE CCLXXXI. Il lui marque différens endroits de l'Ecriture pour se préparer à sa confession, et lui apprend comment l'œuvre de Dieu doit être conduite dans les ames. 297

LETTRE CCLXXXII. Il la rassure sur certaines adhérences; veut qu'elle se repose sur sa foi, et suive invariablement la conduite qu'il lui a prescrite. 297

LETTRE CCLXXXIII. Sur ses infidélités, l'extrême bonté de Dieu, et les dangers d'une trop grande crainte de l'illusion. 298

LETTRE CCLXXXIV. *A la sœur Cornuau, religieuse à Torci.* Il lui envoie l'épitaphe de madame d'Albert. 299

LETTRES A L'ABBESSE ET AUX RELIGIEUSES

DE L'ABBAYE DE JOUARRE.

LETTRE PREMIÈRE. *A Madame de la Croix, prieure.* Sur l'indécence de la conduite de cette religieuse dans les affaires qu'il avoit avec l'abbesse. 300

LETTRE II. *A Madame Renard.* Sur les moyens de faire revenir de son illusion une religieuse qui se privoit des sacremens. 302

LETTRE III. *Aux religieuses de Jouarre.* Sur les efforts de l'abbesse pour faire casser l'arrêt du parlement, et sur les moyens qu'elles doivent prendre pour ramener leurs Sœurs à l'obéissance. 303

LETTRE IV. *A la Prieure et communauté de Jouarre.* Sur le rejet de la requête de l'abbesse; l'inutilité de ses sollicitations à Rome; et la prochaine visite du prélat à Jouarre. 304

LETTRE V. *A une religieuse de Jouarre.* Il lui témoigne le désir qu'il a d'obliger la maison. 306
LETTRE VI. *A madame de Luynes.* Comment les chrétiens doivent considérer la mort. 307
LETTRE VII. *Aux religieuses de Jouarre.* Sur le vin nouveau de l'Evangile dont il les invite à s'enivrer. 308
LETTRE VIII. *A madame du Mans.* Il la tranquillise sur ses confessions. 308
LETTRE IX. *A madame de Luynes.* Il lui parle de ses notes sur les Psaumes, et l'assure de son estime et de son amitié. 309
LETTRE X. *A madame du Mans.* Il témoigne sa peine de n'avoir pu entretenir assez longtemps le père gardien de Coulommiers. 309
LETTRE XI. *A madame du Mans.* Sur un présent que les religieuses de Jouarre lui avoient fait. 310
LETTRE XII. *Aux religieuses de Jouarre.* Il explique en peu de mots quelques-unes des béatitudes, et parle du renouvellement des vœux. 310
LETTRE XIII. *A madame de Lusanci.* Sur un sermon que le prélat lui envoyoit; la manière d'envisager les mystères de Jésus-Christ; les effets de la crainte et de la confiance, et le péché contre le Saint-Esprit. 311
LETTRE XIV. *A madame du Mans.* Sur la maladie de madame d'Ardon. 313
LETTRE XV. *A madame du Mans.* Il lui recommande plusieurs religieuses de Jouarre, et lui parle de ses affaires avec l'abbesse. 313
LETTRE XVI. *A madame du Mans.* Sur la rupture du carême, et quelques sœurs malades. 314
LETTRE XVII. *A madame de Lusanci.* Sur la mort d'une religieuse, et la manière dont Dieu nous a montré que l'empire de la mort devoit être détruit. 314
LETTRE XVIII. *A madame du Mans.* Il l'assure de tous ses soins pour l'abbaye de Jouarre. 315
LETTRE XIX. *A madame du Mans.* Il lève les scrupules qu'elle avoit sur ses confessions. 316
LETTRE XX. *A madame de Lorraine, abbesse de Jouarre.* Sur l'obligation où elle est de rentrer dans son monastère. 316
LETTRE XXI. *A madame du Mans.* Sur une religieuse de Jouarre, et sur le vœu de pauvreté. 317
LETTRE XXII. *A madame du Mans.* Sur la mort de la sœur de Saint-Ignace. 318
LETTRE XXIII. *A madame du Mans.* Sur les raisons qui l'avoient porté à renvoyer ensemble les deux confesseurs de Jouarre. 318
LETTRE XXIV. *A madame du Mans.* Sur la conduite qu'on doit tenir lorsqu'on se sent en péché mortel ; et sur les péchés oubliés. 319
LETTRE XXV. *A madame du Mans.* Il lui témoigne ses dispositions pour elle, et confirme ce qui avoit été fait ci-devant à Jouarre. 320
LETTRE XXVI. *A madame du Mans.* Il la rassure dans ses craintes de lui être à charge; et explique ce que c'est qu'un cœur pur. 320
LETTRE XXVII. *A madame du Mans.* Sur la demande d'un confesseur extraordinaire, et la longueur des lettres. 321
LETTRE XXVIII. *A madame du Mans.* Sur l'entrée de la sœur Cornuau à Jouarre, et la manière de recevoir les consolations du Seigneur. 322
LETTRE XXIX. *A madame du Mans.* Sur les dispositions où elle devoit être à l'égard des croix, et la confiance en la bonté de Dieu. 322
LETTRE XXX. *A madame du Mans.* Sur la conduite qu'elle doit tenir, et la grande perfection que son état exige. 323
LETTRE XXXI. *A madame du Mans.* Il lui témoigne sa bonne volonté pour Jouarre. 324

Lettre XXXII. *A madame du Mans.* Il la porte à s'abandonner entièrement à Dieu, et modère son ardeur pour les austérités. 321

Lettre XXXIII. *A mesd. du Mans et de Rodon.* Sur la sœur Cornuau. 325

Lettre XXXIV. *A madame du Mans.* Sur la requête de l'abbesse, en cassation de l'arrêt du parlement contre l'exemption de Jouarre. 325

Lettre XXXV. *A madame du Mans.* Sur la communion, et la soumission à la volonté de Dieu. 326

Lettre XXXVI. *A madame du Mans.* Il lui recommande d'empêcher que ses états intérieurs ne paroissent au dehors. 326

Lettre XXXVII. *A madame du Mans.* Sur les motifs de confiance dans les fautes qu'on commet, et sur la communion. 326

Lettre XXXVIII. *A madame du Mans.* Sur ses confessions passées; les austérités qu'elle doit pratiquer. 327

Lettre XXXIX. *A madame du Mans.* Il ranime son courage et sa confiance. 328

Lettre XL. *A madame de Lusanci.* Sur le mystère de la Prédestination; les conditions de la prière, et le bien que Dieu sait tirer du péché. 328

Lettre XLI. *A madame de Baradat.* Que dans la contemplation il ne faut point séparer en Jésus-Christ la nature humaine de la divine; réponse à différentes questions sur l'union avec Dieu, sa manière de se communiquer à nous, et l'acceptation de ses dons. 329

Lettre XLII. *A madame de Lusanci.* Raisons qui peuvent la porter à suivre la mitigation établie à Jouarre. De quelle manière il a approuvé le livre de l'abbé de la Trappe, *sur les Devoirs de la vie monastique,* et quelle doit être la fin de sa retraite. 331

Lettre XLIII. *A madame du Mans.* Sur les distractions causées par l'exercice de la charité, et sur les austérités. 332

Lettre XLIV. *A madame du Mans.* Des règles pour prévenir l'infirmité, et pour ses méditations. Il suspend ses austérités. 332

Lettre XLV. *A madame du Mans.* Sur la réserve dont une personne avoit usé à son égard; et la discrétion dans ses exercices. 333

Lettre XLVI. *A madame du Mans.* Il l'exhorte à recevoir les touches de Dieu, en faisant son possible pour les empêcher de paroître, et lui donne à méditer les qualités de l'enfant Jésus. 333

Lettre XLVII. *A madame de Lusanci.* Sur le moyen de se procurer la véritable paix; l'infraction de la règle: que l'infirmité est une raison pour exclure de la profession. 334

Lettre XLVIII. *A madame de Luynes.* Il la remercie de ses saints présens, et lui explique ce que c'est que le bon vin de la nouvelle alliance. 334

Lettre XLIX. *A plusieurs religieuses de Jouarre.* Sur l'eulogie qu'elles lui avoient envoyée. 335

Lettre L. *A madame de Lusanci.* Sur l'obligation d'assister au chœur, la nécessité de se tenir toujours prêt à paroître devant Dieu. 335

Lettre LI. *A madame du Mans.* Sur une résolution de M. de Sainte-Beuve, touchant la manière de recevoir les novices. 336

Lettre LII. *A madame du Mans.* Il la presse de ne point suivre ses scrupules à l'égard de ses confessions et communions; lui marque ce qui cause les résistances que l'abbesse de Jouarre oppose à ses ordres. 336

Lettre LIII. *A madame du Mans.* Il lui permet de communiquer à madame de Luynes ce qu'il lui a écrit sur la réception des novices. 337

Lettre LIV. *A madame de Soubise, abbesse de Jouarre.* Sur les inconvéniens des suffrages publics dans la réception des Filles, et la nécessité d'établir à Jouarre l'usage des ballottes secrètes. 338

Lettre LV. *A madame de Soubise.* Sur la lettre précédente. 349

Lettre LVI. *A madame du Mans.* Il l'exhorte à chercher son repos en Dieu, et à ne point se décharger des novices. 349

Lettre LVII. *A madame du Mans.* Sur la gratuité de la rémission des péchés, et la disposition du prélat à obéir à la décision de Rome sur les affaires de Jouarre. 350

Lettre LVIII. *A madame du Mans.* Il lui donne une règle pour ses retraites, et la porte à éviter l'agitation et l'inquiétude. 350

Lettre LIX. *A madame de la Guillaumie.* Il lui montre le remède de ses peines dans la foi; et la porte à continuer ses fonctions dans une ferme confiance au secours de Dieu. 351

Lettre LX. *A madame du Mans.* Sur la modération dans ses mouvemens, et l'attention aux désirs que Dieu inspire. 352

Lettre LXI. *A madame de la Guillaumie.* Sur certains désirs que Dieu lui donnoit, et sur ce qu'elle devoit faire pour profiter de ses sécheresses. 352

Lettre LXII. *A madame du Mans.* Il la rassure à l'égard de ses confessions passées, et la presse de s'appliquer la grande indulgence de la mort de Jésus-Christ. 353

Lettre LXIII. *A madame de la Guillaumie.* Dans quel esprit elle doit porter la perte d'une de ses Sœurs. 354

Lettre LXIV. *A madame du Mans.* Sur un emploi que son abbesse vouloit lui confier; et la manière dont elle doit écouter Dieu, pour éviter l'illusion et les jugemens téméraires. 355

Lettre LXV. *A madame du Mans.* Sur les obédiences, la conclusion de la visite, et la conduite de l'abbesse de Jouarre. 356

Lettre LXVI. *A madame de la Guillaumie.* Sur le livre du prélat contre la Comédie, et sur les sécheresses de cette religieuse. 357

Lettre LXVII. *A madame du Mans.* Sur un faux bruit qui s'étoit répandu de sa mort, et les causes de ses retardemens. 357

Lettre LXVIII. *A madame du Mans.* Sur un prédicateur; sur sa manière de procéder dans ses visites, et sur le vin qui sert au saint sacrifice. 358

Lettre LXIX. *A madame du Mans.* Sur son découragement, et les avantages qu'elle doit retirer de l'expérience de sa foiblesse. 358

Lettre LXX. *A madame de la Guillaumie.* Sur les caractères de la vraie foi, et l'union parfaite. 359

Lettre LXXI. *A madame du Mans.* Sur ses confessions précédentes; sur la manière dont elle doit recevoir les dons du Saint-Esprit, et sur les austérités. 359

Lettre LXXII. *A madame du Mans.* Sur ceux qui le faisoient parler, et sur les vicissitudes de la créature. 360

Lettre LXXIII. *A madame du Mans.* Sur la correction fraternelle, et les effets de l'amour-propre. 361

Lettre LXXIV. Questions *faites par madame du Mans, avec les réponses de Bossuet.* 362

Lettre LXXV. *A madame du Mans.* Sur ses novices; sur la manière de se comporter dans ses fautes; et sur la conduite à tenir envers les enfans touchant l'abstinence. 366

Lettre LXXVI. *A madame de Luynes.* Sur un présent qu'elle lui avoit offert au nom des religieuses de Jouarre. 367

Lettre LXXVII. *A madame du Mans.* Sur l'union qui régnoit dans la communauté de Jouarre. 367

Lettre LXXVIII. *A madame de Luynes.* Sur l'union qui régnoit à Jouarre, et l'estime qu'on y faisoit de madame de Luynes. 368

Lettre LXXIX. *A madame du Mans.* Sur ce qu'elle doit exiger de ses novices. 368

LETTRE LXXX. *A madame du Mans.* Sur les avantages de travailler pour les ames. 368

LETTRE LXXXI. *A madame de la Guillaumie.* Sur le mépris qu'une religieuse doit faire de sa naissance; sur l'oraison: règles à suivre dans la correction des Sœurs: excès du livre de Malaval. 369

LETTRE LXXXII. *A madame de la Guillaumie.* Il la rassure sur son oraison. 372

LETTRE LXXXIII. *A madame de Lusanci.* Sur la malice des péchés véniels, et les fruits qu'on retire de la confession de ces péchés. 372

LETTRE LXXXIV. *A madame du Mans.* Sur l'oraison, les dispenses, et la discrétion dans sa conduite. 373

LETTRE LXXXV. *A madame de Lusanci.* Il loue son amour pour la clôture; et approuve qu'on préfère pour la vie religieuse les personnes de naissance. 373

LETTRE LXXXVI. *A madame du Mans.* Comment on doit se conduire dans la vie spirituelle. 374

LETTRE LXXXVII. *A madame du Mans.* Avis sur sur sa trop grande précipitation, et sur le rapport qu'elle fait des Filles. 375

LETTRE LXXXVIII. *A madame du Mans.* Sur les états de sécheresse, et l'omission de certains péchés dans la confession. 375

LETTRE LXXXIX. *A madame du Mans.* Il lui conseille de ne pas abandonner ses communions. 376

LETTRE XC. *A madame du Mans.* Sur l'obéissance, et les dispositions pour être une vraie Fille de l'Assomption; et sur les dispositions de l'abbesse, pour maintenir la régularité. 377

LETTRE XCI. *A madame du Mans.* Il l'encourage à parler librement à l'abbesse, quand sa charge l'exigera. 377

LETTRE XCII. *A madame du Mans.* Sur la retraite de mesdames de Luynes, qui devoient quitter Jouarre. 378

LETTRE XCIII. *A madame de Luynes.* Il l'exhorte à accepter la supériorité du monastère de Vilarseaux. 378

LETTRE XCIV. *A madame de Luynes.* Sur le désir que Dieu lui donnoit de demeurer dans l'humilité d'une vie privée et obéissante. 379

LETTRE XCV. *A madame du Mans.* Sur les égards dus au confesseur lorsqu'il est au confessionnal; les communions extraordinaires accordées à quelques Sœurs; et la confiance en Dieu. 380

LETTRE XCVI. *A madame de Luynes.* Combien elle sera heureuse de préférer la vie particulière à toutes les supériorités. 380

LETTRE XCVII. *A madame du Mans.* Il lui apprend que selon l'esprit de l'Eglise la confirmation doit être reçue avant la communion. 381

LETTRE XCVIII. *Aux religieuses de Jouarre.* Sur une agape qu'elles lui avoient envoyée. 381

LETTRE XCIX. *A madame du Mans.* Sur les répugnances qu'elle pouvoit avoir à souffrir; et la résignation dans les croix. 381

LETTRE C. *A madame du Mans.* Sur des scrupules; sur les peines causées par les confessions passées; et sur le temps qu'on donne à chacun. 382

LETTRE CI. *A madame du Mans.* Il lui ordonne d'obéir, dans son infirmité, à une des Sœurs. 382

LETTRE CII. *A madame du Mans.* Sur des scrupules au sujet de ses confessions; qu'elle doit dilater son cœur par la confiance. 383

LETTRE CIII. *A madame du Mans.* Sur la mauvaise impression que lui avoient faite ses défenses; sur la communion des enfans; et sur le courage qu'elle doit avoir. 384

LETTRE CIV. *A madame du Mans.* Sur la prière en maladie; sur la confiance en la bonté de Dieu; les confessions répétées à d'autres personnes; le maigre, et ses peines. 385

Lettre CV. *A madame de Soubise, abbesse de Jouarre.* Sur le dessein qu'elle avoit d'envoyer madame d'Albert à Paris, pour y être traitée d'un mal qu'elle avoit. 386

Lettre CVI. *A madame du Mans.* Sur ce qu'il ne va point à Jouarre; les tristes effets du tonnerre; et les joies que Dieu nous envoie. 386

Lettre CVII. *A madame du Mans.* Sur les difficultés qu'elle éprouvoit; les poses dans ses prières ou ses lectures; et les chansons d'amour. 387

Lettre CVIII. *A madame du Mans.* Il la console de la perte que Jouarre venoit de faire des dames de Luynes, qui étoient allées à Torcy. 388

Lettre CIX. *A madame du Mans.* Sur la lecture de certaines lettres, la communion, et quelques autres points. 388

Lettre CX. *A madame du Mans* Sur mesdames de Luynes; les bonnes intentions de l'abbesse; et les mauvais conseils que suit sa famille. 389

Lettre CXI. *A madame du Mans.* Sur des soupçons de cette religieuse; quelques points de l'office divin, et le livre de M. de Cambray. 389

Lettre CXII. *A madame du Mans.* Contre certaines dévotions qui éloignent de Jésus-Christ; et sur la conduite qu'elle devoit tenir au défaut de confesseurs. 390

Lettre CXIII. Consultations *faites par madame du Mans, avec les réponses de Bossuet.* 391

Lettre CXIV. *A madame de Luynes.* Sur une affaire qui regardoit la maison de Torcy, où elle étoit prieure; et sur quelques arrangemens au sujet de la sœur Cornuau. 398

Lettre CXV. *A madame du Mans.* Sur la cause qu'il défendoit contre les Quiétistes, et les confessions de cette religieuse. 399

Lettre CXVI. *A madame de Luynes.* Sur la mort de madame d'Albert, sa sœur. 399

Lettre CXVII. *A madame du Mans.* Sur le même sujet. 399

Lettre CXVIII. *A madame de Luynes.* Sur son retour à Torcy, qu'elle vouloit quitter; et sur la sœur Cornuau. 400

Lettre CXIX. *A madame du Mans.* Sur les Filles qu'elle conduisoit. 400

Lettre CXX. *Aux religieuses de Jouarre.* Il fait un bel éloge de l'abbesse et des religieuses. 401

Lettre CXXI. *A madame du Mans.* Sur ceux qui entendent la messe en péché mortel, et ceux qui se confessent avec présomption. 401

Lettre CXXII. Questions *de madame du Mans, avec les réponses de Bossuet.* 402

Lettre CXXIII. *A madame de Lusanci.* Il la charge de donner différens avis à madame de la Guillaumie. 414

Lettre CXXIV. *A madame du Mans.* Quelles sont celles qu'il faut exhorter à la fréquente communion, et sur les dispositions nécessaires pour recevoir l'absolution des péchés véniels. 414

Lettre CXXV. *A madame de Luynes.* Sur la mort de M. le chevalier d'Albert. 415

Lettre CXXVI. *A madame du Mans.* Sur quelques présens, et l'ouverture qu'elle devoit avoir pour son abbesse. 415

Lettre CXXVII. *A madame du Mans.* Sur la mission qui devoit bientôt se faire. 416

Lettre CXXVIII. *A madame du Mans.* Sur la conduite qu'elle doit tenir à l'égard de quelques Sœurs suspectes, pour la communion; sur la confiance en Dieu; et le zèle de l'abbesse pour établir le bon ordre. 416

Lettre CXXIX. *A madame du Mans.* Sur la manière dont elle doit s'acquitter de son obédience, et sur les communions. 417

LETTRE CXXX. *A madame de Baradat.* Sur le silence; l'exemption de l'office sous prétexte des parents ou amis qui seroient dans la maison; le travail, l'uniformité dans les cellules, et les tempéramens à garder pour procurer le bien. 418

LETTRE CXXXI. *A madame de Lusanci, et à plusieurs religieuses attachées au prélat.* Il s'excuse de son silence, et leur témoigne beaucoup d'affection. 419

LETTRE CXXXII. *A madame du Mans.* Il lui fait des reproches de ce qu'elle raisonne trop. 420

LETTRE CXXXIII. *A madame du Mans.* Il l'exhorte à ne plus tant raisonner, et parle de quelques poésies de cette religieuse. 420

EXTRAITS *de plusieurs lettres, à madame du Mans.* Sur ses novices; sur la sœur Cornuau; les réceptions des Filles, la communion, les visites inutiles des ecclésiastiques, les raisons légitimes de se défier, les vertus qu'elle devoit pratiquer, et les leçons qu'il convenoit de donner à ses novices. 421

A mesdames du Mans et de Rodon. 421

LETTRES A DES RELIGIEUSES DE DIFFÉRENS MONASTÈRES.

LETTRE PREMIÈRE. *A la supérieure et communauté de la Congrégation d Coulommiers.* Il leur promet la même vigilance et la même affection qu'avoit pour elles son prédécesseur. 423

LETTRE II. *A une Supérieure de religieuses.* Il l'exhorte à être fidèle aux règlemens de son prédécesseur, et à persévérer à vivre sous la conduite de M. Pastel. 423

LETTRE III. *A madame de Beringhen, abbesse de Farmoutiers.* Sur les préventions de ses religieuses contre elle; la conduite qu'elle devoit tenir avec celles qui lui étoient attachées pour ramener les autres; et sur les entrées des séculiers dans le monastère. 424

LETTRE IV. *Aux religieuses de Farmoutiers.* Il fait l'éloge des bonnes dispositions de l'abbesse; les exhorte à la paix, à l'union et à l'obéissance; et les invite à coopérer aux soins de l'abbesse, par la pratique de toutes les vertus religieuses. 427

LETTRE V. *A madame de Beringhen.* Sur son silence, et quelques faits particuliers. 429

LETTRE VI. *A madame de Tanqueux, supérieure des Filles charitables de la Ferté.* Sur les règlemens de cette communauté, et la difficulté d'avoir un prêtre pour leur dire la messe. 430

LETTRE VII. *Aux religieuses de Coulommiers.* Sur la *Vie de la mère d'Arbouze*, qu'il leur envoie; les fruits de l'obéissance; le droit qu'a le confesseur de priver de la communion; le respect dû aux avis des supérieurs, et la vigilance nécessaire aux religieuses. 431

LETTRE VIII. *A des religieuses de la ville de Meaux.* Il les exhorte à une paix persévérante, à l'amour du silence, et à la confiance en Dieu. 433

LETTRE IX. *A madame de Beringhen, religieuse de Farmoutiers.* Sur la maladie de sa tante, abbesse de cette maison. 434

LETTRE X. *Aux religieuses de Farmoutiers.* Sur la mort de madame de Beringhen, abbesse de ce monastère. 435

LETTRE XI. *A madame de Beringhen, nommée abbesse de Farmoutiers.* Sur la nomination de cette dame à l'abbaye de Farmoutiers. 436

LETTRE XII. *A madame de Beringhen, nommée abbesse de Farmoutiers.* Il lui parle des formalités nécessaires pour avoir ses bulles, et l'exhorte à résister à sa douleur. 436

TABLE.

LETTRE XIII. *A madame de Beringhen, nommée abbesse de Farmoutiers*. Il lui demande les instructions nécessaires pour l'oraison funèbre de sa tante, qu'il devoit faire. 437

LETTRE XIV. *A madame de Beringhen, abbesse de Farmoutiers*. Il lui envoie la permission d'aller aux eaux pour une religieuse malade. 438

LETTRE XV. *A la Supérieure des Ursulines de Meaux*. Il lui exprime sa satisfaction de l'obéissance de ses religieuses envers lui. 438

LETTRE XVI. *Aux Ursulines de Meaux*. Sur la joie qu'il ressent de leur obéissance. 439

LETTRE XVII. *A madame de Beringhen, abbesse de Farmoutiers*. Il lui promet de l'aller voir, et la félicite de son entrée en possession. 439

LETTRE XVIII. *A madame de Tanqueux, supérieure des Filles charitables de la Ferté*. Il leur permet de se confesser et de communier dans leur chapelle. 440

LETTRE XIX. *A madame de Saint-Agnès, supérieure des Ursulines de Meaux*. Sur la prochaine élection; les confessions, les longues et fréquentes conversations avec les directeurs. 441

LETTRE XX. *A madame de Beringhen, abbesse de Farmoutiers* Sur l'établissement d'une école de filles à Farmoutiers. 442

LETTRE XXI. *A la Supérieure et communauté des Filles charitables de la Ferté*. Sur la manière dont elles doivent se conduire pour attirer et gagner les nouvelles Catholiques, et les instructions qu'elles doivent leur donner pour dissiper leurs préjugés. 443

LETTRE XXII. *A madame de Beringhen*. Il s'excuse d'avoir donné atteinte, sans le savoir, aux droits de l'abbesse. 444

LETTRE XXIII. *A la Supérieure des Ursulines de Meaux*. Sur l'attrait qu'il désire qu'elle suive : que la miséricorde infinie de Dieu et les mérites du Sauveur sont l'unique soutien du chrétien. 445

LETTRE XXIV. *A madame de Beringhen*. Il lui recommande une maîtresse d'école. 445

LETTRE XXV. *A madame de Beringhen*. Il consent à ce qu'elle diffère le service de sa tante, dont le prélat devoit faire l'oraison funèbre. 446

LETTRE XXVI. *A madame de Beringhen*. Il lui propose de recevoir chez elle une dame faussement convertie. 446

LETTRE XXVII. *A madame de Beringhen*. Sur une visite qu'il doit lui faire, et une dame nouvelle convertie. 447

LETTRE XXVIII. *A une Supérieure de religieuses*. Sur l'abandon à la suprême bonté, et le mystère de la piété. 448

LETTRE XXIX. *A madame de Beringhen*. Sur les raisons d'accorder l'entrée du monastère à une nouvelle convertie. 448

LETTRE XXX. *A la Supérieure des Ursulines de Meaux*. Raisons qui ne permettent pas qu'un ancien confesseur de la maison voie des religieuses qui le demandoient. 449

LETTRE XXXI. *A madame de Beringhen*. Sur certains ornemens mondains qu'on vouloit introduire à Farmoutiers. 450

LETTRE XXXII. *A madame de Beringhen*. Il envoie prendre de ses nouvelles, il lui recommande de nouveau la Sœur Berin, il lui demande excuse pour la Sœur Bénigne. 450

LETTRE XXXIII. *A madame de Beringhen*. Sur une cure à laquelle le prélat devoit nommer. 451

LETTRE XXXIV. *A madame de Beringhen*. Sur une affaire qu'avoit cette abbesse avec une dame alliée du prélat. 451

LETTRE XXXV. *A madame de Beringhen*. Sur une abbesse qui vouloit se retirer à Farmoutiers. 452

Lettre XXXVI. *A madame de Beringhen.* Il l'engage à accommoder une affaire pour éviter un procès. 453

Lettre XXXVII. *A madame de Beringhen.* Sur une Sœur qui faisoit les écoles, la liberté qu'il vouloit qu'on laissât aux Sœurs pour leur conscience. 453

Lettre XXXVIII. *A madame de Beringhen.* Sur des religieux à qui il donne le pouvoir de confesser. 454

Lettre XXXIX. *A madame de Beringhen.* Il lui témoigne son désir d'aller la voir, et d'apprendre des nouvelles de l'abbesse qui s'étoit retirée avec elle. 454

Lettre XL. *A madame de Beringhen.* Sur un orage qu'il avoit essuyé, et les visites qu'il se proposoit de faire. 455

Lettre XLI. *A madame de Beringhen.* Sur des permissions, et sur les prières des saints. 455

Lettre XLII. *Aux religieuses de la Congrégation de Coulommiers.* Sur le choix des postulantes, et l'importance de cette action. 456

Lettre XLIII. *A madame de Tanqueux.* Sur quelques filles des nouveaux convertis, et la manière dont on devoit les traiter. 457

Lettre XLIV. *A la sœur Jeanne Guyeux, religieuse de la Congrégation à Coulommiers.* Il approuve qu'elle se serve d'une version du Bréviaire, pour entendre l'office divin. 458

Lettre XLV. *Aux religieuses Ursulines de Meaux.* Il parle des différens points sur lesquels il se propose de les interroger dans la suite de sa visite. 458

Lettre XLVI. *A madame de Beringhen.* Il l'engage à recevoir une dame, et témoigne ses regrets de ne pouvoir aller la voir. 459

Lettre XLVII. *A madame de Tanqueux.* Il lui envoie des règlemens pour sa communauté. 460

Lettre XLVIII. *A madame de Beringhen.* Sur le père Gardeau, M. l'évêque d'Eli, et l'abbesse de Jouarre. 461

Lettre XLIX. *A madame de Tanqueux.* Sur la visite qu'il se proposoit de faire à la Ferté, et les communications des Sœurs avec les religieux de Rueil. 461

Lettre L. *A madame de Tanqueux.* Sur les constitutions de sa communauté; des avis donnés par le prélat, et la visite prochaine. 462

Lettre LI. *A madame de Tanqueux.* Sur les changemens qu'il a faits dans leurs constitutions. 462

Lettre LII. *A madame de Tanqueux.* Sur son fils qui avoit été blessé, et la manière dont elle devoit porter cet accident. 463

Lettre LIII. *A madame de Tanqueux.* Il lui promet de prier pour son fils. 464

Lettre LIV. Extraits *de lettres à la sœur André, de la communauté des Filles charitables de la Ferté.* Sur la grace de la visite épiscopale, les distractions, les aigreurs contre le prochain, la solitude, les austérités, les tentations et l'acte d'abandon. 464

Lettre LV. *A madame de Beringhen.* Sur la visite que le Dauphin avoit rendue au prélat; la mort de M. Pastel, son grand vicaire; et son attachement pour ses Filles de Farmoutiers. 466

Lettre LVI. *Aux Filles charitables de la Ferté-sous-Jouarre.* Il répond à leur demande d'une supérieure; fixe les bornes de son autorité, et les exhorte à l'obéissance. 466

Lettre LVII. *A une religieuse de la Congrégation, à Coulommiers.* Sur quelques permissions; sur le bonheur qu'elle avoit eu de concourir à la conversion d'une ame; sur l'étude de Jésus-Christ, et l'humilité. 467

Lettre LVIII. *A madame de Tanqueux.* Sur un règlement de visite, quelques-unes des Sœurs, et les confesseurs. 468

LETTRE LIX. *A la Sœur André.* Il lui donne d'excellens avis pour profiter de ses fautes, et s'avancer dans la vertu. 469

LETTRE LX *A madame de Tanqueux.* Il lui donne des avis sur la conduite des Filles charitables de la Ferté, dont elle étoit la mère. 470

LETTRE LXI. *A la Sœur André.* Il lui fait sentir les dangers qu'elle a courus, et l'exhorte à être fidèle à sa vocation. 471

LETTRE LXII. *A la Sœur Chevri, fille charitable de la Ferté-sous-Jouarre.* Sur la manière de résister à la tentation ; certaines vues qui se présentoient à elle dans l'oraison, la nécessité de combattre la tristesse ; et les désirs dont Dieu ne veut pas l'accomplissement. 472

LETTRE LXIII. *A la sœur Chevri.* Il lui témoigne beaucoup de bonté pour résoudre ses difficultés. 473

LETTRE LXIV. *A la Sœur André.* Sur le vœu de pauvreté qu'elle avoit fait, et les dispositions où elle devoit entrer. 474

LETTRE LXV. *A madame de Beringhen.* Il donne à un prédicateur pouvoir de confesser les religieuses et dans la paroisse. 474

LETTRE LXVI. *A madame de Beringhen.* Il envoie M. de Gondon desservir la cure de Farmoutiers. 475

LETTRE LXVII. *A madame de Beringhen.* Sur des pouvoirs de confesser qu'il accorde à un religieux. 475

LETTRE LXVIII. *A madame de Saint-Etienne, religieuse Ursuline de Meaux.* Il lui marque comment elle doit conduire ses novices ; et l'exhorte à la mort spirituelle. 476

LETTRE LXIX. *Aux religieuses de la Congrégation, à Coulommiers.* Sur les cas où le confesseur peut priver les religieuses de la communion ; et les règles qu'elles doivent suivre dans la fréquentation de ce sacrement : qu'elles ne doivent point faire de ce qui se passe dans le tribunal la matière de leurs conversations. 476

LETTRE LXX. *A madame de Tanqueux.* Sur l'établissement de madame de Beauvau, dans la supériorité de la maison des Filles charitables de la Ferté. 480

LETTRE LXXI. *Aux sœurs charitables de la communauté de la Ferté-sous-Jouarre.* Sur l'établissement de madame de Beauvau, pour leur supérieure, et les avantages qu'il se promettoit de son gouvernement. 480

ACTE *d'établissement de madame de Beauvau,* pour supérieure dans la communauté des Sœurs charitables de la Ferté-sous-Jouarre. 481

LETTRE LXXII. EXTRAITS *de différentes lettres à madame de Tanqueux.* Sur les peines du chapelain ; la nouvelle supérieure et ses heureux commencemens ; la sollicitude du prélat pour la communauté, et ses sentimens pour madame de Tanqueux. 482

LETTRE LXXIII. *A madame d'Epernon, prieure des Carmélites du faubourg Saint-Jacques, à Paris.* Sur la mort et les vertus de la mère de Bellefonds, ancienne prieure de ce monastère. 484

LETTRE LXXIV.. *A madame de Beringhen.* Il la remercie d'avoir pris part à un procès qu'il venoit de gagner. 484

LETTRE LXXV. *A madame de Beringhen.* Sur l'établissement du chant dans le service divin. 485

LETTRE LXXVI. *A madame de Beringhen.* Sur quelques affaires et sur un confesseur. 485

LETTRE LXXVII. *A madame de Beringhen.* Sur une religieuse qui quittait son monastère pour entrer à Farmoutiers. 485

LETTRE LXXVIII. *A madame de Beringhen.* Il lui permet de faire entrer des personnes du dehors aux vêtures et de faire un voyage. 486

LETTRE LXXIX. *A une communauté de religieuses.* Sur la communion. 486

LETTRE LXXX. *A madame de Beringhen.* Sur la mort de son père. 489

LETTRE LXXXI. *A madame d'Arminvilliers, religieuse à Farmoutiers, et sœur de l'abbesse.* Sur le même sujet. 489

LETTRE LXXXII. *A madame de Beringhen.* Sur les qualités d'un bon confesseur, et quelques livres de l'abbé de la Trappe. 490

LETTRE LXXXIII. *A madame de Beringhen.* Sur des confesseurs, et le désir d'aller la voir. 490

LETTRE LXXXIV. *A la sœur André.* Il lui parle des raisons qui pouvoient permettre de la dispenser de ses vœux; et lui donne des avis pour sa conduite. 491

LETTRE LXXXV. *A madame de Beringhen.* Il la remercie de ses bontés et lui en demande la continuation. 492

LETTRE LXXXVI. *A madame de Beringhen.* Méditations des missionnaires sur le *Pater.* Admission d'un maître de musique. Permissions d'entrer dans le monastère à diverses dames. 492

LETTRE LXXXVII. *A une religieuse.* Sur son caractère de hauteur; la manière dont elle s'étoit exprimée sur une Sœur, et la dispense d'un point de la règle. 493

LETTRE LXXXVIII. *A madame de Beringhen.* Il donne une permission d'entrer dans le monastère et lui parle d'une affaire. 494

LETTRE LXXXIX. *A madame de Beringhen.* Sur des confesseurs demandés par une religieuse. 494

LETTRE XC. *A madame de Beringhen.* Sur la même religieuse et quelques affaires. 495

LETTRE XCI. *A madame de Beringhen.* Il approuve un confesseur et s'excuse de ne pas répondre aux lettres de cette abbesse. 495

LETTRE XCII. *A madame de Beringhen.* Il lui envoie des permissions pour des confesseurs. 496

LETTRE XCIII. *A madame de Beringhen.* Il lui annonce qu'il a nommé le curé de Farmoutiers à une autre paroisse. 496

LETTRE XCIV. *A madame de Beringhen.* Sur une novice et des confesseurs. 497

LETTRE XCV. *A madame de Beringhen.* Sur des prières publiques où l'on devoit porter la châsse de saint Fiacre. 497

LETTRE XCVI. EXTRAITS *de plusieurs lettres à madame de Tanqueux.* Sur l'union projetée de la communauté des Filles charitables de la Ferté, avec celles de Miramion. 498

LETTRE XCVII. *Aux sœurs de la communauté de Sainte-Anne, à la Ferté-sous-Jouarre.* Sur l'union de cette communauté à la congrégation établie par madame de Miramion. 499

LETTRE XCVIII. *A madame de Beringhen.* Sur une novice d'un caractère difficile. 500

LETTRE XCIX. *A madame de Beringhen.* Sur le refus qu'il avoit fait de permettre à madame la duchesse de Choiseul l'entrée de son monastère. 500

LETTRE C. *A madame de Beringhen.* Sur des permissions qu'il lui accorde. 501

LETTRE CI. *A une religieuse.* Sur la nécessité de travailler à amortir ses vivacités; un vœu qu'elle vouloit faire, et la douceur et l'humilité envers ses Sœurs. 501

LETTRE CII. *A madame de Beringhen.* Sur le caractère des grands couvens; et sur l'opposition de quelques religieuses à son ordonnance, concernant l'entrée des séculières dans le monastère. 502

LETTRE CIII. *A madame de Beringhen.* Sur des religieuses rebelles à ses ordonnances; il exhorte l'abbesse à prendre les moyens de les faire rentrer dans leur devoir. 503

Lettre CIV. *A madame de Beringhen.* Sur différentes affaires concernant l'abbaye de Farmoutiers. 503

Lettre CV. *A madame de Beringhen* Il la prie de faire rendre justice à une maîtresse d'école. 504

Lettre CVI. *A madame de Beringhen.* Sur une nièce de madame de la Vallière, pensionnaire à Farmoutiers, que le prélat vouloit faire sortir de cette maison. 505

Lettre CVII. *A madame de Beringhen.* Sur le même sujet. 506

Lettre CVIII. *A madame de Beringhen.* Sur l'entrée dans le monastère aux vêtures et professions, et l'esprit de raillerie. 506

Lettre CIX. *A madame de Beringhen.* Sur des permissions d'entrer dans le monastère. 507

Lettre CX. *A madame de Beringhen.* Sur le même sujet. 507

Lettre CXI. *A madame de Beringhen.* Sur des permissions. 507

Lettre CXII. *A madame de Beringhen.* Sur la sortie de madame de la Vieuville, et la vertu de l'abbesse. 508

Lettre CXIII. *A madame de Beringhen.* Il lui témoigne ses regrets du départ de deux personnes de son monastère. 508

Lettre CXIV. *A madame de Beringhen.* Sur des confesseurs, et la soumission à la volonté de Dieu. 509

Lettre CXV. *A madame de Beringhen.* Sur le dessein qu'il avoit de rendre son séjour à Farmoutiers profitable au public. 509

Lettre CXVI. *A madame de Beringhen.* Sur un mandement et quelques affaires. 510

Lettre CXVII. *A madame de Beringhen.* Il la remercie de la réception qu'on lui a faite à Farmoutiers. 510

Lettre CXVIII. *A madame de Beringhen.* Il lui recommande une dame, et lui permet de la faire entrer dans le couvent. 511

Lettre CXIX. *A madame de Beringhen.* Sur une religieuse difficile, et sur d'autres affaires. 511

Lettre CXX. *A madame de Beringhen.* Sur les moyens à prendre pour débarrasser la maison d'une religieuse qui avoit un très-mauvais esprit. 512

Lettre CXXI. *A madame de Beringhen.* Sur la même religieuse, et les moyens de la placer dans une autre maison. 513

Lettre CXXII. *A madame de Beringhen.* Sur la même religieuse, et le désir qu'avoit le prélat de la voir hors de Farmoutiers. 514

Lettre CXXIII. *A madame de la Vieuville, religieuse de Farmoutiers.* Sur mademoiselle de Pons; le père Touron; et les graces que Dieu accordoit à la conduite de l'abbesse. 514

Lettre CXXIV. *A madame de Beringhen.* Sur un procès, et la retraite de la même religieuse. 515

Lettre. CXXV. *A madame de Beringhen.* Sur les intentions de la reine d'Angleterre à l'égard d'une demoiselle qui étoit à Farmoutiers, et la peine qu'il avoit au sujet du confesseur d'une religieuse. 515

Lettre CXXVI. *A madame de Beringhen.* Sur une méchante fille dont il désiroit la délivrer. 516

Lettre CXXVII. *A madame de Beringhen.* Sur un confesseur qu'il refuse à une religieuse, le jugeant incapable. 516

Lettre CXXVIII. *A madame de Beringhen.* Sur le même sujet. 517

Lettre CXXIX. *A madame de Beringhen.* Sur la conduite à tenir par rapport à une fille qui vouloit entrer à Farmoutiers. 517

Lettre CXXX. *A madame de Beringhen.* Sur les prétendues prérogatives des septièmes garçons. 517

LETTRE CXXXI. *A madame de Beringhen.* Il témoigne sa joie du succès d'un confesseur. 518

LETTRE CXXXII. *A madame de Beringhen.* Il l'exhorte à ménager sa santé, et lui parle de diverses affaires. 518

LETTRE CXXXIII. *A madame de Beringhen.* Sur un ecclésiastique qu'il approuve, et la bénédiction que Dieu donnoit aux travaux de ce curé. 519

LETTRE CXXXIV. *A madame de Beringhen.* Il témoigne son regret d'être obligé de différer d'aller la voir. 520

LETTRE CXXXV. *A madame de Beringhen.* Il la prie d'empêcher l'accommodement d'une affaire. 520

LETTRE CXXXVI. *A madame de Beringhen.* Sur l'entrée dans le monastère, et le succès d'un confesseur. 521

LETTRE CXXXVII. *A madame de Beringhen.* Sur une mission, et l'entrée des personnes séculières dans le monastère. 521

LETTRE CXXXVIII. *A madame de Beringhen.* Sur une affaire qu'on vouloit lui susciter, et la nouvelle année. 522

LETTRE CXXXIX. *A madame de Beringhen.* Sur le jubilé, le nouvel abbé de la Trappe, et les affaires qu'on prétendoit que le prélat avoit à Rome. 522

LETTRE CXL. *A madame de Beringhen.* Il lui promet d'aller la voir, et lui parle d'une affaire. 524

LETTRE CXLI. *A madame de Beringhen.* Sur la bonne réception faite à Rome à son neveu. 524

LETTRE CXLII. *A madame de Beringhen.* Sur une indulgence; une retraite, et une neuvaine à sainte Fare. 525

LETTRE CXLIII. *A madame de Beringhen.* Sur la neuvaine pour la Sœur Boligne, et une homélie du P. Séraphin. 525

LETTRE CXLIV. *A madame de Beringhen.* Sur la permission de sortir du monastère que demandoit une religieuse. 526

LETTRE CXLV. *A madame de Beringhen.* Sur une religieuse malade, et une permission d'exposer le Saint-Sacrement. 526

LETTRE CXLVI. *A madame de Berignhen.* Il consent avec peine à la sortie de la religieuse, et l'exhorte à ne point faire usage de sa permission. 527

LETTRE CXLVII. *A madame de Beringhen.* Sur la nièce de cette abbesse, et quelques affaires. 527

LETTRE CXLVIII. *A madame de Beringhen.* Il lui parle des mêmes affaires, et lui témoigne son attachement. 528

LETTRE CXLIX. *A madame de Beringhen.* Sur les mêmes affaires. 528

LETTRE CL. *A madame de Beringhen.* Il lui témoigne son désir d'aller la voir. 529

LETTRE CLI. *A madame de Beringhen.* Sur un procès qu'il l'engage à terminer, et une religieuse. 529

LETTRE CLII. *A madame de Beringhen.* Sur le même sujet. 529

LETTRE CLIII. *A madame de Beringhen.* Sur les raisons qu'elle avoit alléguées pour différer la cérémonie de sa bénédiction. 530

LETTRE CLIV. *A madame de Beringhen.* Sur sa soumission et des bons effets de la *Relation du Quiétisme.* 531

LETTRE CLV. *A madame de Beringhen.* Il la presse de faire réparer des églises dépendantes de son abbaye, et lui parle du curé de Doui. 531

LETTRE CLVI. *A madame de Beringhen.* Que la circonstance de sa bénédiction n'est pas une raison pour la dispenser de la clôture; et sur l'indifférence qu'on témoigne pour cette sainte cérémonie. 532

LETTRE CLVII. *A madame de Beringhen.* Il la loue de sa charité pour les pauvres. Il la remercie de ses bontés. 532

Lettre CLVIII. *A madame de Beringhen.* Sur une novice, et son désir d'aller visiter Farmoutiers. ... 533
Lettre CLIX. *A madame de Beringhen.* Sur des pouvoirs de confesser, et l'entrée de parens dans le monastère. ... 533
Lettre CLX. *A madame de Beringhen.* Il la remercie des bontés qu'elle a eues pour Mlle de Pons et sa compagnie. ... 534
Lettre CLXI. *A madame de Beringhen.* Le prélat va partir pour Jouarre où il espère entonner la messe pontificale. ... 534
Lettre CLXII. *A madame de Beringhen.* Sur un prédicateur pour l'Avent et le Carême. ... 534
Lettre CLXIII. *A madame de Beringhen.* Il lui annonce la nomination de son curé à une autre paroisse. ... 535
Lettre CLXIV. *A madame de Beringhen.* Sur la translation d'un curé à une autre paroisse, et la nomination à une cure. ... 535
Lettre CLXV. *A madame de Beringhen.* Sur la cure de Farmoutiers, et les pensionnaires qu'on proposoit à l'abbesse. ... 536
Lettre CLXVI. *A madame de Beringhen.* Sur une novice, et le droit de nomination à la cure de Farmoutiers. ... 536
Lettre CLXVII. *A madame de Beringhen.* Sur la nomination à la cure de Farmoutiers. ... 537
Lettre CLXVIII. *A madame de Beringhen.* Sur une affaire qu'avoit avec l'abbaye, touchant les dixmes, le curé de Farmoutiers. ... 537
Lettre CLXIX. *A madame de Beringhen.* Sur une contestation que le curé avoit avec l'abbaye. ... 538
Lettre CLXX. *A madame de Beringhen.* Sur la translation d'une religieuse à une moindre observance. ... 538
Lettre CLXXI. *A madame de Beringhen.* Sur l'entrée de quelques personnes dans l'abbaye, et les pensions de ses nièces. ... 539
Lettre CLXXII. *A madame de Beringhen.* Sur la translation d'un prêtre qu'il désiroit conserver dans le diocèse. ... 540
Lettre CLXXIII. *A madame de Beringhen.* Sur les pensions de ses nièces qu'il avoit de la peine à approuver. ... 540
Lettre CLXXIV. *Aux sœurs de la communauté de Sainte-Anne, de la Ferté-sous-Jouarre.* Il les reprend d'avoir agi sans ses ordres, pour se procurer une supérieure. ... 541
Lettre CLXXV. *Madame de Beringhen.* Il lui recommande une jeune et nouvelle convertie. ... 541
Lettre CLXXVI. Questions *faites à Bossuet, par les religieuses de la Visitation avec les réponses.* ... 542
Lettre CLXXVII. Autres Questions *proposées à Bossuet, avec ses réponses.* ... 544
Lettre CLXXVIII. Sur l'état de sécheresse. ... 547
Lettre CLXXIX. Sur l'excellence de l'ame. ... 550

LETTRES SUR L'AFFAIRE DU QUIÉTISME.

De quietismo in Galliis refutato. ... 554
De la réfutation du quiétisme en France. ... 562
Lettre première. *Madame Guyon au P. La Combe, Barnabite.* Elle lui annonce de grandes croix, et lui rend compte d'un songe merveilleux qu'elle avoit eu. ... 573
Lettre II. *Madame Guyon à dom Bouvier, chartreux, son frère.* Sur les

prétendus effets que Dieu produisoit en elle et par elle. Ses sentimens sur l'abandon. 575

Lettre III. *Madame Guyon à Bossuet*. Elle lui témoigne une grande opposition à toute erreur, et une parfaite soumission au jugement qu'il portoit de ses écrits. 578

Lettre IV. *Madame Guyon à Bossuet*. Elle lui demande qu'il ne prenne conseil que de Dieu dans l'examen de ses écrits. 579

Écrit de madame Guyon qui accompagnoit sa lettre. 581

Lettre V. *Madame Guyon à Bossuet*. Tout en montrant une grande déférence pour le prélat, elle tâche de le faire entrer dans ses sentimens. 582

Lettre VI. *Madame Guyon à Bossuet*. Elle l'assure de son désir de connoître la vérité par son canal, et lui demande de conférer avec lui. 584

Lettre VII. *Madame Guyon à Bossuet*. Sur son désir sincère d'être éclairée, et sa pleine confiance aux lumières du prélat. 585

Lettre VIII. *Madame Guyon à Bossuet*. Écrite le soir même du jour de l'entrevue. Elle manifeste ses dispositions, et aime à se persuader que le prélat entrera dans ses sentimens. 587

Lettre IX. *Madame Guyon à Bossuet*. Sur l'impossibilité où elle se prétendoit de faire à Dieu aucune demande; les raisons qu'elle croyoit avoir eues d'écrire et le sens de certaines expressions. 588

Lettre X. *Madame Guyon à Bossuet*. Sur son obéissance pour le prélat, et la confiance qui l'avoit engagée à lui communiquer sa *Vie* écrite par elle-même. 590

Lettre XI. *Madame Guyon à Bossuet*. Sur une certaine union qu'elle se sentoit, disoit-elle, portée à avoir avec l'ame du prélat. 591

Lettre XII. *Bossuet à madame Guyon*. Il lui marque tout ce qu'il pense de ses états et de ses écrits, lui en fait sentir l'illusion, combat ses fausses maximes sur la prière et les actes réfléchis, et travaille avec beaucoup de charité à la désabuser de ses erreurs. 592

Addition. 605

Autre addition. 607

Lettre XIII. *Madame Guyon à Bossuet*. Elle répond à la lettre du prélat; et en affectant une grande soumission à sa décision, elle cherche à justifier tous ses sentimens. Elle lui annonce qu'elle va s'ensevelir dans une profonde retraite, pour n'avoir de communication avec personne, et ne plus se mêler d'écrire et de donner des conseils. 608

Lettre XIV. *Madame Guyon à madame de Maintenon*. Elle la prie de lui faire donner des commissions pour juger de sa vie et de ses mœurs. 611

Mémoire de madame Guyon en note. 611

Lettre XV. *Madame Guyon à MM. Bossuet, évêque de Meaux, de Noailles, évêque de Châlons et Tronson supérieur du séminaire de Saint-Sulpice, choisis pour examiner les livres et les états de madame Guyon*. Elle les sollicite d'entrer dans l'examen de ses mœurs, et s'étend sur les préventions, qu'on avait, disoit-elle, contre sa personne. 616

Lettre XVI. *Madame Guyon à Bossuet*. Elle lui demande que les droits de l'oraison soient conservés. 620

Lettre XVII. *Madame Guyon à Bossuet*. Elle lui envoie la justification de ses écrits et le prie d'en juger plutôt par les sentimens du cœur que par les lumières de l'esprit. 621

Lettre XVIII. *L'abbé de Fénelon à Bossuet*. Sur les écrits qu'il préparoit pour madame Guyon. 624

Lettre XIX. *L'abbé de Fénelon à Bossuet*. Il lui témoigne la soumission la plus aveugle à tout ce qu'il décidera. 625

Lettre XX. *L'abbé de Fénelon à Bossuet*. Il lui parle de l'affaire qu'il avoit avec l'abbaye de Rebais, et le presse de lui déclarer tout ce qu'il croiroit devoir exiger de lui touchant le quiétisme. 626

LETTRE XXI. *L'abbé de Fénelon à Bossuet.* Il le presse de lui faire connoitre ses erreurs, s'il s'est égaré, et lui proteste de se soumettre, sans hésiter à tout ce qu'il décidera. 627

LETTRE XXII. *Madame Guyon à Bossuet.* Sur son départ pour le monastère de la Visitation à Meaux, où elle devait se retirer. 629

LETTRE XXIII. *Madame Guyon à Bossuet.* Elle accepte les offres du prélat, relatives à son entrée dans un monastère de la ville de Meaux, et lui propose de se charger de la confesser. 629

LETTRE XXIV. *L'abbé de Fénelon à Bossuet.* Il lui témoigne un grand empressement pour être instruit, s'il s'est trompé, et le prie de ne s'arrêter à aucunes considérations humaines. 630

LETTRE XXV. *L'abbé de Fénelon à Bossuet.* Il le prie de retrancher de l'un des articles dressés à Issy, une assertion qu'il ne croit pas pouvoir souscrire par sa persuasion. 632

LETTRE XXVI. *L'abbé de Fénelon à Bossuet.* Sur quelques passages des Mystiques dont il s'autorise, et sur l'excitation qu'il excluoit dans l'état de quiétude. 633

LETTRE XXVII. *L'abbé de Fénelon à Bossuet.* Sur son affaire avec l'archevêque de Reims, et sa profession de foi pour obtenir ses bulles. 634

DÉCLARATION de madame Guyon, où elle proteste être innocente des abominations dont on l'accuse. 635

LETTRE XXVIII. *Extrait d'une lettre du cardinal le Camus.* Sur la conduite de madame Guyon dans son diocèse et dans les environs. 636

LETTRE XXIX. *Dom Richebraque au duc de Chevreuse.* Il assure qu'il n'a jamais fait de plaintes de madame Guyon, et qu'il n'a entendu dire que du bien de sa conduite. 638

LETTRE XXX. *Dom Richebraque à madame Guyon.* Sur le même sujet. 639

LETTRE XXXI. *Le duc de Chevreuse à dom Richebraque.* Il demande à ce religieux de nouveaux éclaircissements sur divers faits concernant madame Guyon. 640

LETTRE XXXII. *Dom Richebraque au duc de Chevreuse.* Il donne au duc les détails qu'il lui demandoit sur la conduite de madame Guyon. 641

LETTRE XXXIII. *Bossuet à M. Tronson, supérieur du séminaire de Saint-Sulpice.* Il lui envoie une ordonnance pour la publication des Articles d'Issy, et lui parle de madame Guyon. 643

LETTRE XXXIV. *Bossuet à M. de la Broue, évêque de Mirepoix.* Il lui marque combien il est peu sensible aux mécontentemens de M. de Harlay, archevêque de Paris, et parle de son Instruction sur les Etats d'oraison. 643

LETTRE XXXV. *Bossuet à M. de la Broue.* Il désire avoir un entretien avec lui sur la soumission qu'il devoit exiger de Madame Guyon; et discute une proposition sur certains actes extrêmes. 646

LETTRE XXXVI. *Bossuet à M. de la Broue.* Sur madame Guyon; et sur certains actes d'un amour extrême. 648

LETTRE XXXVII. *Madame Guyon à Bossuet.* Sur un tableau dont elle lui faisoit présent, et deux boîtes qui l'accompagnoient. 649

LETTRE XXXVIII. *Bossuet à madame Guyon.* Il lui permet d'aller aux eaux, et l'engage à vivre fort retirée. 649

LETTRE XXXIX. *Madame Guyon à Bossuet.* Elle tâche de justifier la manière dont elle est sortie du monastère où elle étoit. 650

LETTRE XL. *La Mère Le Picart supérieure de la Visitation de Meaux à Bossuet.* Elle envoie au prélat la lettre précédente, et lui demande permission de laisser entrer une Dame dans le monastère. 652

LETTRE XLI. *Bossuet à M. Tronson.* Sur la manière dont il avoit agi envers madame Guyon, et la conduite de cette dame depuis qu'elle avoit quitté Meaux. 653

LETTRE XLII. *M. Tronson à Bossuet.* Il envoie au prélat la copie des attestations touchant madame Guyon ; et l'engage à publier les actes de soumission de cette Dame. 654

LETTRE XLIII. *Les religieuses de la Visitation de Meaux à madame Guyon.* Elles lui témoignent leur estime et se recommandent à ses prières. 658

LETTRE XLIV. *Le P. La Combe à madame Guyon.* Il lui témoigne le plus grand empressement de la voir ; lui marque les moyens qu'elle pourroit prendre pour cacher sa marche, et rester inconnue dans le lieu qu'il habitoit.

LETTRE XLV. *Le P. La Combe à madame Guyon.* Sur les détails de son voyage, le désir qu'auroient de la voir toutes les personnes qui lui étoient attachées ; et sur son explication de l'*Apocalypse.* 662

LETTRE XLVI. *Le P. La Combe à madame Guyon.* Sur les présens de cette Dame, les prétendues persécutions qu'elle souffroit, et ses commentaires sur 'Ecriture sainte. 665

LETTRE XLVII. *Fénelon à Bossuet.* Sur un sermon qu'il avoit prêché aux Carmélites et dans lequel on l'accusoit d'avoir avancé des propositions téméraires. 669

LETTRE XLVIII. *Fénelon à Bossuet.* Il lui marque la satisfaction qu'il a de la lettre que le prélat lui a écrite au sujet de son sermon aux Carmélites, et lui témoigne une grande déférence. 671

LETTRE XLIX. *Bossuet à M. de la Broue.* Sur un bref qu'un religieux de Rebais avoit obtenu de Rome en faveur de l'exemption ; sur ses dispositions dans la défense de la vérité, sur madame Guyon, et l'ouvrage du prélat contre les quiétistes. 672

LETTRE L. *Bossuet à M. Tronson.* Il lui envoie ses *Méditations sur le jubilé,* et lui demande des éclaircissemens sur deux lettres de M. Olier. 673

LETTRE LI. *Fénelon à Bossuet.* Il lu allègue différentes raisons pour remettre à un autre temps l'examen de l'*Instruction sur les états d'oraison,* que Bossuet désiroit qu'il approuvât. 674

LETTRE LII. *Bossuet à l'abbé Bossuet son neveu.* Sur son voyage, le livre de Marie d'Agréda, l'Apologie des moines de Scythie par le cardinal Noris. 675

LETTRE LIII. *Fénelon à Bossuet.* Il lui marque tous les embarras où il se trouve, qui l'empêchent de s'occuper de la lecture de l'ouvrage du prélat. 676

LETTRE LIV. *M. Pivot, docteur de Sorbonne, à madame Guyon.* Il lui expose tout ce qu'elle doit faire pour sortir de ses erreurs, et réparer les scandales qu'elle a causés. 677

FIN DE LA TABLE DU VINGT-HUITIÈME VOLUME.

BESANÇON. — IMPRIMERIE D'OUTHENIN CHALANDRE FILS.

A LA MÊME LIBRAIRIE :

HISTOIRE UNIVERSELLE

DE

L'ÉGLISE CATHOLIQUE

Par l'abbé ROHRBACHER

NOUVELLE ÉDITION REVUE, CORRIGÉE, AUGMENTÉE ET CONTINUÉE JUSQU'EN 1872

Par Mgr FÈVRE

PROTONOTAIRE APOSTOLIQUE.

DEUXIÈME ÉDITION

15 volumes in-4° à 2 colonnes. — Prix . . . . . . 150 fr.

Notre première édition de l'HISTOIRE UNIVERSELLE DE L'ÉGLISE, par ROHRBACHER, *revue, corrigée, augmentée et continuée par Mgr Fèvre*, a été épuisée aussitôt que terminée.

Ce succès est dû en grande partie aux augmentations faites par Mgr Fèvre. Ces additions sont si nombreuses, qu'elles formeraient au moins 4 volumes in-4°, si on les imprimait séparément. Elles comprennent :

1° Une *Vie de Rohrbacher*. — 2° Des *Considérations générales sur l'étude et sur l'enseignement de l'histoire*. — 3° Au bas des pages, un grand nombre de *notes et d'éclaircissements traduits de l'édition allemande*. — 4° Dans l'ensemble de l'ouvrage, *cent cinquante dissertations* sur les points les plus difficiles. En général, ces dissertations ont le *développement ordinaire* d'une conférence ; plusieurs sont des *traités*. — 5° Nous avons ajouté un *quatre-vingt-douzième livre*, formant le XIVe volume et contenant l'*Histoire diplomatique de Pie IX et du Concile*. C'est sur le conseil exprès du Pape à l'auteur, que l'histoire de son pontificat a été composée, suivant la méthode de Rainaldi, par les monuments.

Nous donnons, dans notre tome XV, cinq tables : table bibliographique, générale et spéciale ; table des Papes, table des Conciles, table chronologique et table alphabétique.

Paris. — Imp. Vve P. LAROUSSE et Cie, rue du Montparnasse, 19.

www.ingramcontent.com/pod-product-compliance
Lightning Source LLC
Chambersburg PA
CBHW071706300426
44115CB00010B/1327